SAMMLUNG GUTTENTAG

253

Kammerrecht der Wirtschaft

Kommentar zum Bundeskammergesetz
Landesrecht der Industrie- und Handelskammern
einschließlich Wirtschafts- und Arbeitnehmerkammern
und Recht der Auslandshandelskammern

von

Heinz Bremer

Regierungsdirektor
Abteilungsleiter beim Senator für Wirtschaft und Kredit in Berlin

BERLIN 1960

WALTER DE GRUYTER & CO.

vormals G. J. Göschen'sche Verlagshandlung – J. Guttentag, Verlagsbuchhandlung – Georg Reimer – Karl J. Trübner – Veit & Comp.

Archiv-Nr. 21 1 253/60

Satz und Druck: Walter de Gruyter & Co., Berlin W 35

Vorwort

Unmittelbarer Anlaß dazu, das „Kammerrecht der Wirtschaft“ darzustellen, ist die Vereinheitlichung des Industrie- und Handelskammerrechts durch das Bundesgesetz vom 18. Dezember 1956. Durch dieses Gesetz sind die Rechtsverhältnisse der Industrie- und Handelskammern (IHKn) in der Bundesrepublik wieder auf eine einheitliche Grundlage gestellt worden. Sie haben nach Struktur, Organisationsform und Aufgabenstellung nunmehr überall den gleichen Charakter.

Daß diese Tatsache von überaus großer Bedeutung ist, beweist ein Rückblick auf die verschlungenen Wege, die das Kammerrecht in den vergangenen Jahrzehnten einzuschlagen gezwungen war. So beruhten die Rechtsverhältnisse der IHKn bis 1933 auf Landesrecht; landesrechtliche Gesetze regelten die Selbstverwaltung der Wirtschaft in korporativen Vereinigungen der selbständigen Unternehmer eines bestimmten Bezirks, wobei allerdings diese Vereinigungen strukturell, organisatorisch und aufgabenmäßig fast durchweg das gleiche Gepräge trugen, so daß trotz mancher Unterschiede im einzelnen eine einheitliche Basis vorhanden war. Durch die Nationalsozialisten wurde diese Linie unterbrochen. Schon durch die von der Gesetzgebung im Jahre 1934 neu geschaffene Organisation der gewerblichen Wirtschaft weitgehend ihrer Bedeutung entkleidet und durch die Umstellung auf den Führergrundsatz ihrer Autonomie beraubt, wurden die IHKn schließlich 1942 vollends beseitigt und in Gebilde überführt, die als Gauwirtschaftskammern ohne jedes Eigenleben lediglich Instrumente der Staatsmacht darstellten.

Als die Gauwirtschaftskammern im Jahre 1945 außer Funktion traten, bildeten sich zwar unmittelbar danach erneut IHKn als Organe der Wirtschaft, jedoch ohne die Einheitlichkeit der früheren Stellung und Struktur. Grund hierfür war, daß die Besatzungsmächte auf die Bildung der Kammern in unterschiedlicher Weise Einfluß genommen hatten, so daß als Ergebnis eine unterschiedliche Entwicklung in den einzelnen Besatzungszonen eintreten mußte. So kam es, daß die zonenmäßige Verschiedenheit ein großes Ausmaß annahm. In der ehemaligen britischen und ehemaligen französischen Zone wurde die Rechtsgrundlage für die Organisation und Tätigkeit der neuen Kammern in den früher von den Ländern erlassenen Vorschriften gefunden, wobei die Anwendung dieses früheren Kammerrechts teils mit Weisungen der Besatzungsmächte, teils mit Gewohnheitsrecht begründet wurde. Ob und inwieweit diese Begründung Bestand haben konnte, nachdem die Bundesrepublik die Souveränität erlangt hatte, blieb offen, soweit nicht inzwischen eine gesetzliche Regelung wie in den Ländern Hamburg und Schleswig-Holstein und in den ehemaligen Ländern Baden und Württemberg-Hohenzollern erfolgt war. Die erneute Anwendung des früheren Landesrechts hatte ferner dazu geführt, daß verschiedentlich innerhalb der einzelnen Länder kein einheitliches Kammerrecht bestand. So fand beispielsweise in den ehemals preußischen Teilen der Länder Nordrhein-Westfalen und Niedersachsen das preußische Gesetz über die Industrie- und Handelskammern Anwendung, während in deren ehemals lippischen, braunschweigischen und oldenburgischen Landesteilen dasjenige Recht galt, das früher in diesen Ländern erlassen worden war. Hinzu kam, daß das preußische Recht teils nach dem Stand der Verordnung vom 1. April 1924, teils unter Einschluß der Novelle vom 28. Dezember 1933 angewendet wurde, die auch die Kleingewerbetreibenden zu Pflichtmitgliedern der Kammern gemacht hatte.

Zu diesen Verschiedenheiten trat außerdem der Unterschied in bezug auf den Rechtscharakter der Kammern. Einheitlich waren die IHKn lediglich im Bereich der britischen und französischen Besatzungszone Körperschaften des öffentlichen Rechts, für die die Grundsätze der Pflichtmitgliedschaft und der Beitragspflicht Geltung hatten. Demgegenüber hatten die Kammern in der amerikanischen Zone entgegen ihrer bisherigen Struktur den Status öffentlich-rechtlicher Körperschaften und damit auch die Pflichtmitgliedschaft der Kammerzugehörigen verloren. Sie wurden hier, abgesehen von Bremen, wo sie Körperschaften des öffentlichen Rechts blieben, auf der Basis des Zivilrechts organisiert. Soweit ihnen nicht die Rechtsfähigkeit verliehen war, waren sie eingetragene oder nicht-eingetragene Vereine, die auf freiwilliger Mitgliedschaft beruhten und deren Beiträge nach den Vorschriften des bürgerlichen Rechts eingezogen wurden. Das gleiche galt für die Industrie- und Handelskammer in Berlin (West). Eine Besonderheit wies im übrigen noch der Status der IHKn in der britischen Zone insoweit auf, als ihre Beiträge dort zwar öffentliche Abgaben darstellten, ihre Einziehung im Verwaltungszwangsverfahren aber auf Weisung der Besatzungsmacht untersagt war und erst später wenigstens in Schleswig-Holstein und Hamburg durch die Inkraftsetzung der Landesgesetze vom 23. Februar 1954 und 27. Februar 1956 ermöglicht wurde.

Die hieraus resultierende Unsicherheit und Ungleichheit des Rechts konnte daher nicht länger hingenommen werden. Auf Initiative einer Reihe von Abgeordneten des Bundestages wurde deshalb dem Bundestag ein Gesetzentwurf vorgelegt, der zum Ziel hatte, gleiches Kammerrecht in allen Ländern zu schaffen, insbesondere aber den Rechtszustand wieder herzustellen, der bis zur Auflösung der IHKn und ihrer Überführung in die Gauwirtschaftskammern im Jahre 1942 bestanden hatte. Dabei ist freilich von allen Seiten des Parlaments betont worden, daß es der Entwurf durch die Beschränkung auf die Aufgaben der Rechtsbereinigung vermeide, den Grundsatzfragen der Wirtschaftsordnung, insbesondere dem außerbetrieblichen Mitbestimmungsrecht vorzugreifen. Einer späteren Gesetzgebung sollten alle Möglichkeiten erhalten bleiben, etwa auf diesem Gebiet erforderliche Lösungen herbeizuführen (vgl. die Erklärung des Abg. Stücklen in der 173. Sitzung des BT; Drucks. S. 9569).

Ob und inwieweit eine weiter greifende Lösung vor uns steht und ob der Beruf unserer Zeit zur Gesetzgebung in diesem Punkt gegeben ist, läßt sich im Augenblick nicht sagen. Hinweise auf Lösungsversuche enthält vor allen der V. Teil dieses Buches, der das Recht der bestehenden Landes-Wirtschaftskammern und Arbeitnehmerkammern behandelt und die Literatur zusammenfaßt, die sich bisher mit der Demokratisierung der Wirtschaft und dem außerbetrieblichen Mitbestimmungsrecht befaßt hat. Rechts- und staatspolitisch scheint mir dabei die Frage im Vordergrund zu stehen, wie erreicht werden kann, daß echte Selbstverwaltungskörper der Wirtschaft entstehen und nicht Wirtschafts- und Sozialparlamente, die die Funktionen der gesetzgebenden Instanzen auf den in Rede stehenden Gebieten durch Nebengremien ersetzen. Das würde m. E. nicht nur der Bedeutung der Parlamente Abbruch tun, sondern auch eine echte Selbstverwaltung der Wirtschaft zerstören. An ihre Stelle würden in diesem Fall Stätten der wirtschafts- und sozialpolitischen Auseinandersetzungen treten, die die Erfolge der bisherigen Körperschaften für die Zukunft unmöglich machten, ohne sinnfälligen Nutzen zu bringen. Denn eine echte Selbstverwaltung ist nur dort möglich, wo ein genossenschaftlicher Zusammenschluß aus eigener geistiger Substanz und aus eigenen materiellen Mitteln lebt, wo die Selbstverwaltung nichts anderes ist, als „immerwährende Selbsterziehung durch tätige Mitarbeit an gemeinsamen Interessen und Aufgaben“ (Botzenhart). Maßgebend darf nur die innere Beteiligung an den wirtschaftlichen Angelegenheiten sein und nicht das Gruppeninteresse, das allein das Heute sieht. Für den Interessenten, den Fordernden, sind andere Möglichkeiten vorhanden, seinen berechtigten Belangen eine genügende und maßgebende Vertretung zu sichern. Es wird Sache des Gesetzgebers sein, hier den richtigen Weg zu finden.

Schließlich noch ein anderes: das „Kammerrecht der Wirtschaft“ setzt die Tradition des Kommentars zum preußischen Gesetz über die Handelskammern von 1870/1897 fort, den der Mitgestalter des Gesetzes, der Geheime Ober-Regierungsrat und Vortragende Rat im Preußischen Ministerium für Handel und Gewerbe F. Lusensky verfaßt hat. Welche Bedeutung der „Lusensky“ für die Auslegung des Preußischen Handelskammer-Gesetzes und damit für die Praxis besaß, dürfte kaum zu ermessen sein. In der Tiefe seiner Anschauungen, in der Klarheit der Darlegung und in der Unabhängigkeit des Urteils kann er wohl als Muster eines Kommentars betrachtet werden. Soweit es irgend anging, habe ich mich bemüht, den Gedankenreichtum seiner Kommentierung auch für unsere heutige Beurteilung der Rechtsverhältnisse nutzbar zu machen.

Die Tatsache, daß neben dem Bundeskammergesetz auch die Landeskammergesetze in die Darstellung einbezogen worden sind, hat vielfach zur Folge gehabt, daß bestimmte Begriffe und Probleme an verschiedenen Stellen angesprochen worden sind und sich des öfteren eine stichwortartige Wiederholung ergibt. Ich habe diese Art der Darstellung vorgezogen, um nicht ständig mit Verweisungen arbeiten zu müssen, die die Brauchbarkeit des Kommentars m. E. stark herabgesetzt hätten.

Im übrigen muß ich bemerken, daß die Kommentierung der Gesetze mit meiner amtlichen Tätigkeit nur entfernte Berührung hat. Die Anschauungen, die hier vertreten werden, haben keinerlei amtlichen Charakter, sondern entsprechen meiner persönlichen Überzeugung.

Für Anregungen zur Verbesserung und Erweiterung der Darstellung wäre ich dankbar.

Berlin-Schöneberg, den 1. September 1960
Freiherr-vom-Stein Str. 5 — Heinz Bremer

Inhaltsverzeichnis

Seite

Vorwort III

Abkürzungen IX

I. Teil

Allgemeiner Überblick

A. Einführung in das Recht der Industrie- und Handelskammern 1

1. Die historischen Anfänge des Kammerrechts 1
2. Die Entwicklung des preußischen Kammerrechts bis zum Gesetz vom 24. Februar 1870 3
3. Das preußische Gesetz über die Handelskammern vom 24. Februar 1870 6
4. Die Entwicklung des Kammerrechts in den außerpreußischen Staaten Deutschlands 11
5. Die reichsgesetzlichen Regelungen in den Jahren 1934 bis 1942 18
6. Die Zeit nach dem zweiten Weltkrieg bis zum Bundesgesetz vom 18. Dezember 1956 21
7. Die Grundzüge des Kammerrechts nach dem Bundesgesetz vom 18. Dezember 1956 25
8. Entwicklungstendenzen der Gegenwart 31

B. Literaturhinweise 36

II. Teil

Gesetz zur vorläufigen Regelung des Rechts der Industrie- und Handelskammern (Bundeskammergesetz)

A. Text des Gesetzes 41

B. Kommentar 46

1. Aufgaben und Befugnisse der Industrie- und Handelskammern (§ 1) 46
2. Die Zugehörigkeit zu den Kammern (§ 2) 70
3. Die Rechtsstellung der Kammern (§§ 3—8) 87
4. Die Umbildung nicht gesetzmäßig gebildeter Kammern (§§ 9—10) 136
5. Die Staatsaufsicht (§ 11) 139
6. Ergänzendes Landesrecht (§ 12) 160
7. Schlußvorschriften (§§ 13—15) 168

Seite

C. **Anhang** 172

Gesetzliche Bestimmungen betreffend die Erweiterung des Geschäftskreises der Industrie- und Handelskammern

1. Die Feststellung von Handelsbräuchen 172
2. Die öffentliche Ermächtigung von Handelsmäklern zu Verkäufen und Käufen 180
3. Die unmittelbare Aufsicht über die Börsen 182
4. Vorschläge für die Ernennung von Handelsrichtern 184
5. Die Mitwirkung bei der Führung des Handelsregisters 190
6. Anhörung der Industrie- und Handelskammern bei Anträgen auf Eröffnung des Vergleichsverfahrens 193
7. Die Benennung von Gründungsprüfern bei Aktiengesellschaften 200
8. Die Beeidigung und öffentliche Anstellung von Sachverständigen . . . 202

III. Teil

Das Landesrecht der Industrie- und Handelskammern

A. **Ausführungsgesetze der Länder** 211

1. Baden-Württemberg 211
2. Bayern 214
3. Berlin 217
4. Bremen 220
5. Hessen 222
6. Niedersachsen 225
7. Nordrhein-Westfalen 228
8. Rheinland-Pfalz 231
9. Saarland 233

B. **Sonstige Landesgesetze** 234

Gesetz über die vorläufige Regelung der Rechtsverhältnisse der Handelskammer Hamburg vom 27. Februar 1956 235

IV. Teil

Die Rechnungsprüfung bei den Industrie- und Handelskammern

1. Die Entwicklung des Prüfungswesens 239
2. Das Sonderstatut der Rechnungsprüfungsstelle für die Industrie- und Handelskammern 241
3. Richtlinien für die Durchführung der Rechnungsprüfung bei den Industrie- und Handelskammern 243
4. Haushalts-, Kassen- und Rechnungslegungsordnung der Industrie- und Handelskammern 247

V. Teil

Wirtschafts- und Arbeitnehmerkammern

Seite

A. Einführung in das Recht der Wirtschafts- und Arbeitnehmerkammern 287
1. Grundlinien der Entwicklung 287
2. Die Wirtschaftskammern in Bremen und in Rheinland-Pfalz 290
3. Die Arbeitnehmerkammern in Bremen und im Saarland 291

B. Bremisches Wirtschaftskammergesetz vom 23. Juni 1950 294
Erste Durchführungsverordnung zum Bremischen Wirtschaftskammergesetz vom 23. Januar 1951 298
Satzung der Wirtschaftskammer Bremen vom 6. November 1951 . . . 299

C. Gesetz über die Arbeitnehmerkammern im Lande Bremen vom 3. Juli 1956 302
Verordnung über die Einziehung der Beiträge für die Arbeitnehmerkammern vom 5. Juli 1956 313

D. Landesgesetz über die Hauptwirtschaftskammer Rheinland-Pfalz vom 21. April 1949 314

E. Gesetz über die Errichtung einer Arbeitskammer für das Saarland vom 30. Juni 1951 317

VI. Teil

Einigungsstellen für Wettbewerbsstreitigkeiten

A. Einführung in das Recht der Einigungsstellen 323

B. Gesetz zur Änderung des Gesetzes gegen den unlauteren Wettbewerb, des Gesetzes über das Zugabewesen und des Rabattgesetzes vom 11. März 1957 . . . 325

C. Muster für die Verordnung über Einigungsstellen 333

D. Musteranordnung des Reichs- und Preußischen Wirtschaftsministers für die nach § 7 b UWG von der höheren Verwaltungsbehörde zur Überwachung der Ausverkäufe und ähnlicher Veranstaltungen zu erlassenden Bestimmungen (Runderlaß vom 19. Oktober 1935) 339

VII. Teil

Auslandshandelskammern

A. Entwicklung und Recht der Auslandshandelskammern 343
1. Zur historischen Entwicklung 343
2. Die Entwicklung der deutschen Auslandshandelskammern 347
3. Organisation, Rechtsstellung und Finanzierung 350
4. Zur Aufgabenstellung der Auslandshandelskammern 352

B. Übersicht über die bestehenden deutschen Auslandshandelskammern 355

C. Gebührenordnung der deutsch-ausländischen Handelskammern (Auslandshandelskammern) 356
Sachregister 359

Abkürzungen

a. A.	anderer Ansicht
a. a. O.	am angegebenen Ort
ABG	Allgemeines Berggesetz für die Preußischen Staaten vom 24. Juni 1865
ABl.	Amtsblatt
a. F.	alte Fassung
AG	Ausführungsgesetz
AGG	Arbeitsgerichtsgesetz vom 3. September 1953
AHK	Auslandshandelskammer
AktG	Gesetz über Aktiengesellschaften und Kommanditgesellschaften auf Aktien (Aktiengesetz) vom 30. Januar 1937
ALR	Allgemeines Landrecht für die Preußischen Staaten vom 1. Juni 1794
a. M.	anderer Meinung
Anm.	Anmerkung
AöR	Archiv für öffentliches Recht
Arch.	Archiv
Art.	Artikel
AVAVG	Gesetz über Arbeitsvermittlung und Arbeitslosenversicherung in der Fassung der Bekanntmachung vom 3. April 1957
AWD	Außenwirtschaftsdienst des „Betriebsberaters“
BAG	Bundesarbeitsgericht
BAnz.	Bundesanzeiger
BayVBl.	Bayerische Verwaltungsblätter
BB	Der Betriebsberater (seit 1946)
BBG	Bundesbeamtengesetz in der Fassung vom 18. September 1957
Bd.	Band
BDO	Bundesdisziplinarordnung
Beiträgeerhebungsgesetz	Gesetz über die Erhebung der Beiträge zu den Industrie- und Handelskammern vom 31. März 1939
Beiträgegesetz	Gesetz zur Hebung und Erhaltung der Kaufkraft vom 24. März 1934 (Abschnitt I)
BetrVerfG	Betriebsverfassungsgesetz vom 11. Oktober 1952
Bem.	Bemerkung
ber.	berichtigt
BFH	Bundesfinanzhof
BGB	Bürgerliches Gesetzbuch
BGBl. I	Bundesgesetzblatt (Teil I)
BGH	Bundesgerichtshof
BGHZ	Entscheidungen des Bundesgerichtshofs in Zivilsachen

Abkürzungen

BK	Kommentar zum Bonner Grundgesetz (Bonner Kommentar), herausgegeben von Abraham-Bühler-Dennewitz-Herrfahrdt-Holtkotten-Kern-Laun-Meder-Meißner-Menzel-Schneider-Scupin-Wernicke, Hamburg 1950 und später
BKG	Bundesgesetz zur vorläufigen Regelung des Rechts der Industrie- und Handelskammern vom 18. Dezember 1956
BörsG	Börsengesetz vom 27. Juni 1896/8. Mai 1908
BRRG	Rahmengesetz zur Vereinheitlichung des Beamtenrechts vom 1. Juli 1957
BStBl.	Bundessteuerblatt
BT	Bundestag
BVerfG	Bundesverfassungsgericht
BVerwG	Bundesverwaltungsgericht
BVGE	Entscheidungen des Bundesverwaltungsgerichts
DB	Der Betrieb
DBW	Die Berliner Wirtschaft (Zeitschrift der IHK Berlin)
DDR	Deutsche Demokratische Republik
ders.	derselbe Autor
DIHT	Deutscher Industrie- und Handelstag
Diss.	Dissertation
DJ	Deutsche Justiz
DÖH	Der Öffentliche Haushalt
DÖV	Die Öffentliche Verwaltung (seit 1947)
Drucks.	Drucksache
DRZ	Deutsche Richter-Zeitung
DtStZ	Deutsche Steuer-Zeitung
DV	Deutsche Verwaltung (von 1948 bis 1950)
DVBl.	Deutsches Verwaltungsblatt (ab 1950)
DVO	Durchführungsverordnung
EG	Einführungsgesetz
EStG 1958	Einkommensteuergesetz in der Fassung vom 23. September 1958
FGG	Gesetz über die Angelegenheiten der freiwilligen Gerichtsbarkeit vom 17. Mai 1897
GBl.	Gesetzblatt
Ges.	Gesetz
GewArch.	Gewerbearchiv
GewStDV 1955	Gewerbesteuer-Durchführungsverordnung vom 24. März 1956
GewStG 1957	Gewerbesteuergesetz in der Fassung vom 18. November 1958
GewStR 1958	Gewerbesteuer-Richtlinien 1958 vom 22. September 1959
GG	Grundgesetz für die Bundesrepublik Deutschland vom 23. Mai 1949
GmbHG	Reichsgesetz betreffend die Gesellschaften mit beschränkter Haftung vom 20. April 1892
GRUR	Gewerblicher Rechtsschutz und Urheberrecht
GS	Gesetzsammlung
GVBl.	Gesetz- und Verordnungsblatt

Abkürzungen

GVG	Gerichtsverfassungsgesetz vom 27. Januar 1877
GWB	Gesetz gegen Wettbewerbsbeschränkungen vom 27. Juli 1957
GWKAV	Gauwirtschaftskammeraufbauverordnung (Dritte Verordnung zur Durchführung der Verordnung über die Vereinfachung und Vereinheitlichung der gewerblichen Wirtschaft) vom 30. Mai 1942
Hamann	Andreas Hamann, Das Grundgesetz, Berlin — Neuwied — Darmstadt 1956
HGB	Handelsgesetzbuch vom 10. Mai 1897
HGMBl.	Ministerialblatt für Handel und Gewerbe (in Preußen)
h. M.	herrschende Meinung
Huber I, II	Ernst Rudolf Huber, Wirtschaftsverwaltungsrecht, 2. Aufl., Bd. 1, 1953; Bd. 2, 1954; Tübingen
HwO	Handwerksordnung vom 17. September 1953
IHK	Industrie- und Handelskammer
i.S.	im Sinne
Jahrg.	Jahrgang
JR	Juristische Rundschau (seit 1947)
JW	Juristische Wochenschrift (von 1871 bis 1945)
JZ	Juristenzeitung (seit 1946)
Kap.	Kapitel
KG	Kammergericht
KO	Konkursordnung vom 10. Februar 1877
KSchG	Kündigungsschutzgesetz vom 10. August 1951
LG	Landgericht
v. Mangold-Klein	Hermann v. Mangold-Friedrich Klein, Das Bonner Grundgesetz, Kommentar, Band 1, 2. Aufl., Berlin und Frankfurt/Main 1957
MBlVfW	Mitteilungsblatt der Verwaltung für Wirtschaft des Vereinigten Wirtschaftsgebiets
MBlWiA	Ministerialblatt für Wirtschaft und Arbeit (1933—1935)
MDR	Monatsschrift für Deutsches Recht
Münzautomat	Der Münzautomat (Fachzeitschrift für das gesamte Münzautomatenwesen)
NF	Neue Folge
n.F.	neue Fassung
NJW	Neue Juristische Wochenschrift (seit 1947)
OLG	Oberlandesgericht
o.O.	ohne Ort
OVG	Oberverwaltungsgericht
pr.	preußisch
Prot.	Protokoll

PrOVG	Preußisches Oberverwaltungsgericht
PrVerwBl.	Preußisches Verwaltungs-Blatt
RAG	Reichsarbeitsgericht
RAnz.	Deutscher Reichs- und Preußischer Staatsanzeiger
RAO	Reichsabgabenordnung
RBMG	Rechtsberatungsmißbrauchgesetz vom 13. Dezember 1935
RegBl.	Regierungsblatt
RFHE	Sammlung der Entscheidungen des Reichsfinanzhofs
RGBl. I	Reichsgesetzblatt (Teil I)
RGO	Gewerbeordnung für das Deutsche Reich
RGSt.	Entscheidungen des Reichsgerichts in Strafsachen
RGZ	Entscheidungen des Reichsgerichts in Zivilsachen
RWB	Wirtschaftsbestimmungen für die Reichsbehörden vom 11. Februar 1929
RZollBl.	Reichszollblatt
S.	Seite
Samml.	Sammlung (von Rechtsvorschriften)
SchlHA	Schleswig-Holsteinische Anzeigen
SGG	Sozialgerichtsgesetz vom 3. September 1953
StAnpG	Steueranpassungsgesetz vom 16. Oktober 1934
StGB	Strafgesetzbuch für das Deutsche Reich
UWG	Gesetz gegen den unlauteren Wettbewerb vom 7. Juni 1909
VAG	Reichsgesetz über die Beaufsichtigung der privaten Versicherungsunternehmungen und Bausparkassen vom 6. Juni 1931
VAW	Verwaltungsamt für Wirtschaft des Vereinigten Wirtschaftsgebietes
VerwArch.	Verwaltungsarchiv
VG	Verwaltungsgericht
VGH	Verwaltungsgerichtshof
v. H.	vom Hundert
VglO	Vergleichsordnung
VOBl.	Verordnungsblatt
VRSpr.	Verwaltungsrechtsprechung in Deutschland, herausgegeben von Ziegler (seit 1949)
VwGO	Verwaltungsgerichtsordnung vom 21. Januar 1960
WRP	Wettbewerb in Recht und Praxis
ZfPol.	Zeitschrift für Politik
ZHK	Zeitschrift für das gesamte Handels- und Konkursrecht

I. Teil

Allgemeiner Überblick

A. Einführung in das Recht der Industrie- und Handelskammern

Literatur: v. Kaufmann, Die Vertretung der wirtschaftlichen Interessen in den Staaten Europas, Berlin 1879; ders., Die Reform der Handels- und Gewerbekammern, Berlin 1883; Grätzer, Die Organisation der Berufsinteressen, Berlin 1886; Stegemann, Gesetz über die Handelskammern vom 24. Februar 1870, Berlin 1891; Hampke, Handwerker- oder Gewerbekammern, Jena 1893; Die Handels- und Gewerbekammern, kaufmännischen Korporationen und die dem Deutschen Handelstag angehörigen wirtschaftlichen Vereine des Deutschen Reiches, Berlin 1894; Die Handelskammern. Ihre Organisation und Tätigkeit (Bericht der Ältesten der Kaufmannschaft von Berlin), Berlin 1906; Lusensky, Gesetz über die Handelskammern, 2. Aufl., Berlin 1909; Brandt-Lohmann-Wiedemann, Neuordnung der Handelskammern und des Deutschen Handelstags, Berlin 1917; Fonk, Die Interessenvertretungen von Industrie und Handel, insbesondere in Preußen. Ihre Entstehung und Tätigkeit, Köln 1920; Heréus, Die Deutschen Handelskammern als Glied der Verwaltung. Ihre Geschichte, ihr Wesen und ihre Zukunft, Mannheim, Berlin und Leipzig 1922; Klug, Gesetz über die Industrie- und Handelskammern, in: v. Brauchitsch, Die Preußischen Verwaltungsgesetze, IV. Band, Berlin 1927; Bauerreiß, Verfassung, Aufgaben und Bedeutung der französischen Handelskammern, ZHK 108. Bd. (1941), S. 257ff.; Homann, Die Deutsche Wirtschaftsorganisation, Berlin, Wien und Leipzig 1943; Most, Die Selbstverwaltung der Wirtschaft in den Industrie- und Handelskammern, 3. Aufl., Jena 1947; Huber, Wirtschaftsverwaltungsrecht, 1. Bd., 2. Aufl., Tübingen 1953, S. 213ff.; Tietgen, Die Mitgliedschaft bei den Industrie- und Handelskammern, DB 1954 S. 511ff.; v. Hinüber, Die Bereinigung und Vereinheitlichung des Handelskammerrechts, BB 1956 S. 1172ff.; Bremer, Das neue Recht der Industrie- und Handelskammern, JR 1957 S. 81ff.; Frentzel-Jäkel, Gesetz zur vorläufigen Regelung des Rechts der Industrie- und Handelskammern, Köln 1957; J. v. Gierke, Die Industrie- und Handelskammern, ZHK 120. Bd. (1957), S. 77—83.

1. Die historischen Anfänge des Kammerrechts

Organe zur Vertretung der kaufmännischen und industriellen Interessen eines bestimmten Gebiets in Gestalt von Handelskammern bestehen seit Ende des 16. Jahrhunderts. In jener Zeit war es Frankreich, das mit der Errichtung dieser Körperschaften voranschritt. Im Jahre 1596 gründete König Heinrich IV. (1589—1610), dem Frankreich einen starken Aufschwung von Handel und Gewerbe verdankt, eine zentrale Handelskammer, die Chambre supérieure du commerce, die die auf den Handel bezüglichen Gesetze zu beraten und zu begutachten hatte. Wenige Zeit später folgte dieser Gründung des Zentralorgans die Gründung einer ersten Handelskammer mit örtlich begrenztem Wirkungskreis, der Handelskammer von Marseille im Jahre 1599, durch die den zentralisierenden Tendenzen des französischen Königs entgegen gewirkt werden sollte.

Obwohl die unter Heinrich IV. errichtete Zentralkammer ihre Tätigkeit bald wieder einstellte, wurde sie unter seinem Nachfolger, Ludwig XIII. (1610—1643), auf Bitten der Kaufmannschaft im Jahre 1616 neu ins Leben gerufen. Ihre Grundlagen wurden in der folgenden Zeit, insbesondere durch Richelieu und Colbert, verschiedentlich verändert.

Für die weitere Entfaltung der Wirtschaft Frankreichs war es gegen Ende des 17. Jahrhunderts von besonderer Bedeutung, daß in der Ordonnance du commerce von 1673 und der Ordonnance de la marine von 1681 umfassende Kodifikationen des Handelsrechts erfolgten. Dieser Entfaltung entsprach eine durchgreifende Neuorganisation der bestehenden Handelskammern in den Jahren 1700—1701 und die Errichtung weiterer Kammern in allen größeren Wirtschaftszentren des französischen Staatsgebietes. Bemerkenswert ist hierbei, daß diese Handelskammern nicht nur im französischen Mutterland, sondern auch in den französischen Kolonien gegründet wurden (Bauerreß a. a. O. S. 263, 264).

Während der französischen Revolution wurden das Zentralorgan und die lokalen Kammern im Jahre 1791 aufgelöst. Auf die französische Wirtschaft wirkte sich diese Maßnahme jedoch sehr nachteilig aus. Das Zentralorgan wurde daher im gleichen Jahr erneut in seine alte Rechtsstellung eingesetzt, während die ihrer offiziellen Stellung beraubten lokalen Handelskammern ihre Tätigkeit als freie Vereinigungen fortsetzten. Erst durch zwei gesetzliche Maßnahmen in den Jahren 1802 und 1803 schaffte die Regierung wieder die Grundlage für die Errichtung amtlicher Vertretungen der Handels- und gewerblichen Interessen, die mit territorial und sachlich begrenztem Wirkungskreis tätig werden sollten. So wurden durch eine Verordnung vom 3. nivôse des Jahres XI (24. Dezember 1802) 22 Handelskammern an den bedeutendsten Handelsplätzen Frankreichs neu errichtet und durch ein Gesetz vom 22. germinal des Jahres XI (12. April 1803) die Errichtung von sogenannten Ratskammern (auch Gewerbe- oder Industriekammern genannt) ermöglicht, die die Bestimmung hatten, die Bedürfnisse der Fabriken, Handwerke und Künste und die Mittel zu ihrer Förderung zur Sprache zu bringen (Lusensky, S. 10). Nach einer Ausführungsverordnung zu dem Ratskammer-Gesetz vom gleichen Jahr wurden diese Kammern von sechs Mitgliedern gebildet, die entweder Gewerbetreibende sein oder ein Gewerbe mindesten fünf Jahre betrieben haben mußten. Den Vorsitz führte der Bürgermeister des Ortes, an dem die Kammer ihren Sitz hatte. Ihre Kosten trug die Gemeinde; ihre Tätigkeit hatte sich in dem ihr gesetzlich zugewiesenen Aufgabenkreis auf die Beratung der Regierungsinstanzen zu beschränken. Die Ratskammer war also keine öffentliche Körperschaft mit eigener Rechtspersönlichkeit, sondern lediglich eine Dienststelle der Gemeinde, in der sie errichtet worden war. Sie ist im Laufe der Zeit immer mehr in ein vollkommenes Schattendasein abgesunken.

Demgegenüber war die Stellung der Handelskammern eine völlig andere. Auch hatte ihr Aufgabenkreis einen wesentlichen größeren Umfang. Die Handelskammern waren von Anfang an öffentliche Einrichtungen, Körperschaften des öffentlichen Rechts mit eigener Rechtspersönlichkeit, die nicht nur Vorschläge zur Förderung des Handels machen und die Regierung auf diesem Gebiet beraten sollten, sondern die gleichzeitig die Aufgabe hatten, öffentliche, dem Handel dienende Arbeiten zu beaufsichtigen und in sonstiger Weise den Interessen des Staates zu dienen. So überwachte sie insbesondere die Instandsetzung von Häfen und die Schiffahrt auf den Strömen sowie die Ausführung der Gesetze und Verordnungen gegen den Schleichhandel. Sie hatten das Recht, mit dem zuständigen Minister unmittelbar in Schriftwechsel zu treten und mußten ihm ihren Haushaltsplan einreichen und Vorschläge zur Deckung der Kosten machen. An ihrer Spitze stand der Präfekt des Departements als Präsident, zu dem in Städten, die nicht der Sitz einer Präfektur waren, der Bürgermeister hinzutrat. Zu Mitgliedern der Handelskammern konnten Personen gewählt werden, die mindestens 10 Jahre lang Handel getrieben hatten. Die ersten Wahlen erfolgten durch eine Gruppe angesehener Kaufleute, die der Präfekt oder Bürgermeister zu diesem Zweck berief. In jedem Jahr schied der dritte Teil der Mitglieder der Handelskammer aus und wurde durch Wahlen der Handelskammer ersetzt. Die gewählten Personen bedurften der Bestätigung des Ministers. Soweit am Sitz der Handelskammern keine Ratskammern bestanden, hatten die Handelskammern zugleich deren Aufgaben wahrzunehmen.

Die Verfassung der französischen Handelskammern hat im Verlauf der folgenden Jahrzehnte wiederholt erhebliche Änderungen erfahren, die sich besonders auf das aktive und passive Wahlrecht bezogen. Sie erhielt erst durch die Gesetze vom 9. April 1898 und 19. Februar 1908 diejenige Gestalt, die sie auch heute als Repräsentativkörperschaften der Wirtschaft besitzen und die sie befähigt, ihre beratende und begutachtende Tätigkeit und ihre privatwirtschaftlich-verwaltungsmäßigen Aufgaben mit voller Autorität durchzuführen. Über die Entwicklung im einzelnen vgl. Bauerreiß a. a. O. S. 257 ff.

2. Die Entwicklung des preußischen Kammerrechts bis zum Gesetz vom 24. Februar 1870

Die Entwicklung der preußischen Handelskammern ging Anfang des 19. Jahrhunderts von den damals der französischen Herrschaft unterworfenen linksrheinischen Landesteilen aus. Hier errichtete die französische Regierung auf Grund der in den Jahren 1802 und 1803 in Frankreich erlassenen Vorschriften je eine Ratskammer für Aachen-Burtscheid, Stolberg, Eupen, Malmedy, Trier und Krefeld und eine Handelskammer für Köln. Als die linke Seite des Rheins im Jahre 1814 an Preußen zurückfiel, machte sich allmählich auch in anderen Städten der Rheinprovinz das Bedürfnis geltend, ähnliche Vertretungen des Handels und Gewerbes ins Leben zu rufen. Dementsprechend wurden von 1830 ab neue Handelskammern dergestalt eingerichtet, daß für jede zu gründende Kammer durch königliche Verordnung ein Statut bestätigt wurde, das die Organisation der betreffenden Kammer regelte. Das erste Statut dieser Art, das für die später errichteten Handelskammern vorbildlich wurde, ist das Statut vom 22. Juni 1830 für die Handelskammer, die gemeinsam für die Städte Elberfeld und Barmen errichtet wurde. Seine Bestimmungen sind den französischen Vorschriften nachgeahmt, weichen jedoch in zwei Punkten von ihnen ab: der Vorsitz in der Handelskammer sollte nicht einem außerhalb der Kammer stehenden Beamten, sondern einem von dieser gewählten Kammermitglied übertragen werden; außerdem sollten die Mitglieder der Handelskammer von der Gesamtheit der in ihr vertretenen Kaufmannschaft gewählt werden. Diese Grundsätze über den Vorsitz in der Kammer und über die Durchführung der Wahlen wurden durch Königliche Verordnung vom 16. Juni 1831 auf diejenigen Handelskammern übertragen, die aus der französischen Zeit stammten; sie sind anscheinend auch auf die noch bestehenden Ratskammern angewandt worden. Dabei ist festzustellen, daß der Unterschied in der Aufgabenstellung der Ratskammern und der Handelskammern im Laufe der Zeit immer mehr abnahm und die Handelskammern allmählich sowohl als Vertretungen des Handels und des Verkehrs als auch als Vertretungen der Güter erzeugenden Gewerbe angesehen wurden. Die Statuten der seit 1830 errichteten Handelskammern bezeichneten es daher als deren Bestimmung „den Staatsbehörden ihre Wahrnehmungen über den Gang des Handels, des Manufaktur-Gewerbes und der Schiffahrt und ihre Ansichten über die Mittel zur Beförderung der einen und der anderen darzulegen, denselben die Hindernisse, welche der Erreichung dieses Zwecks entgegenstehen, bekanntzumachen und ihnen die Auswege anzuzeigen, welche sich zur Hebung derselben darbieten". Die neue Entwicklung fand ihren Niederschlag auch in der Ausgestaltung des Wahlrechts und der Beitragspflicht, indem Wahlrecht und Beitragspflicht von der Entrichtung der den Handel und die Gewerbe erfassenden Gewerbesteuer abhängig gemacht wurden. Im übrigen kam darin, daß ein Mindestsatz von jährlich 12 Talern vorgesehen war, der durch eine Verordnung vom 21. Februar 1836 für die Städte der ersten Gewerbesteuerklasse auf 20 Taler erhöht wurde, zum Ausdruck, daß die Handelskammern vor allem als Vertretungen der mittleren und großen Betriebe gedacht waren (Lusensky, S. 14).

Auf diesen Grundlagen wurden im Rheinland in der Zeit von 1830—1840 insgesamt 10 Handelskammern errichtet.

In den altpreußischen Landesteilen hatte das Bedürfnis nach einer Vertretung der Handel- und Gewerbetreibenden dazu geführt, daß in den bedeutenderen Handelsplätzen kaufmännische Korporationen gebildet wurden, denen der König durch ein durch ihn bestätigtes Statut eine besondere Verfassung gab. Sie gestattete diesen Körperschaften eine weitgehende Selbstverwaltung. Derartige Vertretungsorgane bestanden seit 1820 in Berlin, Stettin, Danzig, Memel, Tilsit, Königsberg, Elbing und Magdeburg. Von den Handelskammern unterschieden sie sich durch ihre ausgedehntere Verwaltungstätigkeit, besonders auch auf privatrechtlichem Gebiet. Die Zugehörigkeit zu ihnen trat zwar nicht wie bei den Handelskammern von selbst ein; sie war jedoch für diejenigen Gewerbetreibenden notwendig, die die im Allgemeinen Landrecht (II Titel 8) umschriebenen kaufmännischen Rechte wie Glaubwürdigkeit der Bücher, Wechselfähigkeit, Geschäftsfähigkeit der Handlungsgehilfen, Provision in Anspruch nahmen, weil der Besitz dieser Rechte in den Städten mit Korporationen an den Eintritt in die Korporation geknüpft war. Durch Art. 3 § 4 des preußischen Ausführungsgesetzes zum Allgemeinen deutschen Handelsgesetzbuch vom 24. Juni 1861 wurden die privatrechtlichen Vorschriften der Statuten der kaufmännischen Korporationen außer Kraft gesetzt, namentlich auch diejenigen, durch welche die kaufmännischen Rechte von dem Beitritt zur kaufmännischen Korporation des Orts abhängig gemacht wurden. Von dieser Zeit ab lag der wesentliche Unterschied zwischen den kaufmännischen Korporationen und den Handelskammern darin, daß die Zugehörigkeit zu den Korporationen auf dem freien Entschluß der Beteiligten ruhte, während die Handelskammern Pflichtvertretungen darstellten (Lusensky, S. 16).

Die Regierung hat wohl anfänglich den Korporationen den Vorzug vor den Handelskammern gegeben. Das kommt besonders in dem Landtagsabschied für die Provinz Westfalen im Jahre 1827 zum Ausdruck, der auf eine Petition der westfälischen Stände wegen der Einrichtung von Handelskammern Bezug nahm. In ihm wird erklärt, daß der Zweck der Petition ebenso vollständig durch die Bildung kaufmännischer Korporationen erreicht werden könne. Es bildet dies eine interessante Parallele zu der Lage in der Zeit nach dem zweiten Weltkrieg, als auch hier von verschiedenen Seiten der Bildung freier Kammern ohne Pflichtmitgliedschaft das Wort geredet wurde.

In den Anschauungen über die Zweckmäßigkeit von Handelskammern trat mit der Regierungsübernahme durch Friedrich Wilhelm IV. (1840—1861) eine Wandlung ein. Als die Stände der Mark Brandenburg und des Markgrafentums Niederlausitz im Jahre 1841 beim König beantragten, Handelskammern auch in den östlichen

Provinzen zu errichten, erhielten sie im Landtagsabschied vom 20. Dezember 1841 einen positiven Bescheid. Die in Verfolg dieses Gesinnungswandels im Jahre 1844 errichteten Handelskammern für die Stadt Erfurt, für den Kreis Hagen und für die Stadt Halle und die Saalörter (vgl. die Statuten in der preußischen Gesetzsammlung vom Jahre 1844 S. 663—675) unterschieden sich von den rheinischen Handelskammern besonders dadurch, daß eine Bestätigung ihrer Mitglieder durch den Minister, wie sie in der Rheinprovinz vorgesehen war, nicht gefordert wurde. Dagegen waren die 1844 errichteten Kammern der Bezirksregierung untergeordnet, an die sie in Fällen, die nicht eilig waren, ihre Berichte und Gutachten zu erstatten hatten, während die rheinischen Kammern nicht in solcher Abhängigkeit von den Bezirksregierungen standen (Lusensky S. 18).

Um diese Verschiedenheiten in der Organisation der bestehenden Handelskammern zu beseitigen und um für die Errichtung neuer Kammern sowohl zu einem erleichterten Verfahren als auch zu gleichmäßigen Einrichtungen zu gelangen, wurde am 11. Februar 1848 eine Königliche Verordnung über die Errichtung von Handelskammern erlassen (GS S. 63), die eine einheitliche Unterlage für den weiteren Ausbau der Kammern bildete. In den Aufgaben und der Bestimmung der Handelskammern änderte die Verordnung nichts. Die Handelskammern blieben nach wie vor beratende Körperschaften, die in erster Linie dazu bestimmt waren, den Staatsbehörden gegenüber die Interessen von Handel und Gewerbe in Gutachten und Ratschlägen zu vertreten. Gutachtlich sollten sie sich insbesondere auch über die anzustellenden Makler und über diejenigen Personen äußern, die zur Verwaltung öffentlicher Anstalten für Handel und Gewerbe zu ernennen waren. Unmittelbare Verwaltungsaufgaben hatten sie nicht; doch war die Möglichkeit vorgesehen, ihnen die Beaufsichtigung der den Handel und die Gewerbe fördernden Anstalten zu übertragen.

In bezug auf die Voraussetzungen des Wahlrechts, die Vollziehung der Wahlen, die Dauer der Mitgliedschaft und das Ausscheiden der Mitglieder knüpfte die Verordnung von 1848 an die Bestimmungen an, die in den früheren Statuten getroffen worden waren. Das aktive Wahlrecht wurde von der Entrichtung eines für jede Handelskammer festzusetzenden Betrags der Gewerbesteuer abhängig gemacht, die in der Steuerklasse der Kaufleute mit kaufmännischen Rechten zu entrichten war. Die Wahlen wurden mittels Stimmzetteln in geheimer Abstimmung nach absoluter Mehrheit durchgeführt. Sie erfolgten auf die Dauer von drei Jahren, wobei jedes Jahr der dritte Teil der Kammermitglieder ausschied. Die vollzogene Wahl bedurfte keiner Bestätigung der Regierung. Für die gewählten Mitglieder der Kammer wurden Stellvertreter in gleicher Weise gewählt. Die Kosten der Verwaltung der Handelskammern hatten die Wahlberechtigten nach dem Maßstab der Gewerbesteuer aufzubringen.

Die Handelskammern hatten die Befugnis, unmittelbar an die Zentralbehörden zu berichten; sie sollten in diesem Fall aber Abschrift ihres Berichts gleichzeitig an die Bezirksregierung einsenden. Neue Handelskammern sollten für jeden Ort oder Bezirk, wo wegen des Handels oder gewerblichen Verkehrs ein Bedürfnis dazu bestand, erst nach Einholung landesherrlicher Genehmigung errichtet werden. Bei Erteilung der Genehmigung war zugleich über den Sitz der Kammer, die Zahl ihrer Mitglieder und deren Stellvertreter, die Errichtung engerer Wahlbezirke und den das Wahlrecht bedingenden Mindestsatz der Gewerbesteuer zu bestimmen (Lusensky S. 19—21).

Soweit in bestimmten Bezirken kaufmännische Korporationen betanden, sollte die Errichtung von Handelskammern nicht unzulässig sein. Jedoch war in Aussicht genommen, nach Anhörung der Korporation diejenigen Bestimmungen zu treffen, durch die die bestehenden korporativen Verhältnisse in geeigneter Weise berücksichtigt würden. Hinsichtlich der bestehenden Handelskammern verblieb es in bezug auf den Sitz und den Bezirk, die Zahl der Mitglieder und Stellvertreter, die Bildung eigener Wahlbezirke und den das Wahlrecht bedingenden Mindestsatz der Gewerbesteuer bei den Vorschriften der bisherigen Statuten. Ihre sonstigen Bestimmungen wurden aber durch die Verordnung vom 11. Februar 1848 beseitigt.

Auf Grund dieser Verordnung sind in den alten Provinzen insgesamt 33 Handelskammern errichtet worden.

3. Das preußische Gesetz über die Handelskammern vom 24. Februar 1870

Die Verordnung von 1848 hatte das Entstehen neuer Handelskammern stark gefördert und sich auch sonst sehr bewährt. Trotzdem war sie sowohl mit Rücksicht auf bedeutsame Veränderungen auf dem Verkehrsgebiet, als auch mit Rücksicht auf andere Zweige der Gesetzgebung verbesserungsbedürftig geworden. Für eine Neuordnung war schließlich auch Anlaß dadurch gegeben, daß sich in den im Jahre 1866 neu erworbenen Landesteilen die Einrichtung der Handelskammern teils überhaupt nicht, teils in Formen entwickelt hatte, die von den preußischen Grundzügen in manchen Beziehungen abwichen.

Bei dieser Neuordnung ging die Regierung von dem in den älteren Landesteilen bestehenden Rechtszustand aus, wie er in der Verordnung von 1848 niedergelegt war. Der hiernach ausgearbeitete Entwurf eines Gesetzes über die Handelskammern wurde im Januar 1869 dem Haus der Abgeordneten vorgelegt und nach längeren Kommissionsberatungen als Gesetz über die Handelskammern vom 24. Februar 1870 (GS S. 134) veröffentlicht.

Nach dem Gesetz über die Handelskammern war zur Errichtung einer Handelskammer nicht mehr ein vom König vollzogenes Statut, sondern eine ministerielle Genehmigung erforderlich. Für die Wahlberechtigung wurde an dem Grundsatz festgehalten, daß die kleineren kaufmännischen und die handwerksmäßigen Betriebe in den Handelskammern nicht vertreten sein sollten. Dies war bisher dadurch erreicht worden, daß das Wahlrecht für jede Handelskammer an einen Mindestsatz der Gewerbesteuer geknüpft war. Im Gesetz von 1870 wurde das Wahlrecht und demgemäß auch die Beitragspflicht im Hinblick auf das inzwischen in Preußen eingeführte Allgemeine Deutsche Handelsgesetzbuch nunmehr von der Eintragung der Firma ins Handelsregister abhängig gemacht. Daneben war die Bestimmung vorgesehen, daß das Wahlrecht für einzelne Handelskammern mit ministerieller Genehmigung noch weiter eingeschränkt werden konnte, indem es außer an die Eintragung ins Handelsregister auch noch an die Veranlagung in einer bestimmten Klasse oder zu einem bestimmten Satz der Gewerbesteuer vom Handel geknüpft werden durfte.

Mit dieser Regelung wurden einerseits sowohl die im Handelsregister eingetragenen Gesellschaften, d. h. nicht nur die im Handelsgesetzbuch aufgeführten Gesellschaften, sondern auch die eingetragenen Genossenschaften, als auch die Bergbaubetriebe, die nach dem Wortlaut der Verordnung von 1848 von der Vertretung in den Handelskammern ausgeschlossen waren, in die Organisation der Handelskammern einbezogen. Um dabei die unbedeutenden Betriebe des Bergbaus auszuschalten, wurde das Wahlrecht der bergmännischen Betriebe davon abhängig gemacht, daß die Jahresproduktion einen vom Handelsminister für die einzelnen Handelskammern zu bestimmenden Wert oder Umfang erreichte.

Voraussetzung der Wählbarkeit waren ein Alter von 25 Jahren, der Wohnsitz im Handelskammerbezirk und eine Tätigkeit im Geschäftsleben in selbständiger oder leitender Stellung. Die Wahlen erfolgten wie bisher durch geheime Abstimmung mittels Stimmzetteln nach absoluter Stimmenmehrheit für eine Zeit von drei Jahren. Dabei schied jedes Jahr der dritte Teil der Mitglieder aus und wurde neu gewählt. Von der Bestellung von Vertretern wurde abgesehen.

Die Kosten der Verwaltung der Handelskammern, wie sie sich aus dem von der Kammer aufzustellenden Haushaltsplan ergaben, waren für den Fall, daß sonstige Einnahmen nicht ausreichten, durch Zuschläge zur Gewerbesteuer vom Handel aufzubringen. Sollten höhere Zuschläge als 10 v. H. erhoben werden, so war die Genehmigung der Regierung erforderlich. Wahlberechtigte, die der Gewerbesteuer vom Handel nicht unterlagen, wurden von der Handelskammer zu dieser Steuer eingeschätzt und mit Zuschlägen zu dem veranlagten Satz herangezogen.

Die Handelskammern wählten jährlich einen Vorsitzenden und einen Stellvertreter aus ihrer Mitte. Bei Beschlüssen gab die Stimme des Vorsitzenden für den Fall der Stimmengleichheit den Ausschlag. Die Sitzungen waren an sich nicht öffentlich, doch konnten die Handelskammern die Öffentlichkeit beschließen.

Die Aufgaben der Handelskammern blieben nach dem Gesetz vom 24. Februar 1870 im wesentlichen dieselben wie bisher. Die Kammern waren danach als beratende Fachorgane gedacht, die sich grundsätzlich auf die Schilderung der vorhandenen Zustände und die Erstattung von Gutachten beschränken sollten. Wenn ihnen auch einzelne Verwaltungsaufgaben, wie z. B. die Beaufsichtigung der Börsen und die Ernennung der Handelsmakler übertragen waren, so wurde doch für eine allgemeine verwaltende Tätigkeit der Handelskammern auf dem Gebiet von Handel und Gewerbe in dem Gesetz keine Grundlage geschaffen.

Neben den Handelskammern blieben die in Berlin, Stettin, Magdeburg, Tilsit, Königsberg, Danzig, Memel und Elbing bestehenden kaufmännischen Korporationen sowie das Kommerz-Kollegium in Altona ausdrücklich erhalten. Diese unterschieden sich, wie bereits erwähnt, in ihrem Wesen dadurch von den Handelskammern, daß die Zugehörigkeit zu ihnen auf freiwilliger Entschließung beruhte.

Nachdem das Gesetz vom 24. Februar 1870 erlassen worden war, wurde es zunächst erforderlich, die Verfassungen und Einrichtungen der bestehenden Handelskammern mit ihm in Übereinstimmung zu bringen. Das Ergebnis stellte ein Erlaß des Handelsministers für jede Provinz fest. Neue Handelskammern wurden seit 1870 in der Weise eingerichtet, daß durch einen Erlaß des Handelsministers die Errichtung der Handelskammern genehmigt und zugleich über ihren Sitz, den Bezirk und die Mitgliederzahl Bestimmung getroffen wurde. So sind während der Zeit von 1870 bis 1897 insgesamt 15 neue Kammern errichtet worden, wobei gleichzeitig viele Änderungen in der Bezirksabgrenzung stattfanden. Andererseits ist zu bemerken, daß ein Teil der Kammern durch Zusammenlegung in Fortfall kam. So ging z. B. in der Provinz Hannover die Zahl der Handelskammern, die ursprünglich 20 betragen hatte, auf 10 zurück. In den anderen Provinzen führte das Bestreben der Handelskammern, ihren Bezirk auszudehnen, in zahlreichen Fällen zur Einbeziehung benachbarter, bisher in Handelskammern nicht vertretener Gebiete.

Das auf der Grundlage des Gesetzes vom 24. Februar 1870 beruhende Recht der preußischen Handelskammern hat durch die spätere Gesetzgebung verschiedene Änderungen erfahren, insbesondere durch das Gesetz zur Neuregelung der Landesverwaltung vom 30. Juli 1883 (GS S. 195) und das Zuständigkeitsgesetz vom 1. August

1883 (GS S. 237). Auch griff die Neuregelung der Gewerbesteuer durch das Gewerbesteuergesetz vom 24. Juni 1891 (GS S. 205) in den bestehenden Rechtszustand ein.

Eine planmäßige Neuordnung und durchgreifende Umgestaltung der Kammern sollte durch die Gesetzentwürfe des Jahres 1896 erfolgen. Immer noch war die Entwicklung der Repräsentanz der Wirtschaft sehr ungleichmäßig. Während in weiten Landesteilen organisierte Vertretungen überhaupt nicht bestanden, wiesen die bestehenden Handelskammern in ihrer Ausdehnung und wirtschaftlichen Bedeutung die größten Verschiedenheiten auf. Teils lag auch in bedeutenden Handelsplätzen die Vertretung der Interessen von Handel und Industrie bei den kaufmännischen Korporationen, die auf freiwilliger Basis tätig waren. Die Handelskammern sollten daher durch einen organischen Aufbau und durch wesentlich weitergehende Aufgaben als bisher zu größerer Bedeutung gebracht werden. Der ursprünglich beim Abgeordnetenhaus eingebrachte Entwurf von v. Berlepsch, der eine durchgreifende Umgestaltung der Kammern vorsah, hatte jedoch keinen Erfolg. Er wurde durch eine wesentlich weniger weitgehende Novelle verdrängt, die sich darauf beschränkte, das Kammerrecht mit neueren Gesetzen in Einklang zu bringen und bestimmte abänderungsbedürftige Vorschriften zu ersetzen. So brachte das Gesetz vom 19. August 1897 (GS S. 343) nur eine durchgreifende Neuordnung des Abgabenwesens der Kammern, eine Abänderung der bisher dreijährigen Wahlperioden mit jährlicher Ergänzung auf sechsjährige Perioden mit zweijähriger Ergänzung, eine Ausdehnung ihres Wirkungskreises und die Ausstattung mit juristischer Persönlichkeit. Daneben enthielt sie die Ermächtigung der Handelskammern, das den Wahlen der Mitglieder zu Grunde zu legende Wahlsystem zu bestimmen, ein von dem gesetzlichen Wahlverfahren abweichendes Verfahren zu beschließen, die Ausübung des aktiven Wahlrechts durch Prokuristen zu gestatten, und ähnliche Befugnisse mehr.

Durch eine Novelle vom 2. Juni 1902 (GS S. 161) erhielt § 44 einen Zusatz, der sich auf das Nebeneinander einer Handelskammer und einer kaufmännischen Korporation bezog und über die Zuständigkeiten der beiden Vertretungen in einem derartigen Fall Bestimmung traf.

Das nunmehr geltende preußische Kammerrecht hatte damit im wesentlichen folgendes Aussehen:

Die Handelskammern waren Vertretungen des Handels und Gewerbes, jedoch unter Ausschluß des Handwerks. Sie waren einerseits beratende Fachorgane, die die Behörden unterstützen und Handel und Gewerbe fördern sollten, zum anderen Verwaltungsorgane, denen gesetzlich bestimmte Aufgaben zugewiesen waren. Im übrigen konnten sie sich selbständig einen Kreis von Aufgaben zum Nutzen von Handel und Gewerbe und der darin beschäftigten Gehilfen und Lehrlinge schaffen. Die Errichtung einer Handelskammer unterlag der Genehmigung des Ministers für Handel und Gewerbe und setzte ein entsprechendes Verlangen der beteiligten bezirklichen Wirtschaftskreise voraus. Für die Kammerzugehörigkeit des Bezirks, für den eine Kammer errichtet war, bildete diese eine Pflichtorganisation. Die Zugehörigkeit zur Kammer begründete das Recht, an den Wahlen zur Kammer teilzunehmen, und die Pflicht, Kammerbeiträge zu leisten. Diese wurden nach dem Maßstab der staatlich veranlagten Gewerbesteuer umgelegt.

Die Mitglieder der Kammer gingen aus Wahlen hervor, wobei Voraussetzungen der Wählbarkeit die deutsche Staatsangehörigkeit, ein Alter von mindestens 25 Jahren und die Befähigung zur Ausübung des aktiven Wahlrechts waren. Das Wahlsystem bestimmten die Kammern selbst, wobei sie die Auswahl zwischen dem allgemeinen gleichen Wahlrecht, einem Wahlsystem unter Bildung von Wahlabteilungen und einem Pluralwahlsystem hatten. Solange eine solche Regelung nicht erfolgte, wurden die Wahlen in drei Abteilungen vollzogen, die unter Zugrundelegung der Veranlagung zur Gewerbesteuer zu bilden waren und deren jede ein Drittel der Kammermitglieder wählte. Die Wahlen erfolgten nach absoluter Stimmenmehrheit durch geheime Abstimmung mittels Stimmzettel. Die Handelskammern konnten jedoch mit ministerieller Genehmigung ein hiervon abweichendes Wahlverfahren beschließen. Gewählt wurde für die Dauer von sechs Jahren, und zwar in der Weise, daß alle zwei Jahre ein Drittel der Mitglieder ausschied und durch Ergänzungswahlen ersetzt wurde.

Endlich konnten in die Handelskammern früher wählbare Personen, die die ihre Wählbarkeit begründende Stellung aufgegeben hatten (anciens commerçants), Aufnahme finden. Sie wurden durch Zuwahl (Kooptation) der Kammer auf die Dauer von drei Jahren berufen. Dabei durfte ihre Zahl den zehnten Teil der festgesetzten Mitgliederzahl der Handelskammern nicht überschreiten.

Die Handelskammern hatten die Rechte einer juristischen Person.

In bezug auf ihre Geschäftsführung einschließlich der Gestaltung des Haushaltsplans und des Kassen- und Rechnungswesens waren die Kammern sehr selbständig. Hinsichtlich der Geschäftsführung traf das Gesetz nur wenige Bestimmungen: über die Wahl des Vorsitzenden, über die Fassung und die Voraussetzungen der Gültigkeit von Beschlüssen, über die Ausfertigung von Urkunden, die die Handelskammer vermögensrechtlich verpflichteten, endlich darüber, welche Gegenstände von der öffentlichen Beratung auszunehmen waren, sofern die Kammer die Öffentlichkeit ihrer Sitzungen überhaupt beschloß. Sonstige Vorschriften über die Führung der Geschäfte traf die Handelskammer nach eigenem Ermessen. Hinsichtlich der Finanzwirtschaft war wesentlich, daß die Kammer in der Feststellung ihres Haushaltsplans nur der Beschränkung unterlag, die ministerielle Genehmigung einholen zu müssen, wenn die Beschaffung des Aufwandes für ein Jahr mehr als 10 v. H. der staatlich veranlagten Gewerbesteuer erforderte. Ihr Kassen- und Rechnungswesen ordnete die Handelskammer ohne irgend eine Einmischung des Staates. Die Einziehung der Beiträge, die öffentliche Lasten waren, hatten auf Wunsch der Kammer die Gemeinden und Gutsbezirke gegen eine Vergütung von höchstens 3 v. H. der eingezogenen Beiträge vorzunehmen (Lusensky S. 44).

Zur Deckung der Kosten von Anstalten, Anlagen und Einrichtungen, die ausschließlich für einzelne Teile des Handelskammerbezirks oder für einzelne Betriebszweige bestimmt waren oder ihnen vorzugsweise zugute kamen, konnte die Kammer bei der Umlegung der Beiträge eine Vorausbelastung der Beitragspflichtigen dieser Bezirksteile oder Betriebszweige vornehmen, wenn es der Minister genehmigte. Den Teilen oder Zweigen war alsdann eine besondere Vertretung in der Verwaltung solcher Einrichtungen zu gewähren.

Die Aufsicht über die Handelskammern führte der Minister für Handel und Gewerbe. Auf seinen Antrag konnte eine Handelskammer durch Beschluß des Staatsministeriums aufgelöst werden. In diesem Fall mußten innerhalb von drei Monaten Neuwahlen vorgenommen werden.

Das Gesetz hielt schließlich die in verschiedenen Städten Preußens bestehenden kaufmännischen Korporationen aufrecht, gestattete ihnen aber, sich durch ein entsprechendes Statut mit ministerieller Genehmigung in Handelskammern umzuwandeln. Im übrigen konnte eine Handelskammer trotz des Bestehens einer kaufmännischen Korporation in ihrem Bezirk unter den allgemeinen gesetzlichen Voraussetzungen errichtet werden. In diesem Fall erloschen die öffentlich-rechtlichen Befugnisse der Korporation, soweit nicht durch ministerielle Verfügung Ausnahmen vorgesehen wurden (Lusensky S. 45).

Nach dem ersten Weltkrieg wurde das preußische Handelskammer-Gesetz durch verschiedene Gesetze und Verordnungen abermals erheblich verändert. So erhielt § 10 des Gesetzes, der das Wahlstatut behandelte, durch das Gesetz vom 14. Januar 1921 (GS S. 223) eine Neufassung, die die Form der Wahl für den Fall betraf, daß ein Wahlstatut nicht erlassen worden war. Nunmehr sollten, solange ein Statut nicht bestand, die Wahlen nach fachlichen Wahlgruppen und nach allgemeinem, gleichen und geheimen Wahlrecht auf Grund einer vom Minister für Handel und Gewerbe erlassenen Wahlordnung vorgenommen werden. Nur vorübergehende Bedeutung hatte das Gesetz vom 31. Oktober 1923 (GS S. 501), das eine Möglichkeit zur Verlängerung der Amtsdauer der Mitglieder der Kammer bot.

Sehr viel weiter griff die Verordnung zur Änderung des Gesetzes über die Handelskammern vom 1. April 1924 (GS S. 194), die den bisherigen § 2 um zwei Absätze vermehrte, wonach „die Abgrenzung der Bezirke der Handelskammern sowie die Auflösung und die Zusammenlegung bestehender Kammern nach Anhörung der beteiligten Kammern durch Anordnung des Ministers für Handel und Gewerbe" zu erfolgen hatten. Hierbei sollten die wirtschaftliche Zusammengehörigkeit und die Eigenart des Bezirks, die steuerliche Leistungsfähigkeit der beitragspflichtigen Firmen und das notwendige Streben nach Kostenersparnis Berücksichtigung finden. Benachbarte Kammern konnten mit Genehmigung des Ministers für Handel und Gewerbe einen Zweckverband zur gemeinsamen und ausschließlichen Erfüllung bestimmter Aufgaben bilden. Unter bestimmten Voraussetzungen konnte der Minister die Bildung auch anordnen. Weitere Bestimmungen betrafen die Rechtsstellung dieser Zweckverbände, ihre Satzung, die Auflösung von Kammern, die einem solchen Zweckverband angehörten, und die Auflösung des Zweckverbandes. Die Verordnung hob ferner das Verbot der Wählbarkeit zur Vollversammlung für Personen weiblichen Geschlechts auf (§ 5 Abs. 2 Ziff. 2) und ersetzte schließlich das Wort Handelskammer durch die Worte „Industrie- und Handelskammer".

Nach der Machtergreifung durch die Nationalsozialisten wurden durch die Novelle vom 28. Dezember 1933 (GS 1934 S. 6) verschiedene Neuerungen eingeführt, die sich in besonderem Maße auf das Finanzwesen der Kammern bezogen. Die Neufassung des § 25 verpflichtete die IHKn und ihre Zweckverbände „zu sparsamster und wirtschaftlicher Finanzgebarung" und zu pfleglicher Behandlung der Leistungskraft ihrer Mitglieder. Vor dem Beginn jeden Rechnungsjahres hatte der Vorsitzende der Kammer nach Beratung im Vorstand und in einem Haushaltsausschuß einen Haushaltsplan festzustellen, der die für das Rechnungsjahr zu erwartenden Einnahmen und Ausgaben, nach Zweckbestimmung und Ansatz getrennt, zum Ausgleich zu bringen hatte. In den Haushaltsplan durften nur solche Ausgaben eingestellt werden, die nach gewissenhafter Prüfung zur Erfüllung der im IHK-Gesetz bezeichneten Aufgaben unbedingt erforderlich waren.

Auch der bisherige § 26 wurde geändert und ergänzt. Durch die neu eingefügten Absätze 2—4 wurde bestimmt, daß der Haushaltsplan und die Umlage der Genehmigung des Ministers für Wirtschaft und Arbeit bedurften. Überstieg die Umlage 10 v. H. der ihr zugrunde liegenden Gewerbesteuer, so konnte der Minister für Wirtschaft und Arbeit mit Zustimmung des Ministers für Finanzen die Ausgaben im Haushaltsplan so weit herabsetzen, daß die Umlage nicht mehr als 10 v. H. der Gewerbesteuer betrug. Den IHKn wurde ferner gestattet, die Erhebung eines einheitlichen Grundbeitrages bis zum Höchstbetrag von jährlich 12.— RM zu beschließen, der von allen Wahlberechtigten und beitragspflichtigen Firmen zu zahlen war. Für Gruppen von Firmen, deren Gewerbebetrieb nicht über einen bestimmten Umfang hinausging, konnte der Grundbeitrag ermäßigt werden. Im übrigen sollte die Freistellung von gewerbesteuerpflichtigen Betrieben von der Gewerbesteuer der Erhebung des Grundbeitrages nicht entgegenstehen, sofern der Betrieb nicht stillgelegt war. Die diesbezüglichen Beschlüsse der Kammern bedurften der Genehmigung des Ministers für Wirtschaft und Arbeit.

Eine weitere Ergänzung befaßte sich mit dem Grundbeitrag von solchen Gewerbetreibenden, die weder im Handelsregister noch in der Handwerksrolle eingetragen waren, d. h. mit dem Grundbeitrag des Kleingewerbetreibenden, der nunmehr in die Organisation der IHKn einbezogen wurde. Von diesen Kleingewerbetreibenden konnte mit Genehmigung des Ministers ein einheitlicher Grundbeitrag bis zum Höchstbetrag von 6.— RM erhoben werden, wenn die Voraussetzung bestand, daß sämtliche Einzelhändler des Kammerbezirks zu einer Einzelhandelsvertretung auf der Grundlage einer Kammersatzung zusammengefaßt waren. Dabei erklärte sich diese Auflage, eine Einzelhandelsvertretung zu errichten, aus der Tatsache, daß im Einzelhandel die meisten Kleingewerbetreibenden vorhanden waren.

Die von der Novelle noch sonst geregelten Fragen betrafen die Regelung von Gebühren, die Haushaltsrechnung, die durch einen Rechnungsprüfungsausschuß vorgeprüft werden sollte, die Entlastung durch den Minister für Wirtschaft und Arbeit und die sinngemäße Anwendung der Vorschriften der Reichshaushaltsordnung auf die Aufstellung und Ausführung des Haushaltsplanes, die Kassen- und Buchführung und die Rechnungslegung sowie die Rechnungsprüfung und Entlastung. Ansprüche der IHK auf Zahlung der Beiträge sollten schließlich nach einem neu eingefügten § 31 a der Verjährung unterliegen, auf die die Vorschriften der Reichsabgabenordnung über die Steuern vom Einkommen und Vermögen Anwendung zu finden hatten.

Mit diesen zu Beginn des Jahres 1934 in Kraft getretenen Bestimmungen endete die selbständige Entwicklung des preußischen Industrie- und Handelskammerrechts.

4. Die Entwicklung des Kammerrechts in den außerpreußischen Staaten Deutschlands

Der preußischen Entwicklung der Handelskammern lief die Entwicklung in den übrigen deutschen Staaten parallel, jedoch teilweise mit sehr erheblichen Unterschieden*).

In Bayern wurden Handelskammern im Jahre 1842 in allen Regierungskreisen gegründet, um den Handel und das gesamte Gewerbe zu vertreten. Die Mitglieder der Kammern ernannte der König. Schon 1848 wurde aber den Kammern die Vertretung des eigentlichen Gewerbestandes genommen und hierfür eine Gewerbekammer errichtet, die ihren Sitz in München hatte und auf ihrem Gebiet für das ganze Land zuständig war. Indessen erwies sich diese Maßnahme als nicht zweckmäßig. Um

*) Vgl. hierzu besonders: Die Handelskammern. Ihre Organisation und Tätigkeit, Berlin 1906; Wendtland, Handbuch der Deutschen Industrie- und Handelskammern, Leipzig 1927 (Sammlung von Gesetzestexten, erstmalig im Jahre 1916 erschienen).

wieder eine Organisation zu schaffen, an der alle Stände in gleicher Weise beteiligt waren, erging deshalb im Jahre 1850 eine Königliche Verordnung, die gestattete, daß in allen Städten, in denen es wünschenswert erscheine, Gewerbe- und Handelskammern begründet werden könnten. Diese Kammern sollten aus Wahlen hervorgehen, als einheitliche Körperschaft die Gesamtinteressen des Bezirks wahrnehmen und im übrigen statistische Unterlagen sammeln. Dabei zerfiel jede Kammer in drei Abteilungen, die völlig für sich arbeiteten, nämlich in den Handels-, den Industrie- und den Gewerberat. Mit Rücksicht darauf, daß die Errichtung der Gewerbe- und Handelskammern freigestellt blieb und daneben die alten Handelskammern teilweise erhalten blieben, war das Bild der Vertretung der kaufmännischen Interessen in Bayern bald sehr eigentümlich. Deshalb wurde im Jahre 1853 mit einer Königlichen Verordnung eine Klärung dahin herbeigeführt, daß sowohl die alten Handelskammern als auch die Gewerbe- und Handelskammern aufgehoben und die bisherigen Abteilungen der Gewerbe- und Handelskammern, die Handels-, Industrie- und Gewerberäte zu selbständigen Körperschaften gemacht wurden, die die Verpflichtung hatten, in jedem Jahr einmal am Sitz der Kreisregierungen zu Kreis-Gewerbe- und Handelskammern zusammenzutreten.

Diese Regelung ersetzte später eine Verordnung aus dem Jahre 1868. Mit ihr wurde für jeden Regierungskreis ein ständiges Vertretungsorgan für alle Handels- und Gewerbekreise errichtet, die Handels- und Gewerbekammern, neben und unter denen besondere Bezirksgremien den örtlichen Interessen der Bezirke zu dienen bestimmt waren. Sowohl die Kammern als auch die Bezirksgremien wurden in Handels- und Gewerbeabteilungen aufgegliedert. Eine nochmalige Änderung des Systems wurde endlich durch die Verordnung vom 25. Februar 1908, die Handelskammern und Handelsgremien betreffend, (GVBl. S. 69) herbeigeführt, die in der Fassung der Bekanntmachung vom 5. Februar 1927 (GVBl. S. 89) das Handelskammerwesen in Bayern bis in die Zeit des Umbruchs regelte. Das Kammerrecht entsprach damit im wesentlichen dem preußischen Recht, traf jedoch in bezug auf die Kleingewerbetreibenden sowie die Handlungsgehilfen und technischen Angestellten und in bezug auf die Industrie- und Handelsgremien besondere Bestimmungen. Auch war die Staatsaufsicht stärker als in Preußen ausgebildet.

In Baden entstand die erste Handelskammer im Jahre 1820 in Karlsruhe. Ihr folgten in den späteren Jahren bis 1853 noch drei weitere Kammern. Sie waren ihrer Struktur nach Vorstände von Handelsinnungen und Zünften, denen der Staat die Bezeichnung „Handelskammer" verlieh. Im Jahre 1862 wurde die alte Zunftverfassung beseitigt. Soweit Verbindungen von Gewerbetreibenden bestanden, hatten sie seit dieser Zeit den Status freier Vereine oder, falls sie eine entsprechende behördliche Genehmigung besaßen, den Charakter von gewerblichen Genossenschaften mit juristischer Persönlichkeit. Auf sie ging das Vermögen der Zünfte und Innungen über. Nachdem vergeblich versucht worden war, die Vertretung der kaufmännischen Interessen anders zu regeln, mußte die Regierung die Vorstände der gewerblichen Genossenschaften wieder als Handelskammern anerkennen, denen die Verpflichtung oblag, den staatlichen Behörden Gutachten zu erstatten und gemeinsame Anstalten und Einrichtungen für den Land- und Schiffsverkehr zu leiten. Auf diese Weise entstanden in den folgenden Jahren 15 Handelskammern, die in ihrer Gestaltung den preußischen kaufmännischen Korporationen zu vergleichen waren, jedoch im Hinblick auf die geringe Zahl ihrer Mitglieder und auf ihre geringen finanziellen Erträgnisse wenig Bedeutung hatten. Daher wurde mit dem Gesetz, die Handelskammern betreffend, vom 11. Dezember 1878 (GVBl. S. 229) eine völlig neue Rechtsgrundlage geschaffen, die dem Handelskammerwesen in Baden ein ähnliches Gepräge wie in den übrigen Ländern, insbesondere wie in Preußen gab. Das Gesetz wurde durch die Verordnung vom 28. Dezember 1886 (GVBl. 1887 S. 3) vor allem in Hinsicht auf das Wahlverfahren ergänzt.

In der freien Hansestadt Bremen bestand bis zum Jahre 1849 die Einrichtung des Collegium Seniorum oder der Älterleute als Vorstand der Kaufmannschaft. Erst 1849 wurden der Kaufmannskonvent und die Handelskammer als Staatsanstalten zur Förderung des Handels und der Schiffahrt sowie der Interessen der Kaufmannschaft ins Leben gerufen (Gesetz vom 2. April 1849). Daneben wurden als Vertretungskörperschaften des Gewerbes der Gewerbekonvent und die Gewerbekammer gebildet.

Angehörige des Kaufmannskonvents waren die selbständigen Börsenmitglieder, die dem Senat angehörten oder das passive Wahlrecht zur Bürgerschaft besaßen. Demgegenüber war die Handelskammer ein Ausschuß aus dem Kaufmannskonvent, der 24 Mitglieder umfaßte und zunächst den Namen „Collegium Seniorum" beibehielt. Aufgabe der Kammer war, über den Gang von Handel und Schiffahrt zu wachen und die Börse zu verwalten; sie hatte ferner ein Anhörungsrecht bei allen Handels- und Schiffahrtsgesetzen. Die Kammer stand in unmittelbarem Verkehr mit dem Senat und bildete mit ihm zusammen verschiedene Verwaltungsbehörden in wirtschaftlichen Angelegenheiten. Bemerkenswert ist, daß die Kosten der Kammer der Staat bestritt.

Durch ein Gesetz, die Handelskammer betreffend, vom 1. Januar 1894 (GBl. S. 45) wurde die Verfassung des Kaufmannskonvents und der Handelskammer neu geordnet. Der Kaufmannskonvent war danach eine Körperschaft der Börsenmitglieder, die unter anderem 42 Vertreter in die Bürgerschaft entsandte und bei dem Erlaß von Regelungen für Handel und Schiffahrt und die dazugehörenden Hilfsgeschäfte und bei der Festsetzung der erforderlichen Taxen neben der Handelskammer zu befragen war. Die Handelskammer, die wie vordem aus 24 Mitgliedern bestand, hatte die Aufgabe, die Interessen von Handel und Schiffahrt durch sorgfältige Beobachtung des Geschäftsgangs und durch tatsächliche Mitteilungen, Gutachten und Anträge zu fördern; auch sollten ihr alle Gesetze, die Handel und Schiffahrt berührten, unterbreitet werden. Ihr Anteil an der Staatsverwaltung bestand darin, daß sie zusammen mit dem Senat acht Verwaltungsbehörden für Handel und Schiffahrtswesen usw. bildete. Ihre Kosten wurden aus den Zinsen des vom Collegium Seniorum übernommenen Vermögens und durch Staatszuschüsse gedeckt.

Nach dem ersten Weltkrieg wurden entsprechend den §§ 79ff. der Bremischen Verfassung vom 18. Mai 1920 (GBl. S. 183) und dem dazugehörenden Ausführungsgesetz vom 17. Juli 1921 (GBl. S. 255) ein Kaufmannskonvent und eine Handelskammer geschaffen, die ihre verfassungs- und verfahrensmäßige Regelung in dem Handelskammergesetz vom 17. Juli 1921 (GBl. S. 266) und dem Beitragserhebungsgesetz vom gleichen Tage (GBl. S. 259) erhielten.

Das bremische Gewerbe wurde seit 1849 durch den Gewerbekonvent und die Gewerbekammer vertreten. Das für diese Institutionen geltende Gesetz von 1849 wurde durch ein Gesetz vom 27. April 1906, mit dem der Industrie eine stärkere Vertretung und Einflußnahme zugestanden und das Verhältnis zwischen Handelskammer und Gewerbekammer geklärt wurde, sowie später durch ein Gesetz vom 2. Juli 1911 abgelöst. Nach dem ersten Weltkrieg ordnete diesen Bereich der Selbstverwaltung der

Wirtschaft das Gewerbekammergesetz vom 17. Juli 1921 (GBl. S. 275) und das entsprechende Beitragserhebungsgesetz vom gleichen Tage (GBl. S. 261). Gewerbekonvent und Gewerbekammer waren berufen, sowohl die Interessen des Handwerks und Gewerbes als auch die Interessen der Industrie zu vertreten und zu fördern. Hierbei bestand der Gewerbekonvent nach dem Gesetz von 1921 aus der Gesamtheit derjenigen Personen, die zur Gewerbekammer wahlberechtigt waren; er zerfiel in eine Handwerksabteilung und in eine Industrieabteilung. Demgegenüber setzte sich die Gewerbekammer aus 28 wählbaren Mitgliedern des Gewerbekonvents zusammen, die je zur Hälfte Vertreter des Handwerks und der Industrie waren; auch die Kammer zerfiel in eine Handwerks- und in eine Industrieabteilung. In eigentümlicher Weise wurde ferner zur Erleichterung des geschäftlichen Verkehrs zwischen dem Senat und der Gewerbekammer und zur gemeinsamen Beratung über gewerbliche Angelegenheiten eine Behörde für Gewerbeangelegenheiten errichtet, die aus der Gewerbekommission des Senats und sechs Mitgliedern der Gewerbekammer bestand. Indessen „blieb es sowohl dem Ermessen des Senats überlassen, welche Mitteilungen er ohne Vermittlung dieser Behörde an die Gewerbekammer gelangen lassen wollte, als auch der letzteren unbenommen, sich unmittelbar an den Senat zu wenden".

Auf Grund eines Gesetzes vom 5. April 1906 wurde schließlich zur Förderung der Interessen des Kleinhandels und des Gast- und Schankwirtschaftsgewerbes eine Kammer für Kleinhandel errichtet, die den von ihr vertretenen Berufskreisen in ähnlicher Weise wie die Handelskammer und die Gewerbekammer in ihren Bereichen dienlich sein sollte. Das Gesetz von 1906 wurde durch ein Gesetz vom 26. März 1912 (GBl. S. 41) und dieses durch das Kleinhandelskammergesetz vom 17. Juli 1921 (GBl. S. 283) ersetzt.

In der Freien und Hansestadt Hamburg bestand schon seit 1665 in der Kommerzdeputation, einem frei gewählten Ausschuß der Kaufleute, die den Seehandel betrieben und im sogenannten „Ehrbaren Kaufmann" vereinigt waren, eine Handelsvertretung. Die Kommerzdeputation übte auf die staatlichen Behörden größeren Einfluß aus und hatte die Verwaltung der Börse in Händen. Als Hamburg französische Besetzung erhielt, wurde die Kommerzdeputation vorübergehend durch eine Chambre de Commerce abgelöst. Sie erhielt jedoch bei der Reorganisation der Hamburger Verfassung im Jahre 1814 die Vertretung in einigen staatlichen Verwaltungsdeputationen zugewiesen und später auch das Recht, das Handelsgericht zu besetzen. Daneben wurde der Ehrbare Kaufmann als rechtmäßige Vertretung des Hamburger Handelsstandes anerkannt und das Recht zum Besuch seiner Versammlungen auf einen bestimmten Kreis von Kaufleuten und Fabrikanten beschränkt.

Nachdem im Jahre 1860 eine neue Hamburger Verfassung eingeführt worden war, wurde die Kommerzdeputation im Jahre 1863 neu geregelt und erhielt 1866 die Bezeichnung „Handelskammer". Nach der Gründung des Deutschen Reichs im Jahre 1871 wurde die kaufmännische Interessenvertretung revidiert und durch das Gesetz betreffend die Handelskammer und die Versammlung eines Ehrbaren Kaufmanns vom 23. Januar 1880 neu geordnet. Der Ehrbare Kaufmann war danach eine freie Korporation, zu deren Mitgliedschaft gewisse in das Hamburger Handelsregister eingetragene Geschäftsinhaber und die Vorstände der Aktiengesellschaften, die in Hamburg domizilierten, berechtigt waren. In der Versammlung des Ehrbaren Kaufmanns, die mindestens einmal im Jahr stattfinden mußte, fanden die Wahlen zur Handelskammer statt; diese bestand aus 24 Mitgliedern, von denen jährlich vier auf sechs Jahre gewählt wurden.

Aufgabe der Handelskammer war, die Interessen des Handels, insbesondere des Großhandels und der Schiffahrt zu vertreten. Sie richtete dabei alle Anträge an die Deputation für Handel und Schiffahrt und war verpflichtet, sich gutachtlich zu äußern, wenn die Deputation ein entsprechendes Ersuchen an sie richtete. Ein unmittelbarer Verkehr mit dem Senat war ihr nur in dringenden Fällen gestattet. Außer ihren allgemeinen Aufgaben hatte die Handelskammer auch wichtige politische Rechte, die sich vor allem darin äußerten, daß ihre Mitglieder einem Wahlkörper für die Bürgerschaft angehörten und daß sie Vertreter in die aus Senatsmitgliedern und Bürgern gebildeten Deputationen entsendete. Schließlich besaß sie neben anderen Kammeraufgaben die polizeiliche und finanzielle Verwaltung der Hamburger Börse. Ihre Kosten wurden durch einen staatlichen Zuschuß, durch Einnahmen aus der Börse und durch Gebühren für ihre sonstige Verwaltungstätigkeit aufgebracht.

Die Verfassung der Handelskammer und der Versammlung Eines Ehrbaren Kaufmanns erhielt nach dem ersten Weltkrieg in dem Gesetz vom 17. März 1919 (ABl. S. 415) ein neues Aussehen, bei dem die Handelskammer aus 34 Mitgliedern bestand, die aus der Versammlung Eines Ehrbaren Kaufmanns gewählt wurden, während Mitglied der Versammlung werden konnte, wer als solches in das von der Handelskammer zu führende Register eingetragen war.

Durch ein Gesetz vom 18. Dezember 1872 war neben der Handelskammer eine Gewerbekammer für die Interessen des Gewerbestandes geschaffen worden, die nach dem Gesetz vom 2. April 1900 die Rechte und Pflichten einer durch Reichsgesetz vorgeschriebenen Handwerkskammer übernahm. Mit Gesetz vom 20. November 1922 (GVBl. S. 645) erhielt die Gewerbekammer, bestehend aus einer Industrie- und einer Handwerks-Abteilung, eine neue Rechtsgrundlage.

Endlich wurde durch ein Gesetz vom 29. Februar 1904 auch der Kleinhandel mit einer öffentlich-rechtlichen Vertretung seiner Interessen in Form der Detaillisten-Kammer bedacht. Sie unterstand der Deputation für Handel und Schiffahrt und durfte nur in dringenden Fällen mit dem Senat verkehren. Ihre Verfassung regelte zuletzt das Gesetz über die Detaillisten-Kammer vom 14. Dezember 1920 (ABl. S. 1461).

Die Freie und Hansestadt Lübeck erhielt durch ein Gesetz vom 18. Juni 1853 eine Handelskammer, die einen Ausschuß der Kaufmannschaft von Lübeck darstellte. Die Verfassung der Kaufmannschaft ähnelte den Verfassungen der Korporationen der Kaufmannschaft in Preußen. Wer sich als Kaufmann betätigen wollte, mußte der Kaufmannschaft beitreten, die als Rechtsnachfolgerin der bis dahin vorhandenen kaufmännischen Kollegien deren Vermögenswerte erhielt.

Als 1866 die Gewerbefreiheit eingeführt worden war, wurde am 28. Januar 1867 die Revidierte Lübeckische Kaufmannsordnung erlassen, die eine wesentliche Änderung des bisherigen Zustandes brachte. Die Zugehörigkeit zur Kaufmannschaft verlieh nun keine Privilegien mehr und die Mitgliedschaft beruhte jetzt auf dem völlig freien Entschluß der betroffenen Bürger. An der Spitze dieser freien Vereinigung stand eine Handelskammer, die 20 Personen umfaßte. Sie leitete alle Angelegenheiten der Kaufmannschaft und verwaltete deren Vermögen. Die besonderen Aufgaben und Befugnisse, die der Handelskammer durch die Lübeckische Gesetzgebung übertragen waren, entsprachen den üblichen Kammeraufgaben und umfaßten die allgemeinen Interessen des Handels und die Handelsinteressen der Industrie, während zur Wahrnehmung der anderen Interessen der Industrie wie in Bremen die Gewerbekammer berufen war. Soweit Gesetze betreffend Handel, Schiffahrt oder Industrie erlassen werden sollten, mußte das Gutachten der Handelskammer eingeholt werden. An die Stelle der Revidierten Lübeckischen Kaufmannsordnung von 1867 trat zuletzt die Lübeckische Kaufmanns-Ordnung vom 20. Juni 1898 (Samml. 1898, 65. Bd., S. 84).

Der zur Vertretung der Interessen der Gewerbe und der Interessen der Industrie auf gewerblichem und technischem Gebiet errichteten Gewerbekammer gehörten nach der Ordnung vom 18. Juli 1898 insgesamt 12 Vertreter des Handwerks und 6 Vertreter der Industrie an, die auf sechs Jahre gewählt wurden. Alle 2 Jahre schieden 4 Vertreter des Handwerks und 2 Vertreter der Industrie aus der Kammer aus. Sie konnten jedoch sogleich wiedergewählt werden. Nach der Ordnung vom 10. Februar 1909 (Samml. 1909 76. Bd., S. 44) bestand die Gewerbekammer aus 30 Mitgliedern, und zwar aus 15 Vertretern des Handwerks und 15 Vertretern der Industrie, wobei die Personenkreise in beiden Abteilungen noch weiter aufgegliedert wurden. Diese Rechtsgrundlage wurde bis über den ersten Weltkrieg hinaus beibehalten.

Für beide Kammern galt das Gesetz über die Erhebung eines Kammerbeitrags vom 19. November 1921 (Samml. 1921 S. 235), nach dem der Kammerbeitrag in der Form eines für alle gewerblichen Betriebe gleichen prozentualen Zuschlags zur Gewerbesteuer erhoben wurde.

Im Königreich Sachsen wurde die Gewerbefreiheit im Jahre 1861 eingeführt. In derselben Zeit wurden auch 5 Handels- und Gewerbekammern errichtet, die jeweils zwei Abteilungen, eine für Handel und eine für Gewerbe, besaßen. Die Zahl der Mitglieder jeder Abteilung betrug 9 bis 15. Die Besetzung der Abteilungen wurde mittels Wahlmännern in Ur- und Hauptwahlen vorgenommen. Die Gemeinde am Sitz der Kammern hatte die Räumlichkeiten zu stellen. Soweit Unkosten entstanden, trat die Staatskasse ein.

Mit einem Gesetz vom 23. Juni 1868 wurden die Voraussetzungen des Wahlrechts und der Wählbarkeit erleichtert. Auch erhielten die Handels- und Gewerbekammern die Möglichkeit, sich in zwei selbständige Kammern aufzuteilen und ihr Kassen- und Rechnungswesen selbständig zu ordnen, wobei der Staat fortan einen festen Zuschuß zahlte, während die Wahlberechtigten den Rest der Kosten durch Zuschläge zur Gewerbesteuer aufbrachten.

Nach Erlaß des Reichsgesetzes vom 26. Juli 1897, der sogenannten Handwerkernovelle, die die Vertretung des Handwerkerstandes regelte, wurden die Handels- und Gewerbekammern durch das Gesetz vom 4. August 1900 (GVBl. S. 865) neu geordnet. Danach waren die 5 sächsischen Handels- und Gewerbekammern, deren Abteilungen teils zu gemeinsamer Arbeit vereinigt waren, teils selbständige Institutionen bildeten, dazu bestimmt, dem Ministerium des Innern und den Bezirksbehörden als sachverständige gutachtliche Organe zu dienen und die Gesamtinteressen von Handel, Industrie und Gewerbe zu wahren. Im Zusammenhang hiermit hatten sie die Berechtigung, selbständige Anträge und Wünsche an das Ministerium des Innern oder die Bezirksregierungsbehörde zu richten und mit anderen Behörden und Körperschaften des öffentlichen Rechts in Verbindung zu treten, wenn sie dazu ermächtigt waren. Sie konnten ferner Anstalten und Einrichtungen zur Förderung von Handel und Gewerbe unterstützen, gründen und verwalten. Eine Ausführungsverordnung vom 15. August 1900 (GVBl. S. 873) legte den Aufgabenkreis der Kammern noch näher fest, bestimmte die Zahl ihrer Mitglieder und sprach sich eingehend über das Wahlverfahren aus.

A. Einführung

Als letztes Land in dieser nur kursorischen Darstellung ist Württemberg zu nennen, das im Jahre 1848 eine „Centralstelle für Handel und Gewerbe" als staatliche Behörde errichtete, die zum Teil aus Vertretern des Handels- und Gewerbestandes zusammengesetzt war, welche man den Gewerbevereinen des Landes entnommen hatte. Später führte das Bedürfnis nach einer festeren Verbindung zwischen der Centralstelle und dem Handelsstand zur Gründung von vier Handels- und Gewerbekammern, die im Jahre 1855 auf Grund einer königlichen Verordnung errichtet wurden. Ihre Mitglieder ernannte der König; ihre Aufgabe bestand darin, die Behörden durch Gutachten und Ratschläge zu unterstützen, die Aufsicht über die dem Handel dienenden Anstalten und Einrichtungen auszuüben und eine erhebliche schiedsrichterliche Tätigkeit zu entfalten. Einige Jahre danach wurden die Mitglieder der Kammern nicht mehr durch den König ernannt, sondern von denjenigen Handel- und Gewerbetreibenden gewählt, die die Centralstelle auf die Wählerliste setzte. Gleichzeitig wurde die Zahl der Kammern auf acht erhöht.

Verfassung und Verwaltung der Kammern regelte im Jahre 1874 ein besonderes Gesetz. Die Kammern gaben nunmehr vor allem ihre schiedsrichterliche Tätigkeit ab und erhielten die Aufgabe, auf statistischem Gebiet tätig zu sein. Die Wählbarkeit und die Wahlberechtigung der Kammerzugehörigen wurde von der Veranlagung zur Gewerbesteuer und der Eintragung in das Handelsregister, bei Handwerkern von der Anmeldung zur Wählerliste abhängig gemacht. Im übrigen vertraten die Kammern wie bisher Handel, Industrie und Handwerk in gleicher Weise und ohne in Abteilungen aufgegliedert zu sein.

Die Neuordnung der Handels- und Gewerbekammern im Zuge der Reichsgewerbenovelle vom 26. Juli 1897 führten das Gesetz betr. die Handelskammern vom 30. Juli 1899 (RegBl. S. 579) und die Königliche Verordnung betr. die Errichtung der Handelskammern vom 22. März 1900 (RegBl. S. 249) herbei. Sie wurde durch eine Vollzugsverfügung des Ministers des Innern vom 28. März 1900 ergänzt. Die Bestimmung der Handelskammern und ihre Befugnisse sowie die Zugehörigkeit zu ihnen und das Wahlrecht sind hierin ähnlich gestaltet wie im preußischen Recht, wobei als bemerkenswerte Variante zu bezeichnen ist, daß das Gesetz in Art. 31 den Zusammenschluß der Handelskammern, unbeschadet ihrer Selbständigkeit und ihres Initiativrechts, zu einer öffentlichen Körperschaft unter der Bezeichnung „Württembergischer Industrie- und Handelstag" vorsah.

Das Bild, das sich aus diesem Überblick über die außerpreußische Entwicklung des Handelskammerwesens ergibt, ist recht vielseitig. Neben sehr eigenständigen und traditionsbewußten Entwicklungen, namentlich in den Hansestädten, finden sich vielfach tastende Versuche zu neuen Formen wirtschaftlicher Selbstverwaltung, die häufig rasch aufgegeben wurden, wenn sich Mängel herausstellten oder der Staat eine bestimmte Entwicklung zu verhindern wünschte. Dabei bilden diese wechselvollen Maßnahmen gleichzeitig auch ein interessantes Bild der Auseinandersetzungen zwischen obrigkeitlicher und genossenschaftlicher Macht, zwischen autoritärer Staatsgesinnung und bürgerlichem Selbstbewußtsein.

Über die einzelnen Länder hinaus haben sich die Kammern schon frühzeitig zu einer bedeutenden Spitzenvereinigung, dem Deutschen Handelstag zusammengeschlossen. Die Initiative zu diesem allgemeinen deutschen Handelstag ging von den badischen Handelskammern im Jahre 1860 aus. Er trat zum ersten Male im Jahre 1861 unter der Beteiligung österreichischer Kammern zusammen. Nach mehrfachen Wandlungen umfaßte er seit 1899 alle deutschen Handelskammern und auf Gesetz beruhenden Korporationen sowie einer Reihe freier Vereine. Seine Entwicklung erlitt erst 1935 einen starken Einschnitt, als durch die Satzung der Reichswirtschaftskammer vom 3. Mai 1935 eine Arbeitsgemeinschaft der IHKn in der Reichswirtschaftskammer gebildet wurde, in die der Deutsche Industrie- und Handelstag (DIHT) durch Verordnung des Reichswirtschaftsministers überführt wurde. 1942 verlor er mit dem Fortfall der IHKn seine tatsächliche und rechtliche Existenz, um erst nach dem zweiten Weltkrieg neu begründet zu werden. Für ihn gilt heute die Satzung in der Fassung der Beschlüsse der Volltagung am 10. April 1957 in Berlin.

5. Die reichsgesetzlichen Regelungen in den Jahren 1934 bis 1942

War das Recht der IHKn bisher in einer Fortentwicklung begriffen gewesen, die sich in traditionellen Bahnen bewegte, so wurde mit der „Übernahme der Macht" durch den Nationalsozialismus eine Entwicklung eingeleitet, die im Ergebnis die Kammern als echte Selbstverwaltungskörper der Wirtschaft auf regionaler Basis zerstörte. Zunächst wurden die Kammern auf Grund der reichsgesetzlichen Verordnung über die Industrie- und Handelskammern vom 20. August 1934 (RGBl. I S. 790) der Aufsicht des Reichswirtschaftsministers unterstellt. Gleichzeitig wurde ihre Leitung dem „Führergrundsatz" angepaßt. Der „Führergrundsatz" galt auch für ihre Zweigstellen und öffentlich-rechtlichen Zusammenschlüsse. Die Vorsitzenden und ihre Stellvertreter wurden darüber hinaus vom Reichswirtschaftsminister ernannt und abberufen.

In Auswirkung des „Führergrundsatzes" bildete der Vorsitzende der IHK mit seinen Stellvertretern den Vorstand der Kammer. Zur Beratung und Unterstützung des Vorsitzenden und Vorstandes wurde ein Beirat gebildet, dessen Mitglieder von dem Vorsitzenden zu berufen und von dem Reichswirtschaftsminister zu bestätigen waren. Diese Vorschriften galten sinngemäß auch für die öffentlich-rechtlichen Zusammenschlüsse. Soweit die Landesgesetze diesen Grundsätzen nicht entsprachen, traten sie außer Kraft.

Es ist klar, daß die Kammern hiermit aufgehört hatten, als Selbstverwaltungsorgane zu fungieren. Eine wesentliche Schmälerung ihrer Bedeutung lag auch darin, daß die rein fachliche Betreuung der Unternehmen und Gewerbebetriebe in der Organisation der gewerblichen Wirtschaft, nämlich in den Reichsgruppen und in den Wirtschafts-, Fach- und Fachuntergruppen stattfand, die auf der Basis des Gesetzes zur Vorbereitung des organischen Aufbaues der deutschen Wirtschaft vom 27. Februar 1934 (RGBl. I S. 185) und der Ersten Durchführungsverordnung vom 27. November 1934 (RGBl. I S. 1194) errichtet worden waren. Diese Gliederungen erhielten gegenüber den regionalen Vertretungskörperschaften eine immer stärkere Bedeutung.

Wesentlichen Veränderungen unterlag das Recht der IHKn später auch durch die Einführung des Gesetzes über die Erhebung der Beiträge zu den IHKn vom 31. März 1939 (RGBl. I S. 649), der Ersten Verordnung zur Durchführung dieses Gesetzes vom 8. September 1939 (RGBl. I S. 1738), der Zweiten Verordnung vom 18. April 1940 (RGBl. I S. 681) und schließlich der sogenannten Gauwirtschaftskammergesetzgebung des Jahres 1942.

Das Gesetz vom 31. März 1939 hatte zum Inhalt, daß die IHKn von den Beitragspflichtigen außer Grundbeiträgen eine Umlage zu erheben hatten, die in Hundertsätzen der einheitlichen Steuermeßbeträge der Gewerbesteuer nach Ertrag und Kapital (§ 14 GewStG) zu bemessen war (§ 1). Die dem Reichswirtschaftsminister gegebene Ermächtigung, die zur Durchführung des § 1 erforderlichen Rechts- und Verwaltungsvorschriften zu erlassen, insbesondere die Beitragserhebung einheitlich zu regeln, nutzte dieser in der Ersten und Zweiten Durchführungsverordnung zum Beiträgeerhebungsgesetz aus. Die erste Verordnung vom 8. September 1939 legte fest, daß die IHKn von den im Handelsregister eingetragenen Firmen und von den übrigen nach den Landesgesetzen über die IHKn Beitragspflichtigen jährlich eine Umlage gemäß § 1 des Gesetzes vom 31. März 1939 und einen Grundbeitrag bis zum Höchstbetrag von 12 RM (§ 1 Abs. 1) erheben. Eine Ausnahme galt für Gewerbetreibende, die weder im Handelsregister noch mit ihrem ganzen Betrieb in der Handwerksrolle eingetragen waren. Diese hatten nur einen jährlichen Grundbeitrag bis zum Höchstbetrag von 6 RM zu leisten. Weitere Bestimmungen betrafen die Einsprüche gegen die Heranziehung zum Beitrag, die Beschwerde gegen die Einspruchsentscheidung und die Möglichkeit der Revision gegen die Beschwerdeentscheidung (§§ 2—3). Schließlich traf die Verordnung Bestimmungen darüber, daß die Gemeinden die Erhebung der Beiträge auf Ersuchen der IHKn gegen eine Vergütung von höchstens 5% der eingezogenen Beiträge vorzunehmen hatten und daß die Beiträge wie rückständige Steuern einzuziehen waren (§ 4).

Die zweite Verordnung vom 18. April 1940 gab im wesentlichen der Bestimmung der ersten Verordnung über die Einziehung der Beiträge eine andere Fassung (§ 1) und erklärte ferner, daß Rückstandsverzeichnisse der IHKn Vollstreckungstitel im Sinne des § 794 ZPO seien, wenn sie unter Beidrückung des Siegels oder Stempels der Kammer mit der Bestätigung der Vollstreckbarkeit versehen würden (§ 2). Endlich legte sie fest, daß der Anspruch der IHKn auf Zahlung der Beiträge der Verjährung unterliege und daß auf diese die Vorschriften der Reichsabgabenordnung über die Steuern vom Einkommen und Vermögen Anwendung fänden.

Viel einschneidender war die Gesetzgebung des Jahres 1942, die die Grundlagen für die Gauwirtschaftskammern und neuen Wirtschaftskammern schuf und die IHKn nunmehr auch nominell beseitigte. Mit der Verordnung über die Vereinfachung und Vereinheitlichung der Organisation der gewerblichen Wirtschaft vom 20. April 1942 (RGBl. I S. 189) gab der Gesetzgeber dem Reichswirtschaftsminister eine umfassende Ermächtigung, die gesamte Organisation der gewerblichen Wirtschaft, die Gruppen und Kammern und alle sonstigen Zusammenschlüsse in neue Formen zu überführen. Besonders war daran gedacht, das bisher in den einzelnen Ländergesetzen enthaltene Recht der IHKn im Sinne einer Vereinfachung in fachlicher und bezirklicher Hinsicht zu reformieren. Das materielle Recht hierzu enthielten die Erste Durchführungsverordnung vom 20. April 1942 zur vorerwähnten Ermächtigungsverordnung, die sogenannte Gauwirtschaftskammer-Verordnung (RGBl. I S. 189), ferner die Zweite Durchführungsverordnung vom gleichen Tage (RGBl. I S. 190) und die Dritte Durchführungsverordnung vom 30. Mai 1942 (RGBl. I S. 371), die als Gauwirtschaftskammer-Aufbauverordnung — GWKAV — bezeichnet wurde. Die gesetzgeberischen Arbeiten wurden abgeschlossen mit der Fünften Durchführungsverordnung vom 21. Oktober 1942 (RGBl. I S. 629), der Gauwirtschaftskammer-Beitragsverordnung, und der Verordnung über die Rechtsverhältnisse der Beamten der IHKn und der Handwerkskammern vom 21. Dezember 1942 (RGBl. I S. 735).

Eine eingehende Darstellung dieses Zwischenstadiums des Rechts der IHKn würde den Rahmen dieser Einführung überschreiten. Zum Verständnis mancher bis auf die heutige Zeit fortwirkenden Folgen dieser Gesetzgebung ist jedoch auf folgendes hinzuweisen:

I. Teil

Durch die Gauwirtschaftskammer-Verordnung (§ 1) wurde die gewerbliche Wirtschaft bezirklich zu Gauwirtschaftskammern zusammengefaßt, deren Grenzen sich grundsätzlich mit den Grenzen der Gaue decken sollten. Innerhalb des Bezirks einer Gauwirtschaftskammer konnten nach Bedarf Wirtschaftskammern und Zweigstellen errichtet werden. Die IHKn, die Handwerkskammern und bisherigen Wirtschaftskammern waren in die Gauwirtschaftskammern zu überführen, die die Rechtsnachfolger dieser Kammern wurden und ihre Aufgaben übernahmen (§ 2 Abs. 1). Die bezirklichen Gliederungen der fachlichen Organisation der gewerblichen Wirtschaft waren in die Gauwirtschaftskammern bzw. Wirtschaftskammern einzugliedern. Dabei blieb das fachliche Weisungsrecht der zentralen Gliederungen der fachlichen Organisation unberührt (§ 2 Abs. 2). Die Gauwirtschaftskammern unterstanden der unmittelbaren Aufsicht des Reichswirtschaftsministers (§ 4) und wurden jeweils durch eine besondere Anordnung des Ministers errichtet (§ 5).

Der Gauwirtschaftskammer gehörten alle natürlichen und juristischen Personen des privaten und öffentlichen Rechts an, die in ihrem Bezirk einen wirtschaftlichen Betrieb unterhielten (§ 2 GWKAV). Landwirtschaftliche Betriebe, landwirtschaftliche Genossenschaften oder landwirtschaftliche Vereine sowie die mit ihnen verbundenen Hilfsbetriebe, wenn sie in der Hauptsache die im Hauptbetrieb selbst gewonnenen Erzeugnisse zu verwerten und zu verarbeiten pflegten, gehörten der Gauwirtschaftskammer nicht an. Die Hilfsbetriebe konnten jedoch auf Antrag die Zugehörigkeit erwerben (§ 2 Abs. 2 GWKAV).

Die Aufgaben der Gauwirtschaftskammern waren dahin umgrenzt, daß sie „in eigener Verantwortung die Gesamtbelange der Wirtschaft ihrer Bezirke wahrzunehmen und zu fördern sowie den Ausgleich der verschiedenen wirtschaftlichen Interessen zu bewirken“ hatten. In Durchführung dieser Aufgaben konnten sie unmittelbar mit den obersten Reichsbehörden in Verbindung treten. Gleichzeitig wurde bestimmt, daß den Gauwirtschaftskammern durch Gesetz oder Verordnung oder durch Erlaß des Reichswirtschaftsministers weitere Aufgaben übertragen werden konnten und daß ihnen die Kammerzugehörigen die zur Durchführung ihrer Aufgaben erforderlichen Auskünfte zu erteilen und die notwendigen Unterlagen vor zulegen hatten (§ 8 GWKAV). In § 9 GWKAV wurden sodann die Aufgaben zusammengefaßt, die bisher den IHKn entsprechend den bisherigen verschiedenen Landesgesetzen obgelegen hatten, wobei die Aufzählung nicht erschöpfend war und insbesondere das Gebiet des Berufsausbildungswesens nicht erwähnt wurde.

Eine verhältnismäßig komplizierte Regelung galt für die Rechtsverhältnisse der Beamten der IHKn und der Handwerkskammern, die im Zeitpunkt der Errichtung einer Gauwirtschaftskammer Beamte in einer in sie überführten IHK oder Handwerkskammer waren. Sie konnten entweder im Beamtenverhältnis verbleiben oder als Angestellte von der Gauwirtschaftskammer übernommen werden, wobei eine ins einzelne gehende Regelung die Fragen der Beamtenverhältnisse und der Versorgungsbezüge und -ansprüche sowie die Stellung der Beamten auf Widerruf klärte.

Mit Errichtung der Gauwirtschaftskammern bzw. neuen Wirtschaftskammern fielen die Arbeitsgemeinschaft der IHKn in der Reichswirtschaftskammer und die bisherigen Wirtschaftskammern fort. Die Geschäftsführung der Arbeitsgemeinschaft wurde Bestandteil der Geschäftsführung der Reichswirtschaftskammer, da diese die Aufgaben der Arbeitsgemeinschaft zu übernehmen hatte. Die Gauwirtschaftskammern und neuen Wirtschaftskammern hatten von diesem Zeitpunkt ab allein in der Reichswirtschaftskammer ihre gemeinsame Spitzenvertretung.

6. Die Zeit nach dem zweiten Weltkrieg bis zum Bundesgesetz vom 18. Dezember 1956

Mit dem Zusammenbruch im Jahre 1945 kamen die Gauwirtschaftskammern zum Erliegen. Aber der Platz, den sie ausgefüllt hatten, blieb nicht leer. Alsbald nach der Besetzung Deutschlands wurden in den einzelnen Zonen Westdeutschlands erneut IHKn ins Leben gerufen, die teils die Rechtsform einer Körperschaft des öffentlichen Rechts besaßen, teils als eingetragene Vereine organisiert waren oder die bloße Rechtsfähigkeit verliehen erhielten, während die sowjetisch besetzte Zone eigene Wege ging.

In der französisch besetzten Zone wurden die IHKn schon 1945 wieder als Körperschaften des öffentlichen Rechts zugelassen, da der Besatzungsmacht das öffentlichrechtliche Kammersystem im Hinblick auf die Verhältnisse in ihrem Heimatland keine Bedenken erregte. Die Zugehörigkeit zu den Kammern kraft Gesetzes und das Recht der Kammern, von den Kammerzugehörigen Umlagen zur Deckung ihrer Kosten zu erheben, diese auch zwangsweise beizutreiben, wurden ausdrücklich bestätigt. Die erneute Errichtung der IHKn wurde auf das alte Landesrecht gestützt, wobei sich z. B. in Rheinland-Pfalz das Recht der IHKn nach dem preußischen Handelskammer-Gesetz vom 19. August 1897 in der Fassung der Verordnung vom 1. April 1924 und des Änderungsgesetzes vom 28. Dezember 1933 richtete.

In Württemberg-Hohenzollern wurden die Kammern entsprechend der Anordnung der Landesdirektion der Wirtschaft vom 12. August 1946 (ABl. S. 166) ebenfalls als öffentlich-rechtliche Körperschaften wiederhergestellt, wenn auch die Anordnung die IHKn nur als „rechtsfähig“ bezeichnete (Huber I S. 214).

Eine neue gesetzliche Grundlage erhielten die Kammern lediglich im Gebiet des früheren Landes Baden, wo sie zunächst auf der Basis des alten badischen Kammergesetzes vom 11. Dezember 1878 in Tätigkeit getreten waren. Das Gesetz über die Rechtsverhältnisse der Industrie- und Handelskammern vom 17. Oktober 1951 (GVBl. S. 184) bestätigte die Rechtsstellung der Kammern als „Körperschaften des öffentlichen Rechts in der heutigen Form mit Wirkung vom 8. Mai 1945 an“, wobei allerdings offen blieb, was als „heutige Form“ zu gelten hatte. Anzunehmen ist, daß damit die in der Zeit von 1945 bis 1951 geübte Handhabung der bestehenden gesetzlichen Vorschriften gemeint war (Huber I S. 214).

In der britischen Besatzungszone, zu der die Länder Hamburg, Niedersachsen, Nordrhein-Westfalen und Schleswig-Holstein gehörten, blieb die Rechtsstellung der Kammern, die Zugehörigkeit zu ihnen und die Beitragspflicht umstritten. Zwar wurde durch die Anordnung der britischen Militärregierung vom 27. November 1946 (sog. lex Friedmann) klargestellt, daß die nach dem Zusammenbruch wieder errichteten IHKn, die während der Jahre 1942 und 1943 in die Gauwirtschaftskammern und neuen Wirtschaftskammern überführt worden waren, auf der Grundlage des alten, vor 1933 bestehenden Kammerrechts arbeiten sollten (vgl. Bekanntgabe des VAW vom 14. Juni 1947 in MBlVfW S. 108). Jedoch wurde den Kammern nicht gestattet, die von ihnen benötigten und ihnen zustehenden Beiträge zwangsweise beizutreiben. So waren diese Kammern zwar formal Körperschaften des öffentlichen Rechts, in der Ausübung ihrer hoheitlichen Befugnisse aber in bestimmter Weise beschränkt. Zweifel bestanden auch über die Zugehörigkeit der sog. Minderkaufleute zu den Kammern. Diese waren im allgemeinen erst durch die Novelle zum preußischen IHK-Gesetz vom 28. Dezember 1933 und später durch andere Landesgesetze zu Mitgliedern der Kammern gemacht worden. Obwohl diese Maßnahmen nicht als „nationalsozialistisches Gedankengut" betrachtet werden konnten, war doch streitig, ob die Kleingewerbetreibenden als kammerzugehörig gelten sollten.

Eine besondere Stellung unter den Ländern der britischen Zone nahmen später Schleswig-Holstein und Hamburg ein. In Schleswig-Holstein wurde durch das Gesetz vom 23. Februar 1954 (GVBl. S. 41) festgestellt, daß die Gauwirtschaftskammer Schleswig-Holstein und die Wirtschaftskammer Kiel mit Wirkung vom 17. Mai 1954 aufgelöst würden, daß die IHKn Kiel, Lübeck und Flensburg Körperschaften des öffentlichen Rechts seien und daß sich ihre Rechtsverhältnisse nach dem preußischen Gesetz über die Industrie- und Handelskammern in der Fassung vom 28. Dezember 1933 richteten. Weitere Bestimmungen betrafen die Aufteilung des Vermögens und der Verbindlichkeiten der aufgelösten Kammern, die Überschreitung der Höchstsätze der Grundbeiträge mit Genehmigung der Aufsichtsbehörde und vor allem das Recht, rückständige Grundbeiträge oder Umlagen gemäß § 28 prIHK-Gesetz einzuziehen. In Hamburg wurde noch vor Inkrafttreten des Bundeskammergesetzes vom 18. Dezember 1956 ein Gesetz über die vorläufige Regelung der Rechtsverhältnisse der Handelskammer Hamburg vom 27. Februar 1956 erlassen, das die Handelskammer in ihrer früheren Rechtsstellung bestätigte.

In der amerikanischen Besatzungszone, zu der die Länder Bayern, Bremen, Hessen und Württemberg-Baden gehörten, war die Entwicklung eine völlig andere. Entsprechend der in den Vereinigten Staaten bestehenden Rechtsübung, IHKn (Chambers of commerce) als privatrechtliche Vereinigungen zu errichten, wurde hier mit Ausnahme von Bremen die Gründung von Kammern nur auf privatrechtlicher Grundlage zugelassen, wobei die Mitgliedschaft ausschließlich auf Freiwilligkeit beruhte. Im Gegensatz zu den IHKn in den bereits behandelten Ländern stellten diese Kammern keine Repräsentativkörperschaften, sondern Mitgliedskörperschaften dar. Auch blieben den Kammern alle hoheitlichen Befugnisse entzogen (Huber I S. 215).

Die Regelung des Handelskammerrechts in Bayern erfolgte 1945 mit der Anordnung Nr. 6 über die Errichtung von Industrie- und Handelskammern vom 25. Oktober 1945 (GVBl. 1946 S. 25), die einzelne bestimmte Kammern zuließ und als ihre Rechtsgrundlage die Bayerische Industrie- und Handelskammer-Verordnung vom 25. Februar 1927 bezeichnete, sowie mit den Berichtigungs- und Ergänzungsanordnungen vom 29. April 1946 (GVBl. S. 203) und 29. November 1946 (GVBl. 1947 S. 48). In ihnen ist ausdrücklich erwähnt, daß die Mitgliedschaft auf der freien Entschließung der Gewerbetreibenden beruht, andererseits aber festgelegt, daß die Kammern der Staatsaufsicht des Ministeriums für Wirtschaft unterlägen. In Durchführungsbestimmungen vom 5. September 1947 (GVBl. S. 207) waren sodann sehr eingehende Vorschriften über die Mitgliedschaft, den Aufgabenkreis der Kammern, die Kammerorgane, die Organisation der einzelnen Kammer, ihre rechtliche Stellung, die Beitragserhebung usw. enthalten, Bestimmungen, die die Bezugnahme auf die Verordnung von 1927 in der Anordnung Nr. 6 letztlich gegenstandslos machten.

Im bremischen Staatsgebiet, in welchem zwei Kammern, nämlich die Handelskammer Bremen und die IHK im Stadtteil Bremerhaven errichtet wurden, beruhten die Funktionen der Kammern auf zwei verschiedenen Gesetzen. Die Handelskammer Bremen wurde wieder auf der Grundlage des bremischen Handelskammer-Gesetzes vom 17. Juli 1921 tätig, die IHK in Bremerhaven auf der Grundlage des preußischen

Gesetzes über die Handelskammern vom 24. Februar 1870. Vgl. hierzu im einzelnen die Ausführungen zu § 13 BKG; ferner Huber I S. 216, II S. 757.

In Hessen richtete sich das Recht der IHKn nach der Bekanntmachung des hessischen Wirtschaftsministers vom 20. Dezember 1945 (GVBl. S. 171) und seinem Erlaß vom 5. Dezember 1946 (StaatsAnz. S. 123). Entsprechend dem Erlaß wurden die IHKn als privatrechtliche Vereine mit freiwilliger Mitgliedschaft organisiert; jedoch war das Prinzip der Freiwilligkeit insofern eingeschränkt, als die Errichtung einer IHK des Beschlusses der Gewerbetreibenden des Bezirks bedurfte und mehr als eine Kammer für jeden Bezirk nicht gegründet werden konnte (vgl. Huber I S. 215).

Die IHKn in Württemberg-Baden (Nord-Württemberg und Nord-Baden) beruhten auf einer Bekanntmachung des Staatsministeriums Württemberg-Baden vom 16. Januar 1946 und einem Erlaß des Wirtschaftsministeriums über die Grundsätze und Richtlinien für die Errichtung der fachwirtschaftlichen Vereinigungen und Industrie- und Handelskammern vom 23. August 1946 (Huber I S. 215, Frentzel-Jäkel S. 22). Nach dem Inhalt des Erlasses waren die IHKn auch in Württemberg-Baden lediglich privatrechtliche Vereinigungen, die allerdings einer staatlichen Genehmigung bedurften. Die in Art. 25 Abs. 2 der Württemberg-Badischen Verfassung vom 28. November 1946 (RegBl. S. 277) vorgesehene Errichtung paritätischer Körperschaften ist nicht in die Wirklichkeit umgesetzt worden.

Die unter die Verwaltung der vier Mächte gefallene Gebietskörperschaft Berlin nahm eine Sonderstellung ein. Verschiedene Versuche zur Schaffung einer Selbstverwaltung der Wirtschaft auf Kammerbasis scheiterten an dem Widerstand der Alliierten Kommandantur. So konnten insbesondere die im Jahre 1948 ausgearbeiteten Entwürfe für eine paritätisch besetzte Wirtschaftskammer und ebenso besetzte IHK nicht zum Erfolg geführt werden. Erst 1950 gelang es der Berliner Wirtschaft, eine IHK zu gründen, die in der Rechtsform eines eingetragenen Vereins als Zusammenschluß aller der Berliner Wirtschaft zugehörigen Gewerbezweige unter Ausschluß des Handwerkerstandes errichtet wurde. Die Kammer stellte insofern eine Besonderheit dar, als sie korporative und Einzelmitglieder hatte, wobei die korporativen Mitglieder die Berliner Wirtschaftsverbände bildeten. Die korporative Mitgliedschaft stellte die Einzelmitgliedschaft der den Verbänden angehörenden Mitglieder her. Erst mit der Übernahme des Bundeskammergesetzes konnte die IHK Berlin wieder die Rechtsstellung einer Körperschaft des öffentlichen Rechts erhalten. Über nähere Einzelheiten der Entwicklung vgl. Bremer, die Auflösung der Gauwirtschaftskammer Berlin, JR 1955 S. 288ff.

In der sowjetisch besetzten Zone ist die Entstehung neuer Kammern an Gesetze und Verordnungen der einzelnen Länder gebunden gewesen. Sie traten schon bald nach dem Zusammenbruch in Kraft. Als Beispiele kann hier auf die Verordnung des Landes Brandenburg vom 20. Oktober 1945 (GVBl. 1946 S. 1), ergänzt durch die Verordnung vom 8. April 1946 (GVBl. S. 132), und auf das Gesetz des Landes Thüringen über den Neuaufbau der gewerblichen Wirtschaft vom 2. Mai 1946 (RegBl. I S. 67) hingewiesen werden. Entsprechend der anders gearteten Wirtschaftsstruktur waren die Kammern der sowjetisch besetzten Zone weniger eine Verkörperung der Selbstverwaltung der Wirtschaft als eine besondere Form der Staatsverwaltung. Seit dem 1. April 1949 durften die volkseigenen Betriebe den IHKn nicht mehr angehören. Schließlich führte die Entwicklung über verschiedene Zwischenstadien zu der Verordnung über die Errichtung der Industrie- und Handelskammer der Deutschen

Demokratischen Republik vom 6. August 1953 (GBl. S. 917), mit der nur eine einzige IHK für das ganze Staatsgebiet zugelassen wurde, die Bezirksdirektionen am Sitz des Rates eines jeden Bezirks einzurichten hatte. Für Ost-Berlin wurde durch die Verordnung des Ostberliner Magistrats vom 8. Januar 1954 (VBl. S. 11) eine Industrie- und Handelskammer Groß-Berlin gegründet.

Neuerdings sind das Präsidium der IHK der Deutschen Demokratischen Republik und sein Apparat mit der Verordnung über die Industrie- und Handelskammern der Bezirke vom 22. September 1958 (GBl. I S. 688) aufgelöst worden. Die bisherigen Bezirksdirektionen wurden selbständig und den Räten der Bezirke unterstellt. Strukturell unterscheiden sie sich von den IHKn des Bundesgebietes in wesentlichen Punkten; insbesondere sind sie tariffähig (§ 5). Vgl. im einzelnen Zieger, Die Entwicklung des öffentlichen Rechts in der Sowjetischen Besatzungszone, DÖV 1958 S. 811 ff. (816) und 1960 S. 215ff (217—218).

Zum Rechtscharakter der IHKn in der sowjetisch besetzten Zone und späteren Deutschen Demokratischen Republik ist anzuführen, daß nur in der Verordnung des Landes Brandenburg vom 8. April 1946 die für den Bereich des Landes gegründete Kammer ausdrücklich als Körperschaft des öffentlichen Rechts bezeichnet wird. Es dürfte aber keinem Zweifel unterliegen, daß auch sämtliche übrigen IHKn in der sowjetisch besetzten Zone bis zu ihrer Auflösung im Jahre 1953 und die jetzigen IHKn der Deutschen Demokratischen Republik nach Verfassung und Aufgabenkreis den Charakter von Körperschaften des öffentlichen Rechts besitzen und daß die Tätigkeit bei ihnen als öffentlicher Dienst zu bewerten ist.

Inwieweit die IHKn, die sich nach 1945 gebildet haben, nicht nur Funktionsnachfolger, sondern auch Rechtsnachfolger der Gauwirtschaftskammern geworden sind, läßt sich nicht allgemein beantworten. Soweit nicht besondere gesetzliche Regelungen getroffen worden sind, um die Rechtsnachfolge bzw. den Vermögensübergang und die Haftung für die Schulden klarzustellen wie z. B. in den Ländern Schleswig-Holstein und Berlin, wird sich die in Rede stehende Frage nur an Hand des Einzelfalls entscheiden lassen. Vgl. hierzu insbesondere Huber I S. 22ff.; BGH in NJW 1953 S. 381ff.; Däubler, Die Funktionsnachfolge — ein neuer Rechtsbegriff, NJW 1954 S. 5ff.; BGH in BGHZ Bd. 16 S. 184ff.; Scheuner, Die Funktionsnachfolge und das Problem der staatsrechtlichen Kontinuität, Festschrift für Nawiasky, 1956 S. 9ff.; Steinbömer, Die Funktionsnachfolge, 1957; BAG in BB 1958 S. 948; LAG Bremen in DB 1959 S. 292.

Hinsichtlich der Pflicht, ehemalige Bedienstete der IHKn unterzubringen und zu versorgen, ist das Gesetz zur Regelung der Rechtsverhältnisse der unter Art. 131 des Grundgesetzes fallenden Personen — G 131 — in der Fassung vom 11. September 1957 (BGBl. I S. 1297) maßgebend. Die IHKn gehören zu den in der Anlage A zu § 2 Abs. 1 Ziff. 1 G 131 genannten Einrichtungen. Ihnen obliegt daher nach § 61 Abs. 1 G 131 die Unterbringung und Versorgung der unter Kapitel I des Gesetzes fallenden Bediensteten der früheren IHKn. Die Durchführung dieser Maßnahmen soll demnächst durch eine Rechtsverordnung nach § 61 Abs. 3 G 131 näher geregelt werden. Durch sie werden den IHKn die sich aus dem Gesetz ergebenden Lasten, die der Bund vorschußweise bis zum 31. Dezember 1959 übernommen hat, mit Rückwirkung vom 1. April 1951 an — in Berlin vom 1. Oktober 1951 an — auferlegt. Hieraus ergibt sich eine größere Forderung des Bundes gegen die Gesamtheit der IHKn auf Erstattung der vorschußweise gezahlten Beträge. Daneben hat die Gesamtheit der IHKn vom 1. Januar 1960 an laufend erhebliche Beträge zur Versorgung aufzubringen.

7. Die Grundzüge des Kammerrechts nach dem Bundesgesetz vom 18. Dezember 1956

Mit dem Inkrafttreten des Bundesgesetzes vom 18. Dezember 1956 (Bundeskammergesetz) ist der Zustand der Rechtszersplitterung in den verschiedenen Zonen Westdeutschlands und in Berlin beseitigt worden. Das Kammerrecht steht nunmehr zum erstenmal in der Rechtsgeschichte Deutschlands auf bundeseinheitlicher Grundlage, eine Tatsache, der größte Bedeutung beigelegt werden sollte.

Das Gesetz bezeichnet seine Regelung des Rechts der IHKn als „vorläufig". Darin kommt die Absicht der Initiatoren des Gesetzes zum Ausdruck, mit dem Gesetz der Vereinheitlichung des Rechts zu dienen, nicht jedoch eine Neuordnung des Kammerwesens herbeizuführen. Diese Neuordnung soll vielmehr in einer endgültigen Regelung gefunden werden, deren Konturen sich allerdings im Augenblick noch nicht abzeichnen. Gegen die jetzige Regelung haben besonders die Gewerkschaften und die Sozialdemokratische Partei eingewandt, daß die Kammern nicht reine Unternehmer-Körperschaften sein dürften. Wenn den Kammern die Eigenschaft von Körperschaften des öffentlichen Rechts zuerkannt werde, müsse rechtspolitisch die Folge gezogen werden, daß die Aufgabe der Kammern in der Vertretung der Gesamtinteressen der ihnen zugehörigen Unternehmen, also auch der in den Unternehmen tätigen Arbeitnehmer liege. Dementsprechend müsse eine ausreichende Mitbeteiligung der Arbeitnehmer in den Organen der Kammern vorgesehen werden, wie sie z. B. bei den Handwerkskammern und bei den Landwirtschaftskammern zu finden sei.

Der Gesetzgeber ist dieser Auffassung nicht gefolgt und hat den Zweck der Vereinheitlichung des Rechts vorangestellt. Lediglich in § 8 BKG ist der Forderung, daß die Arbeitnehmer in die IHKn einzubeziehen seien, ein beschränktes Zugeständnis gemacht worden.

A. Aufgaben und Befugnisse der Industrie- und Handelskammern nach dem Bundeskammergesetz

Ein Blick auf § 1 BKG ergibt, daß die Kammeraufgaben im wesentlichen dieselben geblieben sind, die die Kammern seit alters her verfolgt haben. Nach § 1 Abs. 1 haben sie insbesondere die Aufgabe, das Gesamtinteresse der ihnen zugehörigen Gewerbetreibenden ihres Bezirks wahrzunehmen, für die Förderung der gewerblichen Wirtschaft zu wirken und dabei die wirtschaftlichen Interessen einzelner Gewerbezweige oder Betriebe abwägend und ausgleichend zu berücksichtigen. Die Kammern sind hiernach also keine Interessenvertretungen bestimmter Wirtschaftszweige, sondern körperschaftliche Selbstverwaltung der Wirtschaft auf bezirklicher Grundlage, deren wesentlichstes Anliegen ist, die Gesamtinteressen des Bezirks wahrzunehmen und dabei Interessenkollisionen zwischen verschiedenen Wirtschaftszweigen in sich auszugleichen. Es ist selbstverständlich, daß die IHKn diese Aufgabe nur durchführen können, wenn ihre Organisationsform so gewählt ist, daß sie dieser Aufgabe entspricht. Das ist, wie noch gezeigt wird, der Fall.

Die Aufgabe, das Gesamtinteresse der Gewerbetreibenden wahrzunehmen, bezieht sich nicht auf Bereiche, für die die Handwerksorganisationen nach Maßgabe der Handwerksordnung vom 17. September 1953 zuständig sind.

Außer der Aufgabe, das Gesamtinteresse der ihnen zugehörigen Gewerbetreibenden wahrzunehmen, haben die Kammern die besondere Pflicht, die Behörden durch Vorschläge, Gutachten und Berichte zu unterstützen und zu beraten sowie für die Wahrung von Anstand und Sitte des ehrbaren Kaufmanns zu wirken. Der Pflicht der Kammern, die Regierungen und Behörden in wirtschaftlichen Fragen zu beraten, steht allerdings eine Pflicht der Behörden zur Befragung der Kammern im allgemeinen nicht gegenüber.

Nach § 1 Abs. 2 BKG können die Kammern Anlagen und Einrichtungen begründen, unterhalten und unterstützen, die der Förderung der gewerblichen Wirtschaft oder einzelner Gewerbezweige dienen, und Maßnahmen zur Förderung und Durchführung der kaufmännischen und gewerblichen Berufsausbildung unter Beachtung der geltenden Rechtsvorschriften treffen. Anlagen und Einrichtungen der hier gemeinten Art sind vor allem Börsen und andere Märkte, Berufs- und Handelsschulen, Schiedsgerichte, Lagerhäuser, Lehrlingsheime, Bibliotheken und Archive, Verkehrsbüros und Außenhandelsstellen und dergleichen mehr. Besondere Bedeutung haben vor allem Anlagen und Einrichtungen der Berufsausbildung. Hier haben die Kammern früher, im Gegensatz zu den Handwerkskammern, eine stärkere Zurückhaltung geübt. Seit Jahrzehnten sind jedoch auch auf diesem Gebiet die Kammern führend und haben eine immer größere Verantwortlichkeit übernommen, die dem kaufmännischen Bildungswesen sehr zugute gekommen ist.

Daß die IHKn für den Aufgabenbereich der Berufsausbildung Ausschüsse zu bilden haben, an denen die Arbeitnehmer zur Hälfte zu beteiligen sind (§ 8 Abs. 1 und 2), ist von besonderer Bedeutung.

In § 1 Abs. 3 BKG ist die seit jeher bei den IHKn liegende Aufgabe erneut unterstrichen worden, daß sie Ursprungszeugnisse und andere, dem Wirtschaftsverkehr dienende Bescheinigungen auszustellen haben. Die Ursprungszeugnisse können sich sowohl auf den deutschen als auch auf den ausländischen Ursprung einer Ware beziehen. Inwieweit die Zeugnisse anerkannt werden, richtet sich nach den zwischenstaatlichen Vereinbarungen. Die Beschränkung: „soweit nicht Rechtsvorschriften diese Aufgaben anderen Stellen zuweisen“, hat insbesondere den Zweck, den Berliner Verhältnissen Rechnung zu tragen, da es hier neben den allgemeinen Ursprungszeugnissen für den Auslandsverkehr auch solche für den innerdeutschen Verkehr von und nach Berlin gibt, deren Ausstellung nach dem Bundesgesetz zur Förderung der Wirtschaft von Berlin (West) in der Fassung der Bekanntmachung vom 9. September 1952 dem Senator für Wirtschaft und Kredit in Berlin zugewiesen ist.

Das Gesetz legt in § 1 Abs. 4 fest, daß weitere Aufgaben durch Gesetz oder Rechtsverordnung übertragen werden können. Das ist seit je eine Selbstverständlichkeit gewesen, die hier nur unterstrichen wird.

Nicht unter die Aufgaben der IHKn fällt nach § 1 Abs. 5 BKG die Wahrung sozialpolitischer und arbeitsrechtlicher Interessen. Mit dieser Bestimmung soll nicht die Erörterung derartiger Fragen innerhalb der Kammern ausgeschlossen, sondern nur deklariert werden, daß sie nicht zu dem spezifischen Aufgabenkreis der Kammern gehören. Die Formulierung hat allerdings auch zur Folge, daß die IHKn nicht als Sozialpartner handeln können und z. B. nicht berechtigt sind, Tarifverträge abzuschließen. Dagegen können allgemeine Tarif- und Lohnfragen, soweit sie wirtschaftspolitisch von Bedeutung sind, im Aufgabenkreis der Kammern liegen und brauchen hiervon nicht getrennt zu werden.

§ 1 erwähnt nicht, daß die IHKn Organe des Handelsstandes im Sinne des § 126 FGG und des § 1 Abs. 2 BörsG sind und daß ihnen die Vereidigung von Sachverständigen obliegt. Eine Änderung des bisherigen Zustandes ist damit nicht beabsichtigt.

A. Einführung

B. Die Kammerzugehörigkeit

Zur IHK ihres Bezirks gehören alle natürlichen Personen und Handelsgesellschaften sowie andere nicht rechtsfähige Personenmehrheiten und die juristischen Personen des privaten und öffentlichen Rechts, die im Bezirk dieser Kammer entweder eine gewerbliche Niederlassung oder eine Betriebsstätte oder Verkaufsstelle unterhalten und zur Gewerbesteuer veranlagt sind (§ 2 Abs. 1). An die Eintragung in das Handelsregister ist also die Kammerzugehörigkeit nicht gebunden, was insbesondere die registerrechtlich unselbständigen Niederlassungen eines gewerblichen Unternehmens von der Pflichtmitgliedschaft ausgenommen hätte. Welche Anlagen und Einrichtungen Betriebsstätten und Verkaufsstellen sind, ergibt sich in erster Linie aus § 16 StAnpG bzw. der Rechtsprechung zu § 2 GewStG. Das Erfordernis der Veranlagung zur Gewerbesteuer ist bei allen Unternehmen erfüllt, die entsprechend den gewerbesteuerrechtlichen Bestimmungen zu Vorauszahlungen verpflichtet sind.

Von den Bestimmungen über die Kammerzugehörigkeit in § 2 Abs. 1 BKG gelten nach Abs. 2—6 verschiedene Ausnahmen. Nach Abs. 2 gelten die Bestimmungen für natürliche Personen und Gesellschaften, welche ausschließlich einen freien Beruf ausüben, oder Land- und Forstwirtschaft oder ein damit verbundenes Nebengewerbe betreiben, nur dann, wenn sie in das Handelsregister eingetragen sind. Nach Abs. 3 sind natürliche und juristische Personen, die mit einem Hauptbetrieb in der Handwerksrolle eingetragen sind, zwar berechtigt, der IHK anzugehören, soweit sie in das Handelsregister eingetragen sind, aber hierzu nicht verpflichtet. Das betrifft die sogenannten Handwerker-Kaufleute, die ein Handwerk betreiben und nur deshalb, weil ihr Geschäftsbetrieb nach Art und Umfang eine kaufmännische Einrichtung erfordert, auf Grund des Gesetzes über die Kaufmannseigenschaft von Handwerkern vom 31. März 1953 in das Handelsregister eingetragen sind. Sind sie Kammerzugehörige, so haben sie damit auch das Wahlrecht zur Vollversammlung der IHK. Gemischte Betriebe, bei denen sowohl ein Handwerk als auch ein Handelsgewerbe betrieben wird, gehören mit ihrem handwerklichen Betriebsteil zur Handwerkskammer und mit ihrem kaufmännischen Betriebsteil zur IHK. Das entspricht auch dem bisherigen Zustand. Über die Abgrenzung im Einzelfall müssen sich die zuständigen Kammern einigen.

Nach Abs. 4 gilt Abs. 1 nicht für landwirtschaftliche Genossenschaften, wobei das Gesetz näher definiert, welche Genossenschaften und genossenschaftlichen Zusammenschlüsse als landwirtschaftliche Genossenschaften im Sinne des § 2 gelten.

§ 2 Abs. 1 gilt ferner nicht für Gemeinden und Gemeindeverbände, die Eigenbetriebe unterhalten. Sie können aber insoweit der Kammer beitreten.

Endlich gilt § 2 Abs. 1 nicht für natürliche Personen, die nach ihrer Gewerbesteuerveranlagung zur Zahlung von Gewerbesteuer nicht verpflichtet sind oder die gemäß § 17a GewStG 1957 lediglich zu einer Mindeststeuer herangezogen werden (Abs. 6).

C. Die Rechtsstellung der Kammern

§ 3 Abs. 1 BKG macht die Kammern wieder allgemein zu Körperschaften des öffentlichen Rechts, d. h.. das Gesetz legt den Rechtsstatus fest, mit welchem IHKn errichtet werden können. Die Kammern stellen damit erneut „genossenschaftliche" Verbände dar, die gegenüber der Staatsverwaltung organisatorisch und rechtlich verselbständigt sind und als Selbstverwaltung der Wirtschaft Aufgaben wahrnehmen, die mit der Sorge für das einzelne wirtschaftliche Unternehmen zugleich die Rücksichtnahme auf die Gesamtwirtschaft im Kammerbezirk und auf das allgemeine Ganze verbinden. Hierbei sind die Kammern mit hoheitlichen Gestaltungsmitteln ausgestattet und unterstehen in ihrer Selbstbestimmung und Selbstverwaltung der staatlichen Aufsicht.

Die organisatorische und rechtliche Verselbständigung der Kammern bedarf keiner weiteren Erörterung. Begrifflich gehört dazu, daß die Kammern eigene und nicht staatliche Aufgaben, d. h. also Selbstverwaltungsaufgaben wahrnehmen, was nicht hindert, daß ihnen der Staat bestimmte Wirkungskreise überträgt, bei denen sie im staatlichen Auftrag tätig werden (Auftragsangelegenheiten).

Die Wahrnehmung öffentlicher Zwecke, die zum Wesen öffentlicher Körperschaften gehört, geht nicht nur aus der Rechtsform hervor, sondern folgt auch aus dem vom Gesetz umrissenen Aufgabenkreis. Er verlangt, daß die Kammern als Körperschaften des öffentlichen Rechts errichtet werden. Beides bedingt einander, worauf mit Nachdruck hinzuweisen ist. Daß auch die staatliche Aufsicht ein Korrelat der staatlich zugebilligten Selbstbestimmung ist, bedarf dabei keiner Hervorhebung. Über sie verhält sich § 11 Abs. 1 BKG, wobei bemerkenswert ist, daß das Gesetz diese Aufsicht als reine Rechtsaufsicht formuliert hat.

Die Kosten der Errichtung und Tätigkeit der Kammern werden, soweit sie nicht anderweit gedeckt sind, nach Maßgabe des Haushaltsplans durch Beiträge der Kammerzugehörigen gemäß einer Beitragsordnung aufgebracht (§ 3 Abs. 2 Satz 1). Der Haushaltsplan wird jährlich aufgestellt; die Beiträge werden als Umlagen auf der Grundlage der festgesetzten Steuermeßbeträge sowie als einheitliche Grundbeiträge erhoben (Abs. 2 Satz 2 und Abs. 3 Satz 1). Hierbei betont das Gesetz ausdrücklich, daß der Haushaltsplan nach den Grundsätzen einer sparsamen und wirtschaftlichen Finanzgebarung unter pfleglicher Behandlung der Leistungsfähigkeit der Kammerzugehörigen aufzustellen und auszuführen ist. Diese Verpflichtung ist nicht nur ein Programm, sondern eine echte, rechtliche Bindung.

Sonderbestimmungen sieht das Gesetz für Kammerzugehörige vor, die unter das Gesetz über die Kaufmannseigenschaft von Handwerkern vom 31. März 1953 fallen, sowie für Apothekeninhaber und Minderkaufleute (§ 3 Abs. 3 Satz 2 und Abs. 4). Besondere Vorschriften werden auch für diejenigen Kosten getroffen, welche mit der Begründung, Unterhaltung und Unterstützung von Anlagen und Einrichtungen im Sinne des § 1 Abs. 2 verbunden sind. Das gleiche gilt für ihre Inanspruchnahme. Das Gesetz gibt hierbei in § 3 Abs. 5—8 einzelne grundlegende Bestimmungen, die eventuell durch Landesrecht zu ergänzen sind.

Oberstes willensbildendes Organ der Kammern ist die Vollversammlung, die über die Angelegenheiten der Kammer beschließt, soweit nicht die Satzung etwas anderes bestimmt (§ 4 Satz 1). Die Satzung kann also anderen Stellen, z. B. dem Präsidenten der Kammer oder dem Präsidium weitergehende Entscheidungsbefugnisse übertragen. Bestimmte Gegenstände unterliegen allerdings der ausschließlichen Beschlußfassung durch die Vollversammlung, so die Beschlußfassung über die Satzung, über die Wahl-, Beitrags-, Sonderbeitrags- und Gebührenordnung, über die Feststellung des Haushaltsplans, die Feststellung des Maßstabes für die Beiträge und Sonderbeiträge sowie die Erteilung der Entlastung, über die Wahl des Präsidenten und der weiteren Mitglieder des Präsidiums (§ 6 Abs. 1), über die Bestellung des Hauptgeschäftsführers (§ 7 Abs. 1 und der Unternehmervertreter für den Berufsausbildungsausschuß (§ 8 Abs. 2) und über die Umbildung einer IHK (§ 9 Abs. 1). Über diese Gegenstände können also andere Organe nicht beschließen; auch kann durch die Satzung oder durch Landesgesetz keine andere Regelung bestimmt werden.

A. Einführung

Die Mitglieder der Vollversammlung werden von den Kammerzugehörigen gewählt (§ 5 Abs. 1), wobei hinsichtlich der Wählbarkeit besondere Voraussetzungen bestehen. Wählbar sind nur natürliche Personen, die selbst Kammerzugehörige oder zur gesetzlichen Vertretung einer kammerzugehörigen juristischen Person, Handelsgesellschaft oder nicht rechtsfähigen Personenmehrheit befugt sind. Das Nähere über die Ausübung des Wahlrechts, die Durchführung der Wahl sowie über Dauer und vorzeitige Beendigung der Mitgliedschaft zur Vollversammlung überläßt das Gesetz der Wahlordnung (§ 5 Abs. 3). Sie muß von der Landesregierung genehmigt werden (vgl. § 11 Abs. 2).

Die Vollversammlung wählt den Präsidenten (Präses) und die Mitglieder des Präsidiums aus ihrer Mitte. Der Präsident ist Vorsitzender des Präsidiums und der Vollversammlung, die er auch einberuft (§ 6 Abs. 1 und 2). Er vertritt zusammen mit dem Hauptgeschäftsführer die Kammer in rechtsgeschäftlicher und gerichtlicher Beziehung (§ 7 Abs. 2). Hierbei kann die Satzung noch nähere Bestimmungen treffen, was regelmäßig der Fall sein wird, insbesondere in bezug auf Geschäfte der laufenden Verwaltung.

Für den Aufgabenbereich der Berufsausbildung ist bei der Kammer ein Ausschuß zu bilden (§ 8), der bei Bedarf Unterausschüsse einsetzen kann. Nur bei dem Berufsausbildungsausschuß ist eine Beteiligung der Arbeitnehmer vorgesehen, indem § 8 Abs. 2 festlegt, daß die Hälfte der Mitglieder des Ausschusses aus Vertretern der bei den kammerzugehörigen Unternehmen beschäftigten Arbeitnehmer gebildet wird. Der Ausschuß ist für den gesamten Bereich der Berufsausbildung zuständig, d. h. nicht nur für die allgemeinen Maßnahmen zur Förderung und Durchführung der kaufmännischen und gewerblichen Berufsausbildung, sondern auch für die speziellen Anlagen und Einrichtungen auf diesem Gebiet wie z. B. die kaufmännischen Berufsschulen.

Für Ausschüsse, die zur Durchführung anderer Kammeraufgaben als derjenigen der Berufsausbildung gebildet werden, gilt noch eine spezielle Regelung (§ 8 Abs. 4). In solche Ausschüsse, die keine Organe der Kammern sind, können nach näherer Bestimmung der Satzung auch Personen berufen werden, die nicht zur Vollversammlung wählbar sind.

D. Die Umbildung nicht gesetzmäßig gebildeter Kammern

Soweit bei Inkrafttreten des Gesetzes IHKn bestehen, die nicht Körperschaften des öffentlichen Rechts sind, müssen sie umgebildet werden, um den Bestimmungen des Bundeskammergesetzes zu entsprechen (§ 9 Abs. 1 Satz 1). Eine solche Umbildung ist nur auf dem Wege möglich, den das Gesetz hierfür vorsieht: die nach den bisherigen Bestimmungen gebildete Vollversammlung bzw. ein entsprechender Beirat beschließt eine den Vorschriften des neuen Gesetzes entsprechende Satzung; diese Satzung bedarf der Genehmigung der Aufsichtsbehörde; bei der Genehmigung sind der Kammer gleichzeitig die Körperschaftsrechte zu verleihen, wenn die Satzung gesetzentsprechend beschlossen worden ist (Abs. 1 Satz 2 und 3). Daß die Genehmigung im freien Ermessen der Aufsichtsbehörde liegt, ist nicht anzunehmen. Vielmehr ist aus der Zweckbestimmung des Gesetzes zu schließen, daß ein Rechtsanspruch auf die Genehmigung besteht, wenn die Satzung recht- und gesetzmäßig beschlossen worden ist.

Kammern, die an sich umzubilden sind, sich aber nicht umbilden oder deren Umbildung durch Kammerbeschluß abgelehnt oder bei denen die Genehmigung der Satzung rechtskräftig versagt wird, dürfen ihre bisherige Bezeichnung nicht mehr führen und auch die Aufgaben einer IHK nicht mehr wahrnehmen (Abs. 2).

Haben Kammern bei Inkrafttreten des Bundeskammergesetzes keine öffentlichen Körperschaftsrechte gehabt, aber sich gemäß § 9 umgebildet, so sind innerhalb eines Jahres nach der Umbildung Neuwahlen auf der Grundlage des Bundeskammergesetzes durchzuführen. Die bisher im Amt befindlichen Mitglieder der Organe, die der Vollversammlung und dem Präsidium entsprechen, bleiben bis zur Durchführung der Neuwahlen im Amt (§ 10).

E. Staatliche Aufsicht; Aufhebung von Rechtsvorschriften

Als Körperschaften des öffentlichen Rechts müssen die Kammern unter Staatsaufsicht stehen. Diese selbstverständliche Folge des öffentlich-rechtlichen Status der Kammern enthält § 11 Abs. 1 BKG, wobei die Staatsaufsicht (Landesaufsicht) als Rechtsaufsicht ausgestaltet ist. Die Kammern müssen sich danach bei Ausübung ihrer Tätigkeit im Rahmen der für sie geltenden Rechtsvorschriften einschließlich der Satzung und der Wahl-, Beitrags-, Sonderbeitrags- und Gebührenordnung halten. Man wird auf diese Gestaltung der Aufsicht, die ihre Basis im rechtsstaatlichen Denken unserer Zeit, aber auch in den freiheitlichen Gedankengängen unseres Grundgesetzes hat, mit besonderem Nachdruck hinweisen müssen. Welche Aufsichtsmethodik dabei im einzelnen zulässig ist, können die Ausführungsgesetze der Länder im Rahmen der Grundbestimmung des § 12 festlegen. Auf jeden Fall dürfen aber die landesrechtlichen Vorschriften nicht über Inhalt und Umfang der Institution der Rechtskontrolle hianausgehen und etwa vorbeugende Maßnahmen anordnen. Im übrigen müssen Selbstverwaltungs- und Auftragsangelegenheiten auch hier unterschieden werden. Auftragsangelegenheiten nehmen durch ihre mögliche Verbindung mit Anweisungs- und Eingriffsrechten eine andere Stellung ein als Selbstverwaltungsangelegenheiten, bei denen die Kontrolle durch § 11 BKG begrenzt wird.

Nach § 11 Abs. 2 müssen die Beschlüsse der Vollversammlung über die Satzung und die Wahl-, Beitrags-, Sonderbeitrags- und Gebührenordnung sowie über einen Maßstab für Beiträge und Sonderbeiträge, der zehn von Hundert der Gewerbesteuermeßbeträge übersteigt, aufsichtsrechtlich genehmigt werden. Hier ist also das Aufsichtsrecht des Staates in bestimmten Beziehungen verstärkt.

Gemäß § 11 Abs. 3 werden Rechtsvorschriften, die dem Bundeskammergesetz widersprechen, aufgehoben. Das Gesetz führt diese Vorschriften, außer daß es die Nichtanwendung eines Gesetzes und einer Verordnung ausdrücklich feststellt, nicht im einzelnen an, so daß von Fall zu Fall zu klären ist, ob eine bisherige Rechtsvorschrift dem Bundeskammergesetz widerspricht. Besatzungsrechtliche Vorschriften über die IHKn kommen in diesem Zusammenhang nicht in Betracht; sie sind nicht mehr in Kraft. Frühere reichsrechtliche Vorschriften sind durch die Gesetzgebung über die Gauwirtschaftskammern aus dem Jahre 1942 gegenstandslos geworden. Inwieweit landesrechtliche Regelungen dem Gesetz widersprechen, läßt sich generell nicht sagen. Die Ausführungsgesetze der Länder werden hier eine Klarstellung herbeiführen und die in concreto außer Kraft tretenden Vorschriften bezeichnen.

F. Ergänzende landesrechtliche Regelungen; Schlußvorschriften

§ 12 BKG enthält die Ermächtigung für die Länder, ergänzende Vorschriften zu erlassen. Welche Materien davon betroffen werden, ist in Abs. 1 Nr. 1—9 umschrieben. Die hier enthaltenen organisationsrechtlichen Kompetenzen stellen, abgesehen von § 3 Abs. 4 Satz 3 und Abs. 8 Satz 2 BKG, eine abschließende Aufzählung dar, über die

die Länder nicht hinausgehen können. Hinsichtlich der in § 12 Abs. 1 Nr. 7 angeführten Grundsätze über die Rechnungslegung und die Prüfung der Jahresrechnung ist zu erwähnen, daß einheitliche Grundsätze für alle Kammern aufgestellt worden sind. Es ist anzunehmen, daß die Prüfung der Jahresrechnung aller Kammern der Rechnungsprüfungsstelle des DIHT für die IHKn übertragen wird. Soweit landesrechtlich bestimmt ist, daß der Rechnungshof des betreffenden Landes die Kammer prüft, wird die Rechnungsprüfungsstelle nur eine Vorprüfung vornehmen können.

§ 13 sieht eine Sonderregelung für Bremen und Hamburg vor, die es ermöglicht, daß die dortigen Handelskammern ihre bisherige Bezeichnung weiterführen.

Das Gesetz trägt in § 14 die sogenannte Berlin-Klausel, der zufolge Berlin das Bundeskammergesetz mit Wirkung vom 22. Dezember 1956 durch Landesgesetz vom 10. Januar 1957 übernommen hat.

In das Saarland ist das Bundeskammergesetz erst mit dem Bundesgesetz vom 30. Juni 1959 eingeführt worden.

8. Entwicklungstendenzen der Gegenwart

Das Bundeskammergesetz hat die IHKn entsprechend ihrer historischen Entwicklung als Körperschaften erneuert, die die Handel- und Gewerbetreibenden eines bestimmten Bezirks in ihrer Eigenschaft als unternehmerische Persönlichkeiten repräsentieren. Hiergegen ist besonders von Seiten der Gewerkschaften und der Sozialdemokratischen Partei opponiert worden (vgl. S. 25), die in einer Umgestaltung der Kammern auf paritätischer Basis einen wesentlichen Schritt in Richtung auf die von ihnen geforderte Neuordnung der deutschen Wirtschaft sehen. Maßgebend für die von dieser Seite vertretenen Anschauungen dürften der im Jahre 1950 publizierte „Gesetzesvorschlag des Deutschen Gewerkschaftsbundes zur Neuordnung der deutschen Wirtschaft" und ein im selben Jahr im Bundestag eingebrachter Entwurf der Sozialdemokratischen Partei für ein Gesetz zur Neuordnung der Wirtschaft sein (Dt. Bundestag, 1. Wahlperiode 1949, Drucks. Nr. 1229). Letzterer wiederholt im wesentlichen die Vorschläge des Deutschen Gewerkschaftsbundes über eine paritätische Besetzung der Aufsichtsräte, über die Bildung von Wirtschaftsausschüssen und über die Regelung des überbetrieblichen Mitbestimmungsrechts.

Obwohl die in diesen Entwürfen enthaltenen Vorschläge in der Zwischenzeit etwas in den Hintergrund getreten sind, können sie heute noch als Grundsatzprogramm der Gewerkschaften und der Sozialdemokratischen Partei betrachtet werden. Hierbei ist darauf hinzuweisen, daß auch in manchen Landesverfassungen (Bremen, Rheinland-Pfalz, Saarland) ähnliche Gedankengänge enthalten sind (vgl. den V. Teil S. 287ff.). Nach Auffassung der reformerischen Kräfte kann das System der überbetrieblichen Mitbestimmung am besten dadurch verwirklicht werden, daß ein Bundeswirtschaftsrat und Bezirkswirtschaftskammern errichtet werden. Welche Aufgaben dabei den Bezirkswirtschaftskammern im einzelnen zuzuweisen sind, ist noch offen. Fest steht jedoch, daß neben diesen Körperschaften zum Zwecke gemeinsamer Beschlußfassung von Arbeitgebern und Arbeitnehmern Körperschaften mit gleichen oder ähnlichen Kompetenzen, an denen die Arbeitnehmer nicht beteiligt sind, nicht bestehen sollen.

In diesem Zusammenhang ist übrigens bemerkenswert, daß der Anregung, auch Landeswirtschaftsräte zu errichten, bei manchen Gruppen der Reformkreise mit Zurückhaltung begegnet wird. Die Erfahrungen, die mit solchen Einrichtungen gemacht worden seien, hätten bewiesen, daß es für Landeswirtschaftsräte keine echten Aufgaben gebe. Auch bestehe die Gefahr, daß die Nachteile eines betont föderalistischen Staatsaufbaus noch vermehrt würden, wenn wirtschaftliche Fragen grundsätzlicher Art auf Landesebene entschieden würden.

Hinsichtlich des Bundeswirtschaftsrates geht die Auffassung dahin, daß es sein Zweck sein müsse, der Bundesregierung, dem Bundesrat und dem Bundestag in allen Fragen der Wirtschafts- und Sozialpolitik einschließlich der Finanz- und Steuerpolitik beratend und anregend zur Seite zu stehen. Auf diese Weise werde die Sachkunde derjenigen, die im Wirtschafts- und Sozialleben tätig seien, in besonders wirksamer Weise dem Gemeinwohl nutzbar gemacht. Darüber hinaus solle der Bundeswirtschaftsrat eine Einrichtung darstellen, die dem Ausgleich der verschiedenen wirtschaftlichen Interessen diene und soziale Spannungen zu überwinden helfe.

Die Rechte des Bundeswirtschaftsrates ergeben sich nach Meinung der Reformkreise aus den Zwecken, die seiner Errichtung zugrunde liegen. So müsse er in der Lage sein, nicht nur auf Ersuchen der Bundesregierung, des Bundesrates und des Bundestags tätig zu werden, sondern auch aus eigener Initiative diese Körperschaften zu beraten. Gesetzentwürfe der Bundesregierung sollten in den in Rede stehenden Bereichen von dieser dem Bundeswirtschaftsrat zur Begutachtung vorgelegt werden, bevor sie den gesetzgebenden Körperschaften zugeleitet würden. Falls die Bundesregierung den Wünschen des Bundeswirtschaftsrates nicht Rechnung trage, müsse sie ihre Entwürfe zusammen mit dem Gutachten des Bundeswirtschaftsrates den gesetzgebenden Körperschaften vorlegen.

Neben dem Recht der Beratung soll der Bundeswirtschaftsrat das Recht haben, Gesetze anzuregen oder eigene Vorschläge einzubringen. Stimme die Bundesregierung der Vorlage des Bundeswirtschaftsrates nicht zu, so habe sie trotzdem die Vorlage unter Darlegung ihres Standpunktes beim Bundesrat einzubringen. Dabei müsse der Bundeswirtschaftsrat in der Lage sein, seine Vorlagen durch eines oder mehrere seiner Mitglieder vor dem Plenum oder den Ausschüssen des Bundestags und des Bundesrats vertreten zu lassen. Zu dem Recht, Gesetze einzubringen, verweisen die Reformkreise auf den Entwurf eines Gesetzes über den Reichswirtschaftsrat vom 12. November 1927. Dieses Recht sei auf jeden Fall dann erforderlich, wenn die Bundesregierung auf einen Rat oder auf eine Anregung des Bundeswirtschaftsrates nicht reagiere, der Bundeswirtschaftsrat aber der Auffassung sei, daß die betreffende Materie einer gesetzlichen Regelung zugeführt werden müsse.

Ein weiteres Recht des Bundeswirtschaftsrats soll die Befugnis sein, Untersuchungen durchzuführen, soweit sie erforderlich sind, um allgemeine Verhältnisse zu ergründen. Hierzu müßten die Bundesministerien und -behörden sowie die Länderministerien und alle nachgeordneten Stellen auskunftspflichtig gemacht werden.

Im Zusammenhang mit all diesen Vorschlägen verweisen die Reformkreise darauf, daß die Bundesregierung schon jetzt die Notwendigkeit einsehe, mit den großen Sozialgruppen Fühlung aufzunehmen. Jedoch stehe bei diesen formlosen und fallweise erfolgenden Zusammenkünften der Sozialpartner mit der Regierung meistens Meinung und Gegenmeinung gegenüber, ohne daß eine gemeinsame Stellungnahme erarbeitet werde. Die letzte Entscheidung verbleibe immer wieder den Parlamenten.

Nach der Auffassung der Reformkreise soll der Bundeswirtschaftsrat aus mindestens 100 und höchstens 150 Mitgliedern bestehen, wobei die Sitze für die Industrie- und Wirtschaftsgruppen unterschiedlich aufzuschlüsseln wären. Im wesentlichen würden dabei die Grundstoffindustrien und die übrigen Industrien, die Handels- und Verbrauchergenossenschaften, die Banken und Versicherungsunternehmen, die Bankwirtschaft, Forstwirtschaft und Fischerei, das Handwerk und der Verkehr einschließlich der See- und Binnenschiffahrt, die öffentlichen Versorgungsbetriebe und die Sozialversicherungsträger Berücksichtigung finden müssen.

Grundsatz bei der Berufung der Mitglieder, die die einzelnen Wirtschaftszweige repräsentieren, soll sein, daß sie je zur Hälfte von den Gewerkschaften und den Unternehmerverbänden dieser Wirtschaftszweige vorgeschlagen werden. Die Ernennung der Mitglieder soll der Bundespräsident vollziehen.

Der Bundeswirtschaftsrat wäre in dieser Sicht eine ständige Einrichtung, die keine Wahlperioden kennt. Er würde sich derart ergänzen, daß alle zwei Jahre die Hälfte der Mitglieder ausscheidet und dafür neue Mitglieder ernannt werden, deren Ernennung auf vier Jahre erfolgt.

Die Bezirkswirtschaftskammern hätten in diesem System zur Verwirklichung des Mitbestimmungsrechts auf überbetrieblicher Ebene die gemeinsamen Interessen der Indusrie- und Handelsbetriebe sowie der sonstigen gewerblichen Betriebe mit Ausnahme des Handwerks zu fördern und gegenüber der Öffentlichkeit und den Behörden wahrzunehmen. Darüber hinaus soll es ihre Zweckbestimmung sein, die Interessen und die wirtschafts- und sozialpolitischen Auffassungen nicht nur der einzelnen Wirtschaftszweige im jeweiligen Bezirk, sondern auch der einzelnen Organisationen von Unternehmern und Arbeitnehmern aufeinander abzustimmen. Die Bezirkswirtschaftskammer wäre hierbei das für alle Wirtschaftsfragen zuständige Selbstverwaltungsorgan der gewerblichen Wirtschaft. Entsprechend der Rechtsstellung der bisherigen IHKn sollen auch die Bezirkswirtschaftskammern Körperschaften des öffentlichen Rechts sein und in bezug auf ihre Tätigkeit, soweit sie die Wahrnehmung öffentlich-rechtlicher Angelegenheiten betrifft, der Aufsicht einer von der Landesregierung zu bestimmenden Behörde unterstehen.

Bei dieser Regelung würden also die bestehenden IHKn zu Wirtschaftskammern mit paritätisch besetztem Plenum umgestaltet werden. Dem Vorschlag, die sogenannten hoheitlichen Aufgaben der bisherigen IHKn auf die Behörden zu übertragen und die IHKn zur Behandlung typischer berufspraktischer Fragen weiterhin als reine Unternehmerkörperschaften bestehen zu lassen, glauben die Reformkreise nicht zustimmen zu können. Echte Aufgaben würden dann für die Bezirkswirtschaftskammern nicht übrig bleiben; sie könnten in diesem Fall lediglich eine Stätte für sozialpolitische Diskussionen bilden.

Soweit die Reformkreise die Einrichtung eines Bundeswirtschaftsrates fordern, soll zu diesem Vorschlag hier keine Stellung genommen werden. Insofern jedoch die Umwandlung der IHKn zu Bezirkswirtschaftskammern verlangt wird, die zu gleichen Teilen aus Vertretern der Arbeitgeber und Arbeitnehmer gebildet werden, dürfte es notwendig sein, auch auf diejenigen Gesichtspunkte hinzuweisen, die gegen die Umwandlung der Kammern im Sinne der Parität geltend gemacht werden. Diese Gesichtspunkte sind vor allem in einer Schrift von Most: Handelskammern und Mitbestimmungsrecht, 3. Aufl. 1950, zusammengetragen worden, die als Stellungnahme der IHKn zu dem in Rede stehenden Fragenkomplex angesprochen werden kann.

Most geht von der supranationalen Rechtslage aus und stellt fest, daß die Handelskammern auf der ganzen Welt als nicht-paritätische Kammern gebildet worden sind. Das gelte sowohl für die Kammern, die dem angelsächsischen Typ folgen, als auch für diejenigen, die dem kontinental-europäischen Typ entsprechen, also öffentlich-rechtliche Körperschaften unter staatlicher Aufsicht darstellen. Most verweist ferner auf die Tatsache, daß die deutschen Handelskammern und ihre Vorläufer ihrem Ursprung nach nicht künstliche Schöpfungen darstellten und ihrem eigentlichen Wesen nach nicht Hilfsorgane des Staates seien, sondern in erster Linie aus eigener Initiative der Kaufleute ins Leben getreten wären. Bis in die neueste Zeit hinein habe sich die Errichtung von Handelskammern nicht auf Anregung staatlicher Behörden, sondern auf Anträge aus dem Kreis der Berufsstände des betreffenden Ortes oder Bezirks gegründet, die in den Handelskammern vertreten zu sein wünschten. Als solche eigenständigen Schöpfungen der Kaufmannschaft, deren Wert und Bedeutung in dem Maß des Vertrauens liege, das ihnen die Gewerbetreibenden entgegenbrächten, müßten diese Zusammenschlüsse auch weiterhin erhalten bleiben.

Auch die Frage, ob die IHKn Vertretungen der Unternehmer oder der Betriebe seien, führe zu keinem anderen Ergebnis in bezug auf ihren Charakter. Die Gewerkschaften gebrauchten mit Nachdruck die zweite Formulierung und glaubten, damit in besonderem Maße die Berechtigung ihrer Ansprüche begründen zu können, da die Betriebe die Gesamtheit der darin schaffenden Menschen umfasse. Bei näherem Zuschauen werde aber deutlich, daß die Gegensätzlichkeit dieser Formulierung sachlich kein großes Gewicht habe. Auch wenn man die Handelskammern als die Vertretungen der Unternehmungen als solche betrachte, bleibe die Tatsache grundlegend, daß die Führung der Betriebe durch die Unternehmer erfolge und daß die gedankliche Folge hieraus die Berufsgemeinschaft der Unternehmer sei. Spreche man von den Handelskammern als Vertretungen der Unternehmer, so sei dabei selbstverständlich nicht von Unternehmern als Einzelpersönlichkeiten, sondern von ihnen als Repräsentanten ihrer Unternehmungen die Rede. Jeder Betrieb sei außerdem als organische Einheit das Ergebnis all der verschiedenen Kräfte, die in ihm wirken, dabei aber stets eine in sich geschlossene Einheit. Wenn die Handelskammer die Vertretung, die Repräsentanz solcher Einheiten sei, müßten auch die Unternehmungen, d. h. ihre gesetzlichen Vertreter, zur Bestellung der Organe dieser Repräsentanz berufen sein. Das entspreche der Gesetzlichkeit jeder geordneten Vertretung.

Besondere Schwierigkeiten würden sich vor allem für die Organe der Handelskammern und ihre Bestellung und Zusammensetzung ergeben, wenn man dem Gedanken der Parität folge. Die Vorschläge der Gewerkschaften bedeuteten die Beseitigung des aktiven Wahlrechts überhaupt, indem sie praktisch die bisherigen Wahlen durch Nominierungen seitens der Organisationen der Unternehmer und Arbeitnehmer ersetzten. Dies laufe darauf hinaus, an die Stelle von Männern und Frauen der praktischen Wirtschaft weitgehend beiderseitige „Funktionäre" treten zu lassen und damit den unmittelbaren organischen Zusammenhang zwischen den Kammern und ihren Betrieben zu lösen.

Bei den IHKn gehe es ferner im wesentlichen um die Förderung der Gesamtinteressen der gewerblichen Unternehmungen und nicht um eine einseitige Interessenvertretung der Arbeitnehmer. Die Parität bringe die Gefahr, die Kammerarbeit aus der Sphäre sachlicher Arbeit zu entfernen und soziale Kämpfe in die Organe der Kammern hineinzutragen. Auch führe die zahlenmäßige Parität zwangsläufig zu tatsächlicher Disparität zuungunsten der Unternehmer, da die Arbeitnehmer als geschlossene Front auftreten würden, während sich auf der anderen Seite verschiedene Gruppen gegenüberständen, bei denen Differenzen und Gegensätzlichkeiten untereinander eine beachtliche Rolle spielen würden.

Most verweist schließlich auf die natürliche Tendenz der Kammern, zu dezentralisieren und das fachlich Verschiedene schon auf der unteren Ebene zusammenzufassen und auszugleichen, auf die Aufgaben der Handelskammern im einzelnen und die Voraussetzungen für ihre sachgemäße Erfüllung, wobei er insbesondere die „Hoheitsaufgaben" (übertragenen Staatsaufgaben) sowie die gutachtliche und verwandte Tätigkeit und die Betreuung der kammerzugehörigen Betriebe hervorhebt. Hierbei führt er unter Hinweis auf zahlreiche Beispiele aus, daß die sachgemäße Erledigung dieser Aufgaben nirgends der Einführung der Parität bedürfe, sondern in demselben Umfang wie jetzt auch bei Beibehaltung der überkommenen Organisation zum Wohle des Ganzen erledigt werden könne.

Betrachtet man die Argumente gegen die Einführung der Parität, die hier nur andeutungsweise erwähnt worden sind, so läßt sich zum mindesten sagen, daß die Frage der Reform der IHKn in Richtung der aufgestellten Forderungen eine wesentlich schwierigere Aufgabe darstellt, als man zunächst anzunehmen geneigt ist. Sicher ist, daß die Einführung der Parität keine Weiterentwicklung der Kammern im bisherigen Sinn bedeuten, sondern die Ersetzung der überkommenen Körperschaften durch etwas völlig Neues darstellen würde. Das Aufgabengebiet der neuen Organe müßte anders als dasjenige der bisherigen Kammern sein, weil nicht allein das Interesse der kammerzugehörigen Unternehmungen im Rahmen des sich stetig entwickelnden Wirtschaftsprozesses in Rede stehen würde, sondern auch das Interesse der Arbeitnehmer in seiner Gegensätzlichkeit zum Interesse der Arbeitgeber. Dies wäre eine neue Zielsetzung, die den Charakter der Kammern notwendig verändern muß. Im übrigen aber wird zu bedenken sein, daß echte Selbstverwaltung nur dort vorhanden sein kann, wo das Gefühl für die genossenschaftliche Gemeinsamkeit und die tätige Teilnahme an der Verantwortung die Beteiligten zum Zusammenschluß führen. Daß dies bei paritätischen Kammern der Fall wäre, dürfte kaum anzunehmen sein.

Die Entwicklung und die Aufgaben der IHKn schreiten ständig weiter voran. In der nächsten Zukunft werden den Kammern wichtige neue Aufgaben vor allem im Gemeinsamen Markt erwachsen. Hier hat sich Anfang 1958 am Sitz des Europarates in Straßburg eine „Ständige Konferenz der Handelskammern der sechs Länder des Gemeinsamen Marktes" konstituiert, die den Willen der über 400 IHKn der Mitgliedstaaten der Europäischen Wirtschaftsgemeinschaft zum Ausdruck bringt, am Aufbau des Gemeinsamen Marktes mitzuwirken. Aufgabe der Konferenz soll in erster Linie sein, die Ergebnisse der künftigen gemeinsamen Beratungen den nationalen Regierungen und Organen der Europäischen Wirtschaftsgemeinschaft zu übermitteln und sie diesen Instanzen gegenüber zu vertreten. Dabei sind die Untersuchungen vorerst auf die Themen: Freihandelszone, Rohstoffversorgung und mögliche Verlagerungen, Verkehrspolitik und Harmonisierung der sozialen Fragen ausgerichtet. Im Laufe der Zeit wird sich dieser Themenkreis wesentlich erweitern und dementsprechend eine immer stärkere Beschäftigung der Handelskammern mit gesamteuropäischen Wirtschaftsfragen verlangen.

B. Literaturhinweise

(Die hier angeführten Aufsätze, Monographien und Kommentare sind eine Auswahl des fast unübersehbaren Schrifttums zum Kammerrecht. Die Zusammenstellung kann keinen Anspruch auf Vollständigkeit erheben.)

Anschütz, Staatsaufsicht und Selbstverwaltung, JW 1916, S. 1147ff.

Apelt, Die wirtschaftlichen Interessenvertretungen in Deutschland, ihr Aufbau, ihr Wesen und ihre Entwicklung, Gloeckners Handelsbücherei, Bd. 107, Leipzig 1925.

Bachof-Draht-Gönnenwein-Walz, Forschungen und Berichte aus dem öffentlichen Recht, Gedächtnisschrift für Walter Jellinek, München 1955.

Bader, Die Korporation der Kaufmannschaft und die Handelskammer zu Berlin bis zu ihrer Vereinigung, Erlangen 1923.

Behrend, Die Entstehung der amtlichen Vertretungen für Handel, Industrie und Schiffahrt, VolkswBl., 11. Jahrg. (1912), S. 126ff.

Behrend, Handelskammern (Handelsvertretungen), in: Stengel-Fleischmann, Wörterbuch des Deutschen Staats- und Verwaltungsrechts, 2. Aufl., 2. Bd., Tübingen 1913.

Beutin, Geschichte der Südwestfälischen Industrie- und Handelskammer zu Hagen und ihrer Wirtschaftslandschaft, Hagen o. Jahrg. (1956).

Blodig, Die Selbstverwaltung als Rechtsbegriff. Eine verwaltungsrechtliche Monographie, Wien und Leipzig 1894.

Blümich-Boyens-Steinbring-Klein, Gewerbesteuergesetz, 6. Aufl., Berlin und Frankfurt/M. 1958.

Brandt-Lohmann-Wiedemann, Neuordnung der Handelskammern und des Deutschen Handelstags, Berlin 1917.

Brause, Der Begriff der Selbstverwaltung in Deutschland, Erlangen 1900.

Bremer, Die Auflösung der Gauwirtschaftskammer Berlin, JR 1955, S. 288ff.

Bremer, Zum Begriff „Kammer“, JR 1955, S. 332ff.

Bremer, Das neue Recht der Industrie- und Handelskammern, JR 1957, S. 81ff.

Brettner, Die Organisation der industriellen Interessen in Deutschland, Berlin 1924.

Brunow, Staat und Selbstverwaltung im Zusammenhang mit den neuen verfassungsrechtlichen Grundlagen, Würzburg 1920.

Busse, Die Wandlung des Selbstverwaltungsgedankens und des Standesbegriffs, Deutsche Rechtswissenschaft 1938, S. 223ff.

Bühler, Verdrängung der Demokratie durch Bürokratie und Korporationenstaat, DJZ 1931, S. 588ff.

Dessauer, Die Neugestaltung des deutschen Handelskammerwesens, Heft 1 der Industrie-Bücherei, Stuttgart und Leipzig 1917.

Doese, Die organisatorische Grundlage der deutschen Industrie- und Handelskammern für den Interessenausgleich, Diss. Köln 1928.

Dohrn, Über die Rechtsnatur des Meisterprüfungsausschusses, DÖV 1958, S. 920ff.

Dove, Über den Rechtscharakter der Handelskammern, JW 1918, S. 621/622.

Drewes, Die Gewerkschaften in der Verwaltungsordnung. Abhandlungen zum Arbeits- und Wirtschaftsrecht Bd. V, Heidelberg 1959.

Eckert, Die Stellung der Handelskammern im Aufbau der wirtschaftlichen Interessenvertretungen, Bonn 1922.

Erler, Freiheit und Grenze berufsständiger Selbstverwaltung, Göttingen 1952.

Fonk, Die deutschen Interessenvertretungen von Industrie und Handel, insbesondere in Preußen. Ihre Entstehung und Tätigkeit, Köln 1920.

Forsthoff, Die öffentliche Körperschaft im Bundesstaat, Beiträge zum öffentlichen Recht der Gegenwart, Heft 3, Tübingen 1933.

B. Literaturhinweise

Forsthoff, Lehrbuch des Verwaltungsrechts, Bd. 1, 7. Aufl., München und Berlin 1958.

Frank, Die öffentlich-rechtliche juristische Person, Kiel 1924.

Freymark, Die Tätigkeit der Handelskammern auf dem Gebiete der Wirtschaftspolitik, VolkswBl., 12. Jahrg. (1913), S. 192ff.

Friedrichs, Industrie- und Handelskammern, Handwörterbuch der Rechtswissenschaften, III. Bd., Berlin und Leipzig 1928.

Frielinghaus, Die Stellung der Handelskammern zu Staat und Wirtschaft, Wirtschaftsblatt Niedersachsen, 4. Jahrg. (1924), S. 542ff.

Frielinghaus, Staat und Handelskammern, Deutsche Wirtschaftszeitung, 22. Jahrg. (1925), S. 405ff.

Frielinghaus, Selbstverwaltung der Wirtschaft, Deutsche Wirtschaftszeitung, 24. Jahrg. (1927), S. 98ff.

Fuchs, Handelskammer und kaufmännische Korporationen, Holdheims MSchr., 11. Jahrg. (1902), S. 237ff.

J. v. Gierke, Die Industrie- und Handelskammern, Zeitschrift für das Gesamte Handelsrecht und Konkursrecht, Bd. 120 (1957), S. 77—83.

Giesecke, Wirtschaftliche Selbstverwaltung als juristischer Begriff, Recht und Wirtschaft, 10. Jahrg. (1921), S. 245ff.

Giesecke, Die Rechtsverhältnisse der gemeinwirtschaftlichen Organisationen. Schriften des Instituts für Wirtschaftsrecht an der Universität Jena, Nr. 2, Jena 1922.

Glum, Selbstverwaltung der Wirtschaft. Eine öffentlich-rechtliche Studie, Berlin 1925.

Goebel, Selbstverwaltung in Technik und Wirtschaft, Berlin 1921.

Goldschmidt, Reichswirtschaftsrecht, Berlin 1923.

Graetzer, Die Organisation der Berufsinteressen. Die deutschen Handels- und Gewerbekammern. Die Landwirtschafts- und Arbeiterkammern. Der Volkswirtschaftsrath. Ihre Geschichte und Reform, Berlin 1890.

Günther, Über die Körperschaften des öffentlichen Rechts unter der Aufsicht des Reichs- und Preuß. Wirtschaftsministeriums, MBlWi. 1937, S. 80, 132.

Hamann, Das Grundgesetz, Berlin, Neuwied und Darmstadt 1956.

Hamann, Autonome Satzungen und Verfassungsrecht, Heidelberg 1958.

Hamann, Deutsches Wirtschaftsverfassungsrecht, Neuwied, Berlin und Darmstadt 1958.

Handelskammern, Die —, Ihre Organisation und Tätigkeit, Bericht an den Internationalen Handelskammer-Kongreß in Mailand 1906, erstattet von den Ältesten der Kaufmannschaft von Berlin, Berlin 1906.

Hedemann, Deutsches Wirtschaftsrecht, 2. Aufl., Berlin 1943.

Heréus, Die deutschen Handelskammern als Glied der Verwaltung. Ihre Geschichte, ihr Wesen und ihre Zukunft, Mannheim, Berlin und Leipzig 1922.

Herrfahrdt, Das Problem der berufsständischen Vertretung von der französischen Revolution bis zur Gegenwart, Stuttgart und Berlin 1921.

Herrfahrdt, Die Formen der wirtschaftlichen Selbstverwaltung in Deutschland. Jahrbuch des öffentlichen Rechts der Gegenwart, Bd. XI (1922), S. 1ff.

Heubner, Die Bedeutung der Handelskammern für die Rechtsentwicklung, Recht und Wirtschaft, 1. Jahrg. (1911), S. 485ff.

Heubner, Die staatsrechtliche Natur der Handelskammern, VolkswBl. 10. Jahrg. (1911), S. 144ff.

Heubner, Doppelwesen oder Dreifaltigkeit der Industrie- und Handelskammern?, Deutsche Wirtschaftszeitung, 24. Jahrg. (1927), S. 175.

Heyen, Grenzen der Beitragspflicht für Mitglieder der Körperschaften öffentlichen Rechts, DVBl. 1956, S. 288ff. und 1957, S. 335.

v. Hinüber, Die Bereinigung und Vereinheitlichung des Handelskammerrechts, BB 1956, S. 1172ff.

Hoffmann, Industrie- und Handelskammern, in: v. Bitter, Handwörterbuch der Preußischen Verwaltung, 3. Aufl., herausgegeben von Drews und Hoffmann, Berlin und Leipzig 1928, S. 873ff.

E. R. Huber, Rechtsformen der wirtschaftlichen Selbstverwaltung, VerwArch. Bd. 37 (1932), S. 301ff.
E. R. Huber, Zum Begriff der Körperschaft des öffentlichen Rechts, RVBl. 1940, S. 613ff.
E. R. Huber, Wirtschaftsverwaltungsrecht, 2. Aufl., 1. Bd. 1953; 2. Bd. 1954, Tübingen (zitiert Huber I, II).
E. R. Huber, Selbstverwaltung der Wirtschaft, Stuttgart 1958 (zitiert Huber SdW).
F. C. Huber, Die Handelskammern, ihre Entwicklung und ihre künftigen Aufgaben für Verwaltung und Volkswirtschaft, Stuttgart 1906.
Hubrich, Die Rechtsgrundlagen des öffentlichen Korporationswesens in Preußen, Archiv für Bürgerliches Recht, 43. Bd. (1919), S. 1ff.
Hummel, Grenzen der Beitragspflicht bei öffentlich-rechtlichen Körperschaften, DVBl. 1957, S. 333ff.
Hunsberg, Organisation, Zuständigkeit und Rechtsnatur der Handelskammern in Preußen, Greifswald 1920.
v. Kaufmann, Die Vertretung der wirtschaftlichen Interessen in den Staaten Europas, die Reorganisation der Handels- und Gewerbekammern und die Bildung eines volkswirtschaftlichen Centralorgans in Deutschland, Berlin 1879.
v. Kaufmann, Die Reform der Handels- und Gewerbekammern. Ein zweiter Beitrag zur Frage der Vertretung der wirtschaftlichen Interessen in Deutschland, Berlin 1883.
v. Kaufmann, Die Vertretung der wirtschaftlichen Interessen in Deutschland. Eine Antikritik, Annalen des Deutschen Reichs, 1883, S. 553ff.
Keucher, Geschichtliche Entwicklung und gegenwärtiger Stand des Kammer-Systems, Halle 1931.
Klank-Schneider, Die staatsrechtliche Stellung der Handelskammern in Preußen, VolkswBl. 12. Jahrg. (1913), S. 184ff.
Klein, Das Organisationswesen der Gegenwart, Berlin 1913.
Klug, Gesetz über die Industrie- und Handelskammern, in: v. Brauchitsch, Die Preußischen Verwaltungsgesetze, 4. Bd., Berlin 1927.
Köttgen, Die rechtsfähige Verwaltungseinheit, Berlin 1939.
Kraus, Wirtschaftsdemokratie und Wirtschaftsaufbau, München 1947.
Kuhlmann, Das Recht der gesetzlichen Berufsvertretungen (Berufskammern) in allgemeiner Darstellung nach Reichsrecht, preußischem und badischem Recht, Freiburg i· Br. 1908.
Kühn, Begriffsbestimmung und Grenzen der Staatsaufsicht über Selbstverwaltungskörper, Breslau 1926.
Küster, Die Staatsaufsicht über die preußischen Industrie- und Handelskammern, Berlin 1933.
Laforet, Fragen der Selbstverwaltung, Schmollers Jahrbuch, Jahrg. 62 (1938), S. 141ff.
Landmann-Rohmer-Eyermann-Fröhler, Gewerbeordnung, 11. Aufl., München und Berlin 1956.
Latrille, Der berufsständische und der Rätegedanke in ihrer Beziehung zur modernen Staatsidee, Berlin 1926.
Lautenschlager, Die Staatsaufsicht über die Selbstverwaltungskörper, Freiburg/Schweiz 1929.
Lenkeit, Zur Umgestaltung der preußischen Industrie- und Handelskammern, Diss. Königsberg 1925 (Maschinenschrift).
Lüer, Die Verfassung der Wirtschaftskammern, ZAkDR 1938, S. 330ff.
Lusensky, Gesetz über die Handelskammern, 2. Aufl., Berlin 1909.
v. Mangoldt-Klein, Das Bonner Grundgesetz, 2. Aufl., Bd. 1, Berlin und Frankfurt a. M. 1957.
Maunz, Die Staatsaufsicht, München 1938.
Meltendorf, Kammern in der Form des eingetragenen Vereins, JR 1955, S. 91—92.
Meyer-Hamme, Die Entwicklung der körperschaftlichen Selbstverwaltung der Wirtschaft, Diss. Göttingen 1939.

B. Literaturhinweise

Meyerstein, Die rechtliche Stellung der Handelskammern und ihrer Beamten, PrVerwBl. 29. Jahrg. (1907), S. 531ff.

Minaty, Die Industrie- und Handelskammern als Träger wirtschaftlicher Selbstverwaltung, Diss. Köln 1932.

Mollat, Gesetz über die Handelskammern, Textausgabe mit Anmerkungen, Siegen 1914.

Most, Die Selbstverwaltung der Wirtschaft, Recht und Staat im Neuen Deutschland, 2. Bd., Berlin 1929.

Most, Die Selbstverwaltung der Wirtschaft, Recht und Praxis der Industrie- und Handelskammern, Heft 3, Berlin 1929.

Most, Staat und Selbstverwaltung. Unter besonderer Berücksichtigung der Industrie- und Handelskammern, Deutsche Wirtschaftszeitung 1932, S. 465/466.

Most, Die Industrie- und Handelskammern in den deutschen Ländern, in: Reich und Länder, 1. Jahrg. (1927), S. 65ff.

Most, Handelskammern und Mittbestimmungsrecht, 3. Aufl., Stuttgart 1950.

Most, Artikel „Industrie- und Handelskammern", Handwörterbuch der Sozialwissenschaften, 5. Bd., Stuttgart, Tübingen und Göttingen 1956.

Mosthaf, Die württembergischen Industrie- und Handelskammern Stuttgart, Heilbronn, Reutlingen, Ulm 1855—1955, Bd. I, Die Handels- und Gewerbekammern 1855—1899, Stuttgart 1955.

Naphtali, Wirtschafts-Demokratie. Ihr Wesen, Weg und Ziel, 2. Aufl., Berlin 1928.

Nawatzki, Die Industrie- und Handelskammer als öffentlich-rechtliches Hilfsorgan der Rechtspflege und der Verwaltung, Hannover 1928

Neukamp, Der Begriff der „Selbstverwaltung" im Rechtssinne, AÖR Bd. 4 (1889), S. 377ff, 525ff.

Oberhofer, Die rechtliche Natur der Handelskammer, Diss. Erlangen 1922 (Maschinenschrift).

Peters, Rechtsnatur, Organisation und Aufgaben der deutschen Industrie- und Handelskammern, Diss. Hamburg 1941.

H. Peters, Lehrbuch der Verwaltung, Berlin, Göttingen und Heidelberg 1949.

Pfundtner-Neubert, Das neue Deutsche Reichsrecht, Ergänzbare Sammlung, Berlin 1933 und folgende Jahre.

Preuss, Selbstverwaltung und Staatsaufsicht, JW 1917, S. 279ff.

Preußischen Handelskammern, Die—, nach dem neueren Handelskammergesetz, Handel und Gewerbe, 5. Jahrg. (1897), S. 97ff.

Rechtliche Stellung, Die —, der Industrie- und Handelskammer, Mitt. der IHK zu Berlin, 23. Jahrg. (1925), S. 537/538.

Redeker, Gegenwartsfragen der berufsständischen Selbstverwaltung, JZ 1954, S. 625ff.

Reitz, Zur Geschichte und Reform der preußischen Handelskammern, Annalen des Deutschen Reichs, Jahrg. 1896, S. 1ff.

Reitz, Das Wahlrecht der preußischen Handelskammern nach der Novelle vom 19. August 1897, Schmollers Jahrbuch, 22. Jahrg. (1898), S. 871ff.

Reitz, Gesetz über die Handelskammern vom 19. August 1897, 2. Aufl., Berlin 1897.

Reuß, Verfassungsrechtliche Grundsätze zum Organisationsrecht der Wirtschaft, DVBl. 1953, S. 684ff.

Roberti-Jessen, Das allgemeine staatliche Aufsichtsrecht gegenüber den Selbstverwaltungskörpern in Preußen, Greifswald 1905.

Roth, Die deutschen Industrie- und Handelskammern, Frankfurt a. M. 1953.

Scheffer, Internationale Selbstverwaltung der Wirtschaft, Diss. Frankfurt a. M. 1956.

Schneider, Berufsständisches Selbstverwaltung, Stuttgart 1920.

Schöne, Das Staatsaufsichtsrecht über die Gemeinden bzw. Selbstverwaltungskörper, Leipzig 1927.

Schoeps, Organisation und Kompetenz der Handelskammer in Preußen, Greifswald 1912.

Schweiger, Reformmöglichkeiten der Interessenvertretungen der deutschen Industrie, Diss. Köln 1923.

Seidel, Das neue preußische Handelskammergesetz, PrVerwBl. 19. Jahrg. (1897), S. 149ff.
Seidel, Die Handelskammer-Gesetzgebung der wichtigeren deutschen Länder, Leipzig 1929.
Slawitschek, Selbstverwaltung und Autonomie, Leipzig 1910.
Sommermeyer, Die Rechtsstellung der Industrie- und Handelskammern in Schleswig-Holstein, SchlHA 1952, S. 141ff.
Sontag, Handelskammer und kaufmännische Korporation, Holdheims MSchr., 12. Jahrg. (1903), S. 20ff.
Stegemann, Die staatsrechtliche Stellung der Handelskammer in Preußen, Schmollers Jahrbuch, 12. Jahrg. (1888), S. 219ff.
Stegemann, Gesetz über die Handelskammern vom 24. Februar 1870, Berlin 1892.
Stier-Somlo, Aufsichtsrecht, Handwörterbuch der Rechtswissenschaften, 1. Bd., Berlin und Leipzig 1926.
Stier-Somlo, Selbstverwaltung und Staatsaufsicht, Handwörterbuch der Rechtswissenschaften, 5. Bd., Berlin und Leipzig 1928.
Storz, Die deutschen Industrie und Handelskammern, Diss. Tübingen 1953.
Tarnowski, Die deutschen Industrie- und Handelskammern und die großen geistigen, politischen und wirtschaftlichen Strömungen ihrer Zeit, Diss. Mainz 1951.
Tatarin-Tarnheyden, Die Berufsstände, ihre Stellung im Staatsrecht und die deutsche Wirtschaftsverfassung, Berlin 1922.
Tatarin-Tarnheyden, Berufsverbände und Wirtschaftsdemokratie, Berlin 1930.
Tietgen, Die Mitgliedschaft bei den Industrie- und Handelskammern, Betrieb 1954, S. 511ff.
Tschierschky, Die Unternehmer-Organisationen in Deutschland, Berlin 1908.
Vialon, Haushaltsrecht, 2. Aufl., Berlin und Frankfurt a. M. 1959.
Vogel, Kammerbeitrag und Finanzverfassung, DVBl. 1958, S. 491ff.
Waldecker, Über den Begriff der Korporation des öffentlichen Rechts nach preußischem Recht, Berlin 1913.
Wauer, Die wirtschaftlichen Selbstverwaltungskörper. Ihr Begriff und ihre Organisation, Leipzig und Erlangen 1923.
Weber, Die Körperschaften, Anstalten und Stiftungen des öffentlichen Rechts, 2. Aufl., München und Berlin 1943.
Weber, Staats- und Selbstverwaltung in der Gegenwart, Bd. 9 der Göttinger Rechtswissenschaftlichen Studien, Göttingen 1953.
Wendtland, Die behördliche Tätigkeit der Industrie- und Handelskammern, Deutsche Wirtschaftszeitung, 22. Jahrg. (1925), S. 400ff.
Wicher, Über die Rechtsnatur des Einzelhandelsprüfungsausschusses, DÖV 1959, S. 535ff.
Wieacker, Selbständige Verwaltungsverbände, Arch. f. civ. Praxis, N. F., Bd. 27 (1942), S. 313ff.
Wilden, Hat die Handelskammer eine Zukunft?, 2. Aufl., Düsseldorf und Berlin 1928.
Wissel-v. Möllendorf, Wirtschaftliche Selbstverwaltung, Heft 10 der Schriftenreihe: Deutsche Gemeinwirtschaft, herausgegeben von Schairer, Berlin 1919.
Wolff, Der Staat und die öffentlich-rechtlichen Korporationen, Erlangen 1897.
Wolff, Verwaltungsrecht I, München und Berlin 1956.
Wuttke, Die rechtliche Stellung der deutschen Industrie- und Handelskammern in Vergangenheit, Gegenwart und Zukunft, Diss. Köln 1954 (Maschinenschrift).
Zeyss, Die Entstehung der Handelskammern und die Industrie am Niederrhein während der französischen Herrschaft, Leipzig 1907.
Zorn, Die staatsrechtliche Stellung der Handelskammern, Bonner Festgabe für Ernst Zitelmann, München und Leipzig 1923, S. 167ff.
Zumbansen, Das Recht der öffentlich angestellten und beeidigten Sachverständigen, Essen 1926.

II. Teil

Gesetz zur vorläufigen Regelung des Rechts der Industrie- und Handelskammern

(Bundeskammergesetz)

vom 18. Dezember 1956 (BGBl. I S. 920)

A. Text des Gesetzes

§ 1

(1) Die Industrie- und Handelskammern haben, soweit nicht die Zuständigkeit der Organisationen des Handwerks nach Maßgabe des Gesetzes zur Ordnung des Handwerks (Handwerksordnung) vom 17. September 1953 (Bundesgesetzbl. I S. 1411) gegeben ist, die Aufgabe, das Gesamtinteresse der ihnen zugehörigen Gewerbetreibenden ihres Bezirkes wahrzunehmen, für die Förderung der gewerblichen Wirtschaft zu wirken und dabei die wirtschaftlichen Interessen einzelner Gewerbezweige oder Betriebe abwägend und ausgleichend zu berücksichtigen; dabei obliegt es ihnen insbesondere, durch Vorschläge, Gutachten und Berichte die Behörden zu unterstützen und zu beraten, sowie für Wahrung von Anstand und Sitte des ehrbaren Kaufmanns zu wirken.

(2) Die Industrie- und Handelskammern können Anlagen und Einrichtungen, die der Förderung der gewerblichen Wirtschaft oder einzelner Gewerbezweige dienen, begründen, unterhalten und unterstützen sowie Maßnahmen zur Förderung und Durchführung der kaufmännischen und gewerblichen Berufsausbildung unter Beachtung der geltenden Rechtsvorschriften treffen.

(3) Den Industrie- und Handelskammern obliegt die Ausstellung von Ursprungszeugnissen und anderen dem Wirtschaftsverkehr dienenden Bescheinigungen, soweit nicht Rechtsvorschriften diese Aufgaben anderen Stellen zuweisen.

(4) Weitere Aufgaben können den Industrie- und Handelskammern durch Gesetz oder Rechtsverordnung übertragen werden.

(5) Nicht zu den Aufgaben der Industrie- und Handelskammern gehört die Wahrnehmung sozialpolitischer und arbeitsrechtlicher Interessen.

§ 2

(1) Zur Industrie- und Handelskammer gehören, sofern sie zur Gewerbesteuer veranlagt sind, natürliche Personen, Handelsgesellschaften, andere nicht rechtsfähige Personenmehrheiten und juristische Personen des privaten und des öffentlichen Rechts, welche im Bezirk der Industrie- und Handelskammer entweder eine gewerbliche Niederlassung oder eine Betriebsstätte oder eine Verkaufsstelle unterhalten (Kammerzugehörige).

(2) Absatz 1 gilt für natürliche Personen und Gesellschaften, welche ausschließlich einen freien Beruf ausüben oder welche Land- oder Forstwirtschaft oder ein damit verbundenes Nebengewerbe betreiben, nur, soweit sie in das Handelsregister eingetragen sind.

(3) Für natürliche und juristische Personen, die mit einem Hauptbetrieb in der bei der Handwerkskammer geführten Handwerksrolle (§ 6 der Handwerksordnung vom 17. September 1953 — Bundesgesetzbl. I S. 1411 —) eingetragen worden sind, gilt, soweit sie in das Handelsregister eingetragen sind, Absatz 1 mit der Maßgabe, daß sie berechtigt, aber nicht verpflichtet sind, der Industrie- und Handelskammer anzugehören.

(4) Absatz 1 gilt nicht für landwirtschaftliche Genossenschaften; als solche gelten im Sinne dieser Bestimmung:

a) ländliche Kreditgenossenschaften, deren Mitglieder überwiegend aus Landwirten bestehen;
b) Genossenschaften, die ganz oder überwiegend der Nutzung landwirtschaftlicher Betriebseinrichtungen oder der Versorgung der Landwirtschaft mit Betriebsmitteln oder dem Absatz oder der Lagerung oder der Bearbeitung oder Verarbeitung landwirtschaftlicher Erzeugnisse dienen, sofern sich die Be- oder Verarbeitung nach der Verkehrsauffassung im Bereich der Landwirtschaft hält;
c) Zusammenschlüsse der unter Buchstabe b genannten Genossenschaften bis zu einer nach der Höhe des Eigenkapitals zu bestimmenden Grenze, die von dem Bundesminister für Wirtschaft im Einvernehmen mit dem Bundesminister für Ernährung, Landwirtschaft und Forsten durch Rechtsverordnung festgelegt wird.

(5) Absatz 1 gilt nicht für Gemeinden und Gemeindeverbände, die Eigenbetriebe unterhalten. Sie können aber insoweit der Industrie- und Handelskammer beitreten.

(6) Absatz 1 gilt nicht für natürliche Personen, welche nach ihrer Gewerbesteuerveranlagung zur Zahlung von Gewerbesteuer nicht verpflichtet sind oder welche gemäß § 17a des Gewerbesteuergesetzes in der Fassung vom 21. Dezember 1954 (Bundesgesetzbl. I S. 473) lediglich zu einer Mindeststeuer herangezogen werden.

§ 3

(1) Die Industrie- und Handelskammer ist Körperschaft des öffentlichen Rechts.

(2) Die Kosten der Errichtung und Tätigkeit der Industrie- und Handelskammer werden, soweit sie nicht anderweitig gedeckt sind, nach Maßgabe des Haushaltsplans durch Beiträge der Kammerzugehörigen gemäß einer Beitragsordnung aufgebracht. Der Haushaltsplan ist jährlich nach den Grundsätzen einer sparsamen und wirtschaftlichen Finanzgebarung unter pfleglicher Behandlung der Leistungsfähigkeit der Kammerzugehörigen aufzustellen und auszuführen.

(3) Die Beiträge werden als Umlagen auf der Grundlage der festgesetzten Gewerbesteuermeßbeträge sowie als einheitliche Grundbeiträge erhoben. Kammerzugehörige, welche unter das Gesetz über die Kaufmannseigenschaft von Handwerkern vom 31. März 1953 (Bundesgesetzbl. I S. 106) fallen, sind — unbeschadet Artikel 3 dieses Gesetzes — nicht beitragspflichtig. Kammerzugehörige, die als Inhaber einer Apotheke ins Handelsregister eingetragen sind, werden neben dem Grundbeitrag mit einem Viertel der Umlage veranlagt.

(4) Kammerzugehörige, deren Gewerbebetrieb nach Art und Umfang einen in kaufmännischer Weise eingerichteten Geschäftsbetrieb nicht erfordert, sind von der Umlage befreit; der Grundbeitrag darf für sie die Hälfte des Grundbeitrages der

anderen Kammerzugehörigen nicht übersteigen. Das Weitere regelt die Beitragsordnung. Durch Landesrecht kann ein Höchstbeitrag für die in Satz 1 erster Halbsatz genannten Personen festgesetzt werden.

(5) Die Industrie- und Handelskammer kann für die Kosten, welche mit der Begründung, Unterhaltung oder Unterstützung von Anlagen und Einrichtungen (§ 1 Abs. 2) verbunden sind, Sonderbeiträge von den Kammerzugehörigen derjenigen Gewerbezweige erheben, welchen derartige Anlagen und Einrichtungen ausschließlich oder in besonderem Maße zugute kommen. Den Beteiligten ist vor Begründung solcher Anlagen und Einrichtungen Gelegenheit zur Äußerung zu geben.

(6) Die Industrie- und Handelskammer kann für die Inanspruchnahme besonderer Anlagen und Einrichtungen (§ 1 Abs. 2) oder Tätigkeiten Gebühren erheben.

(7) Sonderbeiträge gemäß Absatz 5 werden nach Maßgabe einer Sonderbeitragsordnung, Gebühren nach Absatz 6 nach Maßgabe einer Gebührenordnung erhoben. In der Beitragsordnung, der Sonderbeitragsordnung sowie in der Gebührenordnung ist Erlaß und Niederschlagung von Beiträgen und Gebühren zu regeln.

(8) Hinsichtlich der Beiträge, Sonderbeiträge und der Gebühren sind
für die Verjährung
die Vorschriften der Reichsabgabenordnung über die Verjährung der Steuern vom Einkommen und Vermögen,
für die Einziehung und Beitreibung
die für Gemeindeabgaben geltenden landesrechtlichen Vorschriften
entsprechend anzuwenden. Durch Landesrecht kann Verfahren und Zuständigkeit für Einziehung und Beitreibung abweichend geregelt werden.

§ 4

Über die Angelegenheiten der Industrie- und Handelskammer beschließt, soweit nicht die Satzung etwas anderes bestimmt, die Vollversammlung. Der ausschließlichen Beschlußfassung durch die Vollversammlung unterliegen

1. die Satzung,
2. die Wahl-, Beitrags-, Sonderbeitrags- und Gebührenordnung,
3. die Feststellung des Haushaltsplans,
4. die Festsetzung des Maßstabes für die Beiträge und Sonderbeiträge sowie
5. die Erteilung der Entlastung.

§ 5

(1) Die Mitglieder der Vollversammlung werden von den Kammerzugehörigen gewählt.

(2) Wählbar sind natürliche Personen, die das Kammerwahlrecht auszuüben berechtigt sind, am Wahltag das 25. Lebensjahr vollendet haben und entweder selbst Kammerzugehörige sind oder allein oder zusammen mit anderen zur gesetzlichen Vertretung einer kammerzugehörigen juristischen Person, Handelsgesellschaft oder nichtrechtsfähigen Personenmehrheit befugt sind. Wählbar sind auch besonders bestellte Bevollmächtigte und in das Handelsregister eingetragene Prokuristen von Kammerzugehörigen.

(3) Das Nähere über die Ausübung des Wahlrechts, über die Durchführung der Wahl sowie über Dauer und vorzeitige Beendigung der Mitgliedschaft zur Vollversammlung regelt die Wahlordnung. Sie muß Bestimmungen über die Aufteilung

der Kammerzugehörigen in besondere Wahlgruppen enthalten und dabei die wirtschaftlichen Besonderheiten des Kammerbezirks sowie die gesamtwirtschaftliche Bedeutung der Gewerbegruppen berücksichtigen.

§ 6

(1) Die Vollversammlung wählt aus ihrer Mitte den Präsidenten (Präses) und die von der Satzung zu bestimmende Zahl von weiteren Mitgliedern des Präsidiums.

(2) Der Präsident (Präses) ist der Vorsitzende des Präsidiums. Er beruft die Vollversammlung ein und führt in ihr den Vorsitz.

§ 7

(1) Die Vollversammlung bestellt den Hauptgeschäftsführer.

(2) Präsident (Präses) und Hauptgeschäftsführer vertreten nach näherer Bestimmung der Satzung die Industrie- und Handelskammer rechtsgeschäftlich und gerichtlich.

§ 8

(1) Für den Aufgabenbereich der Berufsausbildung gemäß § 1 Abs. 2 wird bei der Industrie- und Handelskammer ein Ausschuß gebildet.

(2) Der Ausschuß besteht aus dem Präsidenten (Präses) oder einem von ihm zu bestellenden Mitglied der Vollversammlung als Vorsitzenden sowie einer in der Satzung zu bestimmenden Anzahl von Mitgliedern. Die Hälfte der Mitglieder wird von der Vollversammlung berufen, die andere Hälfte wird aus Vertretern der bei kammerzugehörigen Unternehmen beschäftigten Arbeitnehmer gebildet, welche durch die nach Landesrecht zuständige Stelle auf Vorschlag der im Bezirk der Kammer bestehenden Gewerkschaften und selbständigen Vereinigungen von Arbeitnehmern mit sozial- oder berufspolitischer Zwecksetzung bestellt werden.

(3) Der Ausschuß kann bei Bedarf Unterausschüsse einsetzen.

(4) Werden bei den Industrie- und Handelskammern zur Durchführung anderer als der in Absatz 1 erwähnten, ihnen gemäß § 1 dieses Gesetzes obliegenden Aufgaben Ausschüsse gebildet, so kann die Satzung bestimmen, daß in diese Ausschüsse auch Personen berufen werden, die nach § 5 Abs. 2 nicht wählbar sind.

§ 9

(1) Soweit die bei Inkrafttreten dieses Gesetzes bestehenden Industrie- und Handelskammern dem § 3 Abs. 1 nicht entsprechen, sind sie umzubilden. Die Umbildung erfolgt dadurch, daß eine den Vorschriften dieses Gesetzes entsprechende Satzung von der nach den bisherigen Bestimmungen gebildeten Vollversammlung (Beirat) beschlossen wird. Die Satzung bedarf der Genehmigung durch die Aufsichtsbehörde; die Genehmigung ist unter gleichzeitiger Verleihung der Körperschaftsrechte zu erteilen, wenn die Voraussetzungen des Satzes 2 erfüllt sind.

(2) Industrie- und Handelskammern, welche der Umbildung gemäß Absatz 1 unterliegen, dürfen

1. sofern innerhalb eines Jahres nach Inkrafttreten dieses Gesetzes ein Beschluß über ihre Umbildung (Absatz 1 Satz 2) nicht gefaßt ist, mit Ablauf dieser Frist,
2. sofern die Umbildung durch Beschluß abgelehnt wird, mit dem Zeitpunkt dieses Beschlusses,

3. sofern die Genehmigung gemäß Absatz 1 Satz 3 versagt wird, mit der Unanfechtbarkeit des Versagungsbescheides

ihre bisherige Bezeichnung nicht mehr führen und die Aufgaben einer Industrie- und Handelskammer nicht mehr wahrnehmen.

§ 10

Soweit die bei Inkrafttreten dieses Gesetzes bestehenden Industrie- und Handelskammern dem § 3 Abs. 1 nicht entsprechen, sind innerhalb eines Jahres nach der Umbildung (§ 9) Neuwahlen auf Grund dieses Gesetzes durchzuführen. Bis dahin bleiben die bei Inkrafttreten dieses Gesetzes im Amt befindlichen Mitglieder derjenigen Organe, welche der Vollversammlung (§ 4) und dem Präsidium (§ 6 Abs. 1) entsprechen, im Amt.

§ 11

(1) Die Industrie- und Handelskammern unterliegen der Aufsicht des Landes darüber, daß sie sich bei Ausübung ihrer Tätigkeit im Rahmen der für sie geltenden Rechtsvorschriften (einschließlich der Satzung, der Wahl-, Beitrags-, Sonderbeitrags- und Gebührenordnung) halten.

(2) Die Beschlüsse der Vollversammlung über die Satzung, Wahl-, Beitrags-, Sonderbeitrags- und Gebührenordnung sowie über einen Maßstab für Beiträge und Sonderbeiträge, der 10 vom Hundert der Gewerbesteuermeßbeträge übersteigt, bedürfen der Genehmigung.

(3) Rechtsvorschriften, die diesem Gesetz widersprechen, werden aufgehoben; Abschnitt I des Gesetzes zur Erhaltung und Hebung der Kaufkraft vom 24. März 1934 (Reichsgesetzbl. I S. 235) und die Verordnung über die Rechnungslegung und Rechnungsprüfung während des Krieges vom 5. Juli 1940 (Reichsgesetzbl. II S. 139) finden auf die Industrie- und Handelskammern keine Anwendung.

§ 12

(1) Durch Landesrecht können ergänzende Vorschriften erlassen werden über

1. die Errichtung und Auflösung von Industrie- und Handelskammern,
2. die Änderung der Bezirke bestehender Industrie- und Handelskammern,
3. die für die Ausübung der Befugnisse des § 11 Abs. 1 und 2 zuständigen Behörden,
4. die Aufsichtsmittel, welche erforderlich sind, um die Ausübung der Befugnisse gemäß § 11 Abs. 1 und 2 zu ermöglichen,
5. die Verpflichtung der Steuerveranlagungsbehörden zur Mitteilung der für die Festsetzung der Beiträge erforderlichen Unterlagen an die Industrie- und Handelskammern,
6. die Verpflichtung der Behörden zur Amtshilfe bei Einziehung und Beitreibung von Abgaben (§ 3 Abs. 8),
7. die Grundsätze über die Rechnungslegung und die Prüfung der Jahresrechnung,
8. die Befugnis der Industrie- und Handelskammern zur Führung eines Dienstsiegels,
9. Zuständigkeit und Verfahren für die Bestellung von Ausschußmitgliedern gemäß § 8 Abs. 2 Satz 2.

(2) Vor der Entscheidung über Maßnahmen nach Absatz 1 Nr. 1 und 2 sind die Kammerzugehörigen gemäß § 2 Abs. 1 zu hören.

§ 13

Die Handelskammern Bremen und Hamburg sind berechtigt, ihre bisherige Bezeichnung weiterzuführen.

§ 14

Dieses Gesetz gilt nach Maßgabe des § 13 Abs. 1 des Dritten Überleitungsgesetzes vom 4. Januar 1952 (Bundesgesetzbl. I S. 1) auch im Land Berlin.

§ 15

Dieses Gesetz tritt am Tage nach seiner Verkündung in Kraft.

B. Kommentar

Gesetz zur vorläufigen Regelung des Rechts der Industrie- und Handelskammern

vom 18. Dezember 1956 (BGBl. I S. 920)

Literatur: Lusensky, Gesetz über die Handelskammern, 2. Aufl., Berlin 1909; v. Hinüber, Die Bereinigung und Vereinheitlichung des Handelskammerrechts, BB 1956 S. 1172ff.; Bremer, Das neue Recht der Industrie- und Handelskammern, JR 1957 S. 81ff.; Walter, Erläuterungen zum Gesetz über die vorläufige Regelung des Rechts der Industrie- und Handelskammern vom 18. Dezember 1956, in: Das Deutsche Bundesrecht III A 10 S. 7—19; Frentzel-Jäkel, Gesetz zur vorläufigen Regelung des Rechts der Industrie- und Handelskammern, Köln 1957.

1. Aufgaben und Befugnisse der Industrie- und Handelskammern (§ 1)

§ 1

(1) Die Industrie- und Handelskammern haben, soweit nicht die Zuständigkeit der Organisationen des Handwerks nach Maßgabe des Gesetzes zur Ordnung des Handwerks (Handwerksordnung) vom 17. September 1953 (Bundesgesetzbl. I S. 1411) gegeben ist, die Aufgabe, das Gesamtinteresse der ihnen zugehörigen Gewerbetreibenden ihres Bezirkes wahrzunehmen, für die Förderung der gewerblichen Wirtschaft zu wirken und dabei die wirtschaftlichen Interessen einzelner Gewerbezweige oder Betriebe abwägend und ausgleichend zu berücksichtigen; dabei obliegt es ihnen insbesondere, durch Vorschläge, Gutachten und Berichte die Behörden zu unterstützen und zu beraten sowie für Wahrung von Anstand und Sitte des ehrbaren Kaufmanns zu wirken.

(2) Die Industrie- und Handelskammern können Anlagen und Einrichtungen, die der Förderung der gewerblichen Wirtschaft oder einzelner Gewerbezweige dienen, begründen, unterhalten und unterstützen sowie Maßnahmen zur Förderung und Durchführung der kaufmännischen und gewerblichen Berufsausbildung unter Beachtung der geltenden Rechtsvorschriften treffen.

(3) Den Industrie- und Handelskammern obliegt die Ausstellung von Ursprungszeugnissen und anderen dem Wirtschaftsverkehr dienenden Bescheinigungen, soweit nicht Rechtsvorschriften diese Aufgaben anderen Stellen zuweisen.

(4) Weitere Aufgaben können den Industrie- und Handelskammern durch Gesetz oder Rechtsverordnung übertragen werden.

(5) Nicht zu den Aufgaben der Industrie- und Handelskammern gehört die Wahrnehmung sozialpolitischer und arbeitsrechtlicher Interessen.

Übersicht

I. Bezeichnung und Begriff: „Industrie- und Handelskammer"
II. Die Aufgaben der IHKn
1. Die Vertretung der Gesamtinteressen
2. Unterstützung und Beratung der Behörden
3. Die Sorge für Wahrung von Anstand und Sitte des ehrbaren Kaufmanns
4. Die Errichtung von Anlagen und Einrichtungen zur Förderung der gewerblichen Wirtschaft
5. Maßnahmen zur Förderung der Berufsausbildung
III. Die Ausstellung von Ursprungszeugnissen und anderen dem Wirtschaftsverkehr dienenden Bescheinigungen
IV. Durch Gesetz oder Rechtsverordnung übertragene Aufgaben
V. Das Verbot der Wahrnehmung sozialpolitischer und arbeitsrechtlicher Interessen
VI. Übersicht über die IHKn

Literatur: Most, Selbstverwaltung der Wirtschaft in den Industrie- und Handelskammern, 1927, S. 84ff.; Kalsbach, Privates Verbandsstrafrecht, JW 1937, S. 1753ff.; Giesebrecht, Das Verfahren vor Ehrengerichten, Diss. Berlin 1938; Hedemann, Deutsches Wirtschaftsrecht, 2. Aufl., 1943, S. 194ff., 278ff.; Weber, Die Körperschaften, Anstalten und Stiftungen des öffentlichen Rechts, 1943, S. 51ff.; Huber I S. 182ff., insb. S. 210ff.; Meltendorf, Kammern in der Form des eingetragenen Vereins, JR 1955, S. 91ff.; Bremer, Zum Begriff „Kammer", JR 1955, S. 332ff.; Grossart, Amerikanische Vermögenskontrolle und deutsche Ursprungszeugnisse, AWD 1958, S. 206ff.; Huber, Selbstverwaltung der Wirtschaft, 1958, S. 9ff. (zitiert Huber SdW); Kamin, Richtlinien zur Werbung vor und während der Saisonschlußverkäufe, WRP 4. Jhg. (1958), S. 198; Dohrn, Über die Rechtsnatur des Meisterprüfungsausschusses, DÖV 1958, S. 920ff.; Giesecke, Die Richtlinien der Handelskammer Hamburg für die Werbung vor und während der Schlußverkäufe, WRP, 5. Jhg. (1959), S. 4ff.; Behler, Berufsausbildung als Selbstverwaltungsaufgabe der Wirtschaft, Nachrichten der IHK zu Koblenz, 14. Jhg. (1959), Nr 5., S. 1 ff.

I. Bezeichnung und Begriff: „Industrie- und Handelskammer"

Die Bezeichnung „Industrie- und Handelskammer" wird erst in neuerer Zeit gebraucht. Sie wurde in Preußen durch die Verordnung vom 1. April 1924 eingeführt. Die ursprüngliche Bezeichnung „Handelskammer" kennzeichnete die Kammern als Vertretungen der wirtschaftlichen Interessen eines bestimmten Bezirks nur unzulänglich und verleitete dazu, anzunehmen, daß sie ausschließlich zur Vertretung des Handels berufen seien. Aus der geschichtlichen Entwicklung ist jedoch zu entnehmen, daß zwar die französischen Chambres de Commerce als Vertretungen des Handels gedacht waren (vgl. den I. Teil S. 2ff.), daß ihnen aber gleichzeitig die Aufgabe oblag, die Gewerbezweige zu vertreten, die Güter erzeugten, wenn für deren Vertretung keine „Ratskammer" (s. S. 2) eingerichtet war. Als die ersten Handelskammern in Preußen errichtet wurden, hatte sich der Unterschied zwischen Handelskammern und Ratskammern bereits derart verflüchtigt, daß den Handelskammern in ihren Statuten nicht nur die Vertretung des Handels, sondern auch diejenige des Manufakturgewerbes und der Schiffahrt übertragen worden war. In der preußischen Verordnung über die Errichtung von Handelskammern vom 11. Februar 1848 (GS S. 63) wurde die Errichtung einer Handelskammer für jeden Ort oder Bezirk vorgesehen, wo wegen eines bedeutenden Handels- oder gewerblichen Verkehrs ein Bedürfnis dazu bestand (§ 1). Nach § 4 dieser Verordnung lagen die Aufgaben der Handelskammern sowohl auf dem Gebiet der Gewerbe als auch auf demjenigen des Handels. Überdies wurde erklärt, daß die Handelskammern die Bestimmung hätten, die Gesamtinteressen der Handel- und Gewerbetreibenden ihres Bezirks wahrzunehmen (Lusensky, Anm. 1).

Wenn die Handelskammern nicht allein den Handel und seine Nebengewerbe, sondern auch diejenigen Gewerbezweige vertreten haben, die Güter erzeugten, so fand ihre Zuständigkeit doch stets darin eine Schranke, daß die gewerblichen Betriebe, die handwerksmäßig betrieben wurden, außerhalb der Organisation der Handelskammern blieben. Das Handwerk hat sich sowohl in Preußen als auch später im Reich als selbständiger, in sich abgeschlossener Berufsstand entwickelt und ist in den besonderen Formen der Innungen und der Handwerkskammern organisiert worden (Lusensky, a. a. O.). Auch der Kleinhandel der sogenannten Minderkaufleute fand in den Handelskammern zunächst keine Vertretung. Hier ist erst im Jahre 1934 ein grundsätzlicher Wandel eingetreten.

Der Begriff „Industrie- und Handelskammer" ist stets mit dem Begriff „öffentlich-rechtliche Körperschaft" verbunden gewesen. Privatrechtliche Körperschaften zur wirtschaftlichen Interessenvertretung konnten sich nicht als „Kammern" bezeichnen. Dementsprechend wurden eingetragene Vereine, deren Namen die Bezeichnung „Kammer" enthielt, im Vereinsregister gelöscht (vgl. KG in JW 1925 S. 2013). Dieses Prinzip wurde erst nach 1933 im Zuge des Aufbaus der Organisation der gewerblichen Wirtschaft durchbrochen. Hier erhielten auch Organisationen, die nicht die Form der Körperschaft des öffentlichen Rechts besaßen, allerdings ihrem Wesen nach als Teile der öffentlichen Verwaltung anzusehen waren, die Bezeichnung „Kammer". Auch soweit nach 1945 IHKn entstanden waren, die lediglich rechtsfähig waren oder den Charakter rechtsfähiger Vereine besaßen, bestanden keine Bedenken, ihnen die Bezeichnung „Kammer" zuzugestehen, wenn sie ungeachtet des Verlustes der Pflichtmitgliedschaft und des Pflichtbeitrages die staatlich anerkannten und für ihren jeweiligen Bezirk ausschließlichen Repräsentanten der Wirtschaft waren. Das Bundeskammergesetz kehrt nunmehr zu den Ursprüngen zurück und behält die Bezeichnung „Industrie- und Handelskammer" oder „Handelskammer" nur Körperschaften des öffentlichen Rechts vor, die entsprechend den Bestimmungen des Bundeskammergesetzes errichtet worden sind. Organisationen, die diesen Grundsätzen nicht entsprechen, haben keine Möglichkeit, sich Industrie- und Handelskammer zu nennen (Frentzel-Jäkel, § 1 Bem. 2, § 9 Bem. 3).

II. Die Aufgaben der IHKn

Die IHKn sind eine Einrichtung der Selbstverwaltung der Wirtschaft. Sie sollen denjenigen Zweigen der Industrie, des Handels und des Gewerbes, deren Mitglieder ihnen zugehören, die Möglichkeit geben, ihre Angelegenheiten in bestimmter Form selbst zu regeln. Hierbei bildet diese Selbstverwaltung einen Teil der öffentlichen Verwaltung, kann jedoch nicht als Teil der Staatsverwaltung betrachtet werden, sondern steht dieser als besonderer Zweig der öffentlichen Verwaltung gegenüber. Als Träger der Selbstverwaltung haben die IHKn unter anderem den Zweck, die staatliche Verwaltung von bestimmten Aufgaben zu entlasten, die die Selbstverwaltung der Wirtschaft in gleicher Weise erledigen kann. Die IHKn sind andererseits das Mittel, die Aufgaben der wirtschaftlichen Staatsverwaltung dadurch zu unterstützen, daß sie dieser Verwaltung ihre Erfahrungen und Überlegungen zugängig machen und durch Anregungen und Vorschläge dafür Sorge tragen, daß die Meinungen, die sich bei den staatlichen Organen bilden, der wirtschaftlichen Wirklichkeit entsprechen. Die wirtschaftliche Selbstverwaltung ist dabei gleichzeitig eine besondere Ausprägung des Prinzips der Subsidiarität, d. h. des Prinzips, daß die Staatsverwaltung nur insoweit tätig werden soll, als der einzelne oder die Gemeinschaft nicht selbst in der Lage und willens ist, Aufgaben von öffentlichem Interesse zu übernehmen und durchzuführen (Huber SdW S. 14).

Die beratende, begutachtende und berichtende Tätigkeit der IHKn erstreckt sich auf viele Bereiche. Sie betrifft Verkehrs- und Handelsbeziehungen in gleicher Weise wie in- und ausländische Handelsbräuche und Ein- und Ausfuhrfragen. Sie bezieht sich auf Fragen des Wirtschafts-, Handels- und Gewerberechts ebenso wie auf Fragen des Urheber-, Wettbewerbs- und Versicherungsrechts; sie umfaßt auch die Bereiche des Devisen- und Steuerrechts, der Preisüberwachung und Kreditgewährung sowie zahlreiche andere ähnliche Gegenstände. Besonders wichtig sind die beratenden und berichtenden Aufgaben, die den IHKn in bezug auf Konkurs- und Vergleichsverfahren sowie in bezug auf die Verleihung gewerberechtlicher Konzessionen und die Erteilung sonstiger Gewerbeerlaubnisse, ferner auf die Gestaltung der Eisenbahn- und anderer Verkehrstarife und auf die Industrieplanung, den Wiederaufbau und die Unterbringung von Arbeitskräften, insbesondere auch der Flüchtlinge und Vertriebenen zustehen. Die IHKn üben diese Tätigkeit nicht allein auf Grund der in § 1 BKG enthaltenen Generalklausel aus; ihre Aufgabenstellung beratender und begutachtender Art ist vielmehr auch in zahlreichen anderen gesetzlichen Vorschriften niedergelegt. Kennzeichnend für die meisten dieser Aufgaben ist, daß es sich um eine Beurteilung wirtschaftlicher Tatbestände oder wirtschafftspolitischer Maßnahmen oder um eine Begutachtung der fachlichen Eignung von Personen handelt, durch die den staatlichen oder kommunalen Behörden oder den Gerichten eine hoheitliche Entscheidung ermöglicht oder zumindest erleichtert werden soll.

Die Befugnisse, die Interessen der Wirtschaft wahrzunehmen, sind in verschiedener Hinsicht begrenzt. Außer anderem erwähnt § 1 Abs. 1 besonders, daß die Aufgaben und Befugnisse der IHKn dort nicht bestehen, wo die Zuständigkeit der Organisationen des Handwerks nach Maßgabe der Handwerksordnung vom 17. September 1953 gegeben ist. Das bedeutet, daß der Aufgabenbereich, der in der Handwerksordnung geregelt ist und der die Interessenwahrnehmung und Förderung des Handwerks betrifft, von dem Bundeskammergesetz nicht berührt wird. Die IHKn können somit nicht im Interesse der handwerklichen Gewerbetreibenden ihres Bezirks tätig werden, soweit lediglich deren handwerkliche Tätigkeit in Rede steht. Über gewisse Sonderbestimmungen vgl. § 2 Abs. 3 und § 3 Abs. 3 Satz 2 BKG. Bezüglich der Mischbetriebe vgl. § 2 Bem. III 3 S. 80ff.

Soweit die IHKn im Rahmen ihrer durch das Gesetz festgelegten Zuständigkeit tätig werden, ist rechtssystematisch zu unterscheiden, ob sie in ihren eigenen (kammereigenen) Angelegenheiten, den sogenannten Selbstverwaltungsangelegenheiten tätig werden, oder ob sie übertragene Staatsaufgaben, sogenannte Auftragsangelegenheiten bzw. Weisungsangelegenheiten wahrnehmen. Erstere werden in Abs. 1—3, letztere in Abs. 4 angesprochen. Die Feststellung, welche Art von Aufgaben im konkreten Fall vorliegt, hat nicht nur systematische, sondern auch praktische Bedeutung, vor allem in bezug auf die Ausübung der Staatsaufsicht (§ 11 BKG). Zum anderen muß unterschieden werden, inwieweit die wirtschaftsfördernde, stellungnehmende und gestaltende Tätigkeit der IHKn und die Tätigkeit in Erfüllung übertragener Aufgaben „schlicht-verwaltenden“ oder „hoheitlichen“ Charakter trägt. Regelmäßig wird hier der erste Kreis der Aufgaben nicht-hoheitliche Verwaltung darstellen (Selbstverwaltung schlicht-verwaltender Art), der zweite Kreis dagegen ganz oder wenigstens überwiegend hoheitliche Verwaltung. Auch diese Unterscheidung hat praktische Bedeutung; denn während die schlicht-verwaltende Tätigkeit nur mit nicht-hoheitlichen Verwaltungsmitteln durchgeführt werden kann, stehen der hoheitlichen Tätigkeit auch hoheitliche Verwaltungsmittel zur Verfügung. Überdies knüpfen sich an die schlicht-verwaltende und an die hoheitliche Tätigkeit verschiedene besondere Rechtsfolgen an. Die insoweit interessierenden Einzelheiten werden im Rahmen der Darstellung der Selbstverwaltungsaufgaben und der Auttragsangelegenheiten entwickelt (vgl. Bem. II 1—5 und III sowie IV).

1. Die Vertretung der Gesamtinteressen

Unter den Aufgaben, die die IHKn wahrzunehmen haben, steht an erster Stelle die Aufgabe, das Gesamtinteresse der ihnen zugehörigen Gewerbetreibenden ihres Bezirks zu vertreten. Hiervon können die weiteren Aufgaben, für die Förderung der gewerblichen Wirtschaft zu wirken und dabei die wirtschaftlichen Interessen einzelner Gewerbezweige oder Betriebe abwägend und ausgleichend zu berücksichtigen, nicht getrennt betrachtet werden.

Unter dem Begriff „Gesamtinteresse" sind solche Interessen zu verstehen, an denen die Gewerbetreibenden, die in der IHK zusammengeschlossen sind, mittelbar oder unmittelbar beteiligt sind, auch wenn die Tätigkeit der IHK im einzelnen Fall nur einzelnen Betrieben oder Gewerbezweigen zugute kommt (Lusensky, § 1 Anm. 3). So kann z. B. die Unterstützung einer Beschwerde einer einzelnen Firma über die Handhabung eines Gesetzes durch Regierungsstellen oder über die Haltung einer Behörde in einer Gewerbesache durchaus zulässig und zweckmäßig sein, falls die behandelte Angelegenheit von grundsätzlicher Bedeutung ist und aus übergeordneten Gesichtspunkten verdient, daß sich die Kammer ihrer annimmt. Daß die Angelegenheit für das Ganze ein Interesse haben muß, ist allerdings nur dahin zu verstehen, daß ein wirtschaftliches Interesse aller Kammerzugehörigen oder eines großen Teiles von ihnen gegeben sein muß. Ethische oder allgemein-politische Interessen scheiden aus.

Ebenso fordert die Aufgabensetzung nicht, daß etwa die Forderung eines einzelnen Wirtschaftszweiges abgelehnt werden müßte, weil den IHKn die Wahrung der Gesamtinteressen der Wirtschaft als Aufgabe zuerkannt wurde. Es verträgt sich hiermit durchaus, daß z. B. eine IHK eine Fachschule für ein bestimmtes Gewerbe errichtet, weil hieraus Wirkungen auf die Gesamtentwicklung von Handel und Gewerbe zu erwarten sind. Im allgemeinen wird es nicht schwierig sein, die Fälle, in denen ein ausschließliches Interesse eines Einzelnen in Frage steht, von solchen Fällen zu trennen, in denen die Tätigkeit der IHK zwar unmittelbar nur im Interesse eines Einzelnen liegt, mittelbar aber mehr oder weniger einem ganzen Gewerbezweig nützlich ist (Lusensky, § 1 Anm. 3). Andererseits ergibt sich als Kehrseite der Aufgabe, das Gesamtinteresse wahrzunehmen, daß die IHKn nicht berechtigt sind, Kammerzugehörige bei der Verfolgung von Einzelansprüchen gegenüber Behörden oder Privatpersonen zu unterstützen, wenn diese Ansprüche im konkreten Fall ohne Interesse für die übrigen Kammerzugehörigen sind.

Soweit die IHKn die Kammerzugehörigen rechtlich beraten, muß das Rechtsberatungsmißbrauchgesetz vom 13. Dezember 1935 (RGBl. I S. 1478) beachtet werden. Danach ist die Rechtsberatung und Rechtsbetreuung, die von Behörden und Körperschaften des öffentlichen Rechts „im Rahmen ihrer Zuständigkeit" ausgeübt wird, von der Erlaubnispflicht befreit (Art. 1 § 3 Nr. 1). Eine Rechtsberatung und Rechtsbetreuung, die nicht im Rahmen der Zuständigkeit liegt, könnte als Verstoß gegen Art. 1 § 8 des Gesetzes mit Geldstrafe geahndet werden. Auch hier folgt die Zuständigkeit der IHK allein aus den Bestimmungen des Bundeskammergesetzes und des dazugehörenden Ausführungsgesetzes des Landes sowie gegebenenfalls der Satzung der einzelnen IHK. Ob zur Rechtsberatung und Betreuung auch die Rechtsbesorgung, d. h. die Vertretung der Kammerzugehörigkeit nach außen gehört, ist zweifelhaft. Die Frage ist m. E. zu verneinen (so auch Altenhoff-Busch, RBM-Gesetz, Bem. 59). Von Wichtigkeit ist diese Frage besonders bei der Einrichtung von Inkassostellen. Nach der hier vertretenen Auffassung fallen diese nicht unter Art. 1 § 3 Nr. 1 RBMG (anders das Bundesverwaltungsgericht in: DB 1957 S. 655 sowie Schorn, RBM-Gesetz, S. 92). Im übrigen kann die Einziehung von Forderungen einzelner Unternehmungen nicht als im Gesamtinteresse der Wirtschaft des Bezirks liegend betrachtet werden.

Daß die IHK auch nicht zuständig ist, ihr nicht angeschlossene Wirtschaftszweige zu vertreten wie z. B. die Landwirtschaft oder Gewerbetreibende oder Wirtschaftszweige, die nicht in ihrem Bezirk tätig sind, bedarf keiner weiteren Begründung (Walter, Anm. 1).

2. Unterstützung und Beratung der Behörden

Schon nach dem preußischen Gesetz über die Handelskammern von 1870 war es eine wesentliche Aufgabe der Kammern, die Behörden bei der Förderung des Handels und der Gewerbe durch tatsächliche Mitteilungen, Anträge und Erstattung von Gutachten zu unterstützen (§ 1). Die Aufgabe war sowohl ein Recht der Kammern, aus eigener Initiative tätig zu werden und den Behörden mit Vorschlägen und Anträgen näher zu treten, als auch eine Pflicht, dem Ersuchen von Behörden auf Unterstützung zu entsprechen, sofern sich das Ersuchen auf den Wirkungskreis bezog, der den Kammern gesetzlich zugewiesen war (Lusensky, Anm. 6). Welche Stellen als Behörden anzusprechen sind, ergibt sich aus Gesetz und Verwaltungspraxis. Regelmäßig ist danach jede mit öffentlichen Aufgaben betraute Stelle als Verwaltungsbehörde zu betrachten, die organisatorisch eine Einheit bildet und die Fähigkeit besitzt, Verwaltungsakte zu erlassen. Zu den Behörden im Sinne des § 1 BKG sind auch die Gerichte und die mit Hoheitsrechten beliehenen Verbände zu rechnen, desgl. auch diejenigen Stellen, die als legislative und gubernative Organe tätig werden.

Entsprechend der Pflicht, die Behörden zu unterstützen und zu beraten, werden die IHKn ihre Förderungs- und Beratungsfunktion auf den verschiedensten Gebieten ausüben. Besondere Bedeutung haben vor allem die Gutachten über Handelsbräuche, die den Gerichten zu erstatten sind — vgl. den II. Teil C 1 —. Diese machen unter Umständen auch Umfragen außerhalb des Kreises der Kammerzugehörigen notwendig; eine Verpflichtung, den Umfragen zu entsprechen und sich zu äußern, besteht für die Befragten nicht. Insbesondere können sie nicht durch Ordnungsstrafen dazu angehalten werden, ihre Meinung bekannt zu geben. An Privatpersonen brauchen die IHKn keine Gutachten zu erstatten (vgl. den Erlaß des pr. Handelsministers vom 17. Januar 1902 in HGMBl. S. 43).

Machen die IHKn von ihrem Recht Gebrauch, den Behörden Vorschläge und Anträge zu unterbreiten, so haben diese nicht die Pflicht, den Vorschlägen und Anträgen zu entsprechen. Auch ist die Regierung nicht verpflichtet, die IHKn vor legislatorischen Maßnahmen zu hören, die die Gebiete betreffen oder berühren, auf welchen die IHKn tätig sind. Allerdings geht die Übung seit langem dahin, den Körperschaften der Selbstverwaltung der Wirtschaft regelmäßig Gelegenheit zu geben, sich zu legislatorischen Maßnahmen zu äußern, die auf den Gebieten der Wirtschaft in Kraft gesetzt werden sollen. Eine solche Einschaltung der Körperschaften wird sich allgemein empfehlen, darf jedoch nicht dazu führen, die Autorität der Regierung in Fragen der Gesetzgebung zu untergraben. Über Bestrebungen, die Repräsentanten der Wirtschaft und Arbeit in stärkerem Maße an Aufgaben der Gesetzgebung zu beteiligen, vgl. den V. Teil.

3. Die Sorge für Wahrung von Anstand und Sitte des ehrbaren Kaufmanns

§ 1 Abs. 1 nennt als weitere Aufgabe der Kammern, für Wahrung von Anstand und Sitte des ehrbaren Kaufmanns zu wirken. Entsprechende Mittel sind in erster Linie die Schiedsgerichte allgemeiner und besonderer Art und die Einigungsstellen für Wettbewerbsstreitigkeiten. Dadurch, daß Streitigkeiten zwischen Gewerbetreibenden schiedsgerichtlich erledigt werden, wird die Lauterkeit im geschäftlichen Leben erhalten und lange dauernden Prozessen vorgebeugt, die geeignet sind, die geschäftlichen Beziehungen im kaufmännischen Leben zu beeinträchtigen. Die Schiedsgerichte können sowohl für ständig eingerichtet sein als auch zur Erledigung eines einzelnen Falles gebildet werden. Für ihre Einsetzung und Einrichtung, für das Verfahren vor ihnen und ihre Entscheidungen und für die Mitwirkung der ordentlichen Gerichte an den Schiedsverfahren sind die §§ 1025ff. ZPO maßgebend. Über die Einsetzung und Einrichtung sowie das Verfahren der Einigungsstellen für Wettbewerbsstreitigkeiten vgl. den VI. Teil.

Zweifelhaft ist, ob neben den Schiedsgerichten besondere Ehrengerichte zur Ahndung kaufmännisch unlauteren Verhaltens errichtet werden können. Das Bundeskammergesetz sieht Ehrengerichte mit der Befugnis, Sühnemaßnahmen zu verhängen und durchzusetzen, nicht vor. Als solche Sühnemaßnahmen kämen insbesondere die Verwarnung, der Verweis, die Auferlegung von Geldbußen und die Aberkennung des Wahlrechts zur Kammer oder der Wählbarkeit zur Vollversammlung in Frage. Da das Gesetz derartige Möglichkeiten nicht erwähnt, sie auch nicht ohne weiteres aus dem Auftrag, für die Wahrung von Anstand und Sitte des ehrbaren Kaufmanns zu wirken, entnommen werden können, wird man die Einrichtung von Ehrengerichten als nicht durchführbar betrachten müssen. Damit entspricht die jetzige Rechtslage dem früheren preußischen Recht, jedoch nicht den Verhältnissen nach 1933, wo sich verhältnismäßig schnell im Zusammenhang mit dem Aufbau der ständischen Selbstverwaltung eine neuartige Ehrengerichtsbarkeit entwickelte (Hedemann S. 194ff.). Teils im Wege der Gesetzgebung eingeführt, teils auf autonomer Satzung beruhend, erfaßte sie im Laufe der Zeit fast alle Selbstverwaltungskörper, darunter auch die IHKn.

Nicht möglich ist, eine Gerichtsbarkeit in Angelegenheiten der „Wirtschaftsehre" etwa auf einen allgemeinen Grundsatz des öffentlichen Verbandsrechts oder auf Gewohnheitsrecht zu gründen. Richtig ist zwar, daß die Autonomie der Verbände regelmäßig auch das Recht beinhaltet, Ordnungsstrafen (Ehrenstrafen) auszusprechen sowie im äußersten Fall ein Mitglied aus dem Verband auszuschließen. Dies folgt aus dem Wesen der Verbandsgewalt und ist ein Teilstück der Selbstverwaltung des privaten Verbandes. Diesen Grundsatz auf öffentlich-rechtliche Verbände zu übertragen, ist jedoch nicht zulässig. Zwar kann als Beispiel einer Disziplinargewalt für öffentlich-rechtlich organisierte Körperschaften die Universität herangezogen werden, deren Recht, gewisse Tatbestände disziplinarisch zu ahnden, unbestritten ist (OVG Rheinland-Pfalz in MDR 1957 S. 60). Dieses Recht beruht jedoch auf altem Herkommen und entspricht im übrigen der Pflicht der Universität zur Erziehung und Menschenbildung. Ein solches Gewohnheitsrecht kann für die IHKn nicht festgestellt werden. Als öffentlich-rechtliche Körperschaften sind sie vielmehr allein nach öffentlichem Recht zu beurteilen und können Ordnungsstrafen, die Verwaltungsakte darstellen würden, nicht aussprechen. Ihnen steht keine Hoheitsgewalt zu, die nicht durch Gesetz ausdrücklich übertragen worden ist. Auch soweit Huber I S. 110, 185, 191 die Meinung vertritt, daß die IHK Ordnungsstrafen für Pflichtverletzungen gegenüber ihren Mitgliedern aussprechen könnte, wenn diese Maßnahme in ihrer Satzung vorgesehen sei, kann ihm nicht beigetreten werden. Die Satzung kann nicht mehr enthalten als ihrem Zweck entspricht, die Rechte und Pflichten der Vollversammlung und anderer Organe der IHK zur Erfüllung des durch das Gesetz umrissenen Aufgabengebiets festzustellen.

Mit dieser grundsätzlichen Feststellung ist auch die Meinung von Frentzel-Jäkel, Bem. 6c nicht vereinbar, daß eine öffentlich-rechtliche Körperschaft wie die IHK in der Lage sein muß, Unterlagen für ein unehrenhaftes Verhalten eines Kammerzugehörigen in einem förmlichen Verfahren nachzuprüfen, ohne Sühnemaßnahmen zu verhängen. Ein derartiges Verfahren ohne genügende Prüfungs- und Urteilsmöglichkeiten kann nicht im Willen des Gesetzgebers gelegen haben. Richtig ist jedoch die Auffassung, daß eine Ehrengerichtsbarkeit dort verwirklicht werden kann, wo sich kammerpflichtige Unternehmen in einer privatrechtlichen Organisation außerhalb der IHK zusammengeschlossen haben (Frentzel-Jäkel, Bem. 6d). Hier greift wieder die Autonomie der privaten Verbände Platz.

Über Vorschläge de lege ferenda vgl. Most a. a. O. S. 84, der auf ein Referat von Staatssekretär a. D. Meyer im Landesausschuß der preußischen IHKn vom 17. März 1926 verweist.

Zur Frage, ob und inwieweit die IHKn im Hinblick auf das Gesetz gegen Wettbewerbsbeschränkungen berechtigt sind, Richtlinien über das Verhalten von Kaufleuten bei der Werbung zu erlassen, ist darauf hinzuweisen, daß Maßnahmen zur Gewährleistung eines lauteren Wettbewerbs grundsätzlich zu den Aufgaben der IHKn gehören. Da derartige Richtlinien weder Rechtsnormen noch sonst rechtsverbindlich sind, begegnen sie keinen Bedenken, wenn sie lediglich die einschlägigen gesetzlichen Bestimmungen oder eine herrschende Rechtsprechung wiedergeben. Erläßt eine IHK jedoch kartellrechtlich zu beanstandende Richtlinien, so überschreitet sie die ihr gegebenen Befugnisse. Solche Richtlinien sind auch nicht als „Fixierung des im Rahmen des § 1 UWG autonom gestalteten wettbewerbsrechtlichen Anstandsgefühls" (Kamin a. a. O.) vertretbar. Gegen Verstöße der IHKn in dieser Richtung können jedoch nicht die Kartellbehörden nach § 38 Abs. 2 Satz 2 GWB vorgehen, sondern lediglich die Aufsichtsbehörden im Wege der Rechtskontrolle.

Bei Empfehlungen, die eine Umgehung der in dem Gesetz gegen Wettbewerbsbeschränkungen ausgesprochenen Verbote oder der von einer Kartellbehörde auf Grund des Gesetzes erlassenen Verfügungen durch gleichförmiges Verhalten bewirkt haben, ist jetzt besonders die Entscheidung des Bundesgerichtshofes vom 14. Januar 1960 (BB 1960 S. 384) zu beachten. Danach kann auch die unverbindliche Mitteilung von Tatsachen mit der unausgesprochenen Absicht der Beeinflussung eine (Preis-) Empfehlung und damit eine Umgehung des Kartellverbots darstellen, wenn sie eine Gleichförmigkeit im Verhalten der Adressaten herbeiführt. Es gehört nach dem Urteil nicht zu den Voraussetzungen einer verbotenen Empfehlung, daß die Entschlußfreiheit der Adressaten tatsächlich eingeschränkt ist. Wettbewerblich relevante

Meinungsäußerungen, Informationen und Mitteilungen der IHKn können daher ganz allgemein anfechtbar sein, wenn sie zu einer Einflußnahme auf das Marktgeschehen führen und diese Einflußnahme beabsichtigt ist (vgl. Wawretzko, Das kartellrechtliche Empfehlungsverbot, DWB 1960 S. 260ff.).

4. Die Errichtung von Anlagen und Einrichtungen zur Förderung der gewerblichen Wirtschaft

Die IHKn können nach § 1 Abs. 2 „Anlagen und Einrichtungen begründen, unterhalten und unterstützen, die der Förderung der gewerblichen Wirtschaft oder einzelner Gewerbezweige dienen". Positiv besagt die Bestimmung zunächst, daß Gegenstand des Tätigwerdens der Kammer alle hier erwähnten Anlagen und Einrichtungen sein können. Negativ ist dieser Vorschrift zu entnehmen, daß Anlagen und Einrichtungen, die nicht der Förderung der gewerblichen Wirtschaft oder einzelner Gewerbezweige dienen, nicht von den IHKn begründet, unterhalten und unterstützt werden dürfen. Zu Anlagen und Einrichtungen im Sinne des Abs. 2 gehören in erster Linie Börsen, Märkte und Messen, Bibliotheken und Archive, ständige und besondere Schiedsgerichte, kaufmännische Berufsschulen und Handelshochschulen, Studiengesellschaften und Außenhandelsstellen. Solche Einrichtungen stehen regelmäßig weitesten Kreisen der Wirtschaft zur Verfügung.

In welcher Form die Anlagen und Einrichtungen begründet, unterhalten und unterstützt werden, kann von Fall zu Fall verschieden sein. Sie können rechtlich selbständig oder unselbständig sein, einer mehr oder minder starken Bindung an die IHK unterliegen und ganz oder teilweise von der IHK unterhalten werden, sofern nicht durch Gesetz oder Verwaltungspraxis eine bestimmte Form vorgeschrieben ist oder sich herausgebildet hat.

5. Maßnahmen zur Förderung der Berufsausbildung

Abs. 2 gibt den IHKn ferner die Möglichkeit, Maßnahmen zur Förderung und Durchführung der kaufmännischen und gewerblichen Berufsausbildung unter Beachtung der geltenden Rechtsvorschriften zu treffen. Im Zusammenhang hiermit ist § 8 BKG von Bedeutung, wonach für den Aufgabenbereich der Berufsausbildung gemäß § 1 Abs. 2 bei jeder Kammer ein besonderer Ausschuß gebildet wird.

Das Gebiet der Berufsausbildung haben die IHKn seit jeher in besonderem Maß gefördert. Grund hierfür ist, daß Handel und Industrie nur dann eine günstige Entwicklung nehmen können, wenn die einzelnen Betriebe über die genügende Zahl geeigneter und gut ausgebildeter Fachkräfte verfügen. Die Heranbildung entsprechender Kräfte und ihre Anpassung an die Erfordernisse der Arbeitsplätze ist daher von größter Bedeutung (vgl. den Aufsatz: Keine Experimente in der Berufsausbildung, DBW 1958 S. 609ff.). Die IHKn sehen deshalb mit Recht eine ihrer Hauptaufgaben darin, die den jeweiligen Bedürfnissen entsprechende Berufsausbildung, insbesondere der Jugendlichen, mit allen ihnen zu Gebote stehenden Mitteln voranzutreiben. Dabei entstanden auf Initiative der Kammern zahlreiche berufsbildende Fachschulen und Anstalten zur Fortbildung kaufmännischer und industrieller Kräfte, die neben die staatlichen Berufsschulen und technischen Fachschulen sowie neben die Maßnahmen treten, die die einzelnen Betriebe zur beruflichen Förderung der Betriebsangehörigen durchführen.

Das System der Ausbildung und Fortbildung ist im Laufe der Zeit immer mehr verbessert und vervollkommnet worden, um den wechselnden Forderungen zu entsprechen. Die IHKn haben in diesem Zusammenhang nicht nur für Schulen und Anstalten gesorgt, die der Ausbildung dienen, sondern in wachsendem Maß auch dafür, daß sich die Ausbildung im Betrieb nach einheitlichen Fach- und Erziehungszielen richtet, und daß den Betrieben die besten Ausbildungsmethoden näher gebracht werden, unabhängig davon, welche Größe die Betriebe haben und zu welchen Wirtschaftszweigen sie gehören (DBW a. a. O.). Sie entsprechen damit der Forderung, daß die Ausbildung in allen Lehrbetrieben nach Umfang, Zweck und Dauer möglichst einheitlich vorgenommen wird, was besonders auch im Interesse der Jugendlichen liegt, da ihnen dadurch die freie Wahl des Arbeitsplatzes nach Abschluß der Ausbildung erleichtert wird.

Im Zusammenhang hiermit hat die Selbstverwaltung der Wirtschaft Berufsbilder und Ausbildungsunterlagen für etwa 500 Ausbildungsberufe in Handel und Industrie entwickelt, die die Ausbildungsziele und Fertigkeiten kennzeichnen, die während der Ausbildung in den einzelnen Berufen erreicht werden sollen. Die Berufsbilder werden von dem Bundesminister für Wirtschaft für jeden Beruf anerkannt und laufend im Bundesanzeiger veröffentlicht. Sie erhalten damit einen öffentlichen Charakter. Gleichzeitig wird das Berufsbild dadurch, daß es zum Inhalt des einzelnen Lehrvertrages gemacht wird, als Richtlinie der Ausbildung anerkannt.

Um das Ziel der Berufsausbildung in den Betrieben zu erreichen, ist es notwendig, daß auch die Lehrbedingungen im Betrieb entsprechend gestaltet werden (DBW a. a. O.). Aus diesem Grunde haben die IKHn dafür Sorge getragen, daß den Lehrverträgen ein Lehrvertragsmuster zugrunde gelegt wird, das die Lehrvertragsbedingungen (Lehrzeit, Probezeit, Pflichten des Lehrherrn, Pflichten des Lehrlings und des gesetzlichen Vertreters, Vergütung, Urlaub usw.) einheitlich und dem Sinn und Zweck der Berufsausbildung entsprechend festlegt. Regelmäßig werden die Lehrverträge (Lehrverhältnisse, Praktikantenverhältnisse) in die Lehrlingsrolle der Kammer (s. unten) eingetragen, die die organisatorische Grundlage der Berufsausbildungsverhältnisse darstellt und die Überwachung der Ausbildung überhaupt erst ermöglicht. Mit der Eintragung der Lehrverträge übernimmt die IHK regelmäßig keine Verantwortung für den arbeitsrechtlichen Teil des Ausbildungsvertrages, sondern prüft grundsätzlich nur den berufsrechtlichen Teil. Dabei handelt es sich um die Anerkennung des Ausbildungsverhältnisses als Voraussetzung für die Eintragung in die Rolle.

Voraussetzungen für die Eintragung in die Rolle sind vor allem, daß der Betrieb und der Ausbilder persönlich und fachlich für die Ausbildung von Lehrlingen geeignet sind. In der Regel werden die Unterlagen der IHK genügen, um festzustellen, ob die Anforderungen erfüllt sind. In besonderen Fällen wird die IHK aber das Gutachten des zuständigen Fachverbandes einholen. Keine Gewähr für eine ordnungsgemäße Ausbildung bilden z. B. Betriebe, in denen mehr Lehrlinge ausgebildet werden sollen, als im Verhältnis zur Zahl der vorhandenen Fachkräfte verantwortet werden kann. Unterbleibt die Eintragung in die Lehrlingsrolle aus Gründen, die der Lehrherr zu vertreten hat, so macht sich dieser unter Umständen schadensersatzpflichtig (LAG Düsseldorf in BB 1957 S. 1277).

Endlich haben die IHKn hinsichtlich der Prüfungen zum Abschluß der Lehre eine verantwortungsvolle Aufgabe zu erfüllen. Mit den Prüfungen wird die Gewähr dafür geboten, daß einheitliche Anforderungen an die Prüflinge gestellt werden und daß ein gleicher Maßstab bei der Beurteilung der Ausbildungsleistungen angelegt wird. Für den Prüfling ist das Bestehen der Prüfung und die Erteilung des Facharbeiter-, Gehilfen- oder Kaufmannsgehilfenbriefes der IHK die Bestätigung dafür, daß das Ausbildungsziel erreicht wurde und daß der Prüfling nunmehr geeignet ist, im Ausbildungsberuf als vollwertige Fachkraft eingesetzt zu werden (DBW a. a. O.).

Im übrigen nimmt auch die Förderung der Ausbilder durch die Vermittlung von Kenntnissen über die Grundsätze einer sorgfältigen Lehrlingsausbildung, die Vergleichung der deutschen Ausbildungssysteme mit den ausländischen Bemühungen auf diesem Gebiet und die fachliche Weiterbildung der bereits tätigen Arbeitskräfte einen breiten Raum ein.

Die Eintragung in die Lehrlingsrolle ist ein Verwaltungsakt. Lehnt eine IHK die Eintragung ab, so wäre es denkbar, daß damit das Recht des Gewerbetreibenden zur Lehrlingsausbildung gemäß § 41 Abs. 1 Satz 1 RGO beeinträchtigt wird. Eine solche Beeinträchtigung könnte vorliegen, wenn dem Gewerbetreibenden mit der Ablehnung der Eintragung in die Lehrlingsrolle praktisch jede Möglichkeit zur Lehrlingshaltung genommen wird (BVerwG in DVBl. 1959 S. 396). Unter Umständen wäre dies der Fall, wenn die Gesetze Lehrlinge von der Zulassung zum Beruf ausschließen, deren Lehrverhältnisse nicht als eintragungsfähig anerkannt werden. In aller Regel wird eine solche Rechtslage jedoch nicht vorliegen. Sie liegt insbesondere dann nicht vor, wenn die IHK bei einem Einzelhandelskaufmann die Anerkennung der Ausbildung eines Lehrlings in seinem Betrieb und die Eintragung des Lehrverhältnisses in die Lehrlingsrolle ablehnt. Denn auch demjenigen, der keine Kaufmannsgehilfenprüfung bestanden hat, bleibt die Möglichkeit offen, Kaufmann zu werden (vgl. § 4 Abs. 4 des Gesetzes über die Berufsausbildung im Einzelhandel vom 5. August 1957).

Im übrigen sind die IHKn in der Gestaltung der Lehrabschlußprüfungen frei und können die Voraussetzungen für die Zulassung zu diesen Prüfungen nach eigenem Ermessen festsetzen (BVerwG a. a. O.). Dabei ist es selbstverständlich, daß die IHKn bei der Zulassung zu den Prüfungen und dementsprechend auch bei den Eintragungen in die Lehrlingsrolle, die mit den Prüfungen im engen Zusammenhang stehen, nicht willkürlich handeln dürfen. Willkürlich handelt eine IHK bei der Weigerung, ein Lehrverhältnis in die Lehrlingsrolle einzutragen, keinesfalls dann, wenn z. B. die Art, der Umfang und die Organisation eines Geschäfts, in dem der Lehrling ausgebildet werden soll, keine Gewähr für eine ordnungsgemäße Ausbildung bieten (BVerwG a. a. O.).

Für die Eintragung von Lehrverträgen, die fehlerhaft unterzeichnet sind, kann die IHK nicht verantwortlich gemacht werden. Sie hat nicht die Amtspflicht, die Rechtsgültigkeit der Unterschriften, insbesondere das Vertretungsrecht der Unterzeichneten nachzuprüfen. Die Tatsache, daß ein Lehrvertragsabschluß im Normalfall der Zustimmung beider Eltern bedarf, bedeutet noch nicht, daß auch beide Elternteile unterschreiben müssen. Die rechtliche Vermutung spricht dafür, daß sich die Eltern gegenseitig vertreten. Die Zustimmung des nicht unterschriebenen Elternteils kann zudem auch mündlich oder durch blosses Stillschweigen erfolgen. Es wäre daher eine Überforderung der IHKn von ihnen zu verlangen, daß sie die Rechtsgültigkeit der Verträge im einzelnen feststellen (vgl. Hoffmann, Lehrverträge mit nur einer Elternunterschrift, BB 1960 S. 175ff.). Zudem haben die IHKn in ihren Mitteilungsblättern auf die jetzige Rechtslage aufmerksam gemacht und damit alles Notwendige zur Aufklärung getan. Hinweise im Einheitslehrvertrag der IHK, daß mit der Eintragung des Vertrages in die Lehrlingsrolle nicht die Überprüfung des Vertretungsrechts bestätigt werde, haben nur deklaratorische Bedeutung; sie bringen etwas zur Kenntnis, was auch ohne Kenntnisnahme rechtens wäre (Hoffmann a. a.O.).

Schwierigkeiten können sich bei Lehrverträgen dadurch ergeben, daß die IHKn Lehrverhältnisse in ihre Lehrlingsrolle eintragen, ohne daß erkennbar gewesen ist, daß es sich um Lehrverträge handelt, die nach § 21 Abs. 4 HwO in die Lehrlingsrolle der Handwerkskammer einzutragen sind. Dabei kann es sich z. B. auch um Fälle handeln, in denen Handwerksbetriebe, die keine Berechtigung zur Ausbildung von Lehrlingen nach der Handwerksordnung haben, die in ihrem Betrieb abgeschlossenen Lehrverhältnisse bei der IHK anmelden.

Das Bayerische Staatsministeruim für Wirtschaft und Verkehr hat hierzu am 11. November 1957 folgende Empfehlung ausgesprochen:

A) Handwerkliche Lehrlinge von Betrieben, die in die Handwerksrolle eingetragen sind

Wenn Betriebe in die Handwerksrolle eingetragen sind, gelten sie bis zu ihrer Löschung aus der Handwerksrolle als Handwerksbetriebe und unterliegen den Vorschriften der Handwerksordnung. Zur Ausbildung von Lehrlingen sind nur Personen gemäß § 18 HwO berechtigt; die Lehrverträge sind nach § 21 HwO bei der Handwerkskammer einzutragen. Die IHKn werden die Eintragung solcher Lehrverträge in die von ihnen geführten Lehrlingsrollen ablehnen und die Lehrherren an die Handwerkskammer verweisen. In Fällen, in denen Zweifel bestehen, ob es sich um Handwerks- oder sonstige Gewerbebetriebe handelt, werden die IHKn bei den Handwerkskammern anfragen, ob die Betriebe in die Handwerksrolle eingetragen sind.

B) Nichthandwerkliche Lehrlinge in Handwerksbetrieben

Soweit Handwerksbetriebe, die in die Handwerksrolle eingetragen sind, auch solche Lehrlinge oder Anlernlinge ausbilden, die keine Handwerkslehrlinge sind, können diese Lehrverhältnisse bei den IHKn eingetragen werden und die Lehrlinge oder Anlernlinge bei den Prüfungsausschüssen der IHKn geprüft werden. Das gilt jedoch nicht für diejenigen nichthandwerklichen Lehrverhältnisse, für die die Handwerkskammer im Benehmen mit der IHK eigene Ausbildungsregelungen nach § 84 Abs. 2 HwO getroffen hat.

C) Handwerkslehrlinge bei Industrie- oder Handelsbetrieben

Soweit bei Industrie-, Handels- oder sonstigen Gewerbebetrieben handwerkliche Lehrlinge nach den beim Handwerk geltenden Berufsbildern ausgebildet werden, ohne daß der Betrieb als handwerklicher Nebenbetrieb im Sinne der Handwerksordnung gilt, sollen diese bei den zuständigen Handwerkskammern angemeldet und ihnen die Möglichkeit gegeben werden, ihre Gesellenprüfung beim zuständigen Gesellenprüfungsausschuß der Handwerkskammer abzulegen.

D) Gebühren

In den jeweiligen Prüfungsausschüssen des Handwerks und der Industrie sollen die gleichen Prüfungsgebühren erhoben werden, gleichgültig, welcher Organisation der Lehrherr des Prüflings angehört.

Ob damit alles klargestellt wird, ist fraglich. Tatsächlich entstehen auch durch die Anerkennung handwerklicher Berufe als Ausbildungsberufe der Industrie erhebliche Schwierigkeiten in der Abgrenzung der handwerklichen von der industriellen Berufsausbildung. So kann z. B. aus der Anerkennung des Berufsbildes der Industrie „Kraftfahrzeugschlosser" durch den Bundesminister für Wirtschaft, das dem Berufsbild „Kraftfahrzeugmechaniker" fast völlig entspricht, geschlossen werden, daß es einem Handwerker freisteht, ob er seine Lehrlinge als Industrielehrlinge oder als Handwerkslehrlinge bezeichnen und den Lehrvertrag bei der IHK oder der Handwerkskammer anmelden will (in diesem Sinn VG Regensburg: Urteil vom 17. Dezember 1959 in O 122 D 59). Ob § 21 Abs. 4 HwO dies gestattet, ist zweifelhaft. Eindeutig dürften nur solche Fälle liegen, in denen Handwerksbetriebe auch Lehrlinge in Lehrberufen ausbilden, die im Handwerk nicht gegeben sind (z. B. Chemielaborant, Lacklaborant, Rundfunkeinzelhandel). In diesen Fällen besteht kein Bedenken, daß die Lehrverhältnisse bei den IHKn eingetragen werden können.

Die Einschränkung: „unter Beachtung der geltenden Rechtsvorschriften" bezieht sich nur auf die Mitwirkung der Kammern bei Maßnahmen zur Förderung und Durchführung der kaufmännischen und gewerblichen Berufsausbildung. Eine entsprechende Klarstellung erfolgte durch den Abg. Hellwig in der 173. Sitzung des BT (Drucks. S. 9569). Sie geht insbesondere auf die Rechtslage im Land Berlin zurück, wo die Regelung der Berufsausbildung sowie der Arbeitsverhältnisse Jugendlicher durch das Berufsausbildungsgesetz vom 4. Januar 1951 (VOBl. I S. 40) und die Durchführungsverordnungen vom 22. August 1951 (GVBl. S. 614), 6. Juni 1952 (GVBl. S. 381), 13. Dezember 1952 (GVBl. 1076), 30. April 1954 (GVBl. S. 275) und 24. November 1955 (GVBl. S. 978) sowie durch eine Anzahl von Bekanntmachungen des Senators für Arbeit und Sozialwesen getroffen worden ist. Das Gesetz dürfte das einzige Landesgesetz sein, das die in Rede stehende Materie umfassend regelt.

Soweit die IHKn Ausschüsse für Prüfungen einrichten, nehmen diese regelmäßig Aufgaben öffentlich-rechtlichen Charakters wahr und sind als Verwaltungsbehörden passiv parteifähig (BVGE Bd. 2 S. 26). Ihre Entscheidungen sind Verwaltungsakte im Sinne der Verwaltungsgerichtsgesetze, über deren Anfechtung die Verwaltungsgerichte zu entscheiden haben. Die Gerichte können jedoch die eigentliche pädagogisch-wissenschaftliche (fachkundliche) Wertung nur dahin nachprüfen, ob der Prüfer von falschen Tatsachen ausgegangen ist, allgemein gültige Bewertungsgrundsätze nicht beachtet hat oder sich von sachfremden Erwägungen hat leiten lassen. Denn nur diese Grenzen zieht die Rechtsordnung. Innerhalb dieses Rahmens bewegen sich Lehrer und Prüfer in einer Sphäre, in der sie nur ihrem Wissen und Gewissen unterworfen sind (BVerwG vom 24. April 1959 in DÖV 1959 S. 872).

Alle Mitglieder der Ausschüsse haben die Leistungen der Prüflinge unabhängig zu beurteilen. Wirken Personen an der Beurteilung der Leistungen mit, die weisungsgebunden sind, so widerspricht dies dem Wesen einer Prüfung und macht die Entscheidung ungültig (OVG Berlin I B 80.57 vom 7. Juni 1958). Im übrigen sind derartige Ausschüsse nicht Organe der IHK, die sie eingerichtet hat, sondern selbständige Verwaltungsstellen, deren Handlungen nicht mit Handlungen der IHK identisch sind (vgl. OVG Münster in VRSpr. Bd. 7 Nr. 124 S. 584ff.). Hieran ändern auch Mitteilungen der IHK an die Prüflinge nichts. Diese Mitteilungen „regeln" keine Einzelheiten der Prüfung, sondern bedeuten nur die büromäßige Weiterleitung der Entscheidungen, die der Ausschuß getroffen hat (LVG Hannover A II 171.54 vom 19. August 1955).

Als Beispiel für eine Lehrlingsrollenordnung kann die mit Beschluß der Vollversammlung der IHK Frankfurt/Main vom 26. November 1958 verabschiedete Lehrlingsrollenordnung dienen, die nachstehend abgedruckt wird:

Lehrlingsrollenordnung der Industrie- und Handelskammer Frankfurt am Main

Die Industrie- und Handelskammer Frankfurt am Main führt als Einrichtung gemäß § 1 Abs. 2 des Gesetzes zur vorläufigen Regelung des Rechts der Industrie- und Handelskammern vom 18. Dez. 1956 eine Lehrlingsrolle. Für Anlage und Führung der Lehrlingsrolle gelten nachstehende Vorschriften.

Auf Praktikantenverhältnisse finden die Bestimmungen der Lehrlingsrollenordnung sinngemäß Anwendung (Praktikantenrolle).

1. Zweck der Lehrlingsrolle

(1) Die Lehrlingsrolle dient der Erfüllung der Kammeraufgaben bei der Förderung und Durchführung der Berufsausbildung.

(2) In die Lehrlingsrolle werden die Ausbildungsverhältnisse aus dem regionalen und sachlichen Zuständigkeitsbereich der Kammer eingetragen. Darüber hinaus kann die Kammer auch bestimmte Gruppen anderer Ausbildungsverhältnisse eintragen, soweit nicht eine gesetzlich begründete Zuständigkeit anderer Stellen entgegensteht.

(3) Die Eintragung gilt als Nachweis, daß das Ausbildungsverhältnis anerkannt ist. Sie ist Voraussetzung für die Zulassung zur Lehrabschlußprüfung, sofern nicht die Prüfungsordnung Ausnahmen vorsieht.

(4) Die Lehrlingsrolle ist nicht öffentlich.

2. Inhalt der Lehrlingsrolle

(1) Die Lehrlingsrolle soll alle für Begründung, Inhalt und Ablauf der eingetragenen Ausbildungsverhältnisse wesentlichen Umstände und Angaben enthalten. Sie muß Aufschluß geben

a) beim Lehrling über Namen, Alter, Geschlecht, Anschrift, gesetzlichen Vertreter, Vorbildung, Ausbildungsberuf, Ausbildungsbetrieb sowie Beginn und Ende der vereinbarten Ausbildungszeit,

b) beim Ausbildungsbetrieb über Namen (Firma), Anschrift, Gegenstand des Unternehmens und die für die Ausbildung verantwortliche Person.

(2) Der Inhalt der Lehrlingsrolle beruht in erster Linie auf den im Ausbildungsvertrag enthaltenen und den bei der Anmeldung zur Lehrlingsrolle von den Lehrvertragspartnern gemachten sachlichen Angaben. Die Kammer kann jederzeit weitere Angaben fordern, Feststellungen treffen sowie Auskünfte und gutachtliche Äußerungen von geeigneten Personen und Stellen einholen. Weiter kann die Kammer auf sonstige zuverlässige Unterlagen, z. B. eigene Feststellungen und Erfahrungen, Mitteilungen von Gerichten, Behörden, Schulen, Wirtschaftsorganisationen, zurückgreifen.

3. Eintragungsvoraussetzungen

(1) Das Ausbildungsverhältnis muß den Vorschriften der Ziffer 1 Abs. 2 entsprechen.

(2) Der Ausbildungsberuf muß staatlich anerkannt sein, sofern nicht mit Rücksicht auf dringende wirtschaftliche Bedürfnisse, insbesondere wenn ein Anerkennungsverfahren beantragt ist, eine Ausnahme gerechtfertigt erscheint.

(3) Die Ausbildungszeit muß den Vorschriften des Berufsbildes entsprechen. Eine Abkürzung auf Grund schulischer Vorbildung kann nach den Richtlinien der Industrie- und Handelskammern anerkannt werden. Eine im gleichen oder einem verwandten Ausbildungsberuf verbrachte Beschäftigungszeit kann voll oder teilweise anerkannt werden, wenn die Erreichung des Ausbildungszieles gewährleistet erscheint.

(4) Das Ausbildungsverhältnis muß unter Verwendung des Einheitslehrvertragsmusters der Industrie- und Handelskammern oder eines entsprechenden vom Deutschen Industrie- und Handelstag den Industrie- und Handelskammern auf Grund besonderer Vereinbarungen empfohlenen Vertragsmusters schriftlich begründet sein.

(5) Es dürfen keine Umstände vorliegen, welche allgemein oder im Einzelfalle den Betrieb als Ausbildungsstätte nicht geeignet erscheinen lassen. Ebenso dürfen nicht in der Person

des Auszubildenden oder in sonstiger Hinsicht Umstände vorliegen, welche der Ausbildung entgegenstehen.

4. Antrag auf Eintragung

(1) Ein Ausbildungsverhältnis wird auf Antrag des Ausbildungsbetriebes in die Lehrlingsrolle eingetragen.

(2) Der Antrag auf Eintragung soll nach näherer Bestimmung der Kammer, im allgemeinen unter Verwendung eines von ihr vorgeschriebenen Anmeldevordrucks, unverzüglich nach Begründung des Ausbildungsverhältnisses, spätestens bis zum Ablauf der Probezeit, gestellt werden. Der Ausbildungsvertrag ist dem Antrag in der Regel in doppelter Ausfertigung beizufügen.

5. Prüfung und Entscheidung der Kammer

(1) Die Kammer prüft den Eintragungsantrag, besonders hinsichtlich der Eintragungsvoraussetzungen nach Ziffer 3, und entscheidet darüber nach pflichtgemäßem Ermessen.

(2) Abänderungen im Ausbildungsvertrag, die die Kammer als notwendig erachtet, müssen von den Vertragspartnern selbst vorgenommen werden, es sei denn, daß diese der Abänderung durch die Kammer zustimmen oder daß die Abänderung nur eine formelle Berichtigung ohne Sachänderung darstellt.

6. Eintragung und Rückleitung der Ausbildungsverträge

Die von der Kammer eingetragenen und mit einem unterschriebenen und gesiegelten Anerkennungs- und Eintragungsvermerk versehenen Ausbildungsverträge sind dem Ausbildungsbetrieb für sich und den anderen Vertragspartner zurückzugeben.

7. Ablehnung einer Eintragung

(1) Bevor die Kammer eine Eintragung ablehnt, soll sie den Betroffenen Gelegenheit zur Rückäußerung geben.

(2) Die Ablehnung eines Eintragungsantrages teilt die Kammer dem Antragsteller schriftlich mit. Gegen eine solche Entscheidung kann von den Vertragspartnern des Ausbildungsverhältnisses Widerspruch erhoben werden. Das Verfahren bestimmt das Verwaltungsgerichtsgesetz.

8. Änderung und Löschung von Eintragungen

(1) Eine Vertragsänderung wird auf schriftlichen Antrag eingetragen, wenn die Vertragspartner sich über sie einig sind und die Eintragungsvoraussetzungen vorliegen.

(2) Von Änderungen der der ursprünglichen Eintragung zugrunde liegenden Tatsachen, die keine Vertragsänderung bedeuten, ist die Kammer unverzüglich und unaufgefordert zu benachrichtigen, in der Regel vom Ausbildungsbetrieb. Sie berichtigt daraufhin die Lehrlingsrolle entsprechend.

(3) Ein Ausbildungsverhältnis wird in der Lehrlingsrolle gelöscht, wenn es nachweislich durch die Lehrvertragspartner beendet ist oder wenn die Kammer auf andere Weise, insbesondere auf Grund der Entscheidung eines Gerichts oder einer Verwaltungsbehörde, feststellt, daß die Eintragungsvoraussetzungen nicht mehr vorliegen.

9. Gebühren

Für die Erhebung von Gebühren ist die Gebührenordnung der Kammer maßgebend.

Das Beispiel für eine Prüfungsordnung bietet die nachstehende mit Beschlüssen der Vollversammlung der IHK Frankfurt/Main vom 9. Mai und 26. November 1958 angenommene Prüfungsordnung:

Prüfungsordnung für Lehrabschlußprüfungen in anerkannten Ausbildungsberufen (Lehr- und Anlernberufen) der Industrie und Handelskammer Frankfurt am Main

Lehrabschlußprüfungen stellen den organischen Abschluß der betrieblichen Berufsausbildung dar; in ihnen soll der Prüfling nachweisen, daß er die im Berufsbild bzw. in den Prüfungsanforderungen des Ausbildungsberufes als notwendig bezeichneten Fertigkeiten und Kenntnisse besitzt und fähig ist, den Anforderungen zu genügen, die an eine junge Fachkraft zu stellen sind.

Die Prüfungen sind nach Maßgabe dieser Prüfungsordnung durchzuführen.

I. Prüfungsausschüsse

1. Errichtung

Die Industrie -und Handelskammer (im folgenden Kammer genannt) bestimmt, für welche Ausbildungsberufe Prüfungen durchgeführt werden. Sie errichtet hierfür nach Bedarf Prüfungsausschüsse. Falls kammereigene Prüfungsausschüsse nicht errichtet werden, wird die Prüfung bei einer anderen Kammer vermittelt. Unter- und Sammelausschüsse sowie überbezirkliche Ausschüsse sind möglich.

2. Berufung

Die Mitglieder der Prüfungsausschüsse werden von der Kammer auf Zeit oder bis auf weiteres berufen und abberufen.

3. Zusammensetzung

Ein Prüfungsausschuß soll aus vier auf dem Prüfungsgebiet fachkundigen Personen bestehen, die auf Grund ihrer Berufserfahrung und ihrer Persönlichkeit für die Mitwirkung im Prüfungswesen geeignet sind, und zwar aus

a) einem kammerzugehörigen Unternehmer oder einem leitenden Angestellten als Vorsitzenden
b) einer weiteren selbständig oder in leitender Stellung tätigen Persönlichkeit
c) einer sonstigen fachkundigen, in der Betriebspraxis tätigen Persönlichkeit
d) einem Lehrer einer berufsbildenden Schule

Nach Bedarf können weitere Mitglieder und Stellvertreter — auch als Fachbeisitzer — bestellt werden. Der stellvertretende Vorsitzende muß Betriebspraktiker sein.

4. Sachverständige

Die Kammer kann sachverständige Personen, die dem Prüfungsausschuß nicht angehören, zur beratenden Mitwirkung heranziehen.

5. Ehrenamtlichkeit

Die Mitwirkung im Prüfungsausschuß ist ehrenamtlich. Soweit aus Anlaß der Vorbereitung oder Durchführung der Prüfung Reisekosten oder sonstige notwendige Aufwendungen entstehen, können diese in angemessener Höhe vergütet werden.

II. Vorbereitung der Prüfung

6. Prüfungstermine

Die Prüfungen finden in der Regel zweimal im Jahr statt.

Die Kammer gibt die Prüfungstermine in geeigneter Form bekannt.

7. Örtliche Zuständigkeit

Die Kammer ist für die Prüfung der Prüfungsbewerber zuständig, deren Ausbildungsverhältnis in ihrer Lehrlingsrolle eingetragen ist bzw. deren Beschäftigungsort im Kammerbezirk liegt. Bewerber, für deren Prüfung eine andere Kammer zuständig ist, werden nur im Einvernehmen mit dieser geprüft.

8. Zulassung im Regelfall

Voraussetzungen für die Zulassung zur Prüfung sind:

a) termingerechter Eingang der vollständig und wahrheitsgemäß ausgefüllten Anmeldeunterlagen mit handschriftlichem Lebenslauf;
b) ordnungsgemäße Eintragung des Ausbildungsverhältnisses in der Lehrlingsrolle der zuständigen Kammer. Das Ausbildungsverhältnis muß unter Verwendung des Einheitslehrvertrages der Industrie- und Handelskammern oder eines entsprechenden, vom Deutschen Industrie- und Handelstag den Industrie- und Handelskammern auf Grund besonderer Vereinbarungen empfohlenen Vertragsmusters schriftlich begründet sein.
c) Erfüllung der im Berufsbild vorgesehenen Ausbildungszeit, bei Zulassung zur Frühjahrsprüfung spätestens bis zum 30. April, bei Zulassung zur Herbstprüfung spätestens bis zum 31. Oktober, also einen Monat nach den Haupteinstellungsterminen.
d) Entrichtung der Prüfungsgebühr an die Kammer.

9. Vorzeitige Zulassung

Bei Nachweis von wesentlich über dem Durchschnitt liegenden Leistungen kann (abweichend von Ziffer 8c) der Lehrbetrieb im Einverständnis mit dem anderen Vertragsteil die Zulassung bereits zu der dem regulären Termin vorangehenden Prüfung beantragen.

Dadurch darf jedoch in der Regel eine Mindestausbildungszeit von 2 Jahren nicht unterschritten werden. Bei Anlernberufen ist eine vorzeitige Zulassung nicht möglich.

Der Nachweis der überdurchschnittlichen Leistungen ist durch entsprechende Bescheinigungen des Lehrbetriebes und der Berufsschule zu erbringen. Die Kammer kann weitere Nachweise, auch über Berufseifer und charakterliche Haltung des Lehrlings, verlangen. Weiter kann sie besondere Zulassungsprüfungen vorschreiben oder bestimmen, daß als Zulassungsprüfung ein Teil der Lehrabschlußprüfung abzulegen ist. Dabei können erhöhte Anforderungen gestellt werden. Die Ergebnisse können auf die Lehrabschlußprüfung angerechnet werden.

10. Zulassung in Sonderfällen

Wer ohne betriebliche Ausbildung in einem Lehr- oder Anlernverhältnis den Erwerb der in der Lehrabschlußprüfung geforderten Fertigkeiten und Kenntnisse nachweisen will, kann (abweichend von Ziffer 8b und 8c) zur Prüfung zugelassen werden, wenn er

a) eine mindestens fünfjährige praktische Tätigkeit nachweist, die zu dem Ausbildungsberuf, in dem die Prüfung abgelegt werden soll, in enger Beziehung steht
b) die Beherrschung der erforderlichen Kenntnisse und Fertigkeiten glaubhaft macht und
c) mindestens das 24. Lebensjahr im Prüfungsquartal vollendet.

11. Zulassungsantrag (Anmeldung)

Der Zulassungsantrag ist grundsätzlich vom Lehrbetrieb, im Fall der Ziffer 10 vom Prüfungsbewerber bei der Kammer unter Verwendung des vorgeschriebenen Anmeldeformulars sowie unter Beifügung nachfolgend aufgeführter Unterlagen termingerecht einzureichen:

a) handschriftlicher Lebenslauf (in der Regel im Anmeldeformular)
b) Lehrzeugnis oder Zwischenbescheinigung des Lehrbetriebes über Dauer und Erfolg der Lehre mit Beurteilung der Leistungen
c) letztes Zeugnis der Berufsschule sowie gegebenenfalls Bescheinigungen über den Besuch zusätzlicher Ausbildungseinrichtungen
d) Berichtshefte, falls die Kammer die Vorlage nicht zu einem anderen Zeitpunkt fordert.

Die Kammer kann weitere Unterlagen verlangen.

Die Unterlagen sind nach näherer Vorschrift der Kammer in Abschrift oder im Original einzureichen.

12. Zulassung

Über die Zulassung zur Prüfung entscheidet die Kammer.

Sie ist abzulehnen, wenn die Zulassungsvoraussetzungen nicht gegeben sind oder wenn sonstige Gründe vorliegen, die nach pflichtgemäßem Ermessen die Zurückweisung rechtfertigen. Eine ablehnende Entscheidung ist dem Antragsteller schriftlich unter Angabe der Gründe mitzuteilen.

13. Prüfungsgebühr

Die Prüfungsgebühr wird von der Kammer gemäß der Gebührenordnung erhoben.

III. Allgemeine Verfahrensvorschriften

14. Äußerer Prüfungsrahmen

Die Prüfung ist würdig zu gestalten.

15. Prüfungsleitung

Die Leitung der Prüfung obliegt dem Vorsitzenden des Prüfungsausschusses.

16. Beschlußfähigkeit

Ein Prüfungsausschuß ist beschlußfähig, wenn mindestens zwei Drittel der Mitglieder anwesend sind. Bei Prüfungsausschüssen mit mehr als vier Mitgliedern genügt die Anwesenheit von wenigstens drei Mitgliedern.

Der Prüfungsausschuß faßt seine Beschlüsse mit Stimmenmehrheit; bei Stimmengleichheit gibt die Stimme des Vorsitzenden den Ausschlag. Stimmenthaltung ist außer in Fällen der Ziffer 19 nicht statthaft.

17. Ausschluß der Öffentlichkeit

Die Prüfung ist nicht öffentlich. Die Kammer kann Gäste zulassen, jedoch nicht Lehrherren bei der Prüfung ihrer eigenen Lehrlinge. Die Gäste haben sich jeder Einwirkung auf den Prüfungsablauf zu enthalten; Aufzeichnungen über Prüfungsunterlagen und Prüfungsablauf sind ihnen grundsätzlich nicht gestattet. Die Gäste sind auf die Bestimmungen der Ziffer 18 aufmerksam zu machen. Der Prüfungsausschuß berät über das Prüfungsergebnis in Abwesenheit der Gäste.

18. Geheimhaltungspflicht

Betriebsgeheimnisse sind zu wahren.

Die Prüfungsunterlagen und der Prüfungsablauf unterliegen der Geheimhaltung gegen jedermann. Über Ausnahmen entscheidet die Kammer.

19. Verwandtschaft und sonstige Bindungen

Ist oder war ein Mitglied des Prüfungsausschusses mit einem Prüfling verwandt, verschwägert, sein Vormund, sein Lehrherr oder Ausbilder oder liegen andere Bindungen vor, die ein objektives Urteil behindern können, so soll es bei der Prüfung dieses Prüflings nicht mitwirken.

20. Verstöße gegen die Prüfungsordnung

Täuschungsversuche jeder Art, grobe Verstöße gegen die Prüfungsordnung und ungebührliches Verhalten führen zum Ausschluß des Prüflings von der weiteren Prüfung. Die Prüfung gilt in diesem Fall als nicht bestanden. Bei nachträglicher Feststellung kann die Kammer eine abgeschlossene Prüfung für ungültig erklären. Die Prüfungsdokumente sind dann einzuziehen.

Die Prüflinge haben sich auf Verlangen über ihre Person auszuweisen.

21. Niederschrift

Über die Prüfung ist zu den Akten der Kammer eine Niederschrift anzufertigen, die von den beteiligten Mitgliedern des Prüfungsausschusses, mindestens vom Vorsitzenden zu unterzeichnen ist. Sie kann einzeln für jeden Prüfling oder listenmäßig für Gruppen von Prüflingen angelegt werden. In der Niederschrift sind nach näherer Vorschrift der Kammer Einzel- und Gesamtergebnisse festzuhalten.

22. Prüfungsabschluß und -auswertung

Nach Abschluß der Prüfungen hat der Prüfungsausschuß die Prüfungsunterlagen und Prüfungsarbeiten der Kammer zuzuleiten. Zugleich soll er über besondere Erfahrungen und Beobachtungen schriftlich berichten.

23. Widerspruch

Gegen die Nichtzulassung zur Prüfung und gegen Entscheidungen, nach denen die Prüfung nicht bestanden ist, kann Widerspruch erhoben werden. Widerspruchsberechtigt sind die Lehrvertragspartner, im Fall der Ziffer 10 der Prüfungsbewerber.

Für das Verfahren gelten die verwaltungsrechtlichen Vorschriften.

IV. Gegenstand und Durchführung der Prüfung

24. Praxisnähe und Geschlossenheit der Prüfung

Die Prüfung soll von den Gegebenheiten der Betriebspraxis ausgehen.

Sie soll auch bei prüfungstechnischer Gliederung ein geschlossenes Ganzes bilden und eine Gesamtbeurteilung des Prüflings über die für seinen Beruf wesentlichen Fertigkeiten und Kenntnisse erlauben.

25. Prüfungsanforderungen

Den Prüfungen werden die dem Ausbildungsberuf des Prüflings entsprechenden Prüfungsanforderungen zugrunde gelegt. Soweit solche nicht bestehen, bestimmt der Prüfungsausschuß vom Berufsbild ausgehend die Prüfungsgebiete und das Prüfungsverfahren, möglichst in Anlehnung an die Prüfungsanforderungen ähnlicher Ausbildungsberufe.

26. Prüfungsteile

Bei industriellen und nichtkaufmännischen Ausbildungsberufen findet eine Fertigkeitsprüfung (praktisch) und eine Kenntnisprüfung (schriftlich und mündlich) statt.

Bei kaufmännischen Ausbildungsberufen wird schriftlich und mündlich (oder mündlich/praktisch) geprüft. Soweit Berufsbilder und Prüfungsanforderungen es vorsehen, findet eine schreibtechnische Prüfung statt. Dabei gelten die Richtlinien des Deutschen Industrie- und Handelstages für die Prüfungen in Kurzschrift und Maschinenschreiben sinngemäß.

27. Praktische Prüfung

In der praktischen Prüfung werden entsprechend den Prüfungsanforderungen nach näherer Vorschrift der Kammer Prüfstücke nach Zeichnung, Vorlage oder Beschreibung und/oder Arbeitsproben jeweils unter Aufsicht verlangt.

Die Arbeitszeit soll für Prüfstücke 8 Stunden, für Arbeitsproben 2 Stunden nicht unterschreiten.

Bei der praktischen Prüfung sollen für alle Prüflinge grundsätzlich annähernd gleiche Arbeitsbedingungen gesichert sein. Ferner muß gewährleistet sein, daß Prüfungsstücke nicht während oder nach der praktischen Prüfung vertauscht werden.

Für genügende Aufsicht ist zu sorgen. Mit der Aufsicht können auch Personen betraut werden, die nicht Mitglied des Prüfungsausschusses sind.

28. Schriftliche Prüfung

Die schriftliche Prüfung ist unter Aufsicht durchzuführen. Es dürfen nur ausdrücklich zugelassene Hilfsmittel benutzt werden. Die Prüfungsaufgaben sollen dem Aufsichtführenden im verschlossenen Umschlag übergeben werden, der erst bei Prüfungsbeginn zu öffnen ist. Vor Prüfungsbeginn sollen den Prüflingen Hinweise über den äußeren Verlauf der Prüfung gegeben werden (z. B. über die zur Verfügung stehende Zeit, die Form der Arbeit sowie Täuschungsfolgen).

Auf den Prüfungsarbeiten müssen die Prüflinge nach den näheren Bestimmungen der Kammer zugeteilte Kenn-Nummern, Vor- und Zunamen oder sonstige Angaben vermerken.

Nebenrechnungen, Ansätze und Prüfungsaufgaben usw. sind mit abzugeben.

Die Prüfungsaufgaben sollen dem Prüfling jeweils nur für ein Prüfungsfach zur Kenntnis gebracht werden.

29. Mündliche Prüfung

Die mündliche Prüfung soll eine auf den persönlichen Eindruck und die besonderen Gegebenheiten des Ausbildungsganges mitgegründete Leistungsbeurteilung des Prüflings ermöglichen. Vor Beginn der Prüfung sollen sich die Prüfer über die Personalien und den Ausbildungsgang der Prüflinge an Hand der Prüfungsakten unterrichten.

Die mündliche Prüfung soll in Form eines freien Prüfungsgespräches durchgeführt werden. Die Fragen sollen möglichst von betriebspraktischen Situationen ausgehen.

Zeitraubende Belehrungen müssen unterbleiben.

Die mündliche Prüfung kann als Einzel- oder Gruppenprüfung (in der Regel bis zu 5 Prüflinge) durchgeführt werden. Auf jeden Prüfling soll eine tatsächliche Prüfungszeit von 15—20 Minuten entfallen.

30. Vorzeitiges Ausscheiden

Ergibt sich während der Prüfung ein Versagen auf Teilgebieten derart, daß daraufhin die Gesamtprüfung nicht mehr bestanden werden kann, so kann der Prüfling von der weiteren Prüfung ausgeschlossen werden. Die Prüfung gilt dann als „nicht bestanden".

Bei Kaufmannsgehilfenprüfungen ist in der Regel die Teilnahme an der mündlichen Prüfung nicht möglich, wenn in zwei Fächern der schriftlichen Prüfung die Beurteilung unter „ausreichend" liegt.

Rücktritt während der Prüfung ist nur aus Gründen zulässig, die nicht in der Prüfung selbst liegen. Hierüber entscheidet die Kammer. In diesem Fall gilt die Prüfung als nicht abgelegt.

31. Leistungsermittlung und Bewertung

Leistungsermittlung und Bewertung richten sich nach Wesen und Erfordernissen der Ausbildungsberufe auf der Grundlage der Berufsbilder und Prüfungsanforderungen. Die Kammer kann hierzu allgemein oder im einzelnen Richtlinien geben. Sie sollen möglichst ein Punktbewertungsverfahren vorsehen und die Berichtsheftführung angemessen einbeziehen.

Für die Bewertung bestehen folgende Prädikate

„sehr gut"	(1)	„befriedigend"	(3)
„gut"	(2)	„ausreichend"	(4)

Unter „ausreichend" liegende Prüfungsleistungen werden entweder mit „nicht ausreichend" oder abgestuft mit „mangelhaft" (5) und „ungenügend" (6) bewertet.

Die Gesamtprüfung ist bestanden, wenn in jedem Prüfungsteil (gemäß Ziffer 26) mindestens das Prädikat „ausreichend" erzielt wurde. In besonderen Fällen kann die Kammer Ausnahmen zulassen.

32. Abschluß der Prüfung, Bekanntgabe des Ergebnisses, Urkunden

Die Prüfung schließt mit der schriftlichen Bekanntgabe des Prüfungsergebnisses durch die Kammer ab.

Jeder erfolgreiche Prüfungsteilnehmer erhält eine Prüfungsurkunde (Facharbeiterbrief — Kaufmannsgehilfenbrief — Gehilfenbrief — Prüfungszeugnis).

Im Fall des Nichtbestehens werden auch die Voraussetzungen, unter denen die Prüfung wiederholt werden kann, schriftlich mitgeteilt.

33. Wiederholung der Prüfung

Ist die Prüfung nicht bestanden, so kann sie in der Regel nur einmal, frühestens zum nächsten und spätestens zum übernächsten Prüfungstermin, wiederholt werden.

Die Kammer kann die Wiederholung nur eines Prüfungsteiles (gemäß Ziffer 26) zulassen, wenn in allen anderen Prüfungsteilen mindestens das Prädikat „ausreichend" erzielt wurde.

Bei einer Gesamtwiederholung gelten in allen Prüfungsteilen die Ergebnisse der Wiederholungsprüfung.

III. Die Ausstellung von Ursprungszeugnissen und anderen dem Wirtschaftsverkehr dienenden Bescheinigungen

Abs. 3 bestimmt, daß den IHKn die Ausstellung von Ursprungszeugnissen und anderen dem Wirtschaftsverkehr dienenden Bescheinigungen obliegt, soweit nicht Rechtsvorschriften diese Aufgaben anderen Stellen zuweisen. Ursprungszeugnisse dienen in der Regel dazu, den ins Ausland gehenden Waren Zollbegünstigungen, insbesondere die Verzollung nach den niedrigsten Sätzen zu sichern. Ihre Ausstellung ist seit alters her eine besondere Aufgabe der Handelskammern, wie beispielsweise aus § 42 Abs. 2 des preußischen IHK-Gesetzes hervorgeht. Inwieweit solche Zeugnisse beizubringen sind, richtet sich nach der Zollgesetzgebung der Staaten, in die die Ware eingeführt werden soll, sowie nach den Handelsverträgen und handelspolitischen Vereinbarungen, die zwischen der Bundesrepublik und anderen Staaten bestehen.

Das Wort: „obliegt" bedeutet nicht, daß die Ausstellung von Ursprungszeugnissen in jedem Fall den IHKn zusteht. Sofern in ausländischen Gesetzen oder internationalen Vereinbarungen etwas anderes bestimmt ist, muß sich die Ausstellung nach diesen Bestimmungen richten.

Die Einschränkung: „soweit nicht Rechtsvorschriften diese Aufgaben anderen Stellen zuweisen" bezieht sich in erster Linie auf das Gesetz zur Förderung der Wirtschaft von Berlin (West) in der Fassung der Bekanntmachung von 9. September 1952 (BGBl. I S. 621) und der Änderungsgesetze vom 15. April 1953 (BGBl. I S. 117), 19. Dezember 1954 (BGBl. I S. 439), 24. Dezember 1955 (BGBl. I S. 849), 27. April 1957 (BGBl. I S. 400) und 25. März 1959 (BGBl. I S. 161). Nach den Bestimmungen dieses sogenannten Berlin-Hilfe-Gesetzes, insbesondere nach Art. III (§§ 3—14), wird der Einstandspreis der westdeutschen Abnehmer für den Erwerb Westberliner Waren und der Werklohn für gewisse in Berlin (West) ausgeführte Werkleistungen um die Höhe der allgemeinen Umsatzsteuer von 4 v. H. gesenkt. Voraussetzung der Kürzung der Umsatzsteuer ist, daß die Gegenstände in Berlin (West) hergestellt worden sind, die Waren- oder Werkleistungen in das Bundesgebiet gelangt sind und diese Tatsachen buchmäßig nachgewiesen werden. Der buchmäßige Nachweis hat aus den im Bundesgebiet geführten Büchern hervorzugehen, wobei bezüglich des Orts der Herstellung und der Werkleistung eine darüber ausgestellte Bescheinigung des Senators für Wirtschaft und Kredit in Berlin vorliegen muß (§ 4 Abs. 5 Nr. 3). Dieses „Ursprungszeugnis" wird auf der Rechnung vermerkt, die der Westberliner Unternehmer ausstellt. Soweit westdeutsche Betriebsstätten von Berliner Unternehmen Waren vertreiben, versieht die zuständige IHK im Bundesgebiet die Rechnungen mit dem Ursprungszeugnis auf Grund einer Sammelursprungsbescheinigung des Senators für Wirtschaft und Kredit in Berlin. Über nähere Einzelheiten vgl. Megow in „Das deutsche Bundesrecht", VII B 39 S. 8a—12.

Aber auch sonstige Rechtsvorschriften auf Bundes- oder Landesebene können die Ausstellung von Ursprungszeugnissen anderen Stellen zuweisen. So macht z. B. auf Bundesebene § 84 Abs. 1 Nr. 11 HwO die Ausstellung von Ursprungszeugnissen über Erzeugnisse, die in Handwerksbetrieben hergestellt werden, zur Aufgabe der Handwerkskammern. Ähnlich sind auf Landesebene die Landwirtschaftskammern für solche Bescheinigungen zuständig, die sich auf Erzeugnisse der Landwirtschaft beziehen. Im übrigen haben die Zollstellen nach einem Erlaß des Reichsfinanzministers vom 11. Juni 1926 betreffend zollamtliche Ursprungszeugnisse (RZollBl. S. 123) ebenfalls die Befugnis, Ursprungszeugnisse auszustellen. Die Befugnis erstreckt sich auch auf Zeugnisse für Waren, die ihren Ursprung nicht in der Bundesrepublik haben. Das gilt jedoch nur dann, wenn das Herstellungsland und das Empfangsland zu den Ländern gehören, die das Internationale Abkommen zur Vereinfachung von Zollförmlichkeiten vom 3. November 1923 (RGBl. 1925 II S. 672) abgeschlossen haben oder ihm später beigetreten sind (vgl. im einzelnen Grossart a. a. O. S. 207).

IV. Durch Gesetz oder Rechtsverordnung übertragene Aufgaben

Nach Abs. 4 können den IHKn „durch Gesetz oder Rechtsverordnung" weitere Aufgaben übertragen werden. Mit dieser Bestimmung wird klargestellt, daß die IHKn nicht nur Aufgaben in eigenen Angelegenheiten (kammereigene Aufgaben) durchführen, sondern auch Auftragsangelegenheiten durchzuführen verpflichtet sind. Hinsichtlich der Auftragsangelegenheiten ist zu unterscheiden, ob es sich um Auftragsangelegenheiten zur selbständigen Erledigung oder um solche unter dem Vorbehalt staatlicher Weisung, um sogenannte Weisungsangelegenheiten handelt. Dabei kann als Regel gelten, daß die IHKn auch Auftragsangelegenheiten grundsätzlich in eigener Verantwortung durchführen, also unabhängig von Weisungen staatlicher Stellen, es sei denn, daß aus den gesamten Umständen der Übertragung hervorgeht, daß die IHK an Weisungen gebunden sein soll (so auch Frentzel-Jäkel, Bem. 11).

Unter die in Abs. 4 angesprochenen übertragenen Aufgaben fallen sowohl Aufgaben, die den IHKn schon bisher durch bundesrechtliche oder landesrechtliche Regelungen zugewiesen waren, als auch Aufgaben, die zukünftig erst festgelegt werden sollen. Ohne daß eine entsprechende Kennzeichnung als übertragene Aufgaben stattgefunden hätte, können die im preußischen Gesetz über die Handelskammern von 1870 erwähnten Rechte zur Ernennung von Handelsmäklern (§ 40), aus der Unterstellung der Börsen und anderer für den Handelsverkehr bestehenden öffentlichen Anstalten unter die Aufsicht der Handelskammer (§ 41) und aus der Befugnis, Dispacheure und Gewerbetreibende der in § 36 RGO bezeichneten Art öffentlich anzustellen und zu beeidigen (§ 42) als solche übertragenen Aufgaben (Auftragsangelegenheiten) bezeichnet werden. Der Kreis dieser Aufgaben ist im Laufe der Zeit sehr erweitert worden und nahm vor allem in den Jahren nach 1933 im Zusammenhang mit wirtschaftslenkenden und ausfuhrfördernden Maßnahmen der Reichsregierung einen derartigen Umfang an, daß die eigentlichen Kammeraufgaben stark in den Hintergrund treten mußten.

Hinsichtlich der heutigen Auftragsangelegenheiten kann auf folgende wichtigere Aufgaben verwiesen werden:

Sowohl das Bürgerliche Gesetzbuch als auch das Handelsgesetzbuch sehen für gewisse Verkäufe und Käufe die Bestimmung vor, daß sie nur von öffentlich dazu ermächtigten Handelsmaklern vorgenommen werden dürfen. Diese Ermächtigung wird in fast allen Ländern von den IHKn erteilt. Vgl. beispielsweise Art. 13 des preußischen Ausführungsgesetzes zum Bürgerlichen Gesetzbuch vom 20. September 1899 (GS S. 177). Vgl. unten II C 2 S. 180ff.

In bezug auf die Börsen enthält § 1 Abs. 2 des Börsengesetzes die Ermächtigung, die unmittelbare Aufsicht auf die örtlichen Organe des Handelsstandes (Handelskammern, kaufmännische Korporationen) zu übertragen. Das gleiche gilt für die auf den Börsenverkehr bezüglichen Einrichtungen (§ 1 Abs. 3 BörsG). Von dieser Ermächtigung haben die Länder in weitgehendem Umfang Gebrauch gemacht. Vgl. unten II C 3 S. 182 ff.

Von besonderer Bedeutung ist die den Landesregierungen in § 36 RGO erteilte Ermächtigung, die IHKn dazu zu berechtigen, daß sie die dort bezeichneten Gewerbetreibenden „auf die Beobachtung der bestehenden Vorschriften beeidigen und öffentlich anstellen". Dabei können die in § 36 genannten Gewerbe an sich frei betrieben werden. Jedoch äußert sich die Bedeutung der „öffentlichen Anstellung und Beeidigung" a) in gewissen Rechtsfolgen, die den Handlungen der öffentlich Angestellten beigelegt sind, b) in ihrer vorzugsweisen Heranziehung als Sachverständige in Zivil- und Strafprozessen und c) in dem Ansehen, das die öffentliche Anstellung und Beeidigung in den Augen der Allgemeinheit besitzt (so Lusensky, § 42 Anm. 3). Dies hat dazu geführt, daß die öffentliche Anstellung und Beeidigung der in § 36 RGO erwähnten Gewerbetreibenden eine wichtige Aufgabe der Kammern bildet. Vgl. unten II C 8 S. 202 ff.

Nach § 27 a Abs. 11 UWG können die Landesregierungen durch Rechtsverordnung bei IHKn Einigungsstellen zur Beilegung von Wettbewerbsstreitigkeiten errichten. Soweit sie errichtet werden, ist regelmäßig bestimmt, daß die IHKn deren Geschäfte führen, d. h. die notwendigen Räumlichkeiten, das Personal und das Büromaterial zur Verfügung stellen. Auch haben sie über die Besetzung der Einigungsstelle mit oder ohne Bindung an die Aufsichtsbehörde zu bestimmen. Auch hier liegt eine durch Gesetz und Verordnung begründete Auftragsangelegenheit der IHKn vor. Vgl. den VI. Teil unten S. 323 ff.

Schließlich ist auf die Beteiligung der IHKn an der Regelung des in den §§ 7—7 c UWG behandelten Ausverkaufswesens hinzuweisen. Hier sind den IHKn nicht nur gewisse Anhörungsrechte gegeben, sondern werden ihnen auch bestimmte Prüfungspflichten auferlegt, die zumeist in Durchführungsvorschriften zu den Bestimmungen des Gesetzes gegen den unlauteren Wettbewerb niedergelegt sind.

Neben diesen Aufgaben ist eine außerordentlich große Zahl sonstiger Aufgaben, die sich zumeist auf den Gebieten des Rechtswesens, des Handels und Gewerbes, des Verkehrs, der Außenwirtschaft und des Kreditwesens bewegen, auf die IHKn übertragen worden.

Inwieweit die Auftragsangelegenheiten Aufgaben der IHKn darstellen, die hoheitlichen Charakter tragen, ist nach den üblichen Merkmalen festzustellen. Im allgemeinen werden Auftragsangelegenheiten zugleich Hoheitsaufgaben sein. Indessen ist dies nicht durchgehend der Fall. So sind z. B. die Aufgaben, die der IHK aus der Übertragung der Pflicht erwachsen, die Geschäfte der Einigungsstelle zu führen, d. h. für die notwendigen Räume, das Personal und das Büromaterial zu sorgen, nicht-hoheitlicher Natur. Dagegen ist die Besetzung der Einigungsstelle mit dem Vorsitzenden und den Beisitzern eine Aufgabe, die hoheitsrechtlichen Charakter trägt.

V. Das Verbot der Wahrnehmung sozialpolitischer und arbeitsrechtlicher Interessen

Das in Abs. 5 enthaltene ausdrückliche Verbot der Wahrnehmung sozialpolitischer und arbeitsrechtlicher Interessen, das der Ausschuß für Wirtschaftspolitik des Bundestages in den Gesetzentwurf eingefügt hat, bringt nichts Neues. Nach dem Bericht des Ausschusses vom 19. Mai 1956 (Drucksachen S. 9253) soll durch die Einfügung klargestellt werden, daß die Wahrnehmung dieser Interessen, welche Sache der Arbeitgeber- und Arbeitnehmerorganisationen sei, den IHKn nicht zustehe. Hierdurch werde aber den IHKn nicht verwehrt, allgemeine sozialpolitische und arbeitsrechtliche Fragen zu behandeln, die die gewerbliche Wirtschaft berührten. Das Verbot ist deshalb keine den bisherigen Zustand einengende Maßnahme, sondern bestätigt nur etwas, was seit jeher selbstverständlich war, ohne daß es gesetzlich festgelegt wurde.

Im Ergebnis ist daher den IHKn lediglich verboten, Arbeitgeber-Funktionen zu übernehmen und z. B. als Tarifpartner aufzutreten; sie besitzen also nicht die Tariffähigkeit. Dagegen können sie sozialpolitische und arbeitsrechtliche Fragen erörtern, die gesamtwirtschaftlich von Interesse sind, und entsprechende Verhandlungen mit Behörden und Gewerkschaften führen, um die Wirkung arbeits- und sozialpolitischer Maßnahmen im Interesse der Wirtschaft des Bezirkes in diejenigen Bahnen zu lenken, die sie vom Standpunkt der Gesamtwirtschaft für richtig halten. Ebenso können sie die Folgen sozial- und arbeitsrechtlicher Urteile, insbesondere ihre Auswirkung auf die Wirtschaft untersuchen und diejenigen Maßnahmen vertreten, die nach ihrer Auffassung notwendig sind, um Schäden von der Wirtschaft abzuwenden (ebenso Frentzel-Jäkel, Bem. 12).

Das Verbot des Abs. 5 verhindert auch, daß die IHKn etwa Lehrlingsvergütungen (Erziehungsbeihilfen) verbindlich festsetzen. Für solche Regelungen, die für den Bereich des Handwerksrechts im Hinblick auf § 84 Abs. 1 Nr. 1 und 4 HwO zweifelhaft sein könnten, nach richtiger Ansicht aber auch dort nicht zulässig sind (vgl. Eyermann-Fröhler, Anm. I 1 c zu § 84), gibt das Bundeskammergesetz keine Handhabe. Lehrverhältnisse haben neben ihrem Berufserziehungscharakter auch arbeitsrechtlichen Charakter (vgl. z. B. § 5 Abs. 1 AGG, § 4 Abs. 1, § 20 Abs. 2 BetrVerfG, § 21 Abs. 1 KSchG). Die die Lehrlingsvergütung betreffenden arbeitsrechtlichen Beziehungen zwischen dem Lehrherrn und dem Lehrling können daher durch Tarifvertrag geregelt werden. Regelungen der Lehrverhältnisse, die über das Ausbildungs- und Prüfungswesen hinausgehen, sind deshalb nach Abs. 5 verboten. Werden Bestimmungen über die Höhe der Lehrlingsvergütungen trotzdem erlassen, so besitzen sie keine Rechtsverbindlichkeit, sondern sind lediglich als unverbindliche Richtlinien anzusehen.

VI. Übersicht über die IHKn

IHKn bestehen gegenwärtig innerhalb der Länder an folgenden Orten:

Baden-Württemberg: Baden-Baden, Eßlingen, Freiburg, Heidelberg, Heidenheim, Heilbronn, Karlsruhe, Konstanz, Lahr, Ludwigsburg, Mannheim, Nürtingen, Pforzheim, Ravensburg, Reutlingen, Rottweil, Schopfheim, Stuttgart, Ulm;

Bayern: Aschaffenburg, Augsburg, Bayreuth, Coburg, Lindau, München, Nürnberg, Passau, Regensburg, Würzburg;
Berlin: Berlin;
Bremen: Bremen, Bremerhaven;
Hamburg: Hamburg;
Hessen: Darmstadt, Dillenburg, Frankfurt a. M., Friedberg, Fulda, Gießen, Hanau, Kassel, Limburg, Offenbach, Wetzlar, Wiesbaden;
Niedersachsen: Braunschweig, Detmold, Emden, Hannover, Hildesheim, Lüneburg, Oldenburg, Osnabrück, Stade;
Nordrhein-Westfalen: Aachen, Arnsberg, Bielefeld, Bochum, Bonn, Dortmund, Düsseldorf, Duisburg, Essen, Hagen, Köln, Krefeld, Mönchen-Gladbach, Münster, Neuß, Remscheid, Siegen, Solingen, Wuppertal-Elberfeld;
Rheinland-Pfalz: Koblenz, Ludwigshafen, Mainz, Trier;
Saarland: Saarbrücken;
Schleswig-Holstein: Flensburg, Kiel, Lübeck.

2. Die Zugehörigkeit zu den Kammern (§ 2)

§ 2

(1) Zur Industrie- und Handelkammer gehören, sofern sie zur Gewerbesteuer veranlagt sind, natürliche Personen, Handelsgesellschaften, andere nicht rechtsfähige Personenmehrheiten und juristische Personen des privaten und des öffentlichen Rechts, welche im Bezirk der Industrie- und Handelskammer entweder eine gewerbliche Niederlassung oder eine Betriebsstätte oder eine Verkaufsstelle unterhalten (Kammerzugehörige).

(2) Absatz 1 gilt für natürliche Personen und Gesellschaften, welche ausschließlich einen freien Beruf ausüben oder welche Land- und Forstwirtschaft oder ein damit verbundenes Nebengewerbe betreiben, nur, soweit sie in das Handelsregister eingetragen sind.

(3) Für natürliche und juristische Personen, die mit einem Hauptbetrieb in der bei der Handwerkskammer geführten Handwerksrolle (§ 6 der Handwerksordnung vom 17. September 1953) eingetragen worden sind, gilt, soweit sie in das Handelsregister eingetragen sind, Absatz 1 mit der Maßgabe, daß sie berechtigt, aber nicht verpflichtet sind, der Industrie- und Handelskammer anzugehören.

(4) Absatz 1 gilt nicht für landwirtschaftliche Genossenschaften; als solche gelten im Sinne dieser Bestimmung

a) ländliche Kreditgenossenschaften, deren Mitglieder überwiegend aus Landwirten bestehen;

b) Genossenschaften, die ganz oder überwiegend der Nutzung landwirtschaftlicher Betriebseinrichtungen oder der Versorgung der Landwirtschaft mit Betriebsmitteln oder dem Absatz oder der Lagerung oder der Bearbeitung oder Verarbeitung landwirtschaftlicher Erzeugnisse dienen, sofern sich die Be- oder Verarbeitung nach der Verkehrsauffassung im Bereich der Landwirtschaft hält;

c) Zusammenschlüsse der unter Buchstabe b genannten Genossenschaften bis zu einer nach der Höhe des Eigenkapitals zu bestimmenden Grenze, die von dem Bundesminister für Wirtschaft im Einvernehmen mit dem Bundesminister für Ernährung, Landwirtschaft und Forsten durch Rechtsverordnung festgelegt wird.

(5) Absatz 1 gilt nicht für Gemeinden und Gemeindeverbände, die Eigenbetriebe unterhalten. Sie können aber insoweit der Industrie- und Handelskammer beitreten.

(6) Absatz 1 gilt nicht für natürliche Personen, welche nach ihrer Gewerbesteuerveranlagung zur Zahlung von Gewerbesteuer nicht verpflichtet sind oder welche gemäß § 17a des Gewerbesteuergesetzes in der Fassung vom 21. Dezember 1954 (Bundesgesetzbl. I S. 473) lediglich zu einer Mindeststeuer herangezogen werden.

Übersicht

I. Die Kammerzugehörigkeit im allgemeinen

II. Die Voraussetzungen der Kammerzugehörigkeit nach Abs. 1

III. Ausnahmen von der Kammerzugehörigkeit
1. Freiberuflich tätige natürliche Personen und Gesellschaften
2. Inhaber von land- und forstwirtschaftlichen Betrieben oder einem damit verbundenen Nebenbetrieb
3. Inhaber von Handwerksbetrieben
4. Landwirtschaftliche Genossenschaften
5. Gemeinden und Gemeindeverbände mit Eigenbetrieben
6. Natürliche Personen, die keine Gewerbesteuer bezahlen oder ledglich zu einer bestimmten Mindeststeuer herangezogen werden (Null-Zahler)

IV. Zur Verfassungsmäßigkeit des § 2

Literatur: Huber I S. 204ff.; Kraft, Die Grenzen zwischen Landwirtschaft und Gewerbe, VerwArch. Bd. 39 (1934), S. 393; König, Zum Begriff der Betriebsstätte, DtStZ 1950, S. 125ff.; Boyens, Zum Begriff der Betriebsstätte bei Gewerbebetrieben kraft Rechtsform, Finanz-Rundschau 1951, S. 283; Lessmann, Gesetz über die Kaufmannseigenschaft von Handwerkern, 1953; Fröhler, Pflichtzugehörigkeit von Handwerksbetrieben zu den Industrie- und Handelskammern, GewArch. 4. Jhg. (1958), S. 265ff.; Quidde, Grundrechtsschutz vor Zwangsmitgliedschaften, DÖV 1958, S. 521ff.; Callsen, Die Zugehörigkeit der Automatenaufsteller zu den Industrie- und Handelskammern, Münzautomat 10. Jhg. (1959), S. 262ff.; Bernhardt, Die Zugehörigkeit nichthandwerklicher Nebenbetriebe zur Industrie- und Handelskammer, GewArch., 5. Jhg. (1959), S. 97ff.; Kratzer, Die Zugehörigkeit nichthandwerklicher Nebenbetriebe zur Industrie- und Handwerkskammer, GewArch. 5. Jhg. (1959), S. 129ff.

I. Die Kammerzugehörigkeit im allgemeinen

§ 2 BKG trifft Bestimmungen darüber, wer kammerzugehörig ist oder kammerzugehörig sein kann. Hierbei ist zunächst darauf hinzuweisen, daß die Kammerzugehörigen nicht Mitglieder der IHKn sind. Diese sind Repräsentativkörperschaften, denen als Mitglieder in der Vollversammlung nur die berufenen Repräsentanten der verschiedenen Wirtschaftszweige angehören, deren Interessen die IHKn vertreten. Den Gegensatz hierzu bilden die Mitgliedskörperschaften, bei denen alle in einem Berufs- oder Wirtschaftszweig selbständig Tätigen unmittelbar die Kammer bilden (Huber I S. 204). Allerdings sind die Kammerzugehörigen bei den IHKn nicht nur eine breite Masse von Benutzern oder Betreuten. Sie sind vielmehr die genossenschaftliche Unterlage, auf der die IHKn beruhen, und stehen zu den Kammern in einem mitgliedschaftsähnlichen Verhältnis, das die verschiedensten Auswirkungen hat (Huber a. a. O.). Das Gesetz entspricht mit dieser Regelung der bisherigen Entwicklung und dem bis zum Jahre 1945 durchweg geltenden Prinzip, daß die IHKn „Pflichtkörperschaften" sind, denen die im Kammerbezirk in einem bestimmten Wirtschaftszweig tätigen selbständigen Gewerbetreibenden kraft Gesetzes angehören (Huber I S. 205). Grund für diese Pflichtmitgliedschaft ist in erster Linie, daß Pflichtkörperschaften besser in der Lage sind, die Angelegenheiten der Berufs- oder Wirtschaftszweige, die sie vertreten, gegenüber der Öffentlichkeit und den gesetzgebenden und vollziehenden Organen wie auch gegenüber den ihnen Zugehörigen wahrzunehmen. Erst unter solcher Voraussetzung können die Kammern volle Autorität beanspruchen. Auch sichert die Pflichtzugehörigkeit der Handel- und Gewerbetreibenden den Kammern die breite finanzielle Grundlage, welcher sie bedürfen, um in voller innerer und äußerer Freiheit bei der Gestaltung ihres Eigenlebens und ihres Wirkens als Vertretungsorgan tätig werden zu können (Huber a. a. O.). Insbesondere macht es ihnen erst die finanzielle Unabhängigkeit möglich, ihre Aufgaben neutral und objektiv wahrzunehmen, wie dies § 1 BKG fordert.

Auf der Kammerzugehörigkeit beruhen die Beitragspflicht (§ 3 Abs. 2) und das Wahlrecht (§ 5 Abs. 1). Alle Kammerzugehörigen sind beitragspflichtig zu den Kosten der Errichtung und der Tätigkeit der IHK ihres Bezirks, soweit diese Kosten nicht anderweitig gedeckt werden. Die näheren Einzelheiten über die Beitragspflicht und besonders über die Höhe der Beiträge enthalten die Beitragsordnungen der einzelnen Kammern. Auf der Kammerzugehörigkeit beruhen ferner das aktive und das passive Wahlrecht, die im Rahmen des § 5 Abs. 1—3 durch eine Wahlordnung näher geregelt werden.

Neben der Pflichtzugehörigkeit sieht § 2 BKG eine freiwillige Zugehörigkeit vor (vgl. § 2 Abs. 3 und 5). Treten Gewerbetreibende, die der IHK freiwillig angehören können, dieser bei, so haben sie die gleichen Rechte und Pflichten wie die Pflichtzugehörigen (Walter, Anm. 1).

II. Die Voraussetzungen der Kammerzugehörigkeit nach Abs. 1

Als kammerzugehörig bezeichnet das Gesetz in Abs. 1 alle natürlichen Personen und Handelsgesellschaften sowie andere nicht rechtsfähige Personenmehrheiten und alle juristischen Personen des privaten und öffentlichen Rechts, die im Bezirk der IHK eine gewerbliche Niederlassung oder Betriebsstätte oder Verkaufsstelle unterhalten und zur Gewerbesteuer veranlagt sind.

Bei den natürlichen Personen wird außer den unten bezeichneten Voraussetzungen keine weitere Voraussetzung verlangt. Es kommt lediglich auf die Rechtsfähigkeit des Betreffenden an, d. h. auf seine Fähigkeit, Träger von Rechten und Verbindlichkeiten zu sein (§ 1 BGB), und nicht auf die Geschäftsfähigkeit, d. h. auf die Fähigkeit, durch eine gültige Willenserklärung Rechte oder Verbindlichkeiten zu begründen. Daher können unter Umständen auch Geschäftsunfähige, z. B. Personen, die das 7. Lebensjahr noch nicht vollendet haben und Personen, die wegen Geisteskrankheit entmündigt sind (§§ 104ff. BGB), oder in der Geschäftsfähigkeit beschränkte Personen (§§ 106ff. BGB) kammerzugehörig sein. Ihre Vertretung richtet sich nach den einschlägigen gesetzlichen Vorschriften.

Handelsgesellschaften sind die im Zweiten Buch des Handelsgesetzbuchs erwähnte Offene Handelsgesellschaft (§§ 105—160) und die Kommanditgesellschaft (§§ 161 bis 177), die aber keine eigene Rechtspersönlichkeit besitzen, im weiteren aber auch die Aktiengesellschaft, die Kommanditgesellschaft auf Aktien und die Gesellschaft mit beschränkter Haftung, zu denen noch die eingetragene Genossenschaft mit unbeschränkter Haftpflicht, mit beschränkter Haftpflicht und mit unbeschränkter Nachschußpflicht treten. Letztere fallen aber gleichzeitig unter die „juristischen Personen des privaten Rechts", die in Abs. 1 besonders aufgeführt werden.

Zu den nicht rechtsfähigen Personenmehrheiten gehören die Gesellschaft des Bürgerlichen Gesetzbuchs (§§ 705—740), zu der auch die stille Gesellschaft zu rechnen ist (§§ 335—342 HGB), und sonstige handelswirtschaftliche Zusammenschlüsse wie Gründungskonsortien, Emissionskonsortien, Untergesellschaften, Interessengemeinschaften sowie die Reederei des Seerechts (§§ 489ff. HGB). Es können aber auch Erbengemeinschaften, Gesamtgutsverhältnisse unter Ehegatten und nicht rechtsfähige bergrechtliche Gewerkschaften (vgl. § 227 prABG: Gewerkschaften älteren Rechts) kammerzugehörig sein, wenn die sonstigen Voraussetzungen dazu gegeben sind (vgl. Walter, Anm. 2; Frentzel-Jäkel, Bem. 3).

Zu den juristischen Personen des privaten Rechts gehören teilweise die schon erwähnten Gesellschaften (Aktiengesellschaft, Kommanditgesellschaft auf Aktien, Gesellschaft mit beschränkter Haftung usw.), sodann aber auch die bergrechtlichen Gewerkschaften des neuen Rechts (§§ 94ff. prABG) und die Versicherungsvereine auf Gegenseitigkeit (§ 15 VAG).

Juristische Personen des öffentlichen Rechts, die ein Gewerbe betreiben, sind meist bestimmte Bankinstitute in der Rechtsform der Anstalt des öffentlichen Rechts, insbesondere Sparkassen, die allerdings auch die Rechtsform juristischer Personen des Privatrechts haben können (Frentzel-Jäkel, Bem. 3), ferner Wohnungsbaukreditanstalten, Feuersozietäten und ähnliche Rechtssubjekte.

Alle diese natürlichen und juristischen Personen und nicht rechtsfähigen Personenmehrheiten sind nur dann kammerzugehörig, wenn sie „im Bezirk der IHK eine gewerbliche Niederlassung oder eine Betriebsstätte oder Verkaufsstelle unterhalten".

Was als gewerbliche Niederlassung zu betrachten ist, folgt aus den §§ 42 und 55 RGO in Verbindung mit den zu diesen Bestimmungen entwickelten Rechtsgrundsätzen. Die Bestimmungen selbst geben keine Definition des Begriffs „gewerbliche Niederlassung"; jedoch ist allgemein anerkannt, daß das „Vorhandensein einer gewerblichen Niederlassung in der Regel dann anzunehmen ist, wenn ein Gewerbetreibender an dem betreffenden Ort ein zu dauerndem Gebrauch eingerichtetes, beständig oder in regelmäßiger Wiederkehr von ihm benütztes Lokal für den Betrieb seines Gewerbes besitzt" (Landmann-Rohmer-Eyermann-Fröhler, § 55 Anm. 5). Das Lokal braucht nicht ein besonderer Geschäftsraum zu sein; es genügt unter Umständen die eigene Wohnung. Vgl. aus der Rechtsprechung RGSt. Bd. 19 S. 281; BayObLG in GewArch. Bd. 3 S. 446, Bd. 6 S. 457.

Hinsichtlich der Kammerzugehörigkeit öffentlich-rechtlicher Versicherungsanstalten ist in diesem Zusammenhang folgendes zu bemerken:

Zu juristischen Personen nach § 2 Abs. 1 gehören grundsätzlich auch solche mit öffentlich-rechtlichem Status, insbesondere rechtsfähige Anstalten. Öffentlich-rechtliche Versicherungsanstalten sind entsprechend § 2 Abs. 1 GewStDV 1955 auch dann gewerbe-steuerpflichtig, „wenn sie mit Zwangs- oder Monopolrechten für ein Gebiet im Geltungsbereich des (Gewerbesteuer-)Gesetzes ausgestattet sind". Danach muß die Gewerbesteuerpflicht dieser Anstalten bejaht werden.

Ob die Anstalten jedoch eine „gewerbliche Niederlassung" unterhalten, ist unterschiedlich zu beantworten. Sofern sie mit Zwangs- oder Monopolrechten ausgestattet sind, können sie kaum als gewerbliche Unternehmen angesprochen werden, die eine gewerbliche Niederlassung haben (vgl. Huber I S. 125, 127). Ist dagegen ein freier Wettbewerb zwischen privaten Versicherungsunternehmen und öffentlich-rechtlichen Versicherungsanstalten möglich, werden auch letztere als kammerzugehörig zu betrachten sein.

Ein strenger Unterschied der gewerblichen Niederlassung zur Betriebsstätte oder Verkaufsstelle läßt sich nicht feststellen. Der Begriff der Betriebsstätte ergibt sich ebenfalls nicht eindeutig aus gesetzlichen Bestimmungen. Er wird in § 25 RGO und § 16 StAnpG verwandt. Maßgebend ist vor allem § 16 StAnpG:

§ 16

(1) Betriebsstätte im Sinn der Steuergesetze ist jede feste örtliche Anlage oder Einrichtung, die der Ausübung des Betriebs eines stehenden Gewerbes dient.

(2) Als Betriebsstätte gelten:

1. die Stätte, an der sich die Geschäftsleitung befindet;
2. Zweigniederlassungen, Fabrikationsstätten, Warenlager, Ein- und Verkaufsstellen, Landungsbrücken (Anlegestellen von Schiffahrtsgesellschaften), Kontore und sonstige Geschäftseinrichtungen, die dem Unternehmer (Mitunternehmer) oder seinem ständigen Vertreter (zum Beispiel einem Prokuristen) zur Ausübung des Gewerbes dienen;
3. Bauausführungen, wenn die Dauer der einzelnen Bauausführungen oder mehrerer ohne Unterbrechung aufeinander folgender Bauausführungen in einer Gemeinde sechs Monate überstiegen hat oder voraussichtlich übersteigen wird.

(3) Ein Eisenbahnunternehmen hat eine Betriebsstätte nur in den Gemeinden, in denen sich der Sitz der Verwaltung, eine Station oder eine für sich bestehende Betrieb- oder Werkstätte oder eine sonstige gewerbliche Anlage befindet, ein Bergbauunternehmen nur in den Gemeinden, in denen sich oberirdische Anlagen befinden, in welchen eine gewerbliche Tätigkeit entfaltet wird.

(4) Ein Unternehmen, das der Versorgung mit Gas, Wasser, Elektrizität oder Wärme dient, hat keine Betriebsstätte in den Gemeinden, durch die nur eine Zuleitung geführt wird, in denen aber Gas, Wasser, Elektrizität oder Wärme nicht abgegeben wird.

Verkaufsstellen endlich (vgl. § 15a Abs. 1, § 56c Abs. 2 RGO) sind begrifflich Verkaufslokale, Läden oder Magazine, in denen Waren feilgeboten oder versteigert werden. Einer weitergehenden Definition ist dieser Begriff nicht fähig.

Eine klare Abgrenzung zwischen der gewerblichen Niederlassung, der Betriebsstätte und der Verkaufsstelle dürfte im allgemeinen nicht notwendig sein, weil auch Betriebsstätten und Verkaufsstellen, wie § 2 Abs. 1 BKG ergibt, ebenso die Zugehörigkeit des Inhabers zur IHK begründen wie die gewerbliche Niederlassung (Frentzel-Jäkel, Bem. 2). Von Bedeutung kann jedoch die Frage, ob eine Betriebsstätte oder Verkaufsstelle vorliegt, dann werden, wenn ein Unternehmen außerhalb des Orts und Bezirks seiner gewerblichen Niederlassung eine Betriebsstätte oder Verkaufsstelle unterhält, die dann die Kammerzugehörigkeit bei der IHK begründet, in deren Bezirk sich diese Stätte oder Stelle befindet.

Inwieweit eine Betriebsstätte oder Verkaufsstelle selbständig kammerzugehörig ist, wird sich regelmäßig aus dem Zerlegungsverfahren der Finanzämter nach Maßgabe der §§ 28—35 GewStG 1957 ergeben. Die IHK wird sich in diesen Fällen an die Feststellungen des Finanzamtes halten müssen, so daß letzten Endes die steuerrechtlichen Begriffe für das Kammerrecht maßgebend sind (Frentzel-Jäkel, Bem. 2).

Betriebsstätte kann auch das Büro eines Lebensversicherungsvereins sein, der seinen Hauptsitz außerhalb des Kammerbezirks hat, jedoch mit einem Krankenversicherungsverein einen Arbeitsgemeinschaftsvertrag eingegangen ist, durch den die Verwaltungs- und Organisationsgeschäfte des Lebensversicherungsvereins auf den Krankenversicherungsverein übertragen worden sind und dieser Verein als ständiger Vertreter des ersten anzusehen ist. Eine solche Übertragung sämtlicher Angelegenheiten braucht nicht zu bedeuten, daß eine eigene Betriebsstätte im Bezirk der

Kammer, in welchem sich das Büro befindet, entfällt, insbesondere wenn alle Verwaltungsarbeiten, vor allem das Buchhaltungs- und Abrechnungswesen für jedes Unternehmen getrennt geführt und Geld und andere Vermögenswerte getrennt aufbewahrt werden (VG Berlin: Urteil vom 23. April 1959 in III A 13. 59).

Auch Organgesellschaften haben die Rechte von kammerzugehörigen Unternehmen. Orgengesellschaften sind regelmäßig Kapitalgesellschaften (Aktiengesellschaften, Kommanditgesellschaften auf Aktien, Gesellschaften mit beschränkter Haftung, Kolonialgesellschaften, bergrechtliche Gesellschaften), die einem anderen Unternehmen, das einen Gewerbebetrieb darstellt, finanziell, wirtschaftlich und organisatorisch so eingegliedert sind, daß das eingegliederte Unternehmen praktisch eine Art bloßer Geschäftsabteilung des beherrschenden Unternehmens bildet (RFH Bd. 26 S. 124). In diesem Fall gilt das eingegliederte Unternehmen als Betriebsstätte des beherrschenden Unternehmens (§ 2 Abs. 2 Ziff. 2 Satz 2 GewStG 1957: „Ist ein solches Unternehmen dem Willen eines anderen inländischen Unternehmens derart untergeordnet, daß es keinen eigenen Willen hat, so gilt es als Betriebsstätte dieses Unternehmens".).

Genossenschaften und Versicherungsvereine auf Gegenseitigkeit kommen trotz des insoweit mehrdeutigen Textes des Gesetzes als Organgesellschaften nicht in Betracht (Blümich-Boyens-Steinbring-Klein, § 2 Anm. 97).

Über die im einzelnen sehr schwierige Feststellung der Organschaft im Gewerbesteuerrecht vgl. Blümich-Boyens-Steinbring-Klein a. a. O. und § 7 Anm. 14ff.

Der Zugehörigkeit der Organgesellschaft widerspricht auch nicht die Tatsache, daß ein Kammerzugehöriger das aktive und passive Wahlrecht nur einmal ausüben kann. Die wirtschaftliche Abhängigkeit einer nach außen völlig selbständigen Organgesellschaft kann nicht mit der rechtlichen Einheit eines Betriebs und seiner unselbständigen Betriebsstätten gleichgestellt werden. Es besteht keine Möglichkeit, einer Organgesellschaft lediglich wegen ihrer internen Unterordnung unter das beherrschende Unternehmen oder wegen der gewerbesteuerrechtlichen Fiktion der Betriebsstätte die Kammerzugehörigkeit abzusprechen.

Hinsichtlich der Frage, ob bei Automaten eine „Betriebsstätte" oder „Verkaufsstelle" gegeben ist, dürfte zu unterscheiden sein, ob es sich um Warenautomaten oder um Spiel-, Musik- und Unterhaltungsautomaten handelt. Warenautomaten werden regelmäßig Verkaufsstellen sein, bei denen es keine Rolle spielt, ob sie persönlich oder automatisch betrieben werden (so Callsen a. a. O.). Dagegen können Spiel-, Musik- und Unterhaltungsautomaten kaum als Betriebsstätten im Sinne des § 16 StAnpG betrachtet werden. Die einzelnen aufgestellten Automaten sind in diesem Fall zwar Teile des Gewerbebetriebs des Aufstellers, jedoch keine selbständigen Betriebsstätten, die begrifflich ein aktives Handeln voraussetzen. Eine andere Auffassung würde den Begriff der Betriebsstätte in einer Weise ausweiten, die zu stärksten Bedenken Anlaß geben müßte. Anderer Meinung ist das Landesverwaltungsgericht Münster in einem Urteil vom 17. März 1959 (Münzautomat S. 291). In diesem Urteil stellt das Landesverwaltungsgericht fest, daß die Geräte als Teile des Unternehmens des Aufstellers unter die Begriffsbestimmung der Betriebsstätte im Sinne des § 16 Abs. 1 StAnpG fallen. Zwar habe der Gesetzgeber bei der Fassung des § 16 Abs. 1 StAnpG an größere örtliche Anlagen oder Einrichtungen gedacht, die vor allem Betriebsstätten seien, weil in ihnen die Herstellung oder Bearbeitung von Gütern stattfinde. Jedoch liege das Schwergewicht der Begriffsbestimmung, abgesehen von dem Merkmal der Ortsgebundenheit, auf demjenigen des stehenden Gewerbes, und zwar im Gegensatz zu dem

Gewerbe, das im Umherziehen betrieben werde. Die Spielapparate seien aber Teile derjenigen Einrichtung, die dem stehenden ortsgebundenen Gewerbe des Aufstellers dienten, und damit echte Betriebsstätten im Sinne des § 16 Abs. 1 StAnpG (vgl. hierzu die Kritik von Callsen a. a. O.).

Nicht zur IHK gehören diejenigen Gewerbetreibenden, die einen Gewerbebetrieb im Umherziehen ausüben. Für sie kann keine IHK zuständig sein, da die Begrenzung der Kammeraufgaben auf die gewerbliche Wirtschaft des Kammerbezirks (§ 1 Abs. 2 BKG) eine solche Zuständigkeit ausschließt. Wann ein Gewerbebetrieb im Umherziehen (Wandergewerbe) vorliegt, ergibt sich aus § 55 RGO:

„§ 55

(1) Wer außerhalb des Gemeindebezirks seines Wohnorts oder der durch besondere Anordnung der höheren Verwaltungsbehörde dem Gemeindebezirke des Wohnorts gleichgestellten nächsten Umgebung desselben ohne Begründung einer gewerblichen Niederlassung und ohne vorgängige Bestellung in eigener Person

1. Waren feilbieten,
2. Warenbestellungen aufsuchen oder Waren bei anderen Personen als bei Kaufleuten, oder an anderen Orten als in offenen Verkaufsstellen zum Wiederverkauf ankaufen,
3. gewerbliche Leistungen anbieten,
4. Musikaufführungen, Schaustellungen, theatralische Vorstellungen oder sonstige Lustbarkeiten, ohne daß ein höheres Interesse der Kunst oder der Wissenschaft dabei obwaltet, darbieten will,

bedarf eines Wandergewerbescheins, soweit nicht für die in Ziffer 1 und 2 bezeichneten Fälle in Gemäßheit des § 44 a eine Legitimationskarte genügt.

(2) In dem Falle der Ziffer 4 ist auch für den Marktverkehr (§ 64) ein Wandergewerbeschein erforderlich".

Fehlt eine dieser Voraussetzungen, so kann nicht von einem Wandergewerbe gesprochen werden; das betriebene Gewerbe ist alsdann als stehendes Gewerbe zu betrachten (vgl. im einzelnen Blümich-Boyens-Steinbring-Klein, S. 16ff.). Wird im Rahmen eines einheitlichen Gewerbebetriebes sowohl ein stehendes Gewerbe als auch ein Wandergewerbe betrieben, so ist der Betrieb im vollen Umfange als stehendes Gewerbe zu behandeln (§ 35a Abs. 2 Satz 2 GewStG 1957).

§ 55 RGO hat durch Art. I Nr. 25 des Vierten Bundesgesetzes zur Änderung der Gewerbeordnung vom 5. Februar 1960 (BGBl. I S. 61) eine Neufassung erhalten, die wie folgt lautet:

„§ 55

Reisegewerbekarte

(1) Wer in eigener Person außerhalb der Räume seiner gewerblichen Niederlassung oder ohne eine solche zu haben ohne vorhergehende Bestellung

1. Waren feilbieten, ankaufen oder Warenbestellungen aufsuchen,
2. gewerbliche Leistungen anbieten oder Bestellungen auf gewerbliche Leistungen aufsuchen,
3. Schaustellungen, Musikaufführungen, unterhaltende Vorstellungen oder sonstige Lustbarkeiten, ohne daß ein höheres Interesse der Kunst oder Wissenschaft dabei erkennbar ist, darbieten

will (Reisegewerbe), bedarf einer Reisegewerbekarte.

(2) In den Fällen des Absatzes 1 Nr. 2 und 3 ist auch für den Marktverkehr (§ 64) eine Reisegewerbekarte erforderlich."

Die neue Fassung gilt ab 1. Oktober 1960 (Art. XV Abs. 1 des Gesetzes).

Endlich bestimmt § 2 Abs. 1 BKG, daß Voraussetzung für die Pflichtzugehörigkeit die Veranlagung zur Gewerbesteuer ist. Maßgebend für die Veranlagung zur Gewerbesteuer sind die Bestimmungen des Gewerbesteuergesetzes in der Fassung vom 18. November 1958 (GewStG 1957) — BGBl. I S. 755 — in Verbindung mit den Bestimmungen des Einkommensteuergesetzes in der Fassung vom 23. September 1958 (EStG 1958) — BGBl. I S. 673 —, gegebenenfalls unter Berücksichtigung der Gewerbesteuer-Durchführungsverordnung (GewStDV 1955) vom 24. März 1956 (BGBl. I S. 152) und der Gewerbesteuer-Richtlinien 1958 (GewStR 1958) vom 22. September 1959 (Beilage zum Bundesanzeiger Nr. 187 vom 30. September 1959). Danach ist jeder stehende Gewerbebetrieb der Gewerbesteuer unterworfen, soweit er im Inland betrieben wird (§ 2 Abs. 1 Satz 1 GewStG 1957). Als Gewerbebetrieb ist dabei jedes gewerbliche Unternehmen im Sinne des Einkommensteuergesetzes zu verstehen (§ 2 Abs. 1 Satz 2 GewStG; vgl. dazu auch § 2 Abs. 2—5 GewStG), wobei der Begriff „gewerbliches Unternehmen", der das gleiche wie Gewerbebetrieb bedeutet, im Einkommensteuergesetz nicht positiv bestimmt wird. Nach der Rechtsprechung des Reichsfinanzhofes ist Gewerbe eine mit der Absicht auf Gewinnerzielung unternommene selbständige, berufsmäßige Arbeitstätigkeit, die sich als Beteiligung am allgemeinen wirtschaftlichen Verkehr darstellt, jedoch mit Ausnahme der Land- und Forstwirtschaft sowie der freien Berufe (RFHE Bd. 28 S. 26).

Die Veranlagung zur Gewerbesteuer durch die Finanzämter geschieht auf der Grundlage der Festsetzung eines einheitlichen Steuermeßbetrages, der durch die Zusammenrechnung der Steuermeßbeträge gebildet wird, die sich nach dem Gewerbeertrag und dem Gewerbekapitel ergeben (§ 14 Abs. 1 GewStG). Über die Lohnsumme als Besteuerungsgrundlage vgl. die §§ 23ff. GewStG. Festgesetzt und erhoben wird die Steuer auf Grund des einheitlichen Steuermeßbetrages nach dem Hebesatz, der von der hebeberechtigten Gemeinde (§§ 4, 35a GewStG) für das Rechnungsjahr festgesetzt ist, das in dem Erhebungszeitraum beginnt (§ 16 Satz 1 GewStG).

Soweit für gewerbliche Betriebe mangels eines Gewerbeertrages und Gewerbekapitals oder wegen des Freibetrages für das Gewerbekapital keine Gewerbesteuer festgesetzt ist, erhalten sie einen Veranlagungsbescheid, der die Gewerbesteuer auf „Null" festgesetzt. Auch solche mit „Null" veranlagten Gewerbebetriebe sind kammerzugehörig (vgl. § 2 Abs. 1 — „sofern sie zur Gewerbesteuer veranlagt sind"), es sei denn, daß die Voraussetzungen des Abs. 6 vorliegen („Kleingewerbetreibende").

Ob die in Abs. 1 bezeichneten natürlichen Personen, Handelsgesellschaften usw. der IHK im laufenden Haushaltsjahr zugehören, richtet sich nach der Veranlagung zur Gewerbesteuer für das betreffende Jahr (Frentzel-Jäkel, Bem. 4). Die Frage, ob ein Betrieb verpflichtet ist, der IHK anzugehören, wird sich also im Grunde genommen erst nachträglich beantworten lassen, da der Veranlagungsbescheid dem Steuerpflichtigen und der IHK regelmäßig erst im Frühjahr des dem laufenden Jahr folgenden Jahres zugeht (Frentzel-Jäkel, a. a. O.).

Inwieweit es für die Kammerzugehörigkeit und die Beitragspflicht darauf ankommt, daß die Veranlagung zur Gewerbesteuer im Bereich der den Beitrag erhebenden Kammer stattfindet, oder darauf, daß eine Veranlagung zur Gewerbesteuer überhaupt stattfindet, ist durch das oben erwähnte Urteil des Landesverwaltungsgerichts Münster vom 17. März 1959 zweifelhaft geworden. Nach dem Wortlaut des § 2 Abs. 1 BKG ist es offen, ob die Kammerzugehörigkeit unter den dort genannten Voraussetzungen ganz allgemein gegeben ist oder ob sie erst dann besteht, wenn die Veranlagung im Gebiet der den Beitrag verlangenden Kammer erfolgt. Die Praxis dürfte davon ausgegangen sein, die Kammerzugehörigkeit nur dann anzunehmen, wenn in dem Bezirk der den Beitrag verlangenden Kammer eine Veranlagung zur Gewerbesteuer erfolgt ist, wobei auch die Festsetzung eines Zerlegungsanteils am Gewerbesteuermeßbetrag genügt. Nach Sinn und Zweck des Bundeskammergesetzes kann eine andere Auslegung kaum angenommen werden.

Hinsichtlich der Spiel-, Musik- und Unterhaltungsautomaten (s. oben) dürfte im übrigen eine Zerlegung des Gewerbesteuermeßbetrages nicht in Frage kommen, selbst dann nicht, wenn man den einzelnen Automaten als Betriebsstätte ansehen wollte, da es an einem Zerlegungsmaßstab fehlt (vgl. § 29 GewStG). Für Warenautomaten käme theoretisch sowohl die Erhebung einer Zweigstellensteuer nach § 17 GewStG als auch das Zerlegungsverfahren mit den Betriebseinnahmen und Arbeitslöhnen als Zerlegungsmaßstab in Betracht (Callsen a. a. O.). Warenautomaten werden jedoch gemäß einem Schreiben des Bundesministers für Finanzen vom 27. September 1955 (Münzautomat 1957 S. 71) aus Gründen der Vereinfachung von den Vorschriften über die Zweigstellensteuer und das Zerlegungsverfahren ausgenommen. Eine Kammerzugehörigkeit der Aufsteller von Automaten außerhalb des Sitzes ihrer gewerblichen Niederlassung wird daher allgemein nicht in Frage kommen.

III. Ausnahmen von der Kammerzugehörigkeit

Von der Pflichtzugehörigkeit zur IHK trifft § 2 Abs. 2—6 gewisse Ausnahmen, die unterschiedlicher Natur sind. Während bei einigen Ausnahmen der Grund darin liegt, daß die IHK der Sache nach nicht dazu legitimiert sein kann, die Interessen der betreffenden Kreise wahrzunehmen, liegt bei anderen Ausnahmen der Grund in der Tatsache, daß eine Interessenwahrnehmung nicht notwendig ist oder daß die wirtschaftliche Bedeutung der Gewerbebetriebe zu gering ist, um die Pflichtzugehörigkeit zu verlangen. In bestimmten Fällen ist dabei aber ausdrücklich die Berechtigung festgelegt, daß sich die an sich nicht kammerzugehörigen natürlichen und juristischen Personen freiwillig der IHK anschließen.

1. Freiberuflich tätige natürliche Personen und Gesellschaften

Die Pflichtzugehörigkeit nach Abs. 1 gilt nicht für natürliche Personen und Gesellschaften, die ausschließlich einen freien Beruf ausüben (§ 2 Abs. 2). Welche Berufe als freie Berufe zu betrachten sind, veranschaulicht § 18 Abs. 1 Ziff. 1 EStG 1958. Danach gehört zu den freien Berufen insbesondere „die wissenschaftliche, künstlerische, schriftstellerische, unterrichtende oder erzieherische Tätigkeit, die Berufstätigkeit der Ärzte, Rechtsanwälte und Notare, der Ingenieure, der Architekten, der Handelschemiker, der Heilpraktiker, der Dentisten, der Landmesser, der Wirtschaftsprüfer, der Steuerberater, der Buchsachverständigen und ähnlicher Berufe". Diese freien Berufe sind zwar einkommensteuerpflichtig (§ 2 Abs. 3 Ziff. 5 in Verbindung mit § 18 Abs. 1 Ziff. 1 EStG), jedoch grundsätzlich nicht gewerbesteuerpflichtig; § 2 Abs. 1 BKG fände schon aus diesem Grunde keine Anwendung (Frentzel-Jäkel, Bem. 5).

Ein freier Beruf kann jedoch als solcher nur insoweit anerkannt werden, als ihn der Träger des Berufs persönlich ausübt. Das persönliche Ausüben wird noch nicht dadurch beeinträchtigt, daß der Berufsträger die Hilfe fremder Arbeitskräfte für untergeordnete Hilfstätigkeit in Anspruch nimmt. Die Angehörigen der freien Berufe werden aber dann zu Gewerbetreibenden, wenn sie die Hilfe anderer Arbeitskräfte zu Arbeiten in Anspruch nehmen, deren Vornahme sonst regelmäßig die Ausübung eines freien Berufs darstellt, und diese Hilfe die Tätigkeit des Berufsträgers ersetzen soll oder eine Vervielfältigung seiner Arbeitskraft bedeutet (GewStR 1958 Abschn. 14 Abs. 2; Blümich-Boyens-Steinbring-Klein, S. 56). Dabei kommt es nicht darauf an, ob die Tätigkeit der Hilfskräfte der Arbeit des Berufsträgers gleichwertig ist; entscheidend ist vielmehr, daß sie gleichartig ist (vgl. BFH in BStBl. 1958 III S. 34 und in DB 1959 S. 753 und 905).

Auf diesen Fall bezieht sich § 2 Abs. 2 BKG und bestimmt, daß derartige freie Berufe, auch wenn sie unter die Gewerbesteuerpflicht fallen, nur dann kammerzugehörig sind, wenn die betreffenden Unternehmen in das Handelsregister eingetragen sind. Die Regelung wird im allgemeinen wenig praktisch werden. Der hauptsächlichste Anwendungsfall dürften die Revisions- und Treuhandgesellschaften bilden (Frentzel-Jäkel, Bem. 5). Die Vorschrift gilt aber auch für mehrere Wirtschaftsprüfer, die sich in der Form einer Kommanditgesellschaft zusammengeschlossen haben und mit dieser ins Handelsregister eingetragen sind.

Besitzt eine freiberuflich tätige natürliche Person oder Gesellschaft unabhängig von ihrer freiberuflichen Tätigkeit ein gewerbliches Unternehmen, so ist sie insoweit ohne Berücksichtigung der Besonderheiten des Abs. 2 kammerzugehörig (Frentzel-Jäckel, Bem. 5).

2. Inhaber von land- und forstwirtschaftlichen Betrieben oder einem damit verbundenen Nebenbetrieb

Ebenso wie für die Angehörigen freier Berufe macht Abs. 2 für natürliche Personen und Gesellschaften eine Ausnahme, die Land- oder Forstwirtschaft oder ein damit verbundenes Nebengewerbe betreiben. An sich sind Land- und Forstwirtschaftsbetriebe keine Gewerbebetriebe; den Einkünften aus Land- und Forstwirtschaft (§ 2 Abs. 3 Ziff. 1, § 13 EStG 1958) sind im Steuerrecht die Einkünfte aus Gewerbebetrieb (§ 2 Abs. 3 Ziff. 2, § 15 EStG) gegenübergestellt. Das gilt auch für Land- und Forstwirtschaften mit einem Nebenbetrieb, der dem land- und forstwirtschaftlichen Hauptbetrieb zu dienen bestimmt ist (§ 13 Abs. 2 Ziff. 1 EStG). Da derartige Betriebe keine Gewerbebetriebe und von der Zahlung von Gewerbesteuer frei sind, fallen sie eo ipso nicht unter § 2 Abs. 1 BKG.

Die Vorschrift des § 2 Abs. 2 BKG kann daher mit dem Hinweis auf die Eintragung in das Handelsregister nur insoweit Bedeutung haben, als land- und fortswirtschaftliche Betriebe in Rede stehen, die gewerbesteuerrechtlich relevant sind. Das kann z. B. dann der Fall sein, wenn nicht nur selbstgewonnene Erzeugnisse verwertet, sondern dauernd und nachhaltig fremde Erzeugnisse über den betriebsnotwendigen Umfang hinaus hinzugekauft werden (GewStR 1955 Abschn. 13 Abs. 1; vgl. BFH in BStBl. 1951 III S. 65). Insbesondere aber ist Abs. 2 für gewerbesteuerpflichtige Nebenbetriebe von land- und forstwirtschaftlichen Betrieben zu beachten (Frentzel-Jäkel, Bem. 5). Wann in diesen Fällen die Gewerbesteuerpflicht gegeben ist, folgt aus dem Gewerbesteuergesetz und den dazu erlassenen Durchführungsvorschriften und Richtlinien.

Trotz der Gewerbesteuerpflicht sind derartige Betriebe nur dann kammerzugehörig, wenn sie in das Handelsregister eingetragen sind. Das können sie sowohl als Einzelfirma als auch als offene Handelsgesellschaft sein. Handelt es sich dagegen bei diesen Betrieben um Kapitalgesellschaften, Erwerbs- und Wirtschaftsgenossenschaften usw. (vgl. § 2 Abs. 2 Ziff. 2 GewStG 1957), so besteht in jedem Fall Kammerzugehörigkeit, weil bei diesen Gesellschaften jedwede Tätigkeit einschließlich der landwirtschaftlichen Tätigkeit als Gewerbebetrieb gilt.

3. Handwerksunternehmen

Für natürliche und juristische Personen, die mit einem Hauptbetrieb in der bei der Handwerkskammer geführten Handwerksrolle eingetragen worden sind, entfällt die Pflichtzugehörigkeit zur IHK, auch wenn sie in das Handelsregister eingetragen sind. Sie sind aber in diesem Fall berechtigt, der IHK anzugehören (§ 2 Abs. 3). Damit wird ein Sonderfall geregelt, dem der Normalfall, die Behandlung des Handwerksbetriebes ohne Eintragung in das Handelsregister, nicht vorangestellt ist, wie eigentlich zu vermuten wäre. Es ist jedoch selbstverständlich, daß Handwerksbetriebe als solche (vgl. § 1 HwO) nicht zur IHK gehören; diese ist nicht befugt, ihre Interessen zu vertreten (§ 1 Abs. 1 BKG), weil insoweit die Regelung nach der Handwerksordnung Platz greift (§§ 83ff. HwO) und sich die Zuständigkeiten der IHKn und der Handwerkskammern grundsätzlich nicht überschneiden sollen.

Soweit Handwerker in das Handelsregister eingetragen sind, beruht diese Eintragung auf den Möglichkeiten, die das Gesetz über die Kaufmannseigenschaft von Handwerkern vom 31. März 1953 (BGBl. I S. 106) eröffnet hat. Durch dieses Gesetz sind verschiedene Vorschriften des Handelsgesetzbuchs und des Reichsgesetzes über die Angelegenheiten der freiwilligen Gerichtsbarkeit geändert worden. Erfordert jetzt ein Handwerksbetrieb nach Art und Umfang einen in kaufmännischer Weise eingerichteten Geschäftsbetrieb, so begründet dies beim Waren-Handwerker die Eigenschaft als Vollkaufmann, beim Lohn- oder Druckerei-Handwerker die Pflicht, sich in das Handelsregister eintragen zu lassen und damit Vollkaufmann zu werden (Gessler in: Das Deutsche Bundesrecht, III B 63 S. 1—2).

Gehören solche in das Handelsregister eingetragenen Handwerker (Handwerkerkaufleute) auf entsprechenden Antrag der IHK an, so gilt hinsichtlich ihrer Beitragsverhältnisse Art. 3 des Gesetzes vom 31. März 1953. Danach muß ein Teil des Beitrags, den der Handwerkerkaufmann an die Handwerkskammer zahlt, an die IHK abgeführt werden. Damit ist seine Beitragspflicht zur IHK abgegolten. Die IHK kann von ihm keine Zahlung verlangen, sondern sich höchstens an die Handwerkskammer wenden (Gessler a. a. O.).

Besitzt ein Handwerker neben seinem Handwerksbetrieb noch einen zweiten Hauptbetrieb, der nicht handwerklich betrieben wird, so gehört er mit diesem zweiten Hauptbetrieb zur IHK. Ein solcher zweiter Hauptbetrieb liegt in der Regel dann nicht vor, wenn der Handwerker im Rahmen seines Handwerksbetriebes den in diesem Handwerk üblichen oder notwendigen Zubehör- oder Ergänzungshandel betreibt (gemischter Betrieb). Hinsichtlich solcher gemischten Betriebe bestehen in bezug auf die Zugehörigkeit zu den IHKn und den Handwerkskammern und auf die Beitragsveranlagung erhebliche Schwierigkeiten. Da das Gesetz eine klare Unterscheidung dieser Fälle nicht gestattet, haben der Deutsche Industrie- und Handelstag (DIHT) und der Deutsche Handwerkskammertag in Verhandlungen versucht, eine Vereinbarung über Abgrenzungsrichtlinien zu erzielen. Die Auffassung des Deutschen Handwerkskammertages ging dahin, daß Handwerksbetriebe, die einen Ergänzungshandel betreiben, zu Beiträgen der IHKn nicht herangezogen werden könnten, weil der Ergänzungshandel einen integrierenden Bestandteil der handwerklichen Tätigkeit bilde (Dt. Handwerkskammertag, Jahresbericht vom 1. April 1958 bis 31. März 1959 S. 74). Fröhler (a. a. O. S. 265ff.) hat in diesem Zusammenhang die Auffassung vertreten, daß die Zugehörigkeit eines Handwerksbetriebes, der einen Ergänzungshandel betreibt, nur dann bestehe, wenn der Handelsteil des Betriebes als selbständiger Hauptbetrieb angesehen werden müsse. Liege der Fall anders, so bestehe lediglich ein Nebenbetrieb des Handwerksbetriebes, der im Hinblick auf die Aufteilung der Organisation gemäß der Handwerksordnung und des Bundeskammergesetzes das Schicksal des Hauptbetriebes teile und dementsprechend im ganzen zur Handwerkskammer gehöre. Daran anschließend hat der Deutsche Handwerkskammertag dem DIHT vorgeschlagen, dieses Abgrenzungsmerkmal als praktische Grundlage anzuerkennen, wobei bei einem Handelshauptbetrieb eines Handwerkers die Mitgliedschaft zur IHK nur gegeben sein sollte, wenn wegen dieses Betriebes die Eintragung in das Handelsregister erfolgt ist.

In diesem Zusammenhang hat das Bayerische Staatsministerium für Wirtschaft und Verkehr am 13. März 1959 eine Entschließung betr. Grundsätze zur Abgrenzung der Pflichtzugehörigkeit von Handel treibenden Handwerkern zu den IHKn gefaßt, die folgenden Wortlaut hat:

„Bei der Entscheidung der Frage über die Pflichtzugehörigkeit der sog. gemischten Betriebe zu den Industrie- und Handelskammern wird empfohlen, von folgenden Grundsätzen auszugehen:

Nach § 1 Abs. 1 des Gesetzes zur vorläufigen Regelung des Rechts der Industrie- und Handelskammern vom 18. 12. 1956 (BGBl. I S. 920) (IHKG) obliegt den Industrie- und Handelskammern die Betreuung der ihnen zugehörigen Gewerbetreibenden ihres Bezirks, soweit nicht die Organisation des Handwerks zuständig sind. Ein in die Handwerksrolle eingetragener Handwerker, der einen für seinen Handwerksbetrieb üblichen Zubehör- oder Ergänzungshandel ausübt, dürfte daher in der Regel nicht kraft Gesetzes der Industrie- und Handelskammer angehören, da er keinen zweiten gewerblichen Hauptbetrieb führt. Für die Entscheidung der Frage, wann ein Zubehör- oder Ergänzungshandel vorliegt, können die Begriffsbestimmungen in § 7 des Gesetzes über die Berufsausübung im Einzelhandel vom 5. 8. 1957 (BGBl. I S. 1121) herangezogen werden.

Vorbehaltlich einer abweichenden gerichtlichen Entscheidung wird die Pflichtzugehörigkeit des Inhabers eines sog. gemischten Betriebes zur Industrie- und Handelskammer nur in folgenden Fällen angenommen werden können:

a) wenn sich der gewerbliche Betrieb von dem handwerklichen Betrieb eindeutig unterscheiden läßt,

b) wenn ein Handwerker zwar einen Zubehör- oder Ergänzungshandel treibt, das wirtschaftliche Schwergewicht des Betriebes jedoch eindeutig auf dem Handel liegt. Dies dürfte dann der Fall sein, wenn der Gewerbeertrag aus dem Handel 50% oder mehr des gesamten Gewerbeertrages ausmacht. Wann diese Voraussetzungen vorliegen, läßt sich nur nach den jeweiligen Umständen des Einzelfalls entscheiden.

   Da bei den nicht im Handelsregister eingetragenen Unternehmen der Schwerpunkt auf dem handwerklichen Betrieb liegen wird, bestehen im Interesse des praktischen Vollzugs bis auf weiteres vorbehaltlich anderer Vereinbarungen zwischen den Industrie- und Handelskammern und Handwerkskammern über die Abgrenzung keine Bedenken dagegen, daß sich die Überprüfung des Gewerbeertrages auf die im Handelsregister eingetragenen Unternehmen beschränkt,

c) wenn der Inhaber eines Handwerksbetriebes neben seiner handwerklichen Tätigkeit einen Handel ausübt, der nicht die Voraussetzungen des Zubehör- oder Ergänzungshandels erfüllt."

Die IHKn gehen demgegenüber davon aus, daß der Zubehör- und Ergänzungshandel, den die Handwerker in zunehmendem Maße betreiben, eine Tätigkeit ist, die selbständig neben die handwerkliche Tätigkeit tritt. Die Ganzheitstheorie von Fröhler finde im geltenden Recht keine Stütze. Vielmehr sprächen die einschlägigen Vorschriften dagegen. Insbesondere stelle es das Bundeskammergesetz auf die betrieblichen Tätigkeiten im einzelnen ab und gehe davon aus, daß der Handel zu den IHKn gehöre.

Die Handwerksordnung sei in erster Linie ein Gesetz, das die Berufszulassung für handwerkliche Tätigkeiten regele. Sie lasse Neben- und Hilfsbetriebe (vgl. §§ 2, 3 HwO) in gewissem Umfang außerhalb der Organisation des Handwerks. Vorschriften über die Betätigung eines Handwerkers außerhalb seiner handwerklichen Betätigung fehlten. Daraus ergebe sich, daß der Handwerksordnung die Einbeziehung von Tätigkeiten in das Handwerk, die nicht handwerklich seien, fremd bleibe. Im übrigen könne auch nicht auf § 2 Abs. 3 BKG zurückgegriffen werden, weil sich diese Vorschrift auf die Regelung der Kammerzugehörigkeit von Handwerkerkaufleuten beschränke. Sie sei eine Ausnahmeregelung, die keine weitergehenden Schlüsse zulasse. Endlich belege auch das Gesetz zur Berufsausübung im Einzelhandel vom 5. August 1957, insbesondere sein § 7, daß der Gesetzgeber zwischen handwerklicher und handelsmäßiger Tätigkeit einen Unterschied mache, der grundsätzliche Natur habe.

Trotz der einander widersprechenden Auffassungen haben sich der Deutsche Handwerkskammertag und der DIHT unter Mitwirkung des Bundesministers für Wirtschaft am 21. Juli 1959 auf folgende Richtlinien geeinigt:

„Der Deutsche Handwerkskammertag und der Deutsche Industrie- und Handelstag geben unter Aufrechterhaltung ihrer Rechtsstandpunkte folgende Empfehlung:

1. Nach übereinstimmender Auffassung beider Spitzenverbände sollen Vereinbarungen über die Abgrenzung der Kammerzugehörigkeit von Handwerksbetrieben mit Ergänzungshandel oder anderer gewerblicher Tätigkeit von den Handwerkskammern einerseits und den Industrie- und Handelskammern andererseits auf Landesebene getroffen werden.
2. Bei Vereinbarungen dieser Art ist von folgender Grundlage auszugehen:
   a) Handwerksbetriebe, deren Handelsumsatz 25000,— DM nicht überschreitet, gehören ausschließlich zur Handwerkskammer.
   b) Handwerksbetriebe mit einem Ergänzungshandel, die wegen ihres Handelsteiles in das Handelsregister einzutragen sind, gehören sowohl der Industrie- und Handelskammer als auch der Handwerkskammer an. Ihr Gewerbesteuermeßbetrag wird zur Errechnung der Umlagen aufgeteilt. Die Eintragungspflicht wird in der Regel bei einem Handelsumsatz von etwa 150000,— DM aufwärts angenommen werden können; bei einzelnen Branchen können sich erhebliche Abweichungen von diesem Betrage ergeben.
   c) Handwerksbetriebe mit einem Ergänzungshandel zwischen 25000,— DM und der unter b) aufgezeigten Grenze werden wie folgt behandelt:
      aa) Überwiegt der Handelsteil, so gehört der Betrieb beiden Kammern an,
      bb) überwiegt der Handwerksteil, so gehört der Betrieb ausschließlich zur Handwerkskammer.
   d) Die Feststellung des Schwergewichtes des Betriebes wird zweckmäßig anhand des Gewerbeertrages, der Zahl der Beschäftigten und des Umsatzes erfolgen.
3. Diese Empfehlung dient der Verwaltungsvereinfachung und der Abwendung von Streitigkeiten. Es wird daher erwartet, daß alle an ihrer Durchführung Beteiligten großzügig verfahren."

Daß damit eine rechtssystematisch klare Grundlage gefunden sei, muß bezweifelt werden. Sie wird letzten Endes nur dadurch zu erreichen sein, daß der Gesetzgeber eine entsprechende Entscheidung trifft.

In der Praxis hat die Empfehlung dazu geführt, daß sich die in den Ländern bestehenden Organisationen der IHKn und der Handwerkskammern weitgehend auf der Grundlage der Empfehlung geeinigt haben, soweit ein Bedürfnis für eine solche Einigung überhaupt bestand. Dabei haben die Regierungen der Länder mit eigenen Verlautbarungen zurückgehalten. Teils wird die Empfehlung so gehandhabt, daß die Abgrenzungsfälle durch Selbsteinschätzung der gemischten Betriebe ermittelt werden;

teils sind auch Abgrenzungsausschüsse gebildet worden, in denen die Abgrenzungsfälle geregelt werden.

Neben den Handwerksbetrieben gibt es eine Anzahl handwerksähnlicher Betriebe wie z. B. Bestatter, Fußbodenreiniger, Fußpfleger, Gerüste- und Leiterbauer, Klavierstimmer, Kosmetiker, Landschafts- und Friedhofsgärtner, Fotokopieranstalten, Stoffmaler, Wagenpfleger usw., die bei manchen Handwerkskammern in einer Liste der handwerksähnlich geführten Betriebe geführt und von der Organisation des Handwerks betreut werden. Eine solche Betreuung handwerksähnlicher Betriebe durch die Handwerksorganisation verstößt sowohl gegen die Vorschriften der Handwerksordnung als auch gegen diejenigen des Bundeskammergesetzes. Nach § 1 BKG haben die IHKn, soweit nicht die Zuständigkeit der Organisationen des Handwerks nach Maßgabe der Handwerksordnung gegeben ist, die Aufgabe, das Gesamtinteresse der ihnen zugehörenden Gewerbetreibenden ihres Bezirks wahrzunehmen. Die Gewerbetreibenden, die den IHKn zugehören, sind die in § 2 aufgeführten und zur Gewerbesteuer veranlagten natürlichen und juristischen Personen usw. Für die Betreuung der Gewerbetreibenden, die nicht handwerklich tätig sind, durch die Handwerkskammern ist demnach kein Raum. Eine andere Lösung läßt sich mit den Organisationsgesetzen nicht vereinbaren. Die Anlegung von Nebenrollen der Handwerksrolle und die Heranziehung der in die Nebenrollen eingetragenen Gewerbetreibenden zu Beiträgen der Handwerkskammern ist daher gesetzwidrig, auch wenn die Betroffenen damit einverstanden sein sollten. Andererseits wird ihre Zugehörigkeit zur IKH regelmäßig nicht gegeben sein, da die Voraussetzungen des § 2 Abs. 6 BKG vorliegen dürften.

4. Landwirtschaftliche Genossenschaften

Nach § 2 Abs. 4 BKG gehören auch die landwirtschaftlichen Genossenschaften nicht zur IHK; sie sind außerdem nicht einmal berechtigt, ihr auf eigenen Wunsch beizutreten. Das preußische Recht (§ 3 Abs. 3 Buchst. c) hatte die gewerbesteuerpflichtigen, ein Handelsgewerbe betreibenden landwirtschaftlichen Genossenschaften zwar ebenfalls von der Organisation der Handelskammern ausgeschlossen, ihnen aber die Befugnis zugesprochen, ihre Einbeziehung zu fordern. Eine Abgrenzung der landwirtschaftlichen Genossenschaften war im Gesetz nicht erfolgt, es war daher zweifelhaft, ob für die Eigenschaft einer Genossenschaft als landwirtschaftliche der Gegenstand ihres Unternehmens oder die Berufsstellung ihrer Mitglieder maßgebend sein sollte (Lusensky, § 3 Anm. 14). Die Rechtsprechung hatte hier klargestellt, daß eine Genossenschaft die Eigenschaft als landwirtschaftliche trotz ganz wesentlichen Überwiegens der landwirtschaftlichen Mitglieder nicht besitzt, wenn der Beitritt nach dem Statut der Genossenschaft auch Nichtlandwirten offensteht (PrOVG Bd. 43 S. 316). Bei Genossenschaften, die landwirtschaftliche Erzeugnisse verarbeiteten, sah die Rechtsprechung die Eigenschaft nicht als vorhanden an, wenn satzungsgemäß der regelmäßige Ankauf der Roherzeugnisse auch von Nichtgenossen zugelassen war (PrOVG in HGMBl. 1904 S. 485).

Die jetzige Fassung des Gesetzes ist genauer. Sie erklärt im einzelnen, welche Genossenschaften als landwirtschaftliche zu gelten haben, und räumt mit dieser Legaldefinition von vornherein gewisse Schwierigkeiten aus dem Wege, die sich ohne sie ergeben hätten.

Die Bestimmungen über die landwirtschaftlichen Genossenschaften hat der Bundestag in der 2. Lesung des Gesetzes eingefügt. Ursprünglich sollten die Genossenschaften in demselben Umfange, in dem sie gewerbesteuerpflichtig sind, kammerzugehörig sein (Frentzel-Jäkel, Bem. 5). Dem entspricht die jetzige Fassung nicht, da nunmehr, unabhängig von der Gewerbesteuerpflicht, alle landwirtschaftlichen Genossenschaften in dem Umfange, den die Legaldefinition bestimmt, von der Zugehörigkeit befreit sind.

Hinsichtlich Buchst. a („ländliche Kreditgenossenschaften, deren Mitglieder überwiegend aus Landwirten bestehen“) ist § 1 Abs. 1 Ziff. 1 des Gesetzes betreffend die Erwerbs- und Wirtschaftsgenossenschaften vom 20. Mai 1898 (RGBl. S. 810) maßgebend. Die Bezeichnung „Kreditgenossenschaften“ ist nicht entscheidend; es können auch Bezeichnungen wie „Kreditverein“, „Spar- und Darlehnskasse“ usw. gewählt worden sein. Von Bedeutung ist lediglich, daß es sich begrifflich um Genossenschaften im Sinne des Genossenschaftsgesetzes handelt. „Ländliche“ Genossenschaften sind die dem deutschen Raiffeisen-Verband angeschlossenen Genossenschaften, bei denen die Kreditgrenzen auf Grund des Reichsgesetzes über das Kreditwesen in der Fassung vom 25. September 1939 (RGBl. I S. 1955) in besonderer Weise geregelt sind.

Auch die in § 2 Abs. 4 Buchst. b erwähnten Genossenschaften sind in bestimmter Weise umgrenzt. Diese Umgrenzung ist in den Gewerbesteuer-Richtlinien 1955 (Abschn. 32) und in den Körperschaftssteuer-Richtlinien 1955 (Abschn. 54—58) — BStBl. 1956 I S. 243 — näher dargelegt. Danach gilt im wesentlichen der Grundsatz, daß sich Be- und Verarbeitung nur dann im Bereich der Landwirtschaft halten, wenn sie nach der Art des Produktes auch im landwirtschaftlichen Betrieb selbst erfolgen können (Frentzel-Jäkel, Bem. 5). Diese aus dem Steuerrecht zu gewinnenden Erkenntnisse müssen auch für die Klärung der Begriffe im Bundeskammergesetz als maßgebend betrachtet werden, da insoweit eine begriffliche Abhängigkeit besteht.

Die Fassung des Abs. 4 Buchst. c unterscheidet zwischen solchen Zusammenschlüssen, die mit den landwirtschaftlichen Betrieben noch als verbunden zu betrachten sind, und solchen, bei denen diese Verbundenheit nicht mehr gegeben ist. Erstere sollen nicht kammerzugehörig sein. Die Unterscheidung richtet sich nach einer nach der Höhe des Eigenkapitals zu bestimmenden Grenze, die durch die im Gesetz vorgesehene Rechtsverordnung nunmehr festgelegt worden ist:

„Verordnung
über die Zugehörigkeit von Zusammenschlüssen landwirtschaftlicher Genossenschaften zu den Industrie- und Handelskammern

Vom 6. Januar 1958 (BGBl. I S. 48)

Auf Grund des § 2 Abs. 4 Buchstabe c des Gesetzes zur vorläufigen Regelung des Rechts der Industrie- und Handelskammern vom 18. Dezember 1956 (Bundesgesetzbl. I S. 920) wird im Einvernehmen mit dem Bundesminister für Ernährung, Landwirtschaft und Forsten mit Zustimmung des Bundesrates verordnet:

§ 1

Zur Industrie- und Handelskammer gehören nicht Zusammenschlüsse der unter § 2 Abs. 4 Buchstabe b des Gesetzes genannten Genossenschaften, deren Eigenkapital den Betrag von 3500000 Deutsche Mark nicht erreicht.

§ 2

Diese Verordnung gilt nach § 14 des Dritten Überleitungsgesetzes vom 4. Januar 1952 (Bundesgesetzbl. I, S. 1) in Verbindung mit § 14 des Gesetzes zur vorläufigen Regelung des Rechts der Industrie- und Handelskammern auch im Land Berlin. Sie gilt nicht im Saarland.

§ 3

Diese Verordnung tritt am 1. Januar 1957 in Kraft.“

Die Rechtsverordnung hat nur für die sogenannten Zentralgenossenschaften Bedeutung. Nach verbandsseitiger Auffassung sollte die Kammerzugehörigkeit erst gegeben sein, wenn das Eigenkapital 5 Millionen DM übersteigt. Das hätte praktisch dazu geführt, daß nur fünf Zentralgenossenschaften von der Kammerzugehörigkeit erfaßt worden wären. Eine solche Regelung hielt der Gesetzgeber nicht für vertretbar, weil die Zentralgenossenschaften ihrem wirtschaftlichen Charakter nach Handelsunternehmen sind.

Was unter Eigenkapital zu verstehen ist, ergibt sich aus den in § 33d Abs. 1 Buchst. A Ziff. I und II des Genossenschaftsgesetzes aufgeführten Posten. Das Eigenkapital setzt sich danach aus dem Anlagevermögen und den Beteiligungen einschließlich der zur Beteiligung bestimmten Wertpapiere zusammen. Nicht dazu rechnen das Umlaufsvermögen und die Posten, die der Rechnungsabgrenzung dienen. Eine Verwendung der Begriffsbestimmung, die nach § 11 des Gesetzes über das Kreditwesen und der Änderungsverordnungen vom 23. Juli 1940 und 18. September 1944 für das Eigenkapital bei Kreditgenossenschaften gilt, ist nur in Bezug auf die landwirtschaftlichen Kreditgenossenschaften möglich.

Die Zusammenschlüsse müssen ebenfalls Genossenschaften sein. Ein Zusammenschluß von Genossenschaften in Form einer Aktiengesellschaft oder Gesellschaft mit beschränkter Haftung gibt nicht das Privileg des Abs. 4. Maßgebend ist, daß grundsätzlich nur landwirtschaftliche Genossenschaften ausgenommen sein sollen, und daß dieser Grundsatz eine durch nichts gerechtfertigte Durchbrechung erfahren würde, wenn auch Nichtgenossenschaften als Zusammenschlüsse von Genossenschaften unter die Ausnahme fielen.

5. Gemeinden und Gemeindeverbände mit Eigenbetrieben

Eine Ausnahme von der Pflichtzugehörigkeit zu den IHKn gilt auch für Gemeinden und Gemeindeverbände, die Eigenbetriebe unterhalten. Diese Ausnahme ist ebenfalls erst während der 2. Lesung des Gesetzes im Bundestag in das Gesetz eingefügt worden.

Was unter einem Eigenbetrieb zu verstehen ist, ergibt sich aus § 74 der Deutschen Gemeindeordnung vom 30. Januar 1935 (RGBl. I S. 49). Hiernach sind Eigenbetriebe solche wirtschaftlichen Unternehmen der Gemeinde, die keine eigene Rechtspersönlichkeit besitzen. Vgl. hierzu auch § 1 der reichsrechtlichen Eigenbetriebsverordnung vom 21. November 1938 (RGBl. I S. 1650). Die Begriffsbestimmung, die in diesen durch die staatsrechtliche Entwicklung überholten gemeinderechtlichen Kodifikationen enthalten ist, ist maßgebend geblieben. Sie wird in neuen gemeinderechtlichen Regelungen der Länder Hessen, Nordrhein-Westfalen und Saarland wiederholt. Der Sache nach handelt es sich in erster Linie um Ausstellungs-, Hafen- und Lagerhausbetriebe, Gasanstalten und Wasserwerke, Verkehrs- und Energieversorgungsunternehmen. Sie sind in jedem Fall gewerbesteuerpflichtig und würden deshalb die Kammerzugehörigkeit der sie betreibenden Gemeinden begründen, falls sie nicht ausdrücklich von der Pflichtzugehörigkeit ausgenommen wären.

Haben wirtschaftliche Unternehmen der Gemeinden eigene Rechtspersönlichkeit, so sind sie ohne weiteres kammerzugehörig.

Sonstige Einrichtungen einer Gemeinde, die nach Art eines Betriebes, aber ohne die Absicht einer Gewinnerzielung organisiert sind, z. B. Gebührenanstalten wie die

Stadtreinigung und die Stadtentwässerung, sind Teile der Verwaltung, die in keinem Fall kammerzugehörig sind oder kammerzugehörig werden können.

6. Natürliche Personen, die keine Gewerbesteuer bezahlen oder lediglich zu einer bestimmten Mindeststeuer herangezogen werden

Nach Absatz 6 sind natürliche Personen, die nach ihrer Gewerbesteuerveranlagung zur Zahlung von Gewerbesteuer nicht verpflichtet sind, oder die nach § 17a GewStG lediglich zu einer Mindeststeuer herangezogen werden, nicht kammerzugehörig. Diese Ausnahme betrifft im wesentlichen die sogenannten Kleingewerbetreibenden. Auch sie ist erst vom Bundestag in 2. Lesung des Gesetzentwurfes in das Bundeskammergesetz eingefügt worden.

Obwohl die Ausnahme in erster Linie Kleingewerbetreibende betrifft (siehe § 4 HGB), umfaßt sie auch Vollkaufleute bzw. Firmeninhaber (vgl. §§ 1—3, §§ 17ff. HGB), wenn diese steuerlich unter die Voraussetzungen fallen, die Absatz 6 aufführt. Dagegen bleiben Handelsgesellschaften, andere nicht rechtsfähige Personenmehrheiten und juristische Personen des privaten und öffentlichen Rechts (vgl. § 2 Abs. 1 BKG) auch dann verpflichtet, der Kammer anzugehören, wenn die steuerlichen Voraussetzungen des Absatzes 6 erfüllt sind.

Für die Feststellung maßgebend, wer nach seiner Gewerbesteuerveranlagung zur Zahlung von Gewerbesteuer nicht verpflichtet ist, sind die diesbezüglichen Bestimmungen des Gewerbesteuergesetzes 1957. Hiernach sind (vgl. § 11 Abs. 2 GewStG 1957) natürliche Personen zur Zahlung von Gewerbestuer nicht verpflichtet, wenn der Gewerbeertrag 2499,— DM nicht überschreitet.

Hinsichtlich der Betriebe, die nach § 17a GewStG lediglich zu einer Mindeststeuer herangezogen werden, ist zu vermerken, daß es sich hier um Betriebe handelt, deren Gewerbekapital, d. h. der in Geld schätzbare Wert des Gewerbebetriebes (vgl. § 12 GewStG 1957) nicht mehr als 5999,— DM beträgt (vgl. hierzu § 13 GewStG 1957.)

Die Kreise, die von der Ausnahmebestimmung des Abs. 6 in erster Linie betroffen sind, dürften sich aus „kleinen" Einzelhändlern, Gastwirten, nebenberuflich tätigen Versicherungsvertretern und ähnlichen Gewerbetreibenden zusammensetzen (Frentzel-Jäkel, Bem. 5). Die Regelung hat zur Folge, daß die Kleingewerbetreibenden in Hinsicht der Zugehörigkeit zur IHK gespalten werden. Dabei bleiben die wirtschaftlich schwächeren und schwächsten Teile außerhalb der Organisation der Kammer. Darüber hinaus ergibt sich, daß der Kreis der Kleingewerbetreibenden, die zur Kammer gehören, und der Kreis, der nicht dazugehört, ständig jährlichen Schwankungen unterliegt. Ob diese Schwankungen größeren oder geringeren Umfang annehmen, wird unter anderem auch von der Stabilität oder Instabilität der Wirtschaft abhängen.

V. Zur Verfassungsmäßigkeit des § 2

Fraglich könnte sein, ob Artikel 9 GG, der die Vereinigungsfreiheit normiert, § 2 BKG entgegensteht. Art. 9 Abs. 3 GG verbürgt jedermann das Recht, zur Wahrung und Förderung der Arbeits- und Wirtschaftsbedingungen Vereinigungen zu bilden, sichert also die sogenannte Koalitionsfreiheit. Diese Freiheit besteht nicht nur darin, daß sich der Einzelne zu Vereinigungen und Gesellschaften zusammenschließen kann (positive Koalitionsfreiheit), sondern auch darin, daß jeder das Recht hat, derartigen Zusammenschlüssen fern zu bleiben (negative Koalitionsfreiheit; vgl. OLG Koblenz in NJW 1951 S. 366).

Für die Frage der Verfassungsmäßigkeit des § 2 BGK ist entscheidend, ob sich die Koalitionsfreiheit auch gegenüber öffentlich-rechtlichen Zusammenschlüssen auswirkt, die als Pflichtzusammenschlüsse zur Erledigung von Aufgaben der genossenschaftlichen Selbstverwaltung gebildet worden sind. Das wird dann zu verneinen sein, wenn die Erledigung der obliegenden Aufgaben den Zwangszusammenschluß gebietend fordert. Für die IHKn muß diese Voraussetzumg angenommen werden. Vgl. hierzu die Erklärung des Abgeordneten Stücklen im Bundestag (Sitzungsprot. der 173. Sitzung S. 9570): „Der öffentlich-rechtliche Charakter der Industrie- und Handelskammer und damit die durch Gesetz geregelte Zugehörigkeit der Bezirkseingesessenen zur Industrie- und Handelskammer ist erforderlich, um die Unabhängigkeit der Industrie- und Handelskammer als Gutachterorgan zu gewährleisten und sie in den Stand zu setzen, sich einseitigen Interessentenforderungen zu verschließen". Dem entspricht die herrschende Meinung (vgl. die überzeugenden Ausführungen von Huber I S. 195ff.; ferner Hamann, Art. 9 Anm. B 3; v. Mangoldt-Klein, Art. 9 Anm. III 8 und V 9, LG Göttingen in MDR 1958 S. 256; OVG Rheinland Pfalz in DÖV 1959 S. 315ff.; VG Berlin: Urteil vom 23. Juli 1959 in III A 46/59).

Das Bundesverfassungsgericht hat das Problem der Verfassungsmäßigkeit der Zwangseingliederung in einen öffentlich-rechtlichen Verband in anderer Weise gelöst (vgl. Urteil vom 29. Juli 1959 in NJW 1959 S. 1675). Nach seiner Auffassung läßt sich die Frage nach den verfassungsrechtlichen Schranken einer Zwangsmitgliedschaft in einem öffentlich-rechtlichen Verband nicht aus Art. 9 GG beantworten, da diese Bestimmung lediglich die Freiheit garantiere, privatrechtliche Vereinigungen zu gründen und ihnen beizutreten oder fernzubleiben. Maßgebend sei vielmehr Art. 2 Abs. 1 GG, der zeige, daß eine solche Zwangsmitgliedschaft nur im Rahmen der verfassungsmäßigen Ordnung möglich sei. Danach dürften öffentlich-rechtliche Verbände nur gegründet werden, um legitime öffentliche Aufgaben wahrnehmen zu lassen. Doch sei es Sache des gesetzgeberischen Ermessens, zu entscheiden, welche dieser Aufgaben der Staat nicht durch seine Behörden, sondern durch eigens gegründete öffentlich-rechtliche Anstalten oder Körperschaften erfülle. Das Bundesverfassungsgericht könne hierbei nur nachprüfen, ob der Gesetzgeber die Grenzen seines Ermessens beachtet habe. Ob die Wahl der Organisationsform zweckmäßig oder notwendig sei, habe das Bundesverfassungsgericht also nicht zu untersuchen.

Auch auf dem Boden dieser Rechtsanschauung, die anhand der Bildung eines Wasserverbandes entwickelt wurde, wird man annehmen müssen, daß die Errichtung von IHKn als öffentlich-rechtliche Körperschaften keinen Bedenken begegnet, zumal ein wirklicher Ausgleich der Interessen der Mitglieder nur auf diesem Wege erwartet werden kann, die Handlungsfreiheit der Verbandsorgane hinreichend begrenzt ist und ihre Tätigkeit der Staatsaufsicht untersteht (vgl. BVerfG a. a. O.; ähnlich in bezug auf IHKn, wenn auch teilweise mit anderer Begründung, OVG Münster in NJW 1960 S. 214ff.; s. ferner BVerfG in NJW 1960 S. 619).

3. Die Rechtsstellung der Kammern (§§ 3—8)

§ 3

(1) Die Industrie- und Handelskammer ist Körperschaft des öffentlichen Rechts.

(2) Die Kosten der Errichtung und Tätigkeit der Industrie- und Handelskammer werden, soweit sie nicht anderweitig gedeckt sind, nach Maßgabe des Haushaltsplans durch Beiträge der Kammerzugehörigen gemäß einer Beitragsordnung aufgebracht. Der

Haushaltsplan ist jährlich nach den Grundsätzen einer sparsamen und wirtschaftlichen Finanzgebarung unter pfleglicher Behandlung der Leistungsfähigkeit der Kammerzugehörigen aufzustellen und auszuführen.

(3) Die Beiträge werden als Umlagen auf der Grundlage der festgesetzten Gewerbesteuermeßbeträge sowie als einheitliche Grundbeiträge erhoben. Kammerzugehörige, welche unter das Gesetz über die Kaufmannseigenschaft von Handwerkern vom 31. März 1953 (Bundesgesetzbl. I S. 106) fallen, sind — unbeschadet Artikel 3 dieses Gesetzes — nicht beitragspflichtig. Kammerzugehörige, die als Inhaber einer Apotheke ins Handelsregister eingetragen sind, werden neben dem Grundbeitrag mit einem Viertel der Umlage veranlagt.

(4) Kammerzugehörige, deren Gewerbebetrieb nach Art und Umfang einen in kaufmännischer Weise eingerichteten Geschäftsbetrieb nicht erfordert, sind von der Umlage befreit; der Grundbeitrag darf für sie die Hälfte des Grundbeitrages der anderen Kammerzugehörigen nicht übersteigen. Das Weitere regelt die Beitragsordnung. Durch Landesrecht kann ein Höchstbeitrag für die in Satz 1 erster Halbsatz genannten Personen festgesetzt werden.

(5) Die Industrie- und Handelskammer kann für die Kosten, welche mit der Begründung, Unterhaltung oder Unterstützung von Anlagen und Einrichtungen (§ 1 Abs. 2) verbunden sind, Sonderbeiträge von den Kammerzugehörigen derjenigen Gewerbezweige erheben, welchen derartige Anlagen und Einrichtungen ausschließlich oder in besonderem Maße zugute kommen. Den Beteiligten ist vor Begründung solcher Anlagen und Einrichtungen Gelegenheit zur Äußerung zu geben.

(6) Die Industrie- und Handelskammer kann für die Inanspruchnahme besonderer Anlagen und Einrichtungen (§ 1 Abs. 2) oder Tätigkeiten Gebühren erheben.

(7) Sonderbeiträge gemäß Absatz 5 werden nach Maßgabe einer Sonderbeitragsordnung, Gebühren nach Absatz 6 nach Maßgabe einer Gebührenordnung erhoben. In der Beitragsordnung, der Sonderbeitragsordnung sowie in der Gebührenordnung ist Erlaß und Niederschlagung von Beiträgen und Gebühren zu regeln.

(8) Hinsichtlich der Beiträge, Sonderbeiträge und der Gebühren sind
für die Verjährung
die Vorschriften der Reichsabgabenordnung über die Verjährung von Steuern vom Einkommen und Vermögen,
für die Einziehung und Beitreibung
die für Gemeindeabgaben geltenden landesrechtlichen Vorschriften
entsprechend anzuwenden. Durch Landesrecht kann Verfahren und Zuständigkeit für Einziehung und Beitreibung abweichend geregelt werden.

Übersicht

I. Die IHK als Körperschaft des öffentlichen Rechts
II. Die Aufbringung der Kosten der Errichtung und Tätigkeit der IHKn
III. Die Grundsätze einer sparsamen und wirtschaftlichen Finanzgebarung
IV. Die Erhebung der Beiträge (Umlage und Grundbeitrag) und die Ausnahmen
1. Die Erhebung der Umlage und des Grundbeitrages
2. Ausnahmen von der Beitragserhebung
A. Ausnahmen bei Handwerksbetrieben
B. Die Ausnahme bei Apotheken
C. Ausnahmevorschriften für Kleingewerbetreibende
3. Übersicht über die in den Rechnungsjahren 1958 und 1959 bei den IHKn in den einzelnen Ländern erhobenen Grundbeiträge bzw. über die Hebesätze

V. Die Erhebung von Sonderbeiträgen
VI. Die Erhebung von Gebühren für besondere Inanspruchnahmen
VII. Verjährung, Einziehung und Beitreibung der Beiträge, Sonderbeiträge und Gebühren.

Literatur: W. Jellinek, Verwaltungsrecht, 3. Aufl. 1931, S. 174ff., 180ff.; Köttgen, Die rechtsfähige Verwaltungseinheit, 1939, S. 33ff.; Peters, Lehrbuch der Verwaltung, 1949, S. 110ff.; Huber I, S. 182ff., 212ff.; Bank, Zweckbindung, Wirtschaftlichkeit und Sparsamkeit als Normenbegriffe des Haushaltsrechts, DÖH 3. Jhg. (1956), S. 240; Hettlage, Über Sparsamkeit und Wirtschaftlichkeit in der Verwaltung, Mitt. der Kommunalen Gemeinschaftsstelle f. Verw. vereinfachung, o. O., Heft Juli 1956; Heyen, Grenzen der Beitragspflicht für Mitglieder der Körperschaften öffentlichen Rechts, DVBl. 1956, S. 288ff. und 1957, S. 335; Hummel, Grenzen der Beitragspflicht bei öffentlich-rechtlichen Körperschaften, DVBl. 1957, S. 333ff.; Vogel, Kammerbeitrag und Finanzverfassung, DVBl. 1958, S. 491ff.; Rasch, Die Behörde, VerwArch. 50. Bd. (1959), S. 1 ff.; Klein, Kammerbeitrag und Finanzverfassung, DVBl. 1959, S. 315; Buss, Sind juristische Personen des öffentlichen Rechts Behörden?, DÖV 1959, S. 293/294; Gerth, Die juristischen Personen des öffentlichen Rechts, ihre Organe und ihre Behörden, DÖV 1959, S. 849ff.

I. Die IHK als Körperschaft des öffentlichen Rechts

Die Rechtsstellung der IHK nach dem Bundeskammergesetz ist diejenige einer Körperschaft des öffentlichen Rechts (Abs. 1). Das bedeutet, daß die IHKn wieder durchweg die korporative Form erhalten haben, die die Handelskammern schon früher hatten, häufig ohne daß sie als solche bezeichnet war. Es ist diejenige Rechtsform, die im modernen Wirtschaftsstaat am besten geeignet ist, Ziele der Organisation und Förderung der Wirtschaft zu verfolgen (Huber I S. 182).

Daß der IHK die Eigenschaft einer juristischen Person des öffentlichen Rechts beigelegt wurde, beruht vornehmlich auf der Erwägung, daß dieser Charakter und damit die durch Gesetz geregelte Zugehörigkeit der Bezirkseingesessenen die Unabhängigkeit der IHK als Gutachterorgan gewährleistet und sie in den Stand setzt, sich einseitigen Forderungen der Interessenten zu widersetzen. Auch erhalte die IHK durch diese Rechtsnatur vor allem diejenige Form, die notwendig sei, um als Träger der Einigungsstellen zur Beilegung von Wettbewerbsstreitigkeiten fungieren zu können (Prot. der 173. Sitzung des BT, Sp. 9569).

Als Körperschaft des öffentlichen Rechts ist die IHK ein Verband, der „gegenüber der mittelbaren wie der unmittelbaren Staatsverwaltung organisatorisch und rechtlich verselbständigt ist, öffentliche Zwecke auf der Grundlage korporativer Selbstverwaltung wahrnimmt und in der Regel auch mit hoheitlichen Gestaltungsmitteln ausgestattet ist“ (Huber I S. 183). Dabei untersteht er in seinem selbstverantwortlichen Tätigwerden der staatlichen Aufsicht (§ 11 Abs. 1). Daß die IHK einen eigenen und nicht bloß übertragenen Wirkungskreis wahrnimmt, unterscheidet sie von staatlichen Stellen ebenso wie von öffentlichen Anstalten. In ihrer Eigenschaft als öffentlichrechtlicher Körperschaft ist die Fähigkeit, Träger eigener Rechte und Pflichten zu sein, also die privatrechtliche Rechtsfähigkeit unmittelbar enthalten. Sie ist ein dieser Körperschaft notwendiges Wesenselement (Huber I S. 184) und erlaubt ihr, privatrechtliche Funktionen im weitesten Sinn wahrzunehmen, soweit nicht zwingende Vorschriften den Kreis ihrer Aufgaben beschränken.

Bei den hoheitlichen Aufgaben der IHK ist die Hoheitsgewalt nach innen, d. h. gegenüber den Mitgliedern der Vollversammlung und den Kammerzugehörigen und die Hoheitsgewalt nach außen, d. h. gegenüber Dritten zu unterscheiden. Die erste steht der IHK ohne weiteres zu, wobei der Erlaß der Satzung ein besonders wesentliches Teilrecht der Hoheitsbefugnisse darstellt, und hoheitliche Einzelakte nur gestattet sind, wo sie auf Gesetz oder Rechtsverordnung beruhen bzw. in der Satzung vorgesehen sind. Die zweite kann dagegen die IHK nur ausüben, wenn sie ihr durch Gesetz oder Rechtsverordnung eingeräumt ist (vgl. im einzelnen Huber I S. 185/186). Ein Beispiel hierfür bietet die Ernennung von Sachverständigen gemäß § 36 RGO. Handelt die IHK in Ausübung übertragener Hoheitsaufgaben, so hat sie die Rechtsstellung einer Behörde (PrOVG Bd. 12 S. 354, Bd. 19 S. 62). Die IHK als Ganzes als Behörde zu bezeichnen, dürfte dagegen zu weit gehen (so aber OLG Kiel in NJW 1947/48 S. 596).

Die Dienstherrnfähigkeit, d. h. die Fähigkeit, Beamte zu ernennen, fällt den IHKn nicht ipso jure zu. Hier sind vielmehr die einzelnen Beamtengesetze der Länder oder die Ausführungsgesetze zum Bundeskammergesetz maßgebend, nach denen den Kammern die Befugnis zur Ernennung zu Beamten bestätigt oder beigelegt wird. Haben die IHKn die Dienstherrnfähigkeit, so können sie Beamte ernennen, brauchen es indessen nicht. Inwieweit sie zu Ernennungen im Hinblick auf Art. 33 Abs. 4 GG verpflichtet sind, bedarf noch der Klärung.

Soweit eine IHK Beamte ernennt, richtet sich die Besoldung nach landesrechtlichen Vorschriften. Dem Bund steht auf diesem Gebiet nur die Rahmengesetzgebung nach Art. 75 GG zu. Ob Kapitel VIII des Beamtenrechtsänderungsgesetzes vom 30. Juni 1933 (RGBl. I S. 433), das die Höhe der Bezüge öffentlich-rechtlicher Körperschaften an die Bezüge vergleichbarer Beamten des aufsichtführenden Landes bindet, noch gilt, ist bisher nicht abschließend geklärt. Im Verhältnis zwischen Bund und Ländern findet das Gesetz nach den Grundsätzen des Urteils des Bundesverfassungsgerichts vom 1. Dezember 1954 (vgl. NJW 1955 S. 57) keine Anwendung. Daß ein Vergleich von Staats- und Kammerbeamten möglich ist, dürfte nicht von der Hand zu weisen sein. Bei offenbar nicht zu billigenden Einstufungen kann die Aufsichtsbehörde im Rahmen der Rechtskontrolle eingreifen (vgl. § 1 Abs. 1 in Verbindung mit § 3 Abs. 2 Satz 2 BKG).

Häufig machen die IHKn von der Möglichkeit, Bedienstete zu Beamten zu ernennen, keinen Gebrauch, sichern ihnen aber Versorgung nach beamtenrechtlichen Grundsätzen zu. Über die Bedeutung einer derartigen Zusage vgl. das Urteil des Bundesarbeitsgerichts vom 18. Juni 1958 in BB 1958 S. 1246ff.

Die IHKn gehören zu den Einrichtungen, die in der Anlage A zu § 2 des Gesetzes zur Regelung der Rechtsverhältnisse der unter Artikel 131 des Grundgesetzes fallenden Personen in der Fassung vom 11. September 1957 (BGBl. I S. 1297) genannt sind. Hinsichtlich der Unterbringung und Versorgung der unter Kapitel I des Gesetzes zu Artikel 131 GG fallenden Dienstangehörigen von IHKn, die den jetzt tätigen IHKn nach den §§ 11ff., § 61 Abs. 1 G 131 obliegt, dürfte eine kommende Rechtsverordnung die nähere Regelung bringen. Der Inhalt der Verordnung wird im wesentlichen den bereits verkündeten, in Vergleich zu ziehenden Verordnungen zu 61 Abs. 3 G 131 entsprechen (vgl. insbesondere die 11. Durchführungsverordnung vom 25. März 1955, die in bezug auf die Angehörigen der Organisation des Handwerks ergangen ist).

Hinsichtlich der Frage, ob die IHKn mit Rücksicht auf diese Rechtslage gehalten sind, Planstellen für Beamte einzurichten, oder beizubehalten, ist zu bemerken, daß das Gesetz zu Artikel 131 GG keinen unmittelbaren Zwang enthält, den Kammern die Einrichtung von Beamtenstellen aufzuerlegen, es sei denn, daß im Einzelfall § 19 G 131 als verletzt angesehen werden müßte. Dem § 19 G 131 sind zwar keine unmittelbaren durch Klage zu erzwingenden Ansprüche auf Wiederverwendung zu entnehmen.

Zu berücksichtigen ist jedoch, daß diese Vorschrift dem Dienstherrn gebietet, Beamte zur Wiederverwendung entsprechend ihrer früheren Rechtsstellung zu übernehmen und daß von der Rechtsprechung aus dieser Vorschrift im Zusammenhang mit der Fürsorgepflicht des Dienstherrn ein Reflexrecht hergeleitet worden ist. Ob es Aufgabe der Aufsichtsbehörden ist, die IHKn zur Erfüllung der sich aus dem Gesetz zu Artikel 131 GG ergebenden Verpflichtungen anzuhalten, ist zweifelhaft. Im allgemeinen wird sich ein derartiges Vorgehen nicht auf § 11 Abs. 1 BKG stützen lassen. Insbesondere dürfte es auch nicht Aufgabe der Aufsichtsbehörde sein, bei der Verfolgung von Einzelansprüchen aus dem Kreise der unter Artikel 131 GG fallenden Personen gegenüber der IHK tätig zu werden.

II. Die Aufbringung der Kosten der Errichtung und Tätigkeit der IHKn

Nach § 3 Abs. 2 Satz 1 sind die Kosten der Errichtung und Tätigkeit der IHK, soweit sie nicht anderweitig gedeckt sind, nach Maßgabe des Haushaltsplans durch Beiträge der Kammerzugehörigen gemäß einer Beitragsordnung aufzubringen. Dabei enthält Abs. 2 Satz 2 noch bestimmte Grundsätze über die Aufstellung und Ausführung des Haushaltsplans.

Die hier genannten Bestimmungen bilden die „Grundlagen für die Finanzwirtschaft der IHK" (Walter, Anm. 4). Aus ihnen geht zunächst hervor, daß die Kosten der IHK nur dann durch Beiträge (Abs. 3) gedeckt werden dürfen, wenn sie nicht anderweitig gedeckt sind, z. B. aus den Erträgnissen eines ihr zugewandten Vermögens oder aus Gebühren für die Inanspruchnahme besonderer Anlagen und Einrichtungen oder Tätigkeiten. Beiträge sind also nur insoweit zu erheben, als sich ohne ihre Erhebung ein Fehlbetrag ergeben würde. Das bedeutet jedoch gleichzeitig, daß der IHK nicht gestattet wird, aus Beiträgen etwa ein größeres Vermögen anzusammeln, um aus diesem Vermögen dauernden Gewinn zu ziehen. Als Vermögen in diesem Sinn sind jedoch nicht Rücklagen anzusehen, deren Höhe im Hinblick auf die Aufgaben der Kammer und ihren Finanzbedarf im allgemeinen als angemessen zu betrachten ist (Walter, Anm. 5).

Wenn Abs. 2 Satz 1 ferner bestimmt, daß die Kosten nach Maßgabe des Haushaltsplans aufgebracht werden, so geht hieraus hervor, daß die IHK in jedem Falle einen Haushaltsplan aufstellen muß, aus dem ihre Einnahmen und Ausgaben ersichtlich sind. Vgl. auch § 4 Satz 2 Nr. 3 BKG. Im übrigen stellt der Haushaltsplan nicht allein die Regelung der Finanzwirtschaft der IHK dar, sondern muß im Zusammenhang mit der Satzung, der Beitragsordnung und gegebenenfalls der Sonderbeitrags- und Gebührenordnung (Abs. 4 und 5) gesehen werden. Aus der Satzung wird auch regelmäßig hervorgehen müssen, von wem und nach welchen Grundsätzen der Haushaltsplan aufzustellen und bis zu welchem Zeitpunkt er jährlich der Vollversammlung vorzulegen ist (Frentzel-Jäkel, Bem. 3). Vgl. hierzu § 8 des Musters des DIHT für eine Satzung:

„§ 8

(1) Das Geschäfts- und Rechnungsjahr läuft vom 1. April bis zum 31. März.

(2) Der Hauptgeschäftsführer bereitet im Einvernehmen mit dem Präsidium den Haushaltsplan vor. Der Präsident und der Hauptgeschäftsführer überwachen die Einhaltung des von der Vollversammlung festgestellten Haushaltsplanes.

(3) Die Vollversammlung stellt den Haushaltsplan fest und wählt aus ihrer Mitte jeweils zwei Rechnungsprüfer für die Prüfung der Jahresrechnung.

(4) Das Präsidium hat für jedes Rechnungsjahr der Vollversammlung Rechnung zu legen und um seine Entlastung sowie die Entlastung des Hauptgeschäftsführers nachzusuchen. Die Rechnungsprüfer berichten der Vollversammlung vor der Beschlußfassung über die Entlastung über das Ergebnis ihrer Prüfung.

(5) Das Präsidium erläßt eine Haushalts- und Kassenordnung.

Die nach dem Haushaltsplan veranschlagten Ausgaben für die Tätigkeit der IHK sind „durch Beiträge der Kammerzugehörigen gemäß einer Beitragsordnung" aufzubringen. Die Beitragsordnung hat daher im einzelnen zu regeln, wer beitragspflichtig ist, wie sich die Beitragspflicht auswirkt, welche Umlage und welcher Grundbeitrag erhoben werden und nach welchem Verfahren sich die Beitragserhebung, die Stundung, der Erlaß und die Niederschlagung richten. Schließlich wird sie die Rechtsmittel angeben, die gegen Bescheide der Kammer in Beitragsangelegenheiten zulässig sind. Vgl. hierzu unten IV, V und VII.

Das Rechnungsjahr des Bundes, der Länder und der Gemeinden umfaßte bisher den Zeitabschnitt vom 1. April bis 31. März (s. oben § 8 des Satzungsmusters). Für den Bund bestimmte dies § 2 RHO in der als Bundesrecht fortgeltenden Fassung, für die Länder dieselbe Bestimmung in der jeweiligen als Landesrecht fortgeltenden Fassung. Seit einiger Zeit wurde in verstärktem Maß die Forderung erhoben, das Rechnungsjahr von Bund, Ländern und Gemeinden dem Kalenderjahr anzugleichen, da hierfür eine Reihe von wirtschaftlichen und verwaltungsmäßigen Gründen spricht. Für den Bund ist die Umstellung mit dem Gesetz zur Anpassung des Rechnungsjahres an das Kalenderjahr vom 29. Dezember 1959 (BGBl. I S. 832) nunmehr zum 1. Januar 1961 erfolgt. § 1 des Gesetzes ändert § 2 RHO entsprechend. Die Länder werden dem Vorgehen des Bundes folgen. Die Umstellung wird sich auch auf die öffentlich-rechtlichen Körperschaften auswirken, für die Abschnitt I § 6 des Gesetzes zur Erhaltung und Hebung der Kaufkraft vom 24. März 1934 — Beiträgegesetz — bestimmte, daß die Vorschriften der Reichshaushaltsordnung sinngemäß Anwendung fänden.

Hinsichtlich der Rechtsnatur der Kammerbeiträge ist die Frage aufgetaucht, ob die Beiträge als Steuern anzusehen seien (so Vogel a. a. O.). In diesem Fall beständen im Hinblick auf Art. 105 GG Bedenken gegen die Zulässigkeit ihrer Erhebung. Nach richtiger Auffassung sind sie jedoch keine Steuern im Sinne des Art. 105, da sie „der für den Steuerbegriff unerläßlich notwendigen Voraussetzung nicht gerecht werden, daß die Geldleistung eine Gegenleistung für eine besondere Leistung darstellt" (Klein a. a. O.; OVG Münster in NJW 1960 S. 214ff.).

III. Die Grundsätze einer sparsamen und wirtschaftlichen Finanzgebarung

Nach Abs. 2 Satz 2 ist der Haushaltsplan jährlich nach den Grundsätzen einer sparsamen und wirtschaftlichen Finanzgebarung unter pfleglicher Behandlung der Leistungsfähigkeit der Kammerzugehörigen aufzustellen und auszuführen. Für diese Bestimmung gibt es im älteren preußischen Recht kein Vorbild. Hier bestimmte § 23 des preußischen Gesetzes über die Handelskammern nur, daß die Handelskammer über den zur Erfüllung ihrer gesetzlichen Aufgabe „erforderlichen" Kostenaufwand beschließt. Außerdem erklärte das Gesetz, daß die Handelskammer alljährlich einen Etat aufzustellen, öffentlich bekanntzumachen und dem Regierungspräsidenten mitzuteilen habe (§ 25). Erst das preußische Gesetz vom 28. Dezember 1933 bestimmte in § 2, daß der bisherige § 25 des Handelskammer-Gesetzes folgende Fassung erhält:

„§ 25

(1) Die Industrie- und Handelskammern und ihre Zweckverbände sind zu sparsamster und wirtschaftlicher Finanzgebarung verpflichtet. Sie haben die Leistungskraft ihrer Mitglieder pfleglich zu behandeln.

(2) Vor Beginn jedes Rechnungsjahrs hat der Vorsitzende nach Beratung im Vorstand und in einem Haushaltsausschuß einen Haushaltsplan festzustellen, der die für das Rechnungsjahr zu erwartenden Einnahmen und Ausgaben nach Zweckbestimmung und Ansatz getrennt zum Ausgleich zu bringen hat. In den Haushaltsplan dürfen nur solche Ausgaben eingestellt werden, die nach gewissenhafter Prüfung zur Erfüllung der in diesem Gesetze bezeichneten Aufgaben unbedingt erforderlich sind."

Die in § 25 Abs. 1 prIHK-Gesetz enthaltenen Grundsätze der Finanzgebarung wiederholte Abschnitt I, § 1 des Gesetzes zur Hebung und Erhaltung der Kaufkraft vom 24. März 1934 (RGBl. I S. 235). Es unterstrich damit die Bedeutung, die diesen Grundsätzen allgemein beigemessen wurde. Sie können nicht als nationalsozialistisches Gedankengut betrachtet werden, sondern entsprechen in ihrer Zielsetzung einer von einzelnen Zeitepochen unabhängigen Rechtsüberzeugung.

Die in diesen Vorschriften angesprochene Verpflichtung zu sparsamer und wirtschaftlicher Finanzgebarung und zur pfleglichen Behandlung der Leistungskraft der Mitglieder findet nunmehr ihre Wiederholung in § 3 Abs. 2 Satz 2 BKG, einer Vorschrift, die der wirtschaftspolitische Ausschuß des Bundestages in den Gesetzentwurf eingefügt hat. Der Auffassung von Frentzel-Jäkel, Bem. 3, daß damit nur etwas Selbstverständliches ausgesprochen werde und die Erwähnung überflüssig sei, kann nicht beigepflichtet werden. Durch die ausdrückliche Normierung im Gesetz werden die Grundsätze vielmehr zu einer echten Rechtsverpflichtung, die im Wege der Staatsaufsicht überwacht werden kann. Dabei dürften die Begriffe: „sparsame und wirtschaftliche Finanzgebarung" und „pflegliche Behandlung der Leistungsfähigkeit der Kammerzugehörigen" als unbestimmte Rechtsbegriffe anzusehen sein, deren Anwendung auch verwaltungsgerichtlicher Nachprüfung dahin unterliegt, ob sie im konkreten Fall in einer Weise geschieht, die man innerhalb eines gewissen Beurteilungsspielraums als vertretbar bezeichnen kann.

Im einzelnen ist dazu noch folgendes zu sagen:

Die Frage, ob „sparsam" und „wirtschaftlich" gearbeitet wird, läßt sich auf Grund der im speziellen Fall gegebenen Tatsachen und der im allgemeinen gesammelten Erfahrungen beantworten. Das bedeutet, daß die Antwort nach allgemein feststehenden Regeln zu erfolgen hat. Hiernach ist aber die im Einzelfall zu treffende Entscheidung allein durch Unterordnung eines bestimmten Sachverhalts unter die gesetzlich festgelegten Tatbestandsmerkmale zu gewinnen. Der IHK bleibt daher keine Möglichkeit, ihr Ermessen walten zu lassen, so daß die Anwendung der obigen Begriffe der uneingeschränkten Nachprüfung durch die Aufsichtsbehörde und gegebenenfalls durch die Verwaltungsgerichte unterliegen muß (BVerwG: Urteil vom 27. Februar 1957 in I C 38. 54 betr. den Begriff: „Öffentliches Interesse" im Gaststättenrecht; vgl. in diesem Zusammenhang auch Ule, Gedächtnisschrift für Jellinek, S. 309ff.; Reuss, Der unbestimmte Rechtsbegriff, DVBl. 1953 S. 649ff.).

Welches die Grundsätze einer sparsamen und wirtschaftlichen Finanzgebarung und einer pfleglichen Behandlung der Leistungsfähigkeit der Kammerzugehörigen sind, läßt sich dahin beantworten, daß das Schwergewicht auf der Forderung liegt, sparsam zu wirtschaften. Jedoch genügt die Forderung nach sparsamer Wirtschaft allein noch nicht, um eine zu teure Wirtschaft zu vermeiden und dem Drang, Kapital anzusammeln, einen Riegel vorzuschieben. Sparsamkeit kann, wenn sie übertrieben wird, durchaus unwirtschaftlich sein. Deshalb stellt das Gesetz neben den Grundsatz der Sparsamkeit denjenigen der Wirtschaftlichkeit und läßt die Sparsamkeit nur dort gelten, wo sie auch wirtschaftlich ist (Herting bei Pfundtner-Neubert, V a 9 S. 2). Das bedeutet im Grunde genommen nichts anderes, als daß die den IHKn nach Gesetz oder Satzung obliegenden Zwecke und Ziele mit den einfachsten, schnellsten und wirksamsten Mitteln erreicht werden sollen und daß Haushaltsmittel nur insoweit eingeplant und gefordert werden dürfen, als die Ausgaben nach gewissenhafter Prüfung zur Erfüllung der Aufgaben unbedingt erforderlich sind. Es soll also die Zweckbestimmung der IHK mit dem geringstmöglichen Aufwand zu Mitteln erreicht werden (Herting a. a. O.). Ob die Einsetzung bestimmter Beträge im Rahmen des Haushaltsplans der IHK als „sparsam" und „wirtschaftlich" zu betrachten ist, muß der Feststellung im einzelnen überlassen bleiben. Auf jeden Fall beziehen sich die Grundsätze auf alle nur denkbaren Gegenstände und können sowohl die Bezüge der die Geschäfte führenden Vertreter der Kammern und der Angestellten und Beamten als auch den Aufwand für die Büroräume und Ausstattung, die Beschaffung von Kraftwagen, die Herausgabe von Zeitschriften, die Durchführung von Dienstreisen, die Benutzung von Kraftwagen und ähnliche Verwaltungsausgaben betreffen (Herting a. a. O.). Aber es fallen hierunter nicht nur solche größtenteils laufenden Ausgaben, sondern auch einmalige Maßnahmen wie die Errichtung und Erweiterung von Bauten, die Gründung von Anstalten und Einrichtungen und die Durchführung von Repräsentativerhebungen im Interesse der Wirtschaft. Damit bewegt sich die gesamte Handhabung der Verwaltung der IHK innerhalb eines Pflichtenkreises, der demjenigen staatlicher Stellen entspricht (vgl. § 26 RHO, §§ 16ff., 47ff. RWB).

Die pflegliche Behandlung der Leistungsfähigkeit der Kammerzugehörigen soll besagen, daß die Beiträge, die von ihnen erhoben werden, den wirtschaftlichen Verhältnissen der betroffenen Unternehmen usw. angepaßt sein müssen. Insbesondere sollen und dürfen die Umlagen nicht eine Art Einkommensteuer darstellen und die Steuerkraft der Kammerzugehörigen schwächen (so die Begründung, veröffentlicht im RAnz. Nr. 79 vom 5. April 1934). Wann der Grundsatz der pfleglichen Behandlung der Leistungsfähigkeit eines Kammerzugehörigen verletzt ist, wird schwer zu beantworten sein. Immerhin sind Fälle denkbar, in denen die beschlossene Umlage eine Gruppe von Unternehmen in ihrer Finanzkraft so nachhaltig berührt, daß von einer pfleglichen Behandlung nicht gesprochen werden kann. Auf das Interesse des Kammerzugehörigen an der Kammerarbeit und auf den Nutzen, den er aus seiner Mitgliedschaft zieht, kommt es in diesem Zusammenhang in keiner Weise an.

Die erwähnten Grundsätze begründen allgemeine Pflichten der IHK. Aus derartigen allgemeinen Pflichten ergibt sich für den einzelnen Kammerzugehörigen kein Rechtsanspruch, der im ordentlichen Rechtsweg verfolgbar wäre. Es bleibt den Kammerzugehörigen jedoch unbenommen, sich an die Organe der IHK, gegebenenfalls auch an die Aufsichtsbehörde zu wenden, um die Durchsetzung der Grundsätze zu erreichen, wenn anders ihre Einhaltung nicht zu erzielen ist.

IV. Die Erhebung der Beiträge (Umlage und Grundbeitrag) und die Ausnahmen

Abs. 3 Satz 1 bestimmt, daß „die Beiträge als Umlagen auf der Grundlage der festgesetzten Gewerbesteuermeßbeträge sowie als einheitliche Grundbeiträge erhoben werden". Damit sind zwei Formen der Erhebung der Beiträge festgelegt, die auf bisheriges Recht zurückgehen. Nur in bestimmten Fällen wird von der Erhebung der Umlage und des Grundbeitrages abgesehen.

1. Die Erhebung der Umlage und des Grundbeitrags

Schon nach dem ursprünglichen preußischen Recht wurden die in dem Haushaltsplan veranschlagten Kosten der Handelskammer auf die Wahlberechtigten umgelegt, wobei den Maßstab die staatlich veranlagte Gewerbesteuer bildete (§ 26 Abs. 1 Satz 1 und 2 prHK-Gesetz). Dabei blieb derjenige Teil der Gewerbesteuer außer Anrechnung, der auf Niederlassungen, Betriebe oder Betriebsstätten entfiel, die ihren Sitz nicht im Kammerbezirk hatten oder hinsichtlich der ihren Besitzern nicht das Recht zustand, an den Kammerwahlen teilzunehmen (§ 26 Abs. 1 Satz 3). In Gemeinden, die eine besondere (kommunale) Gewerbesteuer eingeführt hatten, konnte der auf die Wahlberechtigten der Gemeinde entfallende Betrag an Kammerbeiträgen durch Zuschläge zu der besonderen Gewerbesteuer aufgebracht werden (§ 26 Abs. 2 Satz 1).

Durch § 3 des preußischen Gesetzes vom 28. Dezember 1933 wurde diese Regelung geändert. An die Stelle des § 26 Abs. 2 a. F. traten neue Bestimmungen, die den Kammern unter anderem das Recht verliehen, einen einheitlichen Grundbeitrag bis zum Höchstbetrag von jährlich 12.— RM von allen wahlberechtigten und beitragspflichtigen Firmen zu verlangen. Hierbei war vorgesehen, daß die IHK den Grundbeitrag für Gruppen von Firmen, deren Gewerbebetrieb nicht über einen bestimmten Umfang hinaus ging, ermäßigen konnte. Ein solcher Beschluß bedurfte jedoch der Genehmigung des Ministers für Wirtschaft und Arbeit. Im übrigen konnte die IHK von Gewerbetreibenden, die weder im Handelsregister noch in der Handwerksrolle eingetragen waren, einen einheitlichen Grundbeitrag bis zum Höchstbetrag von 6.— RM erheben. Die Erhebung hatte jedoch zur Voraussetzung, daß sämtliche Einzelhändler des Bezirks zu einer Einzelhandelsvertretung auf der Grundlage einer entsprechenden Kammersatzung zusammengefaßt waren, wobei die Satzung und der Umlagebeschluß der staatlichen Genehmigung unterlagen (§ 26 Abs. 4 n. F.). In der gleichen Richtung lagen das IHK-Beiträgeerhebungsgesetz des Reiches vom 31. März 1939 (RGBl. I S. 649) und die hierzu gehörende Erste Durchführungsverordnung vom 8. September 1939 (RGBl. I S. 1738).

An diese Regelung knüpft das Bundeskammergesetz an, indem auch nach ihm zwischen Umlagen, die auf der Grundlage der festgesetzten Gewerbesteuermeßbeträge erhoben werden, und zwischen einheitlichen Grundbeiträgen zu unterscheiden ist. Beide liegen nicht ein für allemal fest, sondern sind jährlich von der Vollversammlung zu beschließen (§ 4 Nr. 4 BKG); hierbei ist die Vollversammlung teilweise gewissen Beschränkungen unterworfen (vgl. § 3 Abs. 4).

Die Umlage, die die Kammer festsetzt, ist das „Kernstück des Beitragswesens und der Kammerfinanzen" (Frentzel-Jäkel, Bem. 4). Sie wird auf der Grundlage der von den Finanzämtern nach Gewerbeertrag und -kapital einheitlich festgesetzten Gewerbesteuermeßbeträge erhoben (§ 14 GewStG 1957). Diese sind der IHK von der Steuerveranlagungsbehörde gemäß § 18 Ziff. 6 RAO mitzuteilen. Eine zusätzliche Regelung zu § 12 Abs. 1 Nr. 5 BKG ist hinsichtlich dieser Pflicht nicht notwendig. Die von der Veranlagungsbehörde mitgeteilten Meßbeträge sind für die IHKn verbindlich. Sie sind nicht berechtigt, etwa auf andere Berechnungsunterlagen zurückzugreifen und diese der Umlage zugrunde zu legen (Frentzel-Jäkel, Bem. 4). Stellt die Vollversammlung den Haushalt fest (§ 4 Nr. 3 BKG), so hat sie gleichzeitig den Hebesatz zu bestimmen, der nunmehr im neuen Haushaltsjahr auf die umlagepflichtigen Kammerzugehörigen Anwendung findet.

Der Hebesatz kann nur einheitlich angewendet werden. Einen Höchstbetrag für die Umlage einzuführen (sog. Plafond) oder die Umlage zu staffeln, ist nicht möglich.

Eine derartige Regelung wird häufig von Großbetrieben, insbesondere der Elektrizitätswirtschaft angestrebt, bei denen der Wunsch nach einer gewissen Begrenzung der Beitragspflicht verständlich ist. Auf diesen Unternehmen lastet überwiegend der Kammeraufwand, wenn die Kammern einen verhältnismäßig kleinen Grundbeitrag erheben und ihre Kosten im übrigen durch die Umlage hereinbringen. Auch nehmen die Großbetriebe die IHKn meist weniger in Anspruch als die kleinen und Mittelbetriebe, die nicht über einen umfangreichen Personalbestand verfügen, um alle sie interessierenden wirtschaftlichen Fragen klären zu können. Das Gesetz läßt für die Einführung eines Plafonds oder die Staffelung der Umlage keinen Raum (ebenso Frentzel-Jäkel, Bem. 4). Dies ergibt sich besonders aus § 4 Nr. 4 BKG, der die Festsetzung des Maßstabes für die Beiträge und Sonderbeiträge behandelt und aus § 3 Abs. 3. Eine Berücksichtigung der aufgezeigten Wünsche könnte nur dadurch herbeigeführt werden, daß die Grundbeiträge erhöht werden, damit die Umlage ermäßigt werden kann.

De lege ferenda wäre zu bedenken, daß eine Staffelung der Umlage nach der Größe der Betriebe oder nach Wirtschaftszweigen zu großen Schwierigkeiten führen müßte. Sie würde die Veranlagung wesentlich erschweren, zumal ständig neue Berechnungen erforderlich würden. Denkbar wäre daher nur die Schaffung eines Plafonds, der die Grundlagen der Veranlagung unberührt ließe und lediglich die obere Grenze der Umlage darstellen würde, die kein Kammerzugehöriger überschreitet. Sie müßte im Haushaltsplan in jedem Jahr entsprechend den Bedürfnissen neu festgelegt werden.

Verstößt eine IHK gegen den Grundsatz der einheitlichen Anwendung des Hebesatzes, so kann, abgesehen von der Beanstandung dieser Handhabung durch die zuständige Rechnungsprüfungsstelle, die Aufsichtsbehörde im Wege der Rechtskontrolle gegen die betreffende IHK vorgehen. Über die entsprechenden Aufsichtsmittel vgl. die Bemerkungen zu § 12 BKG.

Als Besteuerungsgrundlage kann nach § 6 Abs. 2 Satz 1 GewStG 1957 in Verbindung mit den §§ 23ff. GewStG neben dem Gewerbeertrag und dem Gewerbekapital auch die Lohnsumme gewählt werden. Hierbei richtet sich die Fortsetzung des Gewerbesteuermeßbetrages nach § 27 GewStG. Auf seiner Grundlage können die Gemeinden die Lohnsummensteuer erheben (§§ 23ff. GewStG), jedoch nur mit Zustimmung der Landesregierung, die ihre Zustimmungsbefugnis auf die nach Landesrecht zuständigen Behörden übertragen kann (§ 6 Abs. 2 Satz 2). Trotzdem das Bundeskammergesetz die Erhebung der Umlage nicht im besonderen auf den einheitlichen Steuermeßbetrag nach den §§ 14, 15 GewStG abstellt, wie dies in § 1 Satz 2 des IHK-Beitrӓgegesetzes vom 31. März 1939 geschehen ist, wird man auch hier eine Beschränkung auf diesen einheitlichen Steuermeßbetrag annehmen müssen. Mit Recht weisen Frentzel-Jäkel, Bem. 4 darauf hin, daß die IHKn die Umlage nicht nach einem aus der Lohnsumme gesondert errechneten Meßbetrag erheben könnten. In diesem Fall würden die IHKn innerhalb ihres Bezirks von Gemeinde zu Gemeinde unterschiedliche Bemessungsgrundlagen erhalten und die Unternehmen, bei denen Lohnsummensteuer erhoben wird, zusätzlich belasten, da sie den Hebesatz der Umlage auf Grund der Gewerbesteuer nach dem Gewerbeertrag und dem Gewerbekapital nicht für einzelne Gemeinden verschieden hoch festsetzen könnten, um die Belastung auszugleichen.

Auch der Grundbeitrag, dessen Höhe ebenfalls die Vollversammlung festsetzt (§ 4 Satz 2 Nr. 4), muß einheitlich für alle Kammerzugehörigen gelten und kann nicht unterschiedlich erhoben werden (vgl. jedoch § 3 Abs. 4 Satz 1, 2. Halbsatz). Soweit die Festsetzung zulässig ist, ist sie eine Pflicht der Kammern. Ein genereller Verzicht auf den Grundbeitrag oder ein Verzicht auf den Grundbeitrag der Kleingewerbetreibenden (§ 3 Abs. 4 BKG) würde gegen die Bestimmungen des Bundeskammergesetzes verstoßen.

Hinsichtlich des Bemessungszeitraums für die Beiträge zur Kammer trifft das Bundeskammergesetz keine näheren Einzelheiten. Insoweit können daher nur Erwägungen Platz greifen, die auf allgemeine steuerrechtliche Grundsätze zurückgehen (Frentzel-Jäkel, Bem. 4). In dieser Richtung hatte das preußische Oberverwaltungsgericht im Jahre 1931 (OVGE Bd. 87 S. 448) die Auffassung vertreten, daß die Kammerbeiträge zur Gewerbesteuer im Verhältnis der Akzessorietät stehen und daß daher auch der Meßbetrag des Jahres, der für die Berechnung der Gewerbesteuer durch die Gemeinden maßgebend ist, für die Umlagen der IKHn zu gelten hat. Im Gegensatz zu früher, wo für die Festsetzung des einheitlichen Steuermeßbetrages der Gewerbeertrag des Kalenderjahres maßgebend war, das dem Erhebungszeitraum (Rechnungsjahr vom 1. April bis 31. März) unmittelbar vorangegangen war (Vergangenheitsbesteuerung), ist seit dem Jahre 1943 nunmehr der einheitliche Steuermeßbetrag jeweils für ein Kalenderjahr (Erhebungszeitraum) festzusetzen und dabei der Gewerbeertrag des Kalenderjahres maßgebend (Bemessungszeitraum), für das der einheitliche Steuermeßbetrag festgesetzt wurde (Gegenwartsbesteuerung). Bemessungszeitraum für den Gewerbeertrag und Erhebungszeitraum für die Gewerbesteuer ist danach dasselbe Kalenderjahr; der einheitliche Steuermeßbetrag wird jeweils für den Erhebungszeitraum nach dessen Ablauf festgesetzt. Somit müßte der gleiche Grundsatz auf die Erhebung der Umlage angewandt werden (ebenso Frentzel-Jäkel, Bem. 4).

Die IHKn wenden gegen diese Handhabung ein, daß sie sie dazu zwingt, Vorauszahlungen anzufordern und über diese später abzurechnen, so daß doppelte Arbeit entsteht. Es ist jedoch fraglich, ob die Vollversammlungen der IHKn eine andere Regelung in Vorschlag bringen können, wie dies § 7 des Musters des DIHT für eine Beitragsordnung vorsieht:

> „Bemessungszeitraum ist das Kalenderjahr, dessen Gewerbesteuermeßbetrag nach der von der Vollversammlung beschlossenen Haushaltssatzung die Bemessungsgrundlage bildet"

2. Ausnahmen von der Beitragserhebung

A. Ausnahmen bei Handwerksbetrieben

Wie § 2 Abs. 3 BKG feststellt, können natürliche und juristische Personen, die mit einem Hauptbetrieb in der Handwerksrolle, außerdem aber in das Handelsregister eingetragen sind, der zuständigen IHK angehören, wenn sie dies wünschen; sie sind jedoch hierzu nicht verpflichtet. Sofern sie der IHK auf eigenen Wunsch beitreten, hat der Beitritt nicht zur Folge, daß sie damit unter die Beitragspflicht fallen. Sie sind vielmehr entsprechend Abs. 3 Satz 2 nicht beitragspflichtig; das bedeutet, daß sie weder zu der von der Vollversammlung beschlossenen Umlage noch zu dem beschlossenen Grundbeitrag beizutragen haben. Der Grund für diese Ausnahme ist, daß das Gesetz über die Kaufmannseigenschaft von Handwerkern vom 31. März 1953 insoweit bereits eine Regelung getroffen hat. In Art. 3 des Gesetzes über die Kaufmannseigenschaft von Handwerkern, den § 3 Abs. 3 Satz 2 BKG ausdrücklich unberührt läßt, wird nämlich bestimmt, daß dann, wenn ein Handwerker im Handelsregister eingetragen ist, die Handwerkskammer ein Viertel des von ihr erhobenen Beitrages an die zuständige IHK abführt. Beide Kammern können allerdings eine andere Regelung vereinbaren, wenn sich wegen der besonderen Umstände des Einzelfalles ein Bedürfnis dafür ergibt. Die Handwerkskammer ist also regelmäßig verpflichtet, einen bestimmten Teilbeitrag an die IHK abzuführen, ganz gleich, ob der Handwerker-Kaufmann der IHK beitritt oder ihr fernbleibt.

B. Die Ausnahme bei Apotheken

Hinsichtlich der Kammerzugehörigen, die als Inhaber einer Apotheke ins Handelsregister eingetragen sind, bestimmt § 3 Abs. 3 Satz 3, daß sie neben dem Grundbeitrag mit einem Viertel der Umlage veranlagt werden. An sich ist der selbständige Betrieb eine Apotheke eine gewerbliche Tätigkeit (Huber I S. 708); Apotheken sind daher ohne weiteres kammerzugehörig. Mit Rücksicht darauf, daß die Apotheker nach landesgesetzlichem Apothekerrecht vielfach verpflichtet sind, einer besonderen berufsständischen Kammerorganisation anzugehören, ist ihre Beitragspflicht in bezug auf die IHKn eingeschränkt worden. Da das Bundeskammergesetz den Umfang der Beitragspflicht genau bezeichnet, ist eine andere Regelung unzulässig.

Soweit Apotheker eine Apotheke, d. h. ein Unternehmen zur Herstellung und zum Kleinverkauf von Arzneimitteln betreiben, ohne in das Handelsregister eingetragen zu sein, werden sie in Hinsicht der Beitragspflicht wie Kleingewerbetreibende zu behandeln sein (§ 3 Abs. 4 Satz 1; Frentzel-Jäkel, Bem. 5).

C. Ausnahmevorschriften für Kleingewerbetreibende

Nach § 3 Abs. 4 sind Kammerzugehörige, deren Gewerbebetrieb nach Art und Umfang einen in kaufmännischer Weise eingerichteten Gewerbebetrieb nicht erfordert, von der Umlage befreit. Den Grundbeitrag haben sie allerdings zu zahlen; jedoch darf er die Hälfte des Grundbeitrages der anderen Kammerzugehörigen nicht übersteigen. Das Gesetz fügt hinzu, daß das Weitere die Beitragsordnung regelt und daß das Landesrecht einen Höchstbeitrag für die Kleingewerbetreibenden festsetzen kann. Damit trifft das Gesetz für diesen Kreis der Kammerzugehörigen verhältnismäßig eingehende Grundsatzbestimmungen und Rahmenvorschriften, die ebenfalls an altes Recht anknüpfen. Abgesehen von gewissen Ausnahmen sind die Kleingewerbetreibenden (insbesondere Einzelhändler) erst nach 1933 in die Kammerorganisation einbezogen worden, in Preußen durch die Novelle vom 18. Dezember 1933. Hinsichtlich ihrer Beitragspflicht war von vornherein klar, daß die Belastung nicht allzu groß sein durfte. So sah schon das preußische Gesetz vor (§ 26 Abs. 4 n. F.), daß die IHK unter den dort genannten weiteren Voraussetzungen von Kleingewerbetreibenden nur einen einheitlichen Grundbeitrag bis zum Höchstbetrag von 6,— RM erheben konnte. Die Höhe dieses Beitrags wiederholte § 1 der Ersten Verordnung zur Durchführung des reichsrechtlichen IHK-Beiträgeerhebungsgesetzes vom 8. September 1939. Über diese Grenze gehen die heutigen Sätze im allgemeinen hinaus, wie die Übersicht am Ende dieses Abschnittes erkennen läßt.

Da das Gesetz erklärt, daß der Grundbeitrag die Hälfte des Grundbeitrages der anderen Kammerzugehörigen nicht übersteigen dürfe, ist der Abstufung nach unten keine Grenze gezogen, allerdings mit der Einschränkung, daß überhaupt irgendein Beitrag geleistet werden muß. Ein gänzlicher Verzicht der IHK auf Beiträge der Kleingewerbebetreibenden würde im Gegensatz zum Willen des Gesetzgebers stehen, der die Kleingewerbebetreibenden bewußt in das Gesetz aufgenommen und die Beitragspflicht in ganz bestimmter Weise auf sie ausgedehnt hat. Den Rechten dieser Kreise und ihrer Vertretung in der Vollversammlung muß daher eine irgendwie geartete Pflicht zur Zahlung des Grundbeitrages gegenüberstehen.

Im übrigen ist zu beachten, daß das Gesetz davon ausgeht, daß der Grundbeitrag der Kleingewerbetreibenden auf jeden Fall verhältnismäßig gering sein soll. Auch „das Weitere“, daß die Beitragsordnung zu regeln hat (Abs. 4 Satz 2), kann nur die mehr oder minder geringe Höhe des Beitrags betreffen. In der Sache selbst kann eine andere Regelung weder in bezug auf eine unterschiedliche Behandlung verschiedener Kreise der Kleingewerbetreibenden noch etwa in bezug auf die Lage der Betriebe in Stadt oder Land usw. getroffen werden.

Um ganz sicher zu sein, daß die Belastung der Kleingewerbetreibenden gering gehalten wird, sieht das Gesetz in Abs. 4 Satz 3 vor, daß das Landesrecht einen Höchstbeitrag festsetzen kann. Von dieser Möglichkeit, die nicht nur im Gesetzes- oder Verordnungswege, sondern auch im Erlaßwege verwirklicht werden könnte, wenn das Landesrecht den Weg des Erlasses vorsieht (so auch Frentzel-Jäkel, Bem. 5), haben die Länder dahingehend Gebrauch gemacht, daß sie regelmäßig die Wirtschaftsminister zu den notwendigen Maßnahmen im Wege der Rechtsverordnung ermächtigt haben. In der Praxis ist diese Möglichkeit bisher nicht in Anspruch genommen worden. Dies bestätigt, daß sich die Grundbeiträge der Kleingewerbebetreibenden durchgehend in den vom Gesetz vorgezeichneten Grenzen gehalten haben.

Da das Gesetz hier klarstellt, daß die Länder im Wege des Landesrechts für niedrig bemessene Grundbeiträge Sorge tragen können, entfällt die Möglichkeit, daß die Aufsichtsbehörde mit den Mitteln der Rechtskontrolle (§ 11 Abs. 1 BKG) eingreift.

Die Kleingewerbetreibenden, die nicht unter § 2 Abs. 6 BKG fallen, genießen trotz der geringeren Belastung grundsätzlich die gleichen Rechte wie die übrigen Kammerzugehörigen. Sie haben daher auch den gleichen Anspruch auf kostenlose Zusendung des Mitteilungsblattes der IHK, wenn die übrigen Kammerzugehörigen das Mitteilungsblatt ebenfalls kostenlos erhalten. Ob das Mitteilungsblatt für die Kleingewerbetreibenden inhaltlich in gleichem Maße von Interesse ist, spielt dabei keine Rolle. Dies gilt nicht nur für Mitteilungsblätter, in denen die Statuten der IHK (Satzung, Wahl-, Beitrags-, Sonderbeitrags- und Gebührenordnung), die aus rechtlichen Gründen der Veröffentlichung im Mitteilungsblatt bedürfen, erschienen sind, sondern grundsätzlich für alle Blätter.

3. Übersicht über die in den Rechnungsjahren 1958 und 1959 bei den IHKn in den einzelnen Ländern erhobenen Grundbeiträge bzw. über die Hebesätze

Eine Übersicht über die im Rechnungsjahr 1958 erhobenen Grundbeiträge sowie die Hebesätze der IHKn des Bundesgebietes und Berlins (West) ergibt folgendes Bild:

	Grundbeitrag umlagepflichtige Betriebe	Grundbeitrag umlagebefreite Betriebe	Hebesatz %
Baden-Württemberg	20—60 DM	10—30 DM	2—8
Bayern	30—40 DM	10—15 DM	4—8
Berlin	36 DM	18 DM	5
Bremen	24—40 DM	12—20 DM	8—10
Hamburg	25 DM	12 DM	4,5
Hessen	25—50 DM	12—25 DM	5—10

	Grundbeitrag umlagepflichtige Betriebe	Grundbeitrag umlagebefreite Betriebe	Hebesatz %
Niedersachsen	20—50 DM	10—20 DM	3—7
Nordrhein-Westfalen	20—25 DM	5—12 DM	2,5—8
Rheinland-Pfalz	12—24 DM	6—10 DM	5—10
Saarland	4000 frs.	1500 frs.	5
Schleswig-Holstein	36—40 DM	12—15 DM	8—9

Im Rechnungsjahr 1959 sind geringfügige Änderungen zu verzeichnen, deren Richtung auf eine Annäherung an die Mittelwerte geht:

	Grundbeitrag umlagepflichtige Betriebe	Grundbeitrag umlagebefreite Betriebe	Hebesatz %
Baden-Württemberg	20—50 DM	10—16 DM	3,5—6
Bayern	30—40 DM	10—20 DM	3,5—8
Berlin	36 DM	12 DM	5
Bremen	24—40 DM	12—20 DM	7,5—10
Hamburg	25 DM	12 DM	4,5
Hessen	30—50 DM	12—25 DM	5—10
Niedersachsen	20—40 DM	10—20 DM	3—6
Nordrhein-Westfalen	20—25 DM	5—12 DM	2,5—8
Rheinland-Pfalz	12—24 DM	6—12 DM	4,5—9
Saarland	34,30 DM	12,76 DM	5
Schleswig-Holstein	36—40 DM	12—15 DM	7—8

V. Die Erhebung von Sonderbeiträgen

Nach § 3 Abs. 5 „kann" die IHK für Kosten, die mit der Begründung, Unterhaltung oder Unterstützung von Anlagen und Einrichtungen im Sinne des § 1 Abs. 2 verbunden sind, Sonderbeiträge erheben. Die Erhebung ist jedoch nur bei denjenigen Kammerzugehörigen zulässig, die die Gewerbezweige betreiben, denen die betreffenden Anlagen und Einrichtungen ausschließlich oder im besonderen Maße zugute kommen. Sollen solche Sonderbeiträge erhoben werden, so muß den Beteiligten vor Begründung der Anlagen und Einrichtungen Gelegenheit zur Äußerung gegeben werden.

Diese Bestimmungen gehen auf ältere Vorbilder zurück. So enthielt bereits die Novelle von 1897 zu dem preußischen Gesetz über die Handelskammern eine Vorschrift, die die Handelskammern für befugt erklärte, zur Deckung der Kosten von Anstalten, Anlagen und Einrichtungen, die für einzelne Teile des Handelskammerbezirks oder für einzelne Betriebszweige ausschließlich bestimmt waren oder ihnen vorzugsweise zugute kamen, die Beitragspflichtigen dieser Bezirksteile oder Betriebszweige zu besonderen Beiträgen heranzuziehen (§ 30 Abs. 1 Satz 1). Auch mußte ihnen vor Errichtung der Anstalten und Anlagen Gelegenheit gegeben werden, sich über deren Zweckmäßigkeit zu äußern (§ 30 Abs. 1 Satz 2).

Für die Einführung des § 30 n. F. war nach der Begründung maßgebend, daß damals in verschiedenen Gesetzen, zuletzt in § 18 Abs. 2 des Gesetzes über die Landwirtschaftskammern, der Grundsatz befolgt wurde, die Kosten für solche Einrichtungen öffentlich-rechtlicher Gemeinschaften, die nur einzelnen Teilen in besonders hohem Maße zugute kämen, durch eine entsprechende Mehrbelastung dieser Teile aufzubringen. Auch bei den Handelskammern glaubte man vielfach Einrichtungen zu finden, die für einzelne Gruppen der Beteiligten ausschließlich oder doch in erster Linie bestimmt waren und daher auch von diesen Gruppen durch besondere Beiträge unterhalten werden sollten. Als Beispiele wurden Fortbildungsschulen für einzelne Ortschaften und Fachschulen für bestimmte Betriebszweige genannt (Lusensky, § 30 Anm. 1).

Im Bundeskammergesetz ist die Möglichkeit, einzelne Teile des Kammerbezirks „vorauszubelasten", fortgefallen. Die Vorausbelastung kann jetzt nur bestimmte Gewerbezweige betreffen. Dabei wird man diese Vorausbelastung einzelner Gewerbezweige rechtssystematisch als eine besondere Ausprägung des im Gebührenrecht festliegenden Grundsatzes der Verhältnismäßigkeit von Leistung und Gegenleistung ansehen müssen. Seine Einhaltung ist wesentlich und kann aufsichtsbehördlich nachgeprüft werden.

Die Anlagen und Einrichtungen können verschiedenster Art sein. Man wird als Beispiele Effekten- und Warenbörsen, Verkehrs- und Hafenanlagen, Fortbildungs- und Fachschulen und Einrichtungen zur Förderung der Ausfuhr nennen können. Sollen für derartige Anlagen und Einrichtungen Sonderbeiträge erhoben werden, so muß die Vollversammlung eine entsprechende Sonderbeitragsordnung beschließen (§ 4 Nr. 2), die dann von der Aufsichtsbehörde zu genehmigen ist (§ 11 Abs. 2). Mit Recht weisen Frentzel-Jäkel, Bem. 6 auf die Tatsache hin, daß die besondere Beitragsleistung unabhängig davon ist, ob und in welchem Umfang die Betroffenen die Einrichtung tatsächlich benutzen. Damit unterscheide sich der Sonderbeitrag seinem Wesen nach von der Gebühr.

Ebenso wie früher (§ 30 Abs. 1 Satz 2 prIHK-Ges.) ist den Beteiligten „vor Begründung der Anlagen und Einrichtungen für einzelne Gewerbezweige" Gelegenheit zur Äußerung zu geben. Beteiligt sind diejenigen Kammerzugehörigen, die von der Vorausbelastung betroffen werden (Lusensky, § 30 Anm. 5). Die Gelegenheit zur Äußerung kann darin liegen, daß die Betroffenen zu einer Versammlung einberufen werden oder daß eine schriftliche Anfrage an sie gerichtet wird, auf die sie antworten können.

Soll eine Vorausbelastung für bereits bestehende Anlagen und Einrichtungen der IHK eingeführt werden, die bisher von der IHK oder sonstwie unterhalten worden sind, so ist auch in diesen Fällen den Beteiligten zuvor Gelegenheit zur Äußerung zu geben (so schon für das frühere Recht Lusensky, § 30 Anm. 4).

Die IHK ist an die Stellungnahme der Beteiligten nicht gebunden (Frentzel-Jäkel, Bem. 6). Sie würde jedoch einen Rechtsverstoß begehen, wenn sie trotz in jeder Hinsicht begründeter Gegeneinwände an ihrem Projekt festhält, obwohl eine Notwendigkeit für seine Durchführung nicht oder nicht mehr erkennbar ist. Die IHK würde damit gegen die Rechtspflicht zu einer geordneten Verwaltung verstoßen (a. M. anscheinend Frentzel-Jäkel, Bem. 6).

Bei Genehmigung der Sonderbeitragsordnung wird die Aufsichtsbehörde zu prüfen haben, ob a) tatsächlich Anlagen oder Einrichtungen errichtet werden, die Kammerzugehörigen bestimmter Gewerbezweige ausschließlich oder in besonderem Maße zugute kommen, und b) ob den Beteiligten in einer rechtlich nicht zu beanstandenden Art und Weise Gelegenheit zur Äußerung gegeben worden ist. Ferner wird sie prüfen müssen, ob sich die Höhe der Vorausbelastung im Rahmen einer sparsamen und wirtschaftlichen Finanzgebarung hält. Dabei kann auch die Zweckmäßigkeit der Anlagen und Einrichtungen in Rede stehen (a. M. Frentzel-Jäkel, Bem. 6).

Nach § 30 Abs. 2 prIHK-Gesetz waren zur Verwaltung solcher Einrichtungen Vertreter der beteiligten Bezirksteile oder Betriebszweige in angemessener Zahl heranzuziehen. Die Verwaltung konnte insbesondere örtlichen oder fachlichen Ausschüssen übertragen werden, die aus Mitgliedern der Handelskammern und Vertretern der beteiligten Bezirksteile oder Betriebszweige zu bilden waren. Eine derartige Bestimmung fehlt jetzt. Die Verwaltung der Einrichtungen hat daher stets bei der IHK zu liegen, was jedoch nicht hindert, daß Vertreter der betroffenen Gewerbezweige an der Verwaltung in geeigneter Form beteiligt werden.

VI. Die Erhebung von Gebühren für besondere Inanspruchnahmen

Nach Abs. 6 kann die IHK für die Inanspruchnahme besonderer Anlagen und Einrichtungen (§ 1 Abs. 2) oder Tätigkeiten Gebühren erheben. Auch hiermit knüpft das Bundeskammergesetz an altes Recht der Kammern an, das ohne ausdrückliche gesetzliche Normierung seit je bestanden hat. Insbesondere gingen die Kammergesetze stets davon aus, daß die Beiträge zu den Handelskammern nur eine ergänzende Einnahme bilden, auf die erst zurückgegriffen werden darf, wenn die sonstigen Einnahmen zur Deckung des Bedarfs nicht ausreichen. Als derartige besondere Einnahmen der Handelskammer mußten vor allem die Gebühren für die tatsächliche Benutzung von Einrichtungen der Handelskammer, wie z. B. der Börsen, Schiffahrtsanlagen, kaufmännischen Bildungsanstalten usw. betrachtet werden (vgl. § 26 Abs. 1 Satz 1 prIHK-Gesetz).

Die fehlende gesetzliche Normierung wurde in Preußen durch das Änderungsgesetz vom 28. Dezember 1933 (GS 1934 S. 6) nachgeholt, indem ein neuer § 30a in das Gesetz über die Industrie- und Handelskammern eingefügt wurde, der den Kammern gestattete, mit Zustimmung des Ministers für Wirtschaft und Arbeit für die Benutzung von Anstalten, Anlagen und Einrichtungen sowie für Amtshandlungen, für welche die Kammer von einzelnen in Anspruch genommen wird, öffentlich-rechtliche Gebühren zu erheben.

In Fortführung dieser Rechtslage bestätigt nunmehr das Bundeskammergesetz den IHKn das Recht, Gebühren zu erheben, begrenzt es aber zugleich auf die Inanspruchnahme besonderer Anlagen und Einrichtungen oder Tätigkeiten. Was in diesem Sinn unter besonderen Anlagen und Einrichtungen zu verstehen ist, ergeben die Erläuterungen zu § 1 Abs. 2. Hinsichtlich der besonderen Tätigkeiten kann auf Bescheinigungen aller Art für den Außenhandel und für Visa und Sichtvermerke, auf Beglaubigungen von Rechnungen und Ursprungszeugnissen und von Unterschriften und auf schriftliche Anfragen auf Benennung von Firmen usw. verwiesen werden. Gebühren kann die IHK aber ganz allgemein nicht nur bei freiwilligen Aufgaben erheben, sondern auch bei Tätigkeiten, die Pflichtaufgaben oder übertragene Aufgaben bilden.

Die ordnungsgemäße Erhebung von Gebühren setzt voraus, daß die Vollversammlung der IHK eine Gebührenordnung beschlossen (§ 4 Nr. 2) und die zuständige Aufsichtsbehörde sie genehmigt hat (§ 11 Abs. 2). Dabei wird die Gebührenordnung in aller Regel zunächst die gebührenpflichtigen Tätigkeiten umschreiben, sodann die Zahlungspflicht festlegen und nähere Bestimmungen über die Auslagen treffen, zu denen insbesondere die Postgebühren für Zustellungen und Ladungen, die Telefongebühren, die Kosten öffentlicher Bekanntmachungen, die Schreibgebühren für weitere Ausfertigungen, Abschriften und Auszüge und andere Unkosten gehören. Weitere Vorschriften haben die Fälligkeit und Mahnung der Gebühren, ihre Entstehung und Verjährung, ihre Beitreibung, Stundung und Niederschlagung, ihre Herabsetzung sowie die Rechtsbehelfe gegen den Gebührenbescheid zu regeln. Sofern den Einwendungen gegen den Bescheid nicht stattgegeben wird, ist schließlich der Verwaltungsrechtsweg zulässig.

Im übrigen kann die IHK auch Einnahmen aus Gebühren haben, die nicht in ihrer Gebührenordnung festgelegt sind. Das gilt beispielsweise für die Einnahmen und Ausgaben bei der Durchführung der Sachkundeprüfungen gem. § 4 Abs. 4 des Gesetzes über die Berufsausübung im Einzelhandel vom 5. August 1957 (BGBl. I S. 1121). Hier stehen die Gebühren dem Staat zu, der die Prüfungsausschüsse bei den IHKn errichtet. Im Hinblick darauf jedoch, daß die Geschäftsführung der Prüfungsausschüsse bei den IHKn liegt, sind die Prüfungsgebühren der Teilnehmer an den Prüfungen regelmäßig bei der IHK einzuzahlen und die Gebühren so festzusetzen, daß neben dem allgemeinen Verwaltungsaufwand des Staates auch die Ausgaben der IHK abgegolten werden.

Wie andere öffentlich-rechtliche Gebühren unterliegen auch die Gebühren der IHKn gewissen Grundprinzipien, z. B. dem Kostendeckungsprinzip (vgl. BVerwG in NJW 1956 S. 765) und den Grundsätzen der Verhältnismäßigkeit von Leistung und Gegenleistung und der Gleichmäßigkeit der Belastung, deren Einhaltung die Aufsichtsbehörde überprüfen kann. Hinsichtlich des Kostendeckungsprinzips erklärt zwar ein neueres Urteil des Bundesverwaltungsgerichts vom 20. Juni 1958 (BVerG VII A 2.57), daß dieses Prinzip nur deshalb in dem früheren Urteil für maßgebend erklärt worden sei, weil es in dem in Rede stehenden Gesetz ausdrücklich hieß, daß die Behörde „Gebühren zur Deckung der Verwaltungskosten für ihre Tätigkeit" erhebe. Es könne nicht anerkannt werden, daß zum Wesen einer jeden Gebühr das Kostendeckungsprinzip gehöre, da es auch Gebühren gebe, deren Höhe nicht nach den Kosten des Arbeitsaufwandes der damit befaßten Behörde bemessen werde, sondern nach dem Wert, den die Leistung der Behörde für den Antragsteller habe. Man wird dieses sehr anfechtbare Urteil des Bundesverwaltungsgerichts nicht auf den Gebührenbereich der IHKn anwenden können, da eine solche Handhabung der Aufgabenstellung der IHKn und dem Sinn des § 3 Abs. 6 widersprechen würde.

VII. Verjährung, Einziehung und Beitreibung der Beiträge, Sonderbeiträge und Gebühren

In bezug auf die Verjährung der Beiträge, Sonderbeiträge und Gebühren und in bezug auf ihre Einziehung und Beitreibung trifft das Bundeskammersetz in § 3 Abs. 8 genaue Vorschriften, die zwingendes Recht darstellen, soweit nicht das Verfahren und die Zuständigkeit für die Einziehung und Beitreibung der Beiträge, Sonderbeiträge und Gebühren in Rede stehen.

Was zunächst die Verjährung betrifft, so war in Preußen ursprünglich eine Frist von einem Jahr in Kraft, die auf dem preußischen Gesetz über die Verjährungsfristen bei öffentlichen Abgaben vom 18. Juni 1840 (GS S. 140) beruhte. Durch das Änderungsgesetz vom 28. Dezember 1933 zu dem preußischen Gesetz über die Industrie- und

Handelskammern wurde eine neue Regelung eingeführt, weil sich die ursprüngliche Regelung aus verschiedenen Gründen als unzweckmäßig erwiesen hatte. § 31a des Änderungsgesetzes erklärte, daß der Anspruch der IHK auf Zahlung der Beiträge der Verjährung unterliege und daß auf die Verjährung die Vorschriften der Reichsabgabenordnung über die Steuern vom Einkommen und Vermögen Anwendung fänden. Die hier angezogenen Vorschriften waren in den §§ 143ff. RAO enthalten. Diese Rechtslage wurde in § 3 der Zweiten Durchführungsverordnung vom 18. April 1940 zum Gesetz über die Erhebung der Beiträge zu den IHKn vom 31. März 1938 beibehalten. Sie wird in § 3 Abs. 8 BKG wiederholt.

Da die Verjährungsfrist bei den Steuern vom Einkommen und Vermögen fünf Jahre beträgt (§ 144 Satz 1 RAO), ist diese Frist auch für Ansprüche auf Zahlung von Beiträgen usw. maßgebend. Die übrigen Ansprüche, z. B. Ungehorsamsfolgen, Säumniszuschläge, Zinsen und Kosten verjähren demgegenüber in einem Jahr (§ 144 Satz 2 RAO).

Eine „Hinterziehung" von Beiträgen, Sonderbeiträgen und Gebühren (§ 144 Satz 1, 2. Halbsatz RAO), bei der die Verjährungsfrist zehn Jahre beträgt, dürfte bei IHK-Beiträgen und Gebühren nicht in Frage kommen.

Die Verjährung beginnt mit Ablauf des Jahres, in dem der Anspruch entstanden ist (§ 145 Abs. 1 RAO). Ist die Zahlung hinausgeschoben oder gestundet worden, so beginnt die Verjährung mit Ablauf des Jahres, in dem der Zahlungsaufschub oder die Stundung abgelaufen ist (§ 145 Abs. 2 Satz 1 RAO). Über die Verjährungshemmung und die Unterbrechung der Verjährung vgl. die §§ 146, 147 RAO. Durch die Verjährung erlischt der Anspruch mit seinen Nebenansprüchen. Was zur Befriedigung eines verjährten Anspruchs geleistet ist, kann jedoch nicht zurückgefordert werden (§ 148 RAO).

Hinsichtlich der Einziehung und Beitreibung der Beiträge, Sonderbeiträge und Gebühren sollen die für Gemeindeabgaben geltenden landesrechtlichen Vorschriften entsprechend angewendet werden. Damit wird zwar eine landesrechtliche Verschiedenheit der Einziehung und Beitreibung herbeigeführt, jedoch einheitlich bestimmt, daß Einziehung und Beitreibung nicht erst auf einen gerichtlichen Vollstreckungstitel hin erfolgen können (Frentzel-Jäkel, Bem. 10).

Die Regelung geht auf älteres Recht zurück. Im preußischen Gesetz von 1870 war nur die Bestimmung enthalten, daß die Erhebung der Beiträge auf Anordnung der Regierung geschehen solle (Lusensky, § 28 Anm. 1). Dagegen war keine Vorschrift getroffen, die den Handelskammern das Recht gewährt hätte, Staats- oder Gemeinde- oder sonstige öffentliche Kassen für die Einziehung ihrer Beiträge in Anspruch zu nehmen. In der Praxis fand die Beitragserhebung nur vereinzelt durch einen Beamten der Handelskammer statt; in der Regel wurden die Beiträge auf Ersuchen der Kammer von den staatlichen Kreiskassen usw. eingezogen (Lusensky a. a. O.). Erst in Verbindung mit der Neuordnung der direkten Staatssteuern in Preußen wurde durch die Novelle von 1897 die Verpflichtung für die Gemeinden und Gutsbezirke begründet, „auf Ersuchen der Handelskammer die Erhebung der Handelskammerbeiträge gegen eine Vergütung von höchstens 3 v. H. der eingezogenen Beiträge zu bewirken und die Beiträge durch Vermittlung der Kreis-(Steuer)Kassen an die Handelskammer abzuführen". Gleichzeitig wurden die Beiträge als öffentliche Lasten bezeichnet; festgelegt wurde ferner, daß rückständige Beiträge in derselben Weise wie Gemeindeabgaben einzuziehen seien. Die bisherige Anordnung des Regierungspräsidenten zur Erhebung der Beiträge fiel fort, weil sie weder für die Gemeinden und Gutsbezirke notwendig war, die kraft Gesetzes zur Erhebung der Beiträge verpflichtet waren, noch für die Vollstreckbarkeit, die sich aus dem Gesetz ohne weiteres ergab. Im übrigen stand es den Handelskammern frei, die Einziehung der Beiträge auch in anderer Weise z. B. durch Selbsteinziehung zu bewirken (Lusensky, § 28 Anm. 2).

In fast gleicher Form wiederholte § 4 der Ersten Verordnung vom 8. September 1939 (RGBl. I S. 1738) zur Durchführung des IHK-Beiträgeerhebungsgesetzes die Verpflichtung aus § 28 des preußischen Handelskammergesetzes, setzte allerdings die Vergütung der Gemeinden auf höchstens 5 v. H. der eingezogenen Beiträge herauf und erklärte nunmehr, daß die Beiträge wie rückständige Steuern einzuziehen seien. Diese letzte Bestimmung wurde durch §1 der Zweiten Durchführungsverordnung vom 18. April 1940 (RGBl. I S. 681) dahin gewandelt, daß rückständige Beiträge wie die Gewerbesteuer nach den landesgesetzlichen Vorschriften zwangsweise beigetrieben würden.

Das Bundeskammergesetz hat diese Regelung übernommen, allerdings ohne die Vergütung der Gemeinden zu berühren; auch unterscheidet das Gesetz jetzt deutlich zwischen Einziehung und Beitreibung. Was die „entsprechende Anwendung" der landesrechtlichen Vorschriften betrifft, so bedeutet diese, daß die IHKn für die Einziehung und die Beitreibung ihrer Beiträge und Gebühren in derselben Weise und in demselben Umfang wie die Gemeinden bei Gemeindeabgaben zuständig sind (Frenkel-Jäkel, Bem. 10). Soweit die eigenen Möglichkeiten, die Vollstreckung durchzuführen, nicht ausreichen, können die Gemeinden oder Gemeindeverbände verpflichtet sein, die Vollstreckung zu übernehmen, wenn dies landesrechtlich angeordnet ist (vgl. § 12 Abs. 1 Nr. 6 BKG). Von dieser Ermächtigung ist weitgehend Gebrauch gemacht worden. So haben die Länder in den Ausführungsgesetzen zum Bundeskammergesetz im allgemeinen die Möglichkeit beibehalten, daß die IHKn die Beiträge, Sonderbeiträge und Gebühren durch die Gemeinden einziehen lassen können. Neue Aufgaben erwachsen den Gemeinden hieraus nicht, da diese Möglichkeit dem bisherigen Recht entspricht. Bei den Landesregelungen wird deutlich zwischen der Einziehung und der Beitreibung unterschieden. Regelmäßig erhalten die Gemeinden eine Einziehungsvergütung von 5. v. H. der zu erhebenden Beiträge sowie Beitreibungsgebühren nach allgemeinen Vorschriften. Dabei wird sichergestellt, daß Einziehungsvergütung und Beitreibungsgebühr auch dann zu entrichten sind, wenn ein Beitreibungsversuch erfolglos geblieben ist.

Sind die bezeichneten Verpflichtungen der Gemeinden landesgesetzlich festgelegt, so müssen sie einem entsprechenden Ersuchen der IHKn nachkommen. Die festgelegte Vergütung von 5 v. H. umfaßt dabei die gesamte, von den Gemeinden entfaltete Tätigkeit einschl. der Übersendung der eingezogenen Beiträge, so daß z. B. Portokosten nicht in Rechnung gestellt werden dürfen. Im übrigen braucht die IHK, wenn sie von der Ermächtigung Gebrauch macht, nicht alle Beiträge der Gemeinde zur Einziehung zu überweisen. Sie hat vielmehr die Möglichkeit, einen Teil durch die Gemeinde zu erheben und den übrigen Teil selbst einzuziehen.

Der Satz von 5 v. H. als Vergütung für die Einziehung und Abführung der Beiträge kann als Obergrenze im Wege der Vereinbarung unterschritten werden. Die Einziehung als solche erfolgt wohl durchweg auf Grund von Hebelisten, die die IHK der Gemeinde zuleitet.

Abs. 8 Satz 2 gestattet schließlich, daß das Verfahren und die Zuständigkeit für die Einziehung und Beitreibung der Beiträge und Gebühren durch Landesrecht abweichend geregelt werden kann. Eine solche abweichende Regelung kann z. B. darin bestehen, daß Verzeichnisse über rückständige Kammerbeiträge als Vollstreckungstitel im Sinne von § 794 ZPO zugelassen werden (Walter, Anm. 9). Vgl. hierzu § 801 ZPO, der bestimmt, daß die Landesgesetzgebung nicht gehindert ist, auf Grund anderer als der in den §§ 701, 794 ZPO bezeichneten Schuldtitel die gerichtliche Zwangsvollstreckung zuzulassen und insoweit abweichende Vorschriften von den Bestimmungen der ZPO über die Zwangsvollstreckung zu treffen. Im Rahmen dieser Möglichkeit waren früher in Bayern und Württemberg Vorschriften ergangen, die die Einziehung der Beiträge in dieser Weise bestimmten (Walter, Anm. 9; Frentzel-Jäkel, Bem. 10).

Daß § 8 Abs. 2 nicht etwa gestatten würde, landesrechtlich die Vollstreckbarkeit von Beiträgen und Gebühren auszuschließen, ist selbstverständlich (Frentzel-Jäkel, Bem. 10).

§ 4

Über die Angelegenheiten der Industrie- und Handelskammer beschließt, soweit nicht die Satzung etwas anderes bestimmt, die Vollversammlung. Der ausschließlichen Beschlußfassung durch die Vollversammlung unterliegen

1. die Satzung,
2. die Wahl-, Beitrags-, Sonderbeitrags- und Gebührenordnung,
3. die Feststellung des Haushaltsplans,
4. die Festsetzung des Maßstabes für die Beiträge und Sonderbeiträge sowie
5. die Erteilung der Entlastung.

Übersicht

I. Die Vollversammlung und ihre Zuständigkeit
II. Die ausschließliche Beschlußfassung der Vollversammlung über die in Satz 2 Ziff. 1—5 enthaltenen Gegenstände
1. Die Beschlußfassung über die Satzung
2. Die Beschlußfassung über die Wahl-, Beitrags-, Sonderbeitrags- und Gebührenordnung
3. Die Feststellung des Haushaltsplans
4. Die Festsetzung des Maßstabes für Beiträge und Sonderbeiträge
5. Die Erteilung der Entlastung
III. Die ausschließliche Beschlußfassung der Vollversammlung nach anderen Vorschriften des Bundeskammergesetzes

Literatur: Peters, Lehrbuch der Verwaltung, S. 78ff., 218ff., 288ff.

I. Die Vollversammlung und ihre Zuständigkeit

§ 4 spricht von der Vollversammlung, ohne zu definieren, was sie eigentlich darstellt. Ihr Charakter muß daher aus dem Gesetz und sonstigen Gegebenheiten entwickelt werden. Hiernach ist die Vollversammlung das oberste Willensorgan der IHK, das für alle Angelegenheiten zuständig ist, die das Bundeskammergesetz oder die Satzung der einzelnen IHK nicht anderen Kammerorganen zugewiesen hat. § 4 Satz 1 stellt damit eine gesetzliche Vermutung zugunsten der Zuständigkeit der Vollversammlung auf. Das Bundeskammergesetz begründet ferner die ausschließliche Zuständigkeit der Vollversammlung für die in Satz 2 Ziff. 1—5 näher bezeichneten Gegenstände. Darüber hinaus wird die ausschließliche Kompetenz der Vollversammlung für die Beschlußfassung anderer Gegenstände aber auch in weiteren Vorschriften des Bundeskammergesetzes hergestellt, nämlich für die Wahl des Präsidenten und der weiteren Mitglieder des Präsidiums (§ 6 Abs. 1), für die Bestellung des Hauptgeschäftsführers (§ 7 Abs. 1), für die Bestellung der Unternehmervertreter im Berufsausbildungsausschuß (§ 8 Abs. 2) und für die Umbildung (§ 9 Abs. 1).

Die Vollversammlung kann den Bereich ihrer Zuständigkeit nicht erweitern, da sie bereits „allgemein zuständig" ist (Frentzel-Jäkel, Bem. 1), wohl aber beschränken. Das Mittel hierzu ist die Satzung, durch die jedoch die gesetzlich festgelegte ausschließliche Zuständigkeit der Vollversammlung nicht geändert werden darf. Es wird daher für Beschränkungen der Kompetenz nur ein geringer Spielraum bleiben, innerhalb dessen das Verhältnis zwischen der Vollversammlung und anderen Organen der Kammer verändert werden könnte. Insbesondere ist es nicht möglich, daß die Vollversammlung etwa die gesamte Geschäftsführung übernimmt und die nach dem Gesetz für die Geschäftsführung Verantwortlichen (§ 7 Abs. 2) soweit entmachtet, daß sie ohne jede eigene Kompetenz lediglich die Beschlüsse der Vollversammlung durchzuführen haben.

Schränkt die Vollversammlung ihre Zuständigkeit durch die Satzuug ein, so bedarf eine derartige Maßnahme der Genehmigung der Aufsichtsbehörde (§ 11 Abs. 2).

Soweit die Vollversammlung „beschließt", kann ihre Beschlußfassung nicht an die Zustimmung oder Genehmigung anderer Organe oder Gremien der Kammer gebunden werden. Diese könnten nur beratend tätig sein (Frentzel-Jäkel, Bem. 3).

II. Die ausschließliche Beschlußfassung der Vollversammlung über die in Satz 2 Ziff. 1—5 enthaltenen Gegenstände

§ 4 Satz 2 legt die Gegenstände fest, die der ausschließlichen Beschlußfassung durch die Vollversammlung unterliegen. Sie werden durch die unter III. erwähnten Gegenstände ergänzt.

1. Die Beschlußfassung über die Satzung

Die Vollversammlung hat die ausschließliche Beschlußfassung über die Satzung (Satz 2 Ziff. 1).

Die Satzung regelt die Verfassung der einzelnen IHK, insoweit sie nicht durch bundes- oder landesgesetzliche Regelung bereits festgelegt ist. Letzteres ist weitgehend der Fall; doch bleibt für den Aufbau und den Wirkungskreis im einzelnen noch ein größerer Bereich, der durch die Satzung ergänzend geregelt werden kann, soweit nicht zwingende Vorschriften des Bundeskammergesetzes oder eines etwaigen Ausführungsgesetzes dem entgegenstehen.

Über das Entstehen der rechtsgültigen Satzung der nach dem Bundeskammergesetz umzubildenden IHKn enthält § 9 Abs. 1 Satz 2 und 3 das Nähere.

Die Satzung normiert öffentlich-rechtlich die Rechte und Pflichten der Kammerzugehörigen, der Mitglieder der Vollversammlung usw. Sie hat Rechtssatzcharakter (Huber I S. 185); ihr Erlaß ist ein Akt der Körperschaftsautonomie, den die in der Vollversammlung zusammengeschlossenen Repräsentanten der Kammerzugehörigen zu vollziehen haben. Sie darf den im Bundeskammergesetz enthaltenen Grundsätzen nicht widersprechen. Soweit einzelne Satzungsbestimmungen hiergegen verstoßen, sind sie nichtig, ohne das die teilweise Nichtigkeit die Nichtigkeit der ganzen Satzung zur Folge haben müßte (anders § 139 BGB). An ihre Stelle treten gegebenenfalls gesetzliche Muß- und Sollbestimmungen. Alle Satzungsbestimmungen müssen schriftlich abgefaßt sein, was zum mindesten aus § 11 Abs. 2 BKG hervorgeht.

Aus dem Bundeskammergesetz ergibt sich, daß die Satzung eine Regelung treffen muß, wenn die allgemeine Zuständigkeit der Vollversammlung beschränkt werden soll (§ 4 Satz 1); ferner hat sie zu enthalten: die Zahl der Mitglieder des Präsidiums (§ 6 Abs. 1), die Zahl der Mitglieder des Berufsausbildungsausschusses (§ 6 Abs. 2 Satz 1), die Einzelheiten über die Vertretung der IHK durch den Präsidenten und den Hauptgeschäftsführer (§ 7 Abs. 2), die Berufung nicht zur Vollversammlung wählbarer Personen in Ausschüsse (§ 8 Abs. 4) und die Umbildung der nicht dem § 3 Abs. 1 entsprechenden IHK (§ 9 Abs. 1). Vgl. Frentzel-Jäkel, Bem. 4.

Wie die Satzung in ihrem Aufbau zweckmäßig aussehen wird, ergibt das Muster des DIHT für eine Kammersatzung. In ihm sind zunächst Bestimmungen über die Bezeichnung der IHK, ihren Sitz und den Umfang ihres Bezirkes, sodann Bestimmungen über die Vollversammlung und ihre Kompetenz sowie über ihre Einberufung und Beschlußfähigkeit vorgesehen. Weitere Vorschriften befassen sich mit den zu bildenden Ausschüssen, mit dem Präsidium und seiner Kompetenz, mit der Geschäftsführung und ihrer Vertretung und schließlich mit dem Haushaltsplan und der Rechnungslegung und Rechnungsprüfung. Für die fehlerfreie Arbeit der Kammern wird die sorgfältige Durchbildung der Satzung von großer Bedeutung sein.

2. Die Beschlußfassung über die Wahl-, Beitrags-, Sonderbeitrags- und Gebührenordnung

Ausschließlich zur Beschlußfassung der Vollversammlung gehören neben der Satzung auch die Wahlordnung und die für die finanzielle Sicherstellung der Kammer notwendigen Beitrags- und Gebührenordnungen. Die Wahlordnung wird außer in § 4 Satz 2 Nr. 2 noch in § 5 Abs. 3 Satz 1 und 2 angesprochen; die Beitragsordnung findet noch in § 3 Abs. 2 Satz 1, Abs. 4 Satz 2 und Abs. 7 Satz 2, die Sonderbeitragsordnung in § 3 Abs. 7 Satz 1 und 2 und die Gebührenordnung in § 3 Abs. 6 Erwähnung. Daneben ist die Anwendung weiterer Vorschriften auf diese autonomen Satzungen zu beachten sowie vor allem die in § 11 Abs. 1 und 2 festgelegte Rechtskontrolle.

Bei der Beschlußfassung über diese Satzungen muß die Vollversammlung die materiellen und formellen Voraussetzungen für ihren Erlaß beachten und außerdem Bedacht darauf nehmen, daß auch die notwendigen Nebenbestimmungen (vgl. z. B. § 3 Abs. 7 Satz 2) enthalten sind. Über die Notwendigkeit, daß bei der Beschlußfassung auf bestimmte allgemeine Rechtsprinzipien Rücksicht zu nehmen ist, vgl. beispielsweise die Ausführungen zu § 3 unter VI am Ende.

Zum ordnungsgemäßen Erlaß der Satzungen (des statutarischen Kammerrechts) gehört auch, daß die Satzungen und sonstige Vorgänge, die z. B. anläßlich der Wahlen bekanntzumachen sind, der Öffentlichkeit so zur Kenntnis gebracht werden, daß diese ohne Schwierigkeiten Kenntnis nehmen kann. Für die Bekanntmachung amtlicher Verkündungen genügt z. B. nicht ein allgemein gefaßter Hinweis, wenn die weiteren Einzelheiten der amtlichen Bekanntmachung mit ihrem vollständigen Wortlaut in der Verwaltung der Kammer für eine bestimmte Zeit zur allgemeinen Einsicht der Kammerzugehörigen ausgelegt werden und auf diese Auslage in der amtlichen Bekanntmachung hingewiesen wird.

3. Die Feststellung des Haushaltsplans

Daß die Vollversammlung einen Haushaltsplan feststellen muß, ergibt sich nicht nur aus § 4 Satz 2 Nr. 3, sondern auch aus § 3 Abs. 2 Satz 1 und 2, der insbesondere

Wesen und Bedeutung des Haushaltsplans klarstellt und die Grundsätze anführt, nach denen er aufzustellen ist. Die Feststellung des Haushaltsplans bedeutet die im voraus getroffene Festlegung der Ausgaben und Einnahmen der IHK für einen bestimmten Zeitabschnitt und die Bestimmung, daß der Plan, so wie er festgestellt worden ist, praktisch durchgeführt wird. Maßgebend für die Aufstellung des Haushaltsplans ist die Haushalts-, Kassen- und Rechnungslegungsordnung, die für die einzelne IHK Geltung hat. Die fehlerfreie Feststellung des Haushaltsplans ist davon abhängig, daß bei der Aufstellung gewisse allgemeine Wirtschaftsgrundsätze eingehalten werden. So ist z. B. selbstverständlich, daß die Einnahmen die Ausgaben decken müssen, weil sonst von einer geordneten Finanzwirtschaft nicht die Rede sein kann (Peters S. 221) und daß eine Reihe von Grundsätzen beachtet worden sein muß (z. B. die Vollständigkeit, die Etatswahrheit, die Spezialität, das Bruttoprinzip usw.), um den Plan als in Ordnung befindlich betrachten zu können (vgl. hierzu eingehend Peters S. 224ff. mit Bezug auf das Staatshaushaltsrecht).

Praktisch wird der Feststellung des Haushaltsplans die Aufstellung von Voranschlägen über die im folgenden Rechnungsjahr zu erwartenden Haushaltseinnahmen und -ausgaben vorangehen. Dabei wird den Neuforderungen von erheblicher geldlicher Tragweite besondere Aufmerksamkeit zu schenken sein; vor allem muß beachtet werden, daß Haushaltsmittel nur in der unbedingt erforderlichen Höhe angefordert werden (vgl. §§ 19—21 RHO, §§ 3ff., 9, 10 Abs. 1 RWB).

In aller Regel (vgl. § 8 Abs. 1 des Satzungsmusters des DIHT) wurde der Haushaltsplan früher für das künftige Geschäfts- und Rechnungsjahr vom 1. April bis 31. März aufgestellt. Es erhielt dann die Zahl des Jahres, in das neun Monate fielen (Peters S. 221). Nach der jetzigen Entwicklung, die im Bund und in den Ländern die Angleichung des Rechnungsjahrs an das Kalenderjahr zum Gegenstand hat, wird das Rechnungsjahr der IHKn dem Kalenderjahr angepaßt werden.

Auch hinsichtlich der Gliederung des Haushalts gilt die Haushalts-, Kassen- und Rechnungsordnung für die betreffende IHK (s. oben).

4. Die Festsetzung des Maßstabes für Beiträge und Sonderbeiträge

Als Grundlage für die Finanzwirtschaft der IHK ist die Festsetzung des Maßstabes für die Beiträge (Umlage und Grundbeiträge) und für die Sonderbeiträge von wesentlicher Bedeutung. Die Festsetzung des Maßstabes kann erst erfolgen, wenn ein Haushaltsplan aufgestellt worden ist, aus dem sich der Finanzbedarf ergibt. Dabei ist zu berücksichtigen, daß die Deckung des Finanzbedarfs in erster Linie nicht aus der Erhebung von Beiträgen resultieren soll, sondern aus Vermögenserträgnissen und Gebühren (s. §3 Abs. 2 Satz 1 und die dortigen Bemerkungen; Walter, Anm. 5). Außerdem ist zu bedenken, daß die Einkünfte nicht so gestaltet werden dürfen, daß sie dazu dienen, ein besonderes Vermögen anzusammeln, was jedoch die Bildung angemessener Rücklagen nicht auszuschließen braucht (vgl. die Bemerkungen a. a. O.; Walter, Anm. 5).

Bei der Festsetzung des Maßstabes für die Beiträge und Sonderbeiträge werden derartige Fragen nicht mehr auftauchen, da sie schon bei der Aufstellung des Haushaltsplans geklärt sein müssen. Hier wird es sich im besonderen darum handeln, den Maßstab für die Umlage, den Grundbeitrag und die Sonderbeiträge so zu wählen, daß eine möglichst gerechte Verteilung der Lasten vorgenommen wird. Dabei werden die wirtschaftlichen Besonderheiten des Kammerbezirks eine Rolle spielen.

5. Die Erteilung der Entlastung

Die Erteilung der Entlastung (Satz 2 Nr. 5) bezieht sich auf die Führung der Geschäfte der IHK durch das Präsidium und die Geschäftsführung während des vergangenen Geschäfts- und Rechnungsjahres. Sie bezieht sich nicht auf Vorgänge, die sich erst nach Ablauf des Haushaltsjahres, jedoch vor Einberufung der Vollversammlung abgespielt haben. Sie erfaßt im übrigen nur solche Vorgänge, die sich aus der Aufstellung der Jahresrechnung ergeben bzw. aus ihr erkennbar sind.

Die Entlastung bedeutet die Feststellung, daß das Präsidium und die Geschäftsführung den festgestellten Haushaltsplan einschließlich etwaiger Nachbewilligungen eingehalten haben und daß die Aufstellung der Jahresrechnung den dafür maßgebenden Vorschriften entspricht (Frentzel-Jäkel, Bem. 6). Die Entlastung hängt also mit der Rechnungslegung eng zusammen. Regelmäßig wird die Jahresrechnung vor Erteilung der Entlastung durch bestimmte Rechnungsprüfer oder einem besonderen Rechnungsprüfungsausschuß der Kammer geprüft. Hierzu bemerkt die Mustersatzung des DIHT in § 8 Abs. 4: „Die Rechnungsprüfer berichten der Vollversammlung vor der Beschlußfassung über die Entlastung über das Ergebnis ihrer Prüfung."

Der Entlastungsbeschluß der Vollversammlung enthält somit einmal eine Quittung über die erfolgte Rechnungslegung, die als vollständig und ordnungsgemäß anerkannt wird, sodann aber auch die Billigung der Führung der Geschäfte durch das Präsidium und die Geschäftsführung der IHK. Damit erklärt die Vollversammlung gleichzeitig, daß Ersatzansprüche gegen das Präsidium und die Geschäftsführung nicht bestehen. Diese Erklärung hat jedoch einen bloß tatsächlichen Inhalt, die keinerlei rechtliche Bindung bewirkt. Der nachträgliche Nachweis von Unregelmäßigkeiten wird dadurch nicht ausgeschlossen (Frentzel-Jäkel, Bem. 6). Die Vollversammlung kann also jederzeit die Erklärung dadurch entkräften, daß sie darlegt, warum die von ihr abgegebene Entlastung unrichtig war.

Anders liegt der Fall, wenn z. B. die Entlastung für offenkundig aus der Jahresrechnung hervorgehende Überschreitungen des Haushaltsplans vorbehaltlos erteilt worden ist. In einem solchen Fall wird den Überschreitungen die Etatswidrigkeit in gleicher Weise genommen, wie dies sonst durch besondere Nachbewilligungen geschieht (RGZ. Bd. 153 S. 166). Überhaupt bedeutet die Genehmigung der Jahresrechnung und Erteilung der Entlastung bei Überschreitungen von gewöhnlicher Art, die als solche im einzelnen genau aufgeführt sind und damit in ihrer Bedeutung deutlich erkennbar wurden, daß der Verantwortlichkeit des Präsidiums und der Geschäftsführung damit die Grundlage entzogen wird (RG a. a. O.).

Präsidium und Geschäftsführung haben einen Rechtsanspruch auf Entlastung, wenn sie der Vollversammlung die notwendigen Unterlagen, insbesondere also die Jahresrechnung mit allen dazu gehörenden Einzelheiten unterbreitet haben, so daß die Vollversammlung in der Lage ist, über die Entlastung Beschluß zu fassen, und keine Ordnungswidrigkeiten erkennbar sind. Wird diesem Anspruch nicht Rechnung getragen, so kann Klage auf Abgabe einer entsprechenden Erklärung der Vollversammlung erhoben werden.

Die Erteilung der Entlastung erfolgt nur im ganzen. Eine gesonderte Entscheidung über die Entlastung einzelner Mitglieder des Präsidiums oder der Geschäftsführung dürfte nicht möglich sein, da das Gesetz hierfür keinen Raum läßt.

Die Erteilung der Entlastung berührt nicht die Prüfung der Jahresrechnung durch diejenige Stelle, die entsprechend § 12 Abs. 1 Nr. 7 BKG hierfür durch Landesrecht bestimmt wird (Frentzel-Jäkel, Bem. 6). In dieser Beziehung haben die Ausführungsgesetze der Länder zum Bundeskammergesetz fast regelmäßig Rahmenbestimmungen getroffen, die ermöglichen, daß die Rechnungsprüfungsstelle des DIHT mit der Prüfung der Jahresrechnung beauftragt wird. Denkbar ist aber auch, daß neben der Rechnungsprüfung durch Rechnungsprüfer der Kammer oder die Rechnungsprüfungsstelle des DIHT die Rechnungshöfe der Länder von dem ihnen gegebenenfalls zustehenden Prüfungsrecht gegenüber Körperschaften des öffentlichen Rechts Gebrauch machen. In diesem Fall wird der Prüfungsstelle des DIHT für eine Überprüfung durch die Rechnungshöfe Verwendung finden.

Zweckmäßig wird die Prüfung der Jahresrechnung durch die hierfür zuständigen Organe der IHK mit der Prüfung durch die Prüfungsstelle des DIHT verbunden werden (Frentzel-Jäkel, Bem. 6). Die Entlastung kann in diesem Fall erst dann beantragt werden, wenn die Prüfungsstelle des DIHT die Prüfung zum Abschluß gebracht hat.

III. Die ausschließliche Beschlußfassung der Vollversammlung nach anderen Vorschriften des Bundeskammergesetzes

Obwohl § 4 in bestimmter Weise erklärt, welche Gegenstände der ausschließlichen Beschlußfassung durch die Vollversammlung unterliegen (Satz 2 Nr. 1—5), ist die Liste dieser Gegenstände nicht vollständig. Wie sich aus § 6 Abs. 1, § 7 Abs. 1, § 8 Abs. 2 Satz 2 und § 9 Abs. 1 Satz 2 BKG ergibt, gehören auch die Wahl des Präsidenten (Präses) und der weiteren Mitglieder des Präsidiums, die Bestellung des Hauptgeschäftsführers, die Bestellung der Unternehmervertreter für den Ausschuß für Berufsausbildung und die Beschlußfassung über die Umbildung einer nicht dem § 3 Abs. 1 BKG entsprechenden Kammer zur ausschließlichen Zuständigkeit der Vollversammlung. In allen diesen Fällen stehen Angelegenheiten der IHK zur Erörterung, über die nur das oberste willensbildende Kammerorgan beraten und beschließen kann.

§ 5

(1) Die Mitglieder der Vollversammlung werden von den Kammerzugehörigen gewählt.

(2) Wählbar sind natürliche Personen, die das Kammerwahlrecht auszuüben berechtigt sind, am Wahltag das 25. Lebensjahr vollendet haben und entweder selbst Kammerzugehörige sind oder allein oder zusammen mit anderen zur gesetzlichen Vertretung einer kammerzugehörigen juristischen Person, Handelsgesellschaft oder nichtrechtsfähigen Personenmehrheit befugt sind. Wählbar sind auch besonders bestellte Bevollmächtigte und in das Handelsregister eingetragene Prokuristen von Kammerzugehörigen.

(3) Das Nähere über die Ausübung des Wahlrechts, über die Durchführung der Wahl sowie über Dauer und vorzeitige Beendigung der Mitgliedschaft zur Vollversammlung regelt die Wahlordnung. Sie muß Bestimmungen über die Aufstellung der Kammerzugehörigen in besondere Wahlgruppen enthalten und dabei die wirtschaftlichen Besonderheiten des Kammerbezirks sowie die gesamtwirtschaftliche Bedeutung der Gewerbegruppen berücksichtigen.

Übersicht

I. Die Wahlen zur Vollversammlung und die Wahlberechtigung (das aktive Wahlrecht)
II. Die Wählbarkeit (das passive Wahlrecht)

III. Die Wahlordnung
1. Allgemeine Bemerkungen
2. Die Aufteilung der Kammerzugehörigen in besondere Wahlgruppen
IV. Mitgliedschaft und Tätigkeit der Mitglieder der Vollversammlung

I. Die Wahlen zur Vollversammlung und die Wahlberechtigung (das aktive Wahlrecht)

§ 5 Abs. 1 bestimmt, daß die Mitglieder der Vollversammlung, also des obersten willensbildenden Organs der IHK, von den Kammerzugehörigen (§ 2) zu wählen sind.

Die hiermit statuierte Wahlberechtigung bezieht sich somit sowohl auf physische Personen als auch auf verschiedene andere Rechtssubjekte und sogar auf nicht-rechtsfähige Personenmehrheiten (vgl. § 2 Abs. 1). Sie alle können Träger des Wahlrechts sein. Die Ausübung des Wahlrechts dagegen kann nur physischen Personen obliegen, wobei das Nähere hierzu die Wahlordnung regelt (§ 5 Abs. 3 Satz 1).

Daß zu den Trägern des Wahlrechts außer den Pflichtmitgliedern auch die freiwilligen Mitglieder gehören (§ 2 Abs. 3 und 5) kann nicht zweifelhaft sein. Machen sie von ihrem Recht, der Kammer anzugehören, Gebrauch, so haben sie die gleiche Rechtsstellung wie die Pflichtmitglieder (im Ergebnis ebenso Frentzel-Jäkel, Bem. 2).

Die früher in vielen Landesrechten gestattete Zuwahl (Kooptation) von Personen, die die Wählbarkeit zur Kammer einmal besessen, aber die ihre Wählbarkeit begründende Tätigkeit oder Stellung aufgegeben haben (anciens commerçants) ist nach dem Text des Abs. 1 nicht zulässig. Die Kooptation fand sich insbesondere als Neuerung in dem durch die Novelle vom 19. August 1897 geänderten § 8 des preußischen IHK-Gesetzes. Das Gesetz von 1870 hatte noch bewußt von der Wählbarkeit der anciens commerçants abgesehen, weil in der Regel „einer ersprießlichen Mitwirkung dessen, der sich vom Geschäfte bereits zurückgezogen hat, schon der Umstand entgegensteht, daß bei der stets fortschreitenden Entwicklung aller den Handel und die Gewerbe betreffenden Verhältnisse ein sachverständigrs Urteil über hierher einschlagende Fragen nur unter der Voraussetzung einer ununterbrochenen Beteiligung am und im Verkehr möglich ist“ (Motive S. 25, zitiert bei Lusensky, § 8 Anm. 1). Daß diese Auffassung nicht zutreffen konnte, war aber kaum zweifelhaft. Die Erfahrung hat dies später bestätigt. Da die Ansichten der Kammern über die Ausdehnung der Wählbarkeit auf anciens commerçants auseinandergingen, fand die Novelle von 1897 den Ausweg, die Ausdehnung der Wählbarkeit in das Ermessen der Handelskammern zu stellen. Im übrigen wurde die Bestimmung entgegen ihrer ursprünglichen Fassung dahin geändert, daß anciens commerçants statt durch die Wahl der Kammerzugehörigen durch Zuwahl der Handelskammer zu Mitgliedern der Kammer gemacht wurden.

Die Tatsache, daß das Bundeskammergesetz die Zuwahl nicht regelt, muß als entscheidendes Anzeichen dafür angesehen werden, daß sie das Gesetz nicht gestattet. Es hätte sonst eine ins einzelne gehende Regelung, welche Personen zugewählt werden können, auf wie lange Zeit die Zuwahl erfolgen darf und wie hoch die Zahl der zuzuwählenden Mitglieder im Verhältnis zur Gesamtzahl der Mitglieder der Vollversammlung sein darf, erfolgen müssen (ebenso, wenn auch mit anderer Begründung, VG Kassel: Urteil vom 30. Juni 1959 in II 245, 58). Soweit Satzungen der IHKn eine Zuwahl gestatten, wie z. B. § 5 Abs. 3 der Satzung der Handelskammer Hamburg vom 4. Oktober 1956 (Amtl. Anz. 1957 S. 13), sind die betreffenden Bestimmungen gegenstandslos geworden (a. M. Frentzel-Jäkel, Bem. 2).

Der von Frentzel-Jäkel für mit § 5 Abs. 1 vereinbar gehaltenen Durchführung der Wahl durch Wahlmänner ist zuzustimmen, da das Bundeskammergesetz von einer Regelung des Wahlsystems abgesehen, insbesondere auch nicht eine „unmittelbare" Wahl gefordert hat. In dieser Beziehung ist den IHKn freie Hand gelassen. Dem widerspricht auch nicht Art. 28 Abs. 1 GG, der das Prinzip der unmittelbaren Wahl für die Länder, Kreise und Gemeinden in bezug auf die Volksvertretungen statuiert. Art. 28 Abs. 1 enthält verfassungsrechtliche Grundnormen nur für diesen Bereich, um ein Mindestmaß an Homogenität in der Verfassungsstruktur des Bundes und der Länder sicherzustellen. Daß diese Normen, insbesondere die Wahlgrundsätze in Abs. 1 Satz 2, ohne weiteres auch Geltung für die Wahlen zu Körperschaften der Selbstverwaltung der Wirtschaft hätten, kann nicht angenommen werden. Es dürfte daher auch nicht für unzulässig anzusehen sein, daß eine Wahlordnung eine gemischte unmittelbare und mittelbare Wahl vorsieht, sofern nur die Bestimmungen in § 5 Abs. 1 gewahrt bleiben (a. M. VG Kassel: Urteil vom 30. 6. 1959 in II 245/58). Zuzugeben ist allerdings, daß der Wählerwille ohne Einschaltung der Entscheidungen dritter Personen am eindeutigsten zum Ausdruck kommt und daher wohl regelmäßig den Vorzug verdienen wird. Im übrigen ist zutreffend, daß die „Mittelbarkeit" nur den technischen Wahlvorgang betreffen darf, die Wahlmänner also lediglich wieder als Wähler tätig werden dürfen (Frentzel-Jäkel a. a. O.).

Selbstverständlich ist, daß gewisse fundamentale Grundsätze auf jeden Fall gewahrt sein müssen, daß z. B. die Wahl „frei" sein muß, also ohne jeden mittelbaren oder unmittelbaren Zwang durchgeführt wird.

II. Die Wählbarkeit (das passive Wahlrecht)

Wer zur Vollversammlung wählbar ist, bestimmt § 5 Abs. 2. Danach müssen folgende Voraussetzungen gegeben sein: a) die Eigenschaft: „natürliche Person", b) die Berechtigung, das Kammerwahlrecht auszuüben, c) die Vollendung des 25. Lebensjahres am Wahltag, d) die Kammerzugehörigkeit für die eigene Person oder die Eigenschaft, allein oder zusammen mit anderen zur gesetzlichen Vertretung einer kammerzugehörigen juristischen Person, Handelsgesellschaft oder nicht rechtsfähigen Personenmehrheit befugt zu sein. Statt der unter d) erwähnten Voraussetzungen genügt auch die Eigenschaft, ein besonderes bestellter Bevollmächtigter (für ein kammerzugehöriges Unternehmen) oder ein in das Handelsregister eingetragener Prokurist eines Kammerzugehörigen zu sein.

Mit diesen Voraussetzungen schließt sich das Bundeskammergesetz in manchen Punkten der früheren preußischen Regelung an, trifft jedoch auch hier keine derart ins einzelne gehende Bestimmungen wie das preußische Gesetz. Nach dessen Bestimmungen (§§ 7, 9) war zur Wählbarkeit insbesondere auch der Besitz der deutschen Staatsangehörigkeit erforderlich; ferner durfte der zu Wählende nicht in Konkurs geraten sein oder seine Zahlungen eingestellt haben.

Die Voraussetzung zu a) bedarf keiner Erklärung. Weitere Eigenschaften der natürlichen Person werden nicht verlangt. Fraglich ist, wie Personen zu behandeln sind, die sich nicht im Besitz der bürgerlichen Ehrenrechte befinden (vgl. § 32 StGB) oder die unter Vormundschaft oder Pflegschaft stehen (§§ 1773, 1896, 1909—1914 BGB). Hier gilt hinsichtlich des Verlustes der bürgerlichen Ehrenrechte § 33 StGB, wonach die Aberkennung der Ehrenrechte den dauernden Verlust der aus öffentlichen Wahlen für den Verurteilten hervorgegangenen Rechte bewirkt. Der Begriff der öffentlichen Wahlen in diesem Sinne deckt sich mit dem der Wahlen in öffentlichen Angelegenheiten, die § 108 StGB schützt. Zu ihnen gehören auch Wahlen zur Vollversammlung der IHK (vgl. ähnlich RGSt. Bd. 41 S. 129). Hinsichtlich der unter Vormundschaft oder Pflegschaft stehenden Kammerzugehörigen ist selbstverständlich, daß sie nicht in der Lage sind, Mitglieder der Vollversammlung zu werden, da die Vormundschaft oder Pflegschaft ihre Handlungsfähigkeit beschränkt.

Die zur Wählbarkeit verlangte Berechtigung, das Kammerwahlrecht auszuüben (Punkt b), stellt zwischen der Wahlberechtigung und der Wählbarkeit einen engen Zusammenhang her, der auch früher (vgl. § 7 in Verbindung mit § 5 prIHK-Gesetz) notwendigerweise gegeben war. Mitglied der Vollversammlung kann also, abgesehen von besonders bestellten Bevollmächtigten und Prokuristen, nur ein kammerzugehöriger Gewerbetreibender oder jemand sein, der das Wahlrecht zur Kammer als gesetzlicher Vertreter eines kammerzugehörigen Unternehmens ausübt (Frentzel-Jäkel, Bem. 3). Hinsichtlich weiterer Einzelheiten kann auf die Erläuterungen zu § 2 BKG verwiesen werden. Soweit Personen, die auf Grund des Besitzes eines eigenen Betriebes oder als vertretungsberechtigte Gesellschafter oder Prokuristen wählbar gewesen sind, ihre die Wählbarkeit begründende Tätigkeit oder Stellung aufgegeben haben, können sie nicht mehr kandidieren. Das gilt auch dann, wenn sie noch als Berater oder Mitglied des Aufsichtsrats eines kammerzugehörigen Unternehmens tätig sind (Frentzel-Jäkel, Bem. 3).

Die in persönlicher Hinsicht notwendige Voraussetzung der Vollendung des 25. Lebensjahres am Wahltag (Punkt c) entspricht § 7 Abs. 1 Satz 1 prIHK-Gesetz. Die Berechnung des Zeitpunkts erfolgt nach § 187 Abs. 2 BGB.

Soweit die Voraussetzung der Kammerzugehörigkeit für die eigene Person oder der gesetzlichen Vertretung einer kammerzugehörigen juristischen Person oder nicht rechtsfähigen Personenmehrheit verlangt wird (Punkt d), finden sich ebenfalls Anklänge an das frühere Recht (§ 5 Abs. 2 prIHK-Gesetz), jedoch auch Abweichungen. Wer allein oder zusammen mit anderen zur gesetzlichen Vertretung befugt ist, muß für juristische Personen und Handelsgesellschaften und für nicht rechtsfähige Personenmehrheiten besonders betrachtet werden. So sind gesetzliche Vertreter bei Kommanditgesellschaften und Kommanditgesellschaften auf Aktien die persönlich haftenden Gesellschafter, bei Aktiengesellschaften und eingetragenen Genossenschaften die Mitglieder des Vorstandes, bei Gesellschaften mit beschränkter Haftung die Geschäftsführer und bei Gewerkschaften der Repräsentant oder die Mitglieder des Grubenvorstandes. Bei juristischen Personen des bürgerlichen Rechts (Vereinen und Stiftungen) ist dem Vorstand die Stellung eines gesetzlichen Vertreters zugewiesen (§§ 26, 86 BGB). Besondere Bestimmungen gelten nach Landesrecht für die Eigenbetriebe.

Die Eigenschaft, ein besonders bestellter Bevollmächtigter eines kammerzugehörigen Betriebes zu sein, besitzen diejenigen Personen, die durch den Inhaber des wahlberechtigten Betriebes oder den Vorstand oder die Geschäftsführung einer Handelsfirma bestellt worden sind. Besonders bestellter Bevollmächtigter ist jedoch nicht jeder beliebige Bevollmächtigte, sondern nur derjenige, der die Vollmacht zum Betrieb eines Gewerbes oder zur Besorgung eines wesentlichen Teils der Geschäfte des Vollmachtgebers besitzt. Er muß also Direktionsbefugnisse haben, die über die Befugnisse eines Prokuristen hinausgehen (so auch im wesentlichen Frentzel-Jäkel, Bem. 5 unter Bezugnahme auf die Entstehungsgeschichte des Gesetzes). Hinsichtlich der Legitimation des Bevollmächtigten wird die Wahlordnung nähere Bestimmung treffen müssen.

Schließlich sind auch die in das Handelsregister eingetragenen Prokuristen eines Kammerzugehörigen zur Vollversammlung wählbar.

III. Die Wahlordnung

Das Nähere über die Ausübung des Wahlrechts, über die Durchführung der Wahl sowie über die Dauer und die vorzeitige Beendigung der Mitgliedschaft zur Vollversammlung regelt nach § 5 Abs. 3 Satz 1 die Wahlordnung. Damit verzichtet das Bundeskammergesetz entgegen den früheren Landesrechten darauf, die Ausübung des Wahlrechts und die Durchführung der Wahl im einzelnen zu bestimmen und überläßt die diesbezügliche Regelung den IHKn, die lediglich die zwingenden Vorschriften des Bundeskammergesetzes, insbesondere des § 5 Abs. 1 und 2 zu beachten haben. Auch der Gesetzgeber des Landes kann auf diesem Gebiet keine weiteren Vorschriften erlassen, da eine Ermächtigung hierfür aus § 12 Abs. 1 BKG nicht hervorgeht. Das ist jedoch praktisch von keiner großen Bedeutung, weil die Wahlordnung der IHK der Genehmigung der Aufsichtsbehörde nach § 11 Abs. 2 unterliegt und die Behörde in diesem Verfahren für die Einfügung aller notwendigen Bestimmungen in die Wahlordnung Sorge tragen kann.

1. Allgemeine Bemerkungen

Regelmäßig wird die Wahlordnung Bestimmungen enthalten müssen, nach denen die Kammerzugehörigen die Mitglieder der Vollversammlung in gleicher, allgemeiner und geheimer Wahl auf die Dauer eines genau bestimmten Zeitraums zu wählen haben. Daß die Wahl stets unmittelbar sein muß, ist nicht gesagt. Denkbar wäre auch, daß mittelbare Wahlen durchgeführt werden, z. B. in Bayern über die Handelsgremien, oder daß ein Teil der Mitglieder der Vollversammlung, z. B. die Vertreter der Minderkaufleute, mittelbar gewählt werden (s. oben).

Zweckmäßig kann es sein, festzulegen, daß ein Teil der Mitglieder der Vollversammlung alle zwei oder drei Jahre aus der Vollversammlung ausscheidet und durch Ergänzungswahlen ersetzt wird (vgl. hierzu § 16 Abs. 1 und 2 prIHK-Gesetz). Wer ausscheidet, braucht nicht durch das Los bestimmt zu werden. Vielmehr könnte schon in der Satzung genau festgelegt sein, welche Mitglieder die Vollversammlung verlassen.

Für Mitglieder der Vollversammlung, die außerhalb der regelmäßigen Ergänzung der IHK vor Ablauf ihrer Amtszeit ausscheiden (z. B. durch Tod, Verzicht, Fortfall der Voraussetzungen der Wählbarkeit, Ausschließung), muß bestimmt werden, wer sie ersetzt. Der Ersatz kann unter Umständen durch diejenigen Bewerber geschehen, die bei der Wahl in ihrer Wahlgruppe nach den gewählten Bewerbern und den bereits nachgerückten Ersatzmännern die höchste Stimmenzahl erhalten haben. Die Vollversammlung kann aber auch Ersatzwahlen beschließen, wenn keine Ersatzmänner vorhanden sind (vgl. § 16 Abs. 3 prIHK-Gesetz).

Die Wahlordnung wird sodann Vorschriften über die Wahlberechtigung der Kammerzugehörigen zu enthalten haben, wobei Näheres über das Ruhen des aktiven Wahlrechts zu bestimmen ist. Im allgemeinen ist das Ruhen des Wahlrechts bei Kammerzugehörigen festgelegt, über deren Vermögen das Konkursverfahren läuft oder die einen Antrag auf Eröffnung des gerichtlichen Vergleichsverfahrens gestellt haben, ferner bei Kammerzugehörigen, solange sie ihre Zahlungen eingestellt haben oder sich in Straf- oder Untersuchungshaft befinden. Regelmäßig wird auch das Ruhen des Wahlrechts für die Zeit bestimmt, in der gegen den Berechtigten ein Hauptverfahren wegen eines Verbrechens oder Vergehens anhängig ist, das die Aberkennung der bürgerlichen Ehrenrechte oder der Fähigkeit zur Bekleidung öffentlicher Ämter zur Folge haben kann. Schließlich fallen in diese Kategorie auch Kammerzugehörige für die Zeit, während der ihnen die bürgerlichen Ehrenrechte oder die Fähigkeit zur Bekleidung öffentlicher Ämter oder die Grundrechte aberkannt sind.

Bei der praktischen Durchführung ist von Bedeutung, wie der IHK die Fälle des Ruhens des Wahlrechts zur Kenntnis gelangen. Bei Personen, die in der Verfügung über ihr Vermögen beschränkt oder die in die Schuldnerliste eingetragen sind, kommen diese Fälle durch die laufende Übersendung der Schuldnerverzeichnisse oder durch Veröffentlichungen in den Amtsblättern zur Kenntnis. Bei den in Straf- oder Untersuchungshaft befindlichen Kammerzugehörigen ergibt sich der Ausschluß von der Ausübung des Wahlrechts selbsttätig durch die Haftverbüßung, so daß insoweit besondere Feststellungen zur Kennzeichnung der Wahllisten nicht erforderlich sind. In den Fällen, in denen gegen Kammerzugehörige ein schwerwiegendes Hauptverfahren anhängig ist oder ihnen die bürgerlichen Ehrenrechte aberkannt sind, ist die IHK von entsprechenden Mitteilungen der Behörden abhängig, soweit derartige Tatbestände überhaupt zu erfassen sind.

Die Wahlordnung wird weiter nähere Vorschriften über die Ausübung des Wahlrechts durch natürliche oder juristische Personen, Handelsgesellschaften und nicht rechtsfähige Personenmehrheiten sowie für Zweigniederlassungen und Betriebsstätten zu treffen haben. Hierbei kann die Wahlordnung etwa die gleichen Erleichterungen einführen, wie sie der Gesetzgeber in § 5 Abs. 2 für das passive Wahlrecht eingeführt hat, als er besonders bestellte Bevollmächtigte und Prokuristen für wählbar erklärte. Daraus, daß das Bundeskammergesetz anders als das frühere preußische Gesetz über die Handelskammern keine Bestimmungen über die Stimmabgabe durch Bevollmächtigte enthält, kann nicht entnommen werden, daß sie ausgeschlossen sein sollte. Dem widerspricht § 5 Abs. 3 BKG, der die ausdrückliche generelle Ermächtigung enthält, daß das Nähere über die Ausübung des Wahlrechts und die Durchführung der Wahl in der Wahlordnung geregelt werden könne. Diese Ermächtigung entspricht der Ermächtigung in § 40 BGB auf dem Gebiet des Vereinsrechts, wonach die Vereinssatzung die Ausübung von Mitgliedschaftsrechten entgegen § 38 BGB einem anderen als einem Vereinsmitglied überlassen kann. Im übrigen ist auch, wenn ein Kammerzugehöriger im Bezirk der Kammer nur durch eine Zweigniederlassung vertreten ist, eine andere Form der Ausübung des Wahlrechts als durch Stimmabgabe eines Bevollmächtigten kaum denkbar; denn vielfach haben wahlberechtigte natürliche Personen oder gesetzliche Vertreter ihren Sitz nicht am Ort der Zweigniederlassung. Auch wäre es widerspruchsvoll, Prokuristen und Bevollmächtigte als Mitglieder der Vollversammlung zuzulassen, sie jedoch von der Ausübung des Wahlrechts des kammerzugehörigen Unternehmens auszuschließen (a. M. VG Kassel: Urteil vom 30. Juni 1959 in II 245. 58).

Wird die Vollversammlung auf die Dauer von drei Jahren gewählt, so bezieht sich die Wahl auf den Ablauf von 36 Monaten nach dem Tage der Wahl, sofern nichts anderes bestimmt ist, nicht aber auf das Haushaltsjahr der IHK. Das Haushaltsjahr ist hiervon völlig unabhängig. Regelmäßig wird es sich empfehlen, die Wahlen zur Vollversammlung so zu legen, daß entweder vor Verabschiedung des Haushalts genügend Zeit bleibt, um die Beratung des neuen Haushalts ohne Hast mit aller Sorgfalt vorzunehmen, oder auf einen Termin, der so lange nach der Verabschiedung des Haushalts liegt, daß die bewilligten Mittel im wesentlichen noch innerhalb des Zeitraums verwendet werden, über den die alte Vollversammlung Beschluß gefaßt hat. Im übrigen wird es selbstverständlich sein, daß sich die neue Vollversammlung in bezug auf den Haushaltsplan an die Verabschiedung des Haushalts durch die alte Vollversammlung gebunden hält, es sei denn, daß die Beschlüsse der alten Vollversammlung nicht im Rahmen der gesetzlichen Möglichkeiten liegen.

2. Die Aufteilung der Kammerzugehörigen in besondere Wahlgruppen

Nach § 5 Abs. 3 Satz 2 muß die Wahlordnung Bestimmungen über die Aufteilung der Kammerzugehörigen in besondere Wahlgruppen enthalten und dabei die wirtschaftlichen Besonderheiten des Kammerbezirks sowie die gesamtwirtschaftliche Bedeutung der Gewerbegruppen berücksichtigen. Diese Muß-Vorschrift ist von besonderer Wichtigkeit. Wird sie bei Ausarbeitung der Wahlordnung nicht beachtet, so hat die Aufsichtsbehörde die Genehmigung der Wahlordnung zu versagen.

Ursache für die in Satz 2 aufgestellten Forderungen ist, daß die Zusammensetzung einer ausnahmslos auf der Grundlage des allgemeinen gleichen Wahlrechts gebildeten Vollversammlung den Inhabern mittlerer und kleinerer Firmen sowie von Einzelhandelsgeschäften ein Übergewicht über den Großhandel und die Großindustrie geben würde, das in Anbetracht der Bedeutung großer Firmen und der in ihnen zusammengeschlossenen Vielzahl von Arbeitnehmern nicht gerechtfertigt wäre. Auch würden unter Umständen Wirtschaftszweige, die trotz ihres Schwergewichts im Bezirk zahlenmäßig schwach sind, nicht angemessen vertreten sein. Es ist darum erforderlich, ein System zu entwickeln, das allen berechtigten Ansprüchen auf Vertretung in der Kammer weitgehend entgegenkommt.

Die Schwierigkeiten, ein angemessenes Verhältnis der einzelnen Wirtschaftszweige in der Vollversammlung herbeizuführen, führten in Preußen dazu, daß § 10 des preußischen Gesetzes über die Handelskammern von 1870, wonach die Handelskammern allgemein und ausnahmslos auf der Grundlage des allgemeinen gleichen Wahlrechts gebildet wurden, durch die Novelle von 1897 eine bedeutsame Veränderung erfuhr. Danach hatten die Handelskammern die Wahl zwischen drei Systemen, nämlich der Wahl nach Abteilungen, der Abstufung des Wahlrechts nach der Höhe der Beiträge zur Handelskammer (Pluralwahlsystem) und dem allgemeinen gleichen Wahlrecht. Für die Bildung von Wahlabteilungen bestanden keine gesetzlichen Beschränkungen. Es war daher nicht nur zulässig, Wahlabteilungen unter Zugrundelegung der Gewerbesteuer oder der Beiträge zur Handelskammer zu bilden, sondern auch auf der Grundlage des Betriebsumfanges (z. B. Abteilung für Großbetriebe, mittlere Betriebe, Kleinbetriebe) oder nach Betriebszweigen (Lusensky, § 10 Anm. 2). Das Pluralwahlsystem bestand darin, daß mit den steigenden Abgaben der Wahlberechtigten zur Handelskammer das Stimmrecht vermehrt wurde. Hierbei war jedoch, um nicht zu einem völlig unbilligen Ergebnis zu gelangen, notwendig, daß ein Wahlberechtigter nicht über eine bestimmte Höchstzahl von Stimmen hinaus gelangen konnte.

Diesen Schwierigkeiten versucht das Bundeskammergesetz durch die Vorschrift des § 5 Abs. 3 Satz 2 zu begegnen. Bei ihrer Anwendung muß man sich vergegenwärtigen, daß die Vollversammlung „ein Spiegelbild der wirtschaftlichen Komponenten des Kammerbezirks darstellen und diesen Bezirk sowohl in seinen räumlichen Besonderheiten als auch in seiner spezifischen Wirtschaftskraft zum Ausdruck bringen soll" (Frentzel-Jäkel, Bem. 5). Um dies herbeizuführen, ging schon die bisherige Übung dahin, die Wahlen so durchzuführen, daß bestimmte Wahlgruppen gebildet wurden, innerhalb deren die Angehörigen jeder Gruppe die auf sie entfallenden Mitglieder wählten (Frentzel-Jäkel, Bem. 5). Hierbei konnte noch nach Bezirken aufgegliedert werden.

Die Aufgliederung nach Wahlgruppen ist nunmehr obligatorisch. Außerdem muß die Aufgliederung die wirtschaftlichen Besonderheiten des Kammerbezirks und gleichermaßen die gesamtwirtschaftliche Bedeutung der Gewerbegruppen berücksichtigen. Die Kammern werden daher eine sehr unterschiedliche Zusammensetzung aufweisen. Wie die Zusammensetzung im konkreten Fall zu erfolgen hat, wird einer sorgfältigen Analyse der wirtschaftlichen Struktur des Kammerbezirks bedürfen. Die aus dieser Analyse gezogenen Erkenntnisse sind dann bei Aufstellung der Wahlgruppen zu verwirklichen. Hierbei ist festzustellen, daß die Begriffe „wirtschaftliche Besonderheiten des Kammerbezirks“ und „gesamtwirtschaftliche Bedeutung der Gewerbegruppen“ sogenannte unbestimmte Rechtsbegriffe darstellen, die wie andere unbestimmte Rechtsbegriffe der richterlichen Nachprüfung unterliegen; denn ob die genannten Voraussetzungen bei Aufstellung einer besonderen Wahlgruppe berücksichtigt worden sind, kann nach objektiven Maßstäben, frei von subjektivem Ermessen festgestellt werden. Der Auffassung von Frentzel-Jäkel, Bem. 5 ,daß die Aufsichtsbehörde im Wege der Beanstandung keine andere Sitzverteilung fordern könne, wenn sie etwa die wirtschaftlichen Besonderheiten oder die wirtschaftliche Bedeutung einzelner Gewerbezweige anders bewerte als die Vollversammlung, kann keinesfalls zugestimmt werden. Vgl. hierzu im einzelnen Reuß, Der unbestimmte Rechtsbegriff, DVBl. 1953 S. 649ff. mit weiteren Nachweisen.

Zur praktischen Handhabung der Bestimmungen des Abs. 3 Satz 2 kann auf die Aufschlüsselung der 50 Plenarmitglieder in 10 Wahlgruppen bei den Kammerwahlen 1957 der Handelskammer Hamburg verwiesen werden. Die Aufschlüsselung wurde hier in folgender Form vorgenommen:

A. Eingetragene Firmen

Wahlgruppe I = Industrie — 12 Plenarmitglieder
Kammerzugehörige, die fabrikationsmäßig Stoffe oder Waren gewinnen, erzeugen, veredeln oder bearbeiten. Hierzu zählen auch die industriellen Betriebe des Bauwesens und des graphischen Gewerbes sowie Betriebe der Energieerzeugung, Wasserversorgung, der Filmproduktion und ähnliche Betriebe.

Wahlgruppe II = Groß- und Außenhandel — 12 Plenarmitglieder
Kammerzugehörige, die überwiegend nicht selbst hergestellte Waren in größerem Umfang im Inlande vertreiben und in der Regel nicht an Verbraucher absetzen oder hauptsächlich nicht von ihnen selbst hergestellte Waren exportieren oder importieren oder Transitgeschäfte tätigen.

Wahlgruppe III = Einzelhandel — 6 Plenarmitglieder
Kammerzugehörige, die Waren in der Regel an Verbraucher absetzen oder sonstwie gewerbliche Leistungen für den letzten Verbraucher erbringen, soweit sie nicht anderen Wahlgruppen zugehören.

Wahlgruppe IV = Genossenschaften — 2 Plenarmitglieder
Genossenschaften und Unternehmen anderer Rechtsform, die ausschließlich oder überwiegend von Genossenschaften getragen werden.

Wahlgruppe V = Schiffahrt und Verkehr — 5 Plenarmitglieder
Kammerzugehörige, die sich mit Beförderung, Lagerung und Umschlag befassen oder solche Leistungen vermitteln. Hierzu zählen auch Hafenbetriebe, Spediteure, Reisebüros und ähnliche Betriebe.

Wahlgruppe VI = Banken 5 Plenarmitglieder
Kammerzugehörige, die sich mit dem Kreditgeschäft, dem Zahlungsverkehr, dem Handel mit Wertpapieren und ähnlichen Geschäften befassen. Hierzu zählen auch Treuhandgesellschaften, Vermögensverwaltungen und ähnliche Betriebe.

Wahlgruppe VII = Versicherungsgewerbe 2 Plenarmitglieder
Kammerzugehörige, die Versicherungsverträge abschließen oder vermitteln.

Wahlgruppe VIII = Vermittlergewerbe 2 Plenarmitglieder
Kammerzugehörige, die sich mit der Vertretung fremder Firmen oder der Vermittlung von Handelsgeschäften befassen, soweit sie nicht in einer der vorgenannten Gruppen bereits erwähnt sind. Hierzu zählen auch Haus- und Grundstücksmakler, Annoncenexpeditionen und ähnliche Betriebe.

Wahlgruppe IX = Hotel- und Gaststättengewerbe 1 Plenarmitglied
Kammerzugehörige, die sich mit Verpflegung, Beherbergung und Unterhaltung befassen.

B. Nicht eingetragene Gewerbetreibende

Wahlgruppe X = Kammerzugehörige im Sinne von § 4 Absatz 1 des Handelsgesetzbuches 2 Plenarmitglieder

Unmöglich ist es, in der Wahlordnung nicht sämtliche Sitze der Vollversammlung unter die im Kammerbezirk vertretenen Gewerbegruppen aufzuteilen, sondern eine Anzahl von Sitzen davon auszunehmen, und bei diesen durch besonderen Beschluß der Vollversammlung vor jeder Wahl festzustellen, welchen Gruppen sie zufallen sollen. § 5 Abs. 3 Satz 2 BKG gibt der Vollversammlung auf, in der Wahlordnung Bestimmungen über die Aufteilung der Kammerzugehörigen in besondere Wahlgruppen zu treffen und „dabei" die wirtschaftlichen Besonderheiten des Kammerbezirks sowie die gesamtwirtschaftliche Bedeutung der Gewerbegruppen zu berücksichtigen. Der Gesetzgeber hat also von der Wahlordnung eine abschließende Verteilung der Sitze auf die einzelnen Gewerbegruppen erwartet. Damit stände eine Feststellung vor jeder Wahl, welchen Gewerbegruppen aufgesparte Sitze zufallen sollen, nicht in Einklang.

IV. Mitgliedschaft und Tätigkeit der Mitglieder der Vollversammlung

Die Mitglieder der Vollversammlung haben sich in ihrer Stellung und Tätigkeit lediglich nach ihrer Überzeugung zu richten. Anweisungen ihrer Wähler oder von Gremien oder Verbänden, die sie zur Wahl vorgeschlagen haben, sind ohne jede Verpflichtung. Maßgebend für ihr Verhalten sind allein die gesetzlichen und statutarischen Aufgaben der IHK und ihre Pflicht, diesen Aufgaben durch ihre Tätigkeit gerecht zu werden.

Die Mitglieder versehen ihre Geschäfte in der Regel unentgeltlich (so schon § 24 Abs. 1 Satz 1 prIHK-Ges.). Die Satzung kann jedoch festlegen, daß eine Aufwandsentschädigung zu zahlen oder daß wenigstens eine den baren Auslagen für die Teilnahme an den Sitzungen entsprechende Entschädigung zu gewähren ist (vgl. § 24 Abs. 2 prIHK-Ges.). Soweit die Mitglieder einzelne bestimmte Aufträge im Rahmen der Aufgaben der IHK zu erledigen haben, kann ihnen hierfür ebenfalls eine den baren Auslagen entsprechende Entschädigung oder auch eine besondere Vergütung für ihre Tätigkeit gewährt werden.

Stehen Beschlußfassungen in Rede, an denen ein Mitglied der Vollversammlung wirtschaftlich unmittelbar interessiert ist, muß das Mitglied auch ohne ausdrückliche Bestimmung in der Satzung als verhindert gelten, an der Beschlußfassung mitzuwirken. Dieser dem § 181 BGB zu entnehmende Grundsatz (vgl. Frentzel-Jäkel, Bem. 6c) ist auch innerhalb der Zuständigkeit der Vollversammlung anzuwenden.

Das Bundeskammergesetz enthält keine Bestimmung über die Pflicht zur Verschwiegenheit bezüglich der Beratungsgegenstände der Vollversammlung oder etwaiger Ausschüsse. Im allgemeinen werden die Satzungen diese Frage dahin regeln, daß nur über diejenigen Mitteilungen, Tatsachen oder Verhandlungen, die ihrer Natur nach vertraulich sind oder die ausdrücklich als vertraulich bezeichnet werden, Stillschweigen zu bewahren ist. Inwieweit die Offenbarung geheimzuhaltender Tatsachen nach der Verordnung gegen Bestechung und Geheimnisverrat nicht beamteter Personen in der Fassung vom 22. Mai 1943 (RGBl. I S. 351) strafbar ist, richtet sich allein nach dieser Verordnung und ist unabhängig von etwaigen Bestimmungen in der Satzung. Zu beachten ist, daß die strafrechtliche Verfolgung der Handlungen nach den §§ 2ff. der Verordnung die ordnungsgemäße Verpflichtung der Betroffenen „zur gewissenhaften Erfüllung ihrer Obliegenheiten“ zur Voraussetzung hat (§ 1 Abs. 1). Eine solche Verpflichtung wird sich regelmäßig empfehlen, nachdem die Voraussetzungen hierzu gemäß § 1 Abs. 2 der Verordnung geschaffen worden sind.

§ 6

(1) Die Vollversammlung wählt aus ihrer Mitte den Präsidenten (Präses) und die von der Satzung zu bestimmende Zahl von weiteren Mitgliedern des Präsidiums.

(2) Der Präsident (Präses) ist der Vorsitzende des Präsidiums. Er beruft die Vollversammlung ein und führt in ihr den Vorsitz.

Übersicht

I. Die Wahl des Präsidenten (Präses) und des Präsidiums durch die Vollversammlung
II. Stellung und Aufgaben des Präsidenten und des Präsidiums
III. Die Einberufung der Vollversammlung durch den Präsidenten und sein Vorsitz in der Vollversammlung
IV. Die Haftung der IHK für außervertragliches Verhalten ihrer verfassungsmäßig berufenen Vertreter (Willensorgane)

I. Die Wahl des Präsidenten (Präses) und des Präsidiums durch die Vollversammlung

Die Vollversammlung hat nach § 6 Abs. 1 den Präsidenten und die anderen Präsidiumsmitglieder aus ihrer Mitte zu wählen. Die Vollversammlung ist also allein zuständig für diese Wahl, die die verfassungsmäßige Berufung der in Rede stehenden Personen in die Organstellung des Präsidenten und des Präsidiums bedeutet. Daß Präsident und Präsidium Organe der IHK sind, unterliegt keinem Zweifel. Die Organstellung ist gesetzlich festgelegt (ebenso Frentzel-Jäkel, Bem. 1). Vgl. im übrigen unten IV.

Wenn das Gesetz bestimmt, daß die Wahl beider Organe durch die Vollversammlung erfolgt, so kann die Satzung die Wahl nicht etwa einem anderen Wahlkörper übertragen oder dem Präsidium das Recht der Zuwahl (Kooptation) oder das Recht einräumen, sich seinen Präsidenten selbst zu wählen. Die ausdrückliche Feststellung des Gesetzes verhindert, daß sich die Vollversammlung des ihr zustehenden Rechtes auf die Berufung einer Person in das Amt des Präsidenten und mehrerer anderer Personen in das Amt der übrigen Präsidiumsmitglieder entäußert.

Dem Recht der Vollversammlung, durch die eigene Willensentschließung darüber zu befinden, wer Präsident und wer sonstiges Präsidiumsmitglied sein soll, entspricht die Pflicht, dafür zu sorgen, daß diese Organe in ihr Amt gewählt werden. Der Fall, daß die Organe auf normalem Wege nicht berufen werden können, dürfte kaum praktisch werden. Immerhin steht fest, daß in einem solchen Fall kein Notvorstand für die IHK bestellt werden kann, weil § 29 BGB nur auf juristische Personen des Privatrechts Anwendung findet. Auch ist die Einsetzung eines Notvertreters unzulässig, da im gegebenen Fall die Aufsichtsbehörde die erforderlichen Maßnahmen treffen kann (KG in NJW 1960 S. 151).

Zum Präsidenten oder Präsidiumsmitglied können nur natürliche Personen gewählt werden. Ausgeschlossen von der Wahl sind geschäftsunfähige Personen, weil sie weder zur Vertretung der IHK (§ 105 Abs. 1 BGB) noch zur Haftung aus Auftragsnormen (s. unten), die einen Geschäftsunfähigen aus seiner Handlungsweise nicht treffen kann, fähig sind. Theoretisch denkbar wäre dagegen, daß in der Geschäftsfähigkeit beschränkte Personen mit Genehmigung des gesetzlichen Vertreters gewählt werden, was jedoch in der Praxis niemals vorkommen wird. Eine dieser Rechtslage widersprechende Wahl ist ungültig.

Da der Präsident und die Mitglieder des Präsidiums aus der Mitte der Vollversammlung gewählt werden, müssen sie alle Voraussetzungen erfüllen, die für die Wahl zum Mitglied der Vollversammlung gelten. Sie müssen daher das Kammerwahlrecht auszuüben berechtigt sein, das 25. Lebensjahr vollendet haben und entweder selbst Kammerzugehörige oder zur gesetzlichen Vertretung einer kammerzugehörigen juristischen Person, Handelsgesellschaft oder nicht rechtsfähigen Personenmehrheit befugt sein. Sie können schließlich auch besonders bestellte Bevollmächtigte und in das Handelsregister eingetragene Prokuristen von Kammerzugehörigen sein. Soweit in der Wahlordnung zulässige einschränkende Bestimmungen enthalten sind, gelten diese Einschränkungen auch für die Wahl zum Präsidenten oder zum Präsidiumsmitglied (Frentzel-Jäkel, Bem. 2).

Ob die Bezeichnungen „Präsident" und „Präsidium" nur Funktionsbezeichnungen sind, wie Frentzel-Jäkel, Bem. 2, meinen, und daher durch jede beliebige andere Bezeichnung ersetzt werden können, die die Aufgaben dieser Organe klar erkennen lassen, dürfte zweifelhaft sein. Der Klammerzusatz (Präses) scheint eher dafür zu sprechen, daß nur diese Ausnahme zugelassen sein sollte. Es wäre im übrigen auch kaum erwünscht, daß andere Bezeichnungen gewählt werden, da diese zu Verwechslungen im Funktionsbereich führen könnten. Auch ist ein Bedürfnis für abweichende Bezeichnungen nicht festzustellen, so daß die vom Gesetz gewählten m. E. als die allein zulässigen zu betrachten sind, zumal eine einheitliche Bezeichnung auch dem Bedürfnis nach Klarheit im Rechtsverkehr entgegenkommt.

Die Wahl, d. h. die damit verbundene Bestellung der gewählten Personen zum Präsidenten oder Präsidiumsmitglied ist ein Rechtsgeschäft des Personenrechts. Sie stellt ein personenrechtliches Verhältnis zwischen den Amtsträgern und der IHK als Körperschaft des öffentlichen Rechts her. Das Rechtsgeschäft ist ein einseitiges empfangsbedürftiges der IHK gegenüber den gewählten Personen. Lediglich der Beschluß der Vollversammlung beruft die gewählten Personen in ihr Amt. Er bedarf zu seiner

Wirksamkeit nicht der Zustimmung dieser Personen, wenn es auch unmöglich ist, daß die Bestellung ohne Zustimmung praktisch werden kann (Staudinger-Löwenfeld, § 27 Bem. V b). Regelmäßig wird die Annahmeerklärung dem Beschluß folgen. Sie hat jedoch lediglich deklaratorische Bedeutung.

Auf das personenrechtliche Rechtsverhältnis, das mit der Wahl zwischen dem Präsidenten, den übrigen Präsidiumsmitgliedern und der IHK begründet wird, finden die Normen des Auftrags (§§ 662 ff. BGB) analoge Anwendung; die Führung der Geschäfte durch den Präsidenten und die Präsidiumsmitglieder wird regelmäßig unentgeltlich erfolgen. Dienstvertragsnormen könnten nur dann die Grundlage bilden, wenn eine Vergütung vereinbart wäre.

Die Wahl beider Organe erfolgt für eine bestimmte Zeit, in der Regel auf zwei oder drei Jahre. Das Gesetz läßt der diesbezüglichen Handhabung der IHKn freie Hand. Sie ergibt sich aus den Satzungen der Kammern. Eine zeitliche Beschränkung ist kraft Gesetzes nicht vorgesehen. Die Bestellung erlischt von selbst, wenn das Ende der Wahlperiode eingetreten ist. Eine selbsttätige Verlängerung der Wahlperiode nach Ablauf erfolgt auch dann nicht, wenn noch keine Neuwahl der Organe stattgefunden hat. Es ist deshalb notwendig, daß vor Ablauf der Wahlperiode die Neu- oder Wiederwahl vorgenommen wird. Die Satzung kann allerdings bestimmen, daß das Präsidium so lange im Amt bleibt, bis ein neues Präsidium bestellt ist.

Ob und inwieweit ein Widerruf der Wahl bzw. Bestellung zulässig ist, wird sich regelmäßig aus der Satzung ergeben. Die Satzung kann z. B. vorsehen, daß die Vollversammlung mit einer Mehrheit von drei Vierteln ihrer Mitglieder die Abberufung des Präsidenten oder anderer Präsidiumsmitglieder beschließen kann. In einem solchen Fall ist eine Abberufung, für die sich weniger Stimmen aussprechen, nicht durchsetzbar. Sind dagegen in der Satzung keinerlei einschränkende Bestimmungen über die Abberufung bzw. den Widerruf enthalten, so dürfte ein Widerruf in Analogie zu § 27 Abs. 2 Satz 1 BGB kaum jederzeit möglich sein, wenn die Bestellung, wie üblich, auf eine bestimmte Zeit erfolgt ist. Der Widerruf wird vielmehr nur dann beantragt werden können, wenn ein wichtiger Grund vorliegt. Ein derartiger Grund kann grobe Pflichtverletzung oder die Unfähigkeit zur Wahrnehmung des übertragenen Amtes sein. Daß der Widerruf das gesamte Präsidium umfaßt, ist nicht notwendig. Vielmehr ist es zulässig, daß die Abberufung lediglich den Präsidenten oder ein einzelnes Präsidiumsmitglied trifft. An die Stelle des abberufenen Mitglieds muß die Vollversammlung alsdann ein neues Mitglied wählen.

Die Bestellung endet außer mit dem Ablauf der Zeit, für die die Satzung sie vorgesehen hat, mit dem Wegfall derjenigen rechtlichen Eigenschaften, die nach dem Gesetz Voraussetzung für die Bestellung waren (z. B. die Mitgliedschaft in der Vollversammlung oder der Besitz der bürgerlichen Ehrenrechte). Der Präsident oder das Präsidiumsmitglied kann ferner jederzeit das Amt niederlegen. Das dürfte nicht allein daraus folgen, daß für das zwischen den Amtsträgern und der IHK bestehende Rechtsverhältnis regelmäßig die Auftragsnormen maßgebend sind (vgl. § 671 Abs. 1 BGB), sondern auch aus dem ehrenamtlichen Charakter der Bestellung. Die Bestellung endet schließlich mit dem Tod des Betroffenen, mit dem Eintritt seiner Geschäftsunfähigkeit oder mit dem Wegfall satzungsgemäßer Voraussetzungen seiner Berufung.

Soweit der Präsident oder ein anderes Präsidiumsmitglied als Organ der IHK tätig werden, obwohl sie materiell nicht mehr befähigt sind, ihr Amt auszuüben, sind ihre Handlungen rechtswirksam, bis der äußere Schein der Rechtmäßigkeit beseitigt ist. Letzteres ist z. B. dann der Fall, wenn die Abberufung öffentlich kundgetan ist.

Hat der Präsident oder haben andere Präsidiumsmitglieder ihr Amt niedergelegt, so können sie später nicht etwa durch Widerruf ihrer Erklärung erneut in das Amt eintreten. Die Niederlegung ist unwiderruflich. Sie könnte nur dadurch aufgehoben werden, daß die Vollversammlung, der gegenüber die Niederlegung erfolgt ist, den Widerruf der Erklärung ausdrücklich annimmt.

II. Stellung und Aufgaben des Präsidenten und des Präsidiums

Stellung und Aufgaben des Präsidenten und des Präsidiums sind teils gesetzlich festgelegt, teils aus Bestimmungen der Satzung der IHK ersichtlich, schließlich auch aus der Geschäftsordnung des Präsidiums zu entnehmen, falls eine entsprechende Geschäftsordnung beschlossen worden ist. Die Aufgaben beider Organe können unterschiedlich sein, soweit sie nicht gesetzlich bestimmt sind. Entsprechend § 4 Satz 1 BKG ist es insbesondere möglich, daß durch die Satzung der IHK die Zuständigkeiten zwischen dem Präsidium und der Vollversammlung in verschiedener Weise verteilt werden. Die Satzung kann vor allem die Allzuständigkeit der Vollversammlung zugunsten des Präsidiums verändern.

Hinsichtlich des Präsidenten bestimmt das Gesetz, daß er der Vorsitzende des Präsidiums ist, die Vollversammlung einberuft und in ihr den Vorsitz führt (§ 6 Abs. 2). Als Vorsitzender der Vollversammlung bleibt er deren Mitglied (Frentzel-Jäkel, Bem. 5); er kann also bei Abstimmungen mitstimmen, sofern nicht Angelegenheiten zu beschließen sind, die ihn selbst betreffen bzw. bei denen eine Interessenkollision zu befürchten ist (vgl. Frentzel-Jäkel, § 5 Bem. 6c). Im Rahmen des § 7 Abs. 2 vertritt er ferner die IHK nach außen und führt gemäß § 8 Abs. 2 den Vorsitz im Berufsausbildungsausschuß.

Die auf die Tätigkeit des Präsidenten anzuwendenden Regeln des Auftragsrechts (s. oben) können durch die Satzung nicht ausgeschlossen werden. Seine rechtsgeschäftlichen Pflichten sind unabdingbar. Das gleiche gilt für die öffentlich-rechtlichen Pflichten, die sich aus der Übertragung des Ehrenamts als Präsident ergeben und die ihn zwingen, das Amt in eigener Person auszuüben, gesetz- und satzungsgemäß die Vollversammlung einzuberufen und ihr in sowie im Präsidium der IHK den Vorsitz zu führen. Eine Verletzung dieser Pflichten hat keine Strafsanktionen zur Folge, kann jedoch zur Abberufung führen.

Ist der Präsident an der Wahrnehmung seiner Aufgaben rechtlich oder tatsächlich verhindert, so kann er sich durch einen Vizepräsidenten oder ein anderes Präsidiumsmitglied vertreten lassen. Ob er seine Vertretung im einzelnen Fall oder ob die Satzung die Vertretung generell regelt, ist gleichgültig. Im allgemeinen wird die Vollversammlung bereits bei der Wahl der Vizepräsidenten die Reihenfolge festlegen, in der diese die Vertretung übernehmen. Die Satzung kann aber auch bestimmen, daß der Präsident jeweils einen Vizepräsidenten mit seiner Vertretung beauftragt und daß andernfalls der amtsälteste Vizepräsident die Vertretung übernimmt (Mustersatzung des DIHT, § 5 Anm. 3). Die Rechtswirksamkeit der Handlungen des Stellvertreters ist nicht davon abhängig, daß eine Notwendigkeit zur Vertretung wirklich vorlag. Lag keine Notwendigkeit vor, so kann die IHK diese Tatsache Dritten gegenüber nicht zum Anlaß nehmen, die Rechtmäßigkeit der Rechtsgeschäfte des Vertreters in Zweifel zu ziehen (RGZ Bd. 24 S. 82).

Mit der Bestellung zum Präsidenten ist nicht das Recht verbunden, bei Meinungsverschiedenheiten im Präsidium zu entscheiden. Vielmehr liegt, wenn keine Übereinstimmung zu erzielen ist, die Entscheidung bei der Mehrheit der Mitglieder. Möglich ist nur, festzulegen, daß bei Stimmengleichheit die Stimme des Präsidenten den Ausschlag gibt. Ein Entscheidungsrecht des Präsidenten besteht auch nicht, wenn innerhalb des Präsidiums eine Geschäftsverteilung vorgenommen worden ist. Auch in einem solchen Fall entscheiden bei Maßnahmen, die dem Präsidium als ganzem zur Beschlußfassung vorliegen, alle Mitglieder gemeinsam.

Hinsichtlich des Präsidiums ist festzuhalten, daß es seine Aufgabe ist, den Präsidenten in seiner Amtsführung zu unterstützen und über alle Angelegenheiten der IHK zu beschließen, soweit diese dem Präsidium zur Beschlußfassung zugewiesen sind. Im allgemeinen wird die Satzung auch hier klärend eingreifen und nähere Bestimmungen treffen. Diese werden regelmäßig dahin gehen, daß das Präsidium neben der Unterstützung des Präsidenten bei der Vorbereitung der Sitzungen der Vollversammlung und der Durchführung ihrer Beschlüsse über alle Angelegenheiten berät und beschließt, die nicht der ausschließlichen Beschlußfassung durch die Vollversammlung unterliegen (§ 4 Satz 2 BKG) oder von ihr bereits geregelt sind bzw. für sie in Anspruch genommen werden (§ 4 Satz 1). Insbesondere wird das Präsidium jedes Jahr den Haushaltsplan vorbereiten.

Zweckmäßig werden im Präsidium die wesentlichen Gruppen der Wirtschaft des Bezirks, die die IHK umfaßt, vertreten sein, so daß das Präsidium ein Spiegelbild der in der Vollversammlung vertretenen Wirtschaftskreise darstellt. Eine solche Zusammensetzung ermöglicht es, daß schon innerhalb des Präsidiums bei widerstreitenden Interessen ein Ausgleich erfolgt.

Über die Förmlichkeiten der Beschlußfassung innerhalb des Präsidiums und ähnliche Fragen hat die Satzung der IHK oder die Geschäftsordnung des Präsidiums zu befinden. Gibt weder die Satzung noch die Geschäftsordnung Auskunft, so sind die Vorschriften maßgebend, die im Vereinsrecht gelten (§ 28 Abs. 1, §§ 32, 34 BGB). Das bedeutet insbesondere, daß die Beschlußfassung in Sitzungen des Präsidiums zu erfolgen hat (§ 32 Abs. 1 Satz 1 BGB), daß jedoch auch ein Beschluß, der nicht in einer Sitzung gefaßt wurde, dann gültig ist, wenn alle Mitglieder dem Beschluß schriftlich zustimmen (§ 32 Abs. 2 BGB). Ebenso könnten gültige Beschlüsse bei einer geselligen Zusammenkunft aller Mitglieder des Präsidiums gefaßt werden, falls kein Mitglied widerspricht.

Sämtliche Mitglieder des Präsidiums sind zu den Sitzungen ordnungsgemäß zu laden, falls nicht Ort und Zeit der Sitzungen allgemein festgelegt sind (RGZ Bd. 66 S. 369). Um gültige Beschlüsse herbeizuführen, muß der Gegenstand der Beschlußfassung bei der Einberufung der Sitzung rechtzeitig mitgeteilt werden. Er muß ferner so genau bezeichnet sein, daß die Mitglieder des Präsidiums durch das Thema nicht überrascht werden (JW 1908 S. 674). Bei der Beschlußfassung entscheidet die Mehrheit per erschienenen Mitglieder (§ 32 Abs. 1 Satz 3 BGB). Auch wenn nur ein einziges Mitglied des Präsidiums erscheint, kann dieses Mitglied unter Umständen einen einstimmigen Beschluß fassen. Die Beschlüsse sind regelmäßig schriftlich niederzulegen und mangels anderer Bestimmungen von dem Präsidenten zu unterzeichnen.

Die Stimmberechtigung entfällt bei Mitgliedern, wenn die Beschlußfassung die Vornahme eines Rechtsgeschäfts mit ihm oder die Einleitung oder Erledigung eines Rechtsstreits zwischen ihm und der IHK betrifft. Stimmt der nicht Stimmberechtigte trotzdem ab, so ist der Beschluß dann nicht ungültig, wenn er ohnehin zustande gekommen wäre.

III. Die Einberufung der Vollversammlung durch den Präsidenten und sein Vorsitz in der Vollversammlung

Der Präsident beruft die Vollversammlung ein und führt in ihr den Vorsitz (§ 6 Abs. 2 Satz 2). Einberufungsorgan ist somit allein der Präsident. Die Satzung der IHK kann ein anderes Organ zur Einberufung der Vollversammlung nicht bestimmen. Recht und Pflicht hierzu können also weder dem Präsidium noch einem neben dem Präsidium stehenden Ausschuß oder etwa dem Hauptgeschäftsführer übertragen werden. Selbstverständlich kann aber bestimmt werden, daß im Fall der Verhinderung des Präsidenten der Vizepräsident oder ein anderer Stellvertreter des Präsidenten die Vollversammlung einberuft.

Die Beantwortung der Frage, wann die Vollversammlung einzuberufen ist, ergibt sich aus dem Gesetz und aus der Satzung der IHK. Daß außerhalb der gesetzlichen und der satzungsgemäßen Bestimmung eine Pflicht besteht, die Vollversammlung z. B. auch dann einzuberufen, wenn es das Kammerinteresse erfordert (vgl. § 36 BGB) oder wenn es ein bestimmter Teil der Vollversammlung verlangt (§ 37 BGB), ist nicht anzunehmen. Außer Gesetz und Satzung sind weitere Verpflichtungsgründe nicht gegeben.

Maßgebend für die gesetzliche Pflicht, die Vollversammlung einzuberufen, ist § 4 BKG, der auch festlegt, welche Gegenstände der Beratung der ausschließlichen Be schlußfassung durch die Vollversammlung unterliegen.

Für die satzungsgemäße Pflicht, die Vollversammlung einzuberufen, ist die Satzung maßgebend, in welcher aber auch ganz allgemein festgelegt werden kann, daß immer dann, wenn es das Interesse der Kammer erfordert, die Vollversammlung einberufen werden muß. Interessen der Kammer können sowohl ideelle wie finanzielle Interessen sein, die mit den Aufgaben der Kammer in Beziehung stehen.

Ist die Vollversammlung nach Gesetz oder Satzung einzuberufen und unterläßt es der Präsident schuldhaft, die Einberufung anzuordnen, so haftet er der Kammer unter Umständen auf Schadensersatz. Das einzelne Mitglied der Vollversammlung hat kein Recht, die Einberufung zu erzwingen; es besteht kein entsprechender klagbarer Anspruch. Unbenommen bleibt es dem Mitglied aber, die Aufsichtsbehörde anzurufen und deren Eingreifen im Aufsichtswege anzuregen.

Die Befugnisse und Grenzen der Befugnisse des Präsidenten aus seinem Recht, den Vorsitz in der Vollversammlung zu führen, ergeben sich aus seiner Aufgabe, für die sachgemäße Erledigung der Gegenstände der Beratung und Beschlußfassung der Vollversammlung Sorge zu tragen. Dazu gehört zunächst, daß er alle Rechte ausüben darf, deren Ausübung notwendig ist, um den ordnungsgemäßen Ablauf der Vollversammlung zu gewährleisten. Zu diesem Zweck kann der Präsident insbesondere das Hausrecht ausüben, d. h. Mitglieder der Vollversammlung und sonstige Anwesende bei unzumutbarem Benehmen während der Versammlung aus dem Versammlungsraum verweisen (§ 123 StGB).

Bei den Beratungen hat der Präsident das Recht der Mitglieder der Vollversammlung, das Wort zu ergreifen, zu achten. Es ist selbstverständlich, daß die Mitglieder vor jeder Beschlußfassung und Abstimmung die Möglichkeit haben müssen, zu diskutieren. Hierbei ist ihnen ausreichend Gelegenheit zu geben, zweckentsprechende Ausführungen zu dem Gegenstand der Beratung zu machen. Es steht dem Präsidenten frei, Ausführungen, die nicht zur Sache gehören, zurückzuweisen und dem betreffenden Redner das Wort zu entziehen. Das gleiche gilt in bezug auf Ausführungen, deren Länge nicht tragbar ist oder die sich wiederholen und keine neuen Gesichtspunkte bringen. Eine bestimmte Redezeit kann der Präsident nicht festsetzen. Hierzu wird regelmäßig ein Beschluß der Vollversammlung zu verlangen sein, der die Redezeit jedoch nicht derart beschränken darf, daß eine zweckdienliche Diskussion der Gegenstände der Beratung unmöglich wird (RGZ Bd. 36 S. 26). Auch darf die Redezeit der einzelnen Redner nicht verschieden lang bemessen werden.

Das Recht, in der Vollversammlung im Rahmen der Tagesordnung das Wort zu ergreifen, steht grundsätzlich jedem Mitglied der Vollversammlung in gleicher Weise zu. Ihm darf daher nicht schon von vornherein verweigert werden, das Wort zu ergreifen, weil andere Mitglieder zu dem betreffenden Punkt bereits gesprochen haben. Andererseits kann die Mehrheit der Vollversammlung den Schluß der Diskussion über einen Punkt der Tagesordnung beschließen, wenn dieser Punkt bereits genügend erörtert worden ist. Stellt jedoch der Präsident fest, daß die Minderheit noch nicht Gelegenheit gehabt hat, ihren Standpunkt zweckentsprechend zu vertreten, darf er über den Antrag auf Schluß der Diskussion nicht abstimmen lassen.

IV. Die Haftung der IHK für außervertragliches Verhalten ihrer verfassungsmäßig berufenen Vertreter (Willensorgane)

Der Präsident und die übrigen Mitglieder des Präsidiums sind, ebenso wie der Hauptgeschäftsführer (§ 7), verfassungsmäßig berufene Vertreter (Willensorgane) der IHK. Auf ihre Handlungen finden die Vorschriften der §§ 31, 89 BGB Anwendung. Das bedeutet, daß die IHK über die Haftung nach § 831 hinaus für jeden Schaden aufzukommen hat, den die sie vertretenden Willensorgane „durch eine in Ausführung der ihnen zustehenden Verrichtungen begangene zum Schadensersatz verpflichtende Handlung einem Dritten zufügen“, ohne daß die IHK sich von dieser Haftung durch den Beweis befreien kann, daß sie die erforderliche Sorgfalt bei der Auswahl und Beaufsichtigung der Vertretenden angewendet habe (RG in JW 1936 S. 1965). Die schädigenden außervertraglichen Handlungen der verfassungsmäßigen Organe werden als solche der IHK behandelt.

Die durch § 89 BGB auf juristische Personen des öffentlichen Rechts übertragene Vereinshaftung gilt im übrigen nur so weit, als die Organe der IHK nicht in Ausübung öffentlicher Gewalt, sondern in Wahrnehmung privatrechtlicher Vertretungsmacht handeln (Frentzel-Jäkel, Bem. 1: „im fiskalischen Bereich“). Handeln sie in Ausübung öffentlicher Gewalt, so bestimmt sich die Haftung der IHK als Dienstherr ebenso wie bei anderen Amtsträgern, die in Ausübung öffentlicher Gewalt handeln, nach § 839 BGB, Art. 34 GG. Erst wenn die Voraussetzungen der Haftung nach § 839 vorliegen (vgl. vor allem die dortigen Haftungsbeschränkungen), haftet an Stelle des Amtsträgers die IHK (s. Art. 34 Satz 1 GG: „Verletzt jemand in Ausübung eines ihm anvertrauten öffentlichen Amtes die ihm einen Dritten gegenüber obliegende Amtspflicht, so trifft die Verantwortlichkeit grundsätzlich den Staat oder die Körperschaft, in deren Dienst er steht“). Die IHK kann jedoch bei Vorsatz oder grober Fahrlässigkeit Rückgriff gegen den Amtsträger nehmen (Art. 34 Satz 2 GG). Ob ein Amtsträger eine ihm gegen einen Dritten obliegende Amtspflicht verletzt hat, wird oft schwer zu entscheiden sein. Hier besteht eine reiche Sammlung von Entscheidungen.

§ 7

(1) Die Vollversammlung bestellt den Hauptgeschäftsführer.

(2) Präsident (Präses) und Hauptgeschäftsführer vertreten nach näherer Bestimmung der Satzung die Industrie- und Handelskammer rechtsgeschäftlich und gerichtlich.

Übersicht

I. Zur Bezeichnung „Hauptgeschäftsführer“
II. Die Bestellung des Hauptgeschäftsführers
1. Das zuständige Organ zur Bestellung
2. Das Wesen der Bestellung
3. Die persönlichen Voraussetzungen der Bestellung
III. Endigungsgründe der Bestellung
IV. Die Vertretung der IHK durch den Präsidenten und den Hauptgeschäftsführer
1. Umfang der Vertretungsmacht nach Gesetz und Satzung
2. Haftungsfragen

I. Zur Bezeichnung „Hauptgeschäftsführer“

Entsprechend der bisherigen Übung bezeichnet das Bundeskammergesetz in § 7 Abs. 1 den Angestellten oder Beamten, der in der Geschäftsführung der Kammer die erste Stelle einnimmt, als „Hauptgeschäftsführer“. Früher war für diesen Bediensteten vielfach die Bezeichnung „Sekretär (Handelskammersekretär)“ oder „Syndikus“ gebräuchlich. Die Tatsache, daß das Gesetz die Bezeichnung „Hauptgeschäftsführer“ gewählt hat, hindert, daß im konkreten Fall eine andere Bezeichnung, etwa „Erster Syndikus“ oder „Erster Geschäftsführer“ gewählt wird (a. M. Walter, Anm. 3).

II. Die Bestellung des Hauptgeschäftsführers

§ 7 Abs. 1 handelt von der Bestellung des Hauptgeschäftsführers, d. h. von der verfassungsmäßigen Berufung einer bestimmten Person in das Amt eines Hauptgeschäftsführers.

1. Das zuständige Organ zur Bestellung

§ 7 Abs. 1 bestimmt, daß die Vollversammlung die Berufung vorzunehmen, also einen entsprechenden Beschluß zu fassen hat. Welche sonstigen Formalien einzuhalten sind, wird sich aus der Satzung der IHK ergeben. Die Vollversammlung kann ihr Recht auf Bestellung des Hauptgeschäftsführers nicht auf das Präsidium oder einen Beirat oder Ausschuß übertragen, selbst dann nicht, wenn die Satzung eine solche Veränderung der Zuständigkeit vorsehen sollte.

Grund dafür, daß die Bestellung des Hauptgeschäftsführers durch die Vollversammlung erfolgt, ist einmal die Tatsache, daß der für die Verwaltungsführung der IHK maßgebende Bedienstete das breite Vertrauen der Mitglieder der Vollversammlung genießen und zum anderen, daß seine Stellung gegenüber dem Präsidium gestärkt werden soll (Frentzel-Jäkel, Bem. 2). Im Vergleich zum früheren preußischen Recht, das den Handelskammersekretär (Syndikus, Geschäftsführer) lediglich unter die „für erforderlich gehaltenen Arbeitskräfte“ einreihte (vgl. § 23 Abs. 2 prIHK-Gesetz), ist damit ein bedeutsamer Wandel eingetreten. Zwar entschied auch damals schon „die Industrie- und Handelskammer“ über seine Anstellung. Doch traf das Gesetz keine Bestimmungen über seine Funktionen und erwähnte ihn nicht einmal im Abschnitt: Geschäftsführung. Die jetzige Regelung entspricht der Erfahrung, daß die zweckvolle Geschäftsführung einer IHK von ebenso großer Bedeutung ist wie die richtungweisende Leitung.

Werden Stellvertreter des Hauptgeschäftsführers oder weitere Mitglieder der Geschäftsführung bestellt, so bedarf es hierfür nicht der Beschlußfassung der Vollversammlung (Frentzel-Jäkel, Bem. 2). Die Vollversammlung kann zwar auch diese Bediensteten auswählen und berufen, da sie gemäß § 4 Satz 1 allzuständig ist; sie kann aber diese Aufgabe satzungsgemäß dem Präsidium oder dem Präsidenten, gegebenenfalls im Benehmen mit dem Hauptgeschäftsführer, zuweisen.

2. Das Wesen der Bestellung

Die Bestellung des Hauptgeschäftsführers ist eine einseitige empfangsbedürftige Willenserklärung der Vollversammlung als des für die Bestellung zuständigen Organs gegenüber dem Bestellten. Erst wenn die Erklärung dem Gewählten nach § 130 BGB zugegangen ist, begründet sie dessen Vertretungsmacht (RGZ Bd. 68 S. 385). Die Pflicht zur Geschäftsführung entsteht dagegen regelmäßig erst, wenn der Gewählte die Bestellung (Berufung) angenommen hat. Eine derartige Annahme kann ausdrücklich oder stillschweigend durch Übernahme der Geschäfte erklärt werden.

Vereinbarungen, die zwischen dem Präsidenten oder dem Präsidium und der als Hauptgeschäftsführer vorgesehenen Person in Hinsicht der zukünftigen Anstellung getroffen worden sind, stehen unter der selbstverständlichen Voraussetzung, daß die Vollversammlung die Bestellung ausspricht. Erfolgt die Bestellung nicht, so sind die Vereinbarungen gegenstandslos. Daß sie möglicherweise Zahlungsverpflichtungen usw. begründen, dürfte angesichts der Offenkundigkeit der Rechtslage nach dem Gesetz ausgeschlossen sein. Diese Rechtslage muß auch der Person, die als Hauptgeschäftsführer bestellt werden will, bekannt sein, so daß von einer zivilrechtlichen Verbindlichkeit derartiger Verträge, wie Frentzel-Jäkel, Bem. 2 meinen, kaum die Rede sein kann.

Auf das Rechtsverhältnis zwischen der Kammer und dem Hauptgeschäftsführer, das der Bestellung zugrunde liegt, sind, wenn der Hauptgeschäftsführer ein Entgelt (Gehalt) bezieht, die Vorschriften des Dienstvertrags anzuwenden. Wird der Hauptgeschäftsführer im Beamtenverhältnis tätig, so sind die entsprechenden Landesbeamtengesetze maßgebend. Hierzu ist im einzelnen folgendes zu bemerken:

Von der Bestellung des Hauptgeschäftsführers durch die Vollversammlung ist die Anstellung, d. h. die vertragliche Regelung des Dienstverhältnisses des Hauptgeschäftsführers zu trennen. Als Organ der IHK ist der Hauptgeschäftsführer zur gemeinschaftlichen Vertretung der IHK berechtigt. Der IHK gegenüber ist er ihr Dienstverpflichteter auf Grund des mit ihm abgeschlossenen Dienstvertrags. Den Anstellungsvertrag wird regelmäßig nicht die Vollversammlung, sondern der Präsident oder das Präsidium abschließen. Ein stillschweigender Abschluß ist möglich; er kann darin liegen, daß der Hauptgeschäftsführer auf Grund der bei der Bestellung gesetzten Bedingungen, insbesondere in bezug auf die Vergütung, ohne Vorbehalt tätig wird.

Der Dienstvertrag hat eine Geschäftsbesorgung zum Gegenstand (§ 612 Abs. 1 BGB). Ist der Hauptgeschäftsführer an der Dienstleistung verhindert, so gelten die §§ 616, 626, 323 ff. BGB. Gegenüber der IHK hat er eine weitgehende, im einzelnen nicht näher festzulegende Treuepflicht, die auch zum Gegenstand hat, daß er seine Interessen gegenüber den Interessen der IHK zurückstellt.

Soll der Hauptgeschäftsführer als Beamter tätig werden, so muß er neben den übrigen Voraussetzungen auch die Voraussetzungen erfüllen, die das Beamtengesetz des Landes vorsieht, in dessen Bereich die IHK liegt. Eine Aufzählung dieser Voraussetzungen erübrigt sich, da sie in den einzelnen Ländern verschieden liegen können. Zur Begründung des Beamtenverhältnisses ist allgemein notwendig, daß dem Hauptgeschäftsführer eine Ernennungsurkunde ausgehändigt wird, die seine Berufung in das Beamtenverhältnis enthält.

Der Hauptgeschäftsführer, gegebenenfalls auch der Geschäftsführer einer Außenstelle der IHK, ist Beamter im Sinne des § 359 StGB, auch wenn er nicht Beamter im staatsrechtlichen Sinne sein sollte (BGH in NJW 1958 S. 1101). Für seine strafrechtliche Verantwortlichkeit ist lediglich die Bestellung durch das zuständige Organ von Bedeutung. Besondere Förmlichkeiten brauchen nicht beachtet zu werden (RGSt. Bd. 74 S. 104, 107); insbesondere ist auch nicht notwendig, daß der Betreffende vereidigt worden ist. Ebenso bedarf es keiner Beachtung, ob mit der öffentlichen Anstellung, die in der Berufung zu Diensten im Rahmen der öffentlichen Aufgaben der IHK liegt, der Abschluß eines privatrechtlichen Vertrages einhergegangen ist (RGSt. Bd. 60 S. 141, Bd. 62 S. 188). Notwendig ist jedoch, daß der Betreffende nicht als Privatperson, sondern als Hauptgeschäftsführer bzw. Geschäftsführer, also in amtlicher Eigenschaft aufgetreten ist.

Die Frage, ob einHauptgeschäftsführer befugt ist, gegen gesetzliche oder statutarische Vorschriften verstoßende Beschlüsse der Vollversammlung der Aufsichtsbehörde zu melden, ist zu verneinen. Es genügt, wenn er seine Bedenken gegenüber dem Präsidium und der Vollversammlung geltend macht. Eine Meldung an die Aufsichtsbehörde könnte sich als Verletzung des Dienstvertrags darstellen und der IHK unter Umständen die Berechtigung geben, das Dienstverhältnis zu lösen. Anders liegt der Fall auch dann nicht, wenn der Hauptgeschäftsführer im Beamtenverhältnis steht. Ein Beamter ist nur gehalten, seine rechtlichen Bedenken seinem Dienstvorgesetzten mitzuteilen. Teilt der Dienstvorgesetzte oder gegebenenfalls ein nächsthöherer Dienstvorgesetzter die Bedenken nicht, so ist der Beamte verpflichtet, an der beabsichtigten Maßnahme mitzuwirken. Die Mitwirkung kann er nur verweigern, wenn das ihm aufgetragene Verhalten strafbar und die Strafbarkeit für ihn erkennbar ist oder wenn das ihm aufgetragene Verhalten die Würde des Menschen verletzt (vgl. § 56 Abs. 2 BBG und die entsprechenden Bestimmungen der Landesbeamtengesetze).

3. Die persönlichen Voraussetzungen der Bestellung

Das Gesetz sieht davon ab, auf die persönlichen Voraussetzungen für die Berufung des Hauptgeschäftsführers in sein Amt einzugehen. So bezieht es insbesondere auch hinsichtlich der Vorbildung keine Stellung. Dies dürfte nicht zuletzt auf der Überzeugung beruhen, daß bei dem Erfordernis eines bestimmten Bildungsgangs der an sich schon kleine Kreis von Personen, die für diese Stellung in Frage kommen, allzu eng werden könnte. Auch wäre das Erfordernis einer akademischen Bildung keine ausreichende Sicherheit für die Befähigung zum Hauptgeschäftsführer. Die IHK hat hiernach volle Freiheit bei der Anstellung des Hauptgeschäftsführers sowohl bezüglich seiner Bildung als auch der Anstellungsbedingungen. Sie kann ihn auf Kündigung oder fest auf einen kürzeren oder längeren Zeitraum oder auf Lebenszeit anstellen. Sie kann ihm Pensionsansprüche zubilligen und diese in geeigneter Weise sicherstellen oder ihn auch entsprechend näherer Bestimmung der Satzung und in Übereinstimmung mit dem Ausführungsgesetz des Landes zum Bundeskammergesetz zum Beamten machen. Der Hauptgeschäftsführer kann ferner entweder hauptamtlich oder nebenamtlich angestellt werden. Letzteres wird bei der Bedeutung der jetzigen IHKn höchstens ausnahmsweise in Frage kommen.

Auch über sonstige persönliche Voraussetzungen besagt das Gesetz nichts. So sind weder die deutsche Staatsangehörigkeit noch geordnete Vermögensverhältnisse oder ein straffreies Führungszeugnis dafür erforderlich, daß jemand zum Hauptgeschäftsführer bestellt werden kann; jedoch dürften solche Voraussetzungen selbstverständlich sein.

In der Satzung der IHK werden häufig besondere Bestimmungen über die Stellung und die Anstellungsbedingungen des Hauptgeschäftsführers enthalten sein, wie sich überhaupt die Satzung auch auf alle Gegenstände erstrecken kann, die für die Vertretung und Geschäftsführung der Kammer von Bedeutung sind, soweit nicht zwingendes Recht entgegensteht.

III. Endigungsgründe der Bestellung

Ist der Hauptgeschäftsführer durch Beschluß der Vollversammlung bestellt worden, so ist diese Bestellung nicht jederzeit widerruflich, sondern regelmäßig nur, wenn ein wichtiger Grund für den Widerruf vorliegt. Was als wichtiger Grund anzusehen ist, wird nach den Umständen des einzelnen Falles unter besonderer Berücksichtigung der Zwecke der IHK zu entscheiden sein. Ein solcher Grund ist insbesondere in grober Pflichtverletzung oder darin zu erblicken, daß der Hauptgeschäftsführer zur ordnungsmäßigen Geschäftsführung unfähig ist. Das Recht, die Bestellung zu widerrufen, steht demjenigen Organ zu, das den Hauptgeschäftsführer zu bestellen hatte, also der Vollversammlung. Der Widerruf ist eine einseitige empfangsbedürftige Willenserklärung, die erst wirksam wird, wenn sie dem Betroffenen zugegangen ist (§ 130 BGB).

Die Bestellung des Hauptgeschäftsführers endet ferner durch Ablauf der Zeit, für die er bestellt war, durch seinen Tod oder durch den Eintritt der Geschäftsunfähigkeit, schließlich durch den Wegfall der satzungsgemäßen Vorbedingungen für seine Bestellung. Ob er sein Amt niederlegen kann, richtet sich nach seinem Anstellungsvertrag bzw. nach der Satzung und den Vorschriften des Bürgerlichen Gesetzbuches über den Dienstvertrag (§ 621, 671). Wenn die Anstellung als dauernd erfolgt ist, so kann der Hauptgeschäftsführer nur aus einem wichtigen Grunde im Sinne des § 626 BGB kündigen. Legt er sein Amt unberechtigt nieder, so setzt er sich einer Klage der Kammer auf Erfüllung oder Schadensersatz aus. Ist er Beamter der Kammer, so richten sich die Endigungsgründe seiner Bestellung nach den besonderen landesrechtlichen Vorschriften für Beamte.

IV. Die Vertretung der IHK durch den Präsidenten und den Hauptgeschäftsführer

Nach § 7 Abs. 2 vertreten der Präsident (Präses) und der Hauptgeschäftsführer die IHK rechtsgeschäftlich und gerichtlich nach näherer Bestimmung der Satzung.

1. Umfang der Vertretungsmacht nach Gesetz und Satzung

Die durch das Gesetz festgelegte Vertretungsmacht des Präsidenten und des Hauptgeschäftsführers reicht grundsätzlich so weit wie die Rechtsfähigkeit der IHK als Körperschaft des öffentlichen Rechts. Dennoch ist die Vertretungsmacht nicht vollkommen unbeschränkt, auch dann nicht, wenn die Satzung der IHK eine Beschränkung nicht vorsieht. Sie umfaßt vielmehr nur Rechtsgeschäfte, die sachlich ihrer allgemeinen Eigenart nach in den Rahmen der Aufgaben und Zwecke der IHK fallen. Wollten die zur Vertretung Berufenen Rechtsgeschäfte abschließen, die bei Anwendung der im Verkehr erforderlichen Sorgfalt völlig außerhalb des Rahmens der Aufgaben liegen, die für die IHK typisch sind, so könnten sie die IHK hierdurch nicht verpflichten. Mißbrauchen sie ihre gesetzliche Vertretungsmacht durch den Abschluß von Geschäften, die für die IHK aufgaben- bzw. zweckfremd sind, so sind hierfür die Grundsätze maßgebend, die für den Mißbrauch einer Vollmacht gelten. Es ist nicht notwendig, daß die Beteiligten einverständlich zusammenwirken (vgl. RGZ Bd. 145 S. 311).

Die Satzung kann nähere Bestimmung darüber treffen, wie die Vertretungsmacht auszuüben ist. Sie wird dies in aller Regel auch tun. Dabei kann sie den Umfang der Vertretungsmacht des Präsidenten und des Hauptgeschäftsführers mit Wirkung gegen Dritte beschränken. Die Beschränkung kann darin bestehen, daß die Vertreter der IHK bestimmte Geschäfte, z. B. Grundstücksgeschäfte nur mit Zustimmung der Vollversammlung oder eines Beirats oder Ausschusses tätigen dürfen. Legt eine Bestimmung der Satzung fest, daß Handlungen des Präsidenten und des Hauptgeschäftsführers in gewissen Fällen der Zustimmung der Vollversammlung bedürfen, so bedeutet dies, wenn nicht besondere Umstände vorliegen, nicht nur eine innere Bindung, sondern eine echte Beschränkung der Vertretungsmacht nach außen (vgl. OLG Hamburg in BB 1959 S. 359). Dagegen sind Satzungsvorschriften über die Form von rechtsgeschäftlichen Erklärungen für die IHK im Zweifel bloße Ordnungsvorschriften, deren Verletzung die Wirksamkeit der abgegebenen Erklärungen nicht beeinträchtigt.

Gibt die Vollversammlung dem Präsidenten und dem Hauptgeschäftsführer im Einzelfall eine bestimmte Weisung, wie zu verfahren ist, so hat eine solche Beschränkung, die nicht durch eine Satzungsbestimmung gedeckt ist, keine Wirkung gegen Dritte (RGZ Bd. 63 S. 208, Bd. 94 S. 321).

Gemäß § 30 BGB kann die Vertretungsmacht durch die Satzung auch dadurch beschränkt werden, daß für bestimmte Geschäfte besondere Vertreter bestellt werden, die die IHK innerhalb des ihnen zugewiesenen Geschäftsbereichs selbständig vertreten. Von dieser Möglichkeit dürfte gelegentlich Gebrauch gemacht werden. Andererseits wird auch durch die im Gesetz vorgesehene Vertretung der IHK durch den Präsidenten und den Hauptgeschäftsführer nicht ausgeschlossen, daß die Satzung Geschäfte der laufenden Verwaltung allein dem Hauptgeschäftsführer zur Erledigung überträgt (Walter, Anm. 3).

2. Haftungsfragen

Der Präsident und der Hauptgeschäftsführer stehen zur IHK als Körperschaft des öffentlichen Rechts in einem Rechtsverhältnis, dagegen nicht zu den Mitgliedern der Vollversammlung. Sie haften daher aus Verletzung ihrer Pflichten nur der IHK als solcher. Eine Haftung des Präsidenten oder des Hauptgeschäftsführers gegenüber den Mitgliedern der Vollversammlung kann jedoch aus unerlaubter Handlung gegeben sein.

Vernachlässigt der Präsident oder der Hauptgeschäftsführer die Pflichten, die ihm gegenüber den Mitgliedern der Vollversammlung obliegen, so haftet den Mitgliedern die IHK (RGZ Bd. 103 S. 266).

Dritten gegenüber haften der Präsident und der Hauptgeschäftsführer aus unerlaubter Handlung nach den §§ 823 ff. BGB. Überschreiten sie ihre Vertretungsmacht und schließen sie dementsprechende Geschäfte ab, so richtet sich ihre Haftung nach § 179 BGB (Haftung des Vertreters).

Im übrigen gelten für außervertragliche, einen Schaden verursachende Handlungen des Präsidenten oder des Hauptgeschäftsführers die §§ 31, 89 BGB (s. oben § 6, Bem. IV S. 126).

§ 8

(1) Für den Aufgabenbereich der Berufsausbildung gemäß § 1 Abs. 2 wird bei der Industrie- und Handelskammer ein Ausschuß gebildet.

(2) Der Ausschuß besteht aus dem Präsidenten (Präses) oder einem von ihm zu bestellenden Mitglied der Vollversammlung als Vorsitzenden sowie einer in der Satzung zu bestimmenden Anzahl von Mitgliedern. Die Hälfte der Mitglieder wird von der Vollversammlung berufen, die andere Hälfte wird aus Vertretern der bei kammerzugehörigen Unternehmen beschäftigten Arbeitnehmer gebildet, welche durch die nach Landesrecht zuständige Stelle auf Vorschlag der im Bezirk der Kammer bestehenden Gewerkschaften und selbständigen Vereinigungen von Arbeitnehmern mit sozial- oder berufspolitischer Zwecksetzung bestellt werden.

(3) Der Ausschuß kann bei Bedarf Unterausschüsse einsetzen.

(4) Werden bei den Industrie- und Handelskammern zur Durchführung anderer als der in Absatz 1 erwähnten, ihnen gemäß § 1 dieses Gesetzes obliegenden Aufgaben Ausschüsse gebildet, so kann die Satzung bestimmen, daß in diese Ausschüsse auch Personen berufen werden, die nach § 5 Abs. 2 nicht wählbar sind.

Übersicht

I. Allgemeines
II. Die Zusammensetzung und Bildung des Ausschusses für Berufsausbildung
1. Die Zusammensetzung des Ausschusses
2. Die Bildung des Ausschusses
III. Die Einsetzung von Unterausschüssen des Berufsausbildungsausschusses
IV. Die Berufung Sachkundiger in allgemeine Ausschüsse

I. Allgemeines

Dem Ziel der Sozialdemokratischen Partei und der Gewerkschaften, den Arbeitnehmern in den Organen der IHKn eine angemessene Beteiligung zu sichern, hat das Bundeskammergesetz keine Rechnung getragen. Lediglich in § 8 ist eine Teillösung im Sinne der bezeichneten Wünsche erfolgt, indem hier festgelegt ist, daß der Ausschuß für Berufsausbildung paritätisch mit Unternehmer- und Arbeitnehmervertretern zu besetzen ist. Dies entspricht auch der bisherigen Beteiligung der Arbeitnehmer an der Tätigkeit der IHKn im Bereich der Berufsausbildung und hätte im Gesetz nicht besonders festgelegt zu werden brauchen. Auf jeden Fall hat das Gesetz diesen Ausschüssen mit dem § 8 keinen besonderen Status geben wollen. Es schreibt zwar die Bildung von Ausschüssen für Berufsausbildung und ihre paritätischen Zusammensetzung zwingend vor (§ 8 Abs. 1), läßt aber sonst nicht erkennen, daß es diesen Ausschüssen gegenüber anderen Ausschüssen eine unterschiedliche Stellung zuweist. Auch die Tatsache, daß andere Ausschüsse in § 8 Abs. 4 erwähnt werden, läßt darauf schließen, daß das Gesetz dem Ausschuß für Berufsausbildung keine weitergehenden Befugnisse beilegen wollte. Er hat also ebenso wie die übrigen Ausschüsse lediglich beratende Funktionen, es sei denn, daß ihm in der Satzung der IHK weitergehende Befugnisse zuerkannt werden (vgl. § 4 Satz 1; Walter, Anm. 4).

II. Die Zusammensetzung und Bildung des Ausschusses für Berufsausbildung

Das Gesetz gibt verhältnismäßig eingehende Vorschriften über die Zusammensetzung und Bildung des Ausschusses für Berufsausbildung (§ 8 Abs. 2), die in bezug auf die Zuständigkeit und das Verfahren für die Bestellung von Ausschußmitgliedern gemäß Abs. 2 Satz 2 durch Landesrecht ergänzt werden können (§ 12 Abs. 1 Nr. 9). Von dieser Möglichkeit haben die Ausführungsgesetze der Länder zum Bundeskammergesetz regelmäßig Gebrauch gemacht.

1. Die Zusammensetzung des Ausschusses

Hinsichtlich der Zusammensetzung des Ausschusses schreibt das Gesetz vor, daß ihm der Präsident der IHK oder ein von ihm bestelltes Mitglied der Vollversammlung als Vorsitzender sowie Mitglieder angehören müssen, die je zur Hälfte Unternehmer- und Arbeitnehmervertreter sind und deren Anzahl die Satzung bestimmt. Es hängt also jeweils von der Satzung der einzelnen IHK ab, welchen zahlenmäßigen Umfang ihr Ausschuß für Berufsausbildung haben wird. In aller Regel dürfte es sich empfehlen, den Ausschuß nicht über 20—30 Mitglieder hinaus zu erweitern. So besteht der Ausschuß bei der IHK zu Berlin z. B. aus 20 Mitgliedern, zu denen der Vorsitzende als 21. Mitglied hinzutritt.

2. Die Bildung des Ausschusses

Die Vertreter der Unternehmer sind von der Vollversammlung zu berufen. Sie müssen im Sinne des § 5 Abs. 2 BKG zur Vollversammlung wählbar sein. Dies wird in § 8 Abs. 2 Satz 2 zwar nicht ausdrücklich gesagt, geht aber im Umkehrschluß aus § 8 Abs. 4 hervor (ebenso Walter, Anm. 2b).

Die Mitglieder des Ausschusses, die die Arbeitnehmer repräsentieren, werden „aus Vertretern der bei kammerzugehörigen Unternehmen beschäftigten Arbeitnehmer gebildet". Ob der Begriff „Vertreter der bei kammerzugehörigen Unternehmen beschäftigten Arbeitnehmer" hierbei so aufzufassen ist, daß zu ihnen außer tätigen Arbeitnehmern der kammerzugehörigen Unternehmen auch gewesene Arbeitnehmer oder Funktionäre der Gewerkschaften gehören, kann zweifelhaft sein. Da sich das Gesetz in allen seinen Bestimmungen grundsätzlich nur auf Kammerzugehörige bezieht, dürfte nach richtiger Auffassung der Begriff im Sinne dieser Begrenzung aufzufassen sein, d. h., daß Vertreter der Arbeitnehmer lediglich solche natürlichen Personen sein können, die als Arbeitnehmer in einem kammerzugehörigen Betrieb die Arbeitnehmer der kammerzugehörigen Betriebe vertreten (anders Walter, Anm. 2b; unentschieden Frentzel-Jäkel, Bem. 5).

Über sonstige persönlichen Voraussetzungen der Vertreter der Arbeitnehmer ist im Gesetz nichts enthalten. Mit Walter, Anm. 2b, dürfte es jedoch richtig sein, sie als Mitglieder eines Ausschusses der IHK in dieser Beziehung den Vertretern der Unternehmer gleichzustellen. Das bedeutet, daß sie das in § 5 Abs. 2 vorgeschriebene Mindestalter haben müssen und daß sie insoweit der Kammerautonomie unterliegen, als sie Bestimmungen unterworfen werden können, die auch für die Wählbarkeit der Unternehmer zur Vollversammlung gelten.

Die Vertreter der Arbeitnehmer sind „durch die nach Landesrecht zuständige Stelle auf Vorschlag der im Bezirk der Kammer bestehenden Gewerkschaften und selbständigen Vereinigungen mit sozial- oder berufspolitischer Zielsetzung zu bestellen" (§ 8 Abs. 2 Satz 2). Mit dieser Vorschrift folgt das Bundeskammergesetz der Terminologie in § 11 Abs. 1, § 23 Abs. 2 AGG. § 12 Abs. 1 Nr. 9 ergänzt diese Vorschrift dahin, daß durch Landesrecht ergänzende Vorschriften über die Zuständigkeit und das Verfahren für die Bestellung von Ausschußmitgliedern gemäß § 8 Abs. 2 Satz 2 erlassen werden können. Die Ausführungsgesetze der Länder zum Bundeskammergesetz haben dieser Bestimmung Rechnung getragen und teils die Aufsichtsbehörde, teils den für den Geschäftsbereich Arbeit zuständigen Minister für die Erledigung der Aufgaben aus Nr. 9 bestimmt. In vielen Fällen sind beide Behörden die gleiche Stelle. Denkbar ist aber auch, daß Körperschaften wie die Arbeitnehmerkammer in Bremen zur zuständigen Stelle erklärt werden (Walter, Anm. 2b).

Ein Beispiel für die Berufung von Arbeitnehmern zu Mitgliedern der Ausschüsse für Berufsausbildung bietet die im Bundesanzeiger Nr. 162 vom 14. August 1957 erschienene Bekanntmachung des Ministers für Wirtschaft und Verkehr des Landes Nordrhein-Westfalen vom 19. August 1957:

Bekanntmachung
über die Berufung von Mitgliedern der Ausschüsse für Berufsausbildung bei den Industrie- und Handelskammern im Land Nordrhein-Westfalen

Gemäß § 8 des Gesetzes zur vorläufigen Regelung des Rechts der Industrie- und Handelskammern (BKG) vom 18. Dezember 1956 (Bundesgesetzbl. I S. 920) in Verbindung mit § 5 des Gesetzes über die Industrie- und Handelskammern im Land Nordrhein-Westfalen (IHKG) vom 23. Juli 1957 (Gesetz- und Verordnungsblatt für das Land Nordrhein-Westfalen S. 187) sind bei den Industrie- und Handelskammern im Land Nordrhein-Westfalen für den Aufgabenbereich der kaufmännischen und gewerblichen Berufsausbildung Ausschüsse zu bilden. In den Satzungen der Industrie- und Handelskammern im Land Nordrhein-Westfalen wird die Anzahl der Ausschußmitglieder jeweils festgelegt werden.

Die Hälfte der Ausschußmitglieder setzt sich aus Vertretern der bei kammerzugehörigen Unternehmen beschäftigten Arbeitnehmer zusammen. Sie werden durch mich auf Vorschlag der in jedem Kammerbezirk bestehenden Gewerkschaften und selbständigen Arbeitnehmervereinigungen mit sozial- oder berufspolitischer Zwecksetzung bestellt.

Die vorschlagsberechtigten Organisationen werden hiermit öffentlich aufgefordert, bei mir (Minister für Wirtschaft und Verkehr des Landes Nordrhein-Westfalen, Düsseldorf, Karltor 8) bis einschließlich 30. September 1957 Vorschläge für die Berufung der Arbeitnehmervertreter einzureichen. Die Vorschläge müssen enthalten:

1. Name, Vorname, Geburtsdatum, Beruf, Arbeitsstätte und Anschrift der vorgeschlagenen Person,
2. Angaben über die Mitgliederzahl der vorgeschlagenden Organisation innerhalb des Bezirks der jeweiligen Industrie- und Handelskammer, getrennt nach kaufmännischen und gewerblichen Berufen, wobei für die Zuordnung der Arbeitnehmer der Sitz der Betriebsstätte maßgeblich ist,
3. Unterschrift der zur Vertretung berechtigten Personen.

Ich weise darauf hin, daß nach § 8 BKG nur Gewerkschaften und Arbeitnehmervereinigungen mit sozial- und berufspolitischer Zwecksetzung vorschlagsberechtigt sind. Diese Voraussetzung ist erforderlichenfalls durch Vorlage der Satzung oder durch sonstige geeignete Unterlagen nachzuweisen.

Hinsichtlich der Tätigkeit des Berufsausbildungsausschusses hat der Deutsche Gewerkschaftsbund das Muster für eine Geschäftsordnung vorgeschlagen. Es enthält eine instruktive Übersicht über den Aufgabenbereich des Ausschusses. Nach ihm hat der Ausschuß insbesondere bei der Aufstellung, Abänderung oder Streichung von Berufsbildern, bei der Erstellung von Ausbildungsplänen, bei der Festsetzung von Prüfungsordnungen und bei sonstigen Angelegenheiten des Prüfungswesens mitzuwirken. Hierher gehören auch die Zusammensetzung der Prüfungsausschüsse, die Bestellung und Abberufung ihrer Mitglieder und Fragen der Zulassung zur Prüfung. Das Muster läßt ferner die Aufstellung von Richtlinien für die Feststellung der fachtechnischen Eignung zur Berufsausbildung und der Voraussetzungen für die Lehrbefugnis sowie Maßnahmen zur Überwachung der betrieblichen Berufsausbildung in den Aufgabenbereich des Ausschusses fallen. Endlich gehören danach die Festlegung von Grundsätzen für die Führung der Lehrlingsrolle, die Ausbildung der Ausbilder, die Zusammenarbeit mit den Berufsschulen und die Beratung über allgemeine Berufsausbildungsfragen von grundsätzlicher Bedeutung, die auch schulpolitische Probleme umfassen, zur Zuständigkeit des Ausschusses. Die darüber hinaus vorgeschlagene Berichtspflicht der IHK bezüglich aller einschlägigen Fragen und die Pflicht, vor Berufsausbildungsberichten und Publikationen den Ausschuß zur Stellungnahme aufzufordern, dürfte zu weit gehen.

Verabschiedet eine IHK autonomes Recht im Bereich der Berufsausbildung wie z. B. eine Lehrlingsrollenordnung oder ein Prüfungsordnung, die der Ausschuß nicht beraten hat, so müssen diese Ordnungen als schwebend unwirksam angesehen werden. Unbeschadet der bloß beratenden Funktion des Ausschusses ist die Behandlung der Fragen der Berufsausbildung im Ausschuß zwingend vorgeschrieben. Die Beratung der Ordnungen im Ausschuß ist daher Voraussetzung dafür, daß sie wirksam werden.

III. Die Einsetzung von Unterausschüssen des Berufsausbildungsausschusses

Der Berufsausbildungsausschuß kann Unterausschüsse einsetzen, wenn hierfür ein Bedürfnis besteht (Abs. 3). Diese Vorschrift entspricht einer häufigen Übung bei Ausschüssen. Ob ein Bedürfnis besteht, entscheidet der Berufsausbildungsausschuß, dem durch die Satzung keinerlei Beschränkungen in bezug auf die Einsetzung von Unterausschüssen auferlegt werden können.

Soweit der Berufsausbildungsausschuß Unterausschüsse einsetzt, sind diese paritätisch zusammenzusetzen, da eine andere Handhabung eine Umgehung der gesetzlich festgelegten Parität darstellen würde (im Ergebnis ebenso Walter, Anm. 5). Unterausschüsse des Berufsausbildungsausschusses können daher nicht die häufig bei den IHKn gebildeten Prüfungshauptausschüsse sein, wenn und solange ihnen Personen angehören, die weder kammerzugehörig noch Vertreter der Arbeitnehmer im Sinne des § 8 Abs. 2 Satz 2 sind (Walter, Anm. 5).

IV. Die Berufung Sachkundiger in allgemeine Ausschüsse

Ohne näheren Zusammenhang mit den Vorschriften in Abs. 1—3 wurde in Abs. 4 eine Bestimmung in das Bundeskammergesetz aufgenommen, die es ermöglicht, die häufig recht zahlreichen Ausschüsse zur Vorbereitung und Unterstützung der Arbeit der Vollversammlung und des Präsidiums der IHKn durch Personen zu ergänzen, die nicht nach § 5 Abs. 2 zur Vollversammlung wählbar sind. Sie brauchen also weder den dortigen Voraussetzungen der Wählbarkeit zur Vollversammlung zu entsprechen (25. Lebensjahr, Kammerzugehörigkeit usw.) noch irgendwelchen sonstigen persönlichen Voraussetzungen. Es wird auch nicht gesagt, inwieweit sie sachkundig sein müssen. Voraussetzung für die Hereinnahme solcher Personen in die Ausschüsse ist jedoch, daß die Satzung entsprechende Bestimmungen enthält. Sie werden sich wohl regelmäßig auf solche Personen beziehen, die entweder als frühere Unternehmer oder als Wissenschaftler oder Praktiker auf bestimmten Gebieten einen solchen Ruf erworben haben, daß der dringende Wunsch besteht, ihre besonderen Kenntnisse und Fertigkeiten auf diesem Wege der Kammer dienstbar zu machen.

Für den Berufsausbildungsausschuß und seine Unterausschüsse gilt Abs. 4 nicht.

4. Die Umbildung nicht gesetzmäßig gebildeter Kammern (§§ 9—10)

§ 9

(1) Soweit die bei Inkrafttreten dieses Gesetzes bestehenden Industrie- und Handelskammern dem § 3 Abs. 1 nicht entsprechen, sind sie umzubilden. Die Umbildung erfolgt dadurch, daß eine den Vorschriften dieses Gesetzes entsprechende Satzung von der nach den bisherigen Bestimmungen gebildeten Vollversammlung (Beirat) beschlossen wird. Die Satzung bedarf der Genehmigung durch die Aufsichtsbehörde; die Genehmigung ist unter gleichzeitiger Verleihung der Körperschaftsrechte zu erteilen, wenn die Voraussetzungen des Satzes 2 erfüllt sind.

(2) Industrie- und Handelskammern, welche der Umbildung gemäß Absatz 1 unterliegen, dürfen

1. **sofern innerhalb eines Jahres nach Inkrafttreten dieses Gesetzes ein Beschluß über ihre Umbildung (Absatz 1 Satz 2) nicht gefaßt ist, mit Ablauf dieser Frist,**
2. **sofern die Umbildung durch Beschluß abgelehnt wird, mit dem Zeitpunkt dieses Beschlusses,**
3. **sofern die Genehmigung gemäß Absatz 1 Satz 3 versagt wird, mit der Unanfechtbarkeit des Versagungsbescheides**

ihre bisherige Bezeichnung nicht mehr führen und die Aufgaben einer Industrie- und Handelskammer nicht mehr wahrnehmen.

Übersicht

I. Umzubildende IHKn
II. Die Umbildung der IHKn durch Beschluß einer dem Bundeskammergesetz entsprechenden, von der Aufsichtsbehörde genehmigten Satzung
III. Die Rechtsstellung der IHKn, die sich nicht umbilden
IV. Die Anpassung der bestehenden, nicht umzubildenden IHKn an das Bundeskammergesetz

I. Umzubildende IHKn

§ 9 Abs. 1 bestimmt, daß die IHKn, die bei Inkrafttreten des Bundeskammergesetzes (vgl. § 15) nicht den Voraussetzungen in § 3 Abs. 1 entsprechen, umzubilden sind. Das bedeutet nichts anderes, als daß alle Kammern umgebildet werden müssen, die am 22. Dezember 1956 den Status einer Körperschaft des öffentlichen Rechts nicht besessen haben. Hieraus könnte der Schluß gezogen werden, daß diese Kammern auf jeden Fall die Rechtspflicht haben, sich entsprechend § 9 in eine Körperschaft des öffentlichen Rechts umzubilden. Das ist jedoch, wie aus § 9 Abs. 2 hervorgeht, nicht der Fall. Ergreifen sie die durch § 9 Abs. 1 Satz 2 gebotene Möglichkeit nicht, so sind lediglich bestimmte, allerdings sehr einschneidende Folgen an dieses Verhalten geknüpft. Die Kammern können nicht mehr ihre bisherige Bezeichnung „Industrie- und Handelskammer" führen und auch die Aufgaben einer IHK nicht mehr wahrnehmen (Abs. 2).

IHKn, die bei Inkrafttreten des Gesetzes nicht den Status einer Körperschaft des öffentlichen Rechts hatten, waren die IHKn in der ehemaligen amerikanischen Zone, d. h. in Bayern und in Hessen, und die IHK in Berlin. Im Land Bremen, das ebenfalls zur amerikanischen Zone gehörte, sind die Handelskammer Bremen und die IHK Bremerhaven auch während der amerikanischen Besatzung Körperschaften des öffentlichen Rechts gewesen (vgl. Huber II S. 757, Walter, Anm. 1). Sie brauchten daher nicht umgebildet zu werden.

II. Die Umbildung der IHKn durch Beschluß einer dem Bundeskammergesetz entsprechenden, von der Aufsichtsbehörde genehmigten Satzung

Für die Umbildung schreibt das Bundeskammergesetz einen bestimmten Weg vor (§ 9 Abs. 1 Satz 2 und 3). Hiernach erfolgt die Umbildung dadurch, daß die nach den bisherigen Bestimmungen gebildete Vollversammlung bzw. ein entsprechender Beirat eine Satzung beschließt, die den Vorschriften des Bundeskammergesetzes entspricht. Sie bedarf der Genehmigung durch die Aufsichtsbehörde.

Da nach § 4 Satz 3 BKG für die Beschlußfassung über die Satzung die Vollversammlung ausschließlich zuständig ist, diese Regelung auch für Änderungen der Satzung gilt, kann die Beschlußfassung über die Satzung regelmäßig auch bei Umbildung der Kammern nur durch die Vollversammlung erfolgen. Die in Klammern beigefügte Bezeichnung „Beirat" soll nicht ein anderes Organ bezeichnen, sondern nur der Tatsache Rechnung tragen, daß der Vollversammlung in einigen Fällen die Bezeichnung „Beirat" beigelegt wurde.

Mit der genehmigten Umbildung wird die IHK, die vordem als rechtsfähiger oder nicht rechtsfähiger Verein bestand, unmittelbar Körperschaft des öffentlichen Rechts, ohne daß der bisherige Verein aufgelöst und abgewickelt wird (Walter, Anm. 3). Sein Vermögen wird eo ipso Vermögen der Körperschaft des öffentlichen Rechts; es tritt Gesamtnachfolge (Universalsukzession) ein. Die für den Einzelerwerb von Rechten vorgeschriebenen Erwerbstatsachen brauchen also nicht vorzuliegen. Mit der Gesamtnachfolge in die Vermögensrechte ist die Haftung des Gesamtnachfolgers für die Verbindlichkeiten, die das Vermögen belasten, verbunden. Eine Beschränkung der Haftung ist mangels entsprechender gesetzlicher Vorschriften nicht möglich.

III. Die Rechtsstellung der IHKn, die sich nicht umbilden

Das Gesetz bestimmt in § 9 Abs. 2, welche Rechtsstellung die IHKn haben, die der Umbildung gemäß Abs. 1 unterliegen, aber innerhalb eines Jahres nach Inkrafttreten des Gesetzes keinen Beschluß über ihre Umbildung fassen (Abs. 2 Ziff. 1), oder deren Umbildung durch Beschluß der Vollversammlung abgelehnt (Abs. 2 Ziff. 2) oder denen die Genehmigung des Umbildungsbeschlusses durch die Aufsichtsbehörde versagt wird (Abs. 2 Ziff. 3). In allen drei Fällen dürfen die Kammern nicht mehr die Bezeichnung „Industrie- und Handelskammer" oder eine ähnliche Bezeichnung, die den Wortteil „Kammer" enthält, führen und auch nicht mehr die Aufgaben einer IHK wahrnehmen. Letzteres bedeutet vor allem, daß ihnen versagt ist, Gesamtinteressen der Handel- und Gewerbetreibenden eines bestimmten Bezirks wahrzunehmen, sich gegenüber Behörden beratend und unterstützend zu betätigen, gutachtliche Äußerungen über Vergleichsanträge usw. abzugeben und insbesondere hoheitliche Aufgaben zu übernehmen.

Ab wann die Folge eintritt, ist für die erwähnten Fälle verschieden geregelt. Am längsten kann die Folge im letzten Fall hinausgeschoben sein, da gegen den Versagungsbescheid regelmäßig die Klage im Verwaltungsstreitverfahren entsprechend den Verwaltungsgerichtsgesetzen der einzelnen Länder gegeben ist und der Abschluß des Streitverfahrens abgewartet werden muß.

Ist die Folge nach Absatz 2 eingetreten, so bestimmt sich die körperschaftliche Verfassung der bisherigen IHKn nach den Vorschriften des Bürgerlichen Gesetzbuchs über Vereine (Walter, Anm. 5).

IV. Die Anpassung der bestehenden, nicht umzubildenden IHKn an das Bundeskammergesetz

Soweit sich die IHKn nicht nach § 9 Abs. 1 umzubilden brauchen, d. h. ‚soweit sie schon bisher Körperschaften des öffentlichen Rechts waren, haben sie ihre Satzung und unter Umständen die Wahlordnung, Beitragsordnung usw. so umzugestalten, daß sie den zwingenden Vorschriften des Bundeskammergesetzes entsprechen. Das ergibt sich aus der Notwendigkeit, die Bestimmungen des Bundeskammergesetzes zu beachten. Denkbar ist allerdings auch, daß z. B. von einer Neufassung der Satzung im einzelnen Fall abgesehen wird, falls sie sich trotz einzelner Widersprüche gegen Bestimmungen des Bundeskammergesetzes im ganzen als brauchbar erweist. In diesem Fall sind lediglich die widersprechenden Bestimmungen als nicht mehr in Geltung befindlich zu betrachten.

Soweit Satzungen neu gefaßt werden müssen, kann die Aufsichtsbehörde im Wege der Staatsaufsicht (Rechtsaufsicht) tätig werden (§ 11 Abs. 1) und die IHKn dazu anhalten, gesetzeskonforme Satzungen zu erlassen (Walter, Anm. 6).

§ 10

Soweit die bei Inkrafttreten dieses Gesetzes bestehenden Industrie- und Handelskammern dem § 3 Abs. 1 nicht entsprechen, sind innerhalb eines Jahres nach der Umbildung (§ 9) Neuwahlen auf Grund dieses Gesetzes durchzuführen. Bis dahin bleiben die bei Inkrafttreten dieses Gesetzes im Amt befindlichen Mitglieder derjenigen Organe, welche der Vollversammlung (§ 4) und dem Präsidium (§ 6 Abs. 1) entsprechen, im Amt.

Übersicht

I. Durchführung von Neuwahlen bei umgebildeten Kammern

II. Amtsausübung der bisherigen Mitglieder der Vollversammlung und des Präsidiums bis zu den Neuwahlen

I. Durchführung von Neuwahlen bei umgebildeten Kammern.

Wenn die bei Inkrafttreten des Bundeskammergesetzes (vgl. § 15) bestehenden IHKn nicht dem § 3 Abs. 1 entsprechen, also nicht Körperschaften des öffentlichen Rechts sind, müssen sie, falls sie sich umgebildet haben, Neuwahlen „auf Grund dieses Gesetzes“ durchführen. Bei der Durchführung der Neuwahlen sind daher vor allem die Vorschriften des Bundeskammergesetzes über die Kammerzugehörigkeit (§ 2) und über das aktive und passive Wahlrecht (§ 5) zu beachten. Landesrecht, das diesen Bestimmungen entgegensteht, ist außer Kraft getreten. Außerdem muß eine Wahlordnung vorhanden sein, deren Beschlußfassung durch die bisherige Vollversammlung erfolgt ist (§ 4 Abs. 1 Satz 1 und 2 Nr. 2) und die das „Nähere über die Ausübung des Wahlrechts, über die Durchführung der Wahl sowie über Dauer und vorzeitige Beendigung der Mitgliedschaft zur Vollversammlung“ enthält (§ 5 Abs. 3 Satz 1). Sie muß außerdem Bestimmungen über die Aufteilung von Kammerzugehörigen in besondere Wahlgruppen enthalten und dabei die wirtschaftlichen Besonderheiten des Kammerbezirks sowie die gesamtwirtschaftliche Bedeutung der Gewerbegruppen berücksichtigen (§ 5 Abs. 3 Satz 2). Selbstverständlich ist ferner, daß sie von der Aufsichtsbehörde genehmigt worden ist (§ 11 Abs. 2).

II. Amtsausübung der bisherigen Mitglieder der Vollversammlung und des Präsidiums bis zu den Neuwahlen

Bis zu den Neuwahlen bleiben die bei Inkrafttreten des Bundeskammergesetzes im Amt befindlichen Mitglieder der Organe, die der Vollversammlung und dem Präsidium entsprechen, im Amt. Die Zugehörigkeit zu den beiden Organen endigt also nicht durch die Tatsache der Umbildung, sondern setzt sich bis zu den Neuwahlen fort. Die Mitglieder werden jedoch nicht mehr im Rahmen der bisherigen satzungsgemäßen Wirkungskreise tätig, sondern in demjenigen Rahmen, den ihnen die den Vorschriften des Bundeskammergesetzes entsprechende, neu beschlossene Satzung (§ 9 Abs. 1 Satz 2) gibt.

Die Tatsache, daß die Mitglieder der Vollversammlung und des Präsidiums im Amt bleiben, hindert nicht, daß jedes Mitglied der Vollversammlung oder des Präidiums aus diesen Organen ausscheiden kann, wenn es dies wünscht, oder daß es aus seinem Amt entlassen wird, wenn die satzungsgemäßen Voraussetzungen dafür vorliegen. Satzungsgemäß sind die Voraussetzungen, die im Zeitpunkt der Entlassung aus dem Amt in der Satzung genannt sind.

Organe, welche der Vollversammlung und dem Präsidium entsprechen, sind solche, die deren Aufgaben wahrnehmen. Dabei wird die Delegiertenversammlung bzw. der Beirat der bisherigen Kammern regelmäßig der Vollversammlung, das Präsidium dem Vorstand der jetzigen Kammern entsprechen.

5. Die Staatsaufsicht (§ 11)

§ 11

(1) Die Industrie- und Handelskammern unterliegen der Aufsicht des Landes darüber, daß sie sich bei Ausübung ihrer Tätigkeit im Rahmen der für sie geltenden Rechtsvorschriften (einschließlich der Satzung, der Wahl-, Beitrags-, Sonderbeitrags- und Gebührenordnung) halten.

(2) Die Beschlüsse der Vollversammlung über die Satzung, Wahl-, Beitrags-, Sonderbeitrags- und Gebührenordnung, sowie über einen Maßstab für Beiträge und Sonderbeiträge, der 10 vom Hundert der Gewerbesteuermeßbeträge übersteigt, bedürfen der Genehmigung.

(3) Rechtsvorschriften, die diesem Gesetz widersprechen, werden aufgehoben; Abschnitt I des Gesetzes zur Erhaltung und Hebung der Kaufkraft vom 24. März 1934 (Reichsgesetzbl. I S. 235) und die Verordnung über die Rechnungslegung und Rechnungsprüfung während des Krieges vom 5. Juli 1940 (Reichsgesetzbl. II S. 139) finden auf die Industrie- und Handelskammern keine Anwendung.

Übersicht

I. Die Selbstverwaltung der IHKn und die staatliche Aufsicht
II. Zur historischen Entwicklung der Staatsaufsicht über die IHKn
III. Die Staatsaufsicht (Rechtsaufsicht) im allgemeinen
1. Der Gegenstand der Staatsaufsicht
2. Inhalt, Grundsätze und Grenzen der Staatsaufsicht
IV. Die Mittel der Staatsaufsicht
1. Das Auskunfts- und Prüfungsrecht
2. Die Beanstandung und die aufsichtsrechtliche Anweisung
3. Ersatzvornahme und Zwangsetatisierung

4. Die Amtsenthebung von Organen der IHK
5. Die Einsetzung von Beauftragten (Staatskommissaren) zur Wahrnehmung der Befugnisse von Organen der IHK
6. Die Auflösung der Vollversammlung

V. Staatsaufsichtliches Tätigwerden: Legalitäts- und Opportunitätsprinzip
VI. Rechtsmittel der IHK gegen aufsichtsbehördliche Verwaltungsakte
VII. Genehmigungspflichtige Beschlüsse der Vollversammlung
1. Beschlüsse über die Satzung sowie über die Wahlordnung, die Beitragsordnung, die Sonderbeitragsordnung und die Gebührenordnung
2. Beschlüsse über einen Maßstab für Beiträge und Sonderbeiträge

VIII. Die Aufhebung widersprechender Rechtsvorschriften

Literatur: O. von Gierke, Die Genossenschaftstheorie und die deutsche Rechtsprechung, Berlin 1887, S. 652ff.; Peters, Grenzen der kommunalen Selbstverwaltung in Preußen, Berlin 1926, S. 225ff.; Huber, Rechtsformen der wirtschaftlichen Selbstverwaltung, VerwArch. Bd. 37 (1932), S. 329ff.; Fachinger, Grundsatz, Inhalt und Grenzen der Staatsaufsicht über die Gemeinden, DV 1944, S. 372ff.; Huber I, S. 188ff.; Weber, Staats- und Selbstverwaltung in der Gegenwart, Göttingen 1953, S. 31ff., 44ff.; Fröhler, Die Mittel der Staatsaufsicht über die Handwerkskammern, GewArch. 1. Jhg. (1955), S. 2ff.; Gönnenwein, Die Kommunalaufsicht als Rechtsaufsicht, in: Forschungen und Berichte aus dem öffentlichen Recht, München 1955, S. 511ff.; Fröhler, Die Staatsaufsicht über die Handwerkskammern, München und Berlin 1957 (zitiert: Staatsaufsicht); hierzu die Besprechung von Reuss in DVBl. 1957, S. 474ff.; Kollmann, Zur Frage der Staatsaufsicht über Körperschaften des öffentlichen Rechts, BayVBl. 1957, S. 105ff.; Linckelmann, Zum staatsrechtlichen Lehrbegriff der „mittelbaren Staatsverwaltung", DÖV 1959, S. 561ff.; zum gleichen Thema Rietdorf, DÖV 1959, S. 671ff.; dagegen Linckelmann, DÖV 1959, S. 813ff.

I. Die Selbstverwaltung der IHKn und die staatliche Aufsicht

Der IHK hat das Bundeskammergesetz die Rechtsstellung einer Körperschaft des öffentlichen Rechts mit dem Recht der Selbstverwaltung durch ihre gewählten Organe beigelegt. Zwar erwähnt das Bundeskammergesetz das Recht der Selbstverwaltung nicht ausdrücklich. Es kann jedoch keinem Zweifel unterliegen, daß es implicite in der Rechts- und Aufgabenstellung der IHK enthalten ist. Die Kreise der Wirtschaft, die der Kammer zugehören, wirken unmittelbar an der Selbstverwaltung mit, wenn sie ihre Vertreter für die Vollversammlung in der Regel ohne Zwischeninstanzen in das oberste willensbildende Organ der IHK entsenden. Hierdurch wird eine enge Verbindung zwischen der Körperschaft und den in ihr zusammengeschlossenen Kreisen hergestellt. Sie gewährleistet eine zweckmäßige Repräsentation der Wirtschaft in der wünschenswerten und notwendigen Eigenständigkeit. Daß die IHK ein eigenständiges Dasein führt, ist für die Erfüllung ihrer Aufgaben von entscheidender Bedeutung.

Der Tatsache, daß der IHK als Körperschaft des öffentlichen Rechts Mittel und Rechte übertragen werden, die ihr eine gewisse, staatlich garantierte Machtfülle verleihen, muß allerdings eine Überwachung entsprechen, daß sie mit den ihr zugeordneten Machtmitteln und Rechten keinen Mißbrauch treibt. Vor einem solchen Mißbrauch muß der Staat sich selbst und auch den einzelnen schützen. Das geschieht in erster Linie durch eine besondere staatliche Beaufsichtigung, die je nach der Verschiedenheit der der Körperschaft zugeordneten Befugnisse unterschiedlich sein kann. Je weittragender die Befugnisse sind, die der Körperschaft zustehen, um so weitgehender kann die Staatsaufsicht ausgebildet sein. Soweit nur geringfügige Rechte übertragen sind, kann unter Umständen auf eine besondere Aufsicht ganz verzichtet werden. Das Ausmaß der Aufsicht wird daher häufig Abweichungen aufweisen.

Hinsichtlich der Selbstverwaltungskörperschaften, deren vornehmste Repräsentanten die Gemeinden und Gemeindeverbände sind, ist zu beachten, daß die staatliche Aufsicht nicht die institutionelle Garantie der Selbstverwaltung antasten darf. Wenn auch früher (vgl. Art. 127 RV) und heute (Art. 28 Abs. 2 GG) nur den Gemeinden und Gemeindeverbänden die Selbstverwaltung als Institution der öffentlichen Ordnung verfassungsrechtlich garantiert worden ist, so muß doch angenommen werden, daß auch die überkommenen Träger der wirtschaftlichen Selbstverwaltung so betrachtet werden müssen, als ob sie Inhaber verfassungsrechtlicher Garantien der Selbstverwaltung seien (a. A. Scheuner, Wirtschaftliche und soziale Selbstverwaltung, DÖV 1952 S. 611ff.; Rietdorf, in DÖV 1959 S. 671; VG Berlin: Urteil vom 12. November 1959 in III A 173. 59). Das bedeutet einmal, daß das Aufsichtsrecht wie bei der Kommunalaufsicht in Selbstverwaltungsangelegenheiten auf die Kontrolle der Gesetzmäßigkeit beschränkt ist. Dem entspricht auch § 11 BKG. Sie bedeutet zum anderen daß von der Gesetzmäßigkeitskontrolle nach Form und Inhalt nicht ein solcher Gebrauch gemacht werden darf, daß die Selbstverwaltung damit innerlich ausgehöhlt wird und die Freude zu kraftvoller Betätigung verliert (vgl. in diesem Zusammenhang: Staatsgerichtshof für das Deutsche Reich in RGZ Bd. 126 Anh. S. 22; Bundesverfassungsgericht in BVerfGE S. 167ff.; 174ff., ferner Weber a. a. O. S. 31ff.; Gönnenwein a. a. O. S. 511ff.).

Diese Feststellungen gelten nur für denjenigen Wirkungskreis der IHK, der die Aufgaben wirtschaftlicher Selbstverwaltung betrifft. In bezug auf die ihr übertragenen Angelegenheiten (Auftragsangelegenheiten) ist die IHK nicht nur gezwungen, die gesetzlichen und statutarischen Vorschriften einzuhalten, sondern auch verpflichtet, nach den Weisungen der ihr übergeordneten Behörden zu handeln, sofern aus dem Auftrag eine solche Weisungsbefugnis hervorgeht.

II. Zur historischen Entwicklung der Staatsaufsicht über die IHKn

Das preußische Gesetz über die Handelskammern von 1870 enthielt keine Vorschriften über die staatliche Aufsicht. Sie wurde dort überhaupt nicht erwähnt. Allerdings bestand eine Regierungsinstruktion von 1817, wonach die Bezirksregierung die Aufsicht über alle Korporationen, Gesellschaften und Anstalten besaß, die bloß einen gewerblichen Zweck hatten. In der Praxis wurde jedoch von dieser Bestimmung in bezug auf die Handelskammern kein Gebrauch gemacht, sondern allgemein angenommen, daß die unmittelbare Aufsicht über diese dem Minister für Handel und Gewerbe zustehe (Lusensky, § 43 Anm. 1). In der Novelle von 1897 zum preußischen Handelskammergesetz wurde dieser Praxis eine gesetzliche Grundlage gegeben, indem § 43 Abs. 1 folgende Fassung erhielt: „Die Handelskammer unterliegt der Aufsicht des Ministers für Handel und Gewerbe".

Inhalt und Umfang der Aufsichtsbefugnisse gingen, wenn man zunächst von der in § 43 Abs. 2 und 3 prIHK-Ges. enthaltenenMöglichkeit der Auflösung der Handelskammer durch Beschluß des Staatsministeriums und die zu veranlassenden Zwischenmaßnahmen absieht, aus dem Gesetz nicht hervor. Aus der Gesetzesbegründung des ursprünglichen Entwurfs ergibt sich jedoch, daß man der Auffassung war, daß Anordnungen des Handelsministers für die Handelskammern in bezug auf die Geschäftsführung und ihre Verwaltungsaufgaben bindend seien. Dies hielt man für einen selbstverständlichen Ausfluß des Aufsichtsrechts, der keiner Fehlstellung bedürfe (Lusensky, § 43 Anm. 2). Dagegen hielt man den Minister durch das Gesetz nicht für ermächtigt, die Handelskammern in ihrer sachlichen Stellungnahme zu Gegenständen, die im Bereich ihrer begutachtenden Tätigkeit lagen, einem Zwang zu unterwerfen (Lusensky a. a. O.). Hiernach ist festzustellen, daß von einer Selbstverwaltung im heutigen Sinn bei den damaligen Handelskammern nicht gesprochen werden kann. Man betrachtete es schon als ein großes „Zugeständnis der Staatsregierung", daß die begutachtende Tätigkeit keinem Zwang unterworfen sei und den Handelskammern auf diese Weise die Gewähr oder mindestens die Möglichkeit freier Meinungsäußerung gegeben werde (Lusensky, a. a. O.).

Daß als äußerstes Aufsichtsmittel die Auflösung der Handelskammer in Frage komme, bestätigte § 43 Abs. 2 prHK-Ges. Allerdings konnte der Handelsminister danach nicht allein entscheiden, sondern mußte einen Beschluß des Staatsministeriums herbeiführen. Die Vorschrift beseitigte die Unklarheit darüber, ob eine solche Maßnahme für den Fall von Konflikten überhaupt zulässig sei. Früher hatte nämlich der Minister zu Anfang der achtziger Jahre Handelskammern, die seinen Anordnungen nicht nachkamen, ihrer amtlichen Stellung enthoben und des Rechts der Mitwirkung der Behörden bei der Erhebung der Beiträge für verlustig erklärt. Ob dieses Vorhaben berechtigt sei, war damals stark umstritten (Lusensky, § 43 Anm. 3).

In Hinsicht der rechtlichen Folge der Auflösung der Handelskammer bestimmte § 43 Abs. 2 Satz 2 und Abs. 3, daß Neuwahlen anzuordnen seien, die innerhalb dreier Monate vom Tage der Auflösung an erfolgen müßten, und daß der Handelsminister über die Geschäftsführung und Vermögensverwaltung der Handelskammer während der Zwischenzeit die erforderlichen Anordnungen treffe. Die Auflösung bewirkte also nur, daß die Mitgliedschaft der Mitglieder erlosch, d. h. die „aktuelle Zusammensetzung der Kammer" aufgehoben wurde, die Kammer als juristische Person dagegen bestehen blieb. Das bedeutete vor allem, daß ihre Vermögensrechte und Verbindlichkeiten nicht untergingen, sondern nach wie vor mit dem Rechtssubjekt „Handelskammer" verbunden waren (Lusensky, § 43 Anm. 4). Da die Handelskammer einen doppelten Charakter besaß, nämlich einerseits den einer juristischen Person, andererseits den eines Vertretungsorgans der in ihr zusammengeschlossenen Kaufmannschaft, konnten gegen eine solche Handhabung rechtssystematisch keine Bedenken bestehen. Die Auflösung erfaßte die Kammer nur in der Eigenschaft als Vertretungsorgan, ließ sie dagegen als juristische Person unberührt (Lusensky, a. a. O.). Die Neuwahlen (§ 43 Abs. 2 Satz 2) fanden nach dem Wahlsystem statt, das durch Statut der Kammer bestimmt war, denn auch die Statuten der Kammer wurden von der Auflösung grundsätzlich nicht berührt.

III. Die Staatsaufsicht (Rechtsaufsicht) im allgemeinen

1. Der Gegenstand der Aufsicht

Die Frage, ob alle Bereiche des Tätigwerdens der IHK der Staatsaufsicht unterliegen oder ob davon Teilbereiche ausgenommen sind, bedarf einer besonderen Untersuchung. Gemeinhin wäre anzunehmen, daß die Kammer als Ganzes mit ihrer gesamten Tätigkeit der Kontrolle unterliegt, d. h., daß sie sowohl als Selbstverwaltungskörper der Wirtschaft wie als Arbeitgeber ihrer Bediensteten oder als Vertragskontrahent in bezug auf die von ihr abzuschließenden Verträge wie als möglicher Inhaber gewerblicher Anstalten beaufsichtigt wird. Eine solche Auffassung wäre jedoch weder mit dem Herkommen noch mit der Rechtssystematik in Einklang zu bringen.

Die Staatsaufsicht ist das notwendige Gegengewicht zur Selbstverwaltung der öffentlich-rechtlichen Gesamtperson IHK, zur Verwaltung ihrer eigenen Angelegenheiten in eigener Verantwortung, unabhängig von den Staatsorganen (Peters, S. 13).

Daraus ist zu entnehmen, daß Gegenstand der Aufsicht alles das, aber auch nur das umschließt, was als Selbstverwaltung der IHK zu bezeichnen ist. Unter diese fällt nur die eigentliche Selbstverwaltung, d. h. die Tätigkeit der IHK auf dem Gebiet öffentlicher Verwaltung in Wahrnehmung öffentlicher Funktionen (ähnlich, wenn auch mit Unterschieden Fröhler S. 27). Selbstverwaltung der IHK ist allerdings nicht nur die Verwaltungstätigkeit, die echte Hoheitstätigkeit darstellt, sondern auch diejenige Verwaltungstätigkeit, die schlicht-verwaltender Art ist (ebenso Fröhler S. 27). In die erste Kategorie fallen z. B. Eintragungen in die Lehrlings- oder Praktikantenrolle oder Entscheidungen über die Zulassung zu Prüfungen entsprechend den autonomen Satzungsbestimmungen der IHK, in die zweite Kategorie Maßnahmen, die die IHK in Ausfüllung der ihr nach § 1 Abs. 1 obliegenden Aufgaben (Gesamtinteressenvertretung, Förderung der Wirtschaft, Wahrung von Anstand und Sitte des ehrbaren Kaufmanns usw.) vornimmt oder die sie inbezug auf Anlagen und Einrichtungen beschließt.

Zur beaufsichtigten körperschaftlichen Selbstverwaltung gehört selbstverständlich auch die autonome Rechtsetzung der Kammer, die auf Grund von Beschlußfassungen in der Vollversammlung erfolgt und die die weitgehende hoheitliche Entscheidungs- und Gestaltungsgewalt dieses Organs beweist. Unter solche Beschlußfassungen können die verschiedensten Gegenstände fallen, die jedoch im Rahmen der Kammeraufgaben liegen müssen. Ein Teil dieser Beschlüsse unterliegt der Genehmigung gemäß § 11 Abs. 2 BKG. Aber daneben sind noch zahlreiche Beratungsgegenstände denkbar, die keiner besonderen Genehmigung bedürfen, sondern lediglich unter die korrektive Aufsicht fallen, wie z. B. Beschlußfassungen über eine Lehrlingsrollenordnung und über Grundsätze der öffentlichen Bestellung und Vereidigung von Sachverständigen (Fröhler S. 27, 28). Das betrifft im übrigen auch die Unterlassung von Beschlußfassungen, die auf Grund der gesetzlichen Aufgabenumgrenzung zu tätigen sind.

Daß Auftragsangelegenheiten eo ipso unter die Staatsaufsicht fallen, ist selbstverständlich.

Ist so der Gegenstand der Staatsaufsicht im positiven Sinn umschrieben, so ist im negativen Sinn folgendes festzustellen:

Nicht der Staatsaufsicht unterliegt der rein privatrechtliche (bürgerlich-rechtliche) Verwaltungsbereich der IHK, d. h. derjenige Bereich, bei dem sich die IHK „innerhalb der allgemeinen Zivilrechtsordnung bewegt“ (Fröhler, Staatsaufsicht, S. 28). Wenn sie in diesem Bereich Verträge schließt oder aus anderen Rechtsgründen verpflichtet wird, ist ihre Handlungsweise grundsätzlich der Aufsicht entzogen. Allerdings kann die zivilrechtliche Tätigkeit häufig auch Rückwirkungen auf den hoheitlichen Bereich haben, die dann zu einem Einschreiten der Staatsaufsicht berechtigen; die IHK wird deshalb im Grunde genommen auch bei aller bürgerlich-rechtlichen Tätigkeit zu beachten haben, welche Folgen hieraus für ihre Verantwortung im Bereich der (öffentlich-rechtlichen) Selbstverwaltung entstehen können.

Hiermit im Zusammenhang steht auch folgende Einzelfrage: es kann durchaus sein, daß die IHK nur auf privatrechtlichen Gebiet tätig wird, diese Tätigkeit aber mit ihren eigentlichen Aufgaben in keinem oder nur in einem sehr losen Zusammenhang in Verbindung steht wie z. B. die Darlehnsgewährung an ein Kammermitglied usw. Hier muß die Staatsaufsicht das Recht haben, auch solche Vorgänge in ihre Kontrolle zu nehmen und die IHK auf ihre Aufgaben zu verweisen, notfalls auch die Auflösung des Vertrags zu verlangen. In aller Regel werden allerdings solche Fälle auch zugleich die Verletzung von Satzungsbestimmungen bzw. Haushaltsvorschriften zum Gegenstand haben, so daß schon mit dieser Begründung ein Eingreifen möglich wird.

2. Inhalt, Grundsätze und Grenzen der Staatsaufsicht

Anders als die Handwerksordnung in § 109 Abs. 1 erklärt das Bundeskammergesetz, daß die IHKn der Aufsicht des Landes darüber unterlägen, daß sie sich bei Ausübung ihrer Tätigkeit „im Rahmen der für sie geltenden Rechtsvorschriften" halten. Hierbei wird besonders auf die Satzung und die Wahl-, Beitrags-, Sonderbeitrags- und Gebührenordnung Bezug genommen (§ 11 Abs. 1). Darüber hinaus unterwirft das Gesetz bestimmte Beschlüsse der Vollversammlung ausdrücklich der Genehmigung der Aufsichtsbehörde (§ 11 Abs. 2: s. unten VII).

Hiermit steht zunächst fest, daß die Staatsaufsicht im Falle der IHKn eine Kontrolle derjenigen Tätigkeit der IHKn zum Inhalt hat, die vom Recht bestimmt wird. Dabei herrscht allerdings kein Zweifel, daß sich die Rechtskontrolle auch auf die Erfüllung der im Wirkungskreis der Kammern liegenden Pflichten erstreckt, soweit solche Pflichten ausdrücklich oder incidenter aus dem Gesetz oder aus verfassungs- oder verwaltungsrechtlichen Prinzipien folgen. In der Praxis wird daher der Unterschied zu einer Staatsaufsicht, die nicht allein auf die Beobachtung der Rechtsvorschriften gerichtet ist, geringer sein als anzunehmen wäre.

Mit diesen Feststellungen ist indessen noch nichts über Inhalt, Grundsätze und Grenzen der Rechtsaufsicht gewonnen, vor allem nicht die Frage entschieden, wo und wann die Pflicht der Aufsichtsbehörde beginnt, ihr Kontrollrecht wahrzunehmen. Das Bundeskammergesetz schweigt hierzu und gibt in der Kann-Bestimmung des § 12 nur die Möglichkeit, die für die „Ausübung der Befugnisse" des § 11 Abs. 1 und 2 zuständigen Behörden zu bestimmen (§ 12 Abs. 1 Nr. 3) und die „Aufsichtsmittel" zur Ausübung der Befugnisse festzustellen (§ 12 Abs. 1 Nr. 4). Das Gesetz läßt also die Aufsichtsbehörde in diesen Beziehungen im Stich und zwingt sie, die nähere begriffliche Bestimmung der Rechtsaufsicht selbst zu treffen, wobei die Behörde gezwungen sein wird, die in Rechtslehre und Rechtsprechung gewonnenen Ergebnisse zu berücksichtigen.

Bei der begrifflichen Bestimmung der Rechtsaufsicht kann weitgehend auf die Gestaltung der Kommunalaufsicht zurückgegriffen werden. Auch diese ist in den meisten Verfassungen der Länder der Bundesrepublik dahin umgrenzt worden, daß dem Staat in Selbstverwaltungsangelegenheiten der Gemeinden nur die Kontrolle der Gesetzmäßigkeit obliege (vgl. Baden-Württemberg Art. 75 Abs. 1; Bayern Art. 83 Abs. 4; Bremen Art. 147 Abs. 2; Hessen Art. 137 Abs. 3; Niedersachsen Art. 44 Abs. 5; Nordrhein-Westfalen Art. 78 Abs. 4; Rheinland-Pfalz Art. 49 Abs. 3; Schleswig-Holstein Art. 39 Abs. 3). Dabei kann dahingestellt bleiben, ob, wie Weber a. a. O. S. 44 ausführt, dies nur für denjenigen Teil der Kommunalaufsicht gilt, der die „repressiven" oder „korrektiven" Aufsichtsbefugnisse betrifft oder auch für diejenigen Befugnisse, die präventiven Charakter haben, wie z. B. die Genehmigungen und Bestätigungen. Soweit die Staatsaufsicht des § 11 Abs. 1 BKG in Rede steht, handelt es sich lediglich um den erwähnten ersten Teil der Aufsichtsbefugnisse, bei dem die Gebundenheit an Gesetzlichkeitsmaßstäbe unbezweifelt ist. Daß bei der Kontrolle der Gesetzmäßigkeit nicht nur das formelle Gesetz der Maßstab ist, sondern auch die Gesamtheit der „ungeschriebenen Grundsätze der Verwaltungsordnung" (Weber a. a. O. S. 45), sei besonders betont.

Rechtsaufsicht bedeutet also, daß die Aufsichtsbehörde berechtigt, aber auch verpflichtet ist, den gesetzmäßigen Ablauf der eigenständigen Tätigkeit der IHK zu kontrollieren, sie zur Einhaltung der Gesetze und des von ihr selbst gesetzten autonomen Rechts anzuhalten und die Wahrung allgemeiner Rechtsgrundsätze und Verwaltungsübungen zu verlangen. Ihr steht die Zweckmäßigkeitskontrolle gegenüber, bei der die Verwaltung auch in bezug auf die Zweckmäßigkeit der von ihr veranlaßten oder ins Auge gefaßten Maßnahmen überprüft werden kann. Aus der Gegenüberstellung ergibt sich, daß die Tätigkeit der IHK nach Zweckmäßigkeitsgesichtspunkten keiner Überprüfung unterworfen werden kann, es sei denn, daß die Unzweckmäßigkeit der Maßnahmen so auffallend ist, daß die Maßnahmen als eine Verletzung allgemeiner Rechtsgrundsätze und Verwaltungsübungen zu betrachten sind. Eine absurde Handlungsweise ist auch rechtlich niemals unerheblich, ein Verstoß gegen allgemein gültige Prinzipien oder Denkgesetze niemals ohne Belang. Vgl. im übrigen § 3 Abs. 2 Satz 2 BKG.

Rechtskontrolle der Selbstverwaltung der IHK bedeutet aber weiter, daß die Aufsichtsbehörde erst dann eingreifen darf, wenn ein Rechtsverstoß ersichtlich ist. Selbständigkeit und Eigenleben der IHK verlangen, daß diese ihre Angelegenheiten zunächst in eigener Verantwortung regelt, also während der Regelung einer Angelegenheit keinem Einfluß von außen aud keiner aufsichtlichen Begrenzung unterliegt. Erst wenn die Meinungsbildung innerhalb der IHK abgeschlossen ist und ein Verstoß gegen das Recht offen zu Tage liegt, hat die Aufsichtsbehörde das Recht und die Pflicht, gegen das rechtswidrige Verhalten der Organe oder der Verwaltungsapparatur der Kammer einzuschreiten. Die Rechtskontrolle ist also keine Präventiv-, sondern eine Korrektivkontrolle, eine nachträglich eingreifende Wiederherstellung rechtmäßiger Zustände.

Das bedeutet allerdings nicht, daß sich die IHK nicht selbst in zweifelhaften Fällen an ihre Aufsichtsinstanz wenden könnte, bevor sie rechtlich erhebliche Maßnahmen trifft, um die Auffassung der Aufsichtsinstanz kennenzulernen. Eine derartige Fühlungnahme mit der Aufsichtsbehörde wird sich vor allem dann empfehlen, wenn über die Rechtsgrundlagen bestimmter Maßnahmen Unklarheit besteht und eine Abstimmung mit der Aufsichtsbehörde zweckmäßig ist, damit nachträgliche Beanstandungen von dieser Seite ausgeschaltet werden. In solchen Fällen wird und kann aber die Aufsichtsbehörde die IHK nicht von ihrer eigenen Verantwortung entbinden, sondern ist ihr nur behilflich, die Rechtslage richtig zu sehen. Die Verantwortung für die zu treffenden Entscheidungen liegt auch in diesen Fällen bei der IHK.

Wenn die Rechtskontrolle korrektiven Charakter hat, so entscheidet dieser Charakter noch nicht über die Frage, in welchem Ausmaß die Kontrolle ausgeübt werden kann. Denkbar wäre, daß die Aufsichtsbehörde zum Zweck der Rechtskontrolle verlangen könnte, daß ihr alle rechtlich erheblichen Maßnahmen der IHK nachträglich mitzuteilen sind oder daß sie über Stand und Gang der Verwaltung der IHK turnusmäßig zu unterrichten ist, damit sie prüfen kann, ob ihr Eingreifen notwendig ist. Möglich wäre aber auch, daß der Aufsichtsbehörde eine abwartende Stellung zukommt und daß sie erst dann zu einem Eingreifen berechtigt und verpflichtet ist, wenn sie begründeten Anlaß zu der Annahme erhält, daß eine Maßnahme der IHK gegen das Recht verstößt. Die Tatsache, daß die IHK als Selbstverwaltungskörper eigenverantwortlich und selbständig tätig ist, widerspricht einer laufenden Überprüfung durch die Staatsverwaltung. Eine derartige Kontrolle würde die IHK weitgehend ihrer unabhängigen Stellung in der öffentlichen Verwaltung berauben und sie fast auf eine Stufe mit Verwaltungsteilen des Staates stellen. Wo die Aufsichtsbehörde auf die Rechtskontrolle beschränkt ist, soll die Selbstverwaltung frei und unabhängig tätig werden können. Die ausdrücklich beabsichtigte Freiheit der Körperschaft kann nicht dadurch eine Einschränkung erfahren, daß die Aufsichtsbehörde ständig Kontrollen durchführt, um mögliche Rechtsverletzungen rechtzeitig zu entdecken. In der Privilegierung eines Verbandes mit dem Recht der Selbstverwaltung liegt ein gewisses Wagnis. Dieses Wagnis geht der Staat um höherer Ziele willen ein. Er muß daher auch folgerichtig an diesem Wagnis festhalten und sich von ängstlicher Bevormundung des vom Gesetzgeber ins Leben gestellten Trägers der wirtschaftlichen Selbstverwaltung fernhalten. Im übrigen würde eine ständige Kontrolle auch nur die Verantwortung verschieben und der Aufsichtsbehörde eine arbeitsmäßige Belastung bringen, die den auch für die Staatsverwaltung geltenden Grundsätzen der Sparsamkeit und Wirtschaftlichkeit zuwiderläuft. Dazu kommt, daß die Korrektur unrechtmäßiger Maßnahmen die Ausnahme und nicht die Regel bildet. Welche Folgen sich aus diesen Grundsätzen für die Anwendung der Aufsichtsmittel im einzelnen ergibt, wird später festzustellen sein (vgl. insbesondere unten IV. 1).

Ob es richtig ist, der Rechtsaufsicht eine besondere Finanzaufsicht gegenüberzustellen, wie dies Frentzel-Jäkel, Bem. 2 und 4 tun, muß bezweifelt werden. Von einer besonderen Finanzaufsicht zu sprechen, hätte nur dann einen Sinn, wenn sich diese begrifflich von der allgemeinen Rechtsaufsicht unterscheiden ließe. Das ist, wie betont werden muß, nicht der Fall. Für die Aufsicht über den Haushalt der IHK und alle mit den finanziellen Verhältnissen der Kammer zusammenhängenden Angelegenheiten gelten die gleichen Grundsätze wie für die übrigen rechtlich erheblichen Angelegenheiten der IHK. Selbst die (staatliche) Rechnungsprüfung wird nur eine Rechtskontrolle darstellen können und sich vor allem darauf erstrecken, ob bei der Haushaltsführung die gesetzlichen und statutarischen Bestimmungen eingehalten worden sind (vgl. im einzelnen Gönnenwein a. a. O. S. 528).

Was vor allem die Einsichtnahme in den Haushaltsplan betrifft, der bei der IHK im Gegensatz zu der Regelung bei der Handwerkskammer (§ 100 Abs. 2 HwO) keiner Genehmigung der Aufsichtsbehörde bedarf, so kann seine Vorlage stets dann verlangt werden, wenn ein begründeter Anlaß besteht, an seiner „Ordnungsmäßigkeit" zu zweifeln oder wenn seine Kenntnisnahme durch die Aufsichtsbehörde notwendig ist, um dieser gewisse Entscheidungen möglich zu machen, wie z. B. die Genehmigung der in § 11 Abs. 2 angesprochenen Beschlüsse der Vollversammlung. Die Ordnungsmäßigkeit dürfte sich sowohl auf die Sparsamkeit und Wirtschaftlichkeit der Finanzgebarung beziehen (§ 3 Abs. 2 BKG) als auch auf die Einhaltung gewisser grundsätzlicher Prinzipien des öffentlichen Haushaltswesens wie z. B. die Vollständigkeit, die Etatswahrheit, die Spezialität, das Bruttoprinzip usw. Der Ausspruch von Genehmigungen nach § 11 Abs. 2 ist nur dann möglich, wenn die Behörde die für die Entscheidung notwendigen Einsichten vermittelt erhält. Dazu kann erforderlich sein, daß z. B. nicht nur die Einsicht in einen einzigen Haushalt, sondern in die Finanzgebarung innerhalb eines bestimmten längeren Zeitraums gewährt wird. Wie weit Einsicht zu gewähren ist und welche Unterlagen notfalls beizubringen sind, wird häufig von den Umständen abhängen und läßt sich nicht ein für alle Mal festlegen. Daß nach der hier vertretenen Auffassung die Begriffe „Sparsamkeit" und „Wirtschaftlichkeit" keine Ermessensbegriffe, sondern unbestimmte Rechtsbegriffe sind, ist bereits früher erwähnt worden (teilweise anders Frentzel-Jäkel, Bem. IV c).

IV. Die Mittel der Staatsaufsicht

Auch über die Mittel der Staatsaufsicht besagt § 11 Abs. 1 nichts Näheres. Der Gesetzgeber des Bundeskammergesetzes hat diese Frage den landesrechtlichen Ausführungsvorschriften oder, wenn solche fehlen, der Rechtsübung überlassen. Die Ausführungsgesetze sprechen regelmäßig nur davon, daß die Aufsichtsbehörde die Vollversammlung der Kammer auflösen kann, falls andere Aufsichtsmittel nicht ausreichen. Sie unterlassen dagegen eine nähere Konkretisierung der weniger scharfen Aufsichtsmittel und verweisen damit auf die übliche Handhabung. Gelegentlich wird allerdings in allgemeinen Verwaltungsgesetzen der Länder die Staatsaufsicht näher definiert und dabei der Aufsichtsmittel Erwähnung getan. So bestimmt beispielsweise das Berliner Allgemeine Zuständigkeitsgesetz vom 2. Oktober 1958 (GVBl. S. 947), daß die landesunmittelbaren Körperschaften der Staatsaufsicht Berlins unterlägen und daß die Staatsaufsicht die Rechtmäßigkeit und den geordneten Gang der Verwaltung „sicherzustellen“ habe (§ 28 Abs. 1 und 3). Zur Aufsicht könne sich das zuständige Mitglied des Senats der Aufsichtsmittel der §§ 10—13 bedienen, die das Informations-, das Aufhebungs-, das Anweisungs- und das Ersatzbeschlußfassungsrecht des Staates bei der Aufsicht über die (gemeindlichen) Bezirke betreffen (§ 28 Abs. 4). Wenn und solange dieses Aufsichtsmittel nicht ausreichten, könne die Aufsichtsbehörde Beauftragte bestellen, die einzelne oder alle Befugnisse der Organe der Körperschaft ausüben (§ 25 Abs. 3).

Eine derartige Übertragung von Aufsichtsmitteln über die Bezirke auf die Aufsicht über die Selbstverwaltungskörper der Wirtschaft wird man nur insoweit für zulässig erachten können, als sie nicht gegen Sinn und Zweck der bundesgesetzlichen Regelung verstoßen und mit den hergebrachten Anschauungen über das Rechtskontrollrecht bei Selbstverwaltungskörpern übereinstimmen. Sie dürfen die vom Bundesgesetzgeber gewollte Beschränkung auf die (korrektive) Rechtskontrolle nicht beeinträchtigen.

Bezüglich der Auswahl der Aufsichtsmittel muß auf die rechtspolitischen Motive der Staatsaufsicht zurückgegriffen werden (Fröhler a. a. O. S. 59, 60). Die Staatsaufsicht soll die IHK nur im Notfall zur Erfüllung ihrer Pflichten zwingen und die Allgemeinheit sowie die Kammerzugehörigen gegen den Mißbrauch der der IHK verliehenen Machtmittel schützen. Sie soll dabei das Selbstverwaltungsrecht der IHK so wenig wie möglich antasten. Daraus folgt einmal, daß eine weitgehende Zurückhaltung der Aufsichtsbehörde bei der Anwendung der Aufsichtsmittel ganz allgemein dem Wesen der Rechtskontrolle gemäß ist, und daß zum anderen kein stärkeres Aufsichtsmittel angewandt werden darf, wenn ein schwächeres genügt. Es gilt also auch hier der Grundsatz der Subsidiarität (Anwendung des Aufsichtsmittels nur dann, wenn die IHK nicht selbst willens ist, den Rechtszustand herzustellen) und der Grundsatz der Verhältnismäßigkeit (Huber I S. 190; Fröhler S. 61). „Nur diejenigen Mittel der Staatsaufsicht sind im Einzelfall zulässig, die erforderlich sind, um den Zweck der Staatsaufsicht zu erreichen“ (Fröhler a. a. O.). Zu welchen Folgen diese Grundsätze im einzelnen führen, muß bei den Erscheinungsformen des aufsichtlichen Handelns gezeigt werden.

1. Das Auskunfts- und Prüfungsrecht

Um Rechtsverstöße festzustellen und in ihrer umfänglichen Bedeutung übersehen zu können, ist es notwendig, daß sich die Aufsichtsbehörde informiert. Sie muß das Recht haben, sich über den in Rede stehenden Vorgang so zu unterrichten, daß sie in der Lage ist, sich eine eigene Meinung über die zu beanstandende Handlungsweise zu bilden. Dazu kann erforderlich sein, daß sie Auskünfte, Berichte oder die Vorlage von Akten oder sonstigen Unterlagen anfordert, möglicherweise auch Prüfungen selbst vornimmt oder vornehmen läßt. Besteht also ein (begründeter) Verdacht auf materielle oder formelle Gesetzesverstöße, so wird die Aufsichtsbehörde auf eine oder mehrere dieser Maßnahmen zurückgreifen.

In diesem Zusammenhang geht Fröhler S. 62 zu weit, wenn er die Behörde für berechtigt hält, periodische Berichte über den gesamten Verlauf der Verwaltungstätigkeit der Körperschaft anzufordern, um die Ordnungsmäßigkeit der Verwaltungsführung als solche zu prüfen. Das ist schon deshalb nicht zutreffend, weil die Behörde immer nur eine oder mehrere spezielle Rechtsverletzungen zum Gegenstand des aufsichtlichen Handelns machen kann und die Aufsicht nicht eine allgemeine Sicherstellung der pflichtgemäßen Betätigung der IHK zum Ziel haben soll (ebenso Gönnenwein a. a. O. S. 516). Letzteres würde eine Überforderung der Staatsaufsicht bedeuten, die dann zu einem erheblichen Maß an der Verwaltungsführung der IHK vorsorgend und fürsorgend beteiligt werden müßte. Sollten sich Rechtsverletzungen in einem hohen Maß häufen, so kann natürlich der Grund für die Häufung der Fälle (z. B. die Tätigkeit eines unfähigen Beamten) untersucht und um Abstellung der Mängel ersucht werden. Derartige Fälle werden aber selten sein und legitimieren nicht dazu, die gesamte Verwaltungstätigkeit der IHK unter periodische Kontrolle zu nehmen, um präventiv zu verhüten, daß sich Ordnungswidrigkeiten zutragen.

Im übrigen werden sich die Auskunfts- und Prüfungsmittel immer den Umständen des einzelnen Falles und der Bedeutung der Sache anzupassen haben; d. h. mit anderen Worten, daß die Behörde nicht mit Kanonen nach Spatzen schießen darf, wobei die Frage der Opportunität des Vorgehens einer besonderen Prüfung bedarf. Mit dieser Einschränkung wird man allerdings die Behörde auch für befugt halten dürfen, „ihre für eine Beanstandung maßgeblichen Gesichtspunkte den zuständigen Gremien durch einen Vertreter vortragen zu lassen". Auch wird der Behörde in Fällen von besonderer Bedeutung gestattet sein müssen, „die Einberufung von Sitzungen des Präsidiums oder der Vollversammlung der IHK mit bestimmter Tagesordnung zu fordern oder gegebenenfalls selbst einzuberufen" (Fröhler S. 63). Daß dies nur ganz ausnahmsweise geschehen wird, ist selbstverständlich.

Leitet die Aufsichtsbehörde einen Schriftwechsel ein, um die Frage des gesetzwidrigen Verhaltens zu klären, oder greift sie zu schärferen Maßnahmen, so hat die IHK die Pflicht, dem Informationsverlangen der Behörde nachzukommen, soweit sich das Verlangen nicht als unberechtigt, insbesondere als zu weitgehend herausstellt. Erfüllt die IHK ihre Informationspflicht nicht, so kann die Staatsaufsicht ihre Forderungen auf Information zwangsweise durchsetzen, wobei sie nach den allgemeinen Grundsätzen über den Zwangsvollzug von Verwaltungsakten verfahren wird. Vgl. hierzu im einzelnen Fröhler a. a. O. S. 57ff. Welche Vollzugsmittel zulässig und zweckmäßig sind, wird häufig eine schwierige Rechtsfrage bilden. Auch beim Zwangsvollzug gilt, daß zunächst das die IHK weniger belastende Mittel zur Anwendung zu bringen ist, ehe zu schärferen Mitteln, insbesondere zum schärfsten Aufsichtszwangsmittel, der Auflösung der Kammer, gegriffen wird.

2. Die Beanstandung und die aufsichtsrechtliche Anweisung (Auflage)

Steht fest, daß die IHK einen Rechtsverstoß begangen hat, so kann die Aufsichtsbehörde den Verstoß beanstanden, d. h. ihn in negativer oder positiver Richtung bemängeln. Bei einem Verstoß gegen zwingendes Recht wird sie z. B. die IHK auffordern, den Verstoß dadurch aus der Welt zu schaffen, daß sie die rechtswidrige Maßnahme aufhebt (Fröhler S. 64). Bei der Unterlassung einer rechtlichen Betätigung, zu der die IHK an sich verpflichtet wäre, wird die Aufsichtsbehörde die IHK auffordern, den Verwaltungsakt zu erlassen, zu ergänzen oder zu berichtigen, je nachdem, welche rechtliche Tätigkeit notwendig ist, um den rechtmäßigen Zustand herbeizuführen (Fröhler a. a. O.). Beanstanden kann die Aufsichtsbehörde auch dort, wo im Augenblick eine Berichtigung der Rechtslage nicht erfolgen kann, weil das gesetzwidrige Tun oder Unterlassen aus rechtlichen Gründen nicht reversibel ist. Die Beanstandung ist in diesem Fall die Mahnung, künftig anders zu handeln.

Huber I S. 190 faßt den Begriff weiter und gibt der Beanstandung die Bedeutung, daß sie die körperschaftlichen Akte unwirksam mache und ihren Vollzug hindere. Mit der hier vertretenen Auffassung hat die Beanstandung lediglich den Sinn, die Körperschaft auf Fehler aufmerksam zu machen und zu einer gesetzesrichtigen Selbsttätigkeit anzuregen. Ein rechtliches Mehr in der beschriebenen Richtung wäre erst die aufsichtsrechtliche Aufhebung (s. unten). Ähnlich wie hier urteilt auch Fröhler S. 64ff., der dem Beanstandungsakt den Sinn gibt, lediglich die bereits bestehende Verpflichtung der Körperschaft zur Aufhebung des fehlerhaften und zur Vornahme des unterlassenen Akts zu „konkretisieren".

Demgegenüber ist die aufsichtsrechtliche Anweisung oder Auflage ein Verwaltungsakt, der der IHK nicht nur konkret sagt, wie sie zu handeln hat, sondern sie auch gebietend verpflichtet, im gegebenen Sinn zu verfahren, andernfalls Zwangsmaßnehmen drohen. Mit Recht weist Huber I S. 191 darauf hin, daß die Auflage den geforderten körperschaftlichen Akt noch nicht unmittelbar zur Entstehung bringt. Sie ist nur eine bindende rechtliche Verpflichtung, in bestimmter Weise zu verfahren. Deshalb muß auch die Auflage oder Anweisung stets so klar gefaßt sein, daß Zweifel über die von der IHK einzuschlagenden Wege und Maßnahmen nicht bestehen können. Eine Rechtswirkung gegenüber Dritten hat die Auflage nicht (Huber a. a. O.).

3. Die Aufhebung

Soweit ein Verwaltungsakt der IHK dem Recht widerspricht, besteht in geeigneten Fällen auch die Möglichkeit, daß ihn die Aufsichtsbehörde von sich aus aufhebt, wenn sich die IHK weigert, seine Aufhebung durchzuführen. Regelmäßig wird allerdings die IHK zunächst aufgefordert werden, das Notwendige zu veranlassen. Kommt die IHK aber innerhalb eines angemessenen Zeitraums der Aufforderung nicht nach, so bedarf es nicht des vorherigen Versuches, die Anweisung mit Zwangsmitteln durchzusetzen (Fröhler S. 65), sondern die Behörde ist in der Lage, unmittelbar einzugreifen und das Recht wiederherzustellen. Gegen eine solche Maßnahme wird man nicht einwenden können, daß das Selbstverwaltungsrecht der IHK unmittelbare Eingriffe der Aufsicht in die Verwaltungsführung der IHK nicht gestatte; denn die Wiederherstellung des Rechts durch Aufhebung läßt die Verwaltungsführung im allgemeinen unberührt.

Möglich könnte eine solche Aufhebung z. B. bei der Abhaltung von Kaufmannsgehilfenprüfungen sein, bei denen gegen die Prüfungsordnung verstoßen oder sonst ein wesentlicher Verfahrensmangel erkennbar wird, oder bei einer Eintragung in die Lehrlingsrolle, die der autonomen Rechtsetzung widerspricht .Hier muß es z. B. der Aufsichtsbehörde gestattet sein, die Prüfung für ungültig zu erklären, auch wenn der Prüfling die Möglichkeit besitzt, den Verwaltungsrechtsweg zu beschreiten und gegen die IHK zu klagen. Allerdings wird ein solches Verfahren nur in Frage kommen, wo der Rechtsverstoß so offensichtlich ist, daß ein staatsaufsichtliches Einschreiten aus zwingenden öffentlichen Interessen unbedingt geboten ist. Bestehen nur irgendwelche Zweifel an der rechtlichen Handhabung der Kammer, so ist allein die Durchführung einer Klage das geeignete Mittel, um festzustellen, welche Auffassung rechtens ist. Die Maßnahme der Aufsichtsbehörde kann in solchen Fällen die Entscheidung eines Verwaltungsgerichts nicht ersetzen.

4. Ersatzvornahme und Zwangsetatisierung

Neben die Aufhebung rechtswidriger Verwaltungsakte der IHK treten die Ersatzvornahme und die Zwangsetatisierung als weitere denkbare Mittel der aufsichtlichen Tätigkeit. Während die bisherigen Mittel noch zurückhaltende Eingriffsformen darstellen, ist die Anwendung der hier erwähnten Mittel eine Aufsichtstätigkeit, bei der die Verwaltungsführung der Kammer auf Teilgebieten durch Verwaltungsführungsmaßnahmen des Staates ersetzt wird. Ob deshalb die Ersatzvornahme und die Zwangsetatisierung zulässige Aufsichtsmittel darstellen, wird angesichts der Selbstverwaltungsgarantie der IHKn einer besonders sorgfältigen Überlegung bedürfen.

Die Ersatzvornahme könnte von Bedeutung werden, wenn sich eine Körperschaft weigert, Maßnahmen zu treffen oder Beschlüsse zu fassen, zu deren Vornahme sie an sich verpflichtet ist. Das braucht nicht nur Gegenstände von geringer Bedeutung, sondern kann unter Umständen auch den Erlaß der Satzung oder die Bestellung von Organen der Körperschaft betreffen. Der Ersatzvornahmeakt, der an die Stelle des körperschaftlichen Aktes treten würde, hätte dann dieselbe Rechtswirkung, die der körperschaftliche Akt besäße, der ersetzt werden soll (Huber I S. 191).

Die Zwangsetatisierung bedeutet die im Aufsichtswege verfügte Einstellung bestimmter Positionen in den Haushaltsplan der Kammer, möglicherweise auch die vollständige Ersetzung des beschlossenen oder fehlenden Haushaltsplans der IHK durch einen staatlich einseitig aufgenötigten Plan. Solche Maßnahmen wären denkbar, wenn es die IHK ablehnen würde, einen Haushaltsplan aufzustellen oder Einnahmen oder Ausgaben in den Haushaltsplan aufzunehmen, die gesetzlich oder satzungsmäßig in ihn hineingehören, oder wenn bestimmte zweckgebundene Einnahmen nicht für die vorgesehenen, sondern für allgemeine Zwecke der Kammer eingeplant worden sind. Hier könnte z. B. die Aufsichtsbehörde bestimmte Einnahme- oder Ausgabeposten, wenn sie zur Erfüllung gesetzlicher Aufgaben notwendig sind oder pflichtwidrig verwandt werden sollen, in den Etat einsetzen bzw. streichen.

Es ist bereits betont worden, daß die Freiheit der Selbstverwaltung der IHK ein Grundsatz ist, dem eine weitgehende Zurückhaltung des Staates bei der Handhabung der Eingriffsrechte entsprechen muß. Sinn und Zweck der Selbstverwaltung ist, die Selbstverantwortung zu fördern und die Selbstbesinnung auf die obliegenden Pflichten wachzurufen. Ein „Recht zu positivem Selbsthandeln" (Fröhler S. 65) ist eine so einschneidende, dem Wesen und der Einheitlichkeit der Selbstverwaltung so abträgliche Befugnis des Staates, daß man annehmen muß, daß von diesem Recht nur Gebrauch gemacht werden darf, wenn es durch eine ausdrückliche Normierung im Gesetz gestützt wird. Es dürfte richtig sein, wenn Fröhler S. 66 darauf verweist, daß positivrechtliche Vorschriften, die die Ersatzvornahme von Körperschaftsakten mit unmittelbarer Rechtswirkung nach außen gestatten, als Ausnahmevorschriften zu werten sind, die keine analoge Anwendung vertragen (vgl. z. B. § 111 DGO; § 126 der 1. Wasserverbandsverordnung vom 3. September 1937). Man wird die Ersatzvornahme deshalb höchstens dort zulassen können, wo die Nichtvornahme eines Verwaltungsakts der IHK eine besonders schwere Verletzung rechtlicher Interessen bedeutet (z. B. die Nichtbeachtung eines rechtskräftigen verwaltungsgerichtlichen Urteils) und das rechtsrichtige Handeln der Kammer auf keine andere Weise herbeigeführt werden kann (vgl. hierzu Fröhler, S. 66, 67). Das gleiche muß auch für die Zwangsetatisierung gelten, die nur dann in Frage kommen dürfte, wenn anders lediglich die Auflösung der IHK verfügt werden müßte, um eine krasse Unrechtshandlung aus dem Wege zu räumen.

Regelmäßig sprechen die Landesausführungsgesetze zum Bundeskammergesetz davon, daß dort, wo andere Aufsichtsmittel nicht ausreichen, die Auflösung der IHK verfügt werden kann. In dieser Vorschrift ist enthalten, daß die möglichen und üblichen Zwischenrechte der Staatsaufsicht ebenfalls angewandt werden können, jedoch immer innerhalb der Beschränkungen, die oben aufgezeigt sind. Diese Beschränkungen gelten auch dort, wo z. B. allgemeine Verwaltungsgesetze der Länder die Ersatzvornahme und Zwangsetatisierung als mögliche Variante des staatsaufsichtlichen Einschreitens ausdrücklich gestatten (s. § 28 Abs. 4 des Berliner Allgemeinen Zuständigkeitsgesetzes vom 2. Oktober 1958).

5. Die Amtsenthebung von Organen der IHK

§ 97 HwO sieht vor, daß Mitglieder der Handwerkskammer aus dem Amt auszuscheiden haben, wenn sie durch Krankheit oder Gebrechen verhindert sind, das Amt ordnungsmäßig zu führen oder wenn Tatsachen eintreten, die ihre Wählbarkeit ausschließen. Besondere darüber hinausgehende Vorschriften gelten für gesetzliche Vertreter juristischer Personen. Weigert sich das Mitglied, auszuscheiden, so ist es von der obersten Landesbehörde seines Amtes zu entheben, nachdem die Handwerkskammer gehört worden ist. Wann die Aufsichtsbehörde Mitglieder der Handwerkskammer aus ihrem Amt einschließlich ihrer etwaigen besonderen Funktionen entlassen kann, ist damit sehr genau umgrenzt.

Eine solche Konkretisierung fehlt im Industrie- und Handelskammerrecht, wie auch sonst das staatsaufsichtliche Einschreiten nur in allgemeiner Form normiert ist. Es dürfte aber nicht zweifelhaft sein, daß zum mindesten die Amtsenthebung von Organen der IHK ein mögliches und zulässiges Aufsichtsmittel darstellt, von dem in geeigneten Fällen Gebrauch gemacht werden kann. Weigern sich z. B. Organe der IHK wie das Präsidium oder der Hauptgeschäftsführer, bestimmten Pflichten nachzukommen, oder verstößt ihre Haltung gegen die Grundprinzipien freiheitlich-demokratischer Rechtsstaatlichkeit, so wäre es zulässig, diese Organe aufsichtsbehördlich ihres Amtes zu entheben. In aller Regel wird allerdings erforderlich sein, daß zunächst mit milderen Mitteln versucht wird, auf die Kammer einzuwirken, die notwendigen Schritte in eigener Zuständigkeit zu unternehmen. Wo im übrigen Dienstvergehen in Rede stehen, wird die Einleitung eines Dienststrafverfahrens jeder anderen Regelung vorgehen müssen. Jedoch ist möglich, daß in Ausnahmefällen ein sofortiger Eingriff der Aufsichtsbehörde erforderlich wird, um eine gesetzentsprechende Verwaltungsführung der Kammer zu gewährleisten.

6. Die Auflösung der Vollversammlung und die Einsetzung von Staatsbeauftragten

Als einschneidendstes und schärfstes Aufsichtsmittel ist die Befugnis anzusehen, die Vollversammlung der IHK aufzulösen. Eine derartige Auflösung sieht auch § 9 HwO für den Bereich der Handwerkskammern vor. Die Auflösung der IHK bedeutet, daß die Vollversammlung „in ihrer aktuellen Zusammensetzung“ aufgelöst wird und daß nun durch Neuwahlen eine Zusammensetzung der Kammer erreicht werden muß, bei der die Erfüllung der Aufgaben der IHK gewährleistet und nicht zu erwarten ist, daß gesetzwidrige Zwecke verfolgt werden. Im Recht der Handwerkskammern ist im einzelnen genau festgelegt, wann die Aufsichtsbehörde die Handwerkskammer auflösen und Neuwahlen anordnen kann (§ 109 Abs. 2 HwO). Es heißt dort, daß die Auflösung zulässig ist, wenn die Handwerkskammer trotz wiederholter Aufforderung die Erfüllung ihrer Aufgaben vernachlässigt oder durch Zuwiderhandlungen oder Unterlassungen das Gemeinwohl gefährdet oder wenn sie andere als die gesetzlich zulässigen Zwecke verfolgt. Nach Auffassung der Literatur sind die Gründe damit aber nicht erschöpfend aufgezählt. Die Auflösung soll auch dann erfolgen können, wenn z. B. die Mitgliederwahl nicht ordnungsgemäß vorgenommen worden ist oder wenn die notwendigen Organe nicht nach den Vorschriften des Gesetzes gebildet wurden, wie überhaupt, wenn die Kammer gegen zwingende gesetzliche oder statutarische Vorschriften verstößt (vgl. z. B. Eyermann-Fröhler, Handwerksordnung, § 99 Anm. II 1).

Irgendwelche regelnden und umgrenzenden Bestimmungen bezüglich der Auflösung der IHK sind im Bundeskammergesetz nicht enthalten. Sie können nur durch die Ausführungsgesetze der Länder festgelegt werden (§ 12 Abs. 1 Nr. 4 BKG) und haben dort auch ihren Platz gefunden. Im allgemeinen ist bestimmt worden, daß die Aufsichtsbehörde, falls andere Aufsichtsmittel nicht ausreichen, die Vollversammlung auflösen kann, wenn sich die IHK trotz zweimaliger Aufforderung bei Ausübung ihrer Tätigkeit nicht im Rahmen des für sie geltenden Rechts hält. Innerhalb von drei Monaten nach Eintritt der Unanfechtbarkeit der Auflösung ist sodann eine Neuwahl vorzunehmen. Bis zum Amtsantritt des neuen Präsidenten führt das bisherige Präsidium seine Geschäfte weiter und bereitet die Neuwahl der Vollversammlung vor. Möglich ist jedoch auch, daß die Aufsichtsbehörde einen Beauftragten einsetzt, der die Befugnisse der Vollversammlung, des Präsidiums oder beider Organe wahrnimmt. Von diesen Grundbestimmungen weichen die Ausführungsgesetze der Länder nur in wenigen Punkten voneinander ab.

V. Staatsaufsichtliches Tätigwerden: Legalitäts- und Opportunitätsprinzip

Steht ein Rechtsverstoß fest, so fragt sich immer noch, ob die Aufsichtsbehörde verpflichtet ist, gegen diesen Rechtsverstoß mit den geeigneten Mitteln einzuschreiten oder ob es in ihrem Ermessen liegt, den Rechtsverstoß zu verfolgen. Die Berechtigung einzugreifen, ist unbestritten, die Verpflichtung, auch tatsächlich tätig zu werden, ist zweifelhaft.

Grundsätzlich ist zu sagen, daß dem Recht der Staatsaufsichtsbehörde, gegen Rechtsverstöße einzuschreiten, auch die Pflicht entsprechen sollte, in allen der Behörde bekannten Fällen eines Rechtsverstoßes von den Mitteln des Staatsaufsichtsrechts Gebrauch zu machen. Eine Staatsaufsicht, die sich in Kenntnis von zu beanstandenden Rechtsverletzungen der IHK unbeteiligt zeigt, würde den Zwecken der Staatsaufsicht, nämlich die Beachtung der Gesetze durch die Selbstverwaltungskörper durchzusetzen, nicht entsprechen. Die Auffassung von Fröhler (Staatsaufsicht S. 48), daß das abstrakte Interesse der Allgemeinheit an der Beachtung der Gesetze durch die Selbstverwaltung noch nicht bedeute, daß auch ein öffentliches Interesse an der staatsaufsichtlichen Bereinigung eines bestimmten einzelnen Rechtsverstoßes gegeben sei, ist zwar für sich betrachtet richtig, trifft jedoch nicht den Kern der Sache. Die Staatsaufsicht ist Kontrollinstanz im allgemeinen Interesse und Gegengewicht gegen die Privilegierung der IHK mit weitgreifenden Machtmitteln. Würde sie ihre Aufgabe nach freiem Ermessen wahrnehmen, so wäre das Gleichgewicht in diesem Ordnungsgefüge gestört (a. M. Fröhler, Staatsaufsicht, S. 48ff.). Rechtsverletzungen der IHK sind daher in jedem Fall angemessen zu verfolgen.

Richtig ist allerdings ,daß das Einschreiten der Aufsichtsbehörde dann nicht in Frage kommt, wenn z. B. ein Rechtsverstoß der Körperschaft auf Initiative des betroffenen Dritten durch richterlichen Spruch beseitigt werden kann. Grundsätzlich ist es Sache des Dritten, die ihm zu Gebote stehenden Rechtsbehelfe (Beschwerde, Klage usw.) zu benutzen, um sein Recht zu erhalten. In solchen Fällen wird sich die Aufsicht zunächst darauf beschränken, den Fall zu beobachten und erst dann tätig zu werden, wenn die sonstigen Korrekturmöglichkeiten erschöpft sind. Häufig wird hier für eine aufsichtsrechtliche Tätigkeit nichts übrig bleiben.

Einem Dritten steht im übrigen ein Rechtsanspruch auf das Eingreifen der Staatsaufsicht nicht zu. Er kann das Eingreifen wohl anregen, aber nicht erzwingen (Fröhler a. a. O. S. 50; Bayer VGH in DVBl. 1952 S. 446). Das gilt auch für den Fall, daß man das Opportunitätsprinzip verneint und das Legalitätsprinzip für richtig hält. Denn die Aufsichtspflicht ist eine Amtspflicht im allgemeinen Interesse, die keinem Dritten einen Rechtsanspruch auf aufsichtliches Einschreiten gibt. Einem Dritten gegenüber besteht nur die Amtspflicht, seine Anregung zu aufsichtlichem Einschreiten überhaupt zu prüfen und ihm einen Bescheid zu erteilen (Fröhler, a. a. O. S. 52; OVG Münster in VRspr. Bd. 6 S. 97). Das Nichteinschreiten kann also nicht eine Amtspflichtverletzung sein, die zum Schadensersatz verpflichten würde (vgl. hierzu OLG Bremen in NJW 1953 S. 585 mit Anm. von Flume).

VI. Rechtsmittel der IHK gegen aufsichtsbehördliche Verwaltungsakte

Erläßt die Aufsichtsbehörde einen Aufsichtsakt, so hat die IHK die Möglichkeit, hiergegen Dienstaufsichtsbeschwerde zu erheben oder Klage im Verwaltungsstreitverfahren anzustrengen, falls sie glaubt, daß der Aufsichtsakt nicht gerechtfertigt ist. Im Wege der Dienstaufsicht kann die IHK auch die Zweckmäßigkeit, im Verfahren vor dem Verwaltungsgericht nur die Rechtmäßigkeit des Aufsichtsaktes anfechten (Huber I S. 193).

Im einzelnen ist zum Verwaltungsrechtsschutz folgendes zu sagen:

Die Tatsache, daß keine besonderen Bestimmungen darüber bestehen, ob gegen aufsichtsrechtliche Verfügungen des Staates der verwaltungsgerichtliche Rechtsschutz gewährt wird (so ausdrücklich Art. 83 Abs. 5 der Bayer. Verfassung und Art. 118 der bayer. Gemeindeordnung vom 23. Januar 1952), spricht nicht dagegen, daß ein solcher Schutz in Form der Anfechtungsklage besteht (Fröhler, Staatsaufsicht S. 92). Er ist die notwendige Ergänzung des Rechts auf Selbstverwaltung der IHK und ein Ausfluß des Art. 19 Abs. 4 GG, der jedermann, also auch einer Körperschaft des öffentlichen Rechts, den Rechtsweg offen hält, wenn er durch die öffentliche Gewalt in seinen Rechten verletzt wird.

Anfechtbar ist jeder aufsichtsrechtliche Verwaltungsakt, der nicht durch die Bestimmungen des § 11 Abs. 1 und 2 BKG und allgemeine Rechtsprinzipien gedeckt ist. Zu den Rechten, die die Aufsichtsbehörde zu achten hat, gehört vor allem das Recht auf Selbstverwaltung. Mit Fröhler, Staatsaufsicht S. 93 kann angenommen werden, daß das Selbstverwaltungsrecht verletzt wird, wenn sich die Aufsicht auf ein Gebiet erstreckt, das nicht Gegenstand der Staatsaufsicht sein kann, wie z. B. das Gebiet zivilrechtlicher Betätigung der IHK, oder wenn das öffentlich-rechtliche Tätigwerden der IHK überhaupt nicht gegen das Recht verstößt sowie wenn der staatsaufsichtliche Verwaltungsakt aus anderen Gründen (inhaltliche Unbestimmtheit, tatsächliche oder rechtliche Undurchführbarkeit) Anlaß zur Beanstandung gibt. Die Frage, ob auch die Opportunität des aufsichtsrechtlichen Einschreitens verwaltungsgerichtlich nachgeprüft werden kann, ist angesichts der Ausführungen unter V gegenstandslos. Keine Anfechtungsklage als Rechtsmittel gegen aufsichtsbehördliche Akte ist möglich, wenn übertragene Staatsaufgaben in Rede stehen, bei denen die IHK der Weisung der Behörde unterliegt (OVG Münster in Amtl. Samml. Bd. 4 S. 3ff. und in ZBP 1952 S. 75; VG Berlin: Urteil vom 12. November 1959 in III A 173.59).

Es ist im übrigen selbstverständlich, daß ein Dritter, der z. B. eine bestimmte Maßnahme der IHK bei der Aufsichtsbehörde zur Anzeige bringt, keinen Rechtsanspruch darauf hat, daß die Aufsichtsbehörde seine Anzeige zum Anlaß eines aufsichtsrechtlichen Einschreitens nimmt (Fröhler, Staatsaufsicht S. 94). Er kann also auch das Tätigwerden der Aufsichtsbehörde verwaltungsgerichtlich nicht erzwingen. Jedoch hat er einen Anspruch darauf, auf seine Anzeige beschieden zu werden, andernfalls möglicherweise in einer solchen Unterlassung eine Amtspflichtverletzung liegen kann (Fröhler a. a. O. S. 52, 94; BGH in NJW 1955 S. 297). Eine Anfechtungsklage kann aber ein Dritter gegen die Aufsichtsbehörde immer dann erheben, wenn der staatsaufsichtliche Verwaltungsakt unmittelbar in seine Rechtsphäre eingreift, einem Prüfling z. B. das von dem Prüfungsausschuß der IHK zuerkannte Bestehen der Prüfung von der Aufsichtsbehörde aberkannt werden würde. Über die insoweit interessierenden Einzelheiten vgl. Fröhler a. a. O. S. 94ff.

Hinsichtlich der Aktivlegitimation ist zu bemerken, daß diese regelmäßig der IHK zusteht. Sollte sich der staatsaufsichtliche Verwaltungsakt darin äußern, daß eine bestimmte Person unmittelbar z. B. durch Amtsenthebung betroffen wird, so wäre auch diese Person aktiv legitimiert. Daß daneben die Aktivlegitimation der Kammer erhalten bleibt, beruht darauf, daß die Kammer durch die Enthebung gleichzeitig in ihrem Selbstverwaltungsrecht (Organisationsrecht) verletzt ist (Fröhler a. a. O. S. 96).

VII. Genehmigungspflichtige Beschlüsse der Vollversammlung

§ 11 Abs. 2 erklärt, welche Beschlüsse der Vollversammlung nicht nur der Staatsaufsicht des Landes darüber unterliegen, daß sie sich im Rahmen des Rechts halten, sondern auch einer besonderen Genehmigung der Aufsichtsbehörde bedürfen, damit sie rechtlich wirksam werden. Die hier angesprochenen Beschlußgegenstände (Satzung, Wahlordnung, Beitragsordnung, Sonderbeitragsordnung und Gebührenordnung sowie der 10 v. H. übersteigende Maßstab für Beiträge und Sonderbeiträge) sind bereits in den §§ 3, 4 und 9 des Gesetzes erwähnt.

Über die Rechtsnatur der staatlichen Genehmigungsvorbehalte gehen die Anschauungen auseinander. Während sie teilweise als ein Aufsichtsmittel des Staates betrachtet werden, das eine Rechtskontrolle präventiver Art darstellt (vgl. hierzu Gönnenwein a. a. O. S. 516ff.), werden sie andererseits als ein Mitwirkungsrecht des Staates an der Verwaltung der beaufsichtigten Körperschaft angesehen, bei dem der Staat das Selbstverwaltungsrecht der Körperschaft wirksam einschränken kann (vgl. z. B. Fröhler, Staatsaufsicht S. 79ff.).

Die staatlichen Genehmigungsrechte als Ausfluß der „Schutzgewalt" des Staates über die Kammern anzusehen und sie als wirkliche Einschränkungen der Selbstverwaltung zu betrachten, dürfte verfehlt sein. Bedenken bestehen auch dagegen, die genehmigungsbedürftigen Akte einer Körperschaft nicht mehr ihrem Selbstverwaltungsbereich zuzurechnen. Zu einer solchen Auffassung kann man nur gelangen, wenn man die Genehmigungen als staatliche Einflußrechte auf den Rechtskreis der Selbstverwaltungskörperschaften betrachtet (so Fröhler a. a. O. S. 80) und nicht als eine besondere Form der Aufsicht. Mit der hier vertretenen Auffassung sind die Genehmigungsrechte lediglich eine besondere, in diesem Fall präventive Äußerung der staatlichen Kontrolle.

Das Gesetz stellt nicht näher klar, an welche Prinzipien die Genehmigung der Aufsichtsbehörde gebunden ist. Es fehlen also jegliche gesetzlichen Maßstäbe. Dies könnte bedeuten, daß die Behörde ihre Genehmigung nach freiem Ermessen erteilen oder versagen kann, ohne daß ihr für ihre Entschließung besondere Schranken gezogen sind. Denkbar wäre aber auch, daß das Genehmigungsrecht als eine besondere Form der Rechtskontrolle lediglich dahin ausgeübt werden kann, Verstöße gegen das Gesetz und allgemeine Rechts- und Verwaltungsprinzipien zu verhindern. In diesem Fall müßte der IHK ein Rechtsanspruch darauf zugesprochen werden, daß die Genehmigung erteilt wird, wenn keine Verstöße gegen das Gesetz oder allgemeine Prinzipien erkennbar sind.

Obwohl das Gesetz über diese Fragen nichts Näheres aussagt, muß doch angenommen werden, daß das Genehmigungsrecht im Prinzip denselben Charakter haben soll wie die Aufsicht in § 11 Abs. 1 BKG. Der Hinweis, daß im Gemeinderecht wie im sonstigen Selbstverwaltungsrecht seit jeher der Rechtsgrundsatz anerkannt sei, daß die Erteilung der Genehmigung in das pflichtmäßige Ermessen der Genehmigungsbehörde gestellt sei, daß demgemäß die Selbstverwaltungskörperschaft keinen Rechtsanspruch auf die Eretilung der Genehmigung habe, sondern nur einen Anspruch darauf, daß die Behörde von ihrem Ermessen einen fehlerfreien Gebrauch mache (Fröhler a. a. O. S. 85), ist nicht überzeugend. Es ist in keiner Weise ersichtlich, daß der Gesetzgeber des Bundeskammergesetzes gewünscht habe, daß dem Staat bei den Genehmigungserteilungen „ein weitreichendes Mitspracherecht" gesichert werde. Wäre dies der Fall, so hätte es nahe gelegen, hierauf ausdrücklich hinzuweisen, nachdem zuvor (Abs. 1) das Prinzip der Rechtskontrolle festgelegt wurde. Im übrigen wird auch von den Befürwortern der Ermessensentscheidung anerkannt, daß die Genehmigung „nach heutiger Auffassung nur dann versagt werden dürfe, wenn ein Kammerbeschluß gegen wesentliche allgemeine Grundsätze ordnungsmäßiger Verwaltungsführung verstoße" (Fröhler a. a. O. S. 86). Mit dieser Einschränkung wird eine Annäherung an die reine Rechtskontrolle erreicht, die den Gegensatz auf ein Geringes zusammenschrumpfen läßt.

Mit der hier vertretenen Auffassung, die von Frentzel-Jäkel, Bem. 2 geteilt wird, hat die Aufsichtsbehörde die in Rede stehenden Beschlüsse stets dann zu genehmigen, wenn sie fehlerfrei zustande gekommen sind und nach Lage der Dinge kein aus dem Rechtsleben begründeter Anlaß besteht, Änderungen der Beschlußgegenstände zu fordern. Anlaß bestünde allerdings schon dann, wenn z. B. die autonomen Satzungen zwar nicht gegen das Gesetz verstoßen, jedoch in ihrer Systematik oder in ihrem sprachlichen Ausdruck vom Standpunkt einer ordentlichen Verwaltung zu beanstanden sind. Das gleiche gilt auch in bezug auf autonome Bestimmungen, die umständlich gefaßt oder schwer verständlich sind und bei denen daher aus berechtigtem Grund eine andere Formulierung verlangt. wird. Derartige Forderungen zu stellen, ist die Aufsichtsbehörde sicherlich befugt, da ihr Genehmigungsvermerk sowohl die rechtsrichtige als auch die verwaltungsmäßig einwandfreie Gestaltung des autonomen Rechts in seinem gesamten Inhalt bestätigen soll.

Verweigert die Behörde die erbetene Genehmigung, weil sie mit den vorgelegten Beschlußgegenständen nicht einverstanden ist, so kann hierin die Verletzung des Rechtsanspruchs der Kammer auf Genehmigungserteilung liegen; denn die Behörde kann nach der oben vertretenen Meinung die Genehmigung nur verweigern, wenn der Beschluß der Selbstverwaltungskörperschaft gegen formelles oder materielles Recht oder allgemeine Rechts- oder Verwaltungsprinzipien verstößt. Die IHK würde bei Verletzung des Rechtsanspruchs die Möglichkeit haben, ihren Anspruch durch Klage im Verwaltungsstreitverfahren entsprechend dem Verfahrensrecht für Verwaltungsklagen in den einzelnen Ländern zu verfolgen.

Fehlt die Genehmigung, so sind die beschlossenen Satzungen schwebend unwirksam. Im übrigen heilt die Genehmigung keine formellen und materiellen Mängel der Beschlußgegenstände, sondern bedeutet nur, daß die Aufsichtsbehörde keine Bedenken gegen das beschlossene statutarische Recht hat. Die Genehmigung ist ein Verwaltungsakt der Aufsichtsbehörde, der nicht Bestandteil der Beschlußgegenstände wird. Werden die Beschlußgegenstände ausdrücklich nicht genehmigt, bzw. wird ihre Genehmigung abgelehnt, so sind die getroffenen Beschlüsse gänzlich unwirksam.

Wird die Genehmigung mit einer bestimmten Maßgabe verfügt, so ist darin enthalten, daß die Genehmigung verweigert, jedoch ihre Erteilung dann ohne weitere Erhebungen erfolgen wird, wenn der Maßgabe entsprochen worden ist und der Vorgang nochmals zur Genehmigung vorgelegt wird. Genehmigungen unter Auflagen oder Bedingungen sind nicht zulässig, da das Gesetz Auflagen und Bedingungen nicht erwähnt. Die erteilte Genehmigung ist in keinem Fall frei widerruflich und kann auch nicht mit dem Vorbehalt des Widerrufs verknüpft werden. Ob bei Veröffentlichung der Satzungen die Genehmigung der Aufsichtsbehörde bekanntgemacht wird, ist ohne Bedeutung. Eine Veröffentlichung der Genehmigung, die wohl meist erfolgen wird, hat lediglich hinweisenden Charakter.

1. Beschlüsse über die Satzung sowie über die Wahlordnung, die Beitragsordnung, die Sonderbeitragsordnung und die Gebührenordnung

Bei der Genehmigung der bezeichneten Beschlüsse wird die Aufsichtsbehörde zunächst zu prüfen haben, ob die formellen Voraussetzungen für eine gültige Beschlußfassung durch die zuständigen Organe der IHK vorliegen. Dazu gehört die Einreichung derjenigen Unterlagen, die notwendig sind, um die Rechtsgültigkeit der Beschlußfassung zu prüfen. Sodann wird festzustellen sein, ob der materielle Inhalt des vorgelegten statutarischen Rechts den Gesetzen und sonstigen Rechtsquellen entspricht. So wird z. B. die in einer Satzung vorgesehene Möglichkeit, auf einstimmigen Vorschlag des Präsidiums bis zu zehn weitere Persönlichkeiten aus dem Kreise der Kammerzugehörigen zur Vollversammlung zu kooptieren, zu beanstanden sein. Denn nach § 5 Abs. 1 BKG werden die Mitglieder der Vollversammlung von den Kammerzugehörigen gewählt. Hiernach ist eine Ergänzung der Vollversammlung durch Kooptation ausgeschlossen. Das gleiche würde für den Vorschlag gelten, in der Satzung die Kooptation von zwei oder mehreren Personen aus dem Kreise der Vollversammlung in das Präsidium vorzusehen (vgl. § 6 Abs. 1 BKG).

Da der Name einer IHK Bestandteil der Kammersatzung ist, ist die Änderung des Namens auch Änderung der Satzung und unterliegt daher der aufsichtsbehördlichen Genehmigung nach § 11 Abs. 2. Rechtsaufsichtlich kann einer Namensgebung die Genehmigung nur versagt werden, wenn der gewählte Name geeignet ist, unrichtige Vorstellungen über den Standort und den Bezirk der Kammer hervorzurufen. Das könnte z. B. der Fall sein, wenn der Name einer IHK landschaftliche Bezeichnungen enthält, die im allgemeinen nicht auf den Kammerbezirk, sondern auf einen darüber hinausgehenden Bereich zutreffen. Auch der Name muß der Klarheit und Wahrheit im Rechtsverkehr entsprechen.

In ähnlicher Weise ist bei der Genehmigung sonstigen statutarischen Rechts zu verfahren. So kann z. B. beanstandet werden, wenn in der Wahlordnung zwar gesagt wird, daß Nachwahlen stattfinden, falls Mitglieder der Vollversammlung vor Ablauf der Wahlperiode ausscheiden, jedoch nichts über den Zeitraum verlautet, innerhalb dessen die Nachwahlen stattzufinden haben.

Besonderes Augenmerk wird bei der Wahlordnung vor allem auch die Aufteilung der Wahlgruppen verlangen. So kann es vorkommen, daß in der Wahlordnung eine Aufteilung der Wahlberechtigten in mehrere Wahlgruppen vorgesehen und die Möglichkeit geschaffen wird, daß das Präsidium der Kammer durch Beschluß innerhalb der Wahlgruppen besondere Wahlgemeinschaften bildet und die auf sie entfallenden Mitgliederzahlen festsetzt. Eine solche Bestimmung würde aber keine Prüfung gestatten, ob die Voraussetzungen in § 5 Abs. 3 Satz 2 BKG (Berücksichtigung der wirtschaftlichen Besonderheiten des Kammerbezirks sowie der gesamtwirtschaftlichen Bedeutung der Gewerbegruppen) erfüllt sind. In einem derartigen Fall wird die Aufsichtsbehörde eine stärkere Differenzierung verlangen und notfalls vorschreiben müssen, damit dem Gesetz Genüge getan wird.

Materiellrechtliche Fragen dieser Art werden sich auch bei den Beitrags- und Gebührenordnungen ergeben und sind dann in gleicher Weise zu untersuchen.

Nach den §§ 1 und 3 der Preisstoppverordnung vom 26. November 1936 (RGBl. I S. 955) in Verbindung mit § 7 Ziff. 8 der Anordnung über Preisbildung und Preisüberwachung nach der Währungsreform (Preisfreigabeverordnung) vom 25. Juni 1948 (WiGBl. S. 61) unterliegen die Vorschriften über die öffentlich-rechtlichen Gebühren und Beiträge weiterhin der Preisbindung. Sie besteht unabhängig von der Genehmigungspflicht auf Grund anderer Rechtsvorschriften, insbesondere des § 11 Abs. 2 BKG, da die preisrechtliche Genehmigung durch die Genehmigung der Aufsichtsbehörde über die IHK nicht ersetzt wird. Enthalten Beitragsordnungen keine Bestimmungen über die Höhe der Beiträge, sind sie preisrechtlich nicht genehmigungspflichtig. Dagegen bedürfen Haushaltssatzungen, in denen die Beitragshöhe gemäß den Bestimmungen der Beitragsordnung für einen bestimmten Erhebungszeitraum festgesetzt wird, der preisrechtlichen Genehmigung.

2. Beschlüsse über einen Maßstab für Beiträge und Sonderbeiträge

§ 11 Abs. 2 erklärt ferner, daß Beschlüsse der Vollversammlung über einen Maßstab für Beiträge und Sonderbeiträge insoweit zu genehmigen sind, als der Maßstab 10 v. H. der Gewerbesteuermeßbeträge übersteigt. Dies ist die am weitesten gehende Möglichkeit, durch den Verwaltungsakt der Genehmigung Einfluß auf die Gestaltung des Haushaltsplans zu gelangen. Über sonstige Möglichkeiten der Einflußnahme vgl. § 3 Abs. 2, § 12 Abs. 1 Nr. 4 und Nr. 7 und § 3 Abs. 4 Satz 3.

Fraglich könnte sein, ob das Genehmigungsrecht nur gegeben ist, wenn der Maßstab für beide Beitragsarten 10 v. H. beträgt oder für die beiden Beitragsarten zwar insgesamt unter 10 v. H. der Gewerbesteuermeßbeträge liegt, zusammengerechnet aber mehr als 10 v. H. ergibt. Nach richtiger Auffassung dürfte es sich hier um die Aufzählung von zwei Möglichkeiten handeln, die von einander unabhängig sind. Denn der Maßstab für Beiträge und Sonderbeiträge ist der Hundertsatz (Hebesatz), der auf die einheitlichen Steuermeßbeträge nach Ertrag und Kapital (§ 14 GewStG) angewendet wird, die von den Finanzämtern ermittelt und den IHKn mitgeteilt worden sind (§ 12 Abs. 1 Nr. 5). Wenn dieser Maßstab, der bei Beiträgen und Sonderbeiträgen in unterschiedlicher Höhe beschlossen werden kann, im Einzelfall 10 v. H. übersteigt, unterliegt der jeweilige Beschluß der Genehmigung der Aufsichtsbehörde.

Soweit im übrigen in § 11 Abs. 2 die Beiträge angesprochen werden, kann nur die Umlage in Betracht kommen (§ 3 Abs. 3 Satz 1). Zwar gehören zu den Beiträgen grundsätzlich auch die Grundbeiträge. Sie werden jedoch einheitlich, d. h. nicht unter Anwendung eines Hebesatzes erhoben und können daher in § 11 Abs. 2 nicht gemeint sein.

VIII. Die Aufhebung widersprechender Rechtsvorschriften

Das Gesetz sieht davon ab, im einzelnen aufzuführen, welche Rechtsvorschriften aufgehoben werden. Es erklärt lediglich ganz allgemein, daß diejenigen Rechtsvorschriften, die dem Gesetz widersprechen, als aufgehoben anzusehen sind. Trotzdem dürften sich hieraus keine Schwierigkeiten ergeben.

Aufgehoben sind durch § 11 Abs. 3 Satz 1 zunächst alle reichsrechtlichen Vorschriften, die das Recht der IHKn seit 1934 mitbestimmt haben. Hierzu gehören in erster Linie die Verordnung über die Industrie- und Handelskammern vom 20. August 1934 (RGBl. I S. 790) und das Gesetz über die Erhebung der Beiträge zu den Industrie- und Handelskammern vom 31. März 1939 (RGBl. I S. 649) nebst der Ersten Durchführungsverordnung vom 8. September 1939 (RGBl. I S. 1738) und der Zweiten Durchführungsverordnung vom 18. April 1940 (RGBl. I S. 681). Diese Gesetze und Verordnungen waren allerdings schon durch die Gesetzgebung des Jahres 1942 über die Gauwirtschaftskammern und neuen Wirtschaftskammern gegenstandslos geworden.

Aber auch das Recht, das die Grundlagen der Gauwirtschaftskammern und neuen Wirtschaftskammern bildete, insbesondere alle Rechtsverordnungen im Gefolge der Verordnung über die Vereinfachung und Vereinheitlichung der Organisation der gewerblichen Wirtschaft vom 20. April 1942 (RGBl. I S. 189) müssen nunmehr als formell aufgehoben gelten. Auch dieses Recht war schon bisher ohne Geltung, teils auf Grund besatzungsrechtlicher Anweisungen oder entsprechender Bestimmungen, teils im Hinblick auf Landesgesetze, durch die die ruhenden Gauwirtschaftskammern und neuen Wirtschaftskammern ausdrücklich aufgelöst wurden.

Soweit durch besatzungsrechtliche Maßnahmen, insbesondere Bestimmungen der zuständigen Militärregierungen nach dem Zusammenbruch Rechtsgrundlagen für die IHKn geschaffen worden sind, sind diese in aller Regel nicht veröffentlicht worden. Sie sind daher gemäß § 3 des Ersten Gesetzes zur Aufhebung des Besatzungsrechts vom 30. Mai 1956 (BGBl. I S. 437) nicht mehr in Kraft (Walter, Anm. 3).

Schließlich sind auch alle landesrechtlichen Regelungen außer Kraft getreten, soweit sie generell oder speziell den Vorschriften des Bundeskammergesetzes widersprechen. Ist dies nicht der Fall, so gelten sie weiter (Walter, Anm. 3). Ein Beispiel hierfür bietet das IHK-Recht in Hamburg.

Die derogierende Kraft des § 12 Abs. 3 Satz 1 bezieht sich auch auf die Bestimmungen in den Verfassungen der Länder, die Regelungen vorsehen, die den Vorschriften des Bundeskammergesetzes widersprechen. So bestimmt Art. 69 der Verfassung des Landes Rheinland-Pfalz vom 18. Mai 1947:

„Alle Unternehmungen eines Bezirks finden ihre öffentlich-rechtliche Organisation jeweils in den Industrie- und Handelskammern, Landwirtschaftskammern und Kammern der freien Berufe. Der räumliche Zuständigkeitsbereich der Kammer soll in der Regel mit den Gebieten der Bezirksregierung übereinstimmen.

In den Kammern wirken Arbeitgeber und Arbeitnehmer zusammen. Das Ausmaß der Beteiligung der Arbeitnehmer richtet sich nach Art und Aufgabengebiet der einzelnen Kammern.

In den Industrie- und Handelskammern sind Arbeitgeber und Arbeitnehmer gleichberechtigt vertreten.

Das Nähere regelt das Gesetz.“

Diese Vorschrift, die von dem bisherigen deutschen Kammerrecht und dem der Kammern aller Staaten Westeuropas abweicht, weil diese eine unmittelbare Beteiligung der Arbeitnehmer in den Organen der IHKn nicht kennen, ist gemäß Art. 74 Nr. 11, Art. 72 GG nunmehr außer Kraft getreten (Walter , Anm. 3).

Die Herausnahme des Gesetzes zur Erhaltung und Hebung der Kaufkraft, Abschnitt I, und der Verordnung über die Rechnungslegung und Rechnungsprüfung während des Krieges aus den auf die IHKn anzuwendenden Vorschriften ist ohne besondere Bedeutung. Abschnitt I des Kaufkraft-Gesetzes, vom Gestz selbst als „Beiträge-Gesetz“ bezeichnet, legte fest, daß die juristischen Personen (Körperschaften, Stiftungen und Anstalten) des öffentlichen Rechts zu sparsamer und wirtschaftlicher Finanzgebarung verpflichtet seien und daß sie die Leistungsfähigkeit ihrer Mitglieder pfleglich zu behandeln hätten. Weitere Einzelheiten betrafen insbesondere die Feststellung des Haushaltsplans, die Festsetzung der Umlagen und Beiträge, die Genehmigung des Haushaltsplans durch den zuständigen Reichsminister und die Zustimmung des Reichsministers der Finanzen zu der Festsetzung der Umlagen und Beiträge, ferner die Haushaltsrechnung und ihre Prüfung sowie die Entlastung und die sinngemäße Anwendung der Vorschriften der Reichshaushaltsordnung. Von diesen Vorschriften sind die Bestimmungen des § 1 über die Verpflichtung zu sparsamer und wirtschaftlicher Finanzgebarung und über die pflegliche Behandlung der Leistungsfähigkeit der Mitglieder der öffentlich-rechtlichen juristischen Personen in das Bundeskammergesetz übernommen worden (vgl. § 3 Abs. 2 Satz 2). Die für das Beiträge-Gesetz insoweit maßgebenden Grundgedanken, die in der im Reichsanzeiger Nr. 79 vom 5. April 1934 veröffentlichten Begründung enthalten sind, sind daher auch heute nicht gegenstandslos. Die Grundsätze der übrigen Bestimmungen des Gesetzes, soweit sie die Haushaltsrechnung und Rechnungsprüfung betreffen (§§ 5, 6), sind in das Bundeskammergesetz nicht übernommen worden. Jedoch hat der Landesgesetzgeber die Möglichkeit (§ 12 Abs. 1 Nr. 7 BKG), ähnliche Bestimmungen in Form von Landesrecht zu erlassen. Von dieser Möglichkeit ist insbesondere in bezug auf die sinngemäße Anwendung der Reichshaushaltsordnung Gebrauch gemacht worden.

Die Verordnung über die Rechnungslegung und Rechnungsprüfung brachte für die Kriegszeit die Möglichkeit, die Rechnungslegung zu erleichtern oder ganz auf sie zu verzichten. Sie enthielt ferner bestimmte Grundsätze der Prüfung und legte Zuständigkeiten fest, die heute weithegend überholt sind. Die Festlegung, daß die Verordnung auf die IHKn keine Anwendung finde, ist die Folge der Zeitbedingtheit und der Veränderung der Zuständigkeiten mit der Errichtung der Bundesrepublik.

6. Ergänzendes Landesrecht (§ 12)

§ 12

(1) Durch Landesrecht können ergänzende Vorschriften erlassen werden über

1. die Errichtung und Auflösung von Industrie- und Handelskammern,

2. die Änderung der Bezirke bestehender Industrie- und Handelskammern,

3. die für die Ausübung der Befugnisse des § 11 Abs. 1 und 2 zuständigen Behörden,

4. die Aufsichtsmittel, welche erforderlich sind, um die Ausübung der Befugnisse gemäß § 11 Abs. 1 und 2 zu ermöglichen,

5. die Verpflichtung der Steuerveranlagungsbehörden zur Mitteilung der für die Festsetzung der Beiträge erforderlichen Unterlagen an die Industrie- und Handelskammern,

6. die Verpflichtung der Behörden zur Amtshilfe bei Einziehung und Beitreibung von Abgaben (§ 3 Abs. 8),

7. die Grundsätze über die Rechnungslegung und die Prüfung der Jahresrechnung,

8. die Befugnis der Industrie- und Handelskammern zur Führung eines Dienstsiegels,

9. Zuständigkeit und Verfahren für die Bestellung von Ausschußmitgliedern gemäß § 8 Abs. 2 Satz 2.

(2) Vor der Entscheidung über Maßnahmen nach Absatz 1 Nr. 1 und 2 sind die Kammerzugehörigen gemäß § 2 Abs. 1 zu hören.

Übersicht

I. Allgemeines zum Erlaß ergänzender Vorschriften
1. Errichtung und Auflösung von IHKn
2. Änderung von Bezirksgrenzen
3. Aufsichts- und Genehmigungsbehörden
4. Aufsichtsmittel
5. Steuerveranlagungsbehörden und Mitteilungspflichten
6. Amtshilfe bei Einziehung und Beitreibung von Abgaben
7. Grundsätze über die Rechnungslegung und Prüfung der Jahresrechnung
8. Führung des Dienstsiegels
9. Zuständigkeit und Verfahren für die Bestellung von Arbeitnehmervertretern
II. Die Anhörung der Kammerzugehörigen in den Fällen des § 12 Abs. 1 Nr. 1 und 2

Literatur: Huber I S. 186ff., insb. S. 190ff.; Fröhler, Die Mittel der Staatsaufsicht über die Handwerkskammern, GewArch. 1. Jhg. (1955), S. 2ff.; Kubsch-Gollasch-Hillebrandt-Wenderoth, Haushalts-, Kassen-, Rechnungs- und Prüfungswesen, 2. Aufl., Göttingen 1955; Junge, Konkursfähigkeit öffentlich-rechtlicher Handwerksorganisationen, GewArch. 4. Jhg. (1958), S. 221ff.

I. Allgemeines zum Erlaß ergänzender Vorschriften

Nach den einleitenden Worten des § 12 Abs. 1 können durch Landesrecht ergänzende Vorschriften über die in den folgenden Nummern 1—9 aufgeführten Materien erlassen werden. Das hat zunächst zum Inhalt, daß den Ländern weitere Kompetenzen, als sie hier enthalten sind, auf dem Gebiet der Regelung des Rechts der IHKn nicht zustehen (Walter, Anm. 1). Hierbei ist allerdings darauf hinzuweisen, daß auch in § 3 Abs. 4 Satz 3 und Abs. 8 Satz 2 BKG landesrechtliche Kompetenzen statuiert worden sind. Danach kann durch Landesrecht ein Höchstbetrag für die Kammerzugehörigen, deren Gewerbebetrieb nach Art und Umfang einen in kaufmännischer Weise eingerichteten Geschäftsbetrieb nicht erfordert, festgesetzt werden; ebenso ist es möglich, daß das Landesrecht das Verfahren und die Zuständigkeit für die Einziehung und Beitreibung der Beiträge, Sonderbeiträge und Gebühren der IHKn abweichend von den Vorschriften in § 8 Satz 1 regelt.

Damit sind die Kompetenzen der Länder abschließend festgelegt und können auch nicht durch Aufnahme in die Landesverfassung erweitert werden. Der Katalog berührt nicht die durch das Bundeskammergesetz in § 1 Abs. 4 enthaltene Ermächtigung für den Bund oder die Länder, den IHKn weitere Aufgaben durch Gesetz oder Rechtsverordnung zu übertragen.

Unter Landesrecht im Sinne des § 12 Abs. 1 sind nur Landesgesetze oder Rechtsverordnungen zu verstehen, nicht Verwaltungsvorschriften, die keine Rechtssatzeigenschaft haben und lediglich verwaltungsinterne Verbindlichkeit besitzen. Da § 12 keine dem Art. 80 Abs. 1 GG entsprechende Ermächtigung zum Erlaß von Rechtsverordnungen in Ausführung des Bundeskammergesetzes enthält, hat die Ergänzung des Bundeskammergesetzes durch Landesgesetz zu erfolgen, es sei denn, daß das Verfassungsrecht der Länder etwas anderes zuläßt (Frentzel-Jäkel, Bem. 3). Die Länder haben dementsprechend ausnahmslos die ausführenden Bestimmungen zum Bundeskammergesetz in Form von Landesgesetzen erlassen, die allerdings in einigen Fällen ergänzende Bestimmungen durch Rechtsverordnung des zuständigen Ministers bzw. Senators ausdrücklich gestatten. Unabhängig hiervon sind die Länder jedoch ohne besondere Ermächtigung in jedem Fall berechtigt, Verwaltungsvorschriften bzw. Anweisungen zur Anwendung von Bestimmungen des Bundeskammergesetzes zu erlassen. Maßgebend hierfür sind die Art. 83, 84 GG in Verbindung mit Art. 74 Nr. 11 GG. Der Bund hat das Bundeskammergesetz im Rahmen seiner Zuständigkeit für Materien der konkurrierenden Gesetzgebung nach Art. 74 Nr. 11 erlassen. Das Gesetz wird von den Ländern nach Art. 83 GG als eigene Angelegenheit ausgeführt. Entsprechend Art. 84 Abs. 1 GG regeln die Länder damit auch das Verwaltungsverfahren, soweit nicht bundesgesetzlich etwas anderes bestimmt ist und die Bundesregierung von ihrem Recht gemäß Art. 84 Abs. 2 GG, mit Zustimmung des Bundesrates allgemeine Verwaltungsvorschriften zu erlassen, keinen Gebrauch macht.

Daß die Landesgesetze die Materie in sachlicher Beziehung nicht selbst zu regeln brauchen, sondern sich auf die Erteilung von Ermächtigungen an die Landesregierung, den zuständigen Minister bzw. Senator oder eine oberste Landesbehörde beschränken können, wird von Frentzel-Jäkel, Bem. 3 mit Recht betont.

1. Errichtung und Auflösung von IHKn

Das Bundeskammergesetz enthält keine Vorschriften darüber, wann IHKn zu errichten sind und in welcher Weise bei der Errichtung von IHKn vorzugehen ist. Es überläßt diese Frage dem Landesrecht. Zur historischen Entwicklung kann insbesondere auf das preußische Recht verwiesen werden, das im Gesetz über die Handelskammern vom 24. Februar 1870 zwar bestimmte, daß die Errichtung einer Handelskammer der Genehmigung des Ministers für Handel und Gewerbe unterliege (§ 2), jedoch in keiner Vorschrift festlegte, in welcher Weise bei der Errichtung von Handelskammern vorzugehen sei, von wem und in welcher Form ein entsprechender Beschluß zu fassen sei und nach welchen Grundsätzen der Minister bei der Entscheidung über die Genehmigung zu verfahren habe (Lusensky, § 2 Anm. 1).

Bei der praktischen Handhabung der Bestimmung ist im allgemeinen beachtet worden, daß a) der Wunsch nach Errichtung einer Handelskammer für einen Ort oder weiteren Bezirk aus dem Kreise der in der Handelskammer zu vertretenden Berufsstände dieses Orts oder Bezirks der Behörde gegenüber zum Ausdruck gebracht wurde, und daß b) die Behörde, wenn die Anregung beachtlich erschien, den beteiligten Kaufleuten und Gewerbetreibenden Gelegenheit gab, zur Frage der Errichtung einer Kammer Stellung zu nehmen. Das geschah meist derart, daß die Behörde die beteiligten Personenkreise zu einer Versammlung einlud, in der die Angelegenheit erörtert wurde (Lusensky, a. a. O.). Erst auf Grund des Ergebnisses dieser Verhandlungen machte sich der Minister darüber schlüssig, ob die Errichtung der Handelskammer zu genehmigen sei, wobei er an Mehrheitsbeschlüsse der Beteiligten nicht gebunden war.

Die Ausführungsgesetze der Länder zum Bundeskammergesetz haben die Vorschrift des Abs. 1 Nr. 1 nicht besonders verdeutlicht, obwohl dies durchaus möglich gewesen wäre. So ist beispielsweise in den Gesetzen von Bayern und Berlin überhaupt keine Bestimmung über die Errichtung getroffen worden, während in den Gesetzen von Baden-Württemberg und Niedersachsen lediglich die Kompetenz zur Errichtung festgelegt ist und in dem Gesetz von Nordrhein-Westfalen bestimmt wird, daß „der Minister für Wirtschaft und Verkehr IHKn durch Rechtsverordnung nach Anhörung des Wirtschaftsausschusses des Landtags errichten kann". Ob zur Errichtung eine Anregung der beteiligten Kreise notwendig ist und ob eine ausreichende Gewähr für die weitere Entwicklung und Leistungsfähigkeit der Kammer gegeben sein muß, wird nicht gesagt, ist aber nach Lage der Dinge zu unterstellen.

Auch über die Auflösung der IHKn macht das Bundeskammergesetz keine näheren Ausführungen, sondern überläßt es dem Landesrecht, konkrete Bestimmungen zu treffen. Das preußische Gesetz über die Handelskammern von 1870 enthielt ursprünglich keine Bestimmungen, wie die allgemeine staatliche Aufsicht über die Handelskammern zu führen sei; es enthielt auch keine Vorschriften über ihre Auflösung. Die Zweifel, die sich hieraus ergaben, wurden erst durch die Novelle von 1897 beseitigt, indem in § 43 Abs. 1 und 2 erklärt wurde, daß die Handelskammer der Aufsicht des Ministers für Handel und Gewerbe unterliege und auf seinen Antrag durch Beschluß des Staatsministeriums aufgelöst werden könne. Die Auflösung hatte zur Folge, daß ihre Mitglieder außer Tätigkeit traten und ihre Mitgliedschaft erlosch. Dagegen blieb die betroffene Handelskammer als juristische Person bestehen. Ihre Vermögensrechte und Verbindlichkeiten gingen nicht unter, sondern waren weiter an das Rechtssubjekt „Handelskammer" geknüpft (Lusensky, § 43 Anm. 4). Letzteres gilt auch für die Auflösung der IHKn im Sinne des § 12 Abs. 1 Nr. 1. Gemeint ist, daß die IHKn nicht in ihrem Charakter als Körperschaften des öffentlichen Rechts, sondern als Vertretungsorgane aufgelöst werden.

Im übrigen ist auch eine Auflösung der Körperschaft wegen Konkurses nicht möglich. Hier galten früher, soweit die preußischen Verhältnisse in Betracht kommen, die Bestimmungen des Gesetzes über die Zwangsvollstreckung gegen juristische Personen des öffentlichen Rechts vom 11. Dezember 1934, das auf der Ermächtigung in Artikel IV des Einführungsgesetzes vom 17. Mai 1898 zu dem Gesetz betreffend Änderungen der Konkursordnung in Verbindung mit § 15 Nr. 3 des Einführungsgesetzes vom 30. Januar 1877 zur Zivilprozeßordnung beruhte. Danach war die Zwangsvollstreckung von Geldforderungen in das Vermögen juristischer Personen des öffentlichen Rechts an eine besondere Zulassung des zuständigen Fachministers gebunden (§ 3) und der Konkurs für den hier in Rede stehenden Fall ausgeschlossen (§ 4).

Die Vorschriften sind nunmehr durch das Bundesgesetz über Maßnahmen auf dem Gebiet der Zwangsvollstreckung vom 20. August 1953 (BGBl. I S. 952) überholt. Artikel II dieses Gesetzes hat § 15 Nr. 3 EGZPO geändert. Jetzt dürfen die Länder nur noch die Zwangsvollstreckung gegen Gemeinden und Gemeindeverbände beschränken, soweit nicht dingliche Rechte verfolgt werden. Diese Änderung bedeutet, daß auch die Ermächtigung in Artikel IV des Einführungsgesetzes vom 17. Mai 1898 entsprechend eingeengt wurde und § 4 des Preußischen Gesetzes von 1934 für die IHKn nicht mehr gilt. Außerdem hat der durch das Bundesgesetz vom 20. August 1953 in die Zivilprozeßordnung eingefügte § 882a Abs. 3 ZPO den § 3 des preußischen Gesetzes von 1934 über die Einzelvollstreckung von Geldforderungen abgelöst. Die Vollstreckung bedarf danach nicht mehr einer besonderen Zulassungsverfügung, sondern ist vier Wochen nach der Anzeige zulässig und nur hinsichtlich der zu pfändenden Sachen beschränkt (§ 882a Abs. 1 und 2 ZPO). Soweit die Beschränkung nicht Platz greift, ist ein Konkurs über das Vermögen der IHK denkbar (§ 213 KO).

Praktisch wird ein Konkurs kaum durchgeführt werden, da die nach dem Kostendeckungsprinzip arbeitenden IHKn notfalls die erforderlichen Beiträge zur Deckung ihrer finanziellen Verpflichtungen beschließen können und regelmäßig einen Anspruch auf die Genehmigung der Beschlüsse durch die Aufsichtsbehörde haben, der gegebenenfalls durch Verwaltungsklage geltend gemacht werden kann (Junge a. a. O. S. 222).

2. Änderung der Bezirksgrenzen

Ist eine IHK für einen bestimmten Bezirk errichtet, so kann sich im Laufe der Zeit die Notwendigkeit ergeben, den Bezirk der Kammer zu ändern, wobei der Erweiterung des Bezirks einer bestimmten Kammer regelmäßig das Ausscheiden eines Gebietsteils, der zu dem Bezirk einer anderen Kammer gehört, gegenüberstehen wird. Zum früheren preußischen Recht ist zu bemerken, daß die Auffassung herrschte, daß bei der Erweiterung des Bezirks einer Kammer im wesentlichen nach den gleichen Grundsätzen zu verfahren sei, wie bei der Errichtung von Handelskammern (Lusensky, § 2 Anm. 2). Voraussetzung sei auch hier ein entsprechender Wunsch der beteiligten Kreise, der sowohl von der betroffenen Handelskammer als auch von Interessenten der Gebietsteile ausgesprochen werden könne, deren Anschluß gewünscht werde. Vor der Entscheidung des Ministers sei allen Beteiligten Gelegenheit zu geben, Stellung zu nehmen, was insbesondere für die Handel- und Gewerbetreibenden der anzuschließenden Gebiete gelte. Die Ansicht der Mehrheit sei möglichst zu berücksichtigen (Lusensky a. a. O. unter Hinweis auf Kommissionsberichte). In ähnlicher Weise habe sich auch die Ausscheidung einzelner Gebietsteile zu vollziehen.

Die nach § 12 Abs. 2 Nr. 2 möglichen Vorschriften zur Ergänzung des Bundeskammergesetzes können sich sowohl auf die Rechtsqualität der Vorschriften als auch auf die Art und Weise der Durchführung der Maßnahmen zur Änderung von Bezirksgrenzen erstrecken. Eine unabdingbare Voraussetzung ist jedoch die Anhörung der Kammerzugehörigen der betroffenen Gebiete.

In den Ländergesetzen zur Ausführung des Bundeskammergesetzes sind die Kriterien für die Änderung von Bezirksgrenzen häufig näher umschrieben. So spricht das Gesetz von Baden-Württemberg davon (§ 1), daß die Bezirke zu ändern seien, wenn es im Interesse einer wirtschaftlichen Finanzgebarung oder zur besseren Durchführung der im § 1 BKG genannten Aufgaben zweckmäßig erscheine. Ähnlich lauten die Bestimmungen des Gesetzes von Hessen (§ 1 Satz 1) und von Nordrhein-Westfalen (§ 1 Abs. 1).

Werden Bezirksgrenzen geändert, so muß regelmäßig eine Vermögensauseinandersetzung erfolgen. Nähere Bestimmungen treffen die Ausführungsgesetze der Länder.

3. Aufsichts- und Genehmigungsbehörden

Entsprechend dem in Art. 83 GG enthaltenen Prinzip, daß die Länder die Bundesgesetze in der Regel als eigene Angelegenheit ausführen, und der in Art. 84 Abs. 1 GG getroffenen Regelung, daß die Länder, wenn sie Bundesgesetze als eigene Angelegenheit ausführen, die Einrichtung der Behörden und das Verwaltungsverfahren regeln, soweit nicht Bundesgesetze mit Zustimmung des Bundesrates etwas anderes bestimmen, sieht § 12 Abs. 1 Nr. 3 vor, daß das Landesrecht auch die für die Ausübung der Aufsichts- und Genehmigungsbefugnisse zuständigen Behörden bezeichnet. Die Landesgesetze haben dieser Vorschrift regelmäßig entsprochen und ohne Ausnahme den für die Wirtschaft zuständigen Minister bzw. Senator zur Aufsichts- und Genehmigungsbehörde für die Ausübung der Rechte aus § 11 Abs. 1 und 2 BKG bestimmt. Diese Zuständigkeit gilt auch für die Bestellung der Arbeitnehmermitglieder der Ausschüsse für Berufsausbildung nach § 8 Abs. 2 BKG, obwohl hier möglich gewesen wäre, den für die Arbeit zuständigen Minister bzw. Senator mit der Wahrnehmung dieser Befugnis zu betrauen. Häufig wird allerdings Identität vorliegen.

4. Aufsichtsmittel

Nach § 12 Abs. 1 Nr. 4 können die Ausführungsgesetze der Länder die Aufsichtsmittel bezeichnen, die „erforderlich sind, um die Ausübung der Befugnisse gemäß § 11 Abs. 1 und 2 zu ermöglichen". Welche Mittel denkbar sind, insbesondere einer rechtsstaatlichen Verwaltungsführung entsprechen, ist bereits erörtert. Die Landesgesetze haben regelmäßig nur das einschneidendste Mittel, die Auflösung der Vollversammlung durch die Aufsichtsbehörde erwähnt, die gestattet sein soll, wenn sich die IHK „trotz wiederholter Aufforderung nicht im Rahmen der für sie geltenden Rechtsvorschriften hält". Hier wird meist noch hinzugefügt, daß innerhalb von drei Monaten nach Eintritt der Unanfechtbarkeit der Auflösung eine Neuwahl der Vollversammlung vorzunehmen ist, wobei das bisherige Präsidium seine Geschäfte bis zum Amtsantritt des neuen Präsidiums weiterzuführen und die Neuwahl der Vollversammlung vorzubereiten hat. In diesem Falle ist die Regelung über die Vorbereitung der Neuwahl der Vollversammlung lex specialis gegenüber etwaigen Bestimmungen der Wahlordnung, die die Vorbereitung der Wahl unter Umständen in die Hände eines Wahlausschusses gelegt hat. Regelmäßig kann jedoch die Aufsichtsbehörde nach den Ländergesetzen auch einen Beauftragten (Staatskommissar) einsetzen, der die Befugnis der Vollversammlung, des Präsidiums oder beider Organe ausübt, falls eine solche Einsetzung notwendig wird.

Allgemein ist anerkannt, daß die Herausstellung des stärksten Aufsichtsmittels „die Skala der verwaltungsmäßig schwächeren Mittel mit umfaßt" (Frentzel-Jäkel, Bem. 4 unter Hinweis auf das preußische Recht). Bei der Anwendung der möglichen Aufsichtsmittel (z. B. Beanstandung, Auflage, Aufhebung, Ersatzvornahme, Zwangsetatisierung usw.) ist im Einzelfall immer zu prüfen, ob die Verhältnismäßigkeit zwischen Anlaß und Mittel gewahrt ist, insbesondere, ob nicht ein Hinweis oder eine Anregung der Aufsichtsbehörde, wie zu verfahren ist, ausreicht (Huber I S. 190ff.; Frentzel-Jäkel, Bem. 4; vgl. vor allem aber die Bemerkungen zu § 11 unter IV).

5. Steuerveranlagungsbehörden und Mitteilungspflichten

Die in Abs. 1 Nr. 5 gegebene Ermächtigung braucht nicht in Anspruch genommen zu werden. Die Verpflichtung der Steuerveranlagungsbehörden, den IHKn die Beitragsunterlagen mitzuteilen, ergibt sich bereits aus § 18 Ziff. 6 RAO. Danach liegt den Finanzämtern und Oberfinanzdirektionen die Mitteilung von Besteuerungsgrundlagen, Steuermeßbeträgen und Steuerbeträgen an Körperschaften des öffentlichen Rechts ob, soweit der „Reichsminister der Finanzen" diese Stellen zu derartigen Mitteilungen anweist. Auf Antrag der zuständigen Stellen muß dies insoweit geschehen, als die öffentlich-rechtlichen Körperschaften zur Festsetzung öffentlich-rechtlicher Abgaben der Besteuerungsgrundlagen, Steuermeßbeträge oder Steuerbeträge bedürfen und für die öffentlich-rechtlichen Abgaben die Voraussetzungen vorliegen, unter denen nach § 18 Ziff. 5 Satz 2 RAO verlangt werden kann, daß die Festsetzung der Abgaben den Finanzämtern und Oberfinanzdirektionen übertragen wird. Diese Voraussetzungen sind im Falle der IHKn gegeben.

6. Amtshilfe bei Einziehung und Beitreibung von Abgaben

Nach § 3 Abs. 8 Satz 1 BKG sind die für Gemeindeabgaben geltenden landesrechtlichen Vorschriften bei der Einziehung und Beitreibung der Beiträge, Sonderbeiträge und Gebühren der IHKn entsprechend anzuwenden. Hierbei können das Verfahren und die Zuständigkeit für die Einziehung und Beitreibung durch Landesrecht abweichend geregelt werden. Aus diesen Vorschriften ergibt sich jedoch noch nicht die Verpflichtung der Behörden zur Amtshilfe bei der Einziehung und Beitreibung der Abgaben. Diese wird erst gemäß den nach § 12 Abs. 1 Nr. 6 zu erlassenden landesrechtlichen Bestimmungen ausgesprochen. Sie gehen in aller Regel dahin, daß die Gemeinden und Gemeindeverbände die Einziehung und Beitreibung von Abgaben zur Kammer nur gegen eine entsprechende Vergütung zu übernehmen haben.

7. Grundsätze über die Rechnungslegung und Prüfung der Jahresrechnung

Nach § 12 Abs. 1 Nr. 7 können durch Landesrecht auch ergänzende Vorschriften über die Rechnungslegung und Prüfung der Jahresrechnung erlassen werden. Man wird diese Vorschrift vielleicht als eine der bedeutsamsten des Katalogs der Ergänzungsvorschriften anzusehen haben. Der Gesetzgeber des Landes kann damit, wie Frentzel-Jäkel, Bem. 4 mit Recht erklären, im Ausführungsgesetz zum Bundeskammergesetz anordnen, daß die Grundsätze der Reichshaushaltsordnung (RHO) vom 21. Dezember 1922 (RGBl. 1923 II S. 17) und der zu ihrer Ausführung erlassenen Wirtschaftsbestimmungen für die Reichsbehörden (RWB) vom 11. Februar 1929 (RMBl. S. 49) sinngemäß anzuwenden sind, als auch bestimmen, daß besondere Richtlinien aufgestellt oder Richtlinien des DIHT angewendet werden.

Die Ausführungsgesetze haben fast regelmäßig erklärt, daß die Grundsätze der Reichshaushaltsordnung auch für die Rechnungslegung der IHKn Geltung hätten, allerdings in sinngemäßer Anwendung. Als Grundsätze für die Prüfung der Jahresrechnung werden voraussichtlich die Grundsätze gelten, die der DIHT aufgestellt hat und die in einem Erlaß des Ministers für Wirtschaft und Verkehr des Landes Nordrhein-Westfalen vom 4. Februar 1958 den IHKn des Landes Nordrhein-Westfalen vorgeschrieben worden sind.

Fraglich könnte sein, ob die „sinngemäße" Bindung der Rechnungslegung der IHKn an die Vorschriften der Reichshaushaltsordnung, also an die Grundprinzipien des öffentlichen Haushaltsrechts, ohne weiteres zur Folge hat, daß die zur Ausführung der Reichshaushaltsordnung erlassenen Wirtschaftsbestimmungen für die Reichsbehörden ergänzend anzuwenden sind. Man wird diese Frage bejahen müssen, da die gewollte Bindung nur in diesem Fall als vollständig zu betrachten ist. Praktisch können sich hieraus weitreichende Folgen ergeben, beispielsweise hinsichtlich der Frage, ob im Haushaltsplan eine Erläuterung des für die Vergütungen der beamteten und nichtbeamteten Bediensteten veranschlagten Betrages nach der Zahl der Stellen und den Besoldungs- und Vergütungsgruppen verlangt werden kann (§ 6 Abs. 8 RWB in Verbindung mit der Anlage 1 zu § 6 Abs. 8 RWB und der Anlage 2 zu § 54 Abs. 7 RWB).

Allgemein haben die Ausführungsgesetze der Länder vorgesehen, daß die Aufsichtsbehörde bestimmt, welche Stelle die Jahresrechnung prüft. Diese Bestimmung dürfte zulässig sein, obwohl § 12 Nr. 7 nur von dem Erlaß ergänzender Vorschriften über die „Grundsätze“ der Rechnungslegung und der Prüfung der Jahresrechnung spricht. Als Prüfungsstelle wird weitgehend die Rechnungsprüfungsstelle des DIHT eingeschaltet werden. In vielen Ländern ist zudem in den Gesetzen über die Rechnungshöfe vorgesehen, daß diese die Jahresrechnung aller öffentlich-rechtlichen Körperschaften prüfen. In diesen Fällen wird die Prüfung durch den Rechnungshof eine „Oberprüfung“ darstellen.

Hinsichtlich der Bestimmung der Rechnungsprüfungsstelle des DIHT ist zu bemerken, daß in den Satzungen der IHKn, die die Aufsichtsbehörden genehmigt haben, meist eine Vorschrift enthalten sein wird, nach der das Kassen- und Haushaltswesen der Kammer von der Rechnungsprüfungsstelle des DIHT geprüft wird. Fraglich ist in diesem Fall, ob im Hinblick auf die landesgesetzlichen Regelungen noch ein formeller Akt der Aufsichtsbehörde erforderlich ist und ob die Aufsichtsbehörde diese Stelle zur Beachtung besonderer Prüfungsrichtlinien neben ihren eigenen Richtlinien verpflichten kann. Beide Fragen werden zu bejahen sein. Die formelle Bestimmung kann durch Erlaß der Aufsichtsbehörde erfolgen. Er ist alsdann als Bekanntmachung in dem dafür maßgebenden staatlichen Publikationsorgan zu veröffentlichen und der Prüfungsstelle sowie den betroffenen IHKn in Abschrift zu übersenden.

Ob die Bestimmung widerruflich geschieht oder nicht, wird unbeachtlich sein, da es sich um keinen begünstigenden Verwaltungsakt, sondern um eine Organisationsmaßnahme der Aufsichtsbehörde handelt, die diese jederzeit abändern kann, wenn sie es für erforderlich hält.

Als Beispiel für die Bestimmung der Rechnungsprüfungsstelle für die IHKn durch die Landesregierungen kann die Bekanntmachung des Bayerischen Staatsministeriums für Wirtschaft und Verkehr vom 28. Januar 1960 dienen, die im Amtsblatt des Ministeriums veröffentlicht ist:

„Gemäß § 12 Abs. 1 Nr. 7 des Gesetzes zur vorläufigen Regelung des Rechts der Industrie- und Handelskammern vom 18. 12. 1956 (BGBl. I S. 920) in Verbindung mit Art. 3 Abs. 2 des Gesetzes zur Ergänzung und Ausführung des Gesetzes zur vorläufigen Regelung des Rechts der Industrie- und Handelskammern (AGIHKG) vom 25. 3. 1958 (GVBl. S. 40) wird die vom Deutschen Industrie- und Handelstag errichtete „Rechnungsprüfungsstelle für die Industrie- und Handelskammern“ in Bielefeld als Rechnungsprüfungsstelle zur Prüfung der Jahresrechnungen der Industrie- und Handelskammern in Bayern bestimmt.

Die Jahresrechnungen der Industrie- und Handelskammern sind nach den in der Anlage zu dieser Bekanntmachung aufgeführten Prüfungsrichtlinien zu prüfen.

Hinsichtlich der Kosten der Prüfung wird auf § 8 Abs. 2 des Sonderstatuts der Rechnungsprüfungsstelle verwiesen.“

Die Anlage bringt die Richtlinien des DIHT für die Rechnungsprüfungsstelle in etwas abgewandelter Form.

8. Führung des Dienstsiegels

In den Ländern gelten regelmäßig Gesetze über die Führung des Landessiegels. Nach diesen Gesetzen richtet sich, ob die IHKn im Einzelfall ohne weiteres zur Führung des Landessiegels, meist in kleinerer oder abgewandelter Form, ermächtigt sind, oder ob noch Vorschriften zur Ausführung der Landesgesetze über die Führung des Landessiegels oder Verwaltungsakte zur Berechtigung der Siegelführung zu erlassen sind. Im allgemeinen haben die Ausführungsgesetze die Siegelführung der IHKn näher bestimmt, indem sie erklärten, daß die IHKn zur Führung eines Dienstsiegels befugt oder daß sie berechtigt seien, die von ihnen geführten Siegel weiter zu führen.

9. Zuständigkeit und Verfahren für die Bestellung von Ausschußmitgliedern gemäß § 8 Abs. 2 Satz 2 BKG

Nach § 8 Abs. 2 Satz 2 BKG sind die Arbeitnehmervertreter für den Ausschuß für Berufsausbildung „durch die nach Landesrecht zuständige Stelle“ zu berufen. § 12 Abs. 1 Nr. 9 ermächtigt die Länder, die Zuständigkeit und das Verfahren für die Bestellung dieser Ausschußmitglieder zu regeln. Dementsprechend haben die Ausführungsgesetze durchweg den schon für die Aufsicht über die IHKn zuständigen Minister bzw. Senator auch für die Berufung der Arbeitnehmervertreter für zuständig erklärt, unabhängig davon, ob dieser ressortmäßig für die Förderung oder Durchführung der Berufsausbildung zuständig ist oder nicht. Hier war der Gedanke der einheitlichen Regelung maßgebend.

Da das Vorschlagsrecht für die Vertreter der Arbeitnehmer in § 8 Abs. 2 Satz 2 BGK geregelt ist, haben sich die Ausführungsgesetze der Länder unter Anlehnung an bewährte Vorbilder (Arbeitsgerichtsgesetz, Sozialgerichtsgesetz, Gesetz über die Errichtung einer Bundesanstalt für Arbeitsvermittlung und Arbeitslosenversicherung) auf das Hervorheben der wesentlichen Grundsätze beschränkt. Regelmäßig hat die vorschlagsberechtigte Organisation die Vorschläge in Listenform d. h. in einer bestimmten Reihenfolge der Namen vorzunehmen. Eine Bestellung ohne Vorschlagsliste ist allgemein ausgeschlossen.

§ 8 Abs. 2 Satz 2 BKG bestimmt, daß die im Bezirk der IHKn bestehenden Gewerkschaften und selbständigen Vereinigungen von Arbeitnehmern mit sozial- oder berufspolitischer Zielsetzung das Vorschlagsrecht erhalten sollen. Aus den Protokolen der Ausschüsse des Bundestages ergibt sich, daß der gleiche Kreis der Organisationen, der z. B. das Vorschlagsrecht für die Bestellung von Arbeitsrichtern besitzt, vorschlagsberechtigt sein sollte. In diesem Zusammenhang wurde auf die Rechtsprechung zu § 11 Abs. 1 Satz 1, 2. Halbsatz des Arbeitsgerichtsgesetzes vom 3. September 1953 sowie auf die bisherige Praxis der Arbeits- und Sozialminister hingewiesen (vgl. § 20 Abs. 1 Satz 2, § 23 Abs. 2 und § 25 Abs. 2 Satz 1 des Arbeitsgerichtsgesetzes sowie § 14 Abs. 2 des Sozialgerichtsgesetzes vom 3. September 1953). Die Ausführungsgesetze der Länder sind diesen Gedanken gefolgt und haben durchweg nur Organisationen, die im Bezirk der Kammer bestehen und einen wesentlichen Einfluß auf das Berufs- und Wirtschaftsleben des Bezirks ausüben, dazu ermächtigt, Vertreter für die Ausschüsse für Berufsausbildung vorzuschlagen.

Regelmäßig enthalten die Ländergesetze auch Bestimmungen über den Minderheitenschutz, wobei jedoch die Durchbrechung des Grundsatzes der Verhältnismäßigkeit nicht zu offensichtlicher Benachteiligung der großen Verbände führen darf.

Entfallen bei einem Ausschußmitglied die Voraussetzungen für seine Bestellung oder stellt sich nachträglich heraus, daß bestimmte Voraussetzungen nicht vorgelegen haben, so kann es abberufen werden, wenn das Landesgesetz den Widerruf oder die Zurücknahme ausdrücklich vorsieht (vgl. z. B. Niedersächsicshes Ausführungsgesetz § 5 Abs. 3).

II. Die Anhörung der Kammerzugehörigen in den Fällen des § 12 Abs. 1 Nr. 1 und 2

Vor der Entscheidung über Maßnahmen nach Abs. 1 Nr. 1 (Errichtung und Auflösung der IHKn) und Nr. 2 (Änderung der Bezirke bestehender IHKn) sind die Kammerzugehörigen zu hören. Die Anhörung ist also obligatorisch. Mit dieser Regelung folgt das Gesetz der bisherigen Übung; vgl. oben I 1 und 2. Die Ausführungsgesetze der Länder haben durchweg davon abgesehen, näher zu regeln, in welcher Form die Anhörung vor sich gehen soll. Damit wird es notwendig, festzustellen, welche Möglichkeiten hierfür die Grundsatzbestimmung des § 12 Abs. 2 ohne besondere landesrechtliche Regelung gewährt.

Mit Frentzel-Jäkel Bem. 4, ist anzunehmen, daß die Anhörung der Organe der beteiligten Kammern (Vollversammlung, Präsidium) nicht genügt. Sonst hätte in Abs. 2 nicht gesagt zu werden brauchen, daß die Kammerzugehörigen gemäß § 2 Abs. 1 zu hören sind, also alle Gewerbetreibenden, die gemäß § 2 Abs. 1 kammerzugehörig sind. Es müssen daher Maßnahmen getroffen werden, durch die den Kammerzugehörigen die Absichten über die in Rede stehenden Vorhaben zur Kenntnis gebracht werden, so daß sich diese mit den Problemen vertraut machen und ihre Meinung entweder in einer Versammlung oder durch Zuschriften an die die Maßnahmen planende Stelle zur Geltung bringen können. Regelmäßig wird sich die Veröffentlichung der beabsichtigten Maßnahmen in amtlichen Blättern oder Tageszeitungen, aber auch die Einberufung von Versammlungen empfehlen, die Gelegenheit zur Diskussion bieten. Daß dabei ausreichende Fristen zwischen dem Beginn der Diskussion und der Durchführung der geplanten Maßnahmen bestehen müssen, dürfte selbstverständlich sein. Im übrigen muß bei diesem „hören" gesichert sein, daß nur die Meinung der Kammerzugehörigen Beachtung findet. An die Auffassung der Mehrheit der „Gehörten" ist die Stelle, die die Änderungsmaßnahmen durchzuführen beabsichtigt, nicht gebunden.

7. Schlußvorschriften (§§ 13—15)

§ 13

Die Handelskammern Bremen und Hamburg sind berechtigt, ihre bisherige Bezeichnung weiterzuführen.

1. Die Bezeichnung „Handelskammer Bremen"

Die Entwicklung des Kammerwesens in der Freien Hansestadt Bremen ist im I. Teil S. 13 ff. behandelt. Nach 1945 wurde die Handelskammer Bremen auf der Grundlage des bremischen Handelskammergesetzes vom 17. Juli 1921 (GBl. S. 266), die IHK im Stadtteil Bremerhaven auf der Grundlage des preußischen Gesetzes über die

Handelskammern vom 24. Februar 1870/19. August 1897 wieder ins Leben gerufen. Die Inkraftsetzung dieser älteren Gesetze ergibt sich nach Huber I S. 216 indirekt aus dem bremischen Gesetz über die Übertragung der öffentlich-rechtlichen Aufgaben der Kammern auf staatliche Behörden vom 26. Januar 1949 (GBl. S. 21). Dieses Gesetz hob im Zusammenhang mit der Übertragung der öffentlich-rechtlichen Aufgaben eine Reihe von Bestimmungen der erwähnten Kammergesetze auf. Hieraus mußte geschlossen werden, daß die Kammergesetze im übrigen als wieder in Geltung stehend anzusehen waren. Zu den aufgehobenen Bestimmungen gehörten vor allen Dingen diejenigen, durch die den Kammern hoheitliche Befugnisse verliehen und öffentliche Aufgaben zugewiesen worden waren. Ob die Handelskammer Bremen und die IHK Bremerhaven bei dieser Rechtslage die Rechtsstellung von Körperschaften des öffentlichen Rechts wieder gewonnen hatten oder ob sie dabei weiterhin als privatrechtliche Verbände anzusehen waren, blieb allerdings streitig (Huber II S. 752). Nach wohl richtiger Ansicht ist anzunehmen, daß sie ihren öffentlich-rechtlichen Status mit dem Aufleben der alten Gesetze fortgesetzt hatten (Huber II S. 755 mit näheren Einzelheiten).

Da die Interessenvertretung für Industrie, Handel und Gewerbe in Bremen eine eigengeartete Entwicklung genommen hat, erschien es gerechtfertigt, der Handelskammer Bremen die alte Bezeichnung „Handelskammer" zu belassen, zumal diese Bezeichnung auch während der Umbenennung der Handelskammern in Preußen und in den außerpreußischen Staaten in Industrie- und Handelskammern nicht geändert worden war. Ihr Aufgabenkreis war aber derselbe, den auch sämtliche übrigen IHKn in den Ländern hatten.

Die Satzung der Handelskammer Bremen vom 14. Oktober 1957 ist im Gesetzblatt S. 149, die Wahlordnung im Gesetzblatt S. 151, die Satzung der IHK Bremerhaven vom 2. April 1958 im Gesetzblatt S. 33, die Wahlordnung vom 3. April 1958 im Gesetzblatt S. 35 veröffentlicht worden.

2. Die Bezeichnung „Handelskammer" in Hamburg

Die Entwicklung der Handelsvertretung in Hamburg ist im I. Teil S. 14ff. dargelegt. Die Rechtsverhältnisse der Handelkammer in Hamburg beruhten nach dem ersten Weltkrieg auf dem hamburgischen Gesetz über die Handelskammer und die Versammlung eines Ehrbaren Kaufmanns vom 17. März 1919 (ABl. S. 415). Als das Kammerwesen nach 1945 in der britischen Besatzungszone auf der Grundlage der sogenannten lex Friedmann neu organisiert wurde, erhielt die Handelskammer Hamburg ihren nach dem Zusammenbruch verlorengegangenen Status als Körperschaft des öffentlichen Rechts wieder. Die Mitgliedschaft der Kammerzugehörigen war erneut eine Pflicht-Mitgliedschaft; auch waren die Beiträge zur Kammer Pflicht-Beiträge. Sie konnten jedoch nicht im Wege des Verwaltungszwangs beigetrieben werden (vgl. Huber II S. 756).

Auch in Hamburg läßt sich eine sehr selbständige Entwicklung der kaufmännischen Interessenvertretung feststellen, die es nahegelegt hat, die alte Bezeichnung „Handelskammer" beizubehalten. Maßgebend für die Handelskammer Hamburg ist jetzt das Gesetz über die vorläufige Regelung der Rechtsverhältnisse der Handelskammer Hamburg vom 27. Februar 1956 (GVBl. S. 21). Dieses Gesetz entspricht im wesentlichen den Voraussetzungen, die das Bundeskammergesetz für die IHKn als Körperschaften des öffentlichen Rechts aufgestellt hat. Soweit Bestimmungen des Gesetzes

von zwingenden Vorschriften des Bundeskammergesetzes abweichen sollten, sind sie außer Kraft getreten. Die Satzung der Handelskammer Hamburg vom 4. Oktober 1956 ist im Amtlichen Anzeiger 1957 S. 13, die Wahlordnung vom 29. Januar 1957 im Amtlichen Anzeiger S. 101 veröffentlicht worden.

§ 14

Dieses Gesetz gilt nach Maßgabe des § 13 Abs. 1 des Dritten Überleitungsgesetzes vom 4. Januar 1952 (Bundesgesetzbl. I S. 1) auch im Land Berlin.

Übersicht

1. Die Geltung des Bundeskammergesetzes in Berlin
2. Die Regelung des Kammerrechts im Saarland

Literatur: Zur Geltung des Gesetzes in Berlin vgl. Draht, Berlin und Bonn, JR 1951 S. 385ff.; Kreutzer, Die Geltung von Bundesrecht in Berlin, JR 1951 S. 641ff.; ders., Die Stellung des Landes Berlin nach den Verträgen von Bonn und Paris, DÖV 1956 S. 225ff.; Steuerwald, Die staatsrechtliche Stellung des Landes Berlin zum Bund, JR 1957, S. 5ff.; Draht, Die staatsrechtliche Stellung Berlins, AöR Bd. 82 (1957), S. 27ff.; Sendler, Bundesrecht in Berlin, JR 1958, S. 81ff., 127ff.; Rottmann, Der Viermächtestatus Berlins, Berlin 1959; zur Rechtslage im Saarland vgl. Thieme, Gesetzgebung über das Saarland während der Übergangszeit, JR 1957, S. 401ff.; Weber, Die Eingliederung des Saarlandes in die Bundesrepublik Deutschland — Wirtschaftliche Auswirkung, BB 1957, S. 4ff.; Scheuer, Wirtschaftsrechtliche Aspekte der Saareingliederung, BB 1959, S. 940ff.

1. Die Geltung des Bundeskammergesetzes in Berlin

Berlin ist ein Land der Bundesrepublik. Diese zunächst von Draht, JR 1951 S. 385ff. entwickelte, später zur herrschenden Meinung gewordene Auffassung ist jetzt auch vom Bundesverfassungsgericht anerkannt worden (Beschluß vom 21. Mai 1957 in NJW 1957 S. 1273). Sie folgt aus Art. 23 Satz 1 GG, wonach das Grundgesetz auch in Groß-Berlin gilt, und wird durch die alliierten Vorbehalte in Begleitschreiben der Hohen Kommissare zum sogenannten Deutschland-Vertrag nicht berührt. In ihm wird lediglich bestimmt, daß Berlin nicht durch den Bund regiert werden darf.

Der Vorbehalt, daß Berlin nicht vom Bund regiert werden darf, schließt eine unmittelbar wirksame Gesetzgebung des Bundes für Berlin aus. Um in Berlin Gesetze der Bundesrepublik in Kraft zu setzen, ist daher erforderlich, daß der Berliner Gesetzgeber tätig wird. Er wird, wenn er Recht des Bundes für Berlin in Kraft setzt, auf Grund der Gliedstellung Berlins im Bund als Treuhänder für den Bundesgesetzgeber tätig, der insoweit durch Besatzungsrecht am Tätigwerden gehindert ist [Draht in AöR a. a. O. S. 62, 65; Kreutzer, Berlin im Bund, ZfPol. NF Bd. 1 (1954), S. 139ff.]. Der Berliner Landesgesetzgeber hat damit die Stellung eines mittelbaren Bundesorgans, dessen treuhänderische Akte der Gesetzgebung an Stelle des gehinderten Bundesgesetzgebers Recht setzen, das Bundesrecht ist (vgl. im einzelnen Sendler a. a. O. S. 82ff.).

Berlin hat der Verpflichtung in § 14 BKG mit dem Gesetz zur Übernahme des Gesetzes zur vorläufigen Regelung des Rechts der Industrie- und Handelskammern vom 10. Januar 1957 (GVBl. S. 69) entsprochen. Gemäß Art. III des Übernahmegesetzes ist das Bundeskammergesetz mit Wirkung vom 22. Dezember 1956 auch in Berlin in Kraft getreten.

2. Die Regelung des Kammerrechts im Saarland

Die Eingliederung des Saarlandes in die Bundesrepublik beruht auf dem Vertrag zwischen der Bundesrepublik Deutschland und der französischen Republik zur Regelung der Saarfrage vom 27. Oktober 1956, der mit Gesetz vom 22. Dezember 1956 (BGBl. II S. 1587) ratifiziert wurde. Hiernach war Frankreich damit einverstanden, daß der Anwendungsbereich des Grundgesetzes der Bundesrepublik vom 1. Januar 1957 ab auf das Saarland erstreckt wurde.

Durch das Gesetz über die Eingliederung des Saarlandes vom 23. Dezember 1956 (BGBl. I S. 1011) ist sodann festgelegt worden, daß das Grundgesetz vom Inkrafttreten des Eingliederungsgesetzes ab auch im Saarland gilt. Das übrige Bundesrecht konnte damals im Saarland, vor allem auch im Hinblick auf die in Art. 3 des Saarvertrages vereinbarte Übergangszeit, die bis spätestens 31. Dezember 1959 dauern sollte, noch nicht allgemein eingeführt werden. § 3 des Eingliederungsgesetzes bestimmte vielmehr, daß das im Saarland bei Inkrafttreten des Gesetzes geltende, dem Grundgesetz nicht widersprechende Recht grundsätzlich in Geltung bleibe. Doch wurde eine Reihe besonders dringender, ausdrücklich im Gesetz genannter Gesetze und Verordnungen sofort im Saarland eingeführt. Hierzu gehörte jedoch nicht das Bundeskammergesetz.

Die weitere Rechtsangleichung sollte durch die spätere Gesetzgebung des Bundes und durch Gesetze und Rechtsverordnungen des Saarlandes, die auf den besonderen Ermächtigungen der §§ 6 und 16—18 des Eingliederungsgesetzes beruhten, sowie durch Rechtsverordnungen der Bundesregierung und des Bundesministers der Finanzen durchgeführt werden. Die Bundesregierung machte von ihrer Ermächtigung nach § 16 des Eingliederungsgesetzes mit zwei Verordnungen vom 26. August 1957 und 28. November 1958 Gebrauch. Ihnen folgte das Gesetz zur Einführung von Bundesrecht im Saarland vom 30. Juni 1959 (BGBl. I S. 313), mit dem das im gesamten übrigen Bundesgebiet geltende Bundesrecht im Saarland in Kraft gesetzt wurde, soweit es nicht in der Negativliste des § 2 enthalten war. Unter den hierbei eingeführten Gesetzen des Bundes befindet sich auch das Bundeskammergesetz, das im Saarland jedoch erst am 1. Januar 1960 in Kraft trat (§ 1 des Gesetzes vom 30. Juni 1959). Zu seiner Ausführung ist nunmehr das Gesetz Nr. 707 über die Industrie- und Handelskammer des Saarlandes vom 29. März 1960 (ABl. S. 261) ergangen.

Zu erwähnen bleibt, daß die Handwerksordnung schon wesentlich früher durch ein besonderes Einführungsgesetz des saarländischen Gesetzgebers (1. Sammelgesetz zur Einführung vom Bundesrecht im Saarland vom 17. Juli 1958) auf das Saarland übernommen wurde.

§ 15

Dieses Gesetz tritt am Tage nach seiner Verkündung in Kraft.

Übersicht

1. Inkrafttreten des Gesetzes
2. Ergänzungs- und Ausführungsvorschriften und Inkrafttreten des Gesetzes
3. Inkrafttreten und umzubildende Kammern

1. Inkraftsetzen des Gesetzes

Das Bundeskammergesetz ist am 21. Dezember 1956 im Bundesgesetzblatt Teil I S. 920 verkündet worden. Es ist demnach am 22. Dezember 1956 in Kraft getreten.

Das Inkrafttreten hat insbesondere Bedeutung im Hinblick auf die §§ 9 und 10, in denen von der Umbildung der „bei Inkrafttreten dieses Gesetzes bestehenden IHKn" und von gewissen Fristen „nach Inkrafttreten dieses Gesetzes" usw. gesprochen wird.

2. Ergänzungs- und Ausführungsvorschriften und Inkrafttreten des Gesetzes

Das Inkrafttreten des Bundeskammergesetzes in formeller Beziehung bedeutet nicht, daß damit auch materiell alle Vorschriften des Gesetzes anwendbar geworden wären. Eine Reihe von Bestimmungen setzt zu ihrer Anwendbarkeit voraus, daß durch Landesrecht ergänzende und ausführende Vorschriften erlassen werden (Walter, Anm. 2). Das gilt vor allem für diejenigen Materien, die in §12 Abs. 1 aufgezählt worden sind.

3. Inkrafttreten des Gesetzes und umzubildende IHKn

Soweit IHKn bei Inkrafttreten des Gesetzes bestanden, aber keine Körperschaften des öffentlichen Rechts waren (§ 3 Abs. 1) und daher gemäß § 9 Abs. 1 Satz 1 umgebildet werden mußten, ist darauf hinzuweisen, daß die Bestimmungen in den §§ 2 und 3 keine Anwendung finden konnten, bevor nicht diese Kammern die Rechtsstellung einer Körperschaft des öffentlichen Rechts durch Umbildung gemäß § 9 Abs. 1 Satz 2 und 3 erhalten hatten (Walter, Anm. 3). Erst dann konnten die auf bürgerlich-rechtlicher Grundlage bestehenden IHKn Pflichtbeiträge von den Kammerzugehörigen verlangen und die Einziehung und Beitreibung öffentlich-rechtlich durchführen wie überhaupt alle diejenigen Rechte geltend machen, die von dem öffentlich-rechtlichen Status der IHK abhängig sind (Frentzel-Jäkel, Abs. 2 der Bem. zu § 15).

Zutreffend ist, daß die privatrechtlich errichteten Kammern auch schon während der Übergangszeit (Inkrafttreten des Gesetzes bis zu den in § 9 Abs. 2 Nr. 1—3 genannten Fristabläufen) die IHK-Aufgaben des § 1 wahrnehmen konnten (Frentzel-Jäkel, Abs. 3 der Bem. zu §15); denn § 9 Abs. 2 spricht ausdrücklich davon, daß die der Umbildung unterliegenden IHKn unter den dort genannten Voraussetzungen das Recht verlieren, ihre bisherige Bezeichnung zu führen und „die Aufgaben einer IHK wahrzunehmen" (Frentzel-Jäkel a. a. O.). Soweit es sich hierbei um hoheitliche Befugnisse handelt (vgl. Huber I S. 689, 690), die z. B. auch in der Ausstellung oder Beglaubigung von Ursprungszeugnissen zu sehen sind, hatten die privatrechtlichen Kammern die Stellung von beliehenen Verbänden auf Grund gesetzlicher Delegation (Huber I S. 220; Frentzel-Jäkel a. a. O.).

C. Anhang

Gesetzliche Bestimmungen betreffend Erweiterung des Geschäftskreises der Industrie- und Handelskammern

1. Die Feststellung von Handelsbräuchen

Literatur: Die Kommentare zum Handelsgesetzbuch von Heymann-Kötter, 20. Aufl., Berlin 1950; von Godin-Ratz, Bd. III, 2. Aufl., Berlin 1953; Schlegelberger-Hildebrandt, 2. Bd., 3. Aufl., Berlin und Frankfurt a. M. 1956; Baumbach-Duden, 13. Aufl., München und Berlin 1959; ferner die Monographien und Aufsätze von Schreiber, Handelsbräuche, Mannheim 1922; Deparade, Die Kodifikation von Handelsbräuchen durch die Industrie- und und Handelskammern und ihre Bedeutung für den Handelsverkehr und die Rechtsentwicklung, Diss. Göttingen 1927; Meyer, Der Handelsbrauch, Diss. Erlangen 1928; Mussfeld, Was ist Handelsbrauch im Bank- und Börsenwesen?, Berlin 1932; Weynen, Zur Frage der Feststellung von Handelsbräuchen, NJW 1954, S. 628ff.; Gallois, Gutachten der Industrie- und Handelskammern über Handelsbrauch, JR 1955 S. 409ff.; ders., Handelsbrauch, Gewohnheitsrecht und allgemeine Geschäftsbedinungen im Rechtsleben, JR 1956 S. 45ff.; Böshagen, Gutachten der Industrie- und Handelskammern über das Bestehen von Handelsbräuchen, NJW 1956 S. 695ff.; Feststellung von Handelsbräuchen, BB 1957, S. 134ff.; Mehl, Handelsbräuche in kartellrechtlicher Sicht, NJW 1960 S. 605ff.

§ 346 HGB lautet:

Unter Kaufleuten ist in Ansehung der Bedeutung und Wirkung von Handlungen und Unterlassungen auf die im Handelsverkehre geltenden Gewohnheiten und Gebräuche Rücksicht zu nehmen.

Die hier in Bezug genommenen Gewohnheiten und Gebräuche sind tatsächliche Übungen, die sich für Geschäftsvorgänge vergleichbarer Art innerhalb eines Ortes, eines Bezirkes oder im ganzen Bundesgebiet gebildet haben, wobei sie sich im Laufe der Zeit auch ändern können. Ihre Existenz muß in jedem einzelnen Fall festgestellt werden.

Zur Feststellung der Handelsbräuche bedienen sich die Gerichte in erster Linie der IHKn. Ihre Gutachten über das Bestehen und den Inhalt der Handelsbräuche sind für die Gerichte von maßgebender Bedeutung; sie unterliegen allerdings stets der freien Beweiswürdigung (§ 286 ZPO).

Über die Feststellung von Handelsbräuchen hat der DIHT im Jahre 1957 das folgende Merkblatt herausgegeben, das in einer Gemeinschaftsarbeit der IHKn des Landes Nordrhein-Westfalen unter Federführung der Kammer Köln in enger Zusammenarbeit mit den Kammern Dortmund und Wuppertal ausgearbeitet worden ist. Dabei haben auch die übrigen IHKn des Bundesgebietes und Berlins (West) Anregungen gegeben. Die Fassung ist vom Rechtsausschuß des DIHT gebilligt worden.

Merkblatt für die Feststellung von Handelsbräuchen

I.

Einführung

Es kann nicht Aufgabe eines Merkblattes sein, Regeln aufzustellen, deren Beachtung die Lösung sämtlicher Feststellungsfälle ermöglicht. Zudem bedürfen zahlreiche materiellrechtliche Probleme im Bereich von Handelsbrauch und Verkehrssitte noch endgültiger Klärung durch Rechtsprechung und Rechtslehre.

Die Feststellung von Handelsbräuchen kann nicht schematisch, sondern immer nur unter sorgfältiger und sachkundiger Berücksichtigung der besonderen Umstände des Einzelfalles erfolgen. Es können daher nur allgemeine Leitsätze zusammengefaßt werden, die sich aus der Praxis der Industrie- und Handelskammern herausgebildet und in ihrer Anwendung bewährt haben. Zugleich soll das *Merkblatt* dem Gericht und den Prozeßbeteiligten einen Überblick darüber geben, wie die Kammern bei der Feststellung eines Handelsbrauchs vorgehen.

Das Merkblatt geht davon aus, daß die Entscheidung materiellrechtlicher Fragen, die bei Handelsbräuchen allgemein auftreten oder sich im Einzelfalle im Zusammenhang mit den getroffenen Feststellungen ergeben, Aufgabe des mit der Sache befaßten Richters sein muß. Dieser ist in geeigneter Form von den Kammern auf alle Umstände, die für die materiellrechtliche Entscheidung von Bedeutung sein könnten, hinzuweisen. Eine Stellungnahme zu materiellrechtlichen Fragen ist daher im Merkblatt nur soweit bezogen, als sie unmittelbar das Feststellungsverfahren beeinflußt.

II. Teil

II.

Wesen des Handelsbrauchs

Begriffsbestimmung

(1) Unter Handelsbräuchen versteht man die „Gewohnheiten und Gebräuche" des § 346 HGB. Sie sind tatsächliche Übungen, die sich für Geschäftsvorgänge vergleichbarer Art innerhalb eines Ortes, eines Bezirkes oder auch im ganzen Bundesgebiet gebildet haben*); sie können sich ändern oder auch erlöschen. Sie werden daher im Einzelfall festgestellt und können weder „festgelegt" noch „in Kraft gesetzt", „vereinheitlicht" oder „aufgehoben" werden. Es handelt sich um ein konkretes Verhalten der beteiligten Verkehrskreise im regelmäßigen Geschäftsverkehr, auf das nach § 346 HGB Rücksicht zu nehmen ist, falls seine Bedeutung für gleichartige Vertragsverhältnisse bei Fehlen anderweitiger Vereinbarungen von den beteiligten Verkehrskreisen anerkannt ist. Wenn einer Handhabung von einem beachtenswerten Teil der Verkehrskreise wiederholt ausdrücklich widersprochen ist, kann ein Handelsbrauch im Sinne von § 346 HGB trotz Feststellung der tatsächlichen Übung nicht angenommen werden.

(2) Handelsbräuche dienen nicht nur zur Auslegung einer Erklärung (z. B. handelsübliche Vertragsklauseln), sondern ersetzen auch eine im Vertrag nicht vorhandene Erklärung (Vervollständigung des Vertragsinhaltes; Ausfüllung einer Vertragslücke). Eine Rücksichtnahme auf Handelsbräuche ist auch dann geboten, wenn die Vertragspartner sie im Einzelfall nicht kennen. Das „Rücksichtnehmen" bedeutet, daß ein Handelsbrauch für das Gericht keine ohne weiteres bindende Norm ist; vielmehr können im Einzelfall besondere Umstände die Berufung auf den Handelsbrauch als sittenwidrig, mißbräuchlich oder aus sonstigen Gründen unzulässig erscheinen lassen.

(3) Handelsbräuche kommen in Betracht unter Vollkaufleuten, unter Umständen mit Einschluß der Minderkaufleute. Sie unterscheiden sich ihrem Wesen nach nicht von der Verkehrssitte der §§ 157 und 242 BGB, die sich auch auf Nichtkaufleute bezieht.

(4) Im Zusammenhang mit § 346 HGB sollte zur Vermeidung von Mißverständnissen nur das Wort „Handelsbrauch" Verwendung finden; werden die Begriffe „Handelsübung", „Handelsgeflogenheit", „handelsüblich" oder auch „üblich" benutzt, so soll ihre Bedeutung ersichtlich gemacht werden.

(5) Von einer tatsächlichen Übung ist zu unterscheiden:

a) eine bloße Verkehrsauffassung oder Rechtsauffassung (z. B. Antwort der Befragten: „Der Fall ist zwar praktisch bei mir noch nicht vorgekommen, aber ich würde die Handhabung in dieser oder jener Weise für richtig oder zweckmäßig halten");

b) ein regelmäßiger, natürlicher Geschehensablauf (z. B. die Tatsache des Schwundes bei bestimmten Gütern, die tatsächliche, erfahrungsgemäße Wertminderung durch Gebrauch u. dgl.). Solche Tatsachen sind erst Gegenstand eines Handelsbrauches, wenn man sie z. B. bei der Abrechnung in bestimmter Höhe ohne weiteren konkreten Nachweis üblicherweise gelten läßt.

Dauer der Übung

(6) Eine *bestimmte* Mindestdauer einer tatsächlichen Übung kann für das Entstehen eines Handelsbrauchs nicht gefordert werden. Es muß sich jedoch um eine beiderseitige ständige gleichmäßige Anwendung durch Kaufleute in einer Vielzahl von vergleichbaren Fällen handeln, die deshalb als Regel angesehen werden kann. Bei besonders häufiger Anwendung kann die zeitliche Dauer geringer sein.

---

*) Für Handelsbräuche im zwischenstaatlichen Verkehr sind die Grundsätze des Internationalen Privatrechts zu beachten.

Generalisierung

(7) Gegenstand des festzustellenden Handelsbrauchs kann nicht der Einzelfall in seiner konkreten Ausgestaltung sein. Aus dem Einzelfall muß vielmehr der für gleichartige Geschäfte typische Gehalt herausgestellt werden. Die Verallgemeinerung darf jedoch nicht zu weit gehen, damit die Vergleichbarkeit der Fälle gewährleistet bleibt.

In jedem Falle muß Klarheit darüber herrschen, innerhalb welcher Geschäftszweige und zwischen welchen Wirtschaftsstufen der Handelsbrauch bestehen soll.

Abgrenzung vom Vertrag

(8) Für die Feststellung eines Handelsbrauchs (bzw. einer Verkehrssitte nach BGB) ist nur dann Raum, wenn und soweit der Inhalt des Vertrages, auch im Wege der Auslegung, nichts Ausreichendes über die strittige Frage ergibt.

Persönlicher Bereich

(9) Ein Handelsbrauch kann sich nur innerhalb derjenigen Verkehrskreise entwickeln, in denen Geschäfte der betreffenden Art üblich sind. Im Verhältnis zu einem nicht zu diesen Verkehrskreisen gehörenden Vertragspartner wird sich daher im allgemeinen ein in den regelmäßig beteiligten Verkehrskreisen bestehender Handelsbrauch nicht anwenden lassen.

Eine besonders vorsichtige und zurückhaltende Prüfung empfiehlt sich, wenn zwischen Kaufleuten eines bestimmten Geschäftszweiges und Kaufleuten unterschiedlicher Abnehmerkreise, mit denen regelmäßig nur einmal ein Geschäft getätigt wird, ein Handelsbrauch festgestellt werden soll (z. B. ein Fabrikant liefert an Bäcker, Metzger, Textileinzelhändler usw. nur einmal in ihrem Berufsleben eine Ladeneinrichtung). Das gleiche gilt, soweit im Verkehr zwischen Kaufleuten und Privatverbrauchern eine Verkehrssitte in Frage steht, die sich auf Geschäfte bezieht, die normalerweise nur einmal im Leben getätigt werden, z. B. die Anschaffung eines Schlafzimmers.

(10) Ebenso wie sich ein Handelsbrauch örtlich beschränkt bilden kann, ist es auch möglich, daß er nur innerhalb einer bestimmten Gruppe von Gewerbetreibenden besteht, während für andere Teile dieser Handelsbrauch nicht gilt. Es muß sich dann aber um einen nach objektiven Maßstäben klar abgrenzbaren Kreis handeln (z. B. Handelsbrauch möglich zwar innerhalb „der *Groß*banken und ihrer Kundschaft", nicht „der *angesehenen* Kunsthändler und ihrer Kundschaft").

Handelsbrauch und Gesetz

(11) Es ist nicht Aufgabe der Kammer, die rechtliche Auswirkung des festgestellten Handelsbrauchs auf den konkreten Sachverhalt zu beurteilen. Dennoch ist es auch für die Bearbeitung der gerichtlichen Anfrage wichtig zu wissen, daß in manchen Fällen eine tatsächliche Übung keine rechtliche Wirkung haben kann, z. B. wenn sie mit zwingenden Vorschriften des Gesetzes in Widerspruch steht. Dann wird sich ein entsprechender Hinweis an das Gericht empfehlen, weil sich in diesem Falle Feststellungen durch die Kammer erübrigen.

In der in Rechtsprechung und Schrifttum nicht eindeutig geklärten Frage

„Wirkt ein Handelsbrauch ohne weiteres auch gegenüber dispositivem Recht?"

sowie bei den Fragen

„Ist der behauptete Handelsbrauch ein Mißbrauch" (Beispiel: Eigentumsvorbehalt als Handelsbrauch mißbräuchlich, weil gegen allgemeine Rechtssicherheit verstoßend?) oder

„Verstößt die Anwendung des Handelsbrauchs im konkreten Einzelfall gegen Treu und Glauben?"

empfiehlt sich ebenfalls ein Hinweis an das Gericht, verbunden mit der Mitteilung des Ergebnisses der getroffenen Feststellungen.

II. Teil

Handelsbrauch und allgemeine Geschäftsbedingungen

(12) Von Verbänden und anderen Zusammenschlüssen aufgestellte *Geschäftsbedingungen* sind als solche nicht ohne weiteres Handelsbrauch. Häufig wird jedoch versucht, auf diese Weise einen Handelsbrauch zu schaffen. Ist die Einführung einzelner Bestimmungen solcher Geschäftsbedingungen oder in Ausnahmefällen sogar der Bedingungen in ihrer Gesamtheit in dem Maße gelungen, daß die Anwendung zu einer tatsächlichen, anerkannten Übung geworden ist, so werden sie als Handelsbrauch anzusehen sein. Geschäftsbedingungen „in toto" haben sich in der Praxis sehr selten als Handelsbräuche erwiesen. Es empfiehlt sich daher, nicht nur danach zu fragen, ob die Geschäftsbedingungen in ihrer Gesamtheit auch ohne ausdrückliche Vereinbarung als Vertragsinhalt gelten, sondern auch festzustellen, ob die betreffende Einzelbedingung Handelsbrauch ist, sofern die letztere Feststellung nicht überhaupt genügt.

(13) Wenn eine bestimmte Regelung ständig *vereinbart* wird, so ist damit die Regelung selbst noch nicht ohne weiteres als Handelsbrauch anzusehen. Man könnte vielmehr sogar aus einer häufigeren Vereinbarung schließen, daß sie nicht als Handelsbrauch gilt, da sie sonst nicht ausdrücklich vereinbart zu werden brauchte. Immerhin schließt die ständige Vereinbarung aber nicht aus, daß sich die Regelung neben der üblichen Vereinbarung auch als Handelsbrauch eingebürgert hat, weil die Regelung ständig tatsächlich geübt worden ist.

(14) Zu unterscheiden hiervon sind die Fälle, in denen Geschäftsbedingungen bei besonders häufig vorkommenden Geschäftstypen in ihrer Gesamtheit als vereinbarter Vertragsinhalt gelten *können*; das setzt im allgemeinen aber voraus, daß der Vertragspartner annehmen mußte, daß der andere nur zu seinen Geschäftsbedingungen abschließen wollte (Beispiel: Beförderungsbedingungen bei der Bundesbahn; Versicherungsbedingungen der betreffenden Versicherungsgesellschaft; Banken).

III.

Feststellungsverfahren

Feststellungsorgane

(15) Die Feststellung von Handelsbräuchen gehört zu den besonderen Aufgaben der Industrie- und Handelskammern. Sie sind hierzu befähigt, weil sie als unterste regionale Gliederung der Gesamtwirtschaft in unmittelbarer Fühlung mit den Kaufleuten die verschiedensten Gewerbegruppen betreuen, dadurch einen umfassenden Überblick besitzen und deshalb am ehesten die Gewähr bieten, einseitige Interessen einzelner Firmen oder Gruppen auszuschalten. Die Feststellung von Handelsbräuchen durch Befragung eines Sachverständigen durch das Gericht wird regelmäßig nicht zweckmäßig sein, weil dieser zwar technische Sachkenntnisse besitzt, nicht aber die den Industrie- und Handelskammern gegebene Möglichkeit einer umfassenden Befragung der Verkehrskreise über tatsächliche Gebräuche hat.

Vorbereitung der Befragung

(16) Um zu prüfen, welche Verkehrskreise in Frage kommen, wird es häufig nötig sein, technische Vorfragen zu klären, damit nicht durch Befragung falscher oder nur zum Teil zutreffender Kreise ein unrichtiges Bild entsteht. Unter Umständen ist es daher erforderlich, Sachkundige (der Kammer nahestehende Kaufleute, vereidigte Sachverständige u. dgl.) darüber zu hören, in welcher Art von Betrieben die betreffenden Artikel hergestellt, gehandelt oder gebraucht werden bzw. die in Rede stehenden Geschäftsvorgänge vorkommen.

(17) Da Feststellungen sowohl über einen zu spezialisierten Einzelfall als auch über einen zu stark verallgemeinernden Tatbestand zu falschen Ergebnissen führen können [vgl. Ziff. (7)], empfiehlt sich eine Überprüfung des Gerichtsersuchens auch in dieser Richtung und eventuell eine Anfrage an das Gericht, für welchen Sachverhalt und für welchen Verkehrskreis der Brauch festgestellt werden soll.

(18) Falls der Beweisbeschluß nicht bereits ein geschlossenes Bild über den Gegenstand der Befragung, die Verkehrskreise usw. ergibt, müssen die Gerichtsakten angefordert werden.

(19) Regelmäßig müssen die Verkehrskreise beider Beteiligten gefragt werden. Handelt es sich um mehrere Wirtschaftsstufen, so müssen alle in Frage kommenden Wirtschaftsstufen (Hersteller, Großhändler, Handelsvertreter, Einzelhandel, Versandhandel, Gaststätten, ambulantes Gewerbe usw.) in die Umfrage einbezogen werden. Ist eine Wirtschaftsstufe im Kammerbezirk nicht oder unzureichend vertreten, so muß geprüft werden, ob entweder von vornherein oder nach dem Ergebnis der Umfrage bei den übrigen Firmen eventuell andere Kammern eingeschaltet werden müssen (siehe Ziff. 22ff.). Innerhalb der verschiedenen Wirtschaftsstufen empfiehlt es sich, nach Firmengröße zu streuen. Die Zahl der zu Befragenden sollte nicht zu klein gewählt werden. Die sorgfältige Auswahl der zu befragenden Firmen ist von entscheidender Bedeutung für die Richtigkeit des Ergebnisses.

(20) Da es bei der Feststellung von Handelsbräuchen vor allem auf die unmittelbare Mitteilung des Gewerbetreibenden über seine eigene Handhabung ankommt, sollte das Schwergewicht auf die unmittelbare Firmenbefragung gelegt werden. Ob es sich neben oder nach Abschluß der Firmenumfrage empfiehlt, auch örtliche und überörtliche *Verbände* zu fragen, muß von Fall zu Fall entschieden werden. Bei Verbandswünschen ist, auch wenn sie wirtschaftspolitisch berechtigt sind, zu prüfen, ob sie sich bereits als Handelsbrauch durchgesetzt haben und ob kartellrechtliche Bedenken bestehen.

(21) Im Handelsregister eingetragene *Handwerker* und solche Handwerker, die gleichzeitig ein Handelsgeschäft oder dergleichen betreiben, können ebenfalls unmittelbar von der Industrie- und Handelskammer befragt werden. Um auch weitere Handwerkskreise zu erfassen, wenden sich die Industrie- und Handelskammern zweckmäßigerweise an die Organisationen des Handwerks (Handwerkskammern, Innungen, Kreishandwerkerschaften usw.).

Verfügt die Kammer auf dem betreffenden Sachgebiet über vereidigte Sachverständige, so wird auch deren Befragung tunlich sein.

Einbeziehung anderer Kammern

(22) Im allgemeinen ist davon auszugehen, daß der Handelsbrauch am Sitz der befragten Industrie- und Handelskammer oder innerhalb des Kammerbezirks festgestellt werden soll. In der Regel erübrigt sich daher die Inanspruchnahme anderer Kammern.

(23) Ist die Zahl der einschlägigen Firmen am Ort der Kammer oder im Kammerbezirk zu gering, so wird sich durch eine Befragung der bezirklichen Verkehrskreise ein Handelsbrauch in diesem Bezirk nicht feststellen lassen. Es ist jedoch möglich, daß sich auf überbezirklicher Ebene ein Handelsbrauch gebildet hat, der auch für den Bezirk der befragten Kammer gilt. Das müßte dann durch zusätzliche Befragung anderer Kammern — entweder durch das Gericht oder mit dessen Einvernehmen durch die zunächst befragte Kammer — festgestellt werden.

(24) Läßt sich bereits vor der Umfrage im Kammerbezirk oder nach deren Ergebnis erkennen, daß sich daraus ein eindeutiges Bild nicht gewinnen läßt, oder besteht die Befürchtung, daß die eingeholten Auskünfte von interessierter Seite „gesteuert" sind, so müssen gegebenenfalls auch andere Kammern um geeignete Feststellungen gebeten werden. Dabei ist jedoch sorgfältig zu überlegen, an welche Kammern sich die vom Gericht befragte Kammer wendet. Je nach Lage der Sache können das unmittelbar benachbarte Kammern oder auch solche sein, in deren Bezirk sich hauptsächlich die in Frage kommenden Geschäftsvorgänge abspielen, die betreffende Wirtschaftsstufe stark vertreten ist oder bei denen aus sonstigen Gründen mit besonderen Erfahrungen zu rechnen ist. Von einer Einschaltung des Deutschen Industrie- und Handelstages (bzw. der Länderarbeitsgemeinschaften)sollte nur Gebrauch gemacht werden, wenn sich tatsächlich die Streuung der Umfrage über das Bundesgebiet (bzw. das Land) als notwendig erweist. Ob eine solche Einbeziehung anderer Kammern ohne vorherige Abstimmung mit dem Gericht erfolgen soll, hängt davon ab, ob die Ausdehnung der Umfrage nur zur Absicherung des Ergebnisses im eigenen Kammerbezirk dienen soll oder ob ohne sie (z. B. wegen Fehlens einschlägiger Verkehrskreise oder Wirtschaftsstufen) am Ort der befragten Kammer ein Ergebnis überhaupt nicht zu erzielen ist.

II. Teil

(25) Läßt sich aus der Anfrage des Gerichts ohne weiteres erkennen, daß zweifellos nur ein Handelsbrauch in einem anderen Bezirk in Frage kommt, so wird sich im Interesse der Parteien ein entsprechender Hinweis an das Gericht unter Rückgabe der Akten empfehlen.

Verwendung vorhandenen Materials

(26) Hat die befragte Kammer bereits in derselben Frage vor kurzem Feststellungen für ein Gericht getroffen, so wird sie sich im allgemeinen darauf beschränken können, dem Gericht das damals gefundene Ergebnis zu übermitteln. Liegt die Umfrage bereits einige Jahre zurück, so muß mit Rücksicht auf die inzwischen möglicherweise eingetretene Entwicklung eine erneute kurze Anfrage (eventuell Stichproben) an die betreffenden Firmen dahingehend gerichtet werden, ob die damalige Auskunft noch zutrifft. Auf noch weiter zurückliegende Umfragen wird nur mit größter Zurückhaltung zurückgegriffen werden können. Eine neue vollständige Umfrage wird dann meistens nicht zu vermeiden sein. — Mit gleicher Vorsicht wird auch die vorher erfolgte Feststellung von Handelsbräuchen anderer Kammern zu verwerten sein, obwohl solche Feststellungen (Fallsammlung des Deutschen Industrie- und Handelstages; vgl. Ziff. 35) wertvolle Hinweise für die Arbeit der eigenen Kammer geben können.

Formulierung der Anfrage

(27) Im Regelfalle sollte die Beweisfrage des gerichtlichen Beweisbeschlusses den Befragten im Wortlaut vorgelegt werden. Wenn die Frage nicht aus sich heraus verständlich ist, muß sie entweder (unter exakter Beibehaltung des Inhaltes) verständlicher formuliert werden oder es muß aus dem Akteninhalt eine Erläuterung beigefügt werden. Dabei ist mit äußerster Vorsicht vorzugehen, weil unbedingt vermieden werden muß, daß durch eine von der Kammer gegebene Erläuterung der Sachverhalt verändert wird. Gleichzeitig muß verhindert werden, daß durch die Wiedergabe des konkreten Tatbestandes die Befragten gefühlsmäßig zu einer Entscheidung des Rechtsstreites bestimmt werden, statt daß sie sich auf eine Berichterstattung über die praktische Handhabung in der Branche beschränken. Da die Feststellung eines „Handelsbrauches“ schon eine Auswertung der tatsächlichen Einzelfeststellungen bedeutet, man diese Auswertung aber nicht den einzelnen Befragten überlassen sollte, wird man möglichst nicht nach „Handelsbrauch“ oder „Handelsüblichkeit“ fragen, sondern um Auskunft bitten, ob die befragte Firma die behauptete Übung selbst handhabt oder als üblich kennt.

Beispiel für Anfragen der Kammer:

(28) 1. a) Werden von Ihnen als Großhändler in Damenoberbekleidungsstoffen die gelieferten Stoffballen sofort auf Webfehler untersucht und bei Beanstandung innerhalb von drei Tagen nach Erhalt gerügt?
b) Wird über diese Frage üblicherweise eine Vereinbarung getroffen?
c) Gilt diese dreitägige Frist auch dann, wenn keine ausdrückliche Vereinbarung hierüber getroffen worden ist?
2. Wenn Sie die behauptete Übung nicht selbst handhaben: Ist sie nach Ihrer Kenntnis in den einschlägigen Geschäftskreisen üblich?

IV.

Kammergutachten

Inhalt und Form der Kammeräußerung

(29) Die Äußerung der Kammer gegenüber dem Gericht ist eine Zusammenfassung ihrer Ermittlungen verbunden mit der Feststellung, ob ein Handelsbrauch besteht oder nicht. Insoweit ist sie zugleich ein Gutachten.

(30) Bei der Ermittlung handelsüblicher Fristen, Mengenbestimmungen und dergleichen kann die Befragung ergeben, daß eine übereinstimmende tatsächliche Übung hinsichtlich der Fristen oder der Mengen nicht besteht, daß jedoch die Über- bzw. Unterschreitung einer be-

stimmten Mindest- oder Höchstfrist (bzw. -menge) der allgemeinen Übung widerspricht. Es würde dann falsch sein, das Bestehen eines Handelsbrauches überhaupt zu verneinen, weil damit die Prozeßentscheidung möglicherweise unrichtig würde. Vielmehr wird ein solches Feststellungsergebnis dem Gericht durch die Kammer mitzuteilen und dabei zu bemerken sein, daß wenigstens ein bestimmter Teil der behaupteten Übung von allen Befragten als üblich bezeichnet wird. (Wenn z. B. ein Teil der Befragten eine dreitägige, der andere Teil eine fünftägige Rügepflicht als üblich bezeichnet, so kann als Handelsbrauch jedenfalls festgestellt werden, daß nach fünf Tagen nicht mehr gerügt werden kann. Entsprechendes gilt, wenn ein Teil der Firmen eine Untersuchung von 1% der verpackten Ware für ausreichend hält, ein anderer Teil regelmäßig 2% untersucht.)

(31) Sofern sich die Feststellung einer tatsächlichen Übung ergibt, daß ein wesentlicher Teil der Befragten der Handhabung zwar nicht widersprochen hat, sie aber als nicht ordnungsmäßig empfindet, so wird das Gericht bei Übermittlung des Feststellungsergebnisses hierüber zu unterrichten sein.

(32) Die Äußerung der Kammer soll klar und bei möglichst knapper Darstellung doch erschöpfend sein. Aus den Eingangs- oder Schlußsätzen (möglichst auch schon aus dem „Betreff") der Kammeräußerung muß klar hervorgehen, von welcher Fragestellung die Kammer ausgegangen ist, damit das Gericht und die Parteien erkennen können, ob die Feststellungen der Kammer und deren Ergebnis wirklich die Beweisfrage richtig und vollständig treffen.

(33) Es empfiehlt sich häufig, dem Gericht anzugeben, auf welche Kreise sich die Umfrage der Kammer erstreckt hat und möglicherweise auch, welches etwa unterschiedliche Ergebnis die Umfrage in den einzelnen Wirtschaftsstufen, Geschäftszweigen usw. gehabt hat. Soweit Auskünfte von Fachverbänden im Gutachten verwertet werden, sind sie regelmäßig als solche zu bezeichnen. Da die Feststellung über das Bestehen oder Nichtbestehen eines Handelsbrauches normalerweise nur im Kammerbezirk getroffen worden ist, muß dem Gericht mitgeteilt werden, daß der Handelsbrauch „im Bezirk der IHK . . ." bestehe bzw. nicht bestehe. — Hat sich die Einschaltung anderer Kammern aus den erwähnten Gründen als notwendig erwiesen, so ist auch das in den anderen Bezirken ermittelte Ergebnis anzugeben.

(34) Wenn im Einzelfalle der festgestellte Brauch nicht ohne weiteres verständlich erscheinen kann, wird es zweckmäßig sein, anzugeben, was zu der Entstehung des Handelsbrauchs geführt hat.

(35) Eine Erörterung der Rechtslage durch die Kammer muß grundsätzlich unterbleiben. Immerhin wird es aber der befragten Kammer nicht zu verdenken sein, wenn diese z. B. darauf aufmerksam macht, daß sich die Entscheidung der Beweisfrage möglicherweise aus einer bestehenden, im Prozeß aber noch nicht erörterten Rechtsvorschrift ergibt.

(36) Bei der von der Kammer zu treffenden Schlußfolgerung über das Bestehen eines Handelsbrauches ist ein strenger Maßstab anzulegen. Eine rein zahlenmäßige Gegenüberstellung der Auskünfte wird im allgemeinen nicht zweckmäßig sein, da die Antworten der befragten Firmen z. B. hinsichtlich ihrer besonderen Marktübersicht gewertet werden müssen. Es wäre daher bedenklich, bestimmte v. H.-Sätze bejahender Stimmen (etwa 80 oder 70% oder ähnliche Zahlen) als alleinige Grundlage für die Feststellung eines Handelsbrauchs zu verwenden. Gegebenenfalls ist dem Gericht gegenüber darauf hinzuweisen, daß die Entwicklung zwar in Richtung einer allgemein werdenden Übung zu gehen scheine, sich die behauptete Übung aber zur Zeit noch nicht zu einem Handelsbrauch verdichtet habe. Wenn der Kammer bekannt ist, daß bereits andere Kammern (oder auch Gerichte), unabhängig von der jetzigen Anfrage des örtlichen Gerichtes, zu derselben Frage Stellung genommen haben, so empfiehlt es sich, dies in der Äußerung der befragten Kammer zu erwähnen.

Überprüfung des Ergebnisses

(37) In manchen Fällen kann es zweckmäßig sein, das Ergebnis des durchgearbeiteten Materials vor der Herausgabe an das Gericht nochmals einer besonderen Prüfung zu unter-

ziehen. In welcher Weise dies geschieht, ob etwa durch Einschaltung von Sachverständigen oder dadurch, daß den Befragten ein Entwurf zugesandt wird, muß der einzelnen Kammer überlassen bleiben.

Sammlung von Handelsbrauch-Feststellungen

(38) Es empfiehlt sich, von jeder Feststellung über einen Handelsbrauch dem Deutschen Industrie- und Handelstag zur Ergänzung seiner Fall-Sammlung Kenntnis zu geben und das Ergebnis der Feststellung in geeigneten Fällen auch in dem Mitteilungsblatt der Kammer bekanntzugeben. Dadurch können alle Kammern in bei ihnen vorkommenden Fällen von den Erfahrungen und Feststellungen anderer Kammern (in dem oben angegebenen eingeschränkten Umfang) Nutzen ziehen. Bei Fall-Sammlungen über Handelsbräuche ist aber zu beachten, daß die örtlich getroffenen Feststellungen durchaus nicht ohne weiteres für andere Kammerbezirke gelten [s. Ziff. (24)] *und* außerdem alle Handelsbrauch-Feststellungen zeitlich bald überholt sein können. Von einer allgemeinen Publizierung von Fall-Sammlungen (durch Buch oder Broschüre) sollte aus diesem Grunde, aber auch zur Vermeidung der Erstarrung von Handelsbräuchen, abgesehen werden.

Handelsbrauch-Feststellungen für Firmen

(39) Gutachten der Industrie- und Handelskammern über das Bestehen oder Nichtbestehen von Handelsbräuchen sollten grundsätzlich nur gegenüber Gerichten und Behörden erstattet werden. Anträge von Firmen an die Kammer, Feststellungen über das Vorhandensein eines Handelsbrauches zu treffen, müssen daher im allgemeinen abgelehnt werden. Es können aber den Firmen bereits vorhandene Gutachten der eigenen oder einer anderen Kammer bekanntgegeben werden, wobei auf die Gefahren bei der Verwertung von Feststellungen an anderen Orten und zu früheren Zeitpunkten hinzuweisen ist. Häufig wird die gemeinsame Bitte von Bezirksfirmen an die Kammer auf Erstattung eines Handelsbrauch-Gutachtens damit begründet, daß die strittige Frage nicht rechtshängig werde oder ihre Klarstellung gerade zur Vermeidung eines Prozesses dienen solle. Selbst in solchen Fällen wird kein eigentliches umfassendes Kammergutachten zu erstellen sein, sondern die Kammer kann sich im Interesse ihrer Bezirksfirmen und gewissermaßen in deren Auftrag in den einschlägigen Geschäftskreisen erkundigen, um das Ergebnis den anfragenden Firmen für deren eigene Entscheidung zur Verfügung zu stellen. Solche Erkundigungen erfolgen zweckmäßigerweise neutral, d. h. ohne Firmennennung. Es muß dabei seitens der Kammer deutlich gemacht werden, daß damit einem etwa später auf Anforderung des Gerichtes zu erstattenden Gutachten weder vorgegriffen werden kann noch soll.

2. Die öffentliche Ermächtigung von Handelsmäklern zu Verkäufen und Käufen

Literatur: Heymann, Der Handelsmakler, in Ehrenbergs Handbuch des gesamten Handelsrechts, V. Bd., I. Abt., 1. Hälfte, Leipzig 1926, S. 321f.; Jacusiel, Das Recht der Agenten und Mäkler (Heft 2: Das Recht der Mäkler), 3. Aufl., Berlin 1926; Matthes, Das Recht des Kursmaklers, Marburg 1932; Meyer-Bremer, Börsengesetz, 4. Aufl., Berlin 1957; J. von Gierke, Handelsrecht und Schiffahrtsrecht, 8. Aufl., Berlin 1958.

Nach Art. 66 des allgemeinen deutschen Handelsgesetzbuchs, das Preußen 1861 als Landesgesetz einführte, waren die Handelsmäkler amtlich bestellte Vermittler für Handelsgeschäfte, die vor Antritt ihres Amtes vor Gericht einen Eid dahin zu leisten hatten, daß sie die ihnen obliegenden Pflichten treu erfüllen wollten. Soweit sie von einer Handelskammer ernannt waren (vgl. § 40 prIHK-Gesetz), unterstanden sie ihrer Aufsicht und konnten für Pflichtverletzungen mit Geldbußen von 75 bis 100 Mk. bestraft worden (vgl. Art. 9 § 5 prEGHGB vom 14. Juni 1861 — GS S. 449 —). Die Zurücknahme der Bestellung konnte nach § 120 Ziff. 3 des preußischen Zuständigkeitsgesetzes vom 1. August 1883 durch Klage vor dem Bezirksausschuß herbeigeführt werden. Ein ausschließliches Recht zur Vermittlung von Handelsgeschäften stand den amtlichen Handelsmäklern nicht zu (Lusensky S. 188).

Für die Vermittlung von Börsengeschäften sind die amtlich bestellten Handelsmäkler durch das Börsengesetz von 1896 beseitigt worden. Die durch dieses Gesetz eingeführten Kursmakler, die von der Landesregierung bestellt und vereidigt werden (§§ 30ff. BörsG), sind zwar verpflichtet, Börsengeschäfte zu vermitteln, haben aber bezüglich dieser Tätigkeit keine amtliche Stellung mehr, sondern stehen insofern den freien Maklern gleich. Die amtliche Aufgabe, für welche sie bestellt sind, besteht ausschließlich darin, daß sie die Börsenpreise der Wertpapiere amtlich feststellen oder an der amtlichen Feststellung des Börsenpreises von Waren und Wertpapieren mitwirken (vgl. im einzelnen Göppert, Das Recht der Börsen, S. 146ff.; Meyer-Bremer S. 75—78). Vor der Bestellung von Kursmaklern, die in Preußen früher dem Regierungspräsidenten, in Berlin dem Oberpräsidenten oblag, waren die Handelsorgane, denen die unmittelbare Aufsicht über die Börse übertragen war (vgl. § 41 prIHK-Gesetz), zu hören (Erlaß des preußischen Handelsministers vom 14. November 1896). Über die jetzige Rechtslage vgl. § 30 Abs. 2 Satz 1 BörsG und Meyer-Bremer S. 77—78.

Mit dem Inkrafttreten des Handelsgesetzbuchs vom 10. Mai 1897 ist die Einrichtung amtlicher Handelsmäkler in Wegfall gekommen. Es gibt seitdem nur noch Privatmäkler ohne amtliche Bestellung. Das Bürgerliche Gesetzbuch und das Handelsgesetzbuch sehen jedoch für gewisse Verkäufe und Käufe die Bestimmung vor, daß sie nur von öffentlich dazu ermächtigten Handelsmäklern vorgenommen werden dürfen. Diese öffentliche Ermächtigung erteilen die IHKn. Maßgebend hierfür ist für die ehemals preußischen Gebiete Art. 13 des preußischen Ausführungsgesetzes vom 20. September 1899 (GS S. 177) zum Bürgerlichen Gesetzbuch:

Art. 13

Die öffentliche Ermächtigung[1]), deren Handelsmäkler zu Verkäufen oder Käufen bedürfen[2]), wird für Orte innerhalb des Bezirkes einer Handelskammer oder einer kaufmännischen Körperschaft durch diese vorbehaltlich der Bestätigung des Regierungspräsidenten[3]), für andere Orte durch den Regierungspräsidenten erteilt[4]).

Die Ermächtigung wird erst wirksam, wenn der Handelsmäkler den Eid leistet, daß er die ihm obliegenden Pflichten getreu erfüllen werde. Für die Abnahme des Eides ist das Amtsgericht zuständig, in dessen Bezirk der Handelsmäkler seine Geschäftsräume oder in Ermangelung solcher seine Wohnung hat. Die Beeidigung kann auch von der Handelskammer oder der kaufmännischen Korporation vorgenommen werden, welche die Ermächtigung erteilt hat[5]).

Auf die Rücknahme der Ermächtigung findet die Vorschrift des § 120 Nr. 3 des Gesetzes über die Zuständigkeit der Verwaltungs- und Verwaltungsgerichtsbehörden vom 1. August 1883 (Ges. Samml. S. 237) Anwendung[6]).

Anm. 1: Art. 13 besagt nichts über die Voraussetzungen der Ermächtigung. Auch aus anderen Rechtsvorschriften ist nichts Näheres zu entnehmen. Daraus kann nicht gefolgert werden, daß der Gesetzgeber die Ermächtigung jedem Handelsmakler zuteil werden lassen wollte, der sie beantragt. Vielmehr steht die Ermächtigung im pflichtgemäßem Ermessen der Kammern. Bei Ablehnung der Ermächtigung hat der Antragsteller lediglich die Möglichkeit, im Verwaltungsstreitverfahren auf Feststellung zu klagen, daß die Kammer von ihrem Ermessen nicht im Sinne des Gesetzes Gebrauch gemacht, insbesondere ihr Ermessen mißbraucht hat (OVG Berlin IV B 268.53 vom 25. November 1954).

Anm. 2: Durch das Bürgerliche Gesetzbuch und das Handelsgesetzbuch ist in zahlreichen Fällen für Waren, die einen Börsen- oder Marktpreis haben, statt der öffentlichen Versteigerung der freihändige Verkauf oder Kauf unter der Voraussetzung zugelassen, daß er durch öffentlich dazu ermächtigte Handelsmäkler erfolgt. Im einzelnen handelt es sich dabei um die in den §§ 385, 1221, 1235 Abs. 2 BGB, §§ 373, 376, 379, 389 und 437 HGB erwähnten Fälle.

Zu Verkäufen und Käufen in diesen Fällen sind außer den gemäß Art. 13 öffentlich ermächtigten Handelsmäklern auch die auf Grund des § 30 BörsG bestellten Kursmakler befugt (vgl. § 34 BörsG; Meyer-Bremer S. 84/85).

Anm. 3: Die Bestätigung des Regierungspräsidenten ist gegenstandslos geworden. Die Ausführungsgesetze zum Bundeskammergesetz machen keinen dementsprechenden Vorbehalt, so daß die Ermächtigung keiner Bestätigung einer staatlichen Instanz bedarf.

Anm. 4: Da die IHKn alle Orte des Bundesgebiets und Berlins (West) umfassen, entfällt die Möglichkeit, daß der Regierungspräsident bzw. eine entsprechende Instanz die Ermächtigung vornimmt.

Anm. 5: Das wird regelmäßig der Fall sein. Dieses Recht braucht den Kammern nicht nochmals durch die Ausführungsgesetze zum Bundeskammergesetz übertragen zu werden.

Anm. 6: § 120 Nr. 3 ZustG lautet: „Der Bezirksausschuß entscheidet auf Klage der zuständigen Behörde über die Zurücknahme der Konzession der Handelsmäkler". Die Handelskammern oder kaufmännischen Korporationen konnten danach die Ermächtigung nicht selbst zurücknehmen, sondern mußten die Zurücknahme durch Klage vor dem Bezirksausschuß herbeiführen. Die heutige Rechtslage ist landesrechtlich verschieden. Sie hängt davon ab, inwieweit die Vorschriften des preußischen Zuständigkeitsgesetzes durch neuere Gesetze der einzelnen Länder gegenstandslos geworden sind.

3. Die unmittelbare Aufsicht über die Börsen

Literatur: Die Kommentare zum Börsengesetz von Apt, 5. Aufl., Berlin 1909; Kahn, 2. Aufl., München 1909; Bernstein, Leipzig 1910; Nußbaum, München 1910; Rehm/Trumpler/Dove/Neukamp/Schmidt-Ernsthausen/Breit, Berlin 1909; Martini, Frankfurt/Main 1948; Meyer-Bremer, Berlin 1957; Kohlhaas in Erbs: Strafrechtliche Nebengesetze, München und Berlin 1957; ferner Anschütz, Staatsaufsicht und Börsenverwaltung, mit besonderer Berücksichtigung der Rechtsverhältnisse der Berliner Börse, VerwArch. Bd. 11 (1903), S. 519ff.; Wermert, Börse, Börsengesetz und Börsengeschäfte, Leipzig 1904; Kiesel, Die deutsche Börse in ihrer rechtlichen Gestaltung seit dem Börsengesetz, Diss. Rostock 1910; Proebsting, Die Staatsaufsicht über die deutschen Börsen, Diss. Würzburg 1910; Wienck, Staatsaufsicht im Börsenwesen, Diss. Greifswald 1913; Onstein, Staatsaufsicht im Börsenwesen, Diss. Greifswald 1916; Göppert, Das Recht der Börsen, Berlin 1932, S. 244ff.; Huber, Wirtschaftsverwaltungsrecht, 1. Bd., 2. Aufl., Tübingen 1953, S. 621ff.; Bremer, Zur Rechtsproblematik der Börsengebühren, JR 1957, S. 328ff.; ders., Art. Börsenrecht, in: Handwörterbuch der Sozialwissenschaften, Bd. 2, Stuttgart-Tübingen-Göttingen 1959.

C. Anhang 3: Börsenaufsicht

§ 1 BörsG lautet:

„Die Errichtung einer Börse bedarf der Genehmigung der Landesregierung. Diese ist befugt, die Aufhebung bestehender Börsen anzuordnen.

Die Landesregierungen üben die Aufsicht über die Börsen aus. Sie können die unmittelbare Aufsicht den Handelsorganen (Handelskammern, kaufmännischen Korporationen) übertragen.

Der Aufsicht der Landesregierungen und der mit der unmittelbaren Aufsicht betrauten Handelsorgane unterliegen auch die auf den Börsenverkehr bezüglichen Einrichtungen der Kündigungsbüros, Liquidationskassen, Liquidationsvereine und ähnlicher Anstalten."

Die im Zusammenhang mit dieser Vorschrift hier zu erörternden Fragen betreffen die Übertragung der unmittelbaren Staatsaufsicht über die Börse auf die IHK, aber auch die Aufsicht über die IHK als Träger der Börse und den verselbständigtem Haushalt der Börse.

1. Gegenstand der Aufsicht

Nach § 1 Abs. 2 BörsG üben die Landesregierungen die Aufsicht über die Börsen aus. Diese bezieht sich nach allgemeiner Meinung auf die Börse als einem mit einem öffentlich-rechtlichen Status ausgestatteten und in besonderer Weise organisierten Rechtsgebilde, dessen Funktionsträger (Börsenvorstand, Zulassungsausschuß usw.) die Stellung öffentlicher Behörden haben. In erster Linie sind diese Funktionsträger sowie die nach § 1 Abs. 3 BörsG errichteten Anstalten und Einrichtungen Gegenstand der Aufsicht (Huber I S. 618, 621; Meyer-Bremer, S. 12—16). Die unmittelbare Aufsicht bedeutet, daß eine Aufsicht übertragen wird, die das Recht gibt, unmittelbar auf die Börse, d. h. auf ihre Organe einzuwirken. Sie kann von der mittelbaren Staatsaufsicht nur darin unterschieden werden, daß sich ihre Funktion im wesentlichen auf das ordnungsgemäße und reibungslose Tätigsein der Börse beschränkt. Die Inangriffnahme von Fragen von übergeordneter Bedeutung ist hierin nicht eingeschlossen (Meyer-Bremer, S. 15).

2. Aufsicht über die Börse und den Träger der Börse

Neben der Aufsicht über die Börse als einem gemäß § 1 BörsG öffentlich-rechtlich organisierten Markt besteht eine Aufsicht über den Träger der Börse und seine Funktionen in bezug auf die Unterhaltung der Börse. Diese Aufsicht bezieht ihre Legitimation nicht aus dem Börsengesetz, sondern je nach der Rechtsform des Trägers (privater Verein, IHK) aus der „Beleihung mit der Trägerschaft" (so beim privaten Verein) oder aus der Rechtsstellung als Körperschaft des öffentlichen Rechts (so bei der IHK). Mit Huber I S. 604 wird man annehmen müssen, daß „gegenüber allen öffentlichen Marktveranstaltungen die Staatsaufsicht besteht" und daß diese nicht nur „Aufsicht gegenüber der Marktveranstaltung", sondern auch „Aufsicht gegenüber dem Träger der Marktveranstaltung" ist, auch wenn eine ausdrückliche gesetzliche Normierung fehlt. Wird daher ein Börsenverein legitimiert, Träger einer Börse zu sein, so ist er damit gleichzeitig auch einer speziellen Trägeraufsicht unterworfen. Ist eine IHK Träger der Börse, so erstreckt sich die Kammeraufsicht auch auf ihre besonderen Funktionen als Träger der Börse, weshalb hier von einer speziellen Trägeraufsicht nicht gesprochen zu werden braucht. Dabei ist es gleichgültig, ob die IHK die Börse als Angelegenheit der Selbstverwaltung oder als übertragene Aufgabe unterhält. Die Aufsicht umfaßt auch den Gebührenbereich der Börse, insbesondere die Festsetzung der Gebühren und ihre zweckgebundene Verwendung, da die (echten) Börsengebühren regelmäßig keine privaten, sondern öffentlich-rechtliche Entgelte darstellen, die unter gewissen übergeordneten Rechtsprinzipien stehen (Bremer JR 1957 S. 328).

3. Der verselbständigte Haushalt der Börse

Die Tatsache. daß die (echten) Börsengebühren öffentlich-rechtliche Gebühren darstellen und ihre Erhebung nur nach dem Kostendeckungsprinzip und den Grundsätzen der Verhältnismäßigkeit von Leistung und Gegenleistung und der Gleichmäßigkeit der Belastung vorgenommen werden darf, hat zur Folge, daß die Kosten einer selbständigen Betrachtung unterzogen werden müssen. Die Handhabung ging früher dahin, keinen besonderen Haushalt für die Börse aufzustellen. Vielfach haben die Einnahmen aus den Börsen und die bedeutende Steigerung der Börsengebühren den Kammern erst die Möglichkeit geboten, Aufgaben durchzuführen, die nicht allein den Zwecken der Börse dienten, sondern im Interesse der Wirtschaft im allgemeinen lagen. Bei Anwendung des Kostendeckungsprinzips und unter Berücksichtigung der Prinzipien in § 3 Abs. 5 BKG wird hier eine Wandlung erfolgen müssen, die den erwähnten Prinzipien Rechnung trägt (vgl. Bremer a. a. O. S. 328ff.). Einnahmen und Ausgaben der Börse sind dementsprechend in einem Nebenhaushalt gesondert zu veranschlagen.

Die geschilderte Rechtslage klingt auch in der Gebührenordnung für die Berliner Börse vom 25. Januar 1960 (ABl. S. 146) an, wenn es dort heißt:

„I. Gebühren für den Besuch der Berliner Börse

§ 1

(1) Zur Deckung der Kosten, die mit der Unterhaltung der Börseneinrichtungen verbunden sind, werden von den Börsenbesuchern Gebühren erhoben."

Vgl. im übrigen Anlage 2 Bl. 1 zur Haushalts-, Kassen- und Rechnungslegungsordnung.

4. Vorschläge für die Ernennung von Handelsrichtern

Literatur: Die Kommentare zum Gerichtsverfassungsgesetz (Zivilprozeßordnung, Strafprozeßordnung) von Wieczorek (ZPO), Bd. V, Berlin 1957; Baumbach-Lauterbach (ZPO), 25. Aufl., München und Berlin 1958; Schwarz (StPO), 21. Aufl., München und Berlin 1959; Löwe-Rosenberg (StPO), Bd. II, 21. Aufl., Berlin 1960; ferner Kern, Geschichte des Gerichtsverfassungsrechts, München und Berlin 1954; ders., Gerichtsverfassungsrecht, 3. Aufl., München und Berlin 1959.

Unter den Kollegialgerichten nehmen die nach Bedürfnis von den Justizverwaltungen der Länder bei den Landgerichten einzurichtenden Kammern für Handelssachen (§ 93 GVG) eine besondere Stellung ein. In ihnen sind Laienrichter in der Zivilrechtspflege tätig, die als sogenannte Handelsrichter dem rechtsgelehrten Vorsitzenden der Kammer die Anschauungen der beteiligten Handelskreise nahebringen und als Sachverständige dienen sollen (vgl. § 114 GVG). Ist bei einem Landgericht eine Kammer für Handelssachen gebildet, so tritt für Handelssachen diese Kammer an die Stelle der Zivilkammern nach Maßgabe der §§ 95ff. GVG. Über den Begriff „Handelssachen" im Sinne des Gerichtsverfassungsgesetzes vgl. § 95 GVG:

Handelssachen im Sinne dieses Gesetzes sind die bürgerlichen Rechtsstreitigkeiten, in denen die Klage[1]) ein Anspruch geltend gemacht wird[2]):

1. gegen einen Kaufmann im Sinne des Handelsgesetzbuches aus Geschäften, die für beide Teile Handelsgeschäfte sind;

2. aus einem Wechsel im Sinne des Wechselgesetzes oder aus einer der im § 363 des Handelsgesetzbuchs bezeichneten Urkunden;

3. auf Grund des Scheckgesetzes;

4. aus einem der nachstehend bezeichneten Rechtsverhältnisse:

a) aus dem Rechtsverhältnis zwischen den Mitgliedern einer Handelsgesellschaft oder zwischen dieser und ihren Mitgliedern oder zwischen dem stillen Gesellschafter und dem Inhaber des Handelsgeschäfts, sowohl während des Bestehens als auch nach Auflösung des Gesellschaftsverhältnisses, und aus dem Rechtsverhältnis zwischen den Vorstehern oder den Liquidatoren einer Handelsgesellschaft und der Gesellschaft oder deren Mitgliedern;

b) aus dem Rechtsverhältnis, welches das Recht zum Gebrauch der Handelsfirma betrifft;

c) aus den Rechtsverhältnissen, die sich auf den Schutz der Warenbezeichnungen, Muster und Modelle beziehen;

d) aus dem Rechtsverhältnis, das durch den Erwerb eines bestehenden Handelsgeschäfts unter Lebenden zwischen dem bisherigen Inhaber und dem Erwerber entsteht;

e) aus dem Rechtsverhältnis zwischen einem Dritten und dem, der wegen mangelnden Nachweises der Prokura oder Handlungsvollmacht haftet;

f) aus den Rechtsverhältnissen des Seerechts, insbesondere aus denen, die sich auf die Reederei, auf die Rechte und Pflichten des Reeders oder Schiffeigners, des Korrespondentreeders und der Schiffsbesatzung, auf die Bodmerei und die Haverei, auf den Schadensersatz im Falle des Zusammenstoßes von Schiffen, auf die Bergung und Hilfeleistung und auf die Ansprüche der Schiffsgläubiger beziehen;

5. auf Grund des Gesetzes gegen den unlauteren Wettbewerb vom 7. Juni 1909 (Reichsgesetzbl. S. 499);

6. aus den §§ 45 bis 48 des Börsengesetzes (Reichsgesetzbl. 1908 S. 215)[3]).

Anm. 1: Die in § 95 geregelte erstinstanzliche Zuständigkeit der Kammer für Handelssachen ist nicht auf Klageverfahren begrenzt, sondern umfaßt auch Arreste und einstweilige Verfügungen vor und nach Erhebung der Klage (Wieczorek, Bem. A). Liegen bei einer vor ihr angebrachten Klage die Voraussetzungen des § 95 vor, so kann, abgesehen von dem Fall der Widerklage, eine Verweisung an die Zivilkammer auf keinen Fall erfolgen (Wieczorek a. a. O.). Ist eine Handelssache vor eine Zivilkammer gebracht, so ist sie auf Antrag des Beklagten an die Kammer für Handelssachen zu verweisen (§ 98 Abs. 1 Satz 1 GVG). Zu einer Verweisung von Amts wegen ist die Zivilkammer nicht befugt (§ 98 Abs. 3 GVG). Fehlerhafte Verweisungsbeschlüsse sind nicht angreifbar (§ 102 Satz 1 GVG).

Anm. 2: § 95 definiert den Begriff der Handelssache, die die Kammer für Handelssachen entscheiden darf. Die Bestimmung trifft dazu sehr ins einzelne gehende Feststellungen, die hier nicht näher untersucht werden können (vgl. die eingehenden Darlegungen bei Wieczorek, Bem. B bis B VI). Der Begriff des Kaufmanns ist aus dem

Handelsrecht zu klären, insbesondere aus den §§ 1—7 HGB und den einschlägigen Bestimmungen handelsrechtlicher Nebengesetze. Als Kaufmann ist auch der Minderkaufmann des § 5 HGB zu betrachten. Hinsichtlich der beiderseitigen Handelsgeschäfte sind die §§ 343, 344 HBG maßgebend.

Anm. 3: Der Aufzählung des § 95 GVG sind die in § 87 GWB aufgeführten Streitsachen anzufügen:

§ 87

(1) Für bürgerliche Rechtsstreitigkeiten, die sich aus diesem Gesetz oder aus Kartellverträgen und aus Kartellbeschlüssen ergeben, sind ohne Rücksicht auf den Wert des Streitgegenstandes die Landgerichte ausschließlich zuständig. Eine erweiterte Zulässigkeit von Rechtsmitteln nach § 511 a Abs. 4 und 547 Abs. 1 Nr. 2 der Zivilprozeßordnung wird hierdurch nicht begründet.

(2) Die Rechtsstreitigkeiten sind Handelssachen im Sinne der §§ 93 bis 114 des Gerichtsverfassungsgesetzes.

Die Einzelheiten über das Amt der Handelsrichter und die Voraussetzungen für die Ernennung von Kaufleuten zu Handelsrichtern sind in den §§ 107 ff. GVG enthalten:

§ 107

(1) Das Amt der Handelsrichter ist ein Ehrenamt[1]).

(2) Die Handelsrichter, die weder ihren Wohnsitz[2]) noch ihre gewerbliche Niederlassung am Sitz der Kammer für Handelssachen haben, erhalten Tage- und Übernachtungsgelder sowie Ersatz der verauslagten Fahrtkosten nach den für Landgerichtsräte geltenden Vorschriften.

(3) Handelsrichtern, die ihren Wohnsitz oder ihre gewerbliche Niederlassung am Sitz der Kammer für Handelssachen haben, werden die notwendigen Fahrtkosten für die Benutzung von öffentlichen, regelmäßig verkehrenden Beförderungsmitteln erstattet[3]).

(4) Den Handelsrichtern werden jedoch bei Fußwegen und bei Benutzung von anderen als öffentlichen, regelmäßig verkehrenden Beförderungsmitteln bei Entfernungen von mehr als zwei Kilometern für jedes angefangene Kilometer des Hin- und Rückweges 0,25 Deutsche Mark gewährt. Kann ein Hin- und Rückweg von zusammen mehr als zweihundert Kilometern mit öffentlichen, regelmäßig verkehrenden Beförderungsmitteln zurückgelegt werden, so gilt Satz 1 nur insoweit, als die Mehrkosten gegenüber der Benutzung von öffentlichen, regelmäßig verkehrenden Beförderungsmitteln durch eine Minderausgabe an Tage- und Übernachtungsgeldern ausgeglichen werden. Kann der Handelsrichter wegen besonderer Umstände ein öffentliches, regelmäßig verkehrendes Verkehrsmittel nicht benutzen, so werden die nachgewiesenen Mehrauslagen ersetzt, soweit sie angemessen sind.

Anm. 1: Daß das Amt der Handelsrichter ein Ehrenamt ist, bedeutet unter anderem, daß die Handelsrichter keine Besoldung erhalten. Ihnen steht nur die Aufwandsentschädigung zu, die in Abs. 2—4 im einzelnen aufgeführt wird.

Anm. 2: Dem Wohnsitz wird der gewöhnliche Aufenthaltsort gleichzustellen sein, falls der Wohnsitz zwar anderswo, der gewöhnliche Aufenthaltsort aber am Sitz der Kammer liegt (Wieczorek, Bem. A).

Anm. 3: Die Fassung des Abs. 3 und die Anfügung des Abs. 4 beruhen auf Art. X § 2 des Gesetzes zur Änderung und Ergänzung kostenrechtlicher Vorschriften vom 26. Juli 1957 (BGBl. I S. 861).

§ 108

Die Handelsrichter werden auf gutachtlichen Vorschlag der Industrie- und Handelskammern[1]) für die Dauer von drei Jahren ernannt; eine wiederholte Ernennung ist nicht ausgeschlossen[2]).

Anm. 1: Die gutachtlichen Vorschläge zur Ernennung der Handelsrichter richteten sich in Preußen ursprünglich nach der Allgemeinen Verfügung der Minister der Justiz und für Handel und Gewerbe vom 26. Juli 1897 (Justiz-Minist.-Bl. S. 211), später nach der Allgemeinen Verfügung vom 10. Dezember 1903 (HGMBl. S. 391). Zuletzt galt für die Besetzung der Kammern für Handelssachen und die Ernennung der Handelsrichter im gesamten Reichsgebiet die Allgemeinverfügung des Reichsministers für Justiz vom 1. April 1935 (DJ S. 549). Diese ist nach Neuregelung der staatsrechtlichen Verhältnisse gegenstandslos geworden. Die Ernennung der Handelsrichter ist nunmehr wieder Sache der Landesjustizverwaltungen, die im allgemeinen nach den Grundsätzen der Verfügung von 1935 verfahren werden.

Anm. 2: Wer Handelsrichter werden soll, braucht das Amt nicht anzunehmen. Hat er das Amt angenommen, so steht es ihm jederzeit frei, es niederzulegen (Wieczorek, Bem. A). Soll die Ernennung erneut erfolgen, so muß der Betreffende wieder vorgeschlagen werden. Im übrigen schadet das Fehlen des Vorschlags nicht, wenn die Ernennung zum Handelsrichter erfolgt ist (Wieczorek, Bem. B).

Fehlen die Voraussetzungen des § 109 Abs. 1 GVG (s. unten), so ist die Richterbank unvorschriftsmäßig besetzt. Über die Folgen vgl. §§ 551, 579 ZPO. Während der Dauer der drei Jahre, für die der Handelsrichter ernannt ist, kann er im wesentlichen nur unter den Voraussetzungen des § 113 GVG seines Amtes enthoben werden.

§ 109[1])

(1) Zum Handelsrichter kann jeder Deutsche ernannt werden, der das dreißigste Lebensjahr vollendet hat und als Kaufmann, als Vorstand einer Aktiengesellschaft, als Geschäftsführer einer Gesellschaft mit beschränkter Haftung oder als Vorstand einer sonstigen juristischen Person in das Handelsregister eingetragen ist oder eingetragen war.

(2) Zum Handelsrichter soll nur ernannt werden, wer in dem Bezirk der Kammer für Handelssachen wohnt oder, wenn er als Kaufmann in das Handelsregister eingetragen ist, dort eine Handelsniederlassung hat; bei Personen, die als Vorstand einer Aktiengesellschaft, als Geschäftsführer einer Gesellschaft mit beschränkter Haftung oder als Vorstand einer sonstigen juristischen Person in das Handelsregister eingetragen sind, genügt es, wenn die Gesellschaft oder juristische Person eine Niederlassung in dem Bezirk hat[2]).

(3) Personen, die infolge gerichtlicher Anordnung in der Verfügung über ihr Vermögen beschränkt sind, können nicht zu Handelsrichtern ernannt werden[3]).

Anm. 1: Die beiden ersten Absätze des § 109 haben ihre jetzige Fassung durch das Gesetz vom 20. März 1905 (RGBl. S. 179) erhalten. Es hat den Kreis der zu Handelsrichtern wählbaren Personen ausgedehnt. Neben den Vorständen der Aktiengesellschaften können seit dieser Zeit auch die Geschäftsführer von Gesellschaften mit beschränkter Haftung und die Vorstände anderer handeltreibender juristischer Personen Handelsrichter werden. Auch ist die frühere Voraussetzung, daß der Handelsrichter im Bezirk der Kammer für Handelssachen wohnen müsse, insofern fortgefallen, als für Kaufleute, die in das Handelsregister eingetragen sin d, der Besitz einer Niederlassung im Bezirk genügt. Für die Vorstände von Aktiengesellschaften usw. reicht es jetzt, wenn die Gesellschaft oder juristische Person eine Niederlassung im Bezirk hat.

Hinsichtlich der „früheren" Kaufleute besteht die Beschränkung auf den Wohnsitz im Gerichtsbezirk fort.

Anm. 2: Die Voraussetzungen der Befähigung zum Handelsrichter, die Abs. 1 erwähnt, sind wesentlich, die Voraussetzungen in den Abs. 2 und 3 unwesentlich (Baumbach-Lauterbach, Anm. 1). Kaufmann ist der Vollkaufmann im Sinne der §§ 1ff. HGB. Ein Minderkaufmann oder Handlungsbevollmächtigter gehört nicht dazu (Baumbach-Lauterbach a. a. O.). Es genügt, daß der Kaufmann einmal im Handelsregister eingetragen war. Er bleibt dann dauernd fähig, Handelsrichter zu sein (Baumbach-Lauterbach a. a. O.). Stellvertretende Vorstandsmitglieder sind nicht Vorständen gleichzusetzen (a. M. Wieczorek, Bem. A; wie hier Baumbach-Lauterbach, Anm. 1).

Anm. 3: In der Verfügung über das Vermögen beschränkt sind Entmündigte oder nach § 1906 BGB unter vorläufige Vormundschaft gestellte Personen (vgl. § 114 BGB), ferner diejenigen, über deren Vermögen der Konkurs eröffnet worden ist oder gegen die ein richterliches oder behördliches Veräußerungsverbot erlassen worden ist (§ 136 BGB), sowie diejenigen, über deren Vermögen ein gerichtliches Vergleichsverfahren eröffnet worden ist (§§ 11ff. VerglO). Abs. 3 betrifft auch den Gesellschafter einer offenen Handelsgesellschaft, die sich in Konkurs befindet (RGSt. Bd. 46 S. 77). Treten die Gründe nachträglich ein, so ist der Betroffene seines Amtes zu entheben (§ 113 GVG).

§ 110

An Seeplätzen[1]) können Handelsrichter auch aus dem Kreise der Schiffahrtskundigen ernannt werden[2]).

Anm. 1: Was ein Seeplatz ist, läßt sich nicht eindeutig bestimmen. Mit Wieczorek, Bem. A ist auf jeden Fall jede Hafenstadt, die an der See liegt, unabhängig davon, ob dort Überseeverkehr oder nur allgemeiner Seeverkehr herrscht, dazu zu rechnen.

Anm. 2: Hinsichtlich der Frage, wer Schiffahrtskundiger ist, vgl. § 2 des Seemannsgesetzes vom 26. Juli 1957 (BGBl. II S. 713). Zum Befähigungszeugnis (§ 2 Abs. 2 Seemannsgesetz) vgl. auch §§ 7—10 und 16—18 der Schiffsbesetzungsordnung vom 29. Juni 1931 (RGBl. II S. 517) in der Fassung der sieben Änderungsverordnungen, die letzte vom 8. Januar 1960 (BGBl. II S. 147).

§ 111

Die Handelsrichter sind vor ihrem Amtsantritt[1]) auf die Erfüllung der Obliegenteiten des ihnen übertragenen Amtes eidlich zu verpflichten[2]).

Anm. 1: Die Ablegung des Eides begründet nicht das Amt des Handelsrichters, sondern ist nur eine Folge der Ernennung und eine Pflicht, der der Handelsrichter entsprechen muß. Ohne die Ableistung kann er sein Amt nicht antreten. Wird die Eidesleistung verweigert, so zieht diese Pflichtverletzung die Rücknahme der Ernennung nach sich.

Anm. 2: Amtet ein Handelsrichter, der nicht eidlich verpflichtet ist, so ist die Richterbank nicht vorschriftsmäßig besetzt (§ 551 Ziff. 1, § 579 Abs. 1 ZPO). A. M. anscheinend Baumbach-Lauterbach, Anm. 2. Eine Verletzung des Eides ist keine Eidesverletzung nach § 154 StGB (BGH in JR 1953 S. 344).

§ 112

Die Handelsrichter haben während der Dauer ihres Amts in Beziehung auf dasselbe alle Rechte und Pflichten eines Richters[1]).

Anm. 1: Die Handelsrichter sind Richter mit allen diesbezüglichen Rechten und Pflichten. Insbesondere findet auf sie § 1 GVG Anwendung, d. h., daß sie unabhängig und nur dem Gesetz unterworfen sind. Die §§ 2—9 GVG haben für sie jedoch keine Geltung (§ 11 GVG). Sie können auch nicht den Vorsitz in der Kammer führen oder als Einzelrichter tätig werden (vgl. hierzu § 350 Abs. 1 ZPO). Dagegen können sie beauftragte Richter sein (Wieczorek, Bem. A).

Eine Versetzung der Handelsrichter ist nicht möglich (Wieczorek a. a. O.). In bezug auf ihre Amtsverschwiegenheit sind die Beamtengesetze der Länder maßgebend. Die Pflicht zur Amtsverschwiegenheit wird von der Beendigung des Amtsverhältnisses regelmäßig nicht berührt.

In welcher Folge die Handelsrichter zu den einzelnen Sitzungen herangezogen werden, wird der Landgerichtspräsident vor Beginn des Geschäftsjahrs bestimmen.

§ 113

(1) Ein Handelsrichter ist seines Amtes zu entheben, wenn er eine der für die Ernennung erforderlichen Eigenschaften nachträglich verliert.

(2) Es entscheidet der erste Zivilsenat des Oberlandesgerichts nach Anhörung des Beteiligten.

Anm. 1: § 113 Abs. 1 betrifft sowohl die nach § 109 Abs. 1 und 3 wie auch die nach § 109 Abs. 2 erforderlichen Eigenschaften. Für die Enthebung sind aber nicht allein die in § 113 aufgezeigten Gründe maßgebend; entgegen dem Wortlaut muß eine Enthebung auch dann möglich sein, wenn der Handelsrichter z. B. dienstunfähig wird. Es wäre untragbar, wenn ein geistig gebrechlicher Handelsrichter nicht verabschiedet werden könnte. Ob das Verfahren dienststrafrechtlicher Art ist, ist zweifelhaft. Das Oberlandesgericht kann nicht von sich aus oder auf Antrag eines Dritten tätig werden, sondern nur dann, wenn eine dienststrafrechtliche Behörde das Verfahren eingeleitet hat (Wieczorek, Bem. B I).

Anm. 2: Das Oberlandesgericht entscheidet durch Beschluß, der nicht anfechtbar ist (RG in JW 1936 S. 1290). Entscheidet nicht der 1. Zivilsenat, sondern ein anderer Senat, so kann der Verstoß hiergegen nicht gerügt werden (Wieczorek, Bem. B III). Daß das Verfahren nicht näher geregelt ist, spricht nicht dafür, daß der Senat in der

Gestaltung des Verfahrens völlig freie Hand hätte. Er wird vielmehr auf die Grundsätze des Dienststrafrechts des Landes zurückgreifen müssen (a. M. Wieczorek, Bem. B II, der die Normen der Zivilprozeßordnung angewendet wissen will).

Ob eine Wiederaufnahme des Verfahrens zulässig ist, ist zweifelhaft (dafür Wieczorek, Bem. B IV).

§ 114[1])

Über Gegenstände, zu deren Beurteilung eine kaufmännische Begutachtung genügt, sowie über das Bestehen von Handelsgebräuchen kann die Kammer für Handelssachen auf Grund eigener Sachkunde und Wissenschaft entscheiden[2]).

Anm. 1: § 114, der die Sachkunde der Handelsrichter behandelt, steht mit den vorhergehenden Bestimmungen über den Behördenaufbau in keinem Zusammenhang. Nach dieser Vorschrift darf die Kammer für Handelssachen in erster und zweiter Instanz aus eigener Sachkunde entscheiden, wenn a) Gegenstände in Rede stehen, bei denen das sachverständige Gutachten eines Kaufmanns genügt oder wenn b) über das Bestehen oder den Inhalt eines Handelsbrauchs zu urteilen ist.

Kaufmännische Begutachtung ist die sachverständige gutachtliche Beurteilung auf Grund allgemeiner kaufmännischer Kenntnisse und Erfahrungen. Es müssen nicht notwendig die Kenntnisse eines Spezialisten sein. Die Begutachtung ersetzt das Gutachten eines Sachverständigen (Wieczorek, Bem. B).

Handelsbräuche sind die im Handelsverkehr geltenden Gewohnheiten und Gebräuche, die sowohl gewohnheitrechtliche Rechtssätze im Handelsverkehr (§ 293 ZPO) als auch sonstige Gebräuche sein können (RG in JW 1894 S. 20).

Was die Kammer für Handelssachen gutachtlich feststellt, kann in zweiter Instanz umgestoßen werden, indem das Berufungsgericht ein anderes Gutachten einholt (Wieczorek, Bem. D unter Bezugnahme auf ein unveröffentlichtes RG-Urteil; dort auch weitere Einzelheiten).

Anm. 2: Die eigene Sachkunde und Wissenschaft muß nach § 196 Abs. 1 GVG bei der Mehrheit der Kammer vorhanden sein (Baumbach-Lauterbach, Anm. 1). § 114 ist ein Fall der Offenkundigkeit (§ 291 ZPO), die bei einem Kollegium dann zu bejahen ist, wenn sie für die Mehrheit vorliegt (RAG in JW 1929 S. 1325; a. M. RGSt. in JW 1930 S. 175).

5. Die Mitwirkung bei der Führung des Handelsregisters

Literatur: Die Kommentare zum Gesetz über die Angelegenheiten der Freiwilligen Gerichtsbarkeit von Ebert-Dudek-Lindemann, 2. Aufl., Berlin 1908; Keidel, 7. Aufl., München und Berlin 1959; Schlegelberger, 7. Aufl., Berlin 1957; ferner Krieger-Lenz, Firma und Handelsregister, Berlin 1928.

Zur Ausführung materiellrechtlicher Bestimmungen im Handelsgesetzbuch und in anderen das Handelsrecht betreffenden Reichsgesetzen dienen die Vorschriften des 7. Abschnitts des Gesetzes über die Angelegenheiten der Freiwilligen Gerichtsbarkeit in der Fassung vom 20. Mai 1898 (RGBl. S. 771) mit späteren Änderungen und Ergänzungen. Dieser 7. Abschnitt, der die Bezeichnung „Handelssachen" trägt, befaßt sich insbesondere auch mit der Mitwirkung der Organe des Handelsstandes bzw. Handwerksstandes bei der Registerführung. Maßgebend hierfür ist § 126 in der Neufassung durch die Verordnung vom 10. August 1937 (RGBl. I S. 837) und der Änderung durch Artikel 2 des Gesetzes über die Kaufmannseigenschaft von Handwerkern vom 31. März 1953 (BGBl. I S. 106):

§ 126

Die Organe des Handelsstandes und außer ihnen — soweit es sich um die Eintragung von Handwerkern handelt — die Organe des Handwerksstandes sind verpflichtet, die Registergerichte bei der Verhütung unrichtiger Eintragungen, bei der Berichtigung und Vervollständigung des Handelsregisters sowie beim Einschreiten gegen unzulässigen Firmengebrauch zu unterstützen; sie sind berechtigt, zu diesem Zweck Anträge bei den Registergerichten zu stellen und gegen Verfügungen der Registergerichte das Rechtsmittel der Beschwerde einzulegen.

Welche Organe unter den Organen des Handelsstandes zu verstehen sind, richtet sich nach Landesrecht. In erster Linie kommen hierfür die IHKn in Betracht (Keidel S. 553). Die Gerichte sind allerdings hinsichtlich der Frage, wen sie als Organe des Handelsstandes betrachten wollen, unabhängig. Es unterliegt aber keinem Zweifel, daß sie vor allem nach Inkrafttreten des Bundeskammergesetzes regelmäßig die IHKn als zuständige Organe im Sinne des § 126 FGG anzusehen haben.

Die Befugnisse der IHKn auf Grund des § 126 hatten im übrigen nach 1945, als die IHKn teilweise ihre Rechtsstellung als Körperschaften des öffentlichen Rechts verloren hatten, keine Einbuße erlitten. So ist in mehreren Urteilen der Landgerichte entschieden worden, daß der Verlust der öffentlich-rechtlichen Rechtsstellung keine Einschränkung ihrer Funktionen im Rahmen der Freiwilligen Gerichtsbarkeit zur Folge hätte (vgl. LG Wiesbaden in DRZ 1950 S. 329; OLG Düsseldorf in NJW 1954 S. 151).

Bezirksstellen der IHKn sind nicht als Organe des Handelsstandes anzusehen (KG in JW 1932 S. 753).

1. Die Pflicht der IHKn zur Unterstützung der Registergerichte

Nach der Fassung des § 126 FGG ist es Pflicht der IHKn, „die Registergerichte bei Verhütung unrichtiger Eintragungen, bei der Berichtigung und Vervollständigung des Handelsregisters sowie beim Einschreiten gegen unzulässigen Firmengebrauch zu unterstützen". Die IHKn haben also die Registergerichte von Amts wegen und nicht erst auf Ersuchen in den beschriebenen Fällen zu unterstützen. Das erfordert, daß sie sich über alle entsprechenden Vorgänge in ihrem Bezirk unterrichten, um dem Registergericht Mitteilung zu machen können, falls dies erforderlich wird. Verletzen sie ihre aus § 126 FGG folgenden Pflichten, so kann die Aufsichtsbehörde im Hinblick auf § 11 Abs. 1 BKG einschreiten und auf Erfüllung der ihnen gesetzlich auferlegten Pflicht dringen, wobei notfalls die Aufsichtsmittel der Ausführungsgesetze der Länder zum Bundeskammergesetz anzuwenden sind. Das gleiche gilt für die Verpflichtung, den Registergerichten auf Ersuchen Auskunft zu erteilen und Gutachten über Fragen zu erstatten, die mit der Führung des Handelsregisters zusammenhängen (Keidel S. 556).

Handelt es sich um die Eintragung von Handwerkern ins Handelsregister (vgl. §§ 1, 4 HGB n. F.), so sind neben den Organen des Handelsstandes auch die Organe des Handwerksstandes zur Unterstützung des Registergerichts verpflichtet. Beider Pflicht zur Unterstützung ist unabhängig voneinander (a. M. Schmidt in BB 1953 S. 280, der die Organe des Handwerksstandes in diesem Fall für allein zuständig hält). Beide Organe werden sich zweckmäßig über ihre Stellungnahme verständigen.

Bei der Pflicht, die Registergerichte hinsichtlich der Verhütung unrichtiger Eintragungen und bei der Berücksichtigung und Vervollständigung des Handelsregisters zu unterstützen, können die IHKn nicht auf die Unterstützung der Finanzämter rechnen. Das wird besonders wichtig bei der Erfassung der Vollkaufleute für das Handelsregister. Die Finanzämter sind nach § 22 RAO verpflichtet, das Steuergeheimnis zu wahren. Mitteilungen der Finanzämter an die IHKn über die Grundlagen der Besteuerung von Gewerbetreibenden würden daher gegen § 22 Abs. 2 Ziff. 1 RAO verstoßen. Eine andere Auffassung ergibt sich auch nicht aus § 3 Abs. 3 BKG, wonach die Steuerbehörden den IHKn lediglich für die Festsetzung der Beiträge die Gewerbesteuermeßbeträge der Kammerzugehörigen mitzuteilen haben. Eine Auskunftspflicht der Steuerbehörden ergibt sich allein aus § 125a Abs. 2 FGG gegenüber den Registergerichten unmittelbar.

2. Die Pflicht der Registergerichte zur Beteiligung der IHKn am Handelsregisterverfahren

Entsprechend der Pflicht der IHKn zur Unterstützung der Registergerichte bei der Führung des Handelsregisters besteht eine Pflicht der Registergerichte, die IHKn am Verfahren zu beteiligen und ihnen dementsprechende Mitteilungen zu machen. Die Verpflichtung ist in den §§ 23, 37 der Allgemeinen Verfügung des Reichsjustizministers über die Einrichtung und Führung des Handelsregisters (Handelsregisterverfügung) vom 12. August 1937 (DJ S. 1251) in der Fassung der Verordnung zur Änderung der Handelsregisterverfügung vom 12. November 1958 (BAnz. Nr. 224 vom 21. November 1958) enthalten:

§ 23

Der Richter hat dafür Sorge zu tragen, daß die gesetzlich vorgeschriebenen Eintragungen in das Register erfolgen. Zu diesem Zweck und zur Vermeidung unzulässiger Eintragungen hat er bei Eintragung neuer Firmen und Firmenänderungen in der Regel, sonst in zweifelhaften Fällen, das Gutachten der Industrie- und Handelskammer einzuholen, falls dies nicht aus besonderen Gründen untunlich ist. Holt er das Gutachten ein, so hat er außerdem das Gutachten der Handwerkskammer einzuholen, wenn es sich um ein handwerkliches Unternehmen handelt oder handeln kann. Weicht der Richter von dem Vorschlag eines Gutachtens ab, so hat er seine Entscheidung der Kammer, die das Gutachten erstattet hat, unter Angabe der Gründe mitzuteilen.

§ 37

(1) Der Industrie- und Handelskammer ist mitzuteilen:

1. die Eintragung eines Einzelkaufmanns, einer juristischen Person oder einer Handelsgesellschaft unter Bezeichnung des Ortes der Niederlassung oder des Sitzes der Gesellschaft, und zwar bei Einzelkaufleuten, offenen Handelsgesellschaften, Kommanditgesellschaften und Kommanditgesellschaften auf Aktien unter Bezeichnung der Inhaber oder der persönlich haftenden Gesellschafter, bei Aktiengesellschaften und Versicherungsvereinen auf Gegenseitigkeit unter Bezeichnung der Mitglieder des Vorstandes, bei Gesellschaften mit beschränkter Haftung unter Bezeichnung der Geschäftsführer;
2. die Änderung einer eingetragenen Firma, der Inhaber oder der persönlich haftenden Gesellschafter sowie des Ortes der Niederlassung oder des Sitzes der Gesellschaft, ferner bei Ak iengesellschaften und Versicherungsvereinen auf Gegenseitigkeit die Änderung der Mitglieder des Vorstandes, bei Gesellschaften mit beschränkter Haftung die Änderung der Geschäftsführer;
3. die Auflösung einer juristischen Person, einer Handelsgesellschaft oder eines Versicherungsvereins auf Gegenseitigkeit unter Angabe der Abwickler sowie ein Wechsel in der Person der Abwickler;

4. das Erlöschen einer Firma, die Löschung einer Aktiengesellschaft, Kommanditgesellschaft auf Aktien, Gesellschaft mit beschränkter Haftung oder eines Versicherungsvereins auf Gegenseitigkeit sowie Löschen von Amts wegen;
5. eine Verschmelzung in den Fällen der §§ 233ff., eine Vermögensübertragung in den Fällen der §§ 253ff. sowie eine Umwandlung in den Fällen der §§ 257ff. des Aktiengesetzes.

Die über Geschäftsräume und Geschäftszweig gemachten Angaben sind ebenfalls mitzuteilen.

(2) Die Mitteilungen an die Industrie- und Handelskammer erfolgen, soweit sie im Durchschreibeverfahren hergestellt werden können, laufend, sonst in regelmäßigen Zeitabschnitten mindestens nach dem Schlusse jedes Kalendermonats in Listen. Die erfolgte Mitteilung ist in den Akten zu vermerken, Fehlanzeigen sind nicht zu machen.

(3) Die Mitteilungen nach Absatz 1 haben, wenn es sich um ein handwerkliches Unternehmen handelt oder handeln kann, auch an die Handwerkskammer zu erfolgen; Absatz 2 gilt entsprechend.

(4) Soweit reichsrechtlich oder durch besondere Anordnung des Reichsministers der Justiz noch die Benachrichtigung anderer Stellen vorgesehen ist, bleiben diese Vorschriften unberührt.

Eine IHK, die sich bereits im Verfahren der freien Gerichtsbarkeit gemäß § 126 FGG zur deutlichen Unterscheidbarkeit von Firmen geäußert hat, ist im nachfolgenden Zivilprozeß wegen Unterlassung der Firmenführung von der Sachverständigentätigkeit hinsichtlich der Verwechslungsgefahr der gleichen Firmen (§ 16 UWG) ausgeschlossen (OLG Düsseldorf in NJW 1953 S. 792 mit Anm. von Licht).

6. Anhörung der Industrie- und Handelskammern bei Anträgen auf Eröffnung des Vergleichsverfahrens

Literatur: Die Kommentare zur Vergleichsordnung von Danielcik-Küch, Berlin 1935; Krieg, Berlin 1935, Warneyer, Berlin 1938, Vogels-Nölte, 3. Aufl., Berlin 1952; Bley, 2. Aufl., Berlin 1955; Böhle-Stamschräder, 4. Aufl., München und Berlin 1957; ferner Mohrbutter-Haarmann, Leitfaden für Vergleichs- und Konkursverwalter, Köln-Berlin 1958.

Die Vergleichsordnung vom 26. Februar 1935 (RGBl. I S. 321) macht es einem zahlungsunfähigen Schuldner in geeigneten Fällen möglich, den Konkurs dadurch abzuwenden, daß er sich mit seinen Gläubigern über eine Stundung oder einen Teilerlaß ihrer Forderungen einigt. Dabei wird dem Schuldner für eine bestimmte Zeit Schutz dagegen gewährt, daß der Konkurs eröffnet wird oder daß Zwangsvollstreckungen gegen ihn vorgenommen werden. Gleichzeitig können Gläubiger, die nicht gewillt sind, sich dem Vergleich zu unterwerfen, unter gewissen Voraussetzungen zu einer solchen Unterwerfung gezwungen werden.

Über die näheren Einzelheiten des Vorverfahrens, der Eröffnung des Verfahrens, des Vergleichstermins, der Vollstreckbarkeit des Vergleichs und der Überwachung der Vergleichserfüllung muß auf die Bestimmungen der Vergleichsordnung verwiesen werden. Von besonderer Bedeutung ist an dieser Stelle, daß das Gericht vor der Entscheidung über den Eröffnungsantrag „die zuständige amtliche Berufsvertretung der Industrie, des Handels usw." zu hören hat. Die diesbezüglichen Vorschriften sind in § 14 VglO enthalten:

§ 14

Anhörung der Berufsvertretung

Vor der Entscheidung über den Eröffnungsantrag hat das Gericht unbeschadet seiner Verpflichtung nach § 116, wenn der Schuldner Handels- oder Gewerbetreibender oder Landwirt (Bauer) ist, die zuständige amtliche Berufsvertretung der Industrie, des Handels, des Handwerks (Gewerbes) oder der Landwirtschaft zu hören. Die Vertretung hat sich über den Antrag unverzüglich, spätestens jedoch vor Ablauf einer Woche, zu äußern. Das Gericht kann die Frist auf Antrag der Vertretung um eine weitere Woche verlängern.

Der hier zitierte § 116 hat zum Inhalt, daß das Gericht alle das Verfahren betreffenden Ermittlungen anzustrengen hat. Zu diesem Zweck kann es insbesondere den Schuldner hören, Zeugen und Sachverständige vernehmen und eine Gläubigerversammlung berufen.

Die Grundsätze, nach denen sich die IHKn bei ihren Äußerungen zu den Anträgen auf Eröffnung des Vergleichsverfahrens zu richten haben, hat der Rechtsausschuß des DIHT im Jahre 1955 neu aufgestellt. Sie sind durch allgemeine Verfügungen der Justizminister der Länder Niedersachsen, Nordrhein-Westfalen, Rheinland-Pfalz und Schleswig-Holstein in diesen Ländern an die Stelle der Allgemeinverfügung des Reichsministers der Justiz vom 26. Mai 1937 (DJ S. 838) getreten (vgl. z. B. JMBl. für Nordrhein-Westfalen 1955 S. 277 ff.):

Richtlinien für die Begutachtung gerichtlicher Vergleichsanträge

Grundsatz jedes Wirtschaftsverkehrs ist die Vertragstreue, d. h. die unbedingte Erfüllung einmal eingegangener Verpflichtungen. Ist ein Schuldner durch Illiquidität oder Überschuldung in die Lage gekommen, daß er seine Verbindlichkeiten nicht mehr erfüllen kann, so ist das Konkursverfahren der regelmäßige und normale Weg, auf dem durch Verwertung seines Vermögens eine gleichmäßige Befriedigung der Gläubiger herbeigeführt wird. Auf diese Weise vollzieht sich der natürliche Ausleseprozeß der Wirtschaft, durch den ungesunde und lebensunfähige Unternehmen ausgeschieden werden. Demgegenüber stellt die Sanierung durch ein gerichtliches Vergleichsverfahren die Ausnahme dar. Diese Möglichkeit ist in einer wirtschaftlichen Krisenzeit für solche Schuldner geschaffen worden, die unverschuldet in Schwierigkeiten geraten sind und die im Interesse des Volksganzen wie auch der Gläubiger staatlichen Schutzes bedürfen. Nicht aber soll durch das gerichtliche Vergleichsverfahren der natürliche und volkswirtschaftlich wichtige Ausscheidungsprozeß gestört oder gar verhindert werden. Da aber erfahrungsgemäß die Rechtswohltat des gerichtlichen Vergleichsverfahrens von vielen Schuldnern beantragt wird, die diese Voraussetzungen nicht erfüllen, erfordert die gutachtliche Stellungsnahme der Industrie- und Handelskammern zu den Vergleichsanträgen die Anlegung eines strengen Maßstabes.

I. Allgemeines

Für die Vergleichsordnung gilt der Grundsatz des Amtsbetriebes (§ 116 VO). Das Gericht hat insbesondere über die Eröffnung des Vergleichsverfahrens (§ 16) und über die Bestätigung des Vergleichs (§ 78) unter eigener Verantwortung zu entscheiden. Den Industrie- und Handelskammern als gesetzlich berufener Gutachterinstanz (§ 14 VO) obliegt es, die Tätigkeit des Gerichts durch gutachtliche Stellungnahme auf Grund ihrer besonderen wirtschaftlichen Kenntnisse und Erfahrungen zu unterstützen. Die Gutachten der Kammern haben außerdem zur Unterrichtung des Vergleichsverwalters, des Gläubigerbeirats und der Gläubiger Bedeutung und werden vielfach im Vergleichstermin verlesen. Sie müssen deshalb so ausführlich gehalten sein, daß sich daraus alle wesentlichen Tatsachen und Umstände ergeben, die für die wirtschaftliche Beurteilung des Vergleichsantrages, insbesondere für die Entscheidung des Gerichts, von Bedeutung sind. Eine kurzgehaltene ablehnende oder zustimmende Äußerung, die die Gründe für die Stellungnahme der Kammern nicht erkennen läßt, genügt nicht. Aufgabe der Kammern ist es, zu diesem Zweck die Verhältnisse des Schuldners auf Grund der eingereichten Unterlagen wie durch eigene Ermittlungen und Feststellungen aufzuklären und besonders folgende Punkte zu prüfen:

1. die wirtschaftliche und persönliche Vergleichswürdigkeit des Schuldners (§ 18 Ziff. 1 und 2),
2. die Angemessenheit der gebotenen Vergleichsquote (§ 18 Ziff. 3),
3. die Prüfung des übrigen Inhalts des Vergleichsvorschlages (§§ 7, 8 und 9),
4. die Prüfung der angebotenen Sicherstellung der Vergleichserfüllung,
5. die Erhaltungsfähigkeit des schuldnerischen Betriebes nach Durchführung des Vergleichs (§ 18 Ziff. 4).

II. Zusammenarbeit mit den Gerichten

Eine enge Zusammenarbeit mit den Gerichten ist anzustreben und zu fordern. Sie soll insbesondere dem Austausch von Erfahrungen dienen und dazu führen, daß Entscheidungen des Gerichts mit den von der Kammer zu vertretenden wirtschaftlichen Gesichtspunkten in Einklang stehen. Sie wird regelmäßig auch dazu führen müssen, daß das Gericht die Kammer erneut anhört, wenn der Vergleichsvorschlag vom Schuldner wesentlich geändert wird, da dies in der Regel auch eine Änderung der Voraussetzungen für die Stellungnahme der Kammer darstellt.

Der nach § 38 VO vom Gericht zu bestellende Vergleichsverwalter soll eine vom Schuldner unabhängige Person sein. Personen, die mit dem Schuldner bis zum Zeitpunkt der Bestellung in persönlichen, geschäftlichen oder beruflichen Beziehungen gestanden haben, sind als Vergleichsverwalter ungeeignet.

III. Aufklärung der Verhältnisse des Schuldners

A.

Eine eingehende Prüfung der Verhältnisse des Schuldners macht es in der Regel erforderlich, vom Schuldner außer den in den §§ 3 bis 6 VO bezeichneten Unterlagen noch weitere Aufklärungen zu fordern, insbesondere

1. Darlegung der Gründe, die zur Zahlungsunfähigkeit bzw. Überschuldung geführt haben.
2. Angaben darüber, wann Zahlungsschwierigkeiten erstmals aufgetreten sind (z. B. Klagen, Pfändungen, Wechselproteste, Kündigung des Bankkredits).
3. Angaben über die in den drei letzten Jahren vorgenommenen Investierungen.
4. Umsatzzahlen der letzten drei Jahre.
5. Bilanzen mit Gewinn- und Verlustrechnung der letzten drei Jahre.
6. Nähere Angaben über Höhe der Unkosten, Kalkulation und Rentabilität.
7. Privatentnahmen bzw. Geschäftsführergehälter und Tantiemen der letzten drei Jahre, einschließlich etwaiger Bezüge von Familienmitgliedern und Verwandten. Aufstellung etwaiger von dem Unternehmen gezahlter Personalsteuern, Lebensversicherungsprämien und dergleichen.
8. Angaben über das Privatvermögen der persönlich haftenden Personen, einschließlich Lebensversicherungen (Rückkaufwert) und Verfügungen darüber, Angaben über etwaige Nutznießungsrechte am Vermögen der Ehefrau und der Kinder.
9. Besondere Kenntlichmachung der Forderungen von Verwandten, Gesellschaftern und dergleichen (Darlehen, nicht entnommene Gewinne usw.), Angaben von Entstehungsgrund und Zeitpunkt.
10. Bei Gesellschaften ist anzugeben, ob das Gesellschaftskapital voll eingezahlt ist oder eine Nachschußpflicht oder sonstige Verbindlichkeit der Gesellschafter besteht. Der Gesellschaftsvertrag ist vorzulegen sowie ein neuer Auszug aus dem Handelsregister.
11. Erläuterungen der Vermögensübersicht (Status). Diese muß im Ergebnis ein klares Bild darüber ergeben, welche Forderungen am Vergleich teilnehmen und welche Vermögenswerte für die Vergleichsgläubiger verfügbar sind:
    a) Getrennte Aufstellung der nicht am Verfahren teilnehmenden Gläubiger (Vorrechte, Aus- und Absonderungsrechte, Eigentumsvorbehalte, Sicherungsübereignungen, Pfandrechte, Zessionen) unter Angabe des Zeitpunktes der Entstehung ist notwendig.
    b) Bei Steuern, Löhnen und Sozialabgaben ist anzugeben, für welche Zeit sie geschuldet werden bzw. wann sie fällig waren.

c) Zur Aktivseite sind die Bewertungsgesichtspunkte darzulegen (z. B. welcher Preis der Warenbewertung zugrunde gelegt wurde, warum und in welcher Höhe Abschläge gemacht wurden usw.) und die für die Bewertung wichtigen Daten anzugeben (z. B. Einheitswert und Feuerkassenwert bei Grundstücken). Forderungen sind nach der Bonität der Schuldner aufzuteilen (gute, zweifelhafte, nicht eintreibbare). Bestrittene Forderungen sind kenntlich zu machen und zu erläutern.

12. Eine Erklärung des Schuldners darüber, ob und wann er an Stelle des Offenbarungseides (§ 3 Ziff. 3) die entsprechende Versicherung abgegeben hat. Gegebenenfalls ist eine Abschrift des Vermögensverzeichnisses zu verlangen.

13. Nähere Angaben über die Berechnung der Vergleichsquote, die geplante Erfüllung des Vergleichs (Zahlungsplan), Unterlagen über die Güte einer beigebrachten Bürgschaft und den Wert und die Verwertbarkeit anderweitiger Sicherheiten.

14. Angaben über Art und Umfang der beabsichtigten Weiterführung des Unternehmens und der zu diesem Zweck getroffenen Umstellungsmaßnahmen, über den vorliegenden Auftragsbestand, die Zahl der beschäftigten Personen usw. Vorlage eines Wirtschafts- und Finanzplans. Die Angaben sollen sich auch auf die technische, kaufmännische und personelle Organisation beziehen und ergeben, ob der Ablauf der Arbeitsvorgänge zweckmäßig, rationell und technisch einwandfrei ist.

15. Bei größeren Fabrikationsbetrieben kann in der Regel auf eine wirtschaftlich-technische Überprüfung des Fabrikationsablaufs durch dazu berufene Sachverständige (Refa) und auf eine Analyse der Absatz- und Marktverhältnisse für die Erzeugnisse des Betriebes nicht verzichtet werden.

B.

Die Kammern sollen sich nicht auf die Angaben des Schuldners und seines Treuhänders verlassen, sondern sie auf ihre Richtigkeit kritisch untersuchen, notwendigenfalls durch Sachverständige nachprüfen lassen. Gegebenenfalls ist das Gericht oder der vorläufige Vergleichsverwalter einzuschalten. Dies gilt insbesondere für die Lückenlosigkeit des Status und die Bewertung der einzelnen Aktiv- und Passivposten. Auch auf die Vollständigkeit des Gläubigerverzeichnisses ist Wert zu legen. Der Auffassung mancher Schuldner, daß Forderungen, die sie nicht anerkennen, im Gläubigerverzeichnis nicht aufgeführt zu sein brauchen, ist entgegenzutreten. Es empfiehlt sich, Erkundigungen bei den Vertrauensleuten der Kammer einzuziehen, insbesondere bei Banken, Fachorganisationen (Kreditschutzstellen), Gläubigern (Gläubigerschutzverbänden), geeigneten Fachleuten des Geschäftszweiges u. dgl. über Ruf, Würdigkeit, Zuverlässigkeit, Zahlungsweise und Geschäftsgebaren des Schuldners. In der Regel wird auch zu prüfen sein, ob die Buchführung des Schuldners keine erheblichen Mängel aufweist und den notwendigen klaren Überblick über den Vermögensstand gewährt, ferner ob die im HGB vorgeschriebenen Bilanzen und Inventuren ordnungsmäßig und rechtzeitig aufgenommen worden sind. Je nach Lage des Falles wird beim Gericht die Nachprüfung der Geschäftsbücher, der Kalkulation, des Warenlagers u. dgl. durch vereidigte Buchprüfer und Sachverständige anzuregen sein. Notwendigenfalls sind die erforderlichen Unterlagen durch Vermittlung des Gerichts bzw. des vorläufigen Vergleichsverwalters beibringen zu lassen. Auch bestrittene Forderungen hat der Schuldner aufzuführen.

Bei manchen Kammern hat sich die Einsetzung eines Ausschusses für die Prüfung der Vergleichsanträge bewährt, der aus erfahrenen und mit den wirtschaftlichen Verhältnissen des Bezirks vertrauten Kaufleuten besteht.

In manchen Fällen — namentlich bei undurchsichtiger Vermögenslage des Schuldners — ist es angezeigt, dem Gericht die Einsetzung eines Gläubigerbeirats vorzuschlagen.

IV. Ablehnungsgründe, wirtschaftliche Würdigkeit des Schuldners

Bei der Äußerung gemäß § 14 VO hat die Kammer alle ihr wesentlich erscheinenden Tatsachen zu berücksichtigen. Insbesondere soll sich ihre Stellungnahme auf die im Gesetz aufgeführten Ablehnungsgründe erstrecken, vor allem also darauf, ob der Schuldner seinen

Vermögensverfall durch Unredlichkeit, Preisschleuderei oder Leichtsinn herbeigeführt hat und ob er den Antrag auf Eröffnung des Vergleichsverfahrens nach der Auffassung des ordentlichen Geschäftsverkehrs schuldhaft verzögert hat (§ 18).

Bei Beurteilung der Vergleichswürdigkeit wird die Kammer zu prüfen haben, durch welche Umstände der Schuldner in Zahlungsschwierigkeiten gekommen ist. Hat er gewissenlos gewirtschaftet oder leichtfertig disponiert, z. B. Kundenvorauszahlungen in Bauten oder anderen langfristigen Anlagewerten angelegt und seinem Unternehmen dadurch die flüssigen Mittel entzogen, so wird die Vergleichswürdigkeit zu verneinen und den Gläubigern ein Schuldennachlaß nicht zuzumuten sein. Ein unredliches oder leichtfertiges Verhalten wird z. B. anzunehmen sein, wenn den Gläubigern gegenüber falsche Angaben zur Erlangung von Krediten gemacht worden sind (z. B. Vorlegung zurechtgemachter oder gefälschter Bilanzen), wenn kurz vor der Zahlungseinstellung ungewöhnlich große Bestellungen auf Kredit erfolgten, wenn Wechselreiterei festgestellt wird bzw. in größerem Umfange Gefälligkeitswechsel gegeben wurden, wenn der Schuldner zum Schaden der Gläubiger leichtfertig in der Kreditgewährung verfahren ist oder die Privatentnahmen außer Verhältnis zu den Umsätzen und Ertragsmöglichkeiten des Unternehmens stehen. Ebenso wird die Vergleichswürdigkeit zu verneinen sein, wenn der Schuldner seine Pflichten als Geschäftsleiter vernachlässigt und es z. B. versäumt hat, sich durch regelmäßige Rechnungslegung Klarheit über die Lage des Unternehmens zu verschaffen. Durch Beachtung dieser Gesichtspunkte wird die Gutachtertätigkeit der Kammer dazu beitragen können, daß die handelsrechtlichen und betriebswirtschaftlichen Anforderungen an eine ordnungsmäßige Buchführung, Bilanzerstellung und Betriebskontrolle wieder Allgemeingut der Kaufmannschaft werden.

Bei juristischen Personen wird zu prüfen sein, ob die Vorschriften über die rechtzeitige Stellung des Konkurs- bzw. Vergleichsantrages verletzt sind (§ 240 HGB, § 64 GmbH-Gesetz, § 99 Genossenschaftsgesetz). Auch die Höhe der Rückstände an öffentlichen Abgaben (Steuern, Sozialabgaben usw.), Gehältern und Löhnen, Mieten, Gebühren usw. kann einen Anhaltspunkt dafür bilden, ob die Stellung des Vergleichsantrages schuldhaft verzögert ist.

V. Angemessenheit der Vergleichsquote

Die Höhe der Vergleichsquote, bei deren Festsetzung einerseits auf die Interessen der Gläubiger, andererseits auf die wirkliche Leistungsfähigkeit des Schuldners Rücksicht zu nehmen ist, kann nicht rein schematisch aus den im Status angegebenen Ziffern errechnet werden, vielmehr ist die Leistungsfähigkeit des Schuldners auch unter dem Gesichtspunkt der Weiterführung seines Unternehmens sowie der erzielbaren Umsätze und Erträge zu beurteilen. Grund und Höhe der bei den Statuswerten vorgenommenen Abschreibungen sind auf ihre Berechtigung zu prüfen. Die auszusondernden, abzusondernden, bevorrechtigten Forderungen und die Verfahrenskosten, die von der Aktivsumme vorweg abzuziehen sind, spielen für die Feststellung der angemessenen Vergleichsquote oft eine erhebliche Rolle. Sie sind u. a. unter dem Gesichtspunkt zu prüfen, inwieweit ein Erlaß (z. B. bei Steuern) bzw. Verzicht oder Rücktritt (Stillhaltung) zu erreichen ist. Bei den genannten nicht beteiligten Forderungen ist im einzelnen zu prüfen, ob und inwieweit diese Gläubiger mit einem Teil ihrer Forderungen zurückzutreten oder stillzuhalten haben.

Verwandte sollten nach Möglichkeit dann überhaupt auf die Geltendmachung ihrer etwaigen Forderungen verzichten, wenn diese Forderungen lediglich auf Gutschriften und ähnliche Vorgänge zurückzuführen sind. Im übrigen sollen Verwandte, die dem Schuldner bare Mittel zugeführt haben, so lange mit der Geltendmachung ihrer Forderungen zurücktreten, bis die übrigen beteiligten Gläubiger ihre quotenmäßige Befriedigung erhalten haben.

Wenn die Feststellungen der Kammer ergeben, daß verwandte, aber stimmberechtigte Gläubiger (vgl. § 75) in solchem Umfang beteiligt sind, daß sie das Abstimmungsergebnis der im Termin anwesenden stimmberechtigten Gläubiger (vgl. § 74 VO) wesentlich zu beeinflussen vermögen, so empfiehlt es sich, das Gericht hierauf aufmerksam zu machen. Das Gericht wird in solchem Fall vor Bestätigung des Vergleichs zu prüfen haben, ob der Vergleich dem gemeinsamen Interesse der Vergleichsgläubiger (§ 79 Ziff. 4) entspricht; eine Benachteiligung der dem Unternehmen fernstehenden Gläubiger muß vermieden werden.

Ein Besserungsschein, mit dem der Schuldner sich für die Zukunft zur Leistung einer erst nach Jahren unter bestimmten Bedingungen zahlbaren Zusatzquote verpflichtet, hat für die Gläubiger meist keine große Bedeutung, jedoch kann er die weitere Entwicklung des schuldnerischen Unternehmens erheblich erschweren und eine wirkliche Sanierung verhindern. Dagegen kann das Verlangen nach einem Besserungsschein gerechtfertigt sein, wenn die angemessene Vergleichsquote sich im Zeitpunkte des Vergleichsabschlusses noch nicht endgültig feststellen läßt, weil etwa der Ausgang des Prozesses, die wirtschaftliche Auswertung von Erfindungen, die Veräußerungsmöglichkeit bestimmter Vermögensgegenstände oder andere Umstände nicht ausreichend zu übersehen sind. Eine Zusatzquote sollte über den Besserungsschein vor allem aber dann verlangt werden, wenn der Schuldner auf Kosten der Gläubiger Investitionen vorgenommen hat, die seine wirtschaftliche Leistungsfähigkeit nach Durchführung der Sanierung nicht unwesentlich erhöhen.

VI. Inhalt des Vergleichsvorschlages

Der Formulierung und der Bestimmtheit des Vergleichsvorschlages ist größte Bedeutung beizulegen. Es kommt insbesondere darauf an, daß die Vergleichsquote, auch soweit sie die gesetzliche Mindestquote übersteigt, in bar geboten wird. Die Höhe und die Fälligkeit der einzelnen Raten muß bestimmt, nicht bestimmbar sein.

Die im § 7 VO vorgeschriebenen höchstzulässigen Fristen für die Zahlung der Mindestquote können nicht dadurch umgangen werden, daß der Beginn der Ratenzahlungen hinausgeschoben und die Frist erst vom ersten Fälligkeitstermin an gerechnet wird. Der Unsitte, die gebotene Quote (etwa 40%, zahlbar in 10 Raten) gleich 100 zu setzen und danach erneut aufzuteilen, ist entgegenzutreten, da sie zu einer Täuschung der Gläubiger führt (10 Raten zu 10%, statt richtig 10 Raten zu 4%). Die Vollstreckbarkeit im Falle des Verzugs darf nicht durch irgendwelche Bedingungen erschwert oder unmöglich gemacht werden.

Einer Klausel, durch die die Wiederauflebung der Forderung gemäß § 9 VO ausgeschlossen oder von besonderen Bedingungen abhängig gemacht wird, sollte in keinem Falle zugestimmt werden.

Es ist zulässig und oft zweckmäßig, Kleinforderungen bis zu etwa 50 DM oder 100 DM (ebenso Forderungen, die auf diesen Betrag ermäßigt werden), vorab zu befriedigen. Jedoch muß ein angemessenes Verhältnis zu den übrigen Forderungen — bis etwa 10% der Gesamtschulden — gewährt sein. Der Vergleichsvorschlag muß enthalten, welche Sicherheiten den Gläubigern geboten werden. Bürgschaftserklärungen bestimmter Gläubiger und dgl. sind im genauen Wortlaut beizufügen.

Der Vergleichsvorschlag darf nicht auf Rechte Dritter (Mitschuldner, Bürgen, Ab- und Aussonderungsberechtigte und dgl.) übergreifen. Es kann z. B. nicht der Verzicht auf Eigentumsvorbehalte durch Überstimmung erzwungen werden.

Soll über die Vergleichsquote hinaus ein Besserungsschein geboten werden, so ist die Einlösungspflicht von bestimmten, leicht feststellbaren Bedingungen (z. B. Erreichung eines bestimmten Umsatzes) abhängig zu machen und auf einen bestimmten Zeitpunkt abzustellen. Die Entscheidung kann etwa dem Gläubigerbeirat, einem Schiedsgericht (z. B. der Industrie- und Handelskammer) oder einem Sachverständigen (z. B. einem Wirtschaftsprüfer) übertragen werden.

Ergibt sich, daß der Vergleichsvorschlag des Schuldners einer Änderung bedarf, so sollte die Kammer sich nicht damit begnügen, ihre Bedenken dem Gericht mitzuteilen, sondern den Schuldner zu einer Änderung des Vergleichsvorschlages veranlassen. Es ist von größter Bedeutung, daß der endgültig eingereichte Vergleichsvorschlag von der Kammer geprüft und bedenkenfrei ist.

Ist der Kammer innerhalb der Frist des § 14 VO zunächst nur eine vorläufige Stellungnahme möglich, so empfiehlt es sich, das Gericht auf die Notwendigkeit erneuter Anhörung nach Eingang der erforderlichen Ergänzungen, Prüfungsberichte oder dgl. ausdrücklich hinzuweisen.

VII. Sicherung der Vergleichserfüllung

Die Kammern werden bei Ausübung ihrer Tätigkeit Wert darauf zu legen haben, nur solche Vergleichsanträge zu befürworten, deren pünktliche Erfüllung nach den gesamten Umständen erwartet werden kann. Sie werden deshalb auf möglichste Sicherstellung des Vergleichs, gegebenenfalls der letzten Vergleichsraten, hinzuwirken haben und von der Erfüllung dieser Forderung gegebenenfalls ihre Stellungnahme abhängig machen müssen. Eine Sicherstellung des Vergleichs muß tatsächlich beigebracht (§ 4 Ziff. 4), nicht also nur zugesagt oder im Vergleichsvorschlag versprochen werden. Auch die Formulierung einer Bürgschaftserklärung ist zu prüfen. Grundsätzlich ist eine selbstschuldnerische Bürgschaft (§ 85 Abs. 2) möglichst ohne Beschränkung auf einen bestimmten Höchstbetrag und ohne Erschwerung durch Bedingungen zu fordern. Die Bürgschaft muß auch so gehalten sein, daß sich der Bürge nicht bei jeder Änderung des Vergleichsvorschlages zurückziehen kann. Meinungsverschiedenheiten können dadurch ausgeschlossen werden, daß die Bürgschaftserklärung in den endgültigen, dem Gericht eingereichten Vergleichsvorschlag aufgenommen und beide vom Bürgen unterschrieben werden.

Bei hypothekarischen Belastungen sind Art und Wert (neuester Einheitswert) des Grundbesitzes, die Höhe der Vorbelastung (Valutawert und Zinshöhe) sowie Ertragsverhältnisse und Veräußerungsmöglichkeit des Grundstückes zu prüfen. Derartige Sicherheiten (hypothekarische Eintragungen und dgl.) dürfen nicht von vornherein jenseits einer zulässigen Belastungsgrenze liegen. Treuhänderische Übereignungen des Warenlagers, der Debitoren oder anderer zur Masse gehöriger Gegenstände haben nicht den Wert einer zusätzlichen Sicherheit (vgl. § 23 KO) und sind deshalb keine geeigneten Mittel zur Sicherstellung des Vergleichs.

VIII. Erhaltung des schuldnerischen Unternehmens

Einer der wichtigsten Gesichtspunkte für die Beurteilung des Vergleichsantrages durch die Kammern liegt in der Bestimmung des § 13 Ziff. 4. Danach ist die Eröffnung eines gerichtlichen Vergleichsverfahrens abzulehnen, wenn im Falle der Fortführung des Unternehmens seine Erhaltung durch den Vergleich offenbar nicht zu erwarten ist. Diese Bestimmung geht von der Erwägung aus, daß der volkswirtschaftlich wichtige und an sich natürliche Ausscheidungsprozeß kranker und lebensunfähiger Betriebe aus dem Wirtschaftsleben — sei es, daß diese Lebensunfähigkeit auf fehlende finanzielle Mittel, sei es auf mangelnde kaufmännische Eignung zurückzuführen ist — durch das Vergleichsverfahren nicht gestört, sondern gefördert werden soll. Nur solche Unternehmen sollen des Vorteils des Erlaßvergleichs teilhaftig werden, die durch diesen Vergleich auch im echten Sinne einer Sanierung zugeführt werden können. Mit diesem gesamtwirtschaftlichen Gesichtspunkt steht nicht immer das Interesse der Gläubiger im Einklang, denen es vielfach darauf ankommt, möglichst viel von ihren Forderungen zu retten und die die wirtschaftspolitischen Auswirkungen weniger beachten. Erfreulicherweise mehrt sich aber auch bei den Gläubigern das Verständnis dafür, daß es auch für sie nicht gleichgültig ist, ob durch unwirtschaftliche Betriebe andere Marktteilnehmer demnächst erneut in Mitleidenschaft gezogen werden.

IX. Liquidationsvergleich

Bei der Beurteilung von Liquidationsvergleichen ist meist eine verschärfte Prüfung der Vorgänge notwendig, die zum Vergleich geführt haben, insbesondere bei erst seit kurzem bestehenden Unternehmungen. Die Anforderungen an die Vergleichswürdigkeit des Schuldners sind keineswegs geringer als beim Quotenvergleich. Eine zuverlässige Wertermittlung der zur Verfügung stehenden Masse und eine genaue Errechnung der bei vorsichtiger Schätzung zu erwartenden Liquidationsquote sind unerläßlich, da die Forderungen der Gläubiger nicht wieder aufleben (§ 9 Abs. 3) und nur die an der Mindestquote fehlende Forderung bestehen bleibt. Erforderlichenfalls wird unter Angabe der Gründe auf die Abnahme des Eides nach § 69 VO hinzuwirken, ferner darauf zu achten sein, daß die Entnahmen des Schuldners zu einer bescheidenen Lebensführung für sich und seine Familie (§ 56) festgesetzt werden und eine ausreichende Überwachung der Liquidation (§ 91) stattfindet.

Ein besonderer Nachteil des Liquidationsvergleichs liegt darin, daß eine bestimmte Frist, innerhalb der die Mindestquote ausgeschüttet sein muß, nicht vorgeschrieben ist (§ 7 Abs. 4). Es ist deshalb Wert darauf zu legen, daß dies im Vergleichsvorschlag geschieht, weil die Gläubiger sonst nicht vollstrecken können, und daß möglichst auch bestimmte Termine für die einzelnen Ratenzahlungen festgelegt und sichergestellt werden. Zu achten ist auch darauf, daß der Liquidationsvergleich nicht zum Aufbau eines neuen Unternehmens oder in anderer Weise mißbraucht wird. Im allgemeinen darf als selbstverständlich gelten, daß der Schuldner bis zur Beendigung der Liquidation seine Arbeitskraft zur Verfügung stellt. Je nach den Umständen des Falles, insbesondere, wenn auf den Namen der Ehefrau ein neues Unternehmen errichtet wird, kann es notwendig sein, diese Verpflichtung im Vergleich ausdrücklich festzulegen.

Wird ein Liquidationsvergleich mit einer längeren Abwicklungsdauer zugelassen, weil für besonders große oder schwer verwertbare Vermögensgegenstände ein angemessener Erlös nur bei ruhiger Verwertung zu erzielen ist, so empfiehlt es sich, eine Verpflichtung zu regelmäßiger Berichterstattung an die Gläubiger sowie zur Ausschüttung angemessener Abschlagszahlungen ausdrücklich vorzusehen.

Im allgemeinen sollte ein Liquidationsvergleich nur bei wenigstens teilweiser Sicherstellung der Mindestquote zugelassen werden. Sonst ist einer Liquidierung im Wege des Konkurses meist der Vorzug zu geben."

Hinsichtlich der Richtlinien für die Vergütung des Konkurs- und Vergleichsverwalters und der Mitglieder des Gläubigerausschusses und Gläubigerbeirats vgl. die Allgemeinverfügung des Reichsjustizministers vom 22. Februar 1936 (DJ S. 311), ferner Stein, Änderung der Vergütung für Insolvenzverwaltungen, NJW 1959 S. 927ff. und jetzt die Verordnung vom 25. Mai 1960 (BGBl. I S. 329). |

7. Die Benennung von Gründungsprüfern bei Aktiengesellschaften

Literatur: Die Kommentare zum Aktiengesetz von Teichmann-Köhler, Berlin 1937; von Godin, 2. Aufl., Berlin 1950; Gadow-Heinichen — Walter Schmidt — Fischer, 3. Aufl., Berlin 1957; Baumbach — Hueck, 10. Aufl., München und Berlin 1959; Schlegelberger — Geßler — Hefermehl, 4. Aufl., Berlin und Frankfurt/M. 1959.

Bei der Gründungsprüfung von Aktiengesellschaften werden die IHKn insoweit eingeschaltet, als die Bestellung von Gründungsprüfern durch das zuständige Registergericht in Rede steht. Die Bestellung erfolgt „nach Anhörung der amtlichen Vertretung des Handelsstandes".

Maßgebend sind die §§ 25ff. des Gesetzes über Aktiengesellschaften und Kommanditgesellschaften auf Aktien (Aktiengesetz) vom 30. Januar 1937 (RGBl. I S. 107). Die Bestimmungen lauten:

„§ 25. Gründungsprüfung. Allgemeines

(1) Die Mitglieder des Vorstandes und des Aufsichtsrats haben den Hergang der Gründung zu prüfen.

(2) Außerdem hat eine Prüfung durch einen oder mehrere Prüfer (Gründungsprüfer) stattzufinden, wenn

1. ein Mitglied des Vorstands oder des Aufsichtsrats zu den Gründern gehört oder
2. bei der Gründung für Rechnung eines Mitglieds des Vorstandes oder des Aufsichtsrats Aktien übernommen sind oder
3. ein Mitglied des Vorstandes oder des Aufsichtsrats sich einen besonderen Vorteil oder für die Gründung oder ihre Vorbereitung eine Entschädigung oder Belohnung ausbedungen hat oder

4. eine Gründung mit Sacheinlagen oder Sachübernahmen (§ 20) vorliegt.

(3) Die Gründungsprüfer bestellt das Gericht nach Anhörung der amtlichen Vertretung des Handelsstands.

(4) Als Gründungsprüfer sind in der Regel nur zu bestellen:

1. Personen, die in der Buchführung ausreichend vorgebildet und erfahren sind;
2. Prüfungsgesellschaften, von deren Inhabern, Vorstandsmitgliedern oder Geschäftsführern mindestens einer in der Buchführung ausreichend vorgebildet und erfahren ist.

(5) Mitglieder des Vorstands und des Aufsichtsrats sowie Angestellte der Gesellschaft dürfen nicht als Gründungsprüfer bestellt werden; gleiches gilt für Personen und Prüfungsgesellschaften, auf deren Geschäftsführung die Gründer oder Personen, für deren Rechnung die Gründer Aktien übernommen haben, oder die Gesellschaft maßgebenden Einfluß haben."

(Vgl. hierzu auch Artikel II. Gründungsprüfung § 7 der Ersten Durchführungsverordnung zum Aktiengesetz vom 29. September 1937 (RGBl. I S. 1026, ber. S. 1140; geändert durch die Verordnung vom 18. Oktober 1939 (RGBl. I S. 2079)):

„Artikel II: Gründungsprüfung

§ 7

Der Reichsminister der Justiz kann im Einvernehmen mit den beteiligten obersten Reichsbehörden für einzelne Gesellschaften vom Gesetz abweichende Anordnungen über die Bestellung der Gründungsprüfer sowie die Einreichung und die Einsicht des Berichts der Gründungsprüfer erlassen."

„§ 26. Umfang der Gründungsprüfung

(1) Die Prüfung durch die Mitglieder des Vorstandes und des Aufsichtsrats sowie die Prüfung durch die Gründungsprüfer haben sich namentlich darauf zu erstrecken:

1. ob die Angaben der Gründer über die Übernahme der Aktien, über die Einlagen auf das Grundkapital und über die in den §§ 19 und 20 vorgesehenen Festsetzungen richtig und vollständig sind;
2. ob die für eingelegte oder übernommene Gegenstände gewährten Leistungen angemessen sind.

(2) Über jede Prüfung ist unter Darlegung dieser Umstände schriftlich zu berichten.

(3) Je ein Stück des Berichts der Gründungsprüfer ist dem Gericht, dem Vorstand und der amtlichen Vertretung des Handelsstands einzureichen. Jedermann kann den Bericht bei dem Gericht und bei der amtlichen Vertretung des Handelsstands einsehen.

§ 27. Meinungsverschiedenheiten zwischen Gründern und Gründungsprüfern. Vergütung und Auslagen der Gründungsprüfer

(1) Bei Meinungsverschiedenheiten zwischen den Gründern und den Gründungsprüfern über den Umfang der von den Gründern zu gewährenden Aufklärungen und Nachweise entscheidet das Gericht; die Entscheidung ist unanfechtbar. Solange sich die Gründer weigern, der Entscheidung nachzukommen, wird der Prüfungsbericht nicht erstattet.

(2) Die Gründungsprüfer haben Anspruch auf Ersatz angemessener barer Auslagen und auf Vergütung für ihre Tätigkeit. Die Auslagen und die Vergütung setzt das Gericht fest; gegen die Festsetzung ist die sofortige Beschwerde zulässig; die weitere Beschwerde ist ausgeschlossen. Aus der rechtskräftigen Festsetzung findet die Zwangsvollstreckung nach der Zivilprozeßordnung statt."

Die Bestellung der Gründungsprüfer nach § 25 AktG ist somit regelmäßig Sache des Gerichts, d. h. des Registergerichts, das für den in der Satzung vorgesehenen Sitz der Gesellschaft zuständig ist (vgl. § 145 Abs. 1 FGG). Es bestellt die Prüfer nur auf entsprechenden Antrag der Gründer, den der Vorstand oder der beurkundende Notar übermitteln wird. Bevor das Registergericht den oder die Gründungsprüfer bestellt, hat es die „amtliche Vertretung des Handelsstands“ zu hören. Amtliche Vertretungen in diesem Sinne sind stets die IHKn.

Für Kommanditgesellschaften auf Aktien gelten die gleichen Bestimmungen mit der Maßgabe, daß die den Vorstand der Aktiengesellschaft betreffenden Vorschriften auf die persönlich haftenden Gesellschafter entsprechende Anwendung finden (vgl. § 221 Abs. 2 AktG in Verbindung mit § 225 Ziff. 2 AktG).

8. Die Beeidigung und öffentliche Anstellung von Sachverständigen

Literatur: Die Kommentare zur Reichsgewerbeordnung von Hoffmann — von Meyeren, 34./35. Aufl., Berlin 1932; Landmann — Rohmer — Eyermann — Fröhler, 1. Bd., 11. Aufl., München und Berlin 1956; Rohlfing — Kiskalt, 2. Aufl., Berlin und Frankfurt/M. 1958; ferner Riesenfeld, Die Anstellung von Handels- und Schiffahrtssachverständigen durch die amtlichen Handelsvertretungen, Berlin 1901; Perlewitz, Das Sachverständigenwesen, Berlin 1915; Zumbansen, Das Recht der öffentlich angestellten und beeidigten Sachverständigen, Essen 1926; Küster, Der gewerbliche Sachverständige, Berlin 1929; Huber I S. 784—785; Rother, Das Vierte Bundesgesetz zur Änderung der Gewerbeordnung, BB 1960, S. 28ff.

Der in Titel II der Gewerbeordnung eingefügte, die Sachverständigenbestellung behandelnde § 36 RGO lautet:

§ 36

Das Gewerbe der Feldmesser, Bücherrevisoren, derjenigen, welche den Feingehalt edler Metalle, oder die Beschaffenheit, Menge oder richtige Verpackung von Waren irgendeiner Art feststellen, der Güterbestätiger, Schaffner, Wäger, Messer, Bracker, Schauer, Stauer usw. darf zwar frei betrieben werden, es sind jedoch die nach Landesrecht dazu befugten Staats- oder Kommunalbehörden oder Korporationen berechtigt, Personen, welche diese Gewerbe betreiben wollen, auf die Beobachtung der bestehenden Vorschriften zu beeidigen und öffentlich anzustellen.

Die Bestimmungen der Gesetze, welche den Handlungen der genannten Gewerbetreibenden eine besondere Glaubwürdigkeit beilegen oder an diese Handlungen besondere rechtliche Wirkungen knüpfen, sind nur auf die von den nach Landesrecht dazu befugten Staats- oder Kommunalbehörden oder Korporationen angestellten Personen zu beziehen.

Die Reichsregierung ist ermächtigt, mit Zustimmung des Reichsrats zu bestimmen, daß auch Personen, die andere als die im Abs. 1 genannten Gewerbe betreiben oder die nicht selbständige Gewerbetreibende sind, durch die nach Landesrecht dazu befugten Staats- oder Kommunalbehörden oder Korporationen beeidigt und öffentlich angestellt werden können.

Schon nach § 42 prIHK-Gesetz waren die IHKn befugt, Dispacheure und solche Gewerbetreibende der in § 36 RGO bezeichneten Art, deren Tätigkeit in das Gebiet des Handels fiel, öffentlich anzustellen und zu beeidigen. Nachdem die Zweite Notverordnung des Reichspräsidenten zur Sicherung von Wirtschaft und Finanzen vom 5. Juni 1931 (RGBl. I S. 279) dem § 36 RGO den jetzigen Absatz 3 angefügt hatte, erklärten der Reichs- und Preußische Wirtschaftsminister und der Reichs- und Preußische Verkehrsminister durch gemeinsamen Erlaß vom 9. Juni 1937 (Reichsanzeiger Nr. 132 vom 12. Juni 1937) die IHKn für berechtigt, Gewerbetreibende auf den Gebieten der Industrie, des Handels, des Immobilienwesens, des Banken- und Börsenwesens, des Versicherungswesens, der Energiewirtschaft, des Verkehrwesens und für diese Gebiete tätige Gewerbetreibende als Sachverständige zu beeidigen und öffentlich anzustellen. Dieser Aufgabenkreis der IHKn und die Rechtsstellung der nach den früheren Bestimmungen öffentlich bestellten Sachverständigen wird durch die Neuregelung des Rechts der IHKn nicht berührt. Aus § 1 Abs. 4 BKG, wonach weitere

Aufgaben den IHKn durch Gesetz oder Rechtsverordnung übertragen werden können, folgt, daß an der bisherigen Berechtigung zur öffentlichen Bestellung von Sachverständigen nichts geändert werden sollte.

Die Beeidigung und öffentliche Anstellung bedeutet nicht, daß der Inhaber des Berufes in ein Beamtenverhältnis oder öffentliches Amt eintritt, sondern daß er nunmehr lediglich zu einem Kreis von an sich freien Gewerbetreibenden gehört, deren Handlungen eine besondere Glaubwürdigkeit besitzen oder an deren Handlungen besondere rechtliche Wirkungen geknüpft sind (RGZ Bd. 124 S. 245; Huber I S. 784). Er wird dadurch von den übrigen Berufsinhabern in bestimmter Weise ausgezeichnet, unterliegt aber gleichzeitig gewissen öffentlich-rechtlichen Bindungen. Insbesondere muß der Betreffende persönlich zuverlässig sein und die notwendige Sachkunde besitzen, um seine Pflichten als Sachverständiger erfüllen zu können.

Ein Rechtsanspruch, als Sachverständiger beeidigt und angestellt zu werden, besteht nicht. Auch Art. 12 Abs. 1 Satz 1 GG gewährt keinen solchen Anspruch. Stellt jemand den Antrag auf öffentliche Anstellung als Sachverständiger und lehnt die IHK den Antrag ab, so ist sie nicht verpflichtet, die vertraulichen Auskünfte bekanntzugeben, die sie dafür verwertet, um die Beeidigung und öffentliche Anstellung abzulehnen (BVerwG in BB 1957 S. 907). Im allgemeinen widerspricht es zwar rechtsstaatlichen Grundsätzen, ablehnende Entscheidungen auf ein Ermittlungsergebnis zu stützen, das dem Betroffenen nicht bekannt ist und das er daher auch nicht durch Einwendungen entkräften kann (vgl. Sächs. OVG in Jahrbuch des Sächs. OVG Bd. 36 S. 48; PrOVG in OVGE Bd. 106 S. 55). Steht aber einem Antragsteller auch bei Vorliegen der persönlichen und sachlichen Voraussetzungen ein Anspruch auf Einräumung einer bestimmten Rechtsstellung nicht zu, ist der Behörde vielmehr bei der Entscheidung über ihre Zuerkennung ein besonders weiter Ermessensspielraum eingeräumt, so kann dieser Grundsatz nur mit Einschränkungen gelten (BVerwG a. a. O.).

Die Tätigkeit des gewerblichen Sachverständigen gilt ebenso dem Vorbeugen und Schlichten von Streitigkeiten in gewerblichen Fragen wie der Begutachtung in gerichtlichen Angelegenheiten. Ihrem Wesen nach ist seine Tätigkeit mehr ehrenamtlicher Natur und nicht eine Quelle des Erwerbs. Der Sachverständige muß das nötige Vertrauen in der Öffentlichkeit genießen und sich von allem fernhalten, was dieses Vertrauen in Zweifel stellen könnte.

Die Tätigkeit des Sachverständigen beschränkt sich auf die Feststellung und Begutachtung des Umfanges, der Güte und des Wertes gewerblicher Leistungen und Erzeugnisse. Er hat sein Gutachten nur im Rahmen seiner Anstellung (vgl. BVerwG in NJW 1960 S. 690) und nur dann abzugeben, wenn er selbst keinerlei unmittelbares oder mittelbares Interesse an der Angelegenheit hat. Auch darf er die bei Ausübung seiner gutachtlichen Tätigkeit erlangten Kenntnisse nicht zu seinem Vorteil oder zum Vorteil oder Nachteil anderer verwerten oder Dritten unbefugt Mitteilung davon machen (Küster S. 42; Erlaß des preußischen Ministers für Handel und Gewerbe vom 26. März 1929). Ob diese Pflichten ausdrücklich festgelegt sind, ist unerheblich. Ihre Einhaltung ist in jedem Fall notwendig.

Der Sachverständige hat der Allgemeinheit ohne Unterschied der Person zur Verfügung zu stehen. Er kann seine Dienste nur verweigern, wenn ein begründeter Ausnahmefall vorliegt, z. B., wenn er auf Bezahlung seiner Dienste von vornherein nicht rechnen kann (Erlaß des preußischen Ministers für Handel und Gewerbe in HMBl. 1926 S. 14). Auch bei Ablehnung des Auftrages aus anderen Gründen (z. B. Beteiligung an der Sache, Verwandtschaft, Schwägerschaft, ungenügende Sachkunde) muß der Sachverständige die Anzeigepflicht des § 663 BGB erfüllen. Selbstverständlich ist, daß er über die ihm bei seiner Tätigkeit bekannt werdenden Tatsachen vertraulicher Art Verschwiegenheit bewahren muß.

Besondere Pflichten des Sachverständigen ergeben sich aus der Zivilprozeß- und Strafprozeßordnung. Regelmäßig muß der Sachverständige der Beauftragung durch die Gerichte Folge leisten (Gutachterpflicht: § 407 ZPO, § 75 StPO; vgl. auch § 404 ZPO und § 73 StPO) und bei schriftlicher Begutachtung das von ihm unterschriebene Gutachten auf der Geschäftsstelle des Gerichts niederlegen (§ 411 ZPO). Über weitere Einzelheiten vgl. § 412 ZPO. Erscheint der Sachverständige nicht vor Gericht oder weigert er sich, das Gutachten zu erstellen, so kann er zu einer Ordnungsstrafe verurteilt werden (§ 409 ZPO, § 77 StPO), falls er nicht Gründe hat, sein Gutachten zu verweigern (§ 408 Abs. 1; §§ 383, 384 ZPO; § 76 Abs. 1, §§ 52, 55 StPO). Die Vereidigung eines öffentlich bestellten Sachverständigen vor Gericht ist wegen § 410 Abs. 2 ZPO, § 79 Abs. 3 StPO nicht erforderlich. Abgelehnt werden kann er unter denselben Gründen, die zur Ablehnung eines Richters berechtigen (§ 406 Abs. 1 ZPO, § 74 Abs. 1 StPO). Weitere wichtige Vorschriften betreffen die Beauftragung neuer Sachverständiger (§ 412 ZPO, § 83 StPO), das Auftreten von Sachverständigen als „sachverständige Zeugen“ (§ 414 ZPO, § 85 StPO) und die Vorbereitung des Gutachtens im Strafprozeß bzw. die Erstattung des Gutachtens im Vorverfahren (§§ 80, 82 StPO).

Eine Aufsicht der IHK über den gewerblichen Sachverständigen besteht insoweit, als seine Tätigkeit als Sachverständiger in Rede steht. Das Recht hierzu folgt aus der Befugnis zum Widerruf, dessen Voraussetzungen nur festgestellt werden können, wenn ein Aufsichtsrecht gegeben ist. Es befugt die IHK allerdings nicht, die Erfüllung der Pflichten des Sachverständigen, die in den Sachverständigen-Vorschriften der IHK niedergelegt sind, durch Zwangsmaßnahmen herbeizuführen. Zwangsmaßnahmen können nur angeordnet werden, wenn das Landesrecht eine ausdrückliche Ermächtigung dazu erteilt. Ebenso unterstehen die Sachverständigen nicht eo ipso einer förmlichen Disziplinargewalt der IHK. Die IHK kann also z. B. keine Ordnungsstrafen verhängen, wenn keine landesgesetzliche Ermächtigung dafür vorliegt. Verhalten sich Sachverständige nicht pflichtgemäß, so können sie lediglich ermahnt und verwarnt werden. Entsprechen sie diesen Maßnahmen nicht, so kommt allein der Widerruf in Frage.

Ist ein Sachverständiger verhindert, seine Tätigkeit auszuüben, so kann die IHK über die Stellvertretung entscheiden (vgl. § 47 RGO).

Für die Gebührenberechnung gelten bei den Gerichten die §§ 413 ZPO, 84 StPO. Danach ist das Gesetz über die Entschädigung von Zeugen und Sachverständigen maßgebend, das in Artikel VII des Gesetzes zur Änderung und Regelung kostenrechtlicher Vorschriften vom 26. Juli 1957 (BGBl. I S. 861) enthalten ist. Die Vergütung bei außergerichtlicher Tätigkeit wird sich im allgemeinen im Rahmen der Regelung des Gesetzes vom 26. Juli 1957 bewegen. Daneben ist aber auch möglich, daß die Sätze von den IHKn festgesetzt werden oder daß die nach § 36 RGO zuständigen Behörden (Landesbehörden) „Taxen“ einführen (§ 78 RGO; vgl. auch § 79 RGO). Daß die Befugnis besteht, einen angemessenen Gebührenvorschuß zu fordern, ist unbestritten.

Hinsichtlich des Widerrufs der öffentlichen Anstellung eines Sachverständigen ist es zweifelhaft, ob bei den in § 36 RGO genannten Bestellungen nur das Verfahren nach den §§ 53, 54 RGO in Verbindung mit § 120 des pr. Zuständigkeitsgesetzes vom 1. August 1883, soweit die ehemals preußischen Gebiete in Rede stehen, der allein zulässige Weg der Zurücknahme ist oder ob ein Widerruf der Bestellung auch dann möglich ist, wenn sich die bestellende Behörde den Widerruf vorbehalten hatte. Für die erste Ansicht hatte sich das preußische Oberverwaltungsgericht in seiner Entscheidung vom 10. April 1924 (Bd. 79 S. 274) ausgesprochen, diese aber in seiner Entscheidung vom 3. März 1927 (Gruchots Arch. Bd. 25 S. 68) wieder aufgegeben. Auch nach heutiger Auffassung dürfte der Vorbehalt eines Widerrufs der Bestellung grundsätzlich als zulässig anzusehen sein, zumal in einem ähnlichen Fall § 18 Abs. 2 HwO sogar ausdrücklich vorschreibt, daß die Befugnis, Lehrlinge anzuleiten, nur widerruflich verliehen werden kann. Wird der Widerruf vorbehalten, so ist er nicht an die Voraussetzungen und das Verfahren der §§ 53, 54, 20, 21 RGO gebunden (vgl. BVerwG in NJW 1960 S. 690).

In der Zeit nach 1945 ist die Bestellung von Sachverständigen in den Ländern Bayern, Berlin, Bremen und Hessen sowie in Teilen des Landes Baden-Württemberg staatlichen Behörden übertragen gewesen. Mit Inkrafttreten des Bundeskammergesetzes ist die Zuständigkeit zur Ernennung auch in diesen Ländern, abgesehen von Bremen, wieder auf die IHKn übergegangen. Soweit die IHKn Sachverständige bestellen, steht ihnen auch die Aufsicht über die Sachverständigen zu. Streitig kann jedoch sein, ob ihnen die Aufsichtsbefugnisse auch gegenüber denjenigen Sachverständigen zustehen, die auf Grund des bisherigen Rechts von staatlichen Stellen ernannt worden sind (vgl. für Bayern das Gesetz vom 11. Oktober 1950, für Hessen das Gesetz vom 20. Juni 1947). Nach richtiger Ansicht muß die Frage verneint werden. Die Aufsicht der IHKn über Sachverständige, die von staatlichen Stellen ernannt worden sind, kann nur durch ausdrückliche gesetzliche Bestimmung begründet werden.

Durch Art. I Nr. 19 des Vierten Bundesgesetzes zur Änderung der Gewerbeordnung vom 5. Februar 1960 (BGBl. I S. 61) hat § 36 RGO folgende Fassung erhalten:

§ 36

(1) Personen, die als Sachverständige gewerbsmäßig tätig sind oder tätig werden wollen, können durch die von den Landesregierungen bestimmten Stellen nach deren Ermessen für bestimmte Sachgebiete öffentlich bestellt werden, wenn sie besondere Sachkunde nachweisen und keine Bedenken gegen ihre Eignung bestehen; sie sind darauf zu vereidigen, daß sie ihre Aufgaben gewissenhaft erfüllen und die von ihnen angeforderten Gutachten gewissenhaft und unparteiisch erstatten werden. Das gleiche gilt für Personen, die auf den Gebieten der Wirtschaft einschließlich des Bergwesens, der Hochsee- und Küstenfischerei sowie der Land- und Forstwirtschaft einschließlich des Garten- und Weinbaues als Sachverständige tätig sind oder tätig werden wollen, ohne Gewerbetreibende zu sein.

(2) Absatz 1 gilt entsprechend für die öffentliche Bestellung und Vereidigung von besonders geeigneten Personen, die auf den Gebieten der Wirtschaft

1. bestimmte Tatsachen in bezug auf Sachen, insbesondere die Beschaffenheit, Menge, Gewicht oder richtige Verpackung von Waren feststellen oder
2. die ordnungsmäßige Vornahme bestimmter Tätigkeiten überprüfen.

(3) Die Landesregierungen können durch Rechtsverordnung die zur Durchführung der Absätze 1 und 2 erforderlichen Vorschriften über die Voraussetzungen für die Bestellung sowie über die Befugnisse und Verpflichtungen der öffentlich bestellten und vereidigten Personen erlassen.

(4) Die Landesregierungen können die Ermächtigung nach den Absätzen 1 bis 3 auf die obersten Landesbehörden übertragen.

(5) Die Absätze 1 bis 4 finden auf Sachverständige nach § 24 c keine Anwendung. Sie finden ferner keine Anwendung, soweit sonstige Vorschriften des Bundes über die öffentliche

Bestellung oder Vereidigung von Personen bestehen oder soweit Vorschriften der Länder über die öffentliche Bestellung oder Vereidigung von Personen auf den Gebieten der Hochsee- und Küstenfischerei, der Land- und Forstwirtschaft einschließlich des Garten- und Weinbaues sowie der Landesvermessung bestehen oder erlassen werden.

§ 24c betrifft die Prüfung überwachungsbedürftiger Anlagen durch Ingenieure der Technischen Überwachungsvereine usw., die Anforderungen an diese Ingenieure und ähnliche Maßnahmen. In diesen Bereich will § 36 nicht eingreifen.

Die Neuregelung tritt am 1. Oktober 1960 in Kraft (Art. XV Abs. 1 des Gesetzes).

Durch die abgeänderten Vorschriften werden die Grundlagen für die Vereidigung und öffentliche Bestellung von Sachverständigen, z. B. von Diplom-Ingenieuren, Diplom-Chemikern oder Professoren und Leitern staatlicher Versuchsanstalten wie auch von pensionierten Beamten usw. neu geregelt. Der Gesetzgeber wollte die Möglichkeit schaffen, zu Sachverständigen in erster Linie besonders qualifizierte Personen auszuwählen und zu bestellen, ohne Rücksicht darauf, welche Tätigkeit oder welche Berufe diese Personen ausüben, wenn sie nur unabhängig und besonders sachkundig sind.

Die Tatsache, daß auch Personen als Sachverständige zugelassen werden können, die in einem Arbeitsverhältnis stehen, braucht nicht die Befürchtung herauszufordern, daß in diesen Fällen ein Interessenkonflikt zu erwarten wäre. Derartige Schwierigkeiten haben sich in der Vergangenheit nicht ergeben.

Im übrigen will die neue Vorschrift in die bisherige Praxis der Beteiligung der Kammern nicht eingreifen und die Funktionen auf dem Gebiet der Sachverständigenbestellung nicht beschränken. Durch § 36 Abs. 3 soll nur die Einheitlichkeit hinsichtlich der Durchführung der Bestimmungen gewährleistet werden. Mit dem Erlaß von Durchführungsverordnungen zu § 36 konnten jedoch die IHKn nicht beauftragt werden.

Bezüglich der Rücknahme der Bestellung nach dem 1. Oktober 1960 vgl. § 53 Abs. 2 RGO n. F.

Als ein Beispiel für IHK-Vorschriften, die auf diesem Gebiet erlassen worden sind, können die nachstehenden von der Vollversammlung der IHK Trier beschlossenen Vorschriften vom 24. November 1958 dienen (Mitt. der IHK Trier Nr. 12 vom Dezember 1958):

A. Voraussetzung der öffentlichen Bestellung und Vereidigung

§ 1

Die Industrie- und Handelskammer kann Sachverständige öffentlich bestellen und vereidigen, soweit ein allgemeines Bedürfnis besteht.

§ 2

Der Sachverständige soll deutscher Staatsangehöriger sein. Er muß

a) das 30. Lebensjahr vollendet haben;
b) in geordneten wirtschaftlichen Verhältnissen leben;
c) seiner Persönlichkeit nach geeignet sein;
d) über die erforderlichen Sachkenntnisse auf dem Fachgebiet, für das er seine öffentliche Bestellung und Vereidigung beantragt, verfügen;
e) selbständig und unabhängig sein, soweit nicht nach bestehenden Bestimmungen Ausnahmen zulässig sind;
f) seine berufliche Niederlassung im Kammerbezirk haben.

§ 3

Der Antrag auf öffentliche Bestellung und Vereidigung ist an die Industrie- und Handelskammer zu richten.

§ 4

Die Industrie- und Handelskammer kann zur Vorprüfung eingegangener Anträge einen Ausschuß bilden.

§ 5

(1) Die Entscheidung über den Antrag trifft die Industrie- und Handelskammer.

(2) Die Ablehnung des Antrages erfolgt ohne Angabe von Gründen.

B. Öffentliche Bestellung und Vereidigung

§ 6

(1) Die öffentliche Bestellung und Vereidigung erfolgt auf Widerruf. Sie kann auf Zeit erfolgen.

(2) Die durch die Vereidigung gegebene Verpflichtung gilt auch für eine Sachverständigentätigkeit, die außerhalb des Bezirks der Industrie- und Handelskammer ausgeübt wird.

(3) Die öffentliche Bestellung und Vereidigung gilt als öffentliche Bestellung im Sinne der §§ 404 ZPO und 73 StPO.

§ 7

(1) Bei der öffentlichen Bestellung hat der Sachverständige folgenden Eid zu leisten:
„Ich schwöre bei Gott, daß ich die Aufgaben und Pflichten eines öffentlich bestellten und vereidigten Sachverständigen sorgfältig erfüllen und die von mir verlangten Gutachten gewissenhaft und unparteiisch erstatten werde."

(2) Vor der öffentlichen Bestellung und Vereidigung hat der Bewerber die Vorschriften der Industrie- und Handelskammer für die öffentliche Bestellung und Vereidigung von Sachverständigen, die ihm ausgehändigt werden, schriftlich anzuerkennen.

§ 8

(1) Die öffentliche Bestellung und Vereidigung wird von der Industrie- und Handelskammer öffentlich bekanntgegeben und den für den Kammerbezirk zuständigen Gerichten und sonstigen in Frage kommenden Behörden mitgeteilt.

(2) Außerdem wird der Name des Vereidigten in die Liste der öffentlich bestellten und vereidigten Sachverständigen eingetragen, die in der Geschäftsstelle der Industrie- und Handelskammer zur Einsichtnahme ausliegt.

§ 9

(1) Der Sachverständige erhält nach der Vereidigung eine Bestallungsurkunde. Diese oder einen entsprechenden Ausweis der Industrie- und Handelskammer hat er bei der Ausübung seiner Tätigkeit bei sich zu führen und auf Verlangen vorzuzeigen.

(2) Der Verlust der Urkunde oder des Ausweises ist der Industrie- und Handelskammer unverzüglich mitzuteilen.

§ 10

(1) Die Eigenschaft als öffentlich bestellter und vereidigter Sachverständiger erlischt außer beim Tode des Sachverständigen

a) wenn er seine berufliche Niederlassung außerhalb des Bezirks der Industrie- und Handelskammer nimmt;
b) wenn er sein Amt niederlegt;
c) wenn seine Bestallung widerrufen wird;
d) wenn die Zeit abgelaufen ist, für die er öffentlich bestellt und vereidigt wurde.

(2) Das Erlöschen ist den Gerichten und Behörden mitzuteilen und öffentlich bekanntzumachen.

II. Teil

C. Rechte und Pflichten der öffentlich bestellten und vereidigten Sachverständigen

§ 11

(1) In seiner Eigenschaft als öffentlich bestellter und vereidigter Sachverständiger darf dieser sich nicht anders bezeichnen als:

„Von der Industrie- und Handelskammer Trier öffentlich bestellter und vereidigter Sachverständiger für . . .“

(2) Der Sachverständige führt einen von der Industrie- und Handelskammer vorgeschriebenen Stempel. Er hat sich des Stempels in allen Fällen, in denen er in seiner Eigenschaft als öffentlich bestellter und vereidigter Sachverständiger auftritt, sowohl im Verkehr mit Behörden und seinen Auftraggebern als auch bei der Ausfertigung seiner Gutachten und Feststellungen zu bedienen, gleich, von welcher Stelle er benannt und beauftragt ist. Er darf den Stempel nicht verwenden, wenn er nicht als öffentlich bestellter und vereidigter Sachverständiger der Industrie- und Handelskammer tätig wird, sowie bei Angelegenheiten, die nicht zu den Fachgebieten gehören, für die er öffentlich bestellt und vereidigt ist.

(3) Der Verlust des Stempels ist der Industrie- und Handelskammer unverzüglich mitzuteilen.

§ 12

Bei seiner Tätigkeit hat der Sachverständige die von ihm in seinem Eid übernommenen Verpflichtungen gewissenhaft zu erfüllen und bei der Ausführung des ihm erteilten Auftrages nach bestem Wissen und Gewissen Gesetze und Handelsbräuche zu beachten.

§ 13

(1) Der Sachverständige hat ein Tagebuch zu führen, sofern er nicht einer Sachverständigengruppe angehört, für die die Industrie- und Handelskammer eine andere Regelung getroffen hat. Darin sind unter fortlaufender Nummer mit Angabe des Datums über jede von ihm ausgeführte Arbeit Aufzeichnungen zu machen. Bei Arbeiten für Behörden genügt die Angabe des Namens der Behörde und das Aktenzeichen; bei anderen Arbeiten sind der Name des Auftraggebers, Art und Umfang der Arbeit sowie die dem Sachverständigen etwa dabei auferlegten Beschränkungen aufzuführen. Die Eintragung ist eigenhändig vom Sachverständigen zu unterschreiben.

(2) An Stelle des Tagebuchs können Niederschriften über jeden einzelnen Fall der Tätigkeit treten, sofern eine genaue Kartei oder Liste dieser Niederschriften geführt wird. Die Niederschrift muß den an das Tagebuch gestellten Anforderungen genügen. Der Sachverständige hat jede Niederschrift mit seiner Unterschrift zu versehen.

(3) Die Unkenntlichmachung von Eintragungen sowie Rasuren sind unzulässig.

(4) Tagebücher, Niederschriften und Akten sind mindestens zehn Jahre, vom Datum der letzten Eintragung an gerechnet, aufzubewahren.

§ 14

Über das Ergebnis seiner Feststellungen hat der Sachverständige seinem Auftraggeber auf Verlangen einen schriftlichen Bericht zu erstatten, der den Eintragungen im Tagebuch oder in den Niederschriften entsprechen muß.

§ 15

(1) Der Sachverständige darf einen Auftrag nur aus einem wichtigen Grunde ablehnen. Die Ablehnung muß dann unverzüglich erklärt werden.

(2) Er ist zur Ablehnung verpflichtet, wenn er ein unmittelbares oder mittelbares Interesse an der Sache hat oder sich sonst für befangen halten muß.

C. Anhang 8: Sachverständige

§ 16

Dem Sachverständigen ist es untersagt, die bei der Ausübung seiner Tätigkeit erlangten Kenntnisse Dritten unbefugt mitzuteilen oder zum Schaden anderer oder zu seinem oder zum Nutzen anderer zu verwerten.

§ 17

Der Sachverständige hat der Industrie- und Handelskammer unverzüglich jede Änderung seiner Wohnung, beruflichen Niederlassung und seines Fernsprechanschlusses mitzuteilen. Weiterhin ist er zur Mitteilung verpflichtet, wenn er in Vermögensverfall gerät, insbesondere, wenn ein Konkurs- oder Vergleichsverfahren über sein Vermögen eröffnet oder ein gerichtliches Strafverfahren oder ein Steuerstrafverfahren gegen ihn eingeleitet wird.

§ 18

Bei Erlöschen der Eigenschaft als öffentlich bestellter und vereidigter Sachverständiger sind Bestallungsurkunde, Ausweis und Stempel an die Industrie- und Handelskammer zurückzugeben.

§ 19

Das Entgelt für die Tätigkeit des Sachverständigen unterliegt der freien Vereinbarung zwischen dem Sachverständigen und seinem Auftraggeber. Ist keine Vereinbarung getroffen, so gelten die Sätze einer anerkannten Gebührenordnung; besteht eine solche nicht, gelten die verkehrsüblichen Entgelte.

D. Aufsicht und Widerrufsverfahren

§ 20

Der Sachverständige untersteht der Aufsicht der Industrie- und Handelskammer. Er hat dieser auf Verlangen über seine Tätigkeit Bericht zu erstatten und die geführten Tagebücher, Niederschriften und Akten vorzulegen.

§ 21

(1) Wird bei der Industrie- und Handelskammer Beschwerde über einen Sachverständigen erhoben oder erhält sie von Tatsachen Kenntnis, die ein Einschreiten angezeigt erscheinen lassen, so ist der Sachverhalt zu erforschen; es sind die zur Belastung und Entlastung des Beschuldigten dienenden Umstände zu ermitteln und die erforderlichen Beweise zu erheben. Dem Beschuldigten ist ausreichend Gelegenheit zu geben, sich zur Beschwerde und zum Ermittlungsergebnis zu äußern. In geeigneten Fällen sind vereidigte Sachverständige zur Sache und zur Person des Beschuldigten zu hören. Soweit erforderlich, ist die Angelegenheit einem Ausschuß vorzulegen, der dem Sachverhalt feststellt und sich gutachtlich äußert. Dem Sachverständigen ist Gelegenheit zu geben, sich vor dem Ausschuß zu äußern.

(2) Die Entscheidung trifft die Industrie- und Handelskammer. Sie kann eine Ermahnung oder eine Verwarnung aussprechen, gegebenenfalls mit dem Hinweis, daß bei einem weiteren Vorstoß das Widerrufsverfahren gegen den Sachverständigen eingeleitet werde. Der Widerruf kann auch ohne vorherige Ermahnung oder Verwarnung ausgesprochen werden.

(3) Solange eine Untersuchung gegen einen Sachverständigen schwebt, kann ihm in besonders schwerwiegenden Fällen, in denen mit dem Widerruf zu rechnen ist, die Ausübung seiner Tätigkeit als öffentlich bestellter und vereidigter Sachverständiger von der Industrie- und Handelskammer untersagt werden.

§ 22

Die öffentliche Bestellung und Vereidigung wird außer in den Fällen des § 21 widerrufen, wenn die Voraussetzungen gemäß § 2 nicht mehr zutreffen. Vorher kann der Ausschuß (§ 4) gehört werden.

II. Teil

§ 23

Als Ersatz für die entstehende Verwaltungsarbeit erhebt die Industrie- und Handelskammer eine Gebühr, soweit in ihrer Gebührenordnung vorgesehen. Für außergewöhnliche durch die Bestellung entstehende Kosten kann sie vom Antragsteller Ersatz verlangen.

§ 24

Diese Vorschriften treten mit dem Beginn des Monats in Kraft, der auf ihre Bekanntgabe in den „Mitteilungen der Industrie- und Handelskammer Trier“ folgt.

III. Teil

Das Landesrecht der Industrie- und Handelskammern

A. Ausführungsgesetze der Länder

1. Baden-Württemberg

Gesetz über die Industrie- und Handelskammern in Baden-Württemberg
Vom 27. Januar 1958 (GBl. S. 77)

Der Landtag hat zur Ergänzung und Ausführung des Gesetzes zur vorläufigen Regelung des Rechts der Industrie- und Handelskammern vom 18. Dezember 1956 (BGBl. I S. 920) am 22. Januar 1958 das folgende Gesetz beschlossen:

§ 1[1])

(1) Die Landesregierung wird ermächtigt, durch Rechtsverordnung Industrie- und Handelskammern zu errichten oder aufzulösen oder ihre Bezirke zu ändern[2]), wenn es im Interesse einer wirtschaftlichen Finanzgebarung oder zur besseren Durchführung der in § 1 des Bundesgesetzes genannten Aufgaben zweckmäßig erscheint[3]).

(2) Werden Bezirke der Industrie- und Handelskammern geändert, so muß eine Vermögensauseinandersetzung erfolgen; können sich die beteiligten Kammern hierüber nicht einigen, so entscheidet das Wirtschaftsministerium[4]).

Anm. 1: Die Rechtslage der IHKn in den nach 1945 französisch und amerikanisch besetzten Teilen der Gebiete, aus denen sich Baden-Württemberg heute zusammensetzt, war unterschiedlich. In dem französisch besetzten Teil Badens gründeten die wieder errichteten IHKn ihre Rechtsstellung auf das badische Handelskammergesetz vom 11. Dezember 1878 (GVBl. S. 229), bis das badische Gesetz über die Rechtsverhältnisse der IHKn vom 17. Oktober 1951 (GVBl. S. 184) erging. In den französisch besetzten Gebieten Württembergs und in Hohenzollern galt die Anordnung der Landesdirektion der Wirtschaft vom 12. August 1946 (ABl. S. 166), die durch die Verordnung vom 27. Juli 1949 (Reg. Bl. S. 315) teilweise eine neue Fassung erhielt. In den amerikanisch besetzten Teilen von Württemberg und Baden waren die IHKn rechtsfähige Vereine.

Anm. 2: Die Rechtsverordnung kann erst dann erlassen werden, wenn die Kammerzugehörigen gemäß § 12 Abs. 2 BKG gehört worden sind.

Anm. 3: Die Gesichtspunkte, die für eine neue Einteilung von Kammerbezirken zu beachten sind, können verschiedener Natur sein. Maßgebend dürfte vor allem sein, daß eine ihre Aufgaben gut erfüllende Kammer über so viel Mittel verfügen muß, daß sie in Hinsicht des Personals ausreichend besetzt werden kann.

Anm. 4: Diese Regelung entspricht § 83 Abs. 2 HwO. Jedoch bedarf die Vermögensauseinandersetzung hier nicht der Genehmigung der Aufsichtsbehörde.

§ 2

(1) Die Aufsicht über die Industrie- und Handelskammern (§ 11 Abs. 1 und 2 des Bundesgesetzes) führt das Wirtschaftsministerium (Aufsichtsbehörde)[1]).

(2) Die Aufsichtsbehörde kann, falls andere Aufsichtsmittel nicht ausreichen, die Vollversammlung auflösen, wenn sich die Industrie- und Handelskammer trotz zweimaliger Aufforderung bei Ausübung ihrer Tätigkeit nicht im Rahmen der für sie geltenden Rechtsvorschriften hält. Innerhalb von drei Monaten nach Eintritt der Unanfechtbarkeit der Auflösung ist eine Neuwahl vorzunehmen. Das bisherige Präsidium führt seine Geschäfte bis zum Amtsantritt eines neuen Präsidiums weiter und bereitet die Neuwahl der Vollversammlung vor; die Aufsichtsbehörde kann jedoch einen Beauftragten einsetzen, der die Befugnisse der Vollversammlung, des Präsidiums oder beider Organe ausübt[2]).

Anm. 1: Für den Inhalt der Aufsicht ist § 11 Abs. 1 und 2 BKG maßgebend.

Anm. 2: § 2 Abs. 2 stellt die Auflösung der Vollversammlung als das stärkste Mittel der Staatsaufsicht heraus. Es kann nur dann zur Anwendung gebracht werden, „falls andere Aufsichtsmittel (z. B. die Beanstandung, die Auflage, die Ersatzvornahme, die Zwangsetatisierung usw.) nicht ausreichen". Es gilt also der auch sonst das Verwaltungsrecht beherrschende Grundsatz der Verhältnismäßigkeit. Wird die Vollversammlung aufgelöst, so kann die Aufsichtsbehörde möglicherweise einen Staatskommissar einsetzen, der die beiden Organe Vollversammlung und Präsidium zeitweise ersetzt.

§ 3

Die Industrie- und Handeslkammern erheben die Beiträge, Sonderbeiträge und Gebühren selbst[1]). Auf die Einziehung und Beitreibung finden die für die Gemeindeabgaben geltenden Vorschriften entsprechende Anwendung[2]).

Anm. 1: § 3 Satz 1 entspricht inhaltlich § 1 des Gesetzes über die Erhebung der Beiträge zu den IHKn vom 31. März 1939 (RGBl. I S. 649) und § 1 Abs. 1 der dazu gehörenden 1. Durchführungsverordnung vom 8. September 1939 (RGbl. I S. 1738).

Anm. 2: Die Gemeinden sind also in das Einziehungs- und Beitreibungsverfahren nicht einbezogen worden.

§ 4

(1) Für die Rechnungslegung der Industrie- und Handelskammern sind die Vorschriften der Reichshaushaltsordnung sinngemäß anzuwenden[1]).

(2) Die Aufsichtsbehörde bestimmt, welche Stelle die Jahresrechnung prüft[2]).

Anm. 1: Die Vorschrift beruht auf § 12 Abs. 1 Nr. 7 BKG.

Anm. 2: Zur Prüfungsstelle dürfte in Übereinstimmung mit den übrigen Bundesländern voraussichtlich die Rechnungsprüfungsstelle des DIHT bestimmt werden.

§ 5

Die Industrie- und Handelskammern sind berechtigt, Beamte zu ernennen[1]).

Anm. 1: Beamte können die IHKn nur einstellen, soweit sie die Dienstherrenfähigkeit besitzen. Sie wird ihnen hier durch Gesetz verliehen. Zur Zuerkennung der Dienstherreneigenschaft vgl. § 121 des Bundesgesetzes zur Vereinheitlichung des Beamtenrechts vom 1. Juli 1957 (BGBl. I S. 667).

Ob die IHKn mit Rücksicht auf ihren öffentlich-rechtlichen Charakter und ihre Hoheitsaufgaben verpflichtet sind, Beamte zu ernennen, ist zweifelhaft. In aller Regel dürfte eine solche Verpflichtung nicht begründet sein. Dies gilt auch für den Hauptgeschäftsführer. Inwieweit für Bedienstete, die im Kassenwesen tätig oder mit Vollstreckungen beschäftigt sind, eine andere Auffassung zu vertreten ist, bedarf der Klärung.

§ 6

(1) Zuständig für die Bestellung der in die Ausschüsse für Berufsausbildung (8 Abs. 1 und 2 des Bundesgesetzes) zu entsendenden Arbeitnehmervertreter sowie für deren Abberufung ist das Wirtschaftsministerium[1]).

(2) Die Arbeitnehmervertreter sind aus Vorschlagslisten zu berufen, die von den im Bezirk der Industrie- und Handelskammer bestehenden Gewerkschaften und selbständigen Vereinigungen von Arbeitnehmern mit sozial- oder berufspolitischer Zwecksetzung beim Wirtschaftsministerium eingereicht werden[2]). Die Ausschußsitze sind in angemessenem Verhältnis unter billiger Berücksichtigung der Minderheiten zu verteilen. Für die Bestellung ist die Reihenfolge in jeder Vorschlagsliste maßgebend[3]).

Anm. 1: Die übrigen Vertreter in den Ausschüssen für Berufsausbildung bestimmen die Vollversammlungen der IHKn.

Anm. 2: Das Verfahren ist in Anlehnung an die Vorbilder im Arbeitsgerichtsgesetz vom 3. September 1953 (AGG), im Sozialgerichtsgesetz vom gleichen Tage (SGG) und im Gesetz über die Errichtung einer Bundesanstalt für Arbeitsvermittlung und Arbeitslosenversicherung vom 10. März 1952 (AVAVG) geregelt. Vgl. hierzu § 20 Abs. 1 Satz 1 AGG, § 13 Abs. 1 Satz 1 SGG und §§ 12, 13 AVAVG.

Anm. 3: Vgl. § 20 Abs. 1 Satz 2 AGG. Die Abweichung vom Grundsatz der Verhältnismäßigkeit darf jedoch nicht zu einer offensichtlichen Benachteiligung wesentlich stärkerer Gruppen führen. Die Abberufung erfolgt durch diejenige Stelle, die die betreffenden Mitglieder bestellt hat.

§ 7

Die Industrie- und Handelskammern sind berechtigt, im Rahmen des § 36 der Gewerbeordnung sowie der hierzu ergangenen Vorschriften Sachverständige zu bestellen und zu vereidigen[1]).

Anm. 1: Als Vorschrift zu § 36 RGO ist insbesondere der Erlaß des Reichs- und Preußischen Wirtschaftsministers und des Reichs- und Preußischen Verkehrsministers vom 9. Juni 1937 (RAnz. Nr. 132 vom 12. Juni 1937) anzusehen.

§ 8

Das Wirtschaftsministerium wird ermächtigt, für Kammerzugehörige, deren Gewerbebetrieb nach Art und Umfang einen in kaufmännischer Weise eingerichteten Geschäftsbetrieb nicht erfordert (§ 3 Abs. 4 Satz 1 des Bundesgesetzes), durch Rechtsverordnung Höchstbeiträge festzusetzen. Hierbei ist auf die steuerliche Leistungsfähigkeit der übrigen Kammerzugehörigen Rücksicht zu nehmen[1]).

Anm. 1: Die Vorschrift beruht auf § 3 Abs. 4 Satz 3 BKG. Sie soll sicherstellen, daß die Belastung der Kleingewerbetreibenden durch den Grundbeitrag möglichst niedrig bleibt.

§ 9

Das Wirtschaftsministerium erläßt die zur Durchführung dieses Gesetzes erforderlichen Verwaltungsvorschriften.

Anm. 1: Derartige Verwaltungsvorschriften sind bis jetzt nicht ergangen.

§ 10

(1) Dieses Gesetz tritt am Tage nach seiner Verkündung in Kraft[1]).

(2) Gleichzeitig treten alle Vorschriften, die diesem Gesetz entpsrechen oder widersprechen, außer Kraft, insbesondere:

1. **Das bad. Gesetz, die Handelskammern betreffend vom 11. Dezember 1878 (GVBl. S. 229) mit den dazu ergangenen Änderungsgesetzen und Verordnungen;**
2. **das württ. Gesetz betreffend die Handelskammern vom 30. Juli 1899 (Reg.Bl. S. 579) mit den dazu ergangenen Änderungsgesetzen und Verordnungen;**
3. **das bad. Landesgesetz über die Rechtsverhältnisse der Industrie- und Handelskammern vom 17. Oktober 1951 (GVBl. S. 184);**

4. die §§ 6 und 7 der württ.-hohenz. Rechtsanordnung über die Organisation der Wirtschaft vom 15. Juni 1946 (Amtsbl. S. 87);

5. die Anordnung der württ.-hohenz. Landesdirektion der Wirtschaft über die Industrie- und Handelskammern vom 12. August 1946 (Amtsblatt S. 166) in der Fassung der VO des württ.-hohenz. Wirtschaftsministeriums über eine Änderung der Anordnung über die Industrie- und Handelskammern vom 27. Juli 1949 (RegBl. S. 315).

Anm. 1: Das Gesetz ist am 19. Februar im Gesetzblatt für Baden-Württemberg veröffentlicht worden. Es ist demnach am 20. Februar 1958 in Kraft getreten.

2. Bayern

Gesetz zur Ergänzung und Ausführung des Gesetzes zur vorläufigen Regelung des Rechts der Industrie- und Handelskammern (AGIHKG)

Vom 25. März 1958 (GVBl. S. 40)

Der Landtag des Freistaates Bayern hat das folgende Gesetz beschlossen, das nach Anhörung des Senats hiermit bekanntgemacht wird:

Artikel 1

(1) Zuständig für die Aufsicht über die Industrie- und Handelskammern (§ 11 Abs. 1 und 2 des Gesetzes zur vorläufigen Regelung des Rechts der Industrie- und Handelskammern vom 18. Dezember 1956 — BGBl. I S. 920 —) ist das Staatsministerium für Wirtschaft und Verkehr (Aufsichtsbehörde)[1].

(2) Die Aufsichtsbehörde kann nach fruchtloser Anwendung anderer Aufsichtsmittel die Vollversammlung auflösen, wenn sich die Industrie- und Handelskammer bei Ausübung ihrer Tätigkeit nicht im Rahmen der für sie geltenden Rechtsvorschriften hält[2]. Innerhalb von drei Monaten nach Eintritt der Unanfechtbarkeit der Auflösung ist eine Neuwahl vorzunehmen. Das bisherige Präsidium führt seine Geschäfte bis zum Amtsantritt eines neuen Präsidiums weiter und bereitet die Neuwahl der Vollversammlung vor; die Aufsichtsbehörde kann jedoch einen Beauftragten einsetzen, der die Befugnisse der Vollversammlung, des Präsidiums oder beider Organe ausübt[3].

Anm. 1: Die hier festgelegte Zuständigkeit entspricht dem bisherigen Rechtszustand (Ziff. 5 der Anordnung vom 29. April 1946 und § 7 Nr. 1 der Verordnung über die Geschäftsverteilung der Bayerischen Staatsregierung vom 19. Dezember 1956 — GVBl. S. 434 —).

Anm. 2: Abs. 2 führt keinen Katalog der Aufsichtsmittel auf, sondern nennt als stärkstes Aufsichtsmittel lediglich die Auflösung der Vollversammlung. Aus allgemeinen verwaltungsrechtlichen Grundsätzen folgt, daß auch weniger starke Aufsichtsmittel angewandt werden können. Im übrigen gilt der Grundsatz der Verhältnismäßigkeit.

Anm. 3: Bei Auflösung der Vollversammlung arbeitet das Präsidium automatisch weiter, wenn die Aufsichtsbehörde keinen Beauftragten einsetzt. Aus dem Satzzusammenhang ergibt sich, daß ein Beauftragter nur bei Auflösung der Vollversammlung eingesetzt werden kann.

Artikel 2

Die von der Industrie- und Handelskammer über rückständige Abgaben aufgestellten Rückstandsverzeichnisse sind Vollstreckungstitel im Sinne des § 794 ZPO[1].

Anm. 1: Art. 2 geht auf § 3 Abs. 8 Satz 2 BKG zurück. Rückstandsverzeichnisse der IHKn waren bereits in früherer Zeit durch § 2 der 2. Durchführungsverordnung zum Gesetz über die Erhebung der Beiträge zu den IHKn vom 18. April 1940 (RGBl. I S. 681) zu Vollstreckungstiteln i. S. des § 794 ZPO erklärt worden.

Artikel 3

(1) Die Rechnungslegung der Industrie- und Handelskammer muß den Grundsätzen entsprechen, die für das staatliche Haushalts-, Kassen- und Rechnungswesen gelten[1]). Die Industrie- und Handelskammer gibt sich hiezu eine Haushalts-, Kassen- und Rechnungslegungsordnung, die der Genehmigung der Aufsichtsbehörde bedarf[2]).

(2) Die Aufsichtsbehörde bestimmt, welche Stelle die Jahresrechnung der Industrie- und Handelskammer prüft[3]).

Anm. 1: Die Vorschriften für das staatliche Haushalts-, Kassen- und Rechnungswesen können wegen der besonderen Struktur und des Aufgabenbereiches der IHKn keine unmittelbare Anwendung finden. Deshalb sind schon bisher die im Jahre 1949 von der Arbeitsgemeinschaft der IHKn des Vereinigten Wirtschaftsgebietes herausgegebenen „Richtlinien für die Haushalt- und Kassenführung der IHKn" angewendet worden, die in allen wesentlichen Punkten den einschlägigen staatlichen Vorschriften entsprochen haben.

Anm. 2: Abs. 1 Satz 2 überläßt es den Kammern als Selbstverwaltungsorganen, sich selbst die einschlägige Ordnung zu geben. Die Genehmigung der Aufsichtsbehörde stellt sicher, daß diese Ordnung den staatlichen Grundsätzen (vgl. Anm. 1) entspricht.

Anm. 3: Beabsichtigt ist, die Prüfung der Jahresrechnung der Rechnungsprüfungsstelle beim DIHT zu übertragen. Eine Prüfung durch den Bayerischen Obersten Rechnungshof entfällt im Hinblick auf § 2 Abs. 2 des Rechnungshofgesetzes vom 6. Oktober 1951 (GVBl. S. 189).

Artikel 4

Die Industrie- und Handelskammer ist berechtigt, Beamte zu ernennen[1]).

Anm. 1: Die Dienstherrenfähigkeit ist ein Hoheitsrecht, das eine Körperschaft des öffentlichen Rechts nicht schon ipso iure durch ihre Anerkennung erhält. Es ist deshalb notwendig, den IHKn die Dienstherrenfähigkeit ausdrücklich zu verleihen, um sie in die Lage zu versetzen, Beamte zu ernennen.

Artikel 5

Die Industrie- und Handelskammer ist befugt, ein Dienstsiegel mit dem kleinen Staatswappen zu führen.

Artikel 6

(1) Zuständig für die Bestellung der Arbeitnehmervertreter im Berufsausbildungsausschuß (8 Abs. 2 Satz 2 des Bundesgesetzes) ist das Staatsministerium für Wirtschaft und Verkehr[1]).

(2) Die Arbeitnehmervertreter sind aus Listen zu berufen, die von den vorschlagsberechtigten Organisationen (§ 8 Abs. 2 Satz 2 des Bundesgesetzes) beim Staatsministerium für Wirtschaft und Verkehr eingereicht werden. Liegen mehrere Vorschlagslisten vor, so sind die Sitze unter billiger Berücksichtigung der Minderheiten auf die vorschlagsberechtigten Organisationen anteilmäßig zu verteilen. Die Bestellung ist in der Reihenfolge jeder Vorschlagsliste vorzunehmen[2]).

(3) Entfällt bei einem Ausschußmitglied eine Voraussetzung für seine Bestellung oder stellt sich nachträglich heraus, daß sie nicht vorgelegen hat, so ist es als Mitglied abzuberufen.

Anm. 1: Die Zuständigkeit ergibt sich aus § 7 Nr. 7 der Verordnung über die Geschäftsverteilung der Bayerischen Staatsregierung vom 19. Dezember 1956.

Anm. 2: Das Vorschlagsrecht ist bereits in § 8 Abs. 2 Satz 2 BKG geregelt. Das hier in Abs. 2 vorgesehene Verfahren ist den einschlägigen Bestimmungen des Arbeitsgerichtsgesetzes vom 3. September 1953 (BGBl. I S. 1267) und des Sozialgerichtsgesetzes vom gleichen Tage (BGBl. I S. 1239) hinsichtlich der Bestellung von Arbeitsrichtern und Sozialrichtern nachgebildet. Ob eine Organisation als Gewerkschaft oder selbständige Vereinigung von Arbeitnehmern mit sozial- oder berufspolitischer Zielsetzung anzusehen ist, wird die Aufsichtsbehörde unter Berücksichtigung der Rechtsprechung zu § 11 Abs. 1 Satz 1 AGG und § 14 Abs. 2 SGG zu entscheiden haben.

Die Regelung des Minderheitenschutzes folgt der Formulierung des § 20 Abs. 1 Satz 2 AGG.

III. Teil

Artikel 7

Die Industrie- und Handelskammer ist befugt:[1])

1. **auf den Gebieten der Industrie und des Handels Sachverständige öffentlich zu bestellen und zu vereidigen**[2]),
2. **Personen, die in § 36 der Gewerbeordnung und den hierzu ergangenen Vorschriften bezeichnet sind, zu beeidigen und öffentlich anzustellen**[3]),
3. **Personen der in §§ 385, 1221, 1235 Abs. 2 BGB, §§ 373, 376, 379, 388, 389 und 437 HGB bezeichneten Art als Handelsmakler zu vereidigen und öffentlich zu ermächtigen**[4]).

Anm. 1: Die Ermächtigung für die Regelung in Art. 7 gibt § 1 Abs. 4 BKG.

Anm. 2: Die Übertragung dieser und der folgenden hoheitlichen Aufgaben auf die IHKn dient der Vereinfachung der Verwaltung. Die Kreisregierungen werden beim Vollzug des Gesetzes über öffentlich bestellte und beeidigte Sachverständige vom 19. Oktober 1950 (GVBl. S. 219) erheblich entlastet, weil die Bestellung der Sachverständigen künftig nur noch zu einem kleinen Teil den Regierungen obliegt. Das Sachverständigengesetz findet nunmehr auf die Bestellung von Sachverständigen auf den Gebieten der Industrie und des Handels, d. h. von Gewerbetreibenden, die auf diesen Gebieten tätig sind, keine Anwendung (vgl. auch Art. 17 des Sachverständigengesetzes).

Anm. 3: Die Befugnis zum Vollzug des § 36 RGO ist gesondert aufgeführt, weil diese Bestimmung die Beeidigung und öffentliche Bestellung als Sachverständige in Abweichung von der Regelung des Sachverständigengesetzes regelt.

Anm. 4: Die Befugnis der IHK zur Vereidigung und öffentlichen Bestellung von Handelsmäklern tritt an die Stelle der bisherigen Zuständigkeit des Staatsministers für Wirtschaft und Verkehr, die auf § 6 der Zuständigkeitsverordnung vom 24. Dezember 1899 (GVBl. S. 1229) in Verbindung mit den §§ 1 und 2 der Verordnung vom 10. November 1904 (GVBl. S. 567) und der Verordnung vom 3. April 1919 (GVBl. S. 127) beruhte.

Artikel 8

Die Staatsregierung wird ermächtigt, durch Rechtsverordnung Industrie- und Handelskammern zu errichten, aufzulösen oder ihre Bezirke zu ändern, wenn dies zur besseren Durchführung der in § 1 des Bundesgesetzes genannten Aufgaben geboten erscheint. Die Auflösung hat im Wege der Vereinigung mit einer anderen Industrie- und Handelskammer zu erfolgen; diese ist Rechtsnachfolgerin der aufgelösten Kammer. Werden Kammerbezirke geändert, so muß eine Vermögensauseinandersetzung stattfinden; können sich die beteiligten Kammern hierüber nicht einigen, so entscheidet das Staatsministerium für Wirtschaft und Verkehr[1]).

Anm. 1: Von der Ermächtigung des Art. 7 kann nur dann Gebrauch gemacht werden, wenn die Errichtung oder Auflösung einer IHK oder eine Bezirksänderung geboten erscheint, um die in § 1 BKG genannten Aufgaben besser durchführen zu können. Vor einer entsprechenden Entscheidung sind die Kammerzugehörigen zu hören (§ 12 Abs. 2 BKG).

Artikel 9

Das Staatsministerium für Wirtschaft und Verkehr wird ermächtigt, zur Wahrung der wirtschaftlichen Belange von Kammerzugehörigen, deren Gewerbebetrieb nach Art und Umfang einen in kaufmännischer Weise eingerichteten Geschäftsbetrieb nicht erfordert (§ 3 Abs. 4 Satz 1 des Bundesgesetzes), durch Rechtsverordnung Höchstbeiträge festzusetzen[1]). **Hierbei ist auf die wirtschaftliche Leistungsfähigkeit der übrigen Kammerzugehörigen (2 des Bundesgesetzes) Rücksicht zu nehmen**[2]).

Anm. 1: Art. 8 ist eine Schutzvorschrift für Minderkaufleute.

Anm. 2: Wenn die Minderkaufleute einerseits vor zu hohen finanziellen Belastungen geschützt werden sollen, muß andererseits zur Vermeidung einer unbilligen Belastung der übrigen Kammerzugehörigen auf deren wirtschaftliche Leistungsfähigkeit Rücksicht genommen werden.

Artikel 10

(1) Dieses Gesetz tritt am 1. April 1958 in Kraft.

(2) Gleichzeitig tritt die Anordnung über die Errichtung von Industrie- und Handelskammern i. d. F. vom 29. April 1946 (BayBS IV S. 69) außer Kraft.

3. Berlin

Gesetz über die Industrie- und Handelskammer zu Berlin (IHKG)

Vom 17. Oktober 1957 (GVBl. S. 1636)

Das Abgeordnetenhaus hat zur Ergänzung und Ausführung des Gesetzes zur vorläufigen Regelung des Rechts der Industrie- und Handelskammern vom 18. Dezember 1956 (BGBl. I S. 920/GVBl. 1957 S. 69) — Bundesgesetz — das folgende Gesetz beschlossen:

§ 1

(1) Zuständig für die Ausübung der Aufsicht über die Industrie- und Handelskammer (§ 11 Abs. 1 und 2 des Bundesgesetzes) ist das für den Geschäftsbereich Wirtschaft zuständige Mitglied des Senats (Aufsichtsbehörde)[1].

(2) Die Aufsichtsbehörde kann, falls andere Aufsichtsmittel nicht ausreichen, die Vollversammlung auflösen, wenn sich die Industrie- und Handelskammer trotz wiederholter Aufforderung nicht im Rahmen der für sie geltenden Rechtsvorschriften hält[2]. Innerhalb von drei Monaten nach Eintritt der Unanfechtbarkeit des Auflösungsbescheides ist eine Neuwahl vorzunehmen. Das bisherige Präsidium führt seine Geschäfte bis zum Amtsantritt des neuen Präsidiums weiter und bereitet die Neuwahl der Vollversammlung vor. Die Aufsichtsbehörde kann einen Beauftragten einsetzen, der die Befugnisse der Vollversammlung, des Präsidiums oder beider Organe ausübt[3].

Anm. 1: Die Übertragung der Aufsicht über die IHK auf das für den Geschäftsbereich Wirtschaft zuständige Mitglied des Senats entspricht dem früheren Rechtszustand (§ 43 Abs. 1 prIHK-Ges.). Der Inhalt der Aufsicht ergibt sich aus § 11 Abs. 1 und 2 BKG.

Die Aufgaben des für den Geschäftsbereich Arbeit zuständigen Mitgliedes des Senats nach dem Berliner Gesetz zur Regelung der Berufsausbildung sowie der Arbeitsverhältnisse Jugendlicher vom 4. Januar 1951 (VOBl. I S. 40, ber. S. 77) nebst den hierzu erlassenen Durchführungsverordnungen bleiben nach § 1 Abs. 2 BKG („... unter Beachtung der geltenden Rechtsvorschriften ...") teilweise erhalten.

Anm. 2: Abs. 2 Satz 1 stellt entsprechend dem früheren Recht (§ 43 Abs. 2 Satz 1 prIHK-Ges.) und der in § 109 HwO getroffenen Regelung die Auflösung der Vollversammlung als das stärkste Mittel der Staatsaufsicht heraus. Gemäß dem das Verwaltungsrecht beherrschenden Grundsatz der Verhältnismäßigkeit kommen für weniger schwere Fälle schwächere Aufsichtsmittel in Betracht.

Das für die Berliner Verwaltung erlassene Allgemeine Zuständigkeitsgesetz vom 2. Oktober 1958 (GVBl. S. 947) sieht in § 28 in Verbindung mit den §§ 10—13 als Mittel zur Ausübung der Staatsaufsicht das Informationsrecht, das Aufhebungsrecht, das Anweisungsrecht, das Ersatzbeschlußfassungsrecht und äußerstenfalls die Bestellung von Staatskommissaren vor. Diese Mittel sind gegenüber der IHK Berlin nur so weit anwendbar, als dies allgemeinen Rechtsgrundsätzen bei Ausübung der staatsaufsichtlichen Rechtskontrolle entspricht.

Anm. 3: Der Beauftragte (Abs. 2 Satz 4) kann nur eingesetzt werden, wenn anders die Funktionsfähigkeit der Organe der Kammer nicht gegeben ist.

§ 2

(1) Für die Rechnungslegung der Industrie- und Handelskammer finden die Grundsätze der Reichshaushaltsordnung sinngemäß Anwendung. Der Senat kann das Nähere durch Rechtsverordnung festlegen[1].

(2) Die Aufsichtsbehörde bestimmt, welche Stelle die Jahresrechnung prüft[2].

Anm. 1: Abs. 1 macht von der in § 12 Abs. 1 Nr. 7 BKG enthaltenen Ermächtigung Gebrauch. Die Vorschrift, daß für die Rechnungslegung die Grundsätze der Reichshaushaltsordnung sinngemäß Anwendung finden, entspricht dem früheren Recht (§ 31 Abs. 3 prIHK-Ges. in der Fassung des Gesetzes vom 28. Dezember 1933). Die Grundsätze können allerdings nicht schlechthin, sondern nur sinngemäß Anwendung finden. Von der Ermächtigung, im einzelnen festzulegen, was als sinngemäße Anwendung der RHO zu gelten hat, wird kaum Gebrauch gemacht werden, wenn sichergestellt ist, daß der Rechnungslegung und -prüfung eine von der Kammer selbst zu erlassende Haushalts-, Kassen- und Rechnungslegungsordnung zugrunde gelegt wird, die den Erfordernissen des öffentlichen Haushaltswesens genügt.

Anm. 2: In Übereinstimmung mit den anderen Bundesländern soll bestimmt werden, daß die Rechnungsprüfungsstelle des DIHT die Prüfung der Jahresrechnungen vornimmt.

§ 3

(1) Zuständig für die Bestellung der in den Ausschuß für Berufsausbildung zu entsendenden Arbeitnehmervertreter (§ 8 Abs. 2 Satz 2 des Bundesgesetzes) ist das für den Geschäftsbereich Arbeit zuständige Mitglied des Senats[1]).

(2) Die Arbeitnehmervertreter sind nach Vorschlagslisten zu bestellen, die von den im Bezirk der Industrie- und Handelskammer bestehenden unabhängigen Gewerkschaften und selbständigen Vereinigungen von Arbeitnehmern mit sozial- oder berufspolitischer Zwecksetzung bei dem für die Bestellung zuständigen Mitglied des Senats eingereicht werden. Die Ausschußsitze sind in angemessenem Verhältnis unter billiger Berücksichtigung der Minderheiten zu verteilen. Für die Bestellung ist die Reihenfolge in jeder Vorschlagsliste maßgebend[2]).

(3) Das für die Bestellung zuständige Mitglied des Senats kann bei Vorliegen eines wichtigen Grundes aus eigener Entschließung oder auf Antrag der vorschlagsberechtigten Organisation die Bestellung widerrufen.

Anm. 1: § 8 BKG schreibt bei jeder IHK die Bildung eines Ausschusses für Berufsausbildung vor, der zur Hälfte mit Mitgliedern, die von der Vollversammlung berufen werden, und zur Hälfte mit Mitgliedern, die aus Vertretern der bei kammerzugehörigen Unternehmen beschäftigten Arbeitnehmer bestehen, besetzt sind. Gemäß § 12 Abs. 1 Nr. 9 BKG wird in Abs. 1 das für den Geschäftsbereich Arbeit zuständige Mitglied des Senats als die für die Bestellung der Arbeitnehmervertreter zuständige Stelle bestimmt.

Anm. 2: Die in Abs. 2 getroffene Verfahrensregelung beschränkt sich in Anlehnung an das Arbeitsgerichtsgesetz vom 3. September 1953, das Sozialgerichtsgesetz vom gleichen Tage, sowie das Gesetz über die Errichtung einer Bundesanstalt für Arbeitsvermittlung und Arbeitslosenversicherung vom 10. März 1952 auf die Hervorhebung der wesentlichen Grundsätze.

§ 4

(1) Die Industrie- und Handelskammer ist befugt, Personen, die in § 36 der Reichsgewerbeordnung sowie in den hierzu ergangenen Vorschriften nach der Art ihrer Tätigkeit bezeichnet sind, als Sachverständige zu bestellen und zu vereidigen[1]).

(2) Die Industrie- und Handelskammer ist unter den in § 53 der Reichsgewerbeordnung genannten Voraussetzungen berechtigt, die vor der Umbildung der Industrie- und Handelskammer (§ 9 des Bundesgesetzes) vorgenommenen Bestellungen und Vereidigungen von Sachverständigen zurückzunehmen[2]).

Anm. 1: Die Bestellung und Vereidigung von Sachverständigen gehört von jeher zu den Aufgaben der IHKn (vgl. § 42 Abs. 1 Satz 1 prIHK-Ges.). Die Betrauung der Kammern im ehemals preußischen Staatsgebiet leitete sich bisher aus § 36 RGO in Verbindung mit der gemeinsamen Anordnung des Reichs- und Preußischen Wirtschaftsministers und des Reichs- und Preußischen Verkehrsministers vom 9. Juni 1937 her (RAnz. Nr. 132 vom 12. Juni 1937) her. Bestellung und Vereidigung der amtlich anerkannten Sachverständigen für den Kraftfahrzeugverkehr und der Sachverständigen für die Lebensmittelüberwachung verbleiben bei den bisher zuständigen Mitgliedern des Senats.

Anm. 2: Abs. 2 ist eingeführt worden, weil sich bei der Überleitung der Befugnis zur Bestellung handwerklicher Sachverständiger auf die Handwerkskammer Berlin (§ 84 Abs. 1 Nr. 8 HwO) Zweifel darüber ergeben hatten, wer die früher von dem für den Geschäftsbereich Wirtschaft zuständigen Mitglied des Senats vorgenommenen Bestellungen gegebenenfalls zurückzunehmen hat.

§ 5

Der Senat wird ermächtigt, für Kammerzugehörige, deren Gewerbebetrieb nach Art und Umfang einen in kaufmännischer Weise eingerichteten Geschäftsbetrieb nicht erfordert, durch Rechtsverordnung Höchstbeiträge festzusetzen (§ 3 Abs. 4 des Bundesgesetzes). Hierbei sind die wirtschaftlichen Belange dieser Gewerbetreibenden und die steuerliche Leistungsfähigkeit der übrigen Kammerzugehörigen (§ 2 des Bundesgesetzes) zu berücksichtigen.

§ 6

(1) Die Industrie- und Handelskammer ist berechtigt, Beamtenverhältnisse zu begründen[1]).

(2) Sie ist zur Führung eines Dienstsiegels befugt[2]).

Anm. 1: Nach § 2 Abs. 3 des Berliner Landesbeamtengesetzes vom 24. Juli 1952 in der Fassung vom 10. Dezember 1954 (GVBl. S. 747) kann der Senat den der Aufsicht des Landes Berlin unterstehenden Körperschaften des öffentlichen Rechts das Recht verleihen, Beamtenverhältnisse zu begründen. Beamte, die die IHK in Ausübung dieses Rechts bestellt, werden mittelbare Landesbeamte. Im übrigen ist nicht ausgeschlossen, daß hoheitsrechtliche Befugnisse auf einen Angestellten übertragen werden. Solche Fälle müssen aber im Hinblick auf Art. 33 Abs. 4 GG eine Ausnahme bleiben.

Anm. 2: Maßgebend für die Führung des Siegels ist § 5 Abs. 2 des Gesetzes über die Hoheitszeichen des Landes Berlin vom 13. Mai 1954 (GVBl. S. 289) und § 5 der in Ausführung dieses Gesetzes erlassenen Verordnung über die Landessiegel vom 28. Oktober 1954 (GVBl. S. 622).

§ 7

(1) Dieses Gesetz tritt am Tage nach seiner Verkündung im Gesetz- und Verordnungsblatt für Berlin in Kraft[1]).

(2) Mit dem Inkrafttreten dieses Gesetzes werden alle entgegenstehenden oder inhaltsgleichen Rechtsvorschriften aufgehoben. Insbesondere werden folgende Vorschriften, soweit sie nicht bereits außer Kraft getreten sind[2]), aufgehoben:

1. **Das Gesetz über die Handelskammern vom 24. Februar 1870 / 19. August 1897 (GS. 1870 S. 134 und GS. 1897 S. 343),**
2. **die Verordnung zur Änderung des Gesetzes über die Handelskammern vom 1. April 1924 (GS. S. 194),**
3. **das Gesetz vom 28. Dezember 1933 zur Abänderung des Gesetzes über die Industrie- und Handelskammern vom 24. Februar 1870 / 19. August 1897 in der Fassung des Gesetzes über die Industrie- und Handelskammern vom 1. April 1934 (GS. 1934 S. 6)[3]).**

Anm. 1: Das Gesetz ist am 30. Oktober 1957 im Gesetz- und Verordnungsblatt veröffentlicht worden, also am 31. Oktober 1957 in Kraft getreten.

Anm. 2: Die Ansichten darüber, ob diese Vorschriften bereits durch die Gauwirtschaftskammer-Gesetzgebung des Jahres 1942 aufgehoben worden sind, sind geteilt. Zur Klarstellung werden daher die bezeichneten Vorschriften ausdrücklich aufgehoben.

Anm. 3: Die Satzung der IHK zu Berlin vom 21. Juni 1957 und die Wahlordnung vom gleichen Tage sind im Amtsblatt S. 1371 veröffentlicht worden. Sie sind mit Wirkung vom 1. Januar 1958 in Kraft getreten.

4. Bremen

Gesetz über die Industrie- und Handelskammern im Lande Bremen

Vom 6. Mai 1958 (GVBl. S. 47)

Der Senat verkündet das nachstehende von der Bürgerschaft zur Ergänzung und Ausführung des Gesetzes zur vorläufigen Regelung des Rechts der Industrie- und Handelskammern vom 18. Dezember 1956 (BGBl. I S. 920) — Bundesgesetz — beschlossene Gesetz:

§ 1

(1) Als Industrie- und Handelskammern im Sinne des Bundesgesetzes vom 18. Dezember 1956 bestehen im Lande Bremen die Handelskammer Bremen und die Industrie- und Handelskammer Bremerhaven[1]). Sie haben Dienstherrnfähigkeit[2]).

(2) Die Aufsicht führt der für die Wirtschaft zuständige Senator (Aufsichtsbehörde[3]).

Anm. 1: Die Entwicklung der Handelskammern im Lande Bremen ist auf S. 13 ff. behandelt worden.

Anm. 2: Die Regelung entspricht der Regelung bei der Landwirtschaftskammer und den Arbeitnehmerkammern in Bremen. Vgl. im übrigen § 4 Abs. 1 des Bremischen Beamtengesetzes vom 16. Juli 1957 (GBl. S. 91).

Anm. 3: Über den Umfang der Aufsicht ist im Hinblick auf § 11 Abs. 1 BKG nichts gesagt. Vgl. demgegenüber die §§ 25 ff. des Gesetzes über die Arbeitnehmerkammern im Lande Bremen vom 3. Juli 1956 (unten S. 311).

Das Gesetz über den Rechnungshof der Freien Hansestadt Bremen vom 15. November 1949 (GBl. S. 229) wird durch dieses Gesetz nicht berührt.

§ 2

Die Industrie- und Handelskammern haben Richtlinien für die Aufstellung ihres Haushalts und die Prüfung der Jahresrechnung festzulegen[1]). Diese Richtlinien sind unter sinngemäßer Beachtung der Grundsätze der Reichshaushaltsordnung aufzustellen. Sie bedürfen der Genehmigung der Aufsichtsbehörde.

Anm. 1: Es dürften die Richtlinien des DIHT zu Grunde gelegt werden. Die Rechnungsprüfung als solche obliegt dem Rechnungshof für Bremen. Das gleiche gilt für die Prüfung, ob die Verpflichtungen aus den §§ 12—17 G 131 erfüllt sind.

§ 3

(1) Für den bei den Industrie- und Handelskammern gemäß § 8 Abs. 2 des Bundesgesetzes zu bildenden Berufsausbildungsausschuß werden die Arbeitnehmervertreter durch die Aufsichtsbehörde entsandt und abberufen[1]).

(2) Die Arbeitnehmervertreter sind aus Vorschlagslisten zu berufen, die von den im Bezirk der Industrie- und Handelskammer bestehenden Gewerkschaften und selbständigen Vereinigungen von Arbeitnehmern mit sozial- oder berufspolitischer Zwecksetzung bei der Aufsichtsbehörde eingereicht werden. Aus der Vorschlagsliste sollen Name, Vorname, Geburtsdatum, Beruf, Arbeitsstätte und Anschrift der vorgeschlagenen Personen ersichtlich sein. Die Listen sollen von den zur Vertretung der Organisationen berechtigten Personen unterzeichnet sein.

(3) Die Ausschußsitze sind in angemessenem Verhältnis unter billiger Berücksichtigung der Minderheiten auf die vorschlagsberechtigten Organisationen zu verteilen. Die Hälfte der satzungsmäßigen Anzahl der Arbeitnehmervertreter sollen Vertreter der Angestellten im Sinne des § 8 Abs. 4 des Gesetzes über die Arbeitnehmerkammern vom 3. Juli 1956 (Brem. Ges.-Bl. S. 79) sein[2]). Für die Bestellung ist die Reihenfolge in jeder Vorschlagsliste maßgebend.

(4) Entfällt bei einem Ausschußmitglied eine Voraussetzung für die Bestellung oder stellt sich nachträglich heraus, daß sie nicht vorgelegen hat, so ist es als Mitglied abzuberufen[3]).

Anm. 1: Diese Regelung entspricht der allgemeinen Handhabung, trotzdem es nahe gelegen hätte, die Arbeitnehmerkammern mit der Entsendung und Abberufung zu betrauen. Vgl. § 1 Abs. 3 des Gesetzes über die Arbeitnehmerkammern (unten S. 302).

Anm. 2: Vgl. S. 303.

Anm. 3: Vgl. § 16 des Gesetzes über die Errichtung einer Bundesanstalt für Arbeitsvermittlung und Arbeitslosenversicherung vom 10. März 1952.

§ 4

Der für die Wirtschaft zuständige Senator wird ermächtigt, zur Wahrung der wirtschaftlichen Belange von Kammerzugehörigen, deren Gewerbebetrieb nach Art und Umfang einen nach kaufmännischen Grundsätzen geleiteten Geschäftsbetrieb nicht erfordert (§ 3 Abs. 4 Satz 1, Bundesgesetz), durch Rechtsverordnung Höchstbeiträge festzusetzen.

§ 5

(1) Die Industrie- und Handelskammern führen das kleine bremische Siegel mit dem mittleren bremischen Wappen. Sie sind berechtigt, die bisher von ihnen verwendeten Siegel weiterzuführen.

(2) Die Industrie- und Handelskammern sind vor Erlaß landesrechtlicher Vorschriften über Angelegenheiten, die ihr Aufgabengebiet betreffen, zu hören.

(3) Sie können die ihnen zur Durchführung ihrer Aufgaben angemessen erscheinenden Maßnahmen bei der Aufsichtsbehörde beantragen. Sie sind außerdem berechtigt, dem Senat unaufgefordert gutachtlich zu berichten.

§ 6

(1) Die Industrie- und Handelskammern können Personen mit besonderer Sachkunde und Eignung für bestimmte Gebiete im Bereiche der von ihnen vertretenen Wirtschaft zur öffentlichen Bestellung und Vereidigung als Sachverständige vorschlagen[1]). Das gleiche gilt für Börsenmakler und sonstige Handelshilfspersonen.

(2) Der für die Wirtschaft zuständige Senator bestellt die Sachverständigen und Handelshilfspersonen[2]) und vereidigt sie darauf, daß sie ihre Aufgabe gewissenhaft erfüllen und die von ihnen angeforderten Gutachten gewissenhaft und unparteiisch erstatten werden.

(3) Der für die Wirtschaft zuständige Senator kann zur Durchführung des Abs. 2 Vorschriften über die Voraussetzungen für die Bestellung und den Widerruf der Bestellung sowie über den Umfang der Befugnisse und Verpflichtungen der Sachverständigen und Handelshilfspersonen bei der Ausübung ihrer Tätigkeit erlassen.

Anm. 1: Im Gegensatz zur üblichen Handhabung bestellen die Industrie- und Handelskammern im Land Bremen die Sachverständigen nicht selbst, sondern schlagen sie dem für die Wirtschaft zuständigen Senator lediglich vor. Das entspricht der Auffassung der Handelskammer Bremen, möglichst wenig hoheitliche Aufgaben zu übernehmen.

Anm. 2: Zu den Handelshilfspersonen gehören auch die Börsenmakler.

§ 7

(1) Die Handelskammer Bremen ist Rechtsnachfolgerin des Collegium Seniorum gemäß § 20 des Gesetzes die Handelskammer betreffend, vom 2. April 1849 (Brem. Ges.-Bl. S. 118) und des Vergleiches zwischen Senat und Bürgerschaft einerseits und dem Collegium Seniorum andererseits vom 28. Februar 1849 (Verhandlungen zwischen dem Senat und der Bürgerschaft 1849 S. 180 ff.[1]).

(2) Soweit den Bediensteten der Handelskammer Bremen gegenüber durch § 13 Abs. 4 des Gesetzes über die Handelskammer Bremen die Gewährleistung der Ansprüche auf Ruhegehalt und Hinterbliebenenversorgung übernommen worden ist, bleiben diese Rechte erhalten. Die Verpflichtung zur Zahlung des Ruhegehaltes und der Hinterbliebenenversorgung hat die Handelskammer[2]).

Anm. 1: Diese Vorschrift war bereits in § 12 des Gesetzes über die Handelskammer Bremen vom 17. Juli 1921 enthalten.

Anm. 2: § 7 Abs. 2 soll die Gewährleistung der Ansprüche durch den bremischen Staat aufrecht erhalten. Vgl. die gleiche Vorschrift in § 31 des Gesetzes über die Arbeitnehmerkammern im Lande Bremen.

§ 8

Rechtsvorschriften, die diesem Gesetz widersprechen, werden aufgehoben. Insbesondere treten außer Kraft:

1. **Das Gesetz über die Handelskammer Bremen vom 17. Juli 1921 (Brem. Ges.-Bl. S. 266) in der Fassung der Gesetze vom 25. November 1921 (Brem. Ges.-Bl. S. 458), 1. Januar 1922 (Brem. Ges.-Bl. S. 2), 20. Dezember 1922 (Brem. Ges.-Bl. S. 785), 27. Juni 1923 (Brem. Ges.-Bl. S. 389), 18. Oktober 1923 (Brem. Ges.-Bl. S. 709), 15. April 1928 (Brem. Ges.-Bl. S. 136), 17. Juli 1931 (Brem. Ges.-Bl. S. 194), 11. April 1933 (Brem. Ges.-Bl. S. 119), 28. Juni 1933 (Brem. Ges.-Bl. S. 237), 20. Juli 1937 (Brem. Ges.-Bl. S. 145), 19. August 1938 (Brem. Ges.-Bl. S. 189), 25. Mai 1939 (Brem. Ges.-Bl. S. 189) sowie des Gesetzes über die Übertragung der öffentlich-rechtlichen Aufgaben der Kammern auf staatliche Behörden vom 26. Januar 1949 (Brem. Ges.-Bl. S. 21),**
2. **das Preuß. Gesetz über die Handelskammern vom 24. Februar 1870 (Pr. GS. S. 134) in der Fassung der Gesetze vom 19. August 1897 (Preuß. Ges.-Samml. S. 343), vom 1. April 1924 (Preuß. Ges.-Samml. S. 194), vom 28. Dezember 1933 (Pr. GS. Nr. 2), sowie des Gesetzes über die Übertragung der öffentlich-rechtlichen Aufgaben der Kammern auf staatliche Behörden vom 26. Januar 1949 (Brem. Ges.-Bl. S. 21),**
3. **Gesetz über die Erhebung eines Beitrages für die Handelskammer vom 17. Juli 1921 (Brem. Ges.-Bl. S. 259) in der Fassung des Änderungsgesetzes vom 20. Dezember 1922 (Brem. Ges.-Bl. S. 734),**
4. **Das Gesetz über die Übertragung der öffentlich-rechtlichen Aufgaben der Kammern auf staatliche Behörden vom 26. Januar 1949 (Brem. Ges.-Bl. S. 21) in der Fassung vom 5. Juli 1949 (Brem. Ges.-Bl. S. 145).**

§ 9

Das Gesetz tritt am Tage nach seiner Verkündung in Kraft[1]).

Anm. 1: Das Gesetz ist am 13. Mai 1958 verkündet worden, also am 14. Mai 1958 in Kraft getreten.

5. Hessen

Hessisches Ausführungsgesetz zum Bundesgesetz zur vorläufigen Regelung des Rechts der Industrie- und Handelskammern

Vom 6. November 1957 (GVBl. S. 147)

§ 1

Die Landesregierung kann durch Rechtsverordnung Industrie- und Handelskammern errichten oder auflösen oder ihre Bezirke ändern, wenn dies zur besseren Durchführung der in § 1 des Gesetzes zur vorläufigen Regelung des Rechts der Industrie- und Handelskammern vom 18. Dezember 1956 (Bundesgesetzbl. I S. 920) genannten Aufgaben geboten ist[1]). Werden Bezirksgrenzen geändert, so muß eine Vermögensauseinandersetzung erfolgen; einigen sich die beteiligten Kammern hierüber nicht, so entscheidet die Aufsichtsbehörde[2]).

Anm. 1: Bei Inkrafttreten des Ausführungsgesetzes haben IHKn in Darmstadt, Dillenburg, Frankfurt/M., Friedberg, Fulda, Gießen, Hanau, Kassel, Limburg/Lahn, Offenbach, Wetzlar und Wiesbaden bestanden. Da sie als private Vereine § 3 Abs. 1 BKG nicht entsprochen haben, mußten sie sich entsprechend § 9 BKG umbilden.

Die Errichtung und Auflösung von IHKn sowie die Änderung ihrer Bezirksgrenzen ist im Hinblick auf die Bedeutung dieser Maßnahmen der Landesregierung vorbehalten.

Anm. 2: Diese Regelung entspricht § 83 Abs. 2 HwO. Allerdings bedarf die Vermögensauseinandersetzung hier nicht der Genehmigung der Aufsichtsbehörde.

§ 2

(1) Die Aufsicht des Staates über die Industrie- und Handelskammern (§ 11 Abs. und 2 des Bundesgesetzes) übt der für die Wirtschaft zuständige Minister aus[1]).

(2) Die Aufsichtsbehörde kann, falls andere Aufsichtsmittel nicht ausreichen, die Vollversammlung auflösen, wenn sich die Industrie- und Handelskammer trotz wiederholter Aufforderung nicht im Rahmen der für sie geltenden Rechtsvorschriften hält[2]). Innerhalb von drei Monaten nach Eintritt der Unanfechtbarkeit der Auflösung ist eine Neuwahl vorzunehmen. Das bisherige Präsidium führt seine Geschäfte bis zum Amtsantritt des neuen Präsidiums weiter und bereitet die Neuwahl der Vollversammlung vor; die Aufsichtsbehörde kann einen Beauftragten einsetzen, der die Befugnisse der Vollversammlung, des Präsidiums oder beider ausübt.

Anm. 1: Aufsichtsbehörde ist der Hessische Minister für Arbeit, Wirtschaft und Verkehr.

Anm. 2: Das stärkste Aufsichtsmittel kommt nur bei besonders schweren Verstößen in Frage. In minder schwerwiegenden Fällen können mildere Aufsichtsmittel, z. B. die Beanstandung, die Auflage, die Ersatzvornahme oder die Zwangsetatisierung angewandt werden.

§ 3

Die Gemeinden, für Gemeinden ohne Vollziehungsbeamten die Landkreise, sind auf Ersuchen der Industrie - und Handelskammer verpflichtet, Beiträge, Sonderbeiträge und Gebühren (§ 8 Abs. 8 Satz 1 des Bundesgesetzes) gegen eine Vergütung von fünf vom Hundert der zu erhebenden Beträge einzuziehen oder beizutreiben[1]). Uneinbringliche Beitreibungskosten (Gebühren und Auslagen) sind von der auftraggebenden Industrie- und Handelskammer zu zahlen.

Anm. 1: Die Verpflichtung der Gemeinden zur Einziehung und Beitreibung der Beiträge, Sonderbeiträge und Gebühren entspricht der Regelung in § 107 Abs. 2 HwO. Da nicht alle Gemeinden Vollziehungsbeamte haben, ist die hilfsweise Heranziehung der Landkreise erforderlich.

Die Einziehungsvergütung ist auch dann zu entrichten, wenn die Gemeinde oder der Landkreis Beiträge nur beitreiben.

§ 4

(1) Für die Rechnungslegung der Industrie- und Handelskammern sind die Vorschriften der Reichshaushaltsordnung sinngemäß anzuwenden[1]).

(2) Die Aufsichtsbehörde stellt die Grundsätze für die Prüfung der Jahresrechnung auf; sie bestimmt die Rechnungsprüfungsstelle[2]).

Anm. 1: Die Vorschrift beruht auf § 12 Abs. 1 Nr. 7 BKG.

Anm. 2: In Übereinstimmung mit den übrigen Bundesländern ist beabsichtigt, die Prüfung der Jahresrechnungen der IHKn Hessens der Rechnungsprüfungsstelle des DIHT zu übertragen.

§ 5

(1) Zuständig für die Bestellung der in die Ausschüsse für Berufsausbildung zu entsendenden Arbeitnehmervertreter (§ 8 Abs. 2 Satz 2 des Bundesgesetzes) ist die Aufsichtsbehörde[1]).

(2) Die Arbeitnehmervertreter sind aus Vorschlagslisten zu berufen, die von den im Bezirk der Industrie- und Handelskammer bestehenden Gewerkschaften und selbständigen Vereinigungen von Arbeitnehmern mit sozial- oder berufspolitischer Zwecksetzung bei der Aufsichtsbehörde eingereicht werden[2]). Die Ausschußsitze sind in angemessenem Verhältnis unter billiger Berücksichtigung der Minderheiten zu verteilen[3]). Für die Bestellung ist die Reihenfolge in jeder Vorschlagsliste maßgebend.

Anm. 1: Die übrigen Mitglieder dieser Ausschüsse werden von den Vollversammlungen bestellt.

Anm. 2: Das Verfahren ist unter Anlehnung an die Vorbilder im Arbeitsgerichtsgesetz vom 3. September 1953, im Sozialgerichtsgesetz vom gleichen Tage und im Gesetz über die Errichtung einer Bundesanstalt für Arbeitsvermittlung und Arbeitslosenversicherung vom 10. März 1952 geregelt.

Anm. 3: Vgl. § 20 Abs. 1 Satz 2 AGG. Die Abweichung vom Grundsatz der Verhältnismäßigkeit darf jedoch nicht zu einer offensichtlichen Benachteiligung wesentlich stärkerer Gruppen führen. Die Abberufung erfolgt durch diejenige Stelle, die die betreffenden Mitglieder bestellt hat.

§ 6

(1) Die Industrie- und Handelskammern sind befugt, Personen der in § 36 der Gewerbeordnung und den hierzu ergangenen Vorschriften bezeichneten Art sowie solche freiberuflich tätigen Personen, deren Tätigkeit in das Gebiet der Industrie, des Handels, des Immobilienwesens, des Bank- und Börsenwesens, des Versicherungswesens, der Energiewirtschaft oder des Verkehrswesens fällt, als Sachverständige öffentlich zu bestellen und zu beeidigen[1]).

(2) Zu den Sachverständigen im Sinne des Abs. 1 zählen auch freiberuflich tätige Dolmetscher und Übersetzer, deren Tätigkeit eines der angeführten Sachgebiete betrifft[2]).

Anm. 1: § 6, der die öffentliche Anstellung und Beeidigung der in § 36 GewO genannten Gewerbetreibenden betrifft, geht in seiner Fassung über die vergleichbaren Bestimmungen der Ausführungsgesetze der übrigen Länder hinaus. Die öffentliche Bestellung und Beeidigung bestimmter Gewerbetreibender als Sachverständige nach § 36 GewO richtete sich in dem heute zum Lande Hessen gehörenden Gebiet nach § 42 Abs. 1 prIHK-Gesetz und nach Art. 25 Abs. 1 des hessischen Gesetzes betr. die Industrie- und Handelskammern in der Fassung des Gesetzes vom 4. Juni 1937 (Reg.Bl. S. 165). Zuständig waren die IHKn. Durch das hessische Gesetz über Beeidigung und öffentliche Bestellung von Gewerbetreibenden vom 20. Juni 1947 (GVBl. S. 37) wurde die Beeidigung und Bestellung auf die Regierungspräsidenten übertragen, weil die hessischen IHKn ihre öffentlich-rechtliche Rechtsstellung nach dem 8. Mai 1945 verloren hatten. Mit § 6 des Ausführungsgesetzes wird der alte Zustand wieder hergestellt, wobei sich die Befugnisse der IHKn nach Auffassung des Gesetzgebers aus § 36 Abs. 1 RGO sowie aus der Anordnung des Reichs- und Preußischen Wirtschaftsministers und des Reichs- und Preußischen Verkehrsministers vom 9. Juni 1937 (RAnz. Nr. 132 vom 12. Juni 1937) und der Anordnung des Reichswirtschaftsministers vom 9. September 1938 (RAnz. Nr. 213 vom 13. September 1938) ergeben.

Das Gesetz sieht ferner vor, daß die IHKn auch bestimmte freiberuflich tätige Personen als Sachverständige bestellen und beeidigen können. Dies war bereits in einem nicht ordnungsgemäß veröffentlichten Erlaß des früheren Reichswirtschaftsministers vom 15. Juli 1941 bestimmt, obwohl die Ermächtigung in § 36 Abs. 3 RGO freiberuflich tätige Personen nicht erfaßt. Die insoweit in § 6 getroffene Regelung soll diese Lücke ausfüllen.

Anm. 2: Da Dolmetscher und Übersetzer nach überwiegender Ansicht keine Sachverständigen im Sinne der Prozeß- und Kostengesetze sind, stellt Abs. 2 klar, daß auch diese Personen, wenn ihre Tätigkeit eines der in Abs. 1 angeführten Sachgebiete betrifft, als Sachverständige bestellt und vereidigt werden können. Die Frage, inwieweit Dolmetscher und Übersetzer nach anderen Vorschriften als Sachverständige anzusehen sind, läßt die Fassung des Abs. 2 unberührt.

§ 7

Die Industrie- und Handelskammern besitzen das Recht, Beamte zu haben[1]).

Anm. 1: Die IHKn in Hessen hatten auf Grund des Besatzungsrechts ihre Rechte als öffentlich-rechtliche Körperschaften verloren. Sie besaßen daher keine Dienstherreneigenschaft mehr. Nunmehr ist die Voraussetzung dafür geschaffen, den IHKn erneut diese Eigenschaft zuzuerkennen. Die Zuerkennung kann durch Gesetz, Verordnung oder Genehmigung einer entsprechenden Satzung geschehen (vgl. § 121 des Rahmengesetzes zur Vereinheitlichung des Beamtenrechts vom 1. Juli 1957). Sie erfolgt hier durch Gesetz.

§ 8

Der für die Wirtschaft zuständige Minister wird ermächtigt, zur Wahrung der wirtschaftlichen Belange von Kammerzugehörigen, deren Gewerbebetrieb nach Art und Umfang einen in kaufmännischer Weise eingerichteten Geschäftsbetrieb nicht erfordert (8 Abs. 4 Satz 1 des Bundesgesetzes), durch Rechtsverordnung Höchstbeiträge festzusetzen[1]). Hierbei ist auf die Leistungsfähigkeit der übrigen Kammerzugehörigen Rücksicht zu nehmen[2]).

Anm. 1: Vgl. § 3 Abs. 4 Satz 3 BKG.

Anm. 2: Vgl. § 3 Abs. 2 Satz 2 BKG.

§ 9

Die diesem Gesetz entgegenstehenden Vorschriften werden aufgehoben. Namentlich werden folgende Vorschriften aufgehoben, soweit sie nicht bereits außer Kraft getreten sind:

1. **Das Gesetz über die Industrie- und Handelskammern vom 24. Februar 1870 / 19. August 1897 (Preuß. Gesetzsamml. 1870 S. 134 und 1897 S. 343) in der Fassung des Gesetzes vom 28. Dezember 1933 (Preuß. Gesetzsamml. 1934 S. 6),**
2. **das Gesetz, die Industrie- und Handelskammern betreffend, vom 6. August 1902 / 25. Juni 1925 (Hess. Reg. Bl. 1902 S. 373 und 1925 S. 86) in der Fassung des Gesetzes vom 4. Juni 1937 (Hess. Reg.Bl. S. 165),**
3. **der Runderlaß über die Neuregelung der Organisation der Industrie- und Handelskammern in Hessen vom 5. Dezember 1946 (St. Anz. S. 123),**
4. **das Gesetz über Beeidigung und öffentliche Bestellung von Gewerbetreibenden vom 20. Juni 1947 (GVBl. S. 37).**

§ 10

Der für die Wirtschaft zuständige Minister erläßt die zur Durchführung dieses Gesetzes erforderlichen Verwaltungsvorschriften[1]).

Anm. 1: Derartige Verwaltungsvorschriften sind insbesondere für die Regelung des Rechnungsprüfungswesens gedacht.

§ 11

Dieses Gesetz tritt am Tage nach seiner Verkündung in Kraft[1]).

Anm. 1: Das Gesetz ist am 6. Dezember 1957 veröffentlicht worden, also am 7. Dezember 1957 in Kraft getreten.

6. Niedersachsen

Niedersächsisches Ausführungsgesetz zum Bundesgesetz zur vorläufigen Regelung des Rechts der Industrie- und Handelskammern

Vom 20. Dezember 1957 (GVBl. S. 136)

Der Niedersächsische Landtag hat das folgende Gesetz beschlossen, das hiermit verkündet wird:

§ 1

Errichtung, Auflösung, Änderung der Bezirksabgrenzung.

(1) Industrie- und Handelskammern im Sinne des § 1 des Bundesgesetzes vom 18. Dezember 1956 (Bundesgesetzbl. I S. 920) werden vom Landesministerium errichtet oder aufgelöst.

Das gleiche gilt für die Änderung der Bezirke der Industrie- und Handelskammern[1]). Bei der Abgrenzung sollen die wirtschaftliche Zusammengehörigkeit und die Eigenart der Bezirke, die steuerliche Leistungsfähigkeit der Kammerzugehörigen und das Streben nach Kostenersparnis maßgebend sein[2]).

(2) Werden Bezirke der Industrie- und Handelskammern geändert, so muß eine Vermögensauseinandersetzung erfolgen; können sich die beteiligten Kammern hierüber nicht einigen, so entscheidet die für die Aufsicht zuständige oberste Landesbehörde (Aufsichtsbehörde)[3]).

Anm. 1: Die Bestimmung, daß diese Maßnahmen dem Landesministerium vorbehalten sind, ist § 1 Abs. 1 des Gesetzes über Landwirtschaftskammern vom 5. Juli 1954 (GVBl. S. 55) angeglichen.

Anm. 2: Die Grundsätze des Satzes 3 sind nahezu wörtlich § 2 Abs. 3 prIHK-Ges. entnommen.

Anm. 3: Diese Regelung entspricht § 83 Abs. 2 HwO.

§ 2

Besondere Maßnahmen der Staatsaufsicht

Die Aufsichtsbehörde kann die Vollversammlung auflösen, wenn sich die Industrie- und Handelskammer trotz wiederholter Aufforderung nicht im Rahmen der für sie geltenden Rechtsvorschriften hält. Innerhalb von drei Monaten nach Eintritt der Unanfechtbarkeit der Auflösung ist eine Neuwahl vorzunehmen. Das bisherige Präsidium führt seine Geschäfte bis zum Amtsantritt des neuen Präsidiums weiter und bereitet die Neuwahl der Vollversammlung vor; die Aufsichtsbehörde kann einen Beauftragten einsetzen, der die Befugnisse der Vollversammlung, des Präsidiums oder beider Organe ausübt.

§ 3

Beitreibung der Abgaben

Beiträge, Sonderbeiträge und Gebühren der Industrie- und Handelskammern werden von den Gemeinden, soweit sie Vollstreckungsbehörden sind, im übrigen von den Landkreisen nach den für Gemeinde- und Kreisabgaben geltenden Vorschriften gegen Erstattung der Kosten beigetrieben[1]).

Anm. 1: Die Regelung, daß Beiträge, Sonderbeiträge und Gebühren von den Gemeinden, unter Umständen auch von den Kreisen, nach denjenigen Bestimmungen beigetrieben werden, die bei deren eigenen Abgaben gelten, entspricht dem seit jeher geübten Verfahren. Sie steht auch im Einklang mit der Handhabung bei den Handwerkskammern (§ 107 Abs. 2 HwO) sowie bei den Standesvertretungen der Ärzte, Apotheker, Tierärzte und Zahnärzte. Vgl. § 7 des Gesetzes über die Standesvertretungen der Ärzte, Apotheker, Tierärzte und Zahnärzte in der Fassung vom 22. August 1955 (GVBl. 239). Im Hinblick auf Art. 44 Abs. 4 der Vorläufigen Niedersächsichen Verfassung vom 13. April 1951 ist ausdrücklich festgelegt, daß die aus der Beitreibung entstehenden Kosten den Gebietskörperschaften voll ersetzt werden.

Von der in § 12 Abs. 1 Nr. 6 BKG vorgesehenen Möglichkeit, auch die Einziehung zu übertragen, ist kein Gebrauch gemacht worden.

§ 4

Rechnungslegung und -prüfung

(1) Für die Rechnungslegung der Industrie- und Handelskammern sind die Vorschriften der Reichshaushaltsordnung sinngemäß anzuwenden[1]).

(2) Die Aufsichtsbehörde kann Grundsätze für die Prüfung der Jahresrechnung aufstellen. Sie bestimmt, welche Stelle die Jahresrechnung prüft; auch kann sie eine Prüfung durch den Landesrechnungshof mit dessen Einverständnis veranlassen[2]).

Anm. 1: Die Bestimmung, daß die Reichshaushaltsordnung (RHO) auf die Rechnungslegung der Kammern sinngemäß anzuwenden ist, entspricht dem bisherigen Recht (§ 31 Abs. 3 prIHK-Ges.). Durch diese Bestimmung sollen die IHKn an die Grundprinzipien des öffentlichen Haushaltsrechts gebunden werden.

Anm. 2: Die hier vorgesehene Regelung berührt nicht das Prüfungsrecht des Landesrechnungshofs gegenüber öffentlich-rechtlichen Körperschaften nach § 2 Abs. 1 des Gesetzes über die Errichtung eines Rechnungshofs und die Rechnungsprüfung für das Land Niedersachsen vom 25. Juni 1948 (GVBl. S. 65).

§ 5

Bestellung von Arbeitnehmervertretern

(1) Zuständig für die Bestellung der in die Ausschüsse für Berufsausbildung zu entsendenden Arbeitnehmervertreter (§ 8 Abs. 2 Satz 2 des Bundesgesetzes) ist die Aufsichtsbehörde[1]).

(2) Die Arbeitnehmervertreter sind aus Vorschlagslisten zu berufen, die von den im Bezirk der Industrie- und Handelskammer bestehenden Gewerkschaften und selbständigen Vereinigungen von Arbeitnehmern mit sozial- oder berufspolitischer Zwecksetzung bei der Aufsichtsbehörde eingereicht werden. Die Ausschußsitze sind in angemessenem Verhältnis unter billiger Berücksichtigung der Minderheiten zu verteilen. Für die Bestellung ist die Reihenfolge in jeder Vorschlagsliste maßgebend[2]).

(3) Entfällt bei einem Ausschußmitglied eine Voraussetzung für seine Bestellung oder stellt sich nachträglich heraus, daß sie nicht vorgelegen hat, so ist es abzuberufen.

Anm. 1: Auf Grund der Ermächtigung in § 12 Abs. 1 Nr. 9 BKG wird in Abs. 1 die Aufsichtsbehörde als die für die Bestellung der Arbeitnehmervertreter zuständige Stelle bestimmt. Die anderen Mitglieder des Ausschusses werden von der Vollversammlung berufen (§ 8 Abs. 2 BKG).

Anm. 2: Das Verfahren ist in Anlehnung an das Arbeitsgerichtsgesetz, das Sozialgerichtsgesetz und das Gesetz über die Errichtung einer Bundesanstalt für Arbeitsvermittlung und Arbeitslosenversicherung geregelt.

Amtsdauer und Entschädigung der Ausschußmitglieder sind in den mit Genehmigung der Aufsichtsbehörde (§ 11 Abs. 2 BKG) zu erlassenden Kammersatzungen festzulegen.

§ 6

Sachverständige

Die Industrie- und Handelskammern sind im Rahmen ihrer Aufgaben befugt, gemäß § 36 der Reichsgewerbeordnung und den hierzu ergangenen Vorschriften Sachverständige zu bestellen und zu vereidigen.

§ 7

Höchstbeiträge

Die Aufsichtsbehörde kann für Kammerzugehörige, deren Gewerbebetrieb nach Art und Umfang einen in kaufmännischer Weise eingerichteten Geschäftsbetrieb nicht erfordert, Höchstbeiträge festsetzen (§ 3 Abs. 4 des Bundesgesetzes). Hierbei sind die wirtschaftlichen Belange dieser Gewerbetreibenden und die steuerliche Leistungsfähigkeit der anderen Kammerzugehörigen (§ 2 des Bundesgesetzes) zu berücksichtigen.

§ 8

Inkrafttreten, Aufhebung von Rechtsvorschriften

(1) Dieses Gesetz tritt vierzehn Tage nach seiner Verkündung in Kraft[1]).

(2) Mit dem Inkrafttreten dieses Gesetzes werden alle entgegenstehenden oder inhaltsgleichen Rechtsvorschriften aufgehoben. Insbesondere werden folgende Vorschriften, soweit sie nicht bereits außer Kraft getreten sind, mit den zu ihrer Durchführung ergangenen Rechtsvorschriften aufgehoben:

1. **Das preußische Gesetz über die Industrie- und Handelskammern vom 24. Februar 1870 / 19. August 1897 (Preuß. Gesetzsamml. 1870 S. 134 und 1897 S. 343) in der Fassung des Gesetzes vom 28. Dezember 1933 (Preuß. Gesetzsamml. 1934 S. 6).**
2. **das braunschweigische Gesetz über die Industrie- und Handelskammer vom 23. Dezember 1933 (Braunschw. GVS S. 211) in der Fassung des Gesetzes vom 3. August 1937 (Braunschw. GVS S. 82),**
3. **das Gesetz für den Freistaat Oldenburg betr. die Oldenburgische Industrie- und Handelskammer vom 19. Februar 1900 / 1. August 1924 (Old. GBl. Bd. 33 S. 121 und Bd. 43 S. 523) in der Fassung des Gesetzes vom 23. Dezember 1937 (Old. GBl. Bd. 50 S. 341),**
4. **das Gesetz betr. die Errichtung einer Industrie- und Handelskammer für Schaumburg-Lippe vom 3. April 1925 (Schaumb.-Lipp. LV. Bd. XXVIII S. 341) in der Fassung des Gesetzes vom 21. Juni 1937 (Schaumb.-Lipp. LV. Bd. XXXII S. 305).**

Anm. 1: Das Gesetz ist am 31. Dezember 1957 verkündet worden, also am 14. Januar 1958 in Kraft getreten.

7. Nordrhein-Westfalen

Gesetz über die Industrie- und Handelskammern im Lande Nordrhein-Westfalen (IHKG)

Vom 23. Juli 1957 (GVBl. S. 187)

Der Landtag hat zur Ergänzung und Ausführung des Gesetzes zur vorläufigen Regelung des Rechts der Industrie- und Handelskammern vom 18. Dezember 1956 (BGBl. I S. 920) das folgende Gesetz beschlossen, das hiermit verkündet wird:

§ 1

Der Minister für Wirtschaft und Verkehr wird ermächtigt, nach Anhörung des Wirtschaftsausschusses des Landtags[1]) durch Rechtsverordnung[2]) Industrie- und Handelskammern zu errichten oder aufzulösen oder ihre Bezirke zu ändern, wenn dies zur besseren Durchführung der Kammeraufgaben geboten ist[3]). Werden Bezirksgrenzen geändert, so muß eine Vermögensauseinandersetzung erfolgen; können sich die beteiligten Kammern hierüber nicht einigen, so entscheidet der Minister für Wirtschaft und Verkehr.

Anm. 1: Die Worte „nach Anhörung des Wirtschaftsausschusses des Landtags" sind entsprechend dem Vorschlag des Ausschusses in das Gesetz aufgenommen worden.

Anm. 2: Eine solche Rechtsverordnung kann nur ergehen, wenn die Kammerzugehörigen gemäß § 12 Abs. 2 BKG gehört worden sind.

Anm. 3: Der Wunsch nach einer Änderung des Bestandes der IHKn wird im Regelfall aus dem Kreis der Kammerzugehörigen an den Fachminister herangetragen werden. Die Anregung kann auch von anderer Seite ausgehen. Regionale Änderungen der bestehenden Bereiche sind nur zulässig, wenn sie „einer besseren Durchführung der Kammeraufgaben" dienen. Die Einschränkung ist von wesentliche Bedeutung.

§ 2

(1) Zuständig für die Aufsicht über die Industrie- und Handelskammern (§ 11 Abs. 1 und 2 des Bundesgesetzes) ist der Minister für Wirtschaft und Verkehr (Aufsichtsbehörde)[1]).

(2) Hält sich eine Industrie- und Handelskammer trotz zweimaliger Aufforderung bei Ausübung ihrer Tätigkeit nicht im Rahmen der für sie geltenden Rechtsvorschriften, so kann ihre Vollversammlung von der Aufsichtsbehörde aufgelöst werden[2]). Innerhalb von drei Monaten nach Eintritt der Unanfechtbarkeit der Auflösung ist eine Neuwahl vorzunehmen. Das bisherige Präsidium hat seine Geschäfte bis zum Amtsantritt eines neuen Präsidiums weiterzuführen und die Neuwahl der Vollversammlung vorzubereiten; die Aufsichtsbehörde kann einen Beauftragten einsetzen, der die Befugnisse der Vollversammlung, des Präsidiums oder beider Organe ausübt.

Anm. 1: Die Bestimmung in Abs. 1 übernimmt den bisherigen Rechtszustand (§ 43 Abs. 1 prIHK-Ges., § 25 Abs. 4 lipp. IHK-Ges.).

Anm. 2: Abs. 2 beruht auf der Ermächtigung des § 12 Abs. 1 Nr. 4 BKG. Satz 1 übernimmt das bisherige preußische Recht und stellt lediglich klar, daß von einer etwaigen Auflösung nur die Vollversammlung der Kammer betroffen wird. Die weiteren Vorschriften (Satz 2 und 3) stellen die Funktionsfähigkeit der Kammer nach Auflösung der Vollversammlung sicher.

§ 3

(1) Die Gemeinden, für amtsangehörige Gemeinden die Ämter, sind verpflichtet, auf Ersuchen der Industrie- und Handelskammer Beiträge, Sonderbeiträge und Gebühren (§ 3 Abs. 8 Satz 1 des Bundesgesetzes) gegen eine Vergütung von fünf vom Hundert der zu erhebenden Beträge einzuziehen.

(2) Die Gemeinden (Ämter) sind Vollstreckungsbehörden für die Beitreibung rückständiger Beiträge, Sonderbeiträge und Gebühren. Unbeschadet einer nach Absatz 1 fälligen Einziehungsvergütung sind uneinbringliche Beitreibungskosten (Gebühren und Auslagen) von der auftraggebenden Industrie- und Handelskammer zu zahlen[1]).

Anm. 1: Die IHKn konnten nach bisherigem Recht (§ 28 Abs. 1 prIHK-Ges., § 4 Abs. 1 der Ersten Verordnung zur Durchführung des Gesetzes über die Erhebung der Beiträge zu den IHKn vom 8. September 1939) Beiträge, Sonderbeiträge und Gebühren durch die Gemeinden einziehen lassen. Das Gesetz behält diese Möglichkeit bei, so daß den Gemeinden neue Aufgaben nicht erwachsen. Die Vorschrift geht jedoch über die frühere Regelung insofern hinaus, als sie zwischen der Einziehung und der Beitreibung unterscheidet. Die Gemeinden erhalten eine Einziehungsvergütung in Höhe von 5 vom Hundert der zu erhebenden Beiträge sowie Beitreibungsgebühren nach allgemeinen Vorschriften. Dabei ist sichergestellt, daß Einziehungsvergütung und Beitreibungsgebühr auch dann zu entrichten sind, wenn ein Beitreibungsgesuch erfolglos geblieben ist.

§ 4

(1) Für die Rechnungslegung der Industrie- und Handelskammer sind die Vorschriften der Reichshaushaltsordnung sinngemäß anzuwenden[1]).

(2) Die Aufsichtsbehörde stellt die Grundsätze für die Prüfung der Jahresrechnung auf[2]); sie bestimmt durch Rechtsverordnung die Rechnungsprüfungsstelle[3]).

Anm. 1: Nach § 3 Abs. 2 Satz 2 BKG sind die IHKn zu sparsamer und wirtschaftlicher Finanzgebarung verpflichtet. Gemäß § 12 Abs. 1 Nr. 7 BKG können die Grundsätze über die Rechnungslegung durch landesrechtliche ergänzende Vorschriften aufgestellt werden. Das Gesetz schöpft diese Ermächtigung aus. Die von ihm getroffene Regelung entspricht der bisherigen Praxis. Die Bestimmung wird durch Verwaltungsvorschriften auszufüllen sein.

Anm. 2: Die Grundsätze für die Prüfung der Jahresrechnungen der IHKn hat der Minister für Wirtschaft und Verkehr als Aufsichtsbehörde mit Erlaß vom 4. Februar 1958 aufgestellt. Sie entsprechen den Richtlinien des DIHT für die Durchführung der Rechnungsprüfung bei den IHKn.

Anm. 3: Auf Grund des Abs. 2 hat der Minister für Wirtschaft und Verkehr mit Verordnung vom 18. Januar 1958 (GVBl. S. 33) die vom DIHT errichtete Rechnungsprüfungsstelle für die IHKn in Bielefeld zur Rechnungsprüfungsstelle bestimmt.

§ 5

(1) Zuständig für die Bestellung der in die Ausschüsse für Berufsausbildung (§ 8 Abs. 1 und 2 des Bundesgesetzes) zu entsendenden Arbeitnehmervertreter sowie für deren Abberufung ist der Minister für Wirtschaft und Verkehr[1]).

(2) Die Arbeitnehmervertreter sind aus Vorschlagslisten zu berufen, die von den im Bezirk der Industrie- und Handelskammer bestehenden Gewerkschaften und selbständigen Vereinigungen von Arbeitnehmern mit sozial- oder berufspolitischer Zwecksetzung beim Minister

für Wirtschaft und Verkehr eingereicht werden. Die Ausschußsitze sind in angemessenem Verhältnis unter billiger Berücksichtigung der Minderheiten zu verteilen. Für die Bestellung ist die Reihenfolge in jeder Vorschlagsliste maßgebend[2]).

Anm. 1: Der Minister für Wirtschaft und Verkehr ist ressortmäßig für das Berufsausbildungswesen zuständig. Eine Abberufung von Arbeitnehmervertretern kommt dann in Betracht, wenn die Voraussetzungen für die Berufung entfallen sind.

Anm. 2: Die Regelung der Amtsdauer und Entschädigung der Mitglieder des Ausschusses bleibt den Kammersatzungen überlassen.

§ 6

(1) Die Industrie- und Handelskammer ist befugt, im Rahmen des § 36 der Gewerbeordnung sowie der hierzu ergangenen Vorschriften Sachverständige zu bestellen und zu vereidigen[1]).

(2) Artikel 13 des Preußischen Ausführungsgesetzes zum Bürgerlichen Gesetzbuch vom 20. September 1899 (Gesetzsamml. S. 184) gilt auch im Gebiet des ehemaligen Landes Lippe[2]).

Anm. 1: Die Regelung folgt dem bisherigen Rechtszustand. Zuletzt war die Befugnis in § 42 Abs. 1 prIHKGes. und in § 3 Abs. 1 lipp. IHK-Ges. normiert.

Anm. 2: Abs. 2 schließt die Lücke, die sich aus einer ersatzlosen Aufhebung des § 4 lipp. IHK-Ges. ergeben würde. Nach § 19 des Lippischen Ausführungsgesetzes zum Bürgerlichen Gesetzbuch vom 17. November 1899 (Lippische GS. S. 489) waren in Lippe die Gerichtsvollzieher zu öffentlichen Versteigerungen nach Maßgabe der §§ 383ff., 1221 BGB befugt, solange es dort andere öffentlich angestellte Versteigerer oder öffentlich ermächtigte Handelsmakler nicht gab. Erst durch § 4 lipp. IHK-Ges. erhielt die IHK die Befugnis, Handelsmakler unter Vorbehalt der Bestätigung der Regierung zu ernennen.

Für die ehemals preußischen Landesteile gilt Art. 13 des preußischen Ausführungsgesetzes zum Bürgerlichen Gesetzbuch vom 20. September 1899 (GS. S. 184), der nunmehr im Gebiet des ehemaligen Landes Lippe eingeführt wird.

§ 7

Der Minister für Wirtschaft und Verkehr wird ermächtigt, zur Wahrung der wirtschaftlichen Belange von Kammerzugehörigen, deren Gewerbebetrieb nach Art und Umfang einen in kaufmännischer Weise eingerichteten Geschäftsbetrieb nicht erfordert (§ 3 Abs. 4 Satz 1 des Bundesgesetzes), nach Anhörung des Wirtschaftsausschusses des Landtags durch Rechtsverordnung Höchstbeiträge festzusetzen; hierbei ist auf die Leistungsfähigkeit der übrigen Kammerzugehörigen Rücksicht zu nehmen[1]).

Anm. 1: Die Vorschrift beruht auf § 3 Abs. 4 Satz 3 BKG.

§ 8

Der Minister für Wirtschaft und Verkehr erläßt die zur Durchführung dieses Gesetzes erforderlichen Verwaltungsvorschriften[1]).

Anm. 1: Verwaltungsvorschriften werden vorwiegend für die Regelung des Rechnungsprüfungswesens erforderlich sein.

§ 9

Dieses Gesetz tritt am Tage nach seiner Verkündung in Kraft[1]), gleichzeitig werden aufgehoben:

1. **das Gesetz über die Handelskammern vom 24. Februar 1870/19. August 1897 (Gesetzsamml. S. 343),**
2. **die Verordnung zur Änderung des Gesetzes über die Handelskammern vom 1. April 1924 (Gesetzsamml. S. 194),**

3. das Gesetz, betreffend die Einrichtung einer Handelskammer für das Fürstentum Lippe, vom 17. März 1904 (LV. Bd. 24 S. 15) in der Fassung des Gesetzes vom 2. Januar 1926 (LV. Bd. 29 S. 225).

Anm. 1: Das Gesetz ist am 30. Juli 1957 im Gesetz- und Verordnungsblatt veröffentlicht worden, daher am 31. Juli 1957 in Kraft getreten.

8. Rheinland-Pfalz

Landesgesetz zur Ergänzung und Ausführung des Gesetzes zur vorläufigen Regelung des Rechts der Industrie- und Handelskammern

Vom 24. Februar 1958 (GVBl. S. 43)

Der Landtag von Rheinland-Pfalz hat zur Ergänzung und Ausführung des Gesetzes zur vorläufigen Regelung des Rechts der Industrie- und Handelskammern vom 18. Dezember 1956 (BGBl. I S. 920) das folgende Gesetz beschlossen, das hiermit verkündet wird:

§ 1[1])

(1) Die Aufsicht über

die Industrie- und Handelskammer zu Koblenz (für das Gebiet der Regierungsbezirke Koblenz und Montabaur),

die Industrie- und Handelskammer für die Pfalz (für das Gebiet des Regierungsbezirks Pfalz),
die Industrie- und Handelskammer Trier (für das Gebiet des Regierungsbezirks Trier),
die Industrie- und Handelskammer für Rheinhessen
(für das Gebiet des Regierungsbezirks Rheinhessen)[2])

(§ 11 Abs. 1 und 2 des Bundesgesetzes) führt das Ministerium für Wirtschaft und Verkehr (Aufsichtsbehörde).

(2) Die Aufsichtsbehörde kann die Vollversammlung auflösen, wenn sich die Industrie- und Handelskammer trotz wiederholter Aufforderung bei Ausübung ihrer Tätigkeit nicht im Rahmen der für sie geltenden Rechtsvorschriften hält. Innerhalb von drei Monaten nach Eintritt der Unanfechtbarkeit der Auflösung ist eine Neuwahl vorzunehmen. Das bisherige Präsidium führt seine Geschäfte bis zum Amtsantritt eines neuen Präsidiums weiter und bereitet die Neuwahl der Vollversammlung vor; die Aufsichtsbehörde kann auch einen Beauftragten einsetzen, der die Befugnisse der Vollversammlung, des Präsidiums oder beider Organe ausübt.

Anm. 1: Vorschriften über die Errichtung von IHKn in Rheinland-Pfalz und über die Abgrenzung ihrer Bezirke fehlen. Vgl. hierzu § 69 Abs. 1 Satz 1 und 2 der Verfassung von Rheinland-Pfalz vom 18. Mai 1947 (VOBl. S. 209).

Anm. 2: Die Wiedererrichtung der IHR zu Koblenz auf der Grundlage des preußischen Gesetzes über die Handelskammern erfolgte durch Verfügung des Regierungspräsidenten Koblenz vom 21. Juni 1945, der IHK für die Pfalz durch Verfügung der Französischen Militärregierung vom 3. Juni 1946, der IHK Trier durch Erlaß des Wirtschaftsministeriums Rheinland-Pfalz vom 16. Januar 1947 und der IHK für Rheinhessen durch Verfügung der französischen Militärregierung vom 3. Juni 1946 (Amtl. Mitt. des Oberpräsidiums Hessen-Pfalz S. 331ff.).

§ 2

Für die Rechnungslegung der Industrie- und Handelskammern sind die Vorschriften der Reichshaushaltsordnung sinngemäß anzuwenden. Die Industrie- und Handelskammern geben sich hierzu eine Haushalts-, Kassen- und Rechnungslegungsordnung, die der Genehmigung der Aufsichtsbehörde bedarf[1]).

Anm. 1. Die IHKn in Rheinland-Pfalz sind nach dem Beschluß des Ministerrats vom 13. Mai 1952 gemäß § 3 Abs. 2 der Verordnung vom 30. April 1947 (GVBl. S. 232) von der Prüfungspflicht ihrer Haushalte durch den Rechnungshof ausgenommen, weil sie eine ausreichende eigene Prüfungseinrichtung in der Rechnungsprüfungsstelle beim DIHT besitzen.

§ 3

Zuständig für die Bestellung der Arbeitnehmervertreter in den Berufsausbildungsausschüssen § 8 Abs. 2 Satz 2 des Bundesgesetzes) ist die Aufsichtsbehörde.

§ 4

(1) Die Arbeitnehmervertreter sind aus Listen zu berufen, die von den vorschlagsberechtigten Organisationen (§ 8 Abs. 2 Satz 2 des Bundesgesetzes) bei der Aufsichtsbehörde eingereicht werden. Aus der Vorschlagsliste sollen Name, Vorname, Geburtsdatum, Beruf, Arbeitsstätte und Anschrift der vorgeschlagenen Personen ersichtlich sein. Die Listen sollen ferner Angaben über die Mitgliederzahl der Organisation, getrennt nach kaufmännischen und gewerblichen Berufen, enthalten und von den zur Vertretung berechtigten Personen unterzeichnet sein. Erstmals vorschlagende Organisationen sollen einen Abdruck ihrer Satzung beifügen.

(2) Liegen mehrere Vorschlagslisten vor, so sind die Sitze unter billiger Berücksichtigung der Minderheiten auf die vorschlagsberechtigten Organisationen anteilmäßig zu verteilen.

(3) Die Bestellung ist in der Reihenfolge jeder Vorschlagsliste vorzunehmen.

(4) Entfällt bei einem Ausschußmitglied eine Voraussetzung für seine Bestellung oder stellt sich nachträglich heraus, daß sie nicht vorgelegen hat, so ist es als Mitglied abzuberufen.

§ 5

Die Industrie- und Handelskammern sind befugt, Gewerbetreibende auf dem Gebiet der Industrie, des Handels, des Immobilienwesens, des Banken- und Börsenwesens, des Versicherungswesens, der Energiewirtschaft, des Verkehrswesens und für diese Gebiete tätige Gewerbetreibende als Sachverständige zu bestellen und zu vereidigen[1]).

Anm. 1: Hiernach ist den IHKn anheimgestellt, die Voraussetzungen für die Bestellung und deren Rücknahme zu regeln.

§ 6

Der Minister für Wirtschaft und Verkehr wird ermächtigt, durch Rechtsverordnung für Kammerzugehörige, deren Gewerbebetrieb nach Art und Umfang einen in kaufmännischer Weise eingerichteten Geschäftsbetrieb nicht erfordert (§ 3 Abs. 4 Satz 1 des Bundesgesetzes), Höchstbeiträge festzusetzen.

§ 7

(1) Dieses Gesetz tritt am Tage nach der Verkündung in Kraft[1]).

(2) Mit dem Inkrafttreten dieses Gesetzes werden alle entgegenstehenden oder inhaltsgleichen Rechtsvorschriften aufgehoben. Insbesondere werden folgende Vorschriften, soweit sie nicht bereits außer Kraft getreten sind, mit den zu ihrer Durchführung ergangenen Rechtsvorschriften aufgehoben:

Das Gesetz über die Handelskammern vom 24. Februar 1870/19. August 1897 in der Fassung des Gesetzes über die Industrie- und Handelskammern vom 1. April 1924 (Preußische Gesetzsammlung S. 194);
das Gesetz, die Industrie- und Handelskammern betreffend, vom 6. August 1902 in der Fassung des Gesetzes vom 25. Juni 1925 (Hessisches Regierungsblatt S. 86);
die Industrie- und Handelskammerverordnung vom 5. Februar 1927 (Bayerisches Gesetz- und Verordnungsblatt S. 90).

Anm. 1: Das Gesetz ist am 28. Februar 1958 verkündet worden, also am 1. März 1958 in Kraft getreten.

9. Saarland

Gesetz Nr. 707 über die Industrie- und Handelskammer des Saarlandes

Vom 29. März 1960 (ABl. S. 261)

Der Landtag des Saarlandes hat folgendes Gesetz beschlossen, das hiermit verkündet wird:

§ 1

Als Industrie- und Handelskammer im Sinne des Gesetzes zur vorläufigen Regelung des Rechts der Industrie- und Handelskammern vom 18. Dezember 1956 (Bundesgesetzbl. I S. 920) besteht für das Saarland die Industrie- und Handelskammer des Saarlandes[1]) mit Sitz in Saarbrücken[2]).

Anm. 1: Das frühere IHK-Recht des Saarlandes war in dem Gesetz Nr. 15 über die Organisation und den Aufgabenbereich der Industrie- und Handelskammer des Saarlandes vom 28. Mai 1948 (ABl. S. 828) enthalten. Dieses Gesetz wurde durch das Gesetz Nr. 531 vom 9. Juli 1956 (ABl. S. 1040) abgelöst. Nachdem das Bundeskammergesetz auf das Saarland übernommen worden war (s. S. 171), wurde es notwendig, das alte Gesetz aufzuheben und lediglich ein Ausführungsgesetz zum Bundeskammergesetz zu erlassen.

Die Industrie- und Handelskammer des Saarlandes war schon bisher eine „Körperschaft des öffentlichen Rechts mit dem Recht der Selbstverwaltung" (§ 1 Abs. 1 des Gesetzes vom 9. Juli 1956). Ihr stand in vielen Fällen ein gesetzlich geregeltes Recht auf Anhörung zu.

Anm. 2: Im Gesetz vom 9. Juli 1956 war erwähnt (§ 1 Abs. 2), daß die Kammer nach Bedarf Außenstellen errichten könne. Diese Möglichkeit wird durch die jetzige Fassung nicht ausgeschlossen.

§ 2

(1) Aufsichtsbehörde über die Industrie- und Handelskammer (§ 11 Abs. 1 und 2 des Bundesgesetzes) ist der Minister für Wirtschaft, Verkehr und Landwirtschaft[1]).

(2) Die Aufsichtsbehörde kann, falls andere Aufsichtsmittel nicht ausreichen, die Vollversammlung auflösen, wenn sich die Industrie- und Handelskammer trotz wiederholter Aufforderung nicht im Rahmen der für sie geltenden Rechtsvorschriften hält. Innerhalb von drei Monaten nach Eintritt der Unanfechtbarkeit der Auflösung ist eine Neuwahl vorzunehmen. Das bisherige Präsidium führt seine Geschäfte bis zum Amtsantritt des neuen Präsidiums weiter und bereitet die Neuwahl der Vollversammlung vor. Die Aufsichtsbehörde kann einen Beauftragten einsetzen, der die Befugnisse der Vollversammlung, des Präsidiums oder beider Organe ausübt.

Anm. 1: Aufsichtsbehörde war schon bisher der Minister für Wirtschaft, Verkehr, Ernährung und andwirtschaft. Zu den Aufsichtsbefugnissen führte das Gesetz keine Einzelheiten an, bestimmte jedoch, daß die Kammer alljährlich einen Haushaltsplan aufzustellen habe, der vom Beirat zu verabschieden sei und sodann der Aufsichtsbehörde vorgelegt werden müsse (§ 10 Abs. 1). Nach der Beschlußfassung durch den Beirat waren ferner die Jahresrechnung und der Prüfungsbericht zusammen mit einem Arbeitsbericht der Aufsichtsbehörde vorzulegen (§ 10 Abs. 3).

§ 3

Die Industrie- und Handelskammer erhebt die Beiträge, Sonderbeiträge und Gebühren selbst. Als Vollstreckungsbehörden werden die Gemeinden gegen Erstattung der Kosten tätig. Auf die Einziehung und Betreibung finden die für die Gemeindeabgaben geltenden Vorschriften Anwendung.

§ 4

(1) Für die Rechnungslegung der Industrie- und Handelskammer sind die Grundsätze der Reichshaushaltsordnung in der im Saarland geltenden Fassung (Bekanntmachung Amtsbl. 1959 S. 178) sinngemäß anzuwenden. Die Industrie- und Handelskammer gibt sich hierzu eine

Haushalts- und Kassenordnung (Rechnungslegungsordnung), die der Genehmigung der Aufsichtsbehörde bedarf[1]).

(2) Die Aufsichtsbehörde bestimmt, welche Stelle die Jahresrechnung prüft[2]).

Anm. 1: Die Haushalts- und Kassenordnung dürfte der Haushalts-, Kassen- und Rechnungslegungsordnung des DIHT entsprechen.

Anm. 2: Das Saarland beabsichtigt, die Rechnungsprüfungsstelle des DIHT zur Rechnungsprüfungsstelle der IHK des Saarlandes zu bestimmen.

§ 5

(1) Zuständig für die Bestellung und Abberufung der Arbeitnehmervertreter in den Ausschüssen für Berufsausbildung (§ 8 Abs. 1 und 2 des Bundesgesetzes) ist die Aufsichtsbehörde.

(2) Die Arbeitnehmervertreter sind aus Vorschlagslisten zu berufen, die von den vorschlagsberechtigten Organisationen (§ 8 Abs. 2 Satz 2 des Bundesgesetzes) bei der Aufsichtsbehörde eingereicht werden. Die Ausschußsitze sind in angemessenem Verhältnis unter billiger Berücksichtigung der Minderheiten zu verteilen.

(3) Für die Bestellung ist die Reihenfolge in jeder Vorschlagsliste maßgebend.

(4) Entfällt bei einem Ausschußmitglied die Voraussetzung für seine Bestellung oder stellt sich nachträglich heraus, daß sie nicht vorgelegen hat, so ist es abzuberufen.

§ 6

Die Industrie- und Handelskammer ist befugt, im Rahmen des § 36 der Gewerbeordnung sowie der hierzu ergangenen Vorschriften Sachverständige zu bestellen und zu vereidigen[1]).

Anm. 1: Diese Befugnis entspricht dem bisherigen Recht (vgl. § 3 Abs. 3 des Gesetzes vom 9. Juli 1956).

§ 7

Die Aufsichtsbehörde wird ermächtigt, zur Wahrung der wirtschaftlichen Belange von Kammerzugehörigen, deren Gewerbebetrieb nach Art und Umfang einen in kaufmännischer Weise eingerichteten Geschäftsbetrieb nicht erfordert (§ 3 Abs. 4 Satz 1 des Bundesgesetzes), durch Rechtsverordnung Höchstbeiträge festzusetzen. Hierbei ist auf die wirtschaftliche Leistungsfähigkeit der übrigen Kammerzugehörigen (§ 2 des Bundesgesetzes) Rücksicht zu nehmen.

§ 8

Die Industrie- und Handelskammer ist berechtigt, ein Dienstsiegel zu führen.

§ 9

Dieses Gesetz tritt am 1. Mai 1960 in Kraft.

(2) Gleichzeitig tritt das Gesetz Nr. 531 über die Organisation und den Aufgabenbereich der Industrie- und Handelskammer des Saarlandes vom 9. Juli 1956 (Amtsbl. S. 1040) außer Kraft[1]).

Anm. 1: Damit dürfte auch die Wahlordnung für die Wahl der Mitglieder des Beirates (der Vollversammlung) der IHK des Saarlandes vom 31. Juli 1956 (ABl. S. 1071), die die Aufsichtsbehörde erließ, gegenstandslos geworden sein.

B. Sonstige Landesgesetze

Die Länder Hamburg und Schleswig-Holstein haben davon abgesehen, Ausführungsgesetze zum Bundeskammergesetz zu erlassen. Hamburg hatte bereits 1956 vor Inkrafttreten des Bundeskammergesetzes ein hamburgisches Landesgesetz beschlossen, das die Rechtsverhältnisse der Handelskammer Hamburg eingehend regelt. Es gilt zunächst weiter. Die Rechnungsprüfung der Handelskammer Hamburg nimmt die Rechnungsprüfungsstelle des DIHT vor, während der Landesrechnungshof in zweiter Instanz mit der Prüfung befaßt wird. Schleswig-Holstein hat ebenfalls darauf verzichtet, ein Ausführungsgesetz zum Bundeskammergesetz zu erlassen. Auch in Schleswig-Holstein prüft die Rechnungsprüfungsstelle des DIHT die IHKn. Ein derartiger Auftrag ist in den Satzungen der IHKn enthalten, die die Landesregierung genehmigt hat. Nachstehend wird das hamburgische Kammergesetz abgedruckt:

Gesetz über die vorläufige Regelung der Rechtsverhältnisse der Handelskammer Hamburg

Vom 27. Februar 1956 (GVBl. I S. 21)

Der Senat verkündet das nachstehende, von der Bürgerschaft beschlossene Gesetz:

Artikel I

Bis zu einer endgültigen Regelung gelten für die Rechtsverhältnisse der Handelskammer Hamburg folgende Bestimmungen:

§ 1

Die Handelskammer Hamburg ist eine Körperschaft des öffentlichen Rechts. Ihr Bezirk umfaßt das Gebiet der Freien und Hansestadt Hamburg. Sie führt ein Dienstsiegel mit dem hamburgischen Wappen.

§ 2

Die Handelskammer vertritt und fördert als Selbstverwaltungskörperschaft die gemeinsamen Belange der Kammerzugehörigen (§ 4) und erfüllt die ihr durch Gesetz übertragenen Aufgaben.

§ 3

(1) Der Handelskammer obliegt es insbesondere:

1. den Gerichten Gutachten zu erstatten,
2. die Behörden durch Vorschläge, Berichte und Gutachten zu beraten,
3. die unmittelbare Aufsicht über die Börse nach Maßgabe der Hamburgischen Börsenordnung zu führen,
4. Sachverständige nach Maßgabe der Gesetze öffentlich zu bestellen und zu vereidigen,
5. die berufliche Ausbildung und den Nachwuchs zu fördern, eine Lehrlingsrolle zu führen, Prüfungsausschüsse einzurichten sowie Prüfungen abzunehmen,
6. Ursprungszeugnisse und andere dem Handelsverkehr dienende Bescheinigungen auszustellen.

(2) Die Handelskammer kann Schiedsgerichte einrichten.

(3) Die Handelskammer ist Träger der Hamburger Börse.

(4) Zur Erfüllung der in Absatz 1 Ziffer 6 vorgesehenen Aufgaben kann die Handelskammer Versicherungen an Eides Statt entgegennehmen. Das Gesetz über die Befugnis der hamburgischen Verwaltungsbehörden zur Abnahme von Versicherungen an Eides Statt vom 7. November 1947 (Hamburgisches Gesetz- und Verordnungsblatt, Seite 69) findet entsprechende Anwendung.

§ 4

(1) Der Handelskammer gehören an:

1. die Firmen, die in das Handelsregister Hamburg eingetragen sind,
2. die Erwerbs- und Wirtschaftsgenossenschaften, die in das Genossenschaftsregister Hamburg eingetragen sind,

3. die juristischen Personen des öffentlichen Rechts und rechtsfähige Stiftungen, die in Hamburg ein Handelsgewerbe im Sinne des § 1 des Handelsgesetzbuches betreiben,
4. die Firmen, die außerhalb Hamburgs in das Handels- oder Genossenschaftsregister eingetragen sind mit ihren in Hamburg belegenen Betriebsstätten, sofern diese nach Art und Umfang einen in kaufmännischer Weise eingerichteten Geschäftsbetrieb erfordern,
5. die Gewerbetreibenden im Sinne von § 4 des Handelsgesetzbuches, die in Hamburg ansässig sind.

(2) Der Handelskammer gehören nicht an:

1. die Betriebe der Freien und Hansestadt Hamburg ohne Rechtsfähigkeit,
2. die Gewerbetreibenden im Sinne von § 4 des Handelsgesetzbuches, die für ihren gesamten Betrieb in die Handwerksrolle eingetragen sind.

§ 5

Organe der Handelskammer sind:

1. das Plenum (die Vollversammlung),
2. das Präsidium.

§ 6

Die Mitglieder des Plenums werden von den Kammerzugehörigen in gleicher, allgemeiner, unmittelbarer und geheimer Gruppenwahl auf die Dauer von sechs Jahren aus ihrem Kreise nach Maßgabe einer Wahlordnung gewählt. Durch die Wahlordnung ist sicherzustellen, daß die Kammerzugehörigen aus den Bezirken Bergedorf und Harburg im Plenum vertreten sind.

§ 7

(1) Das Präsidium besteht aus dem Präses und den Vizepräsides. Das Plenum wählt sie aus seiner Mitte.

(2) Der Präses ist Vorsitzender des Plenums und des Präsidiums.

§ 8

(1) Durch Satzung ist zu regeln:

1. die Zusammensetzung des Plenums und des Präsidiums,
2. die Einberufung und Beschlußfähigkeit dieser Organe,
3. die Verteilung der Aufgaben zwischen Plenum und Präsidium,
4. die Zuwahl von weiteren Plenarmitgliedern durch das Plenum bis zur Höhe von einem Viertel der unmittelbar gewählten Plenarmitglieder,
5. die Bildung von Ausschüssen und Arbeitskreisen.

(2) Im übrigen wird die Arbeitsweise der Handelskammer durch eine vom Plenum zu erlassende Geschäftsordnung bestimmt.

§ 9

(1) Das Plenum bestellt einen Hauptgeschäftsführer.

(2) Dem Hauptgeschäftsführer obliegt die Führung der Kammergeschäfte nach Maßgabe der Geschäftsordnung (§ 8 Absatz 2).

§ 10

Die Handelskammer wird gerichtlich und außergerichtlich vertreten durch den Präses oder einen von ihm zu benennenden Vizepräses jeweils gemeinsam mit dem Hauptgeschäftsführer oder dessen Vertreter.

§ 11

Die Handelskammer besitzt Dienstherrenfähigkeit. Soweit Beamte ernannt werden, entsteht dadurch kein mittelbares Landesbeamtenverhältnis.

B. HKG Hamburg

§ 12

(1) Die Handelskammer ist befugt, zur Erfüllung ihrer Aufgaben von den Kammerzugehörigen auf Grund einer Satzung Beiträge zu erheben.

(2) Die Beiträge werden in Form eines Grundbeitrages und einer Umlage erhoben. Kammerzugehörige, die unter § 4 Absatz 1 Ziffer 5 fallen, sind von der Umlage befreit; die Leistung ihres Grundbeitrages ist freiwillig. Vom Beitrag sind ferner diejenigen Kammerzugehörigen befreit, die auf Grund der Gemeinnützigkeitsverordnung vom 24. Dezember 1953 (Bundesgesetzblatt I Seite 1592) steuerbegünstigt sind sowie die als gemeinnützig anerkannten Wohnungs- und Siedlungsunternehmen.

(3) Der Umlage werden die einheitlichen Gewerbesteuermeßbeträge zugrunde gelegt. Durch Satzung kann bestimmt werden, daß die Umlagen nach einer anderen Bemessungsgrundlage zu erheben sind.

(4) Die Höhe des Grundbeitrages und der Umlage wird jährlich durch Satzung festgelegt.

(5) Die Beiträge werden bei Verzug im Verwaltungszwangsverfahren durch die vom Senat zu bestimmende Behörde eingezogen. Die Vollstreckbarkeit wird von der Handelskammer bescheinigt. Die Handelskammer trägt die Vollstreckungskosten, soweit sie nicht vom Vollstreckungsschuldner beigetrieben werden können.

§ 13

Die Handelskammer veranschlagt ihre Einnahmen und Ausgaben unter entsprechender Anwendung der Reichshaushaltsordnung. Sie hat für jedes Geschäftsjahr rechtzeitig einen Haushaltsplan und nach Ablauf des Geschäftsjahres eine Jahresrechnung und eine Vermögensaufstellung aufzustellen.

§ 14

Die Börsenordnung (§ 3 Absatz 1 Ziffer 3), die Wahlordnung (§ 6), sowie die sonstigen Satzungen werden vom Plenum der Handelskammer beschlossen. Sie bedürfen der Genehmigung des Senats und sind von der Handelskammer im „Amtlichen Anzeiger“ zu verkünden.

§ 15

(1) Die Handelskammer unterliegt der Staatsaufsicht. Die Staatsaufsicht erstreckt sich darauf, daß Gesetz und Satzung beachtet werden. Die Aufsicht wird vom Senat oder der von ihm bestimmten Behörde (Aufsichtsbehörde) ausgeübt. Soweit die Handelskammer staatliche Aufgaben als Auftragsangelegenheit wahrnimmt, hat die Aufsichtsbehörde ein Weisungsrecht.

(2) Der Haushaltsplan bedarf der Genehmigung der Aufsichtsbehörde.

(3) Der Aufsichtsbehörde ist zur Kenntnis zu bringen:

a) die Jahresrechnung und die jährliche Vermögensaufstellung (§ 13),

b) die Einrichtung von Prüfungsausschüssen (§ 3 Absatz 1 Ziffer 5).

(4) Die hamburgischen Behörden sollen der Handelskammer bei der Erfüllung ihrer Aufgaben behilflich sein und auf Verlangen, soweit nicht öffentliche Interessen entgegenstehen, Auskünfte erteilen; die Handelskammer unterrichtet ihrerseits die zuständigen Behörden über Angelegenheiten von grundsätzlicher oder weittragender Bedeutung.

Artikel II

Bis zum Inkrafttreten der in Artikel I § 8 vorgesehenen Satzung gelten folgende Bestimmungen:

1. Zur Vorbereitung der hauptsächlichen Beratungsgegenstände werden alljährlich von der Handelskammer ständige Ausschüsse gebildet. Für die Beratung von Sonderfragen können außerdem Arbeitskreise gebildet werden.
2. Es findet in der Regel eine Plenarsitzung im Monat statt. Außerdem beruft der Präses der Handelskammer das Plenum ein, wann und so oft es ihm erforderlich erscheint, oder wenn mindestens 12 Plenarmitglieder die Berufung beantragen. Das Plenum ist beschluß-

fähig, wenn mindestens die Hälfte der Plenarmitglieder anwesend ist. Bei Beschlüssen entscheidet die absolute Mehrheit der Anwesenden. Bei Stimmengleichheit gibt die Stimme des Präses der Handelskammer den Ausschlag.

Artikel III

1. **Die Wahlordnung der Handelskammer vom 23. April/21. Mai 1954 (Amtlicher Anzeiger Seite 463) ist vor der nächsten Neuwahl durch eine neue Wahlordnung zu ersetzen. Der Zeitpunkt der Neuwahl bestimmt sich nach dem bisher geltenden Recht.**
2. **Die Hamburgische Börsenordnung vom 2. Januar 1951 in der Fassung vom 1. Dezember 1953 (Amtlicher Anzeiger 1951 Seite 59, 1953 Seite 1261) gilt als auf Grund dieses Gesetzes erlassen.**

Artikel IV

1. **Das Gesetz, betreffend die Handelskammer Hamburg und die Versammlung Eines Ehrbaren Kaufmanns, vom 17. März 1919 (Amtsblatt 1919 Seiten 415 und 427) und die zu seiner Änderung und Ergänzung ergangenen Gesetze und Verordnungen, insbesondere das Gesetz, betreffend vorläufige Neubildung der Handelskammer, vom 16. Juni 1933 (Hamburgisches Gesetz- und Verordnungsblatt Seite 205) werden aufgehoben.**
2. **Die Vorläufige Satzung für die Handelskammer vom 9. April 1954 (Amtlicher Anzeiger Seite 301) wird aufgehoben mit Ausnahme der §§ 5 und 6, die mit Verkündung der in Artikel I § 8 vorgesehenen Satzung außer Kraft treten.**

Artikel V

Die Gauwirtschaftskammer ist aufgelöst. Für ihre Verbindlichkeiten haften die Handelskammer Hamburg und die Handwerkskammer Hamburg nach Maßgabe des jeweils übernommenen Aufgabenbereichs und beschränkt auf den Wert des jeweils übernommenen Vermögens.

Artikel VI

Das Gesetz tritt am 1. April 1956 in Kraft.

IV. Teil

Die Rechnungsprüfung bei den Industrie- und Handelskammern

1. Die Entwicklung des Prüfungswesens

Literatur: Jessen, Der vollkommene Haushaltsplan, Berlin 1929; Schulze-Wagner, Reichshaushaltsordnung, Berlin 1934; Klee, Das Haushaltsrecht des Bundes und der Länder, München und Berlin 1951; Peuckert, Grundfragen neuzeitlicher Finanzkontrolle, Göttingen 1952; Held, Voranschlag und Abrechnung der Körperschaften des öffentlichen Rechts, Wiesbaden 1953; Greuner, Ergänzungsband zur Reichshaushaltsordnung von Schulze-Wagner, Berlin 1954; Kubsch-Gollasch-Hillebrandt-Wenderoth, Haushalts-, Kassen-, Rechnungs- und Prüfungswesen, 2. Aufl., Göttingen 1955; Reichardt, Wirtschaftsbestimmungen für die Reichsbehörden, Berlin 1956; Vialon, Haushaltsrecht, 2. Aufl., Berlin und Frankfurt/Main 1959; ferner Weber, Zur Frage der Rechnungsprüfung der juristischen Personen des öffentlichen Rechts, DÖH 1. Jhg. (1954), S. 27.

Das Prüfungswesen bei den IHKn hat im Laufe der Zeit erheblichen Wandlungen unterlegen. Ursprünglich waren die Handelskammern in der Frage, wie sie ihr Finanzwesen gestalten wollten, weitgehend unabhängig. So hatten beispielsweise die preußischen Kammern ihren Etat nach dem Gesetz von 1870 der Bezirksregierung lediglich mitzuteilen. Diese hatte an der Kenntnis des Etats allein insofern ein Interesse, als einerseits ihre Genehmigung zur Erhebung von Zuschlägen über 10 v. H. der Gewerbesteuer und zu Überschreitungen des Etats erforderlich war (§ 24), andererseits die Erhebung der Beiträge auf ihre Anordnung vorgenommen wurde (§ 23 Abs. 3). Auch die Novelle von 1897 änderte nichts Wesentliches an diesem Zustand. Die Handelskammern blieben weiterhin berechtigt, über den zur Erfüllung ihrer gesetzlichen Aufgaben erforderlichen Kostenaufwand ohne Bindung an bestimmte Voraussetzungen zu beschließen und ihr Kassen- und Rechnungswesen selbständig zu ordnen (§ 23 n. F.). Im übrigen hatten sie alljährlich einen Etat aufzustellen, diesen öffentlich bekanntzumachen und nunmehr dem Regierungspräsidenten mitzuteilen (§ 25 n. F.). Der jetzt an die Stelle der Bezirksregierung getretene Regierungspräsident hatte jedoch zu dem Etat- und Rechnungswesen der Kammern überhaupt keine Beziehung mehr. Denn die Genehmigung zur Erhebung von Zuschlägen über 10 v. H. der Gewerbesteuer war seit Inkrafttreten des Zuständigkeitsgesetzes vom Handelsminister zu erteilen (§ 31 Abs. 1 n. F.); auch bedurfte es nicht mehr einer besonderen Anordnung zur Erhebung der Beiträge (§ 28 n. F.). Praktische Bedeutung kam daher der Vorschrift, den Etat dem Regierungspräsidenten mitzuteilen, in keiner Weise zu. Andererseits konnte der Handelsminister für den Fall, daß seine Genehmigung erforderlich war (§ 31 Abs. 1 n. F.), die etatmäßigen Kosten in der Gesamtsumme so weit herabsetzen, daß der zu ihrer Deckung erforderliche Zuschlag nicht mehr als 10 v. H. der Gewerbesteuer betrug.

Allgemeine Vorschriften für das Haushalts-, Kassen- und Rechnungswesen und über die Prüfung der Jahresrechnungen der Kammern bestanden somit nicht.

IV. Teil

Die grundsätzliche Freiheit der IHKn in ihrer Finanzgebarung hinderte allerdings nicht, daß der Staat im Laufe der Zeit dazu überging, Hinweise und Richtlinien zu geben, in welcher Weise die Finanzverwaltung der IHKn durchgeführt werden sollte. Dementsprechende Einzelheiten fanden sich z. B. in einem Erlaß des Preußischen Ministers für Handel und Gewerbe vom 15. Oktober 1928.

Erst im Jahre 1932 regte der Preußische Minister für Handel und Gewerbe die IHKn an, einen einheitlichen Haushaltsplan einzuführen, um den Einblick in die Finanzgebarung der Kammern zu erleichtern. Diese Anregung lehnte jedoch die Mehrheit der preußischen Kammern ab. Bald darauf ordnete aber die Novelle vom 28. Dezember 1933 zum Preußischen Gesetz über die Industrie- und Handelskammern in ihrem § 5 an, daß der bisherige § 31 durch eine Neufassung ersetzt werde. Diese bestimmte unter anderem, daß auf die Aufstellung und Ausführung des Haushaltsplanes, die Kassen- und Buchführung und die Rechnungslegung, die Rechnungsprüfung und die Entlastung die Vorschriften der Reichshaushaltsordnung sinngemäß Anwendung zu finden hätten. Entsprechend dieser Bestimmung stellte der Preußische Minister für Wirtschaft und Arbeit Richtlinien für die Haushaltsführung der IHKn auf und machte sie durch die Erlasse vom 20. Februar und 12. März 1934 (MBlWiA S. 126) verbindlich. Nach diesen Erlassen blieb die Rechnungsprüfung noch in der Hand der IHK, d. h. eines Ausschusses für Rechnungsprüfung, der aus einem Vorstandsmitglied der Kammer, 3 Mitgliedern des Beirats und einem öffentlich bestellten Wirtschaftsprüfer bestand. Außerordentliche Kassenprüfungen nahm dagegen entsprechend einem Erlaß des Preußischen Ministers für Wirtschaft und Arbeit vom 5. Mai 1934 der DIHT vor.

Die Bestimmungen der Novelle zum preußischen IHK-Gesetz wurden später in das Reichsgesetz über die Erhebung der Beiträge zu den Industrie- und Handelskammern vom 24. März 1934 aufgenommen. Sie fanden damit Anwendung auf sämtliche IHKn des Deutschen Reiches. Nach Inkrafttreten der reichsgesetzlichen Verordnung über die Industrie- und Handelskammern vom 20. August 1934, die die Kammern der Aufsicht des Reichswirtschaftsministers unterstellte, erteilte dieser mit Erlaß vom 11. April 1935 dem DIHT einen neuen Prüfungsauftrag für sämtliche IHKn, der im Jahre 1936 durch einen Reformerlaß abgelöst wurde. Nach diesem Erlaß vom 7. Juli 1936 hatte die Reichswirtschaftskammer eine Prüfstelle für den Bereich der Organisation der gewerblichen Wirtschaft zu errichten. Die Prüfstelle hatte auf Anordnung des Reichswirtschaftsministers oder auf Antrag von Gruppen der Organisation der gewerblichen Wirtschaft oder von Kammern die Finanzgebarung und Rechnungslegung dieser Organisationen zu prüfen und hierüber Bericht zu erstatten. Alle Gruppen und Kammern waren der Prüfstelle zu Auskünften jeder Art verpflichtet. Je eine Ausfertigung der Prüfungsberichte mußte dem Reichswirtschaftsminister vorgelegt werden.

Mit Errichtung der Gauwirtschaftskammern und neuen Wirtschaftskammern im Jahre 1942 wurde die Überprüfung der Finanzgebarung noch wesentlich verschärft. So bestimmte die Gauwirtschaftskammeraufbauverordnung vom 30. Mai 1942 in § 13 Abs. 1, daß die Gauwirtschaftskammern dem Reichswirtschaftsminister die Haushaltspläne für jedes Rechnungsjahr zur Genehmigung vorzulegen hätten und daß dieser über die Finanzgebarung einschließlich des Prüfungswesens nähere Bestimmungen erlasse. Diese Bestimmungen wurden in besonderen Richtlinien zusammengefaßt, die ins einzelne gehende Vorschriften über die Aufstellung und Ausführung des Haushaltsplans, die Kassenordnung und Buchführung, die Rechnungslegung und

Rechnungsprüfung und die Erteilung der Entlastung enthielten. Sie wurden im Ministerialblatt des Reichswirtschaftsministers Nr. 1 vom 12. Januar 1943 abgedruckt. Nach diesen Vorschriften nahm die Prüfstelle der Reichswirtschaftskammer die Rechnungsprüfung der Gauwirtschaftskammern vor.

Als sich nach dem Zusammenbruch im Jahre 1945 die IHKn neu konstituierten und Bestrebungen erkennbar waren, die Finanzgebarung der Kammern behördlich zu prüfen, entschloß sich die Vereinigung der IHKn in der Britischen Zone, ein eigenes Organ zur Prüfung der Finanzgebarung und Rechnungslegung der Kammern in der Britischen Zone zu schaffen. Dementsprechend wurde mit Unterstützung des Zentralamtes für Wirtschaft eine Prüfungsstelle für die IHKn errichtet, die ihre Tätigkeit im Jahre 1947 aufnahm. Sie war organisatorisch dem DIHT angegliedert. Dieser nahm die personellen und sachlichen Belange der Rechnungsprüfungsstelle wahr, besaß aber keine Weisungsbefugnisse und Aufsichtsrechte. Ihre jetzige Rechtslage geht aus § 24 der Satzung des DIHT in der Fassung der Beschlüsse der Volltagung vom 10. April 1957 hervor, wonach der Deutsche Industrie- und Handelstag eine unabhängige Rechnungsprüfungsstelle für die Industrie- und Handelskammern errichtet, deren Aufbau, Verfahren und Kostendeckung durch ein der Satzung des DIHT anliegendes Sonderstatut geregelt wird, das einen Bestandteil der Satzung des DIHT bildet.

2. Das Sonderstatut der Rechnungsprüfungsstelle für die Industrie- und Handelskammern

§ 1 Zweck

(1) Die Rechnungsprüfungsstelle hat den Zweck, die Jahresrechnung der Kammern unter sinngemäßer Anwendung der in § 3 Abs. 2 Satz 2 des Kammergesetzes vom 18. 12. 1956 (BGBl. I, 920) festgelegten Grundsätze zu prüfen und darüber gemäß § 7 zu berichten.

(2) Die Rechnungsprüfungsstelle kann auf Antrag auch die Jahresrechnung von Vereinigungen und Einrichtungen der Kammern prüfen.

(3) Der Rechnungsprüfungsstelle können auch Organisations- und Kassenprüfungen sowie Prüfungen und Begutachtungen ähnlicher Art übertragen werden.

(4) Die Rechnungsprüfungsstelle unterhält zur Durchführung ihrer Aufgaben eine Geschäftsstelle in Bielefeld.

§ 2 Sachliche Unabhängigkeit

(1) Die Rechnungsprüfungsstelle ist in ihrer Prüfungstätigkeit und in ihrer Berichterstattung lediglich an das Sonderstatut und die Prüfungsrichtlinien gebunden. Sie ist unabhängig und keinen Weisungen des Deutschen Industrie- und Handelstages, der Kammervereinigungen und der Kammern unterworfen.

(2) Die Prüfer sind verpflichtet, die Prüfungsarbeiten nach bestem Wissen und Gewissen unabhängig von Beeinflussungen sachlicher und persönlicher Art durchzuführen.

(3) Sämtliche Angehörige der Rechnungsprüfungsstelle sind zur Dienstverschwiegenheit verpflichtet.

§ 3 Persönliche Unabhängigkeit

(1) Der Leiter der Rechnungsprüfungsstelle ist für die ordnungsmäßige Erfüllung der laufenden Aufgaben im Rahmen des Sonderstatuts und der Prüfungsrichtlinien verantwortlich. Er muß mindestens die persönlichen und beruflichen Voraussetzungen

erfüllen, die in Abs. 2 Satz 2 und 3 für die leitenden Rechnungsprüfer vorgesehen sind. Er ist berechtigt, im Rahmen der Prüfungsrichtlinien für die Durchführung der Prüfungen und die Abfassung der Prüfungsberichte Weisungen an die Prüfer zu erteilen. Die Prüfungsberichte sind von ihm mit zu unterzeichnen.

(2) Die Prüfer sind entweder leitende Rechnungsprüfer oder Prüfungsassistenten. Die leitenden Rechnungsprüfer müssen sich nach ihrer Vorbildung, ihren Erfahrungen, die sich unter anderem auf das Kammerwesen oder zumindest auf die Kammeraufgaben erstrecken müssen, ihren Leistungen und persönlichen Eigenschaften für die Tätigkeit bei der Rechnungsprüfungsstelle eignen. Sie sollen in der Regel eine abgeschlossene volks- oder betriebswirtschaftliche Vorbildung besitzen. Der endgültigen Übernahme soll in der Regel eine Probedienstzeit von einem halben Jahr vorausgehen.

(3) Der Leiter der Rechnungsprüfungsstelle, die leitenden Rechnungsprüfer und die Prüfungsassistenten werden nach Maßgabe der im Sonderhaushalt der Rechnungsprüfungsstelle vorgesehenen Stellen durch zeitlich zu befristende oder auf unbestimmte Zeit abgeschlossene Dienstverträge angestellt. Eine Kündigung ist nur aus den gleichen Gründen zulässig, aus denen ein Beamter im Disziplinarverfahren aus dem Dienst entlassen werden kann.

(4) Der Leiter der Rechnungsprüfungsstelle stellt das Büropersonal (Verwaltungs- und Schreibkräfte) nach Maßgabe der im Sonderhaushalt vorgesehenen Stellen ein.

§ 4 Aufsichtsrat

(1) Die Volltagung des Deutschen Industrie- und Handelstages wählt jeweils auf die Dauer von 5 Jahren einen Aufsichtsrat für die Rechnungsprüfungsstelle. Der Aufsichtsrat besteht aus einem Vorsitzenden und bis zu vier weiteren Persönlichkeiten, die kein Amt in den Kammern oder ihren Vereinigungen und Einrichtungen bekleiden. Die Tätigkeit der Aufsichtsratsmitglieder ist ehrenamtlich.

(2) Der Aufsichtsrat beaufsichtigt die Geschäftsführung des inneren Dienstbetriebes. Er ist nicht zu Weisungen auf dem Gebiet des Prüfungswesens berechtigt.

(3) Der Aufsichtsrat beschließt über die Anstellung und eine etwaige Kündigung des Leiters der Rechnungsprüfungsstelle, der leitenden Rechnungsprüfer und der Prüfungsassistenten. Der Vorsitzende des Aufsichtsrats schließt und vollzieht entsprechend diesen Beschlüssen die Dienstverträge.

§ 5 Aufgaben der Rechnungsprüfung

(1) Die Rechnungsprüfung soll in jedem Rechnungsjahr einmal durchgeführt werden. Hierbei ist die Haushaltsrechnung mit den Belegen in formeller und sachlicher Hinsicht zu prüfen, insbesondere

a) ob die Finanzverwaltung ordentlich und zweckentsprechend geleitet und geführt wird (Kassen -und Buchführung, Belege, Anweisungsberechtigung u. a.);
b) ob die einzelnen Rechnungsbeträge sachlich und rechnerisch begründet und belegt sind;
c) ob der Haushaltsplan eingehalten ist;
d) ob bei der Gewinnung und Erhebung von Einnahmen sowie bei der Verwendung und Verausgabung der Haushaltsmittel sparsam und wirtschaftlich verfahren worden ist;
e) ob vorhandenes Vermögen zweckmäßig verwaltet wird.

(2) Soweit nicht gemäß § 12 Abs. 1 Ziff. 7 des Gesetzes zur vorläufigen Regelung des Rechts der Industrie- und Handelskammern vom 18. 12. 1956 (RGBl. I 920)

landesrechtliche Vorschriften über die Prüfung der Jahresrechnung bestehen, gelten die Prüfungsrichtlinien, welche von der Volltagung des Deutschen Industrie- und Handelstages erlassen werden.

§ 6 Prüfungshilfskräfte

Zu Prüfungsarbeiten sollen Kammerangehörige nicht herangezogen werden, welche bei der Anweisung, Bewirkung oder Buchung der zu prüfenden Zahlungen oder bei der Aufstellung der zu prüfenden Rechnungen beteiligt gewesen sind.

§ 7 Prüfungsbericht

Der Prüfungsbericht ist dem Präsidenten und Hauptgeschäftsführer der geprüften Kammer in je einer Ausfertigung zur Kenntnisnahme zuzuleiten. Außerdem ist der Kammer eine weitere Ausfertigung zur Weiterleitung an das zuständige Landesministerium zu übersenden. Eine weitere Ausfertigung verbleibt bei den Akten der Rechnungsprüfungsstelle.

§ 8 Verwaltungskosten

(1) Die Verwaltungskosten der Rechnungsprüfungsstelle sind in einem Sonderhaushalt zu veranschlagen, den der Leiter über den Aufsichtsrat der Volltagung des Deutschen Industrie- und Handelstages zur Beschlußfassung vorzulegen hat.

(2) Der Jahresbedarf der Rechnungsprüfungsstelle ist anteilmäßig nach einem Schlüssel, der durch die Volltagung des Deutschen Industrie- und Handelstages festgesetzt wird, durch die zu prüfenden Kammern aufzubringen. Für die in § 1 Abs. 2 und 3 erwähnten Sonderprüfungen werden Gebühren erhoben; die Höhe der Gebühren setzt die Volltagung des Deutschen Industrie- und Handelstages in einer Gebührenordnung fest.

(3) Am Jahresabschluß ist über alle Einnahmen und Ausgaben in der den Kammern vorgeschriebenen Form Rechnung zu legen. Die Volltagung des Deutschen Industrie- und Handelstages bestellt einmal jährlich einen unabhängigen Prüfer, welcher diese Jahresrechnung prüft und vor der Erteilung der Entlastung über das Ergebnis seiner Prüfung berichtet.

3. Richtlinien für die Durchführung der Rechnungsprüfung bei den Industrie- und Handelskammern

1. Aufgabe der Prüfung

Die Rechnungsprüfungsstelle hat gemäß §§ 1, 5 ihrer Satzung die Jahresrechnung ihrer Mitglieder jährlich einmal zu prüfen und hierüber zu berichten.

2. Umfang der Prüfung

a) Die Prüfung umfaßt nach § 5 der Satzung die formelle und sachliche Prüfung der Haushaltsrechnung, die durch eine Rechnungsnachweisung einschließlich der vorgeschriebenen Übersichten und durch eine Vermögensrechnung erstellt wird.

b) Die von der Vollversammlung beschlossenen Haushaltsansätze des zu prüfenden Rechnungsjahres sind nicht Gegenstand der Rechnungsprüfung.

c) Ebensowenig ist die organisatorische Prüfung ein Teil der Rechnungsprüfung soweit sie nicht ausdrücklich in den Prüfungsauftrag einbezogen oder Voraussetzung für die Beurteilung einer bestimmten Ausgabe ist.

3. Art der Prüfung

a) Die formelle Prüfung erstreckt sich darauf, ob die Finanzverwaltung ordentlich und zweckmäßig geleitet und geführt wird. Hierunter fallen die gesamte Kassenführung, die Buchführung der Finanz-, Beitrags-, Vermögens- und anderer Buchhaltungen, die Belegführung, die Anweisungs- und Feststellungsbefugnisse u. a.

Unbeschadet der vorgeschriebenen Kassenprüfungen sind zu Beginn einer jeden Rechnungsprüfung die gesamten Barbestände aufzunehmen.

b) Die materielle Prüfung umfaßt die Feststellung,

aa) ob die einzelnen Rechnungsbeträge sachlich begründet sind,

bb) ob der Haushaltsplan im ganzen und die Ansätze der Einzeltitel eingehalten sind,

cc) ob bei der Gewinnung und Erhebung von Einnahmen und der Verwendung und Verausgabung der Haushaltsmittel sparsam und wirtschaftlich unter pfleglicher Behandlung der Leistungsfähigkeit der Kammerzugehörigen verfahren worden ist,

dd) ob das Vermögen zweckmäßig verwaltet wird.

4. Durchführung der Prüfung

a) Der Zeitpunkt des Prüfungsbeginns ist mit der Geschäftsführung der zu prüfenden Kammer rechtzeitig zu vereinbaren. Hierbei sind sowohl die Verhältnisse bei den Kammern (Vollversammlung) wie auch die Arbeitsverhältnisse bei der Rechnungsprüfungsstelle zu berücksichtigen.

b) Die Prüfung muß grundsätzlich in den Räumen der zu prüfenden Kammer oder Nebenstelle durchgeführt werden. Abweichungen sind für entlegene Nebenstellen zulässig, sofern die Prüfungsunterlagen in der Kammer zur Verfügung stehen.

c) Der Prüfer ist berechtigt, die Vorlage von Büchern, Schriftstücken, Akten, Belegen sowie jede zur Durchführung der Prüfung für erforderlich erachtete Auskunft zu verlangen.

d) Es ist dem pflichtgemäßen Ermessen des Prüfers zu überlassen, welche Gebiete er stichprobenweise und welche er vollständig prüfen will. Stellt er bei stichprobenweiser Prüfung Fehler oder Mängel fest, so hat er dieses Gebiet vollständig zu prüfen.

e) Der Prüfer kann eine Erklärung über die vollständige Angabe der vorhandenen Barkassen, der vorhandenen Vermögenswerte und bestehenden Verpflichtungen verlangen.

f) Der Prüfer ist nicht zu Weisungen und Anordnungen an Kammerbedienstete berechtigt, sondern nur zu Anregungen und Vorschlägen befugt.

5. Ergebnis der Prüfung

a) Beanstandungen von nicht grundsätzlicher oder nicht allgemeiner Bedeutung sind möglichst sofort an Ort und Stelle mündlich zu erledigen. Festgestellte geringfügige Unrichtigkeiten sind auf den Unterlagen zu vermerken.

b) Nach Beendigung der Prüfung hat der leitende Rechnungsprüfer das Ergebnis seiner Feststellungen dem Präsidenten und dem Hauptgeschäftsführer in einer Schlußbesprechung vorzutragen. Hierbei sind kleinliche Anmerkungen zu vermeiden, jedoch alle Punkte zu erläutern, die nach seiner Ansicht für die Bildung des Gesamturteils über die Prüfung und für die Aufnahme in den Prüfungsbericht in Betracht kommen.

c) Der Leiter der Rechnungsprüfungsstelle ist berechtigt, an den Schlußbesprechungen teilzunehmen. Der leitende Rechnungsprüfer hat die Ergebnisse der Schlußbesprechung in einer Niederschrift für die Akten der Rechnungsprüfungsstelle festzuhalten.

6. Fertigung des Prüfungsberichts

a) Der leitende Rechnungsprüfer hat nach Abschluß der Prüfung unverzüglich einen schriftlichen Prüfungsbericht zu fertigen. Der Leiter der Rechnungsprüfungsstelle hat den Bericht zur Wahrung der einheitlichen Behandlung der Prüfungsfragen zu überprüfen und ist zu Änderungen des Berichtsentwurfes berechtigt, die mit dem Berichtsverfasser zu besprechen sind.

b) Der Prüfungsbericht soll in knapper und übersichtlicher Form Umfang und Handhabung der Prüfung erläutern und durch eine abschließende Darstellung und Begründung des Prüfungsergebnisses den durch die Kammer bestellten Rechnungsprüfern und der Vollversammlung die Bildung eines eigenen Urteils ermöglichen. Im Interesse des einheitlichen Aufbaues und erforderlicher Vergleichsmöglichkeiten kann die Rechnungsprüfungsstelle für die Berichterstattung ein Berichtsmuster verwenden, das jedoch die Darstellungs- und Beurteilungsfreiheit des Prüfers nicht einschränken soll.

c) Der Prüfungsbericht ist von dem leitenden Rechnungsprüfer und von dem Leiter der Rechnungsprüfungsstelle zu unterzeichnen.

7. Vorlage des Prüfungsberichts

Spätestens 4 Wochen nach Abschluß der Rechnungsprüfung legt der Leiter der Rechnungsprüfungsstelle den Prüfungsbericht in drei Ausfertigungen dem Präsidenten und dem Hauptgeschäftsführer vor. Die Kammern können in begründeten Sonderfällen die Übersendung weiterer Ausfertigungen gegen Erstattung der entstehenden Unkosten beantragen.

4. Haushalts-, Kassen- und Rechnungslegungsordnung der Industrie- und Handelskammern*)

HKRO

*) Die Haushalts-, Kassen- und Rechnungslegungsordnung ist ein Entwurf des DIHT, der in Zusammenarbeit mit den Kammern und den Aufsichtsbehörden der Länder die vorliegende Fassung vom 14. Januar 1959 erhalten hat. Es ist den IHKn freigestellt, gewisse Abwandlungen des Entwurfs vorzunehmen, soweit die besonderen Verhältnisse bei der einzelnen IHK dies verlangen. Der Entwurf hat bis zum heutigen Tage (31. Mai 1960) keine Änderung erfahren.

Vorwort

Die Industrie- und Handelskammern beschließen in ihrer Eigenschaft als Selbstverwaltungskörperschaften selbständig über den zur Erfüllung ihrer gesetzlichen Aufgaben erforderlichen Kostenaufwand sowie über die Aufbringung der zur Deckung dieses Aufwandes erforderlichen Mittel und über die Ordnung ihres Haushalts-, Kassen- und Prüfungswesens.

Der Haushaltsplan ist nach den Grundsätzen einer sparsamen und wirtschaftlichen Finanzgebarung unter pfleglicher Behandlung der Leistungsfähigkeit der Kammerzugehörigen aufzustellen und auszuführen. Zur zweckentsprechenden und einwandfreien Regelung der hierzu erforderlichen Maßnahmen ist diese zusammenfassende „Ordnung" herausgegeben worden. Sie entspricht unter Berücksichtigung der neuzeitlichen Entwicklung den für das öffentliche Haushalts-, Kassen- und Rechnungslegungswesen allgemein geltenden Grundsätzen.

Haushalts-, Kassen- und Rechnungslegungsordnung

Inhaltsübersicht

		Ziff.	Seite
	Begriffserläuterungen		253
I.	Aufstellung des ordentlichen Haushaltsplans	1—5	255, 256
II.	Aufstellung des Nachtragshaushaltsplans	6	256
III.	Aufstellung des außerordentlichen Haushaltsplans	7	256
IV.	Ausführung des Haushaltsplans	8—17	256—258
V.	Kassenführung	18—24	259—261
VI.	Buchführung	25—32	261—264
VII.	Rechnungsbelege	33—36	264, 265
VIII.	Kassenprüfungen	37—40	265, 266
IX.	Rechnungsnachweisung und -prüfung, Entlastung	41—46	266, 267
X.	Aufbewahrung der Bücher und Belege	47	267

Begriffserläuterungen

a) Ordentlicher Haushaltsplan:

Die von der Vollversammlung der Kammer festgestellte, für die Wirtschaftsführung maßgebende Zusammenstellung der für ein Rechnungsjahr veranschlagten ordentlichen Haushaltseinnahmen und -ausgaben der Kammer.

b) Außerordentlicher Haushaltsplan:

Die von der Vollversammlung festgestellte Zusammenstellung der außerordentlichen Haushaltseinnahmen (Pos. h) und -ausgaben (Pos. o) der Kammer.

c) Nachtrag zum Haushaltsplan:

Ein den Haushaltsplan ändernder Beschluß der Vollversammlung entsprechend dem Verfahren nach Pos. a und b (s. a. II, 6 HKRO).

d) Haushaltsmittel:

Die Beträge, die im Haushaltsplan nach Zweckbestimmung und Ansatz ausgebracht sind (Einnahme- und Ausgabemittel).

e) Planmäßige Haushaltseinnahmen:

Haushaltseinnahmen, die im Haushaltsplan vorgesehen sind.

f) Überplanmäßige Haushaltseinnahmen:

aa) Haushaltseinnahmen, die im Haushaltsplan in der Zweckbestimmung vorgesehen sind, jedoch den ausgebrachten Betrag überschreiten;

bb) Haushaltseinnahmen bei Leertiteln (Pos. p).

g) Außerplanmäßige Haushaltseinnahmen:

Haushaltseinnahmen, die im Haushaltsplan in der Zweckbestimmung nicht vorgesehen sind.

h) Außerordentliche Haushaltseinnahmen:

Mittel zur Deckung der nicht zum ordentlichen Finanzbedarf gehörenden Ausgaben, z. B.

Erlös aus der Aufnahme von Darlehen,
Erlös aus der Veräußerung von Vermögen,
Entnahme aus dem Kapitalvermögen,
Entnahme aus Rücklagen, die für einen außerordentlichen Bedarf angesammelt sind,
Sonstige Einnahmen, die nicht ordentliche Einnahmen sind (z. B. Zuwendungen Dritter für bestimmte Zwecke),
Umlagen, die zur Deckung eines außerordentlichen Bedarfs erhoben werden.

(Zur Unterscheidung ist den Titelbezeichnungen im außerordentlichen Haushalt der Buchstabe „A“ vorzusetzen.)

i) Fortdauernde Haushaltsausgaben:

Haushaltsausgaben, die ihrer Natur nach regelmäßig wiederkehren.

k) Einmalige Haushaltsausgaben:

Haushaltsausgaben, die ihrer Natur nach nicht oder nur in längeren Zeitabschnitten wiederkehren (Ausgaben für Anschaffung von Kraftfahrzeugen u. ä.) oder deren Wiederkehr für die nächsten Rechnungsjahre ungewiß ist.

l) Planmäßige Haushaltsausgaben:

Haushaltsausgaben, die im Haushaltsplan vorgesehen sind.

m) Überplanmäßige Haushaltsausgaben:

aa) Haushaltsausgaben, die im Haushaltsplan in der Zweckbestimmung vorgesehen sind, jedoch den ausgebrachten Betrag überschreiten (s. a. II, 6 HRKO),

bb) Haushaltsausgaben bei Leertiteln (Pos. p).

n) Außerplanmäßige Haushaltsausgaben:

Haushaltsausgaben, die im Haushaltsplan in der Zweckbestimmung nicht vorgesehen sind.

o) Außerordentliche Haushaltsausgaben:

Die in einem außerordentlichen Haushaltsplan veranschlagten Ausgaben, die nicht zum ordentlichen Jahresfinanzbedarf der Kammer gehören.

(Zur Unterscheidung ist den Titelbezeichnungen im außerordentlichen Haushalt der Buchstabe „A" vorzusetzen.)

p) Leertitel:

Titel, für die eine Zweckbestimmung im Haushaltsplan-Muster zwar vorgesehen ist, für die jedoch Haushaltsmittel nicht ausgebracht sind.

q) Freititel

Titel, die für außergewöhnliche Fälle — also nach Bedarf — einzusetzen sind.

r) Kassenüberschüsse:

Beträge, um die der Kassenbestand den Kassensollbestand übersteigt.

s) Kassenfehlbeträge:

Beträge, um die der Kassenbestand hinter dem Kassensollbestand zurückbleibt.

t) Verwahrungen:

Fremde (durchlaufende) Gelder und eigene Einnahmen, die nicht sofort bei einem Haushaltstitel gebucht oder an die zuständige Stelle abgeführt werden können.

u) Vorschüsse:

Voraussahlungen auf vereinbarte Lieferungen oder Leistungen.

Die Industrie- und Handelskammern sind nachstehend der Einfachheit halber als „Kammer" bezeichnet.

I.

Aufstellung des ordentlichen Haushaltsplans

1. Für jedes Rechnungsjahr sind nach Anlage 1 eine Haushaltssatzung und nach Anlage 2 ein Haushaltsplan aufzustellen.

Dem Haushaltsplan sind beizufügen:

a) eine Begründung, soweit diese nicht bei den einzelnen Titeln in Spalte „Erläuterungen" des Plans möglich ist, und eine Personalübersicht gemäß Anlage 2a,

b) eine Übersicht über das Vermögen und die Verbindlichkeiten gemäß Anlage 3 nach dem voraussichtlichen Stande vom 31. März des ablaufenden Rechnungsjahres.

Die Haushaltssatzung und der Haushaltsplan nebst Anlagen sind rechtzeitig vor Beginn des neuen Haushaltsjahres der Vollversammlung zur Beschlußfassung vorzulegen.

2. Der Haushaltsplan zerfällt in Abschnitt I: Haushaltseinnahmen und Abschnitt II: Haushaltsausgaben.

Im Haushaltsplan sind die für das Rechnungsjahr zu erwartenden Einnahmen und Ausgaben — nach Zweckbestimmung und Ansatz getrennt — unter den hierzu bestimmten Titeln auszuweisen.

Die vorgesehene Nummernfolge der Titel ist bindend. Für außergewöhnliche Fälle sind am Schluß der einzelnen Einnahmetitel- und Ausgabetitelgruppen Freititel vorzusehen.

Die Zahlenansätze der Titel sind bei den einzelnen Haushaltseinnahmen auf DM 100,— nach unten, bei den Haushaltsausgaben auf DM 100,— nach oben abzurunden.

Der Haushaltsplan ist in Einnahme und Ausgabe auszugleichen.

3. Alle voraussichtlichen Einnahmen und Ausgaben sind im Haushaltsplan zu veranschlagen. Es dürfen von den Einnahmen keine Ausgaben vorweg abgesetzt werden und auf die Einnahmen keine Ausgaben vorweg abgerechnet werden (Wahrung des Bruttoprinzips). Dagegen können Haushaltseinnahmen, die von der Kasse zurückzuzahlen sind (z. B. zuviel erhobene Kammerbeiträge), bei dem betreffenden Einnahmetitel und Haushaltsausgaben, die an die Kasse zurückgezahlt werden, bei dem betreffenden Ausgabetitel abgesetzt werden. Mittel, die zur Erfüllung von Kammeraufgaben aus einzelnen Vermögensfonds entnommen werden sollen, sind im Haushaltsplan bei den Einnahmen zu veranschlagen. Wird beabsichtigt, aus laufenden Einnahmen Gelder zur Bildung oder Auffüllung einzelner Vermögensfonds zu verwenden, so sind sie bei den Ausgaben zu veranschlagen.

Alle Einnahmen mit anderem, alle fortdauernden Ausgaben mit höherem Ansatz als im Vorjahre und alle einmaligen Ausgaben sind in Spalte 7 des Haushaltsplans zu erläutern.

Es dürfen nur solche Ausgaben veranschlagt werden, die zur Erfüllung der den Kammern obliegenden Aufgaben erforderlich sind.

4. Für Nebenbetriebe oder für Teile von solchen, die mit Rücksicht auf ihren Wirtschaftszweck und ihren Umfang kaufmännisch eingerichtet sind, darf anstelle einer getrennten Veranschlagung der Einnahmen und Ausgaben ihr voraussichtliches Endergebnis in den Haushaltsplan aufgenommen werden, wenn die Art des Betriebes ein Wirtschaften nach Einnahme- und Ausgabeansätzen des Haushaltsplans nicht zuläßt. Dem Haushaltsplan sind die letzte Bilanz und Gewinn- und Verlustrechnung beizufügen.

5. Nebenhaushaltspläne sind für Einrichtungen der Kammern aufzustellen, z. B. Schulen usw., die in der Hauptsache aus eigenen Einnahmen finanziert oder von den Kammern und Dritten gemeinschaftlich unterhalten werden, gleiches gilt für Nebenverwaltungen, soweit sie der Beschlußfassung der Vollversammlung unterliegen.

Die Schlußsumme der Nebenhaushaltspläne ist dem Einnahme- und Ausgabe-Endbetrag des Kammerhaushaltsplanes zuzusetzen. Die Nebenhaushaltspläne sind dem Haushaltsplan der Kammer beizufügen.

Die Einnahmen und Ausgaben für außerhalb des Sitzes der Kammern liegende Dienststellen (Zweigstellen, Geschäftsstellen usw.) sind bei den jeweiligen Einzeltiteln des Haushaltsplanes der Kammern zu veranschlagen.

II.

Aufstellung des Nachtragshaushaltsplans

6. Lassen die Verhältnisse erkennen, daß über- und außerplanmäßige Ausgaben unvermeidlich sind, so ist — sofern die Voraussetzungen nach Ziff. 11 Abs. 1 Satz 4 nicht zutreffen — rechtzeitig ein Nachtragshaushaltsplan aufzustellen und der Vollversammlung zur Beschlußfassung vorzulegen.

Im Nachtragshaushaltsplan ist den ursprünglichen Einnahme- und Ausgabeansätzen statt des Vorjahrssolls das neue endgültige Soll gegenüberzustellen. Die über- und außerplanmäßigen Ausgabeansätze sind zu begründen. Im übrigen sind die Bestimmungen der Ziff. 1—5 sinngemäß anzuwenden.

III

Aufstellung des außerordentlichen Haushaltsplans

7. Der außerordentliche Haushaltsplan ist sinngemäß nach den im Abschnitt I erläuterten Grundsätzen aufzustellen; in ihm sind nur die unter Pos. h und o der Begriffserläuterungen aufgeführten Einnahmen bzw. Ausgaben zu veranschlagen.

IV.

Ausführung des Haushaltsplans

8. Durch den Haushaltsplan werden Ansprüche Dritter und Verbindlichkeiten Dritter weder begründet noch aufgehoben.

9. Wenn der Haushaltsplan aus zwingendem Anlaß nicht bis zum Beginn des neuen Rechnungsjahres beschlossen ist, können bis zu seiner Verabschiedung durch die Vollversammlung Ausgaben im Rahmen der Vorjahresansätze geleistet werden. Falls die Kassenlage dies nicht gestattet und auch die Betriebsmittelrücklage dazu nicht ausreicht, kann mit Genehmigung der Vollversammlung, unbeschadet der Bestimmung des § 3 Abs. 5 des Gesetzes zur vorläufigen Regelung des Rechts der Industrie- und Handelskammern vom 18. 12. 1956 — BGBl. I S. 920 —, eine Vorauszahlung auf den Kammerbeitrag erhoben werden. Solche Vorauszahlungen können

auch bei rechtzeitiger Verabschiedung des Haushaltsplans von der Vollversammlung beschlossen werden, wenn die endgültige Veranlagung der Kammerbeiträge nach Lage der Dinge voraussichtlich erst in der zweiten Hälfte des Rechnungsjahres oder noch später durchführbar ist.

10. Die bewilligten Beträge dürfen nur zu den im Haushaltsplan bezeichneten Zwecken und bei fortdauernden Ausgaben nur innerhalb des gleichen Rechnungsjahres verwendet werden; sie sind also nicht übertragbar, soweit sie nicht im Haushaltsplan für übertragbar erklärt wurden. Die bei den für übertragbar erklärten Ausgaben, bei den einmaligen und bei den außerordentlichen Ausgaben nicht verausgabten Mittel stehen für den bestimmten Zweck über das Rechnungsjahr hinaus zur Verfügung und sind zweckgebunden über Verwahrgelder zu vereinnahmen und abzuwickeln. Für ein und denselben Zweck dürfen Mittel nicht an verschiedenen Stellen des Haushaltsplans verausgabt werden.

Haushaltsüberschüsse sind auf das neue Rechnungsjahr vorzutragen und dürfen nicht außerhalb des Haushaltsplans verwendet werden.

Die Bestimmungen des § 30 Abs. 1 Satz 3 und 4 RHO finden sinngemäß Anwendung.*)

11. Die im Haushaltsplan zur Verfügung gestellten Mittel sind so zu verwalten, daß sie zur Deckung aller bewilligten Ausgaben ausreichen. Es ist unzulässig, Haushaltseinnahmen an bestimmte Haushaltsausgaben zu binden. Ergibt sich im Falle eines unabweisbaren Bedürfnisses die Notwendigkeit zu überplanmäßigen Ausgaben, so ist hierzu die Genehmigung durch einen Nachtragshaushaltsplan einzuholen. Die sächlichen Ausgabetitel können ohne besondere Genehmigung um 10 v. H. des veranschlagten Betrages überschritten werden, soweit sich hierdurch der Gesamtansatz bei den persönlichen und sächlichen Verwaltungsausgaben nicht erhöht.

Die personellen und sächlichen Ausgabetitel können nach Maßgabe der Haushaltssatzung innerhalb ihrer Gruppen für gegenseitig deckungsfähig erklärt werden. Die Untertitel sind innerhalb der Haupttitel gegenseitig deckungsfähig.

Außerplanmäßige Haushaltseinnahmen und -ausgaben bedürfen in jedem Falle der Beschlußfassung der Vollversammlung.

12. Aus den ordentlichen Haushaltsmitteln ist eine Betriebsmittelrücklage anzusammeln, auf die bei angespannter Kassenlage zur Vermeidung der Aufnahme von Kassenkrediten vorübergehend zurückgegriffen werden kann. Für die Bildung dieser Rücklage ist ein durchschnittlicher Halbjahresbedarf an Haushaltsmitteln zugrunde zu legen. Der hierfür jährlich im Haushaltsplan anzusetzende Betrag soll 10% der Summe nicht übersteigen, mit der der Haushaltsplan in Einnahme und Ausgabe abschließt.

---

*) § 30 Abs. 1 RHO lautet:

§ 30

(1) Die bewilligten Beträge dürfen nur zu dem im Haushaltsplane bezeichneten Zweck, soweit und solange dieser fortdauert, und nur innerhalb des Rechnungsjahres verwendet werden Bei den ausdrücklich als übertragbar bezeichneten Ausgabemitteln und bei den zu einmaligen und zu außerordentlichen Ausgaben bewilligten Mitteln (übertragbare Ausgabebewilligungen) bleiben die nicht ausgegebenen Beträge für die unter die Zweckbestimmung fallenden Ausgaben über das Rechnungsjahr hinaus zur Verfügung. Dies gilt indessen, wenn der Haushaltsplan nicht etwas anderes bestimmt, bei einmaligen und außerordentlichen Ausgaben nur bis zum Rechnungsabschlusse für das auf die Schlußbewilligung folgende dritte Rechnungsjahr. Bei Bauten tritt an die Stelle des Rechnungsjahrs der Schlußbewilligung das Rechnungsjahr, in dem der Bau in seinen wesentlichen Teilen in Benutzung genommen ist.

Außer diesen Rücklagen können zweckgebundene Fonds im Sinne von Abschreibungsmitteln (Kraftwagenfonds u. a.) angesammelt und Rücklagen für spätere Vorhaben (Baufonds u. a.) geschaffen werden, damit nicht ein einzelnes Rechnungsjahr mit überhöhten Aufwendungen belastet wird. Außerdem sind Rückstellungen für bestimmte, jedoch noch nicht fällige Verpflichtungen im Sinne einer Rechnungsabgrenzung möglich.

13. Die Beschlußfassung der Vollversammlung ist erforderlich zum Erwerb, zur Veräußerung oder zur dinglichen Belastung von Grundeigentum, zur Beteiligung der Kammern an Unternehmen jeglicher Art und zur Aufnahme von Anleihen und Darlehen, sofern ihr Betrag nicht nur zur vorübergehenden Aushilfe dient und aus den Überschüssen der laufenden Einnahmen über die Ausgaben eines Rechnungsjahres zurückerstattet werden kann.

14. Die Haushaltsmittel, die dem Präsidenten der Kammer ohne nähere Angabe des Verwendungszwecks zur Verfügung gestellt werden, sind ebenfalls Ausgabemittel, die nach den Grundsätzen dieser Ordnung innerhalb des Aufgabenkreises der Kammer zu veranschlagen und zu bewirtschaften sind; jedoch können von dem Präsidenten Pauschalbeträge abgehoben werden; die einzelnen Belege über ihre Verwendung sind außerhalb der Buchführung prüffähig aufzubewahren.

15. Das Verfügungsrecht über die Haushaltseinnahmen und -ausgaben steht dem Präsidenten und dem Hauptgeschäftsführer zu, die die Anweisungsbefugnis nach Maßgabe der Satzung übertragen können. Die in der Kasse Beschäftigten sind von der Anweisungsbefugnis ausgeschlossen.

Auszahlungsanordnungen dürfen grundsätzlich nur insoweit erteilt werden, als im Haushaltsplan Mittel für den Zweck, der zu der Anweisung führt, vorgesehen sind oder die Voraussetzungen für überplanmäßige oder außerplanmäßige Ausgaben vorliegen. Die der Kasse zu erteilende Kassenanweisung muß die Anordnung zur Annahme oder Leistung sowie die dokumentenecht vollzogene Unterschrift der Anweisungsberechtigten enthalten. Namenskürzungen oder die Verwendung von Namensstempeln sind unzulässig.

Näheres regelt die Kassendienstanweisung.

16. Zur Erleichterung des Kassenverkehrs können allgemeine Kassenanweisungen erteilt werden.

a) für Beiträge, Umlagen und Gebühren, die auf Grund der Gebührenordnung der Kammer oder rechtlicher Verpflichtung anzunehmen oder zu leisten sind.

b) Für Zahlungen geringen Umfangs. Näheres ist in der Kassendienstanweisung zu regeln.

17. Bei der Kammer ist ein Beamter oder Angestellter als Sachbearbeiter des Haushalts mit der Bewirtschaftung der Haushaltsmittel zu betrauen. Er hat darüber zu wachen, daß die Haushaltsmittel im gesamten Geschäftsbereich bestimmungsgemäß verwendet und verwaltet werden; er hat insbesondere dahin zu wirken, daß die Einnahmen richtig erhoben, die Ausgabetitel nicht überschritten und keine Aufwendungen gemacht werden, die nicht auch bei strenger Prüfung unter Berücksichtigung der Finanzlage der Kammer als notwendig anerkannt werden müssen. Bei der rechtzeitigen und ordnungsmäßigen Aufstellung des Haushaltsplans und der Jahresrechnung hat er mitzuwirken. Sollen Maßnahmen von geldlicher Tragweite, insbesondere organisatorischer oder verwaltungsrechtlicher Art in die Wege geleitet werden, so ist der Sachbearbeiter des Haushalts rechtzeitig zu beteiligen.

V.

Kassenführung

18. Die Kasse hat die Haushaltseinnahmen und -ausgaben sowie die sonstigen Zahlungen rechtzeitig und vollständig zu erheben und zu leisten, die Zahlungen zu buchen, die Belege zu sammeln und geordnet aufzubewahren. Ferner obliegt ihr die Vermögensverwaltung.

Für außerhalb der Kammer liegende Nebeneinrichtungen und Dienststellen können erforderlichenfalls Zahlstellen errichtet werden.

18a. (neu)*)

Ein Vertrag darf zum Nachteil der Kammer freiwillig nur geändert oder aufgehoben werden, wenn seine Erfüllung dem Vertragsgegner infolge unvorhergesehener und unverschuldeter, während der Dauer des Vertrags eingetretener Umstände billigerweise nicht mehr zugemutet werden kann.

Forderungen der Kammer dürfen nur ausnahmsweise und nur dann gestundet**) werden, wenn ihre Erfüllung auf andere Weise nicht gesichert werden kann, insbesondere wenn die sofortige Einziehung eine besondere Härte für den Schuldner bedeuten oder voraussichtlich erfolglos verlaufen würde.

Gestundete Beträge sind in der Regel mit ..... zu verzinsen; von der Erhebung von Zinsen kann aus Billigskeitsgründen abgesehen werden.

Einziehbare Forderungen der Kammer können ganz oder teilweise niedergeschlagen***) werden, wenn und soweit die Einziehung nach Lage des einzelnen Falles für den Schuldner eine besondere Härte bedeuten würde,

Ist eine fällige Forderung wegen der wirtschaftlichen Verhältnisse des Schuldners oder aus anderen zwingenden Gründen nachweislich dauernd nicht einziehbar, so ist davon abzusehen, den Anspruch weiter zu verfolgen; das gleiche gilt, wenn die Kosten der Einziehung in keinem angemessenen Verhältnis zur Höhe der Schuld stehen.

Ist die fällige Forderung nur vorübergehend nicht einziehbar, so sind die wirtschaftlichen Verhältnisse des Schuldners während eines angemessenen Zeitraumes zu überwachen; die Einziehung ist erneut zu versuchen, wenn sie Erfolg verspricht. Bleibt das Verfahren ergebnislos, so kann endgültig von der Einziehung abgesehen werden.

Die Entscheidung über Vertragsänderungen, Stundungen, Niederschlagung und Verzicht auf die Einziehung trifft der Präsident. Die Entscheidungsbefugnis kann dem Hauptgeschäftsführer übertragen werden, soweit es sich nicht um Fälle von grundsätzlicher Bedeutung oder größerer finanzieller Tragweite handelt; zu den letzteren gehören auch Stundungen, die einen Zeitraum von 6 Monaten überschreiten. Verträge, die von der Vollversammlung genehmigt waren, dürfen nur mit deren Zustimmung geändert oder aufgehoben werden.

19. Die Kassenaufsicht wird vom Sachbearbeiter des Haushalts wahrgenommen. Eine unmittelbare Weisungsbefugnis ist mit der Kassenaufsicht nicht verbunden.

---

*) Nr. 18a war in der Fassung der HKRO vom 24. Januar 1958 nicht enthalten. Die Nummer wurde erst später eingefügt.

**) Bei der Stundung wird die Fälligkeit der Forderung hinausgeschoben.

***) Bei der Niederschlagung wird vorübergehend von der Einziehung der Forderung ohne Verzicht auf sie abgesehen.

Die Kasse steht unter einem Kassenleiter, der die Verantwortung für den gesamten Betrieb der Kasse trägt und für eine ordnungsmäßige und wirtschaftliche Erledigung der Kassengeschäfte zu sorgen hat. Ihm werden, soweit erforderlich, Buchhalter und Kassierer sowie sonstige Arbeitskräfte beigegeben. Ist die Kasse mit mehr als einem Beamten (Angestellten) besetzt, so sind die Buchhalter- und Kassierergeschäfte verschiedenen Personen zu übertragen. Buchhalter und Kassierer sollen sich regelmäßig nicht vertreten.

In der Kasse dürfen nur zuverlässige Arbeitskräfte verwendet werden, deren wirtschaftliche Lage geordnet ist. Die Kassenbeamten oder -angestellten haben in ihren Arbeitsgebieten sorgfältig auf die Sicherheit der Kasseneinrichtungen zu achten und etwaige Mängel oder Unregelmäßigkeiten zu melden, die sie — auch außerhalb ihres Arbeitsgebietes — in der Kasse bemerken. Sie haben die ihnen übertragenen Kassenbücher und Karteien sorgfältig zu führen und auf dem laufenden zu halten.

Beim Wechsel in der Person des Kassenleiters hat dieser seinem Nachfolger die Geschäfte zu übergeben. Der neue Kassenleiter hat den buchmäßig ausgewiesenen Kassenbestand zu prüfen und sich von der ordnungsmäßigen Führung der Bücher und den dazugehörigen Belegen durch Stichproben zu überzeugen. Die ordnungsmäßige Kassenübergabe ist von beiden im Hauptbuch zu bescheinigen. Kann der bisherige Kassenleiter die Kassenübergabe nicht vornehmen, so muß für ihn ein Vertreter bestimmt werden.

20. Zahlungen sind, soweit irgend möglich, bargeldlos zu bewirken. Im Interesse der Arbeitsvereinfachung ist die Zahl der Bank- und Postscheckverbindungen der Kammern möglichst zu beschränken. Die unnötige Ansammlung von Bargeld ist zu vermeiden. Wertpapiere sind bei Banken zu deponierc. Die Kasse hat auf jede geeignete Weise darauf hinzuwirken, daß die Einzahlungspflichtigen sich des bargeldlosen Zahlungsverkehrs bedienen.

Die Kasse soll Auszahlungen in der Regel durch Überweisungen im Postscheck- oder Bankverkehr sowie durch Hergabe von Bankschecks mit dem Aufdruck „Nur zur Verrechnung“ und nur in Ausnahmefällen mittels Bargeld leisten. Auf besonderen Wunsch oder nach Vereinbarung können auch Überweisungsaufträge übergeben werden oder Barschecks als Zahlungsmittel dienen, wenn auf diese Weise die sonst notwendige Beschaffung von Bargeld vermieden wird.

Schecks aller Art und Überweisungsaufträge, die den Empfängern ausgehändigt werden, sind besonders sorgfältig auszufertigen, um einen Mißbrauch durch Fälschung auszuschließen. Diese Zahlungsmittel und auch Bargeld dürfen einem Empfänger nur ausgehändigt werden, wenn er sich einwandfrei als empfangsberechtigt ausgewiesen hat.

21. Bargeld ist in einem besonderen Kassenbehäler vom Kassenleiter oder vom Kassierer unter Verschluß zu halten (Tageskasse). Der Kassenbehäler, alle Zahlungsmittel sowie Scheckvordrucke, Sparbücher und ähnliches sind in einem Kassenschrank aufzubewahren, den der Kassenleiter gegebenenfalls gemeinsam mit dem Kassierer unter Verschluß zu nehmen hat. Auf einen ausreichenden Versicherungsschutz gegen Feuer, Einbruchdiebstahl und Beraubung ist zu achten. Zahlungsmittel und sonstige Gegenstände, die nicht zur Kasse gehören, dürfen nur dann im Kassenbehälter aufbewahrt werden, wenn sie zum Dienstgebrauch bestimmt sind. Eingehende Zahlungsmittel sind sofort zu verbuchen und zur Kasse zu nehmen. Eine auch nur vorübergehende Aufbewahrung von Zahlungsmitteln außerhalb der Kasse und ohne Buchung ist unstatthaft.

Bei der Beförderung von Zahlungsmitteln (Bargeld, Schecks aller Art, Überweisungsaufträge usw.) außerhalb des Kassenraumes sind alle erforderlichen Sicherungsmaßnahmen zu treffen. Es ist eine Botenberaubungsversicherung abzuschließen.

22. Die Kasse hat Einzahlungen auf Grund einer schriftlichen Kassenanweisung (Ziffer 15) zu vereinnahmen. Bei regelmäßig wiederkehrenden Einnahmen kann diese Anweisung allgemein erteilt werden (Ziffer 16).

Auch wenn eine Einnahmeanweisung nicht vorliegt, sind Einzahlungen, die durch Übergabe von Zahlungsmitteln entrichtet werden, anzunehmen, sofern ein sachlicher Grund für sie zu erkennen ist. Diese Einzahlungen sind bis zur endgültigen Verrechnung als Verwahrungen zu behandeln und dem Kassenaufsichtsbeamten anzuzeigen. Die Kasse darf ohne besondere Ermächtigung keine Stundung gewähren.

Die Kasse hat über jede Einzahlung, die durch Übergabe von Bargeld geleistet wird, dem Einzahlungspflichtigen eine Quittung zu erteilen. Einzahlungen, die durch andere Zahlungsmittel (z. B. Schecks, Überweisungsaufträge) geleistet werden, dürfen nur unter Vorbehalt quittiert werden. Für im Überweisungsverkehr geleistete Einzahlungen darf die Kasse dem Einzahlungspflichtigen — wenn es verlangt wird — nur eine formlose Empfangsbestätigung aushändigen. Die Quittungen sind mit einem dokumentenechten Schreibgerät auszufertigen und zu vollziehen. Handgeschriebene Quittungen sind im Durchschreibeverfahren auf fortlaufend nummerierten Vordrucken zu fertigen. Quittungen von Buchungsmaschinen und Registrierkassen sind handgeschriebenen Quittungen gleichzusetzen. Die Zeichnungsberechtigung für Quittungen ist in der Kassendienstanweisung zu regeln. Die Unterschriften der berechtigten Personen sind durch Aushang im Kassenraum bekanntzugeben.

Zahlungsmittel, die der Kasse übergeben werden, sind in Gegenwart des Einzahlenden auf Echtheit, Vollständigkeit und Vollzähligkeit zu überprüfen.

23. Die Kasse hat Auszahlungen nur auf Grund einer schriftlichen Auszahlungsanordnung zu leisten (Ziffer 15). Bei regelmäßig wiederkehrenden Ausgaben kann diese Anordnung allgemein erteilt werden (Ziffer 16).

Die Kasse darf ohne besondere Anordnung Auszahlungen nicht vor der Fälligkeit leisten.

Die Kasse hat über jede Auszahlung, die durch Übergabe oder Übersendung von Zahlungsmitteln geleistet wird, vom Empfänger eine Quittung zu verlangen.

Bei Auszahlungen, die bargeldlos geleistet werden, sind auf dem Beleg Art und Datum der Überweisung zu vermerken.

24. Eine beim Abschluß der Tageskasse festgestellte Differenz zwischen Soll- und Ist-Bestand ist sofort aufzuklären. Gelingt die Aufklärung nicht am gleichen Tage, ist die Differenz dem Kassenaufsichtsführenden zu melden und im Tageskassenbuch zu vermerken. Fehlbeträge sind vom Kassierer sofort zu ersetzen. Überschüsse sind zunächst als Verwahrungen zu buchen.

VI.

Buchführung

25. Die Buchführung muß alle kassen- und vermögensmäßigen Vorgänge nach Zeitfolge und in sachlicher Ordnung festhalten. Sie soll jederzeit über die Kassen- und Vermögensbestände Aufschluß geben, den fortlaufenden Nachweis über die Verwendung aller Haushaltsmittel liefern, die Überwachung der Haushaltsführung sicherstellen und eine ordnungsmäßige Rechnungslegung gewährleisten.

Die Kammer wendet die kameralistische Buchführung an.

Bei kaufmännisch verwalteten Nebenbetrieben kann eine kaufmännische Buchführung eingerichtet werden, wenn die Art des Betriebes ein Wirtschaften nach einem Haushaltsplan nicht zuläßt. Die Buchführung muß so eingerichtet sein, daß eine ordnungsmäßige Prüfung der Buchungen und Belege möglich ist.

26. In Anpassung an die Entwicklung ist die Buchführung nach Möglichkeit in Form des manuellen oder maschinellen Durchschreibeverfahrens einzurichten.

Beim Durchschreibeverfahren entsprechen den Vorschriften:

a) Zeitbuch = Grundbuchblätter und Bestandskosten;
b) Sachbücher = Titelkonten sowie Verwahrgeld-, Vorschuß- und Vermömögenskonten (Sachkonten);
c) Hilfsbücher = Tageskassenbuch oder Registrierkasse;
d) für Beiträge, Gebühren und Formularverkauf können Journalblätter oder Einnahmelisten an Stelle der früher üblichen Vorbücher zum Zeitbuch verwendet werden.

Grundbuchblätter, Bestands- und Sachkonten bilden das Hauptbuch. Für die Bestands- und Sachkonten ist ein Kontenplan zu führen.

27. Im Hauptbuch sind alle kassenmäßigen Vorgänge zugleich nach der Zeitfolge und in sachlicher Ordnung nachzuweisen. Es muß jederzeit einen Abschluß ermöglichen.

Zur lückenlosen und rechtzeitigen Sollstellung der Grundbeiträge und Umlagen sind Hebelisten zu führen, die zweckmäßig in Form des Durchschreibeverfahrens (Journalblätter und Beitragskonten der Kammerzugehörigen) eingerichtet werden sollen. Die Hebelisten müssen Aufschluß geben über alle Maßnahmen, die das Soll verändern (z. B. infolge Berichtigung der Meßbeträge oder durch Herabsetzungen und Erlaß aus Billigkeitsgründen). Die eingehenden Zahlungen (Ist) sind dem Soll gegenüberzustellen. Die sich dabei ergebenden Reste sind vorzutragen. Die Hebeliste gilt hinsichtlich der Ist-Buchungen als Vorbuch zum Hauptbuch, die jeweiligen Tagesergebnisse des Ist-Einganges der Hebeliste sind sachlich gegliedert in einer Summe in das Hauptbuch zu übernehmen.

Bei der Erhebung von Gebühren, beim Formularverkauf und bei sonstigen Einnahmen mittels Listen, Sollbuch und fortlaufend numerierten Rechnungen ist Abs. 2 sinngemäß anzuwenden.

28. Die Titelkonten des Hauptbuches dienen dem rechnungsmäßigen Nachweis der Haushaltseinnnahmen und -ausgaben. Sie müssen daher mit den Titeln des Haushaltsplanes und deren Untertiteln genau übereinstimmen.

Im Kopf des Titelbuches (Titelkontos) ist der Haushaltsbetrag entsprechend dem Ansatz im Haushaltsplan zu vermerken. Als Hilfsmittel für die Haushaltsüberwachung empfiehlt sich die Führung einer Haushaltsüberwachungsliste.

Bestehen bei den Kammern für Nebenverwaltungen besondere Haushaltspläne, so sind hierfür besondere Titelkonten zu führen.

In den Vermögenskonten sind der Vermögensbestand und die Verbindlichkeiten bei Beginn des Rechnungsjahres, die Veränderungen während des Rechnungsjahres und der Bestand am Ende des Rechnungsjahres nachzuweisen.

29. Verwahrungen und Vorschüsse sind ebenfalls — sächlich und personell gegliedert — kontenmäßig zu erfassen.

Einzahlungen dürfen als Verwahrung nur behandelt werden, solange eine endgültige Verbuchung der Beträge nicht möglich ist oder wenn es sich um durchlaufende Posten handelt. Aus den verwahrten Beträgen dürfen Auszahlungen nur insoweit geleistet werden als sie mit der Verwahrung in Zusammenhang stehen.

Vorschüsse dürfen nur ausgezahlt werden, wenn die Verpflichtung zur Leistung feststeht oder ihre Gewährung genehmigt ist.

30. Gleichartige kassenmäßige Vorgänge können für einen Zahlungsabschnitt in Form von Sammelbuchungen zusammengefaßt in das Hauptbuch übernommen werden.

Zum Nachweis der Geldbewegung in der Bar-Kasse ist ein Tageskassenbuch zu führen; bei Verwendung von Registrierkassen kann die Führung eines Tageskassenbuches entbehrlich sein. Zum Nachweis der Bestände auf Postscheck- und Bankkonten genügen die jeweiligep Tagesauszüge.

Zum buchmäßigen Nachweis der aus Haushaltsmitteln angeschafften Gegenstände sind Bestandsbücher (Inventarbücher gebunden oder in Karteiform) zu führen und auf dem laufenden zu halten.

31. In dem jeweils für ein Rechnungsjahr anzulegenden Hauptbuch sind die Grundbuchblätter fortlaufend zu numerieren, während die Titelkonten mit den Titelnummern des Haushaltsplanes und die Karten der einzelnen Titel und Untertitel — sofern eine Karte nicht ausreicht — in sich mit fortlaufenden Nummern zu kennzeichnen sind. Die Entfernung oder nachträgliche Einschaltung von Blättern und Karten ist unzulässig. Das gleiche gilt sinngemäß auch für Hebelisten, Tageskassenbuch u. ä.

Alle Buchungen sind deutlich lesbar dokumentenecht vorzunehmen. Sie müssen kurz und klar gefaßt sein und der Wirklichkeit entsprechen. Änderungen dürfen nur so vorgenommen werden, daß die urpsrüngliche Buchung lesbar bleibt; sie sind durch Beifügung des Namenszeichens des ändernden Beamten (Angestellten) zu bescheinigen. Ausschaben, Überkleben und Übermalen sind unzulässig. Nach dem Tagesabschluß dürfen Beiträge nicht mehr geändert werden; etwa notwendige Berichtigungen sind durch Nachtragsbuchungen vorzunehmen.

Zu buchen sind:

a) Der Bargeldverkehr mit dem Tage der Einnahme oder der Ausgabe;

b) unbare Zahlungen in zeitlicher Übereinstimmung mit den Tagesauszügen der Geldinstitute.

Als Einzahlungstag gilt:

a) Bei Übergabe oder Übersendung von Zahlungsmitteln an die Kasse der Tag des Eingangs;

b) bei Überweisung auf das Postscheckkonto der Kasse und bei Einzahlung durch Postscheck der Tag, der sich aus dem Tagesstempelabdruck des Postscheckamtes ergibt;

c) bei einer Überweisung auf das Konto der Kasse bei einer Geldanstalt der Tag, an dem der Betrag der Kasse gutgeschrieben wird;

d) bei Einzahlung mit Zahlkarte oder Postanweisung der Tag, der sich aus dem Tagesstempelabdruck der Aufgabepostanstalt ergibt;

e) bei Einzahlungen aus dem Ausland der Tag, an dem sie bei der Kasse eingehen oder gutgeschrieben werden.

Als Auszahlungstag gilt:

a) Bei Übergabe oder Übersendung von Zahlungsmitteln an den Empfänger der Tag der Übergabe oder Absendung;

b) bei Überweisung und bei Auszahlung durch Postscheck, mit Zahlkarte oder Postanweisung der Tage der Hingabe des Auftrages an die Post oder die Geldanstalt.

32, Das Hauptbuch ist täglich abzuschließen und der Soll- und Ist-Bestand festzustellen. Unstimmigkeiten sind unverzüglich aufzuklären.

VII.

Rechnungsbelege

33. Sämtliche Buchungen — auch Umbuchungen — sind nach den in dieser Ordnung enthaltenen Bestimmungen zu belegen.

Als Belege kommen in Betracht:

Einnahme- und Ausgabeanweisungen, Einnahmelisten, Rechnungen über Lieferungen oder Leistungen, Gehaltslisten, Lohnlisten, Kostenzusammenstellungen und als Beweismittel: Verträge, Kostenanschläge, Verhandlungen und andere geeigneten Schriftstücke.

Der Inhalt der Belege muß — unbeschadet der Kürze — so vollständig und erschöpfend sein, daß Zweifel über den Zahlungspflichtigen oder den Empfangsberechtigten, die rechtliche Entstehung der Einnahme oder Ausgabe, die tatsächliche Liefe-rutg oder Leistung usw. ausgeschlossen sind.

34. Zu einem Rechnungsbeleg gehören:

a) Die der Kasse erteilte förmliche Kassenanweisung und die sonstigen die Zahlung begründenden Unterlagen,

b) der Zahlungsbeweis (Quittungen usw.).

Anweisungen und Quittungen müssen dokumentenecht ausgestellt und unterschrieben sein. Berichtigungen sind so auszuführen, daß die ursprünglichen Angaben lesbar bleiben. Ausschalen, Überkleben oder Übermalen sind unzulässig.

Auf Belegen, die die Anschaffung längerlebiger Gegenstände von Wert beweisen (Möbel, Büromachinen, Büro- und Hausgeräte, Kraftfahrzeuge u. a.), muß der Verbleib durch Hinweise auf die entsprechende Buchung in den Bestandsbüchern (Inventarverzeichnis) nachgewiesen werden. Verbrauchsgüter (Büro-, Reinigungs- und Heizmaterial) sind nicht zu inventarisieren. Zur Überwachung ihres Verbrauchs sollen aber Kontrollbücher geführt werden.

35. Alle Einnahme- und Ausgabebelege bedürfen der sachlichen und rechnerischen Prüfung und Feststellung.

Mit der Bescheinigung der sachlichen Feststellung werden die im Beleg enthaltenen tatsächlichen Angaben bestätigt. Es wird insbesondere bescheinigt, daß bei der Festsetzung der zu erhebenden Haushaltseinnahme oder der zu leistenden Haushaltsausgabe nach den Bestimmungen und nach den Grundsätzen der Wirtschaftlichkeit verfahren worden ist. Durch die Bescheinigung wird die Verantwortung dafür übernommen, daß die in Rechnung gestellten Lieferungen oder Leistungen zu dem Zweck, zu dem sie geschehen sind, notwendig waren, daß sie gut und zweckentsprechend ausgeführt, daß die Angaben über Maß und Gewicht richtig, daß von dem Forderungsberechtigten alle ihm obliegenden Verpflichtungen einschließlich der Einhaltung etwaiger vertragsmäßiger Lieferungsfristen erfüllt und daß die angesetzten Preise vertragsmäßig oder ortsüblich und angemessen sind. Der Feststeller hat die sachliche Feststellung durch Vollziehung des Vermerks „Sachlich richtig" mit seiner Namensunterschrift zu bescheinigen.

Bei Belegen aller Art, welche Berechnungen enthalten oder auf Berechnungen Bezug nehmen, ist die rechnerische Richtigkeit festzustellen. Mit der Vollziehung des Vermerks „Festgestellt" übernimmt der Feststeller die Verantwortung für die Richtigkeit aller zahlenmäßig zu ermittelnden Angaben der Belege. Die geprüften Zahlen sind dokumentenecht anzuhaken.

Die verschiedenen Feststellungsvermerke können gegebenenfalls zusammengefaßt und in vereinfachter Form — auch durch Stempelabdruck — wiedergegeben sowie auf der Anweisung angebracht werden.

Die zur Feststellung befugten Personen werden durch den Präsidenten und den Hauptgeschäftsführer nach Maßgabe der Satzung bestimmt.

36. Die Belege sind fortlaufend zu numerieren und für jedes Buchungsjahr getrennt unter Verschluß aufzubewahren. Sie sollen möglichst nach Sachtiteln abgelegt werden. Gebuchte Belege dürfen nur mit Zustimmung des Kassenleiters aus der Belegsammlung herausgenommen werden.

VIII.

Kassenprüfungen

37. Bei der Kammer sind ordentliche Kassenprüfungen (Ziffer 38 und 39) und außerordentliche (unvermutete) Kassenprüfungen (Ziffer 40) durchzuführen. Ordentliche Kassenprüfungen sollen mindestens vierteljährlich einmal, außerordentliche jährlich mindestens einmal stattfinden. Hat in dem Zeitabschnitt, in dem eine ordentliche Kassenprüfung vorzunehmen ist, eine außerordentliche stattgefunden, so kann von der ordentlichen Kassenprüfung abgesehen werden.

Die Kassenprüfungen werden durch den Präsidenten und den Hauptgeschäftsführer angeordnet. Sie können durch ein Vollversammlungsmitglied oder den Sachbearbeiter des Haushalts, durch die Rechnungsprüfungsstelle, einen Wirtschaftsprüfer oder einen vereidigten Buchprüfer vorgenommen werden. Der Zeitpunkt, der außerordentlichen Kassenprüfung ist geheimzuhalten.

38. Die ordentliche Kassenprüfung ist eine Ordnungsprüfung, bei der festgestellt werden soll, ob die Bücher auf dem laufenden und rechnerisch richtig sind, ob der tatsächliche Bestand mit den Büchern und die Buchungen mit den Belegen übereinstimmen, und ob die Belege in ihrer Form den Bestimmungen entsprechen (Anweisungen, Richtigkeitsbescheinigungen sachlicher und rechnerischer Art, Inventarisierungsvermerke). Der Prüfer hat sein Augenmerk auch darauf zu richten, daß von der Kasse nicht vorschriftswidrig Ausgaben geleistet sind, daß die Haushaltseinnahmen und -ausgaben rechtzeitig und vollständig erhoben und geleistet sind und daß Verwahrungen und Vorschüsse rechtzeitig abgewickelt wurden. Er hat ferner festzustellen, ob die für die Sicherheit der Kasse getroffenen Maßnahmen ausreichen. Die Übereinstimmung der Belege mit den Buchungen und die Aufrechnung der Sammelbuchungen zum Hauptbuch sind ebenfalls zu prüfen. Bei diesen Prüfungen ist zu kontrollieren, ob die verwendeten Quittungsdurchschläge für die baren Einzahlungen mit den in den Quittungsblöcken fehlenden Nummern übereinstimmen.

39. In den geprüften und aufgerechneten Büchern hat der Prüfer zu vermerken, daß und an welchem Tage geprüft worden ist. Über die ordentliche Prüfung ist eine Niederschrift aufzunehmen. Die Niederschrift ist vom Prüfer und vom Kassenleiter zu vollziehen und dem Präsidenten und dem Hauptgeschäftsführer in je einer Ausfertigung vorzulegen, die etwa erforderliche Maßnahmen treffen oder die Ablegung der Niederschrift in die Akten verfügen.

40. Für die außerordentlichen Kassenprüfungen, die erschöpfender als die ordentlichen sein sollen, gelten die Bestimmungen der Ziffern 38 und 39 sinngemäß. Es müssen möglichst sämtliche Einnahme- und Ausgebebelege, rückliegend bis zur letzten ordentlichen Kassenprüfung geprüft werden.

IX.

Rechnungsnachweisung und -prüfung, Entlastung

41. Nach Abschluß des Rechnungsjahres ist über alle Haushaltseinnahmen und -ausgaben für das abgeschlossene Rechnungsjahr Rechnung zu legen. Es sind eine Rechnungsnachweisung nach Anlage 4 und eine Vermögensrechnung nach Anlage 8 aufzustellen.

Die Haushaltseinnahmen und -ausgaben werden zum Zwecke der Rechnungslegung durch die bei der Kasse geführten Sach- und Bestandskonten und bei Nebenbetrieben mit kaufmännischer Buchführung durch die Geschäftsbücher in Verbindung mit der Inventur, der Bilanz, der Gewinn- und Verlustrechnung und dem Jahresbericht nachgewiesen.

42. Alle Bücher und Konten sind zum Zweck der Rechnungslegung für jedes Jahr abzuschließen.

Einnahmen und Ausgaben, die sich auf einen zum abgelaufenen Rechnungsjahr gehörigen Zeitraum beziehen, können noch bis zu zwei Monaten nach Ablauf des Rechnungsjahres verbucht werden.

Einnahmen und Ausgaben für das folgende Rechnungsjahr, die bereits im laufenden Rechnungsjahr anfallen, sind auf das folgende Rechnungsjahr zu verbuchen.

43. Die Rechnungsnachweisung ist nach den Abschlußergebnissen der Einnahmen und Ausgaben des Haushaltsplans aufzustellen. In ihr sind die einzelnen Abschlußzahlen titelweise den Haushaltsansätzen gegenüberzustellen und die Mehr- oder Minderbeträge zu ermitteln. Mindereinnahmen und Mehrausgaben sind zu begründen.

Für Einrichtungen und Nebenverwaltungen im Sinne der Ziffer 5 mit Nebenhaushaltsplänen sind besondere Rechnungsnachweisungen aufzustellen.

Der Rechnungsnachweisung sind getrennte Übersichten über die bis zum Jahresschluß noch nicht abgewickelten Verwahrungen und Vorschüsse nach Anlagen 6 und 7 beizufügen. Gegebenenfalls sind Fehlanzeigen erforderlich.

Das Ergebnis der Rechnungsnachweisung nebst den in Abs. 3 genannten Übersichten (Gesamtabschluß nach Anlage 5) ist mit dem in der Vermögensrechnung ausgewiesenen Umlaufvermögen abzustimmen.

Die Rechnungsnachweisung nebst Übersichten sowie die Vermögensrechnung sind von dem Präsidenten und dem Hauptgeschäftsführer zu vollziehen. Mit den Unterschriften wird bescheinigt, daß die Nachweisung nebst Übersichten sowie die Vermögensrechnung mit den Ergebnissen der ihrer Aufstellung zugrunde liegenden Konten und Bücher übereinstimmen.

44. Die vollzogene Rechnungsnachweisung nebst Übersichten sowie die vollzogene Vermögensrechnung werden durch die Rechnungsprüfungsstelle für die Industrie- und Handelskammern jährlich einmal geprüft.

Die Rechnungsprüfungsstelle ist in ihrer Prüfungstätigkeit und in ihrer Berichterstattung lediglich an ihre Satzung und ihre Prüfungsrichtlinien gebunden.

45. Der durch die Rechnungsprüfungsstelle gefertigte Prüfungsbericht nebst Anlagen wird dem Präsidenten und dem Hauptgeschäftsführer in je einer Ausfertigung zugeleitet. Eine weitere Ausfertigung des Prüfungsberichts leitet die Kammer der Aufsichtsbehörde zur Kenntnisnahme zu.

46. Der Prüfungsbericht nebst Anlagen ist, nachdem die durch die Vollversammlung gewählten Rechnungsprüfer die Rechnungslegung der Kammer geprüft haben, der Vollversammlung zur Erteilung der Entlastung für die Haushalts- und Vermögensrechnung vorzulegen.

X.

Aufbewahrung der Bücher und Belege

47. Fünf Jahre nach der Erteilung der Entlastung durch die Vollversammlung können vernichtet werden

die Grundbuchblätter des Hauptbuches mit den zugehörigen Belegen, die Journalblätter der Hebelisten und sonstige Vor- und Hilfsbücher zum Hauptbuch.

Die Sach-, Bestands- und Beitragskosten können erst 10 Jahre nach erteilter Entlastung vernichtet werden.

Dauernd aufzubewahren sind

a) die Rechnungsnachweisungen nebst Anlagen,
b) die Prüfungsberichte,
c) Baukostenanschläge sowie die zugehörigen Zeichnungen,
d) Schlußabrechnungen über größere Bauausführungen,
e) Verträge über Erwerb und Veräußerung von Grundstücken sowie Anweisungen und Quittungen über den gezahlten oder vereinnahmten Kaufpreis,
f) Schriftstücke und Verträge, soweit sie das Vermögen der Kammern betreffen.

IV. Teil

Anlage 1

Haushaltssatzung

der Industrie- und Handelskammer

....

für das Rechnungsjahr 19..

Die Vollversammlung hat in der Sitzung vom .... folgende Haushaltssatzung für das Rechnungsjahr 19.. beschlossen:

1. Der Haushaltsplan für das Rechnungsjahr .... ist

in Einnahme auf DM .....

in Ausgabe auf DM .....

festgestellt worden.

2. Es sind zu erheben:

a) Grundbeitrag der umlagepflichtigen Betriebe
in Höhe von DM .....

b) Umlage der umlagepflichtigen Betriebe
in Höhe von ..... v. H.
der einheitlichen Gewerbesteuermeßbeträge des Jahres 19..

c) Grundbeitrag der nicht umlagepflichtigen Betriebe
in Höhe von DM .....

d) Sonderumlagen, Vorauszahlungen u. a.

Ort, den .... 19..

Der Präsident Der Hauptgeschäftsführer

Anlage 2

Haushaltsplan

der Industrie- und Handelskammer ....

für das Rechnungsjahr 19..

Hierzu a) Personalübersicht .... Anlage 2a

b) Nebenhaushaltspläne
der Kaufmännischen Berufsschule in .... Anlage ...
der .... Börse .... Anlage ...
usw. .... Anlage ...

c) Vermögensübersicht .... Anlage ...

Abschnitt I — Haushaltseinnahme

Titel	Gegenstand	Soll des Rechnungsjahres 19..	Soll des Vorjahres einschl. Nachbewilligungen	mithin für 19.. mehr	mithin für 19.. weniger	Erläuterungen
		DM	DM	DM	DM	
1	2	3	4	5	6	7
	A. Fortdauernde Einnahmen					
1	Vortrag aus dem Vorjahre					Zu Tit. 1
2	Rückständige Grundbeiträge und Umlagen aus Vorjahren					Zu Tit. 2
3	Grundbeitrag der umlagepflichtigen Betriebe					Zu Tit. 3
4	Umlage der umlagepflichtigen Betriebe					Zu Tit. 4
5	Grundbeitrag der nicht umlagepflichtigen Betriebe					Zu Tit. 5
6	Sonderumlagen					Zu Tit. 6
7	Schiedsgerichte, Einigungsamt für Wettbewerbsstreitigkeiten, Ehrengericht					Zu Tit. 7
8	Gebühren aller Art					Zu Tit. 8 Veranschlagt sind Gebühren für: a) Lehrlingsprüfungen b) Meisterprüfungen c) Sachkundeprüfungen d) Eintragung in die Lehrlingsrolle e) Beglaubigungsgebühren f) Ehrenurkunden g) Sonstiges
	zu übertragen:					

Abschnitt I — Haushaltseinnahme

Titel	Gegenstand	Soll des Rechnungsjahres 19..	Soll des Vorjahres einschl. Nachbewilligungen	mithin für 19.. mehr	mithin für 19.. weniger	Erläuterungen
		DM	DM	DM	DM	
1	2	3	4	5	6	7
	Übertrag:					
9	Einnahmen aus Kammervermögen mit Ausnahme v. Grundbesitz (Tit. 10)					Zu Tit. 9 Veranschlagt sind Zinsen und Erträge aus: a) Kassenmitteln b) Vermögensrücklagen
10	Einnahmen aus Grundbesitz (Miete, Pacht)					Zu Tit. 10 Veranschlagt sind Einnahmen aus: a) Mieten, Pachten b) Dienstwohnungen c) Benutzungsgebühren
11	Einnahmen aus Zeitschriften					Zu Tit. 11 Veranschlagt sind: a) Bezugsgebühren für „Mitteilungen" b) Erlös für Anzeigen in den „Mitteilungen"
12	Erlös aus dem Verkauf von Vordrucken, entbehrlichen Geräten, Altstoffen u. dgl.					Zu Tit. 12 Veranschlagt sind: a) Formular- und Druckschriftenverkauf b) Verkauf von Geräten und Altstoffen
13	Rückvergütungen für Ruhegehälter und Hinterbliebenenbezüge					Zu Tit. 13
14	Erstattung von Verwaltungskosten					Zu Tit. 14
	zu übertragen:					

Abschnitt I — Haushaltseinnahme

Titel	Gegenstand	Soll des Rechnungsjahres 19..	Soll des Vorjahres einschl. Nachbewilligungen	mithin für 19.. mehr	mithin für 19.. weniger	Erläuterungen
		DM	DM	DM	DM	
1	2	3	4	5	6	7
	Übertrag:					
15	frei					
16	frei					
17	frei					
18	frei					
19	Vermischte Einnahmen					
	Summe Fortdauernde Einnahmen					
	B. Einmalige Einnahmen					
20	Entnahme aus dem Vermögen					
21	Erlös aus dem Verkauf unbeweglichen Vermögens					
22	Erlös aus dem Verkauf beweglichen Vermögens (größere Einrichtungsgegenstände, Kraftwagen, Maschinen)					
23	Freititel					
	Summe					
	Einmalige Einnahmen					
	zu übertragen:					

IV. Teil

Abschnitt I — Haushaltseinnahme

Titel	Gegenstand	Soll des Rechnungsjahres 19..	Soll des Vorjahres einschl. Nachbewilligungen	mithin für 19.. mehr	mithin für 19.. weniger	Erläuterungen
		DM	DM	DM	DM	
1	2	3	4	5	6	7
	Übertrag: Summe Fortdauernde Einnahmen					
	Summe der Gesamteinnahmen A+B Dazu Nebenhaushaltspläne der a) b) c)					siehe Nebenhaushaltspläne
	Gesamteinnahmen					

Abschnitt II — Haushaltsausgabe

Titel	Gegenstand	Soll des Rechnungsjahres 19..	Soll des Vorjahres einschl. Nachbewilligungen	mithin für 19.. mehr	mithin für 19.. weniger	Erläuterungen
		DM	DM	DM	DM	
1	2	3	4	5	6	7
	A. Fortdauernde Ausgaben					
	a) Persönliche Verwaltungsausgaben					
1	Bezüge der Beamten					Zu Tit. 1
2	Vergütungen der Angestellten					Zu Tit. 2
3	Löhne der Arbeiter					Zu Tit. 3
4	Neueinstellungen und zeitlich begrenzte Hilfsleistungen					Zu Tit. 4
5	Sozialversicherungsbeiträge					Zu Tit. 5 Veranschlagt sind Ausgaben für: a) Pflichtversicherungen b) freiwillige Versicherungen
6	Unterhaltszuschüsse und Erziehungsbeihilfen					Zu Tit. 6
7	Ruhegehälter und Hinterbliebenenbezüge					Zu Tit. 7
8	Beiträge an Ruhegehaltskassen					Zu Tit. 8
9	a) Unterstützungen b) Beihilfen					Zu Tit. 9
	Übertrag:					

Abschnitt II — Haushaltsausgabe

Titel	Gegenstand	Soll des Rechnungsjahres 19..	Soll des Vorjahres einschl. Nachbewilligungen	mithin für 19.. mehr	mithin für 19.. weniger	Erläuterungen
		DM	DM	DM	DM	
1	2	3	4	5	6	7
	Übertrag:					
10	Unfall-u. Haftpflichtversicherung, Unfallfürsorge					Zu Tit. 10
11	Pflichtanteile gemäß G 131					Zu Tit. 11
12	Beschäftigungsvergütungen, Trennungsentschädigungen, Fahrkostenzuschuß					Zu Tit. 12
13	frei					
14	frei					
15	frei					
	Summe Tit. 1—15					
	b) Sächliche Verwaltungsausgaben					
16	a) Reisekostenvergütungen b) Umzugskosten					Zu Tit. 16
17	Haltung von kammereigenen und beamten-(angestellten-)eigenen Kraftfahrzeugen					Zu Tit. 17 Veranschlagt sind: 1. kammereigene Fahrzeuge a) Betriebsstoff b) Instandsetzung c) Versicherung, Steuern d) Garagenmiete e) Sonstiges 2. beamteneigene Fahrzeuge a) km-Gelder b) Sonstiges

Abschnitt II — Haushaltsausgabe

Titel	Gegenstand	Soll des Rechnungsjahres 19..	Soll des Vorjahres einschl. Nachbewilligungen	mithin für 19.. mehr	mithin für 19.. weniger	Erläuterungen
		DM	DM	DM	DM	
1	2	3	4	5	6	7
	Übertrag:					
18	Unterhaltung und Bewirtschaftung der Kammergebäude und -grundstücke					Zu Tit. 18 Veranschlagt sind: a) Allgemeine Hausunkosten (Instandsetzungen) b) Mieten c) Reinigungsmaterial, Heizungsmaterial, Beleuchtung, Wasserverbrauch, Müllabfuhr u. dgl. d) Feuer-, Einbruch-, Haftpflichtversicherung e) Steuern und Abgaben f) Wachgebühren
19	Unterhaltung und Ergänzung des Inventars					Zu Tit. 19 Veranschlagt sind: a) Geräte b) Ausstattungsgegenstände c) Büromaschinen
20	Geschäftsbedürfnisse					Zu T it. 20 Veranschlagt sind: a) Bürobedarf und Drucksachen b) Transport- und Frachtkosten c) Porto- und Fernsprechgebühren

Abschnitt II — Haushaltsausgabe

Titel	Gegenstand	Soll des Rechnungsjahres 19..	Soll des Vorjahres einschl. Nachbewilligungen	mithin für 19.. mehr	mithin für 19.. weniger	Erläuterungen
		DM	DM	DM	DM	
1	2	3	4	5	6	7
	Übertrag: Geschäftsbedürfnisse					d) Anzeigen e) Formulare f) Ehrenurkunden
21	Zeitungen, Zeitschriften, Jahresbericht, Bücherei					Zu Tit. 21 Veranschlagt sind: a) Zeitungen und Zeitschriften b) „Mitteilungen" c) Jahresbericht d) Bücherei
22	Vergütung für die Einziehung von Umlagen Beiträgen u. Gebühren und für Mitteilungen der Gewerbesteuermeßbeträge					Zu Tit. 22
23	Kosten für Kassenprüfungen u. a.					Zu Tit. 23
24	Gerichts-, Schiedsgerichts-, Anwalts- und ähnliche Kosten					Zu Tit. 24
25	Umsatzsteuer, Lastenausgleichsabgabe					Zu Tit. 25
26	Dispositionsfonds des Präsidenten					Zu Tit. 26
27	Tagungen, Sitzungen und Veranstaltungen					Zu Tit. 27

Abschnitt II — Haushaltsausgabe

Titel	Gegenstand	Soll des Rechnungsjahres 19..	Soll des Vorjahres einschl. Nachbewilligungen	mithin für 19.. mehr	mithin für 19.. weniger	Erläuterungen
		DM	DM	DM	DM	
1	2	3	4	5	6	7
	Übertrag:					
28	Ehrungen und Geschenke					Zu Tit. 28
29	Zinsendienst, Schuldentilgung					Zu Tit. 29
30	Zuschüsse zum gemeinsamen Mittagstisch und zu Betriebsveranstaltungen					Zu Tit. 30
31	frei					
32	frei					
33	frei					
34	Vermischte Ausgaben, Ausgaben für Kammeraufgaben, für die bei einem anderen Titel des Haushaltsplans keine Mittel bereitgestellt sind					
	Summe Titel 16—34					
	c) Allgemeine Haushaltsausgaben					
35	Beiträge u. Zuschüsse an Organisationen					Zu Tit. 35
36	Beiträge u. Zuschüsse an Schulen und für sonstiges Bildungswesen					Zu Tit. 36

Abschnitt II — Haushaltsausgabe

Titel	Gegenstand	Soll des Rechnungsjahres 19..	Soll des Vorjahres einschl. Nachbewilligungen	mithin für 19.. mehr	mithin für 19.. weniger	Erläuterungen
		DM	DM	DM	DM	
1	2	3	4	5	6	7
	Übertrag:					
37	Beihilfen und Zuschüsse für Wohlfahrts- und kulturelle Zwecke					Zu Tit. 37
38	Prüfungs- und Fortbildungskosten					Zu Tit. 38 Veranschlagt sind: a) Lehrlingsprüfungen b) Meisterprüfungen c) Sachkundeprüfungen d) Fortbildungslehrgänge
39	Öffentlichkeitsarbeit					Zu Tit. 39
40	frei					
41	frei					
42	frei					
	Summe Titel 35—42					
	B. Einmalige Ausgaben					Zu B Einmalige Ausgaben
43	Zuführung zum Vermögen					Zu Tit. 43 Veranschlagt sind: Zuführung an a) Betriebsmittelrücklage b) zweckgebundene Fonds
44	Erwerb unbeweglichen Vermögens					

Abschnitt II — Haushaltsausgabe

Titel	Gegenstand	Soll des Rechnungsjahres 19..	Soll des Vorjahres einschl. Nachbewillignngen	mithin für 19.. mehr	weniger	Erläuterungen
		DM	DM	DM	DM	
1	2	3	4	5	6	7
	Übertrag:					
45	Erwerb beweglichen Vermögens (größeren Einrichtungsgegenständen, Maschinen, Kraftwagen)					
46	frei					
	Summe Einmalige Ausgaben					
	Summe Fortdauernde Ausgaben					
	A. Tit. 1—15					
	A. Tit. 16—34					
	A. Tit. 35—42					
	Summe der Gesamtausgaben A und B					
	Dazu Nebenhaushaltspläne der					
	a)					
	b)					
	c)					
	Abschnitt II Gesamtausgaben					
	Abschnitt I Gesamteinnahmen					

Ort, den .... 19..

Der Präsident: Der Hauptgeschäftsführer:

Personalübersicht
zum Haushaltsplan 19..

Anlage 2a

Lfd. Nr.	Dienststellung	Name	Zahl	Beamte	Angestellte	Arbeiter
	Hauptgeschäftsführer					
	Geschäftsführer					
	....					
	....					
	Verwaltungsdirektor					
	Dezernatsleiter					
	....					
	....					
	Bürovorsteher					
	Kassenleiter					
	Sachbearbeiter					
	....					
	....					
	Buchhalter					
	....					
	....					
	Kassierer					
	Büroangestellte					
	....					
	....					
	Kanzleiangestellte					
	....					
	....					
	Stenotypistinnen					
	....					
	....					
	Lehrlinge					
	....					
	....					
	Bürogehilfen					
	Hauswarte					
	Boten					
	....					
	....					
	Heizer					
	Kraftfahrer					
	Reinigungsdienst					
		Sa.				

Ort, den .... 19..

Der Präsident

....

Der Hauptgeschäftsführer

....

Industrie- und Handelskammer

Anlage 3

Vermögensübersicht

nach dem voraussichtlichen Stande vom 31. März 19..

A Vermögen B Verbindlichkeiten		Wert im einzelnen	 im ganzen
		DM	DM
1		2	3
A I. Sachvermögen			
Grundstücke			
a) Bebaute Grundstücke		....	
b) Unbebaute Grundstücke		....	....
II. Umlaufendes Vermögen			
a) Barkasse		....	
b) Postscheckguthaben		....	
c) Bankguthaben	....		
....	....		
....	....	....	
d) Festgeldkonten	....		
....	....		
....	....	....	
c) Vorschüsse	....		
Verwahrungen	....		
Saldo	....	....	....
III. Zweckgebundenes Vermögen			
a) Betriebsmittelrücklage		....	
b) Hausbaufonds		....	
c) Kraftwagenfonds		....	
d) Rücklage gemäß G 131		....	
e) Sonstiges		....	....
IV. Forderungen, Beteiligungen, Anteile		....	....
			Sa. ....
B Verbindlichkeiten			
a) Hypotheken		....	
b) Kredite		....	
c) Sonstiges		....	....
			Sa. ....

Ort, den .... 19..

Der Präsident

....

Der Hauptgeschäftsführer

....

Industrie- und Handelskammer .... Anlage 4

Rechnungsnachweisung
über Haushaltseinnahmen und -ausgaben für das Rechnungsjahr 19..

Abschnitt I: Einnahme

Titel	Gegenstand (nach Abschnitt I/II Spalte 2 des Haushaltsplans)	Jahresbetrag		Gegenüber d. Soll (Spalte 3) beträgt die Einnahme (Spalte 4)		a) Aufteilung der Titel gemäß Haushaltsplan b) Begründung der Mindereinnahmen
		lt. Hausch.-plan (Soll)	lt. Rechnungsabschluß (Ist)	mehr	weniger	
		DM	DM	DM	DM	
1	2	3	4	5	6	7
1—19	A. Fortdauernde Einnahmen Summe A B. Einmalige Einnahmen	jeder Titel einzeln				
	Summe B Summe A+B					

Abschnitt II: Ausgabe

Titel	Gegenstand	3	4	5	6	7
	A. Fortdauernde Ausgaben	jeder Titel einzeln				a) Aufteilung der Titel gemäß Haushaltsplan b) Begründung der Mehrausgaben
1—15	a) Personalausgaben					
16—34	b) Sachausgaben					
35—42	c) Allg. Ausgaben Summe A					
43—45	B. Einmalige Ausgaben					
	Summe A + B					

Abschluß
Einnahmen
(Abschn. I Sp. 4) DM
Ausgaben
(Abschn. II Sp. 4) DM

Saldo { Überschuß / Fehlbetrag } DM

Ort, den .... 19..

Der Präsident .... Der Hauptgeschäftsführer ....

Industrie- und Handelskammer

Anlage 5

....

Gesamtabschluß

des Rechnungsjahres 19..

	Einnahmen	Ausgaben	Bestände
I. Ordentlicher Haushalt			
II. Außerordentlicher Haushalt			
I + II Sa.			
III. Nebenhaushalte			
a)			
b)			
c)			
I + III Sa.			
IV. ./. Vorschüsse lt. Übersicht			
Sa.			
V. + Verwahrungen lt. Übersicht			
Sa.			

Ort, den .... 19..

Der Präsident

....

Der Hauptgeschäftsführer

....

Industrie- und Handelskammer

....

Anlage 6

Übersicht

über die bis zum Jahresabschluß für das Rechnungsjahr 19..
nicht abgewickelten Verwahrungen

Lfd. Nr.	Tag der Einzahlung	Betrag		Bezeichnung des Einzahlers	Grund der Verwahrung
		DM	Dpf.		
1	2	3		4	5
	Sa.				

Tag der Zahlung	Abrechnung Betrag		Restliche Verwahrung		Kurze Angabe der Gründe, die die Abwicklung bisher verhinderten. Voraussichtlicher Zeitpunkt der Abwicklung
	DM	Dpf.	DM	Dpf.	
6	7		8		9
Sa.					

Ort, den .... 19..

Der Präsident

....

Der Hauptgeschäftsführer

....

Industrie- und Handelskammer

....

Anlage 7

Übersicht

über die bis zum Jahresabschluß für das Rechnungsjahr 19..
nicht abgewickelten Vorschüsse

Lfd. Nr.	Tag der Anweisung	Tag der Auszahlung	Betrag DM	Betrag Dpf.	Bezeichnung des Empfängers	Grund der Vorschußzahlung
1	2	3	4		5	6
		Sa.				

Teilrückzahlungen Tag der Zahlungen	Teilrückzahlungen Betrag DM	Teilrückzahlungen Betrag Dpf.	Restlicher Vorschuß DM	Restlicher Vorschuß Dpf.	Kurze Angabe der Gründe, die die Abwicklung bisher verhinderten. Voraussichtlicher Zeitpunkt der Abwicklung
7	8		9		10
Sa.					

Ort, den .... 19..

Der Präsident

....

Der Hauptgeschäftsführer

....

Industrie- und Handelskammer

Anlage 8

....

Vermögensrechnung

für das Rechnungsjahr 19..

Bezeichnung des Vermögens und der Verbindlichkeiten entsprechend der Übersicht (Spalte 1 der Anlage 3)	Bestand am 1.4.19..	Einnahme bzw. Zugang im Laufe des Rechnungsjahres 19..	Ausgabe bzw. Abgang im Laufe des Rechnungsjahres 19..	Mithin Bestand bei Abschluß des Rechnungsjahres 19..	Art der Einnahme und Ausgabe bzw. des Zu- und Abgangs (Spalten 3 und 4)
	DM	DM	DM	DM	
1	2	3	4	5	6
A. Vermögen					
Sa.					
B. Verbindlichkeiten					
Sa.					

Ort, den .... 19..

Der Präsident

....

Der Hauptgeschäftsführer

....

V. Teil

Wirtschafts- und Arbeitnehmerkammern

A. Einführung in das Recht der Wirtschafts- und Arbeitnehmerkammern

Literatur: Die Kommentare zur Weimarer Reichsverfassung von Giese, 6. Aufl., 1925; Poetzsch-Heffter, 3. Aufl., 1928; Anschütz, 10. Aufl., Berlin 1929; ferner Sinzheimer, Das Rätesystem, Berlin 1919; Schaeffer, Der vorläufige Reichswirtschaftsrat, München, Berlin und Leipzig 1920; Herrfahrdt, Das Problem der berufsständischen Vertretung von der französischen Revolution bis zur Gegenwart, Stuttgart und Berlin 1921; Tatarin-Tarnheyden, Die Berufsstände, ihre Stellung im Staatsrecht und die deutsche Wirtschaftsverfassung, Berlin 1922; ders., Die staatsrechtliche Entwicklung des Rätegedankens in der russischen und der deutschen Revolution, Schmollers Jahrbuch 49. Jahrg. (1925), S. 921 ff.; Glum, Selbstverwaltung der Wirtschaft, Berlin 1925; ders., Der deutsche und der französische Reichswirtschaftsrat, Berlin 1929; Hachenburg, Lebenserinnerungen eines Rechtsanwalts, Düsseldorf 1927; Huber, Rechtsformen der wirtschaftlichen Selbstverwaltung, Verw. Arch. Bd. 37 (1932), S. 301 ff.; Homann, Die deutsche Wirtschaftsorganisation, Berlin — Wien — Leipzig 1943; Ballerstedt u. a., Mitbestimmungsrecht und Bundeswirtschaftsrat, Heidelberg 1950; Krüger, Der Bundeswirtschaftsrat in verfassungspolitischer Sicht, DÖV 1952 S. 545 ff.; Peters, Nichtwirtschaftliche Organisationen im Bundeswirtschaftsrat, DÖV 1952 S. 556 ff.; Schiller, Thesen zur praktischen Gestaltung unserer Wirtschaftspolitik aus sozialistischer Sicht, Hamburg 1952; Schwarzkopf, Der vorläufige Reichswirtschaftsrat, DÖV 1952, S. 559 ff.; Forsthoff, Zur Problematik des Bundeswirtschaftsrats, DÖV 1952, S. 714 ff.; Huber I, S. 204 bis 210; Bettermann-Nipperdey-Scheuner, Die Grundrechte, 3. Bd., 1. Halbband: Die Wirtschafts- und Arbeitsverfassung, Berlin 1958; Drewes, Die Gewerkschaften in der Verwaltungsordnung, Heidelberg 1958; Stolz, Die Gewerkschaften in der Sackgasse, München 1959.

1. Grundlinien der Entwicklung

Schon die Ausführungen über „Entwicklungstendenzen der Gegenwart" S. 31 ff. haben gezeigt, daß neben den IHKn als Repräsentanten bestimmter Berufs- und Wirtschaftszweige andere Körperschaften denkbar sind, die als Zentralvertretungen der Wirtschaft eines größeren Raumes, unter Umständen aber auch als Repräsentanten der Arbeitnehmer eines bestimmten Bezirks tätig werden. Die Absicht, solche Korporationen zu schaffen, geht für die Jetztzeit auf politische Überlegungen zurück, die sich während der Revolution von 1918 geltend machten. In dieser Zeit faßte die russische Räteidee, nach der die Macht der Arbeiter- und Soldatenräte möglichst weitgespannt sein sollte, auch in Deutschland Fuß. Um den Wünschen der Kreise, die dieser Idee anhingen, entgegenzukommen, entschloß sich die verfassunggebende Nationalversammlung, das „Rätesystem" als öffentlich-rechtliche Einrichtung in das Staatsleben einzufügen, den Einfluß der Räte aber zu beschränken.

Daß sich die Bestrebungen, übergeordnete Wirtschaftsorgane zu bilden, nicht erst in neuerer Zeit geltend gemacht haben, beweist die Tatsache, daß schon im Jahre 1880 eine preußische Verordnung erlassen wurde, die die Errichtung eines allgemeinen Volkswirtschaftsrats bezweckte (Verordnung, betr. die Errichtung eines Volkswirtschaftsrats vom 17. November 1880 — GS. S. 367). Nach dieser Verordnung bestand der preußische Volkswirtschaftsrat aus 75 vom König für eine Sitzungsperiode von je 5 Jahren zu berufenden Mitgliedern. Von diesen Mitgliedern waren 45 von den zuständigen Ministern auf Grund der Präsentation einer doppelten Anzahl durch Wahl der Handelskammern, der Vorstände der kaufmännischen Korporationen und der landwirtschaftlichen Vereine vorzuschlagen. Ergänzende Bestimmungen für die Beteiligung von Handwerkerinnungen blieben vorbehalten. Zu den 45 durch die Minister präsentierten Gewerbe-, Handels- und Landwirtschaftsvertretern traten nach freier Wahl der Minister noch 30 Mitglieder, unter denen mindestens 15 dem Handwerker- und Arbeiterstande angehören mußten. Der Volkswirtschaftsrat selbst zerfiel in die drei Sektionen: Handel, Gewerbe und Land- und Forstwirtschaft, in denen ebenso wie bei dem Volkswirtschaftsrat im Ganzen der zuständige Minister oder ein geeigneter Beamter den Vorsitz führen sollte. Die Aufgabe des Volkswirtschaftsrats bestand darin, Entwürfe von Gesetzen und Verordnungen, die wichtigere wirtschaftliche Interessen von Handel, Gewerbe und Land- und Forstwirtschaft betrafen, aber auch Anträge und Abstimmungen Preußens im Bundesrat zu begutachten, soweit es sich um den Erlaß von Gesetzen und Verordnungen handelte, die die in Rede stehenden wirtschaftlichen Gebiete berührten. In der Praxis ist jedoch der Volkswirtschaftsrat nicht nennenswert in Erscheinung getreten, so daß die betreffenden gesetzlichen Maßnahmen um die Jahrhundertwende als gegenstandslos zu betrachten waren (Lusensky, § 38 Anm. 5).

Als Grundlage für den Ausbau des neuen Systems nach 1918 war Artikel 165 der Weimarer Verfassung gedacht. Danach waren Betriebsarbeiterräte in jedem Betrieb, Bezirksarbeiterräte für größere Wirtschaftsgebiete und ein Reichsarbeiterrat für das ganze Reich zu bilden. Diesem dreistufigen Aufbau der Arbeiterräte sollte ein zweistufiger Aufbau von Wirtschaftsräten parallel laufen. Hier sollten Bezirkswirtschaftsräte für größere Wirtschaftsgebiete und ein Reichswirtschaftsrat als Zentralinstanz errichtet werden. Dabei war vorgesehen, daß die Bezirksarbeiterräte und der Reichsarbeiterrat zur Erfüllung der gesamten wirtschaftlichen Aufgaben und zur Mitwirkung bei der Ausführung der Sozialisierungsgesetze mit den Vertretungen der Unternehmer und sonst beteiligter Volkskreise zu den Bezirkswirtschaftsräten und zu dem Reichswirtschaftsrat „zusammentreten".

Von diesem in Artikel 165 der Weimarer Verfassung vorgesehenen Räteorganismus wurden in der Folgezeit nur die Betriebsarbeiterräte durch das Betriebsrätegesetz vom 4. Februar 1920 (RGBl. S. 147) und der Reichswirtschaftsrat als Zentralinstanz in einer vorläufigen Form verwirklicht. Da die Instanzen, die eigentlich berufen waren, ihn zu verwirklichen, noch nicht geschaffen waren, wurde er durch eine gesetzesvertretende Verordnung der Reichsregierung vom 4. Mai 1920 (RGBl. S. 858) ins Leben gerufen.

Nach der Verordnung von 1920 bestand der Reichswirtschaftsrat aus 326 Mitgliedern, die aus 10 Gruppen einberufen wurden (Art. 2). Die erste Gruppe umfaßte 68 Vertreter der Land- und Forstwirtschaft, die zweite 6 Vertreter der Gärtnerei und Fischerei, die dritte 68 Vertreter der Industrie und die vierte 44 Vertreter des Handels, der Banken und des Versicherungswesens. Es folgten als fünfte Gruppe 34 Vertreter des Verkehrs und der öffentlichen Unternehmungen, als sechste 36 Vertreter des Handwerks, als siebente 30 Vertreter der Verbraucherschaft und als achte 16 Vertreter der Beamtenschaft und der freien Berufe. Die neunte und zehnte Gruppe bildeten 12 mit dem Wirtschaftsleben der einzelnen Landesteile besonders vertraute

Persönlichkeiten und 12 von der Reichsregierung nach freiem Ermessen zu ernennende Personen.

Die Vertreter der Gruppen 1 bis 8 wurden von bestimmten Berufskörperschaften, deren Zweck die Interessenvertretung der Arbeitgeber und Arbeitnehmer war, benannt und entsprechend der Benennung von der Reichsregierung zu Mitgliedern des Reichswirtschaftsrats berufen. Die Vertreter der Gruppe 9 ernannte der Reichsrat, während die Auswahl der Gruppe 10 allein der Reichsregierung zustand.

Die Zusammensetzung des Reichswirtschaftsrats in dieser Gruppierung war nur als Zwischenlösung bis zu einem Zeitpunkt gedacht, an dem die zur Wahl des endgültigen Reichswirtschaftsrats erforderlichen Körperschaften ins Leben getrten sein würden. Zu dieser Situation ist es jedoch niemals gekommen.

Die Mitglieder des Reichswirtschaftsrats hatten die wirtschaftlichen Interessen des ganzen Volkes zu vertreten (Art. 5). Sie sollten nur ihrem Gewissen unterworfen und an Aufträge nicht gebunden sein.

Zuständigkeiten und Rechte des Reichswirtschaftsrats lagen sowohl auf dem Gebiet der gesetzgebenden als auch auf dem der vollziehenden Gewalt. So sollte die Reichsregierung sozialpolitische und wirtschaftspolitische Gesetzentwürfe von grundlegender Bedeutung dem Reichswirtschaftsrat zur Begutachtung vorlegen (Art. 165 Abs. 4 Satz 1 Weimarer Verf.). Auch hatte der Reichswirtschaftsrat das Recht, solche Gesetzesvorlagen selbst zu beantragen (Art. 165 Abs. 4 Satz 2). Stimmte ihnen die Reichsregierung nicht zu, so hatte sie trotzdem die Vorlage unter Darlegung ihres Standpunktes beim Reichstag einzubringen. Der Reichswirtschaftsrat hatte dann das Recht, die Vorlage durch eines seiner Mitglieder vor dem Reichstag vertreten zu lassen. Auf dem Gebiet der vollziehenden Gewalt mußte das zuständige Ministerium den wirtschafts- oder sozialpolitischen Ausschuß des Reichswirtschaftsrats hören, wenn grundlegende Verordnungen, die die Kriegs- und Übergangswirtschaft betrafen, erlassen oder geändert werden sollten (Art. 11 VO von 1920). Zum anderen konnten der Reichswirtschaftsrat oder seine Ausschüsse zur Aufklärung wirtschaftlicher oder sozialpolitischer Fragen verlangen, daß die Reichsregierung von ihrem Recht, Auskünfte über wirtschaftliche Verhältnisse einzuziehen, Gebrauch machte, und die Ergebnisse dieser Ermittlungen dem Reichswirtschaftsrat vorlegte, soweit nicht ihre Mitteilung gesetzlich nicht gestattet war (Art. 12 VO).

Die innere Organisation des Reichswirtschaftsrats wurde durch eine Geschäftsordnung vom 10. Juni 1921 bestimmt. Sie brachte insbesondere Einzelheiten über die Versammlung und den Versammlungsort sowie über die Geschäftsführung und die Ausschüsse. Hierbei waren 5 Ausschüsse als ständige Ausschüsse festgelegt. Unter ihnen befanden sich der wirtschaftspolitische und der sozialpolitische Ausschuß.

Auch der Reichswirtschaftsrat, den man kaum als Selbstverwaltungsorgan der Wirtschaft, sondern eher als Wirtschaftsparlament betrachten muß, hat keine größeren Erfolge erzielen können. Das beruht wohl in erster Linie darauf, daß die Institution auf einem Gestrüpp von Fiktionen basierte, die nie Wirklichkeit wurden und daß eine derart vielköpfige Körperschaft außerhalb des parlamentarischen Raumes nicht fähig war, zu handeln. Bemühungen, dem vorläufigen Reichswirtschaftsrat eine endgültige Gestalt zu geben, sind über den Entwurf eines Gesetzes vom 12. November 1927 nicht herausgekommen*).

---

*) Vgl. hierzu im einzelnen Jobst, Die Umgestaltung des vorläufigen zum endgültigen Reichswirtschaftsrat, Diss. Leipzig 1926.

Nach der „Übernahme der Macht“ durch den Nationalsozialismus wurde durch das Gesetz über den vorläufigen Reichswirtschaftsrat vom 5. April 1933 (RGBl. I S. 165) bestimmt, daß die Mitgliedschaft der Mitglieder des auf Grund der Verordnung von 1920 gebildeten Reichswirtschaftsrats ende. Die Verordnung von 1920 wurde dahin geändert, daß der Reichswirtschaftsrat aus höchstens 60 Mitgliedern bestand, die vom Reichspräsidenten auf Vorschlag der Reichsregierung zu berufen waren. Weitere Bestimmungen betrafen Einzelheiten der Mitgliedschaft und die Bildung von ständigen Ausschüssen und Sonderausschüssen. Durch ein Gesetz vom 23. März 1934 (RGBl. II S. 115) wurden schließlich das Außerkrafttreten und die Aufhebung des Reichswirtschaftsrats verfügt.

Die Linie der Entwicklung ist darauf lange Zeit unterbrochen gewesen. Erst mit dem Gesetzesvorschlag des Deutschen Gewerkschaftsbundes zur Neuordnung der deutschen Wirtschaft vom 22. Mai 1950 ist die Einrichtung von Landeswirtschaftsräten und eines Bundeswirtschaftrates sowie die Umwandlung der IHKn in paritätische Wirtschaftskammern erneut aufgegriffen worden. In dieser Beziehung kann auf die Einführung S. 31 ff. verwiesen werden. Zum Teil sind die Vorschläge über das Mitbestimmungsrecht der Arbeitnehmer im Betrieb durch die Einführung des Betriebsverfassungsgesetzes vom 11. Oktober 1952 (BGBl. I S. 681) überholt. Hinsichtlich der Wirtschaftskammern und des Bundeswirtschaftsrates ist die Entwicklung jedoch zunächst ins Leere gelaufen. Zwar bezeichnet sich das Bundeskammergesetz als ein Gesetz zur „vorläufigen“ Regelung des Rechts der IHKn, weil man der Auffassung war, daß eine grundlegende Neuordnung der Wirtschaft im Laufe der Zeit in Ahgriff genommen wird. Ob aber diese Neuordnung in Richtung der Reformideen liegen oder ob sie eher dahin gehen wird, mehr Gremien von Sachverständigen zur Beratung der Ministerien zu errichten, ist dabei noch offen.

Als bisher schon verwirklichte Sonderformen von „Bezirkswirtschaftsräten“ und „Bezirksarbeiterräten“ kann man die in einigen Ländern der Bundesrepublik errichteten Wirtschaftskammern und Arbeitnehmerkammern betrachten, die allerdings in einem sehr weiten Abstand von der ursprünglichen Idee eine sehr eigengeartete Form der gemeinsamen Vertretung von Arbeitgeber- und Arbeitnehmerinteressen oder der alleinigen Vertretung der Arbeitnehmerinteressen gefunden haben.

2. Die Wirtschaftskammern in Bremen und in Rheinland-Pfalz

Die Wirtschaftskammer in Bremen beruht auf einem Gesetz vom 23. Juni 1950 (GBl. S. 71), dem eine 1. Durchführungsverordnung vom 23. Januar 1951 (GBl. S. 13) und die Satzung vom 6. November 1951 (GBl. S. 97) gefolgt sind.

Nach dem Bremischen Wirtschaftskammergesetz ist die Wirtschaftskammer eine „Vertretungskörperschaft für die Gesamtinteressen der bremischen Wirtschaft“ (Huber I S. 209). Sie hat ferner die Aufgabe, die wirtschafts- und sozialpolitischen Auffassungen und die Interessen beider Sozialpartner auszugleichen, dem Senat, der Bürgerschaft und den Behörden Gutachten über Gesetzentwürfe und sonstige Maßnahmen von allgemeiner wirtschaftlicher und sozialpolitischer Bedeutung zu erstatten und Vorschläge vorzulegen, sich gutachtlich über Ausnahmen vom Kartellverbot (Art. 41 der brem. Verf.) oder über die verfassungsmäßigen Voraussetzungen bei Sozialisierungen zu äußern (Art. 42 und 43) und die berufliche Ausbildung zu fördern. Sie kann schließlich der Bürgerschaft unmittelbar Gesetzentwürfe unterbreiten. Alle diese Aufgaben geben der Wirtschaftskammer eine breite Basis, auf den verschiedensten Gebieten der Wirtschafts- und Sozialpolitik fördernd, beratend und anregend tätig zu werden. Dagegen besitzt sie grundsätzlich keine administrativen Zuständigkeiten, ist also kein Wirtschaftsverwaltungsorgan (Huber I S. 210).

Die Wirtschaftskammer ist nur für rechtsfähig erklärt worden (§ 4 Abs. 1). Es bedarf aber keiner Begründung, daß sie als Körperschaft des öffentlichen Rechts kraft Wesens zu betrachten ist (Huber I S. 210).

Organe der Kammer sind die Volleersammlung, der Vorstand, der Vorsitzende und die Fachausschüsse. Die Vollversammlung besteht aus 36 Mitgliedern, von denen je 18 auf Unternehmer und Arbeitnehmer entfallen. Für die Entsendung sind hinsichtlich der Vertreter der Unternehmer die Handelskammer Bremen, die IHK Bremerhaven, die Handwerkskammer und die Landwirtschaftskammer zuständig. Die Vertreter der Arbeitnehmer werden durch die Gewerkschaften entsandt. Die Unternehmervertreter werden äußerstenfalls für vier Jahre, die Arbeitnehmervertreter auf jeden Fall für diese Zeit abgeordnet (§ 7 Abs. 2, § 8 Abs. 4).

Ähnlich liegen die Verhältnisse bei der Hauptwirtschaftskammer Rheinland-Pfalz. Sie ist in Ausführung der Art. 71—73 der Verfassung für Rheinland-Pfalz vom 18. Mai 1947 auf der Grundlage des Landesgesetzes vom 21. April 1949 (GVBl. I S. 141) errichtet worden. Ebenso wie die Verfassung bezeichnet das Gesetz die Hauptwirtschaftskammer als „Zentralorgan der Wirtschaft", das aus je 13 Vertretern der Arbeitgeber und Arbeitnehmer sowie aus 3 von diesen Vertretern hinzuzuwählenden (kooptierten) Wirtschaftssachverständigen, also insgesamt aus 29 Mitgliedern besteht (Art. 71 der Verfassung, §§ 1 und 2 des Gesetzes). Die Vertretung der Arbeitgeber und Arbeitnehmer setzt sich aus 8 Vertretern der IHKn, 8 Vertretern der Handwerkskammern, 8 Vertretern der Landwirtschaftskammer und 2 Vertretern der Kammern der freien Berufe zusammen.

Aufgabe der Hauptwirtschaftskammer ist insbesondere die Begutachtung von Gesetzentwürfen wirtschafts- und sozialpolitischen Inhalts und die Teilnahme an der „Ausarbeitung von Plänen der Regierung über die Lenkung der Arbeit, des Einsatzes der Betriebsmittel und die Güterverteilung" (§ 3 Abs. 1), letzteres eine Zielsetzung, die gegenstandslos geworden ist. Die Kammer hat ferner das Recht, dem Landtag über die Landesregierung Gesetzesvorlagen zu unterbreiten, wobei die Landesregierung die Vorlage dem Landtag mit ihrer Stellungnahme zuzuleiten hat und die Hauptwirtschaftskammer die Vorlage gegebenenfalls durch eines ihrer Mitglieder im Landtag vertreten lassen kann.

Organe der Hauptwirtschaftskammer sind die Vollversammlung und das Präsidium (§ 7).

Von Bedeutung ist schließlich noch, daß die obersten Landesbehörden, die Kammern, die Gewerkschaften und die sonstigen Organisationen der Wirtschaft verpflichtet sind, der Hauptwirtschaftskammer zur Durchführung ihrer Aufgaben alle notwendigen Auskünfte zu erteilen. Die Auskünfte können jedoch von der Zusicherung ihrer Vertraulichkeit abhängig gemacht werden (§ 10).

Obwohl das Landesgesetz über die Hauptwirtschaftskammer nichts über die Rechtsfähigkeit dieses Organs sagt, besteht kein Zweifel, daß die Kammer die Rechtsstellung einer Körperschaft des öffentlichen Rechts besitzt.

3. Die Arbeitnehmerkammern in Bremen und im Saarland

Außer den paritätisch besetzten Wirtschaftskammern in Bremen und in Rheinland-Pfalz finden sich in Bremen und im Saarland noch besondere Arbeitnehmerkammern auf der Grundlage entsprechender Landesgesetze.

Hinsichtlich der Regelung in Bremen ist bemerkenswert, daß das jetzige Gesetz über die Arbeitnehmerkammern vom 3. Juli 1956 (GBl. S. 79) auf eine längere Entwicklung zurückgeht. Schon kurz nach dem ersten Weltkrieg bestanden in Bremen eine Angestelltenkammer auf Grund des Angestelltenkammergesetzes vom 17. Juli 1921 und eine Arbeiterkammer auf Grund des Arbeiterkammergesetzes vom gleichen Tage*), beide bisher gültig in der Fassung der Bekanntmachung vom 3. Oktober 1950 (GBl. S. 93 und 95). Das Gesetz über die Arbeitnehmerkammern vom 3. Juli 1956 hat die in den älteren Gesetzen enthaltenen Vorschriften in einem einzigen Gesetz zusammengefaßt und gleichzeitig der Selbstverwaltung der Arbeitnehmer die Möglichkeit eingeräumt, die Organisation der Arbeitnehmerkammern durch Satzungsänderung leichter den jeweils gegebenen Erfordernissen anzupassen.

In Zielsetzung und Aufgabenstellung übernimmt das Gesetz vom 3. Juli 1956 die bisher den Arbeitnehmerkammern zugewiesenen Aufgaben, im Einklang mit dem Allgemeinwohl die Interessen der im Lande Bremen tätigen Arbeitnehmer in wirtschaftlicher und kultureller Hinsicht wahrzunehmen und zu fördern. Jedoch wird den Kammern darüber hinaus auch die Wahrnehmung der sozialen Interessen zugewiesen. Hierbei ist allerdings zu berücksichtigen, daß die Wahrnehmung der tarifrechtlichen Interessen allein den Gewerkschaften zusteht, so daß ihr Wirkungskreis insoweit beschränkt bleiben wird.

Die Arbeiter- und die Angestelltenkammer haben ferner nach dem Gesetz das Recht, die Behörden und Gerichte in Fachfragen, namentlich durch Erstatten von Gutachten und Berichten zu unterstützen (§ 1 Abs. 2). Sie sind darüber hinaus berufen, im Zusammenwirken mit den zuständigen Körperschaften und Behörden Maßnahmen zur Förderung und Durchführung der kaufmännischen, gewerblichen, handwerklichen und landwirtschaftlichen Berufsausbildung zu treffen, wobei die durch Bundesgesetze anderen Körperschaften des öffentlichen Rechts zugewiesenen Aufgaben und Zuständigkeiten unberührt bleiben sollen (§ 1 Abs. 3). Sie haben endlich außer anderem das Recht, einen Vertreter in die Bürgerschaft zu entsenden, wenn ein Gesetz beraten wird, das sie vorgeschlagen oder begutachtet haben.

Die Arbeitnehmerkammern sind Körperschaften des öffentlichen Rechts, die Dienstherrnfähigkeit besitzen (§ 2).

Arbeiter und Angestellte in Bremen gehören der Arbeiter- und der Angestelltenkammer als Pflichtmitglieder an. Ausgenommen hiervon sind Beamte und Beamtenanwärter soie Personen, deren Beschäftigung nicht in erster Linie dem Erwerb dient, Vorstände und Vertreter von juristischen Personen und bestimmte sogenannte leitende Angestellte (§ 3).

Organe der Kammern sind die Vollversammlung, der Vorstand, der Präsident und die Ausschüsse (§ 4). Hierbei besteht die Vollversammlung aus 18 Mitgliedern, zu denen nach Maßgabe der Satzung bis zu 3 Mitglieder hinzugewählt (kooptiert) werden können. Die 18 Mitglieder werden von den der Kammer zugehörigen Arbeitnehmern in unmittelbarer, freier, gleicher und geheimer Wahl nach den Grundsätzen der Verhältniswahl auf 4 Jahre gewählt (§ 6 Abs. 3 und 4). Wahlvorschläge können sowohl von den Gewerkschaften und Berufsvereinigungen von Arbeitnehmern als auch von Einzelbewerbern eingereicht werden.

---

*) Vgl. Jacobi, Die Arbeiter- und Angestelltenkammer in Bremen und die Reichsverfassung, Verw. Arch. Bd. 38 (1933), S. 1 ff.

A. Einführung

Zur Deckung des Finanzbedarfs erheben die Arbeitnehmerkammern Beiträge von den wahlberechtigten Arbeitnehmern. Ihre Höhe setzen die Vollversammlungen der Arbeitnehmerkammern fest (§ 22 Abs. 1). Nicht beitragspflichtig sind Arbeitnehmer, die weniger als DM 200.— im Monat verdienen sowie Arbeitnehmer in Privathaushalten.

Als Körperschaften des öffentlichen Rechts stehen die Arbeitnehmerkammern unter Staatsaufsicht (§§ 25ff.).

Ähnliche Aufgaben wie die Bremer Arbeitnehmerkammern nimmt die Arbeitskammer für das Saarland wahr, die auf dem Gesetz vom 30. Juni 1951 (ABl. S. 980) beruht. Die Kammer ist in Erfüllung des Art. 59 der Verfassung des Saarlandes vom 15. Dezember 1947 errichtet worden. Sie hat die Aufgabe, „die allgemeinen wirtschaftlichen und sozialen Interessen der Arbeitnehmer (Arbeiter und Angestellten) wahrzunehmen und die Bestrebungen zu fördern, die auf die Hebung ihrer wirtschaftlichen und sozialen Lage abzielen" (§ 1 Abs. 1). Ausdrücklich wird gesagt, daß die Erörterung von politischen Angelegenheiten nicht Aufgabe der Kammer sei und daß sich ihre Tätigkeit auch nicht auf die Wahrnehmung der besonderen wirtschaftlichen und sozialen Interessen erstrecke, die den Berufsorganisationen vorbehalten seien (§ 1 Abs. 2). Im einzelnen verweist das Gesetz darauf, daß die Kammer zuständig sei, durch Berichte und Gutachten Vorschläge über die Regelung der Arbeitsverhältnisse, des Arbeitsschutzes, der Sozialversicherung und des Arbeitsmarktes zu machen und Gutachten über die Errichtung und Organisation von öffentlichen Anstalten oder Einrichtungen zu erstatten, die der Förderung von Industrie, Bergbau, Handel und Gewerbe dienen. Sie hat ferner die zuständigen Behörden bei der Überwachung der Unfallvorschriften zu beraten, die Einhaltung der Schutzvorschriften gegen Berufskrankheiten anzuregen und bei der Gestaltung der Ausbildungsverhältnisse usw. beratend mitzuwirken (§ 3 Abs. 1).

Die Arbeitskammer besteht aus 30 Mitgliedern, die durch geheime und direkte Wahl auf die Dauer von 4 Jahren gewählt werden. Die Wahlvorschläge können aber nur von anerkannten tariffähigen Berufsorganisationen der Arbeitnehmer im Sinne des Landesgesetzes über die Berufsorganisation der Arbeitgeber und Arbeitnehmer vom 30. Juni 1949 aufgestellt werden.

Die Kammer hat einen Kammervorstand, der aus einem Präsidenten, 2 Vizepräsidenten und 2 Beisitzern besteht (§ 10). Der Präsident ist der gesetzliche Vertreter der Kammer (§ 13). Die laufenden Verwaltungsgeschäfte nimmt die Geschäftsstelle wahr, die von einem Geschäftsführer geleitet wird (§ 14).

Soweit es zur Erfüllung ihrer Aufgaben notwendig ist, kann die Kammer über das statistische Amt des Saarlandes Auskünfte von den Betrieben und Verwaltungen verlangen (§ 19).

Zur Erfüllung ihrer Aufgaben erhebt die Kammer von allen Arbeitnehmern mit Ausnahme der Lehrlinge, Anlernlinge und Praktikanten Beiträge, deren Höhe sie mit Genehmigung der Aufsichtsbehörde festsetzt (§ 21).

Die Frage, ob Arbeitnehmerkammern einem Bedürfnis entsprechen und eine echte Aufgabe zu erfüllen haben, ist Gegenstand von Auseinandersetzungen gewesen. Trinkhaus (BB 1956 S. 688) hat den Standpunkt vertreten, daß ihre Errichtung an Aktualität und Berechtigung nur gewonnen habe. Die Errichtung diene der Herstellung der vollen Gleichberechtigung der Arbeitnehmer beim Aufbau von Kammern als gemeinwirtschaftliche Selbstverwaltungsorgane auf überbetrieblicher Ebene, nachdem die IHKn, Handwerks- und Landwirtschaftskammern als Organe der Unternehmer errichtet worden seien. Auch habe man mit ihrer Tätigkeit in der Vergangenheit recht gute Erfahrungen gemacht. Dem ist Heimann (Besteht ein Bedürfnis für Arbeitnehmerkammern?, BB 1956 S. 852) entgegengetreten, der den Anfall echter Aufgaben bestreitet, da die Arbeitnehmerinteressen in wirtschaftlicher, sozialer und kultureller Hinsicht bereits in ausreichender Form durch die Gewerkschaften usw. gefördert würden. Er ist zudem der Ansicht, daß die Zwangsmitgliedschaft der Arbeitnehmer gegen die negative Koalitionsfreiheit verstoße (Art. 9 Abs. 3 GG, Art. 48 Verf. von Bremen), zumal es sich bei den Kammern in Wirklichkeit um eine Art von Zwangsgewerkschaften handele, denen lediglich die Tariffähigkeit fehle. Seine verfassungsrechtlichen Bedenken werden von Hamann (Dt. Wirtschaftsverfassungsrecht, S. 105) geteilt.

Ob Arbeitnehmerkammern eine zweckvolle Aufgabe erfüllen, dürfte sich wohl nur durch eine Bestandsaufnahme der geleisteten Tätigkeit klären lassen, bei der zugleich geprüft wird, ob und in welcher Weise sie durch bestehende Institutionen hätte erledigt werden können. Die Beteiligung an den Wahlen zu den Arbeitnehmerkammern spricht nicht für ein besonderes Interesse der Arbeitnehmerschaft und gibt den Kammern von dieser Seite her kaum die Legitimation für ihre Tätigkeit. Das braucht jedoch nicht allein entscheidend zu sein. Maßgebend ist vielmehr, ob die Repräsentativvertretung der Arbeitnehmer eine Lücke ausfüllt und funktionell unentbehrlich ist oder ob sie nur einem übertriebenen Institutionalismus dient.

Erwähnenswert ist, daß auch Österreich entsprechend dem Gesetz über die Kammern für Arbeiter und Angestellte und den österreichischen Arbeiterkammerpark vom 19. Mai 1954 (BGBl. S. 521) eine öffentlich-rechtliche Arbeitnehmervertretung besitzt.

B. Bremisches Wirtschaftskammergesetz

Vom 23. Juni 1950 (GBl. S. 71)

Der Senat verkündet das nachstehende, von der Bürgerschaft beschlossene Gesetz:

§ 1

Zur Förderung der bremischen Wirtschaft und aller in ihr tätigen Personen, der Unternehmer wie der Arbeitnehmer, und zur Förderung der Sozialpolitik wird eine Wirtschaftskammer errichtet.

§ 2

(1) Die Wirtschaftskammer hat die Aufgabe:

a) das Gesamtinteresse der bremischen Wirtschaft zu vertreten,

b) die wirtschafts- und sozialpolitischen Auffassungen und die Interessen beider Sozialpartner auszugleichen,

c) dem Senat, der Bürgerschaft und den Behörden auf deren Verlangen oder von sich aus über Gesetzentwürfe und sonstige Maßnahmen von allgemein wirtschaftlicher und sozialpolitischer Bedeutung Gutachten zu erstatten und Vorschläge vorzulegen,

d) sich gutachtlich über Ausnahmen von dem Verbot der Aufrechterhaltung oder Bildung von privaten Zusammenschlüssen, die die Freiheit des Wettbewerbs beschränken, in der Art von Monopolen, Trusten, Kartellen und Syndikaten zu äußern (Art. 41 der Verfassung),

e) sich gutachtlich darüber zu äußern, ob bei Sozialisierungen die verfassungsmäßigen Voraussetzungen gegeben sind und auf welche Rechtsträger das Eigentum zu überführen ist (Art. 42 und 43 der Verfassung),

f) die berufliche Ausbildung zu fördern, insbesondere die Durchführung der Lehrlingsprüfungen in Gemeinsamkeit mit den wirtschaftlichen Organisationen der Arbeitgeber und Arbeitnehmer,

g) alljährlich einen Bericht über ihre Tätigkeit zu erstatten.

§ 3

(1) Die Wirtschaftskammer kann der Bürgerschaft unmittelbar Gesetzentwürfe unterbreiten.

(2) Sie hat das Recht, zur Beratung eines Gesetzes, das sie vorgeschlagen oder begutachtet hat, einen Vertreter in die Bürgerschaft zu entsenden, dem Gelegenheit zur mündlichen Darlegung des Standpunktes der Wirtschaftskammer gegeben werden muß. Auf Verlangen der Bürgerschaft hat sie einen solchen Vertreter zu entsenden.

(3) Hat die Wirtschaftskammer ein Mehrheits- und ein Minderheitsgutachten erstattet, so gilt die Bestimmung des vorhergehenden Absatzes mit der Maßgabe, daß je ein Vertreter zur Vertretung der beiden in der Wirtschaftskammer geäußerten Standpunkte bestellt wird.

§ 4

(1) Die Wirtschaftskammer ist rechtsfähig.

(2) Sie gibt sich eine Satzung, die der Genehmigung des Senats bedarf.

(3) Änderungen der Satzung bedürfen ebenfalls der Genehmigung des Senats.

§ 5

Die Organe der Wirtschaftskammer sind:

1. die Vollversammlung,
2. der Vorstand,
3. der Vorsitzende,
4. die Fachausschüsse.

§ 6

Die Vollversammlung besteht aus 36 Mitgliedern, von denen je 18 auf die Unternehmer und Arbeitnehmer entfallen.

§ 7

(1) Von den Vertretern der Unternehmer werden entsandt:

11 durch die Handelskammer Bremen,
3 durch die Industrie- und Handelskammer Bremerhaven,
3 durch die Handwerkskammer, von denen einer in Bremerhaven wohnen muß,
1 durch die Landwirtschaftskammer.

Die verschiedenen Berufs- und Wirtschaftszweige sind angemessen zu berücksichtigen. Das Nähere regeln die Ausführungsbestimmungen.

(2) Die Entsendung erfolgt für die Dauer der Wahlperiode der betreffenden Kammer, äußerstenfalls jedoch für vier Jahre.

§ 8

(1) Die Vertreter der Arbeitnehmer werden durch die Gewerkschaften entsandt.

Die verschiedenen Berufs- und Wirtschaftszweige sind angemessen zu berücksichtigen. Das Nähere regeln die Ausführungsbestimmungen.

(2) Von ihnen sollen drei auf die im Handwerk tätigen Arbeitnehmer und einer auf die in der Landwirtschaft tätigen Arbeitnehmer entfallen.

(3) Vier Vertreter der Arbeitnehmer, davon einer aus dem Handwerk, müssen in Bremerhaven wohnen.

(4) Die Entsendung erfolgt auf vier Jahre.

§ 9

(1) Die Mitgliedschaft in der Vollversammlung endet vor Ablauf der Wahlperiode:

1. durch Verzicht, der schriftlich zu erklären ist und nicht widerrufen werden kann,
2. durch rechtskräftige Verurteilung zu einer Freiheitsstrafe von mindestens 6 Monaten wegen eines kriminellen Verbrechens oder vorsätzlichen Vergehens,
3. durch Entmündigung,
4. bei Unternehmervertretern ferner durch die Eröffnung eines Konkurs- oder gerichtlichen Vergleichsverfahrens, und zwar auch dann, wenn es sich um Vorstandsmitglieder einer juristischen Person handelt, über deren Vermögen das Konkurs- oder gerichtliche Vergleichsverfahren eröffnet wird.

(2) Für verstorbene oder vorzeitig ausgeschiedene Mitglieder erfolgt eine Ersatzbestellung für den Rest der Wahlperiode.

§ 10

(1) Die Mitgliedschaft in der Wirtschaftskammer ist ehrenamtlich. Die baren Auslagen und entgangener Arbeitsverdienst werden nach näheren Bestimmungen der Satzung erstattet.

(2) Die in einem Dienst- oder Arbeitsverhältnis stehenden Mitglieder haben Anspruch auf die zur Ausübung ihrer Tätigkeit in der Wirtschaftskammer erforderliche Zeit ohne Anrechnung auf ihren Urlaub.

§ 11

Die Mitglieder der Vollversammlung sind in ihrer Tätigkeit nur ihrem Gewissen verantwortlich und an Aufträge und Weisungen nicht gebunden.

§ 12

(1) Die Vollversammlung faßt ihre Beschlüsse mit einfacher Mehrheit.

(2) Bei Stimmengleichheit sind beide Auffassungen, bei Mehrheitsbeschlüssen ist auf Verlangen auch die Auffassung der Minderheit zum Ausdruck zu bringen.

§ 13

Auf Verlangen von mindestens 6 Mitgliedern der Vollversammlung findet eine getrennte Abstimmung der Unternehmer und der Arbeitnehmer statt. Ein Beschluß kommt in diesem Falle nur zustande, wenn sich auf beiden Seiten eine Mehrheit ergibt. Die Standpunkte der Minderheiten sind auch in diesem Falle auf Verlangen zum Ausdruck zu bringen.

§ 14

Beim Erlaß der Satzung und bei jeder Satzungsänderung ist in der im § 13 vorgeschriebenen Weise zu verfahren. Die Beschlußfassung erfolgt in zwei mindestens eine Woche auseinanderliegenden Vollversammlungen, zu denen schriftlich unter Angabe der Tagesordnung zu laden ist, und zwar mit 14 tägiger Frist.

§ 15

(1) Die Vollversammlung wählt aus ihrer Mitte den Vorstand.

(2) Der Vorstand setzt sich aus dem Vorsitzenden und 3 Stellvertretern zusammen. 2 Mitglieder des Vorstandes werden von den Unternehmern, 2 von den Arbeitnehmern in gesonderter Wahl innerhalb der beiden Gruppen gewählt. Der Vorsitz wechselt in jedem Jahr zwischen einem Vertreter der Unternehmer und einem der Arbeitnehmer. Der erste Stellvertreter des Vorsitzenden wird jeweils von der anderen Seite gestellt.

(3) Der Vorstand wird für vier Jahre gewählt. Wiederwahl ist zulässig. Für vorzeitig Ausscheidende erfolgt eine Wiederwahl für den Rest der Wahlperiode.

§ 16

Der Vorstand leitet die Wirtschaftskammer, bereitet die Beratungen der Vollversammlung vor, trifft notwendig werdende Entscheidungen nicht grundsätzlicher Art und führt Beschlüsse der Vollversammlung durch. Näheres bestimmt die Satzung.

§ 17

Der Vorsitzende vertritt die Wirtschaftskammer gerichtlich und außergerichtlich. Er ist dabei an die Beschlüsse der Vollversammlung und des Vorstandes gebunden. Er beruft die Vollversammlung ein und führt in ihr den Vorsitz.

§ 18

(1) Die Vollversammlung setzt nach Bedarf Fachausschüsse ein, denen in gleicher Anzahl Vertreter der Unternehmer und der Arbeitnehmer angehören.

(2) In die Fachausschüsse können auch Personen gewählt werden, die nicht der Vollversammlung angehören.

(3) Jeder Fachausschuß wählt einen Vorsitzenden und einen Stellvertreter, der zugleich die Aufgaben des Schriftführers übernimmt. Der Vorsitzende und sein Stellvertreter werden jährlich wechselnd von den Unternehmern und den Arbeitnehmern gestellt. § 15 Absatz (3) gilt entsprechend.

(4) Das Nähere über Aufgaben und Zusammensetzung der Fachausschüsse enthält die Satzung.

V. Teil

§ 19

Für die Wahrnehmung der besonderen örtlichen Wirtschaftsinteressen kann die Wirtschaftskammer eine Zweigstelle in Bremerhaven errichten.

§ 20

(1) Die Vollversammlung bestellt für die Führung der laufenden Geschäfte Syndiker.

(2) Die Syndiker werden von der Vollversammlung gewählt, und zwar in gleicher Anzahl von den Vertretern der Unternehmer und der Arbeitnehmer.

(3) Der Vorstand schließt mit ihnen die Anstellungsverträge ab und legt ihre Arbeitsgebiete fest.

(4) Zur Unterstützung der Syndiker bestellt der Vorstand nach Bedarf die erforderlichen Hilfskräfte.

§ 21

Urkunden, die die Wirtschaftskammer vermögensrechtlich verpflichten, Gesetzesvorschläge der Wirtschaftskammer sowie alle Gutachten, die nicht nur Einzelfälle betreffen, müssen vom Vorsitzenden oder seinem Stellvertreter und von einem Syndikus unterzeichnet werden. Von den Unterzeichnern muß je einer Arbeitgeber- und Arbeitnehmervertreter sein.

§ 22

(1) Die Kosten der Wirtschaftskammer werden vom Lande Bremen getragen.

(2) Zu diesem Zwecke legt die Wirtschaftskammer alljährlich dem Senat einen Haushaltsplan vor, den die Vollversammlung in der in § 13 vorgesehenen Form aufstellt.

(3) Der Senat legt den von der Wirtschaftskammer eingereichten Haushaltsplan, gegebenenfalls mit seinen Bemerkungen, im Rahmen des Landeshaushaltes der Bürgerschaft zur Beschlußfassung vor.

(4) Auf die Wirtschaftskammer findet das Gesetz betreffend den Rechnungshof der Freien Hansestadt Bremen vom 15. November 1949 (Brem. Ges.-Bl. S. 229) Anwendung.

§ 23

Soweit zu diesem Gesetz Durchführungsbestimmungen erforderlich sind, werden sie vom Senat nach Anhörung der Deputationen für Wirtschaft und für Arbeit erlassen.

§ 24

Dieses Gesetz tritt mit dem auf seine Verkündung folgenden Tage in Kraft.

Erste Durchführungsverordnung zum Bremischen Wirtschaftskammergesetz. Vom 23. Januar 1951 (GBl. S. 13).

Auf Grund von § 23 des Wirtschaftskammergesetzes vom 23. Juni 1950 (Brem. Ges.-Bl. S. 71) verordnet der Senat:

B. Wirtschaftskammergesetz Bremen

§ 1

(1) Für jedes Mitglied der Wirtschaftskammer wird von der jeweils ernennenden Organisation ein Stellvertreter ernannt, der dieses Mitglied im Falle seiner Verhinderung in Vollversammlungen der Wirtschaftskammer oder Sitzungen ihrer Fachausschüsse vertreten kann.

(2) Die Stellvertreter werden für dieselbe Zeitdauer ernannt wie die Mitglieder der Wirtschaftskammer. Die Stellvertretung endet vorzeitig aus den im § 9 des Wirtschaftskammergesetzes genannten Gründen.

(3) Scheidet ein Mitglied nach § 9 des Wirtschaftskammergesetzes vorzeitig aus, so wird sein bisheriger Stellvertreter Mitglied der Wirtschaftskammer mit der Maßgabe, daß ein neuer Stellvertreter zu ernennen ist.

§ 2

Die Behörden der Freien Hansestadt Bremen sowie der Stadtgemeinden Bremen und Bremenhaven haben der Wirtschaftskammer von Maßnahmen, auf die sich deren Aufgaben im Sinne von § 2 des Wirtschaftskammergesetzes beziehen, vor der Durchführung Kenntnis zu geben.

§ 3

Soweit Mitglieder von Fachausschüssen der Wirtschaftskammer nicht angehören, gilt § 10 des Wirtschaftskammergesetzes entsprechend.

§ 4

Diese Verordnung tritt mit dem auf die Verkündung folgenden Tage in Kraft.

Satzung der Wirtschaftskammer Bremen. Vom 6. November 1951 (GBl. S. 97)

Nachstehend wird gemäß § 4 des bremischen Wirtschafskammergesetzes vom 23. Juni 1950 (Brem. Ges.-Bl. S. 71) die vom Senat genehmigte Satzung der Wirtschaftskammer bekanntgemacht:

I. Mitgliedschaft.

§ 1

Die zur Entsendung berechtigten Organisationen benennen der Wirtschaftskammer die Mitglieder. Diese müssen den entsendenden Organisationen angehören. Die Wirtschaftskammer bestätigt die Mitgliedschaft und stellt darüber einen Ausweis aus.

§ 2

Eine Verzichterklärung gemäß § 9 Abs. 1 Ziff. 1 des bremischen Wirtschaftskammergesetzes ist an die Kammer zu richten; sie wird mit dem Zugang wirksam.

§ 3

Entfallen die Voraussetzungen für die Entsendung durch den Verlust der Zugehörigkeit zur entsendenden Organisation, so macht diese der Kammer davon Mitteilung. Damit erlischt die Mitgliedschaft in der Wirtschaftskammer.

V. Teil

§ 4

In den Fällen des § 9 Abs. 1 Ziff. 2—4 des bremischen Wirtschaftskammergesetzes stellt die Vollversammlung das Erlöschen der Mitgliedschaft fest.

§ 5

Erlischt die Mitgliedschaft vorzeitig, so teilt der Vorstand diese Tatsache dem Mitglied und der entsendenden Organisation mit und zieht den Mitgliedsausweis ein.

Für das ausscheidende Mitglied ist durch die entsendende Organisation eine Neubenennung vorzunehmen.

§ 6

Die Kammer ersetzt den Kammer- und Ausschußmitgliedern die Fahrtkosten sowie den Verdienstausfall entsprechend den Richtlinien der Bürgerschaft. Der Verdienstausfall ist nachzuweisen.

Zur Abgeltung der baren Auslagen wird für jede Sitzung auf Antrag eine Pauschale gewährt, deren Höhe vom Vorstand festgesetzt wird.

II. Die Vollversammlung.

§ 7

Die Vollversammlung bestimmt die Richtlinien der Kammerarbeit. Sie ist mit allen Fragen zu befassen, die von allgemeiner und grundsätzlicher Bedeutung sind.

Im übrigen obliegt der Vollversammlung:

1. die Wahl des Vorstandes;
2. die alljährliche Beschlußfassung über den Haushaltsplan;
3. die Entgegennahme des Jahresberichts und der Jahresrechnung;
4. die Wahl von Ausschüssen;
5. die Feststellung der Beendigung der Mitgliedschaft in der Vollversammlung;
6. die Bestellung und Abberufung der Syndici;
7. der Erlaß der Satzung, sowie deren Änderung und Ergänzung.

§ 8

Die Sitzungen der Vollversammlung werden durch den Vorsitzenden einberufen. Er muß sie einberufen:

a) auf Beschluß des Vorstandes;
b) auf Verlangen von 6 Kammermitgliedern;
c) auf Verlangen einer Kammergruppe.

Die Einberufung soll schriftlich mit einer Frist von mindestens 8 Tagen unter Angabe der Tagesordnung erfolgen.

§ 9

Die Vollversammlung ist bei Anwesenheit von mehr als der Hälfte ihrer Mitglieder beschlußfähig, jedoch muß von beiden Kammergruppen mindestens je die Hälfte der Mitglieder anwesend sein.

§ 10

Ist nach Beratung eines von der Wirtschaftskammer zu erstattenden Gutachtens ein Mehrheits- und ein Minderheitsgutachten abzugeben oder ist bei der Beschlußfassung der Vollversammlung oder bei Abstimmung in der Vollversammlung auf Verlangen auch der Standpunkt der Minderheit zum Ausdruck zu bringen, so hat ein Vertreter der Minderheit das Gutachten mitzuunterschreiben.

III. Der Vorstand.

§ 11

Der Vorstand leitet die Wirtschaftkammer, bereitet die Beratungen der Vollversammlung vor, trifft notwendig werdende Entscheidungen nicht grundsätzlicher Art und führt Beschlüsse der Vollversammlung durch. Er trifft die Entscheidung über die Art der Bearbeitung der Geschäftsvorgänge.

Sitzungen des Vorstandes werden vom Vorsitzenden nach Bedarf einberufen:

§ 12

Der Wechsel im Vorsitz erfolgt am 1. Oktober eines jeden Jahres.

IV. Rechnungsführer und Rechnungsprüfung.

§ 13

Die Vollversammlung wählt auf Vorschlag der Kammergruppen je einen Rechnungsführer, die dem Vorstand und der Vollversammlung für die ordentliche Haushaltsführung der Kammer verantwortlich sind. Sie werden jeweils für die Dauer eines Rechnungsjahres, das vom 1. April bis 31. März läuft, gewählt. Ihre Wiederwahl ist zulässig.

§ 14

Die Rechnungsprüfung obliegt dem Rechnungshof der Freien Hansestadt Bremen, nach dessen Richtlinien und Vorschriften die Buch- und Kassenführung erfolgen soll.

Über das Ergebnis der Rechnungsprüfung ist der Vollversammlung Bericht zu erstatten.

V. Fachausschüsse.

§ 15

Die Fachausschüsse haben die Aufgabe, die angeforderten Gutachten vorzubereiten und zu Anträgen Stellung zu nehmen. Sie sind berechtigt, im Bedarfsfalle Sachverständige zur Beratung hinzuzuziehen oder besondere Sachverständigenausschüsse einzusetzen.

§ 16

Der Wechsel im Vorsitz in den Fachausschüssen erfolgt am 1. Oktober eines jeden Jahres.

VI. Siegelführung.

§ 17

Die Wirtschaftskammer führt ein Dienstsiegel mit dem mittleren bremischen Wappen.

C. Gesetz über die Arbeitnehmerkammern im Lande Bremen

Vom 3. Juli 1956 (GBl. S. 79)

Der Senat verkündet das nachstehend von der Bürgerschaft (Landtag) beschlossene Gesetz:

I.

Allgemeine Vorschriften

§ 1

Zweck und Aufgaben der Arbeitnehmerkammern

(1) Die Arbeiterkammer und die Angestelltenkammer (Arbeitnehmerkammern) haben die Aufgabe, im Einklang mit dem Allgemeinwohl die Interessen der im Lande Bremen tätigen Arbeitnehmer in wirtschaftlicher, sozialer und kultureller Hinsicht wahrzunehmen und zu fördern[1]).

(2) Sie sollen insbesondere die Behörden und Gerichte in Fachfragen vor allem durch Erstatten von Gutachten und Berichten unterstützen[2]).

(3) Die Arbeitnehmerkammern sind berufen, im Zusammenwirken mit den zuständigen Körperschaften und Behörden Maßnahmen zur Förderung und Durchführung der kaufmännischen, gewerblichen, handwerklichen und landwirtschaftlichen Berufsausbildung zu treffen. Die durch Bundesgesetze anderen Körperschaften des öffentlichen Rechts zugewiesenen Aufgaben und Zuständigkeiten bleiben unberührt[3]).

(4) Sie können die ihnen zur Durchführung ihrer Aufgaben angemessen erscheinenden Maßnahmen bei der Aufsichtsbehörde beantragen. Sie sind außerdem berechtigt, dem Senat unaufgefordert gutachtlich zu berichten. Die Arbeitnehmerkammern haben das Recht, zur Beratung eines Gesetzes, das sie vorgeschlagen oder begutachtet haben, einen Vertreter in die Bürgerschaft zu entsenden. Dem Vertreter der vorschlagenden Kammer ist Gelegenheit zu geben, den Standpunkt der Kammer mündlich darzulegen. Auf Verlangen der Bürgerschaft hat sie einen Vertreter zu entsenden.

(5) Die Arbeitnehmerkammern sind vor Erlaß landesrechtlicher Vorschriften über Angelegenheiten, die ihr Aufgabengebiet betreffen, zu hören.

(6) Der Senat kann den Arbeitnehmerkammern durch Rechtsverordnung staatliche Aufgaben im Rahmen des Absatzes 1 zur Erfüllung nach Weisung (Auftragsangelegenheiten) übertragen.

Anm. 1: Das Gesetz faßt die bisher in dem Angestelltenkammergesetz vom 17. Juli 1921 und dem Arbeiterkammergesetz vom gleichen Tage, zuletzt gültig in der Fassung der Bekanntmachung vom 3. Oktober 1950 (GBl. S. 93 und 95), enthaltenen Vorschriften zu einem Gesetz zusammen und räumt gleichzeitig der Selbstverwaltung die Möglichkeit ein, das Organisationsgefüge der Arbeitnehmerkammern durch Satzungsänderung leichter den jeweils gegebenen Erfordernissen anzupassen, ohne wie bishei an Gesetzesänderungen gebunden zu sein (§ 21 Abs. 2).

Anm. 2: In Zielsetzung und Aufgabenstellung übernimmt das Gesetz die den Kammern durch die bisherigen Gesetze zugewiesenen Aufgaben. Darüber hinaus wird den Kammern auch die Wahrnehmung der sozialen Interessen zugewiesen. Hierbei ist jedoch zu berücksichtigen, daß durch bundesgesetzliche Vorschriften die Wahrnehmung der tarifrechtlichen

Interessen allein den Gewerkschaften zusteht, so daß insoweit der Wirkungskreis der Kammern beschränkt bleiben wird.

Anm. 8: Das Bestehen mehrerer Kammern im Lande Bremen bringt es mit sich, daß sich ihre Aufgaben zum Teil berühren oder überschneiden. In Verhandlungen sind die Zusammenarbeit zwischen den Kammern und der jeweilige Zuständigkeitsbereich abgegrenzt worden.

§ 2

Rechtsform und Rechtsfähigkeit

Die Arbeitnehmerkammern sind Körperschaften des öffentlichen Rechts. Sie besitzen Dienstherrenfähigkeit. Ihr Sitz ist Bremen.

§ 3

Kammerzugehörigkeit[1])

(1) Der Arbeiterkammer gehören alle im Lande Bremen tätigen weiblichen und männlichen Arbeiter an.

(2) Der Angestelltenkammer gehören alle im Lande Bremen tätigen weiblichen und männlichen Angestellten an.

(3) Arbeiter im Sinne dieses Gesetzes sind Arbeitnehmer, einschließlich der zu ihrer Berufsausbildung Beschäftigten, die eine invalidenversicherungspflichtige Beschäftigung ausüben, auch wenn sie nicht versicherungspflichtig sind. Als Arbeiter gelten auch die in Heimarbeit Beschäftigten, die in der Hauptsache für den gleichen Betrieb arbeiten.

(4) Angestellte im Sinne dieses Gesetzes sind Arbeitnehmer, die eine durch § 1 Absatz 1 des Angestelltenversicherungsgesetzes und der hierzu erlassenen Vorschriften die Versicherungspflicht der Angestellten als Angestelltentätigkeit bezeichnete Beschäftigung ausüben, auch wenn sie nicht versicherungspflichtig sind. Als Angestellte gelten auch Beschäftigte, die sich in Ausbildung zu einem Angestelltenberuf befinden, sowie das mit einfachen oder mechanischen Dienstleistungen beschäftigte Büropersonal.

(5) Nicht unter das Gesetz fallen:

1. Beamte und Beamtenanwärter des öffentlichen Dienstes,
2. Personen, deren Beschäftigung nicht in erster Linie ihrem Erwerbe dient, sondern mehr durch Rücksichten der persönlichen Heilung, der Wiedereingewöhnung, der sittlichen Besserung oder Erziehung oder durch Beweggründe karitativer, religiöser oder künstlerischer Art bestimmt ist,
3. die Vorstandsmitglieder und gesetzlichen Vertreter von juristischen Personen oder Personengesamtheiten des öffentlichen und des privaten Rechts,
4. ferner die Geschäftsführer und Betriebsleiter, soweit sie zur selbständigen Einstellung und Entlassung der übrigen im Betriebe oder der Betriebsabteilung beschäftigten Arbeitnehmer berechtigt sind oder soweit ihnen Prokura oder Generalvollmacht erteilt ist, sowie die Geschäftsführer von einzelnen Betrieben und Organisationen der Arbeitgeber.

(6) Die Zugehörigkeit zu den Arbeitnehmerkammern endet mit dem Wegfall der in den Absätzen 1—3 genannten Voraussetzungen. Arbeitslosigkeit im Sinne von § 87 des Gesetzes über die Arbeitslosenvermittlung und Arbeitslosenversicherung berührt die Kammerzugehörigkeit nicht.

Anm. 1: § 3 regelt abweichend von den bisherigen Vorschriften den Kreis der der Kammer angehörenden Personen. Während die bisherige gesetzliche Regelung die Bestimmung der Begriffe Angestellter und Arbeiter an das Angestelltenversicherungsgesetz oder die Reichsversicherungsordnung geknüpft hat, übernimmt das Gesetz die Formulierungen der Begriffe aus dem Betriebsverfassungsgesetz. Hierdurch wird vermieden, daß für die innerbetrieblichen Wahlen andere Begriffsbestimmungen gelten als für außerbetriebliche Wahlen. Im übrigen sind die Vorschriften hinsichtlich des durch das Gesetz nicht erfaßten Personenkreises aus den aufzuhebenden Gesetzen übernommen worden.

II.

Vollversammlung, Vorstand

Abschnitt 1

§ 4

Allgemeines

Die Organe der Arbeitnehmerkammern sind:

1. Die Volversammlung;
2. der Vorstand;
3. der Präsident,
4. die Ausschüsse.

Abschnitt 2

§ 5

Aufgaben der Vollversammlung

(1) Die Vollversammlung beschließt über alle Angelegenheiten von grundsätzlicher Bedeutung; sie bestimmt die Richtlinien, nach denen die Geschäfte der Kammer zu führen sind, und überwacht die Durchführung ihrer Beschlüsse. Insbesondere hat sie:

a) die Satzung, die Geschäftsordnung und die Gebührenordnung zu beschließen;

b) den Vorstand sowie die Mitglieder der Ausschüsse zu wählen;

c) den Haushaltsplan und den Stellenplan festzustellen sowie den Beitrag gemäß § 22 zu beschließen;

d) den Jahresbericht und die Jahresabrechnung entgegenzunehmen und Entlastung zu erteilen;

e) nach näherer Bestimmung der Satzung über die Aufnahme von Darlehen sowie über den Erwerb und die Veräußerung von Grundstücken zu beschließen;

f) im Wahlprüfungsverfahren nach Maßgabe der Wahlordnung zu entscheiden und die Feststellung gemäß § 13 Absatz 1b bis c zu treffen.

(2) Die Vollversammlung ist beschlußfähig, wenn nach ordnungsgemäßer Ladung aller Mitglieder mindestens die Hälfte ihrer Mitglieder anwesend ist. Die Beschlüsse der Vollversammlung werden, soweit das Gesetz oder die Satzung nicht etwas anderes bestimmen, mit Stimmenmehrheit gefaßt.

C. Arbeitnehmerkammergesetz Bremen

§ 6

Zusammensetzung der Vollversammlung

(1) Die Vollversammlung der Arbeitnehmerkammer besteht aus jeweils 18 Mitgliedern. Die Vollversammlung der Arbeitnehmerkammern kann nach Maßgabe der Satzung bis zu jeweils 3 Mitglieder hinzuwählen. Die Hinzuwählenden müssen zur Bürgerschaft wählbar und sollen sachverständig sein[1]).

(2) Die Mitglieder der Vollversammlung sind bei ihrer Tätigkeit nur ihrem Gewissen verantwortlich und an Aufträge und Weisungen nicht gebunden.

(3) Die Mitglieder der Vollversammlung werden von den der jeweiligen Kammer angehörenden Arbeitnehmern (§ 3) in unmittelbarer, freier, gleicher und geheimer Wahl nach den Grundsätzen der Verhältniswahl gewählt[2]).

(4) Die Wahlzeit der Vollversammlung beträgt 4 Jahre[3]). Sie beginnt mit dem Ablauf der Wahlzeit der alten Vollversammlung, im Falle der Auflösung der alten Vollversammlung mit dem Tage der Neuwahl. Die Neuwahl findet im letzten Vierteljahr der Wahlzeit, im Falle der Auflösung innerhalb von 90 Tagen statt.

Anm. 1: Abweichend von der bisherigen Regelung des Arbeiterkammergesetzes (30 Mitglieder) und des Angestelltenkammergesetzes (24 Mitglieder) wird in Absatz 1 die Zahl der Mitglieder der Vollversammlung auf jeweils 18 Mitglieder herabgesetzt. Durch diese Herabsetzung soll erreicht werden, daß auch im Falle der Verschmelzung der beiden Arbeitnehmerkammern zu einer Arbeitnehmerkammer eine arbeitsfähige Gesamtvollversammlung entsteht. Gleichfalls abweichend von der bisherigen Regelung kann die Vollversammlung der Arbeitnehmerkammern durch Satzungsbeschluß festlegen, daß bis zu jeweils drei Mitgliedern durch die Vollversammlung hinzugewählt werden können. Hierdurch soll den Arbeitnehmerkammern die Möglichkeit eröffnet werden, bewährte Mitglieder der Vollversammlungen, die durch Invalidität oder Erreichen des Ruhealters oder aber aus sonstigen Gründen die Voraussetzung der Wählbarkeit nicht mehr erfüllen, in die Vollversammlung zu wählen.

Anm. 2: Absatz 3 behält für die Arbeitnehmerkammern im Gegensatz zur Landwirtschaftskammer das Verhältniswahlrecht bei.

Anm. 3: Abweichend von der bisherigen Regelung (3 Jahre) ist die Wahlzeit auf 4 Jahre festgelegt worden. Die bisherigen Erfahrungen zeigten, daß es für die Kammerarbeit förderliczer ist, wenn die Vollversammlung länger als drei Jahre zusammenbleiben kann, da erfahrungsgemäß ein ganz erheblicher Zeitabschnitt der Eingewöhnung in die Kammerarbeit dient. Von einer ausdrücklichen Aufnahme einer Bestimmung, wonach die Wiederwahl zulässig ist, wurde als selbstverständlich abgesehen.

§ 7

Wahlberechtigung

Wahlberechtigt zur Vollversammlung sind alle mindestens 18 Jahre alten Mitglieder der Kammer, die sich im Besitz der bürgerlichen Ehrenrechte befinden.

§ 8

Wahlvorschläge

(1) Wahlvorschläge können von Gewerkschaften sowie von Berufsvereinigungen von Arbeitnehmern und von Einzelbewerbern eingereicht werden.

(2) Wahlvorschläge von Gewerkschaften, die für das Arbeitsleben im Lande Bremen wesentliche Bedeutung haben, müssen von mindestens 3 Vorstandsmitgliedern unterzeichnet sein[1]).

(3) Wahlvorschläge von sonstigen Gewerkschaften, Berufsvereinigungen von Arbeitnehmern und Einzelpersonen müssen jeweils von mindestens 250 Wahlberechtigten unterzeichnet sein[2]).

Anm. 1: Abweichend von der in den bisherigen Wahlordnungen der Angestellten- und der Arbeiterkammer enthaltenen Regelung sieht das Gesetz vor, daß Wahlvorschläge von Gewerkschaften sowie von Gruppen von Wahlberechtigten der Angestellten und Arbeiter und von Einzelbewerbern eingereicht werden können. Das Gesetz lehnt sich damit an die Regelung des Wahlgesetzes für die Bürgerschaft an. Gleichzeitig beseitigt es die sich aus der bisherigen Formulierung: „bremische tariffähige gewerkschaftliche Organisation" ergebenden Auslegungsschwierigkeiten, in dem es bestimmt, daß lediglich die „Gewerkschaften, die für das Arbeitsleben im Lande Bremen wesentliche Bedeutung haben", von Unterschriftsammlungen befreit sind und nur die Unterschriften von 3 Vorstandsmitgliedern benötigen. Dabei ist davon ausgegangen worden, daß eine Gewerkschaft dann wesentliche Bedeutung für das Arbeitsleben im Lande Bremen hat, wenn sie nach Größe und Zahl ihrer Mitglieder in der Lage ist, tarifliche und sonstige gewerkschaftliche Forderungen durchzusetzen (vgl. auch § 14 Abs. 1 AGG vom 3. September 1953).

Anm. 2: Die Zahl von 250 Unterschriften entspricht der in § 14 Abs. 2 des Wahlgesetzes für die Bürgerschaft vorhergehenen Regelung und soll der Bildung von Splittergruppen in der Vollversammlung der Arbeitnehmerkammern entgegenwirken.

§ 9

Wahlordnung

Das Wahlverfahren wird durch eine Wahlordnung geregelt, die die Aufsichtsbehörde nach Anhören der Kammer erläßt. Die Wahlordnung kann bestimmen, daß das Wahlrecht nur ausüben kann, wer in eine Wählerliste eingetragen ist.

§ 10

Wählbarkeit

(1) Wählbar sind die mindestens 25 Jahre alten wahlberechtigten Arbeitnehmer, die seit mindestens 1 Jahr vor der Wahl im Lande Bremen als Arbeitnehmer tätig gewesen sind und der Kammer angehören.

(2) Wählbar sind ferner die zur bremischen Bürgerschaft wahlberechtigten mindestens 25 Jahre alten hauptberuflichen Vertreter von Gewerkschaften und ihren Verbänden, die für das Arbeitsleben im Lande Bremen wesentliche Bedeutung haben, auch wenn sie nicht der Kammer, für die sie benannt werden, angehören. Sie dürfen jeweils nur für eine Arbeitnehmerkammer zur Wahl vorgeschlagen werden und nur in einer Arbeitnehmerkammer Mitglied der Vollversammlung sein. Mindestens 12 Mitglieder der Vollversammlung müssen jedoch der Kammer angehören.

§ 11

Mitwirkung bei der Wahl

(1) Die Stadtgemeinden und die Arbeitgeber sind verpflichtet, nach Maßgabe der Wahlordnung bei der Vorbereitung und Durchführung der Wahl mitzuwirken.

(2) Das Ergebnis der Wahl ist öffentlich bekanntzugeben.

(3) Die Kosten der Wahl trägt die Arbeitnehmerkammer, für die die Wahl durchgeführt worden ist.

§ 12

Wahleinsprüche

Wahleinsprüche behandelt die Vollversammlung im Wahlprüfungsverfahren[1]).

Anm. 1: Die Vorschrift weicht von der bisherigen Regelung ab, bei der die Aufsichtsbehörde über Wahleinsprüche entschied. Die weiteren Rechtsmittel richten sich nach dem Verwaltungsgerichtsgesetz.

§ 13

Ende der Mitgliedschaft in der Vollversammlung

(1) Die Mitgliedschaft in der Vollversammlung endet

a) durch Tod, Entmündigung oder Verzicht, der schriftlich zu erklären ist und nicht widerrufen werden kann;

b) durch Verlust oder Wegfall der Voraussetzungen der Wählbarkeit (§ 10);

c) wenn das Mitglied sich beharrlich weigert oder auf längere Zeit nicht in der Lage ist, die ihm gesetzlich oder nach der Satzung und der Geschäftsordnung obliegenden Verpflichtungen zu erfüllen;

d) durch Ungültigkeitserklärung der Wahl oder sonstiges Ausscheiden im Wahlprüfungsverfahren.

(2) Beruht der Fortfall der Voraussetzungen der Wählbarkeit auf einer Änderung des Arbeitsrechtsverhältnisses, so kann das Mitglied mit Zustimmung der Vollversammlung bis zum Ende der Wahlzeit in ihr verbleiben.

(3) Der Vorstand der Kammer kann ein Mitglied der Vollversammlung, gegen das ein gerichtliches Strafverfahren eröffnet ist, bis zu dessen Abschluß der Mitgliedschaft in den Organen der Kammer vorläufig entheben.

§ 14

Ablehnung der Wahl

Lehnt ein gewähltes Mitglied der Vollversammlung die Wahl ab oder scheidet es während der Wahlzeit aus der Vollversammlung aus, so fällt die Mitgliedschaft dem der Reihenfolge nach nächsten Bewerber jenes Wahlvorschlages zu, dem der Ausgeschiedene angehört hat. Scheidet ein Einzelbewerber aus, so tritt der nach dem Auszählungsverfahren nächste Listen- oder Einzelbewerber an dessen Stelle.

Abschnitt 3

Der Vorstand

§ 15

Aufgaben des Vorstandes

(1) Der Vorstand der Kammer ist der Vollversammlung für die ordnungsgemäße Wahrnehmung der ihm obliegenden Aufgaben verantwortlich.

(2) Der Vorstand der Kammer führt die Beschlüsse der Vollversammlung aus. Er beschließt in allen Angelegenheiten, die nicht durch dieses Gesetz, die Satzung oder durch Beschluß der Vollversammlung dieser vorbehalten sind.

(3) Der Vorstand ist beschlußfähig, wenn eines mehr als die Hälfte seiner Mitglieder anwesend sind. Bleibt der Vorstand trotz zweimaliger Einladung beschlußunfähig, so gilt er als zurückgetreten und ist ordnungsmäßig von der Vollversammlung neu zu wählen.

(4) Der Vorstand faßt seine Beschlüsse mit Stimmenmehrheit. Bei Stimmengleichheit gibt die Stimme des Präsidenten den Ausschlag. In dringenden Fällen können die Geschäfte von dem Präsidenten oder im Falle seiner Behinderung von dem Vizepräsidenten wahrgenommen werden.

§ 16

Zusammensetzung und Wahl des Vorstandes

(1) Der Vorstand besteht aus dem Präsidenten, dem Vizepräsidenten und dem Rechnungsführer. Er kann durch eine durch 2 teilbare Anzahl von Beisitzern (höchstens 4) erweitert werden, falls die Satzung es bestimmt. Die Vorstandsmitglieder werden mit einfacher, der Präsident jedoch mit zwei Drittel Stimmenmehrheit gewählt. Kommen die erforderlichen Mehrheiten nicht zustande, so ist die Wahl frühestens eine Woche nach dem ersten Wahlgang zu wiederholen. Bei der Wiederholung der Wahl genügt die Mehrheit der abgegebenen Stimmen[1]).

(2) Bis zur Wahl der Nachfolger führen die bisherigen Mitglieder des Vorstandes ihre Geschäfte weiter.

Anm. 1: Absatz 1 sieht vor, daß der Vorstand aus dem Präsidenten, dem Vizepräsidenten und dem Rechnungsführer besteht. Darüber hinaus kann die Satzung vorsehen, daß der Vorstand auch aus 5 oder 7 Personen besteht. Durch diese Regelung soll der Vollversammlung die Möglichkeit eröffnet werden, den Vorstand spiegelbildlich zu der sich aus den Mehrheitsverhältnissen in der Vollversammlung ergebenden Lage zu gestalten.

§ 17

Der Präsident

(1) Der Präsident ist der Vorsitzende der Vollversammlung und des Vorstandes. Im Falle seiner Verhinderung wird er von dem Vizepräsidenten vertreten. Ist auch dieser verhindert, wird er durch ein anderes Vorstandsmitglied vertreten.

(2) Der Präsident ist Dienstvorgesetzter der Beschäftigten der Kammer.

Abschnitt 4

Die Ausschüsse

§ 18

(1) Die Arbeitnehmerkammern sollen nach näherer Bestimmung der Satzung Ausschüsse bilden.

(2) Die Satzung kann vorsehen, daß die von der Vollversammlung gewählten Mitglieder der Ausschüsse sachverständige Personen zuwählen, die nicht Mitglieder der Vollversammlung zu sein brauchen. Die Zuwahl bedarf der Bestätigung durch die Vollversammlung.

(3) Die Ausschüsse wählen aus ihrer Mitte je einen Vorsitzenden, die Mitglieder der Vollversammlung sein müssen.

(4) Die Ausschüsse können Anträge an den Vorstand und, falls dieser die Anträge ablehnt, an die Vollversammlung richten. Die Vorsitzenden der Ausschüsse sind bei der Behandlung der Anträge ihrer Ausschüsse im Vorstand zu hören.

III.

Der Geschäftsführer

§ 19

(1) Der Geschäftsführer führt die laufenden Geschäfte der Kammer nach den Weisungen ihres Vorstandes. Er darf weder Mitglied der Vollversammlung sein noch ein Berufsamt bei einer politischen Vereinigung innehaben.

(2) Auf Vorschlag des Vorstandes wird der Geschäftsführer von der Vollversammlung mit einer Mehrheit von drei Viertel der Stimmen gewählt. Kommt diese Mehrheit nicht zustande, so ist die Wahl frühestens eine Woche nach dem ersten Wahlgang zu wiederholen. Bei Wiederholung der Wahl genügt die Mehrheit der abgegebenen Stimmen.

(3) Der Geschäftsführer nimmt an den Sitzungen der Vollversammlung, ihrer Ausschüsse und des Vorstandes mit beratender Stimme teil.

IV.

Die Vertretung

§ 20

(1) Die Arbeitnehmerkammern werden gerichtlich und außergerichtlich durch ihren Präsidenten, im Falle seiner Verhinderung durch den Vizepräsidenten vertreten. Ist auch dieser verhindert, so werden die Arbeitnehmerkammern durch ein anderes Vorstandsmitglied vertreten.

(2) Urkunden, durch die die Arbeitnehmerkammern vermögensrechtlich verpflichtet werden, Gesetzesvorschläge und alle Gutachten der Kammern, soweit die Satzung nichts anderes bestimmt, müssen vom Präsidenten oder seinem Stellvertreter und dem Geschäftsführer oder dessen Vertreter unterzeichnet sein.

(3) Die Arbeitnehmerkammern führen ein Dienstsiegel mit dem mittleren bremischen Wappen.

V.

Die Satzung

§ 21

(1) Die Satzungen der Arbeitnehmerkammern müssen im Rahmen dieses Gesetzes Vorschriften enthalten:

a) über die Zuständigkeit der Vollversammlung, des Vorstandes, des Präsidenten,

b) über die Einberufung, Beschlußfähigkeit und Beschlußfassung der Vollversammlung, des Vorstandes und der Ausschüsse der Vollversammlung sowie deren Bildung,

d) über das Verfahren bei Satzungsänderungen,

e) über die Gewährung von Entschädigungen an die Mitglieder der Kammerversammlung sowie der Ausschüsse,

f) über das Haushalts-, Kassen- und Rechnungswesen,

g) über die Rechtsverhältnisse der Angestellten und Arbeiter der Kammer im Rahmen der allgemeinen Vorschriften.

(2) Die Kammern sind berechtigt, durch inhaltsmäßig übereinstimmenden Beschluß ihrer Vollversammlung die Arbeiterkammer und die Angestelltenkammer zusammenzuschließen und (oder) gemeinsame Einrichtungen zu schaffen. Die hierfür erforderlichen organisatorischen Änderungen können durch Satzungsänderung erfolgen.

(3) Satzungsänderungen bedürfen der Zweidrittelmehrheit der anwesenden Mitglieder der beschlußfähigen Vollversammlung.

(4) Die Satzungen sowie deren Änderungen sind im Gesetzblatt der Freien Hansestadt Bremen bekanntzugeben*).

VI.

Beiträge und Gebühren

§ 22

(1) Zur Deckung des Finanzbedarfes erheben die Arbeitnehmerkammern von den wahlberechtigten Arbeitnehmern (§ 7) Beiträge, deren Höhe die Vollversammlungen der Arbeitnehmerkammern festsetzen.

(2) Beitragspflicht besteht nicht für Arbeitnehmer, deren monatliches Einkommen weniger als 200 DM beträgt, sowie für Arbeitnehmer in Privathaushalten.

(3) Die Arbeitgeber sind verpflichtet, die Beiträge von den beitragspflichtigen Arbeitnehmern einzubehalten und abzuführen. Das Verfahren über die Erhebung der Beiträge regelt die Aufsichtsbehörde im Einvernehmen mit dem für die Finanzen zuständigen Senator.

(4) Der Beitrag wird von den Behörden der Finanzverwaltung eingezogen und an die Kammern nach Abzug eines Verwaltungskostenbeitrages von 4, v. H. des erhobenen Beitrages abgeführt. Auf das Verfahren findet das Gesetz über die Anwendung der Reichsabgabenordnung und das Rechtsmittelverfahren bei bremischen Landes- und Gemeindesteuern (Brem. Abgabegesetz) Anwendung.

§ 23

(1) Für die Benutzung besonderer Einrichtungen können die Arbeitnehmerkammern Gebühren nach Maßgabe einer Gebührenordnung erheben.

*) Die Satzung der Arbeiterkammer vom 4. Dezember 1957 ist im Gesetzblatt S. 169, die Satzung der Angestelltenkammer vom 19. Dezember 1957 im Gesetzblatt 1958 S. 4 veröffentlicht worden.

(2) Gebühren können im Wege der Amtshilfe durch die Steuerbehörden der Stadtgemeinden eingezogen werden.

VII.

Haushaltsplan

§ 24

(1) Die Arbeitnehmerkammern haben jährlich einen Haushaltsplan aufzustellen.

(2) Der Haushaltsplan darf keine höheren Gesamtausgaben enthalten, als durch die Einnahmen gedeckt sind.

(3) Das Haushaltsjahr ist das Kalenderjahr.

VIII.

Aufsicht

§ 25

(1) Die Arbeitnehmerkammern stehen unter der Aufsicht des für die Wirtschaft zuständigen Senators.

(2) Der Genehmigung der Aufsichtsbehörde bedürfen Beschlüsse der Vollversammlung über

a) die Satzung und die Änderung der Satzung,
b) die Gebührenordnung,
c) die Feststellung des Beitragssatzes.

(3) Die Aufsichtsbehörde kann jederzeit von den Kammern Aufschluß über ihre Angelegenheiten verlangen.

§ 26

Die Aufsichtsbehörde kann Beschlüsse von Organen der Arbeitnehmerkammern, die das Recht verletzen, mit der Wirkung beanstanden, daß

1. die Beschlüsse nicht ausgeführt werden dürfen und
2. Maßnahmen, die auf Grund des beanstandeten Beschlusses bereits getroffen worden sind, binnen einer angemessenen festzusetzenden Frist rückgängig zu machen sind.

§ 27

(1) Kommen die Arbeitnehmerkammern einer Aufforderung zur Erfüllung ihrer Aufgaben nicht in angemessener Frist nach oder erfüllen sie die ihnen nach § 26 Nr. 2 obliegenden Verpflichtungen nicht, so kann der Senat die Vollversammlung der aufgeforderten Kammer auflösen.

(2) Bis zur Neuwahl der Vollversammlung trifft die Aufsichtsbehörde die erforderlichen Anordnungen für die Vertretung, die Vermögensverwaltung und die laufende Geschäftsführung. Das gleiche gilt für den Fall der Ungültigkeit der Wahl.

IX.

Ordnungswidrigkeiten

§ 28

(1) Ordnungswidrig handelt, wer es als Arbeitgeber unterläßt, den Beitrag der bei ihm beschäftigten beitragspflichtigen Arbeiter und Angestellten einzubehalten oder an die für die Einziehung zuständige Behörde abzuführen oder den ihm durch die Wahlordnung auferlegten Pflichten nachzukommen oder sich weigert, die für die Einziehung erforderlichen Auskünfte zu erteilen.

(2) Die Ordnungswidrigkeit kann mit einer Geldbuße bis zu DM 1000,— geahndet werden.

(3) Auf das Bußgeldverfahren findet das Gesetz über die Ordnungswidrigkeiten vom 25. März 1952 (BGBl. I S. 171) Anwendung.

(4) Zuständige Verwaltungsbehörde gemäß § 73 des Gesetzes über Ordnungswidrigkeiten für die Durchführung des Bußgeldverfahrens ist die Aufsichtsbehörde.

X.

Übergangsvorschriften und Schlußbestimmungen

§ 29

Innerhalb von sechs Monaten nach dem Inkrafttreten des Gesetzes sind Neuwahlen zu den Arbeitnehmerkammern durchzuführen.

§ 30

Das Arbeiterkammergesetz vom 17. Juli 1921 und das Angestelltenkammergesetz vom 17. Juli 1921, beide in der Fassung der Bekanntmachung vom 3. Oktober 1950 (Brem. Ges.-Bl. S. 93 und 95) sowie die Wahlordnungen zu diesen Gesetzen vom 30. März 1951 werden aufgehoben.

§ 31

(1) Den bei den Arbeitnehmerkammern beim Inkrafttreten dieses Gesetzes angestellten Geschäftsführern, denen auf Grund der Bestimmungen in § 18 Absatz 2 der aufgehobenen Gesetze Ansprüche auf Ruhegehalt und Hinterbliebenenversorgung nach den beamtenrechtlichen Bestimmungen zugesichert worden sind, bleiben diese Rechte erhalten.

(2) Die Verpflichtung zur Zahlung des Ruhegehalts und der Hinterbliebenenversorgung haben die Arbeitnehmerkammern.

§ 32

Die zur Durchführung dieses Gesetzes erforderlichen Rechtsvorschriften erläßt der für die Wirtschaft zuständige Senator.

§ 33

Das Gesetz tritt am Tage nach seiner Verkündung in Kraft.

C. Beitragseinziehungsverordnung

Verordnung über die Einziehung der Beiträge für die Arbeitnehmerkammern. Vom 5. Juli 1956 (GBl. S. 83)

Gemäß § 22 Absatz 3 des Gesetzes über die Arbeitnehmerkammern im Lande Bremen vom 3. Juli 1956 (ArbnKG) wird verordnet:

§ 1

(1) Die Höhe der von der Aufsichtsbehörde genehmigten Beitragssätze und die von den Vollversammlungen der Arbeitnehmerkammern beschlossenen Fälligkeitstage für die Beiträge werden von der Oberfinanzdirektion Bremen in den Amtlichen Bekanntmachungen der Tageszeitungen veröffentlicht.

(2) Als Einkommen im Sinne des § 22 Absatz 2 ArbnKG gilt der von dem Arbeitnehmer bezogene Arbeitslohn. Für die Auslegung des Begriffs Arbeitslohn gelten die Bestimmungen der Lohnsteuerdurchführungsverordnung (LStDV).

(3) Die Arbeitgeber haben die Beiträge bei den Lohnzahlungen, die den Fälligkeitstagen folgen, einzubehalten und zusammen mit den einbehaltenen Steuerabzugsbeträgen an den hierfür in der LStDV vorgesehenen Zahlungsterminen (monatlich oder vierteljährlich) an die Finanzkassen ihrer Betriebsfinanzämter abzuführen. In den Lohnsteueranmeldungen sind die Zahlen der beschäftigten beitragspflichtigen Arbeitnehmer und die Summen der abzuführenden Beiträge jeweils getrennt nach Arbeitern und Angestellten (§ 3 ArbnKG) anzugeben.

(4) Sofern Lohnsteuermeldungen an Betriebsfinanzämter im Lande Bremen nicht abzugeben sind, haben die Arbeitgeber die einbehaltenen Beiträge an das Finanzamt Bremen-Mitte abzuführen und in einer Kammerbeitragsanmeldung die Angaben gemäß Absatz 3 Satz 2 zu machen.

§ 2

Beitragspflichtig zu den Arbeitnehmerkammern sind alle im Lande Bremen tätigen Arbeitnehmer über 18 Jahre, deren Arbeitslohn am Tage der Beitragsfälligkeit bei monatlicher Lohnzahlung 200 DM, bei wöchentlicher Lohnzahlung 46,20 DM und bei täglicher Lohnzahlung 7,70 DM übersteigt. Ausgenommen sind die in § 3 Absatz 5 ArbnKG genannten Personen und die in Privathaushalten beschäftigten Arbeitnehmer.

§ 3

Die Finanzkassen überweisen die Beiträge nach Abzug des Verwaltungskostenanteils an die Arbeitnehmerkammern. Die Finanzämter haben den Arbeitnehmerkammern in Einzelfällen auf deren Verlangen die Zahl der von den einzelnen Arbeitgebern auf den Lohnsteuer- oder Kammerbeitragsanmeldungen angegebenen Arbeitnehmer mitzuteilen.

§ 4

Das Finanzamt überwacht die ordnungsmäßige Einbehaltung und Abführung der Beiträge durch eine Prüfung (Außenprüfung) der Arbeitgeber. Die Bestimmungen der LStDV über die Nachprüfung des Lohnsteuerabzuges sind entsprechend anzuwenden.

§ 5

Diese Verordnung tritt am Tage nach ihrer Verkündung in Kraft.

D. Landesgesetz über die Hauptwirtschaftskammer Rheinland-Pfalz

Vom 21. April 1949 (GVBl. I S. 141)

Der Landtag von Rheinland-Pfalz hat in Ausführung der Artikel 71 bis 73 der Landesverfassung*) das folgende Gesetz beschlossen, das hiermit verkündet wird:

§ 1
Rechtsstellung und Sitz

Die Hauptwirtschaftskammer Rheinland-Pfalz ist das Zentralorgan der Wirtschaft Sie tritt am Sitz der Landesregierung zusammen.

§ 2
Zusammensetzung

(1) Die Hauptwirtschaftskammer hat 29 Mitglieder, und zwar je 13 Vertreter der Asbeitgeber und Arbeitnehmer sowie 3 von diesen hinzuzuwählende Wirtschaftssachverständige.

(2) Je 4 Vertreter der Arbeitgeber und Arbeitnehmer werden entsandt:

a) von den Industrie- und Handelskammern,
b) von den Handwerkskammern,
c) von den Landwirtschaftskammern,

je einer von den Kammern der freien Berufe.

---

*) Art. 71 bis 73 der Verfassung für Rheinland-Pfalz vom 18. Mai 1947 (VOBl. S. 209) lauten:

Art. 71

Die Hauptwirtschaftskammer ist das Zentralorgan der Wirtschaft. Sie besteht aus je 13 Vertretern der Arbeitgeber und Arbeitnehmer sowie aus drei von diesen hinzuzuwählenden Wirtschaftssachverständigen.

Die Vertretung der Arbeitgeber und Arbeitnehmer setzt sich zusammen aus je
8 Vertretern der Industrie- und Handelskammern,
8 Vertretern der Handwerkskammern,
8 Vertretern der Landwirtschaftskammer,
und aus 2 Vertretern der Kammern der freien Berufe.

Das Nähere regelt das Gesetz.

Art. 72

Die Hauptwirtschaftskammer soll Gesetzentwürfe wirtschafts- und sozialpolitischen Inhalts begutachten. Sie kann dem Landtag Gesetzesvorlagen unterbreiten.

Art. 73

Die Hauptwirtschaftskammer soll von der Regierung bei allen wirtschaftlichen und sozialen Maßnahmen von grundsätzlicher Bedeutung gehört werden. In der Ausarbeitung von Plänen der Regierung über die Lenkung der Arbeit, den Einsatz der Betriebsmittel und die Güterverteilung soll die Hauptwirtschaftskammer beteiligt werden.

D. Hauptwirtschaftskammergesetz Rheinland-Pfalz

§ 3

Aufgaben

(1) Die Hauptwirtschaftskammer soll Gesetzentwürfe wirtschaft- und sozialpolitischen Inhaltes begutachten. Sie soll von der Regierung bei allen wirtschaftlichen und sozialen Maßnahmen von grundsätzlicher Bedeutung gehört werden. An der Ausarbeitung von Plänen der Regierung über die Lenkung der Arbeit, den Einsatz der Betriebsmittel und die Güterverteilung soll die Hauptwirtschaftskammer beteiligt werden.

(2) Die Hauptwirtschaftskammer kann dem Landtag über die Landesregierung Gesetzesvorlagen unterbreiten. Die Landesregierung hat die Vorlage mit ihrer Stellungnahme dem Landtag zuzuleiten. Stimmt die Landesregierung einer Vorlage nicht zu, so kann die Hauptwirtschaftskammer sie durch eines ihrer Mitglieder vor dem Landtag vertreten lassen.

§ 4

Wahl der Mitglieder

Die von den Kammern zu entsendenden Mitglieder werden nach einer Wahlordnung gewählt, die von der Landesregierung nach Anhörung der vorläufigen Hauptwirtschaftskammer und mit Zustimmung des Hauptausschusses des Landtages erlassen wird.

§ 5

Dauer der Mitgliedschaft

(1) Die Mitglieder werden für vier Jahre gewählt.

(2) Die Neuwahl findet spätestens einen Monat vor Ablauf der Wahlperiode statt.

(3) Scheidet ein Mitglied vorzeitig aus, so erfolgt Nachwahl für den Rest der Wahlperiode nach Maßgabe der Wahlordnung.

§ 6

Rechte und Pflichten der Mitglieder

(1) Die Mitglieder der Hauptwirtschaftskammer sind Vertreter der gesamten Wirtschaft des Landes. Sie sind nur ihrem Gewissen unterworfen und an Aufträge nicht gebunden.

(2) Mitglieder der Hauptwirtschaftskammer, die in einem Dienst- oder Arbeitsverhältnis als Angestellte oder Arbeiter stehen, haben das Recht auf die zur Ausübung ihrer Mitgliedschaft erforderliche freie Zeit ohne Anrechnung auf den ihnen zustehenden Urlaub.

§ 7

Organe

Die Organe der Hauptwirtschaftskammer sind:

1. die Vollversammlung,
2. das Präsidium.

V. Teil

§ 8

Vollversammlung, Geschäftsordnung

(1) Die Vollversammlung gibt sich ihre Geschäftsordnung, die auch das Nähere über die Aufgaben und Befugnisse der Organe regelt.

(2) Sie tritt in der Regel monatlich einmal zusammen.

§ 9

Präsidium

(1) Das Präsidium besteht aus dem Präsidenten und dem Vizepräsidenten. Diese werden von der Vollversammlung in geheimer Abstimmung gewählt. Im Präsidium müssen Arbeitgeber und Arbeitnehmer vertreten sein.

(2) Der Präsident verwaltet die geschäftlichen Angelegenheiten der Hauptwirtschaftskammer und vertritt das Land in allen Angelegenheiten seiner Verwaltung.

§ 10

Auskunftspflicht

Die obersten Landesbehörden, die Kammern, die Gewerkschaften und die sonstigen Organisationen der Wirtschaft haben der Hauptwirtschaftskammer zur Durchführung ihrer Aufgaben alle notwendigen Auskünfte zu erstatten. Die Auskunft kann in jedem Fall von der Zusicherung der Vertraulichkeit abhängig gemacht werden.

§ 11

Kosten

(1) Die Kosten der Hauptwirtschaftskammer trägt das Land.

(2) Das Präsidium hat rechtzeitig vor Beginn eines jeden Rechnungsjahres den Haushaltsplan aufzustellen, der vor Einreichung bei der Landesregierung der Zustimmung der Vollversammlung bedarf.

§ 12

Entschädigung der Mitglieder

Die Entschädigung der Mitglieder wird im Haushaltsplan festgesetzt.

§ 13

Übergangsbestimmungen

Bis zum Zusammentritt der Hauptwirtschaftskammer werden ihre Aufgaben und Befugnisse durch die vorläufige Hauptwirtschaftskammer wahrgenommen.

§ 14

Durchführungsvorschriften

Die zur Durchführung dieses Gesetzes erforderlichen Rechts- und Verwaltungsvorschriften erläßt die Landesregierung nach Anhörung der Hauptwirtschaftskammer*).

*) Die Erste Landesverordnung vom 22. Dezember 1951 zur Durchführung des Landesgesetzes über die Hauptwirtschaftskammer Rheinland-Pfalz ist im Gesetz- und Verordnungsblatt 1952 S. 1 veröffentlicht.

E. Gesetz über die Errichtung einer Arbeitskammer für das Saarland

Vom 30. Juni 1951 (ABl. S. 980) in der Fassung der Änderungsgesetze vom 31. Dezember 1951 (ABl. 1952 S. 314), 6. Juli 1954 (ABl. S. 868), 20. März 1956 (ABl. S. 434) und 9. Juli 1956 (ABl. S. 966)

Der Landtag des Saarlandes hat auf Grund des Artikels 59*) der Verfassung des Saarlandes vom 15. Dezember 1947 folgendes Gesetz beschlossen, das hiermit verkündet wird:

I.

Errichtung und Sitz der Arbeitskammer

§ 1

(1) Zur Wahrnehmung der allgemeinen wirtschaftlichen und sozialen Interessen der Arbeitnehmer (Arbeiter und Angestellten) und zur Förderung der auf die Hebung ihrer wirtschaftlichen und sozialen Lage abzielenden Bestrebungen wird eine Kammer für Arbeitnehmer (Arbeitskammer) im Saarland mit dem Sitz in Saarbrücken errichtet.

(2) Die Erörterung von politischen Angelegenheiten ist nicht Aufgabe der Kammer. Ebenso erstreckt sich ihre Tätigkeit nicht auf die Wahrnehmung der besonderen wirtschaftlichen und sozialen Interessen, die den Berufsorganisationen vorbehalten sind (§ 1 des Gesetzes über die Berufsorganisationen der Arbeitgeber und Arbeitnehmer vom 30. Juni 1949, ABl. S. 743).

§ 2

(1) Die Arbeitskammer ist eine Körperschaft des öffentlichen Rechts. Sie untersteht der Dienstaufsicht des Ministeriums für Arbeit und Wohlfahrt.

(2) Für die Durchführung ihrer Aufgaben schafft die Kammer die erforderlichen Einrichtungen**).

II.

Aufgaben der Arbeitskammer

§ 3

(1) Zur Zuständigkeit der Arbeitskammer gehören insbesondere

a) durch Berichte und Gutachten Vorschläge zu machen über die Regelung der Arbeitsverhältnisse, des Arbeitsschutzes, der Sozialversicherung und des Ar-

---

*) Art. 59 der Verfassung des Saarlandes vom 15. Dezember 1947 (ABl. S. 1077) lautet: „Die Wirtschaft des Saarlandes findet ihre öffentlich-rechtliche Vertretung jeweils in der Industrie- und Handelskammer, in der Handwerkskammer, in der Landwirtschaftskammer und in der Arbeiterkammer, denen die Wirtschaftsgemeinschaften angeschlossen werden.

Dies gilt auch für die Genossenschaften und die Wirtschaftsunternehmungen der öffentlichen Hand."

**) Vgl. die Durchführungsverordnung über die Regelung der Rechtsverhältnisse der Bediensteten der Arbeitskammer für das Saarland vom 10. März 1954 (ABl. S. 271), geändert durch die Verordnung vom 20. März 1957 (ABl. S. 437).

beitsmarktes, sowie über alle wirtschaftlichen Angelegenheiten der Arbeitnehmer, die auf eine Hebung der sozialen und wirtschaftlichen Verhältnisse des Landes abzielen;

b) Gutachten zu erstatten über die Errichtung und Organisation von öffentlichen Anstalten oder Einrichtungen, welche der Förderung der Industrie, des Bergbaues, des Gewerbes, des Handels und Verkehrs, des Geld-, Kredit- und Versicherungswesens, sowie der Haus-, Land- und Forstwirtschaft dienen;

c) die Arbeitnehmer in wirtschaftlichen und sozialen Angelegenheiten, die ihre allgemeinen Interessen berühren, zu beraten;

d) die Bestrebungen der einzelnen Berufsorganisationen der Arbeitnehmer miteinander in Übereinstimmung zu bringen;

e) bei der Überwachung der arbeitsrechtlichen und unfallverhütenden Vorschriften die zuständigen Behörden zu beraten;

f) die Einhaltung der Bestimmungen zum Schutze gegen Berufskrankheiten, die Besichtigung von Arbeitsstätten aller Art, von Dienst- und Werkswohnungen anzuregen;

g) bei der Gestaltung der Ausbildungsverhältnisse (Lehr-, Anlern- und Praktikantenausbildung), sowie der Arbeitsverhältnisse jugendlicher Arbeitnehmer beratend mitzuwirken und die Durchführung der geltenden gesetzlichen und sonstigen allgemeinverbindlichen Bestimmungen in Zusammenarbeit mit den zuständigen Behörden und öffentlich-rechtlichen Körperschaften zu sichern;

h) durch Vorschläge die Ausbildung des Berufsnachwuchses und die berufliche Weiterbildung der beschäftigten Arbeitnehmer durch geeignete Maßnahmen zu fördern.

(2) Vor Einbringung von Gesetzen durch die Regierung, die Fragen der in § 3 Absatz 1 erwähnten Art betreffen, soll der Arbeitskammer Gelegenheit zur Stellungnahme gegeben werden. Die Erstattung von Gutachten muß in einer angemessenen Frist erfolgen.

§ 4

(1) Die Arbeitskammer gibt sich eine Geschäftsordnung, die durch Genehmigung der Aufsichtsbehörde wirksam wird. Sie ist im Amtsblatt des Saarlandes zu veröffentlichen*). Änderungen der Geschäftsordnung bedürfen zu ihrer Gültigkeit eines mit einer Zweidrittelmehrheit gefaßten Beschlusses der Kammer und der Genehmigung der Aufsichtsbehörde.

(2) Die Arbeitskammer hat halbjährlich der Regierung des Saarlandes und dem zuständigen Ministerium einen Bericht über ihre Wahrnehmungen hinsichtlich der Gestaltung des Arbeitsmarktes und der Arbeitsverhältnisse sowie der wirtschaftlichen und sozialen Lage der Arbeitnehmer und aller zur Besserung dieser Lage geschaffenen Einrichtungen zu erstatten.

III.

Aufbau und Gliederung der Arbeitskammer

§ 5

(1) Die Arbeitskammer besteht aus dreißig Mitgliedern, die durch geheime und direkte Wahl auf die Dauer von vier Jahren gewählt werden.

---

*) Die Geschäftsordnung vom 11. Mai 1956 ist im Amtsblatt S. 1381 veröffentlicht worden.

(2) Die gewählten Mitglieder der Arbeitskammer führen nach Ablauf der Amtszeit die Geschäfte bis zum Tag der Neuwahl weiter.

(3) Zur Wahl der Arbeitskammer können die wahlberechtigten Arbeitnehmer Vorschläge machen. Jeder Wahlvorschlag muß mindestens von einhundert Wahlberechtigten unterzeichnet sein. Die Vorschläge müssen mindestens die doppelte Anzahl von Wahlbewerbern enthalten, als Kammermitglieder zu wählen sind.

(4) Die Wahl erfolgt nach den Grundsätzen der Verhältniswahl; wird nur ein Wahlvorschlag aufgestellt, so erfolgt die Wahl nach den Grundsätzen der Mehrheitswahl.

§ 6

Die Mitglieder der Arbeitskammer führen die ihnen übertragenen Aufgaben ehrenamtlich aus.

§ 7

(1) Die Kammer ist vom Vorstand mindestens alle zwei Monate einzuberufen. Außerordentliche Sitzungen sind einzuberufen, wenn ein Drittel der Kammermitglieder es verlangt.

(2) Die Aufsichtsbehörde ist zu den Sitzungen einzuladen. Sie ist zu hören.

(3) Die Tagesordnung ist den Mitgliedern vor der Sitzung schriftlich mitzuteilen. Verhandlungsgegenstände, die durch Beschluß der Kammer als dringlich erklärt werden, können ohne vorherige Mitteilung verhandelt werden.

§ 8

Die Kammer ist beschlußfähig, wenn nach ordnungsgemäßer Einladung aller Mitglieder mindestens die Hälfte ihrer Mitglieder anwesend ist. Die Beschlüsse der Kammer werden, soweit das Gesetz nicht etwas anderes bestimmt, mit Stimmenmehrheit gefaßt.

§ 9

(1) Die Kammer kann Ausschüsse zur Vorbereitung der Verhandlungsgegenstände und Berichterstattung an die Kammer einsetzen.

(2) Die Kammer kann Sonderausschüsse mit besonderen Aufgaben betrauen.

(3) Die Ausschüsse werden nach den Grundsätzen der Verhältniswahl bestellt.

§ 10

(1) Der Kammervorstand, der von den Mitgliedern der Kammerversammlung aus ihrer Mitte gewählt wird, besteht aus einem Präsidenten, zwei Vizepräsidenten und zwei Beisitzern. Für die Wahl des Präsidenten ist eine Zweidrittelmehrheit erforderlich.

(2) Die übrigen Vorstandsmitglieder werden mit einfacher Stimmenmehrheit, soweit jedoch mehrere Wahlvorschläge eingereicht werden, nach den Grundsätzen der Verhältniswahl gewählt. In letzterem Falle wird zur Ermittlung der auf die einzelnen Vorstandslisten entfallenden Vorstandsmitglieder der bereits gewählte Präsident derjenigen Liste zugeschrieben, auf deren Vorschlag er als Kammermitglied gewählt wurde. Wiederwahl ist zulässig.

V. Teil

§ 11

(1) Scheidet ein Vorstandsmitglied aus und ist der Vorstand im Wege der Verhältniswahlen gewählt worden, so rückt der nachfolgende Kandidat der einschlägigen Vorstandsliste für die Dauer der Amtsperiode nach.

(2) Im Falle der Mehrheitswahl oder sofern ein Bewerber gemäß Absatz 1 nicht vorhanden ist, wird das Ersatzmitglied für den Rest der Amtsdauer mit einfacher Stimmenmehrheit gewählt.

§ 12

(1) Der Vorstand ist für die Beachtung der gesetzlichen Vorschriften sowie für die Erfüllung der Aufgaben der Kammer und für die Vollziehung ihrer Beschlüsse verantwortlich.

(2) Der Vorstand ist beschlußfähig, wenn mindestens drei seiner Mitglieder anwesend sind. Bleibt der Vorstand trotz zewimaliger ordnungsmäßiger Einladung beschlußunfähig, so gilt er als zurückgetreten und ist von der Kammer neu zu wählen.

(3) Der Vorstand faßt seine Beschlüsse mit Stimmenmehrheit. Bei Stimmengleichheit gibt die Stimme des Präsidenten den Ausschlag. In dringenden Fällen können die Geschäfte des Vorstandes vom Präsidenten oder einem Vizepräsidenten wahrgenommen werden.

§ 13

Der Präsident ist der gesetzliche Vertreter der Kammer.

§ 14

(1) Die laufenden Geschäfte der Verwaltung der Arbeitskammer nimmt die Geschäftsstelle nach den Weisungen des Vorstandes wahr. Die Geschäftsstelle wird von einem Geschäftsführer geleitet.

(2) Die Bestellung des Geschäftsführers bedarf der Zustimmung der Aufsichtsbehörde.

IV.

Wahlvorschriften

§ 15

(1) Berechtigt zur Teilnahme an der Wahl sind Arbeitnehmer, die in einem im Saarland gelegenen Betrieb ein Arbeitsverhältnis begründet haben, am Tage der Ausschreibung der Wahl das achtzehnte Lebensjahr vollendet haben und im Besitze der bürgerlichen Ehrenrechte sind. Am Tage der Wahlausschreibung dürfen Arbeitnehmer nicht länger als ein Jahr ununterbrochen arbeitslos gewesen sein.

(2) Keine Arbeitnehmer im Sinne dieses Gesetzes sind Vorstandsmitglieder und andere gesetzliche Vertreter von juristischen Personen und Personengesamtheiten des öffentlichen und privaten Rechts, Direktoren und leitende Angestellte, denen maßgebender Einfluß auf die Betriebsleitung zusteht, Geschäftsführer und Betriebsleiter, die zur selbständigen Einstellung und Entlassung der übrigen im Betrieb beschäftigten Arbeitnehmer berechtigt sind oder soweit ihnen Prokura oder General-

vollmacht erteilt ist, sowie Familienangehörige der Arbeitgeber ersten und zweiten Grades, Behördenvorstände, leitende Beamte und Treuhänder, Personen, deren Beschäftigung nicht in erster Linie ihrem Erwerb dient, sondern ganz oder doch überwiegend durch Rücksichten der Heilung, der Wiedereingewöhnung, der sittlichen Besserung oder Erziehung oder durch Beweggründe karitativer, religiöser, wissenschaftlicher oder künstlerischer Art bestimmt ist.

(3) Absatz 2 findet keine Anwendung auf Vorstandsmitglieder, gesetzliche Vertreter sowie leitende Angestellte von Berufsorganisationen der Arbeitnehmer.

§ 16

Wählbar als Mitglied der Kammer ist jeder nach § 15 wahlberechtigte Arbeitnehmer, der am Tage der Wahlausschreibung das vierundzwanzigste Lebensjahr vollendet hat und mindestens zwei Jahre im Saarland als Arbeitnehmer tätig gewesen ist.

§ 17

(1) Ein Mitglied der Kammer, bei dem nachträglich Umstände eintreten oder bekannt werden, die seine Wählbarkeit ausschließen, ist von der Kammer von seinem Mandat zu entbinden.

(2) Scheidet ein Mitglied der Kammer aus den in Absatz 1 genannten oder aus anderen Gründen vor Ablauf seiner Amtsdauer aus, so fällt das Mandat dem der Reihenfolge nach nächsten Kandidaten jener Liste zu, der der Ausgeschiedene angehört hat.

§ 18

Die Wahlordnung wird durch den Minister für Arbeit und Wohlfahrt im Verordnungswege erlassen*).

V.

Allgemeine Vorschriften

§ 19

(1) Die Arbeitskammer hat im Rahmen ihres Aufgabengebietes den Behörden auf Verlangen Auskünfte zu erteilen und die Behörden bei der Erfüllung ihrer Aufgaben zu unterstützen.

(2) Die Kammer ist berechtigt, über das Statistische Amt des Saarlandes im Rahmen der im Gesetz zur Regelung des statistischen Dienstes im Saarland vom 25. Juni 1949 (ABl. S. 865) festgelegten Grundsätze, von den Betrieben und Verwaltungen Auskünfte, insbesondere betriebsstatistischer Art, zu verlangen, soweit diese zur Erfüllung ihrer Aufgaben notwendig sind und das Auskunftsverlangen nicht gegen das wohlverstandene Interesse des Betriebes verstößt.

(3) Im Streitfalle entscheidet die Regierung des Saarlandes.

---

*) Entsprechend § 18 in Verbindung mit § 23 ist jetzt die Wahlordnung für die Wahl der Mitglieder der Arbeitskammer des Saarlandes vom 19. September 1956 (ABl. S. 1256) gültig, geändert durch die Verordnungen vom 9. Oktober 1956 (ABl. S. 1315) und 26. Oktober 1956 (ABl. S. 1358).

V. Teil

§ 20

(1) Die Kosten der Errichtung der Arbeitskammer werden vom Staate vorgelegt.

(2) Diese Kosten sind von der Arbeitskammer innerhalb von drei Jahren nach Durchführung der Wahlen der Staatskasse zu erstatten.

§ 21

(1) Zur Erfüllung ihrer Aufgaben erhebt die Arbeitskammer von allen Arbeitnehmern im Sinne des § 1 in Verbindung mit § 15 mit Ausnahme der Lehrlinge, Anlernlinge und Praktikanten Beiträge. Die Arbeitgeber sind verpflichtet, die Beiträge jeweils gelegentlich der Lohnzahlungen vom Arbeitnehmer einzubehalten und abzuführen.

(2) Die Höhe der Beiträge setzt die Arbeitskammer mit Genehmigung der Aufsichtsbehörde fest.

(3) Das Verfahren über die Erhebung der Beiträge regelt der Minister für Arbeit und Wohlfahrt im Einvernehmen mit dem Minister für Finanzen und Forsten*).

§ 22

(1) Über den Jahresvoranschlag beschließt die Kammer auf Grund eines vom Vorstand vorgelegten Entwurfes. Der Voranschlag ist innerhalb einer Frist von zehn Tagen der Aufsichtsbehörde zur Genehmigung des Umlagehebesatzes vorzulegen.

(2) Bis spätestens 31. März eines jeden Jahres ist der von der Kammer anerkannte Rechnungsabschluß für das abgelaufene Kalenderjahr der Aufsichtsbehörde vorzulegen.

§ 23

Die Durchführung dieses Gesetzes obliegt dem Minister für Arbeit und Wohlfahrt. Er erläßt die notwendigen Durchführungsbestimmungen.

VI.

Übergangsbestimmungen

§ 24

(1) Der Minister für Arbeit und Wohlfahrt wird beauftragt, bis zur Konstituierung einer aus allgemeinen Wahlen hervorgegangenen Arbeitskammer eine Kommission zu bilden, welche die Aufgabe hat, den verwaltungstechnischen Aufbau unverzüglich vorzunehmen, insbesondere einen vorläufigen Etat aufzustellen und die der Arbeitskammer im Gesetz zugewiesenen Aufgaben vorläufig wahrzunehmen.

(2) Die Berufung der Mitglieder dieser Komission erfolgt auf Grund der Vorschläge der Spitzenorganisationen der Gewerkschaften (Verbände im Sinne des § 6 des Gesetzes über die Berufsorganisationen der Arbeitgeber und Arbeitnehmer vom 30. Juni 1949, ABl. S. 743).

(3) Diese Übergangsbestimmung tritt am 31. März 1952 außer Kraft.

---

*) Auf Grund des § 21 Abs. 3 und des § 23 ist die Verordnung über die Erhebung von Beiträgen für die Arbeitskammer des Saarlandes vom 18. März 1952 (ABl. S. 328) erlassen worden.

VI. Teil

Einigungsstellen für Wettbewerbsstreitigkeiten

A. Einführung in das Recht der Einigungsstellen

Literatur: Die Kommentare zum Gesetz gegen den unlauteren Wettbewerb von Reimer, 3. Aufl., Köln-Berlin 1954; Tetzner, 2. Aufl., Köln 1957; v. Godin-Hoth, Berlin 1957; Baumbach-Hefermehl, 8. Aufl., München und Berlin 1959; ferner Derenberg, Die sachliche Zuständigkeit der gesetzlichen Einigungsämter für Wettbewerbsstreitigkeiten, MuW XXXIII (1933), S. 177ff.; Gottschick, Die Einigungsämter für Wettbewerbsstreitigkeiten, in: Hecht-Kümpfel, Der Wettbewerb, Berlin 1936; Hammann, Einigungsämter zur Beilegung von Wettbewerbsstreitigkeiten, Berlin 1936; Einigungsstellen zur Beilegung von Wettbewerbsstreitigkeiten, BB 1957, S. 298ff.; Krieger, Die Wiedererrichtung von Einigungsstellen zur Beilegung von Wettbewerbsstreitigkeiten, GRUR Bd. 59 (1957), S. 197ff.; Rickertsen, Die Durchführung des § 27a UWG (Einigungsstellen), GewArch. 3. Jhg. (1957), S. 73ff.; Wawretzko, Einigungsstelle zur Beilegung von Wettbewerbsstreitigkeiten, DBW 1957, S. 582ff.; Thenen, Mitt. der IHK Köln 1958, S. 500ff.; Winter, Pfälzisches Industrie- und Handelsblatt 1958 S. 301ff.; Schmid-Burgk, Mitt. der HK Hamburg 1959 S. 182ff.

Einigungsstellen zur Schlichtung von Wettbewerbsstreitigkeiten bestehen in Deutschland seit vielen Jahrzehnten. So haben die Ältesten der Kaufmannschaft von Berlin schon im Jahre 1910 eine Einigungsstelle errichtet, die das Beispiel für die Einrichtung weiterer Stellen dieser Art auch in den übrigen Teilen Deutschlands bildete (Gottschick a. a. O. S. IX). Derartige Einigungsstellen konnten nur tätig werden, wenn die beiden sich streitenden Parteien bereit waren, den Streitfall der Einigungsstelle zu unterbreiten, damit diese einen gütlichen Ausgleich versuchte oder, falls ein entsprechender Schiedsvertrag geschlossen war, einen Schiedsspruch fällte.

Dieses auf der freien Entscheidung der Parteien beruhende Tätigwerden der Einigungsstellen wurde im Jahre 1932 auf eine andere Grundlage gestellt. Durch Art. I Nr. 11 des Zweiten Teils der Verordnung zum Schutze der Wirtschaft vom 9. März 1932 (RGBl. S. 121, 124) wurde in das Gesetz gegen den unlauteren Wettbewerb ein § 27a eingefügt, der vorsah, daß die obersten Landesbehörden bei den amtlichen Berufsvertretungen von Handel, Handwerk und Industrie sowie deren öffentlich-rechtlichen Verbänden oder bei einzelnen von ihnen Einigungsämter einrichten konnten. Sie boten die Möglichkeit, bei bürgerlichen Rechtsstreitigkeiten aus § 13 UWG, soweit die Wettbewerbshandlungen den Einzelverkauf an den letzten Verbraucher betrafen, von jeder Partei zum Zwecke einer Aussprache mit dem Gegner über den Streitfall angerufen zu werden. Der Gesetzgeber und die beteiligten Wirtschaftskreise erhofften sich von dieser Regelung neben einer Entlastung der Gerichte vor allem ein schnelles und wirksames Eingreifen in denjenigen Fällen, in denen es darauf ankam, unzulässigen oder als unlauter empfundenen Wettbewerbshandlungen rechtzeitig vorzubeugen (vgl. die Erläuterungen zu der Verordnung im Reichsanzeiger Nr. 61 vom 12. März 1932).

Um ihre Aufgabe erfüllen zu können, war den Einigungsämtern die Befugnis verliehen worden, das persönliche Erscheinen der Parteien anzuordnen und durch Ordnungsstrafen zu erzwingen. Für den Fall, daß die Aussprache unter der Autorität des Einigungsamts nicht zu einer gütlichen Einigung des Streitfalles führte, sollte das Einigungsamt ferner befugt sein, sich gutachtlich zu dem Streitgegenstand zu äußern, um hierdurch die gerichtliche Entscheidung zu erleichtern.

Diese Regelung aus dem Jahre 1932, die sich praktisch durchaus bewährte, erfuhr im zweiten Weltkrieg eine Änderung durch die Verordnung vom 8. März 1940 (RGBl. I S. 480). Die Verordnung brachte, abgesehen von einer Reihe formeller Änderungen, insofern eine sachliche Erweiterung, als die Zuständigkeit der Einigungsämter auf Wettbewerbshandlungen „im geschäftlichen Verkehr mit dem letzten Verbraucher" (vorher „im Einzelverkauf an den letzten Verbraucher") ausgedehnt wurde. Sie ermächtigte außerdem den Reichswirtschaftsminister, zu bestimmen, daß einzelne Einigungsämter auch bei sonstigen bürgerlichen Rechtsstreitigkeiten aus § 13 UWG angerufen werden könnten.

Die mit diesen Rechtsgrundlagen arbeitenden Einigungsstellen haben in der Zeit bis zum Ende des zweiten Weltkrieges nach dem übereinstimmenden Urteil der beteiligten Kreise viel dazu beigetragen, Wettbewerbsstreitigkeiten schnell und in einer beide Parteien zufriedenstellenden Art und Weise beizulegen. Nach Beendigung des Krieges wurde die Tätigkeit der Einigungsämter unterbrochen, weil die Gauwirtschaftskammern, in die die IHKn und damit auch die Einigungsämter aufgegangen waren, außer Funktion traten. Zwar bildeten sich im Laufe der Zeit überall wieder IHKn, die als Träger von Einigungsämtern in Frage kamen. Sie waren jedoch, mit wenigen Ausnahmen, nur im britischen und französischen Besatzungsgebiet öffentlich-rechtliche Körperschaften, im amerikanischen Besatzungsgebiet dagegen private Vereine. Damit entstanden Schwierigkeiten für die Rechtsstellung der Einigungsämter, da § 27a UWG in der Fassung vom 9. März 1932 ihre Errichtung allein bei „amtlichen Berufsvertretungen von Handel, Handwerk und Industrie sowie bei deren öffentlich-rechtlichen Verbänden" vorsah und auch die Verordnung vom 8. März 1940 nach allgemeiner Meinung an diesen Voraussetzungen festgehalten hatte, obwohl der Text den öffentlich-rechtlichen Charakter der genannten Körperschaften nicht ausdrücklich hervorhob. Diese Schwierigkeiten führten dazu, daß im amerikanischen Besatzungsgebiet Einigungsstellen auf freiwilliger Grundlage errichtet wurden, denen hoheitsrechtliche Befugnisse fehlten. Im allgemeinen behalf man sich aber auch im britischen und französischen Besatzungsgebiet mit freiwilligen Einigungsstellen, weil man auch dort Zweifel hatte, ob die veränderten staatsrechtlichen Verhältnisse noch eine ausreichende Grundlage für die Ausübung hoheitsrechtlicher Befugnisse nach § 27a UWG darstellen könnten.

Da Einigungsstellen auf rein freiwilliger Grundlage die schnelle Beilegung eines möglichst großen Teiles der Wettbewerbsstreitigkeiten nicht ermöglichten, war man sich klar darüber, daß sie erneut mit den Befugnissen ausgestattet werden müßten, die ihnen das Gesetz bis 1945 beigelegt hatte. Für eine solche Erneuerung der Rechtslage sprach auch die Verschärfung des Wettbewerbs in den Jahren des Aufschwungs der Wirtschaft, die mit mancherlei Wettbewerbsverstößen verbunden war und die Schaffung einer sicheren Rechtsgrundlage zur Bekämpfung der Verstöße nahelegte. Dementsprechend wurde eine Neufassung des § 27a UWG ausgearbeitet, durch die klargestellt wurde, daß Einigungsstellen bei den überfachlichen Berufsvertretungen der gewerblichen Wirtschaft ohne Rücksicht auf die jeweilige Rechtsnatur ihrer derzeitigen Organisationsform eingerichtet werden könnten und daß diese Stellen in den bei ihnen anhängigen Verfahren auch die im Gesetz vorgesehenen zwangsweise durchsetzbaren Anordnungen treffen dürften. Damit wurde im wesentlichen die Rechtslage wiederhergestellt, die bis zum Jahre 1945 bestanden hatte. Gleichzeitig brachte der Gesetzentwurf gewisse Verbesserungen und Erweiterungen gegenüber der ursprünglichen Fassung, die im Interesse einer möglichst umfassenden, raschen und prozeßwirtschaftlichen Durchführung der Verfahren lag.

B. Gesetz zur Änderung des Gesetzes gegen den unlauteren Wettbewerb, des Gesetzes über das Zugabewesen und das Rabattgesetz

Vom 11. März 1957 (BGBl. I S. 172)

Der Bundestag hat mit Zustimmung des Bundesrates das folgende Gesetz beschlossen:

Artikel I

Änderung des Gesetzes gegen den unlauteren Wettbewerb

§ 1

§ 27a des Gesetzes gegen den unlauteren Wettbewerb (Reichsgesetzbl. 1909 S. 499; 1925 II S. 115) in der Fassung des Zweiten Teils der Verordnung zum Schutze der Wirtschaft vom 9. März 1932, Artikel I Nr. 11 (Reichsgesetzbl. I S. 121, 124) und der Verordnung zur Änderung des Gesetzes gegen den unlauteren Wettbewerb vom 8. März 1940 (Reichsgesetzbl. I S. 480) erhält folgende Fassung:

„§ 27a

(1) Die Landesregierungen errichten bei Industrie- und Handelskammern Einigungsstellen zur Beilegung von Wettbewerbsstreitigkeiten in der gewerblichen Wirtschaft (Einigungsstellen).

(2) Die Einigungsstellen sind mit einem Rechtskundigen, der die Befähigung zum Richteramt nach dem Gerichtsverfassungsgesetz hat, als Vorsitzenden und mindestens zwei sachverständigen Gewerbetreibenden als Beisitzern zu besetzen. Der Vorsitzende soll auf dem Gebiete des Wettbewerbsrechts erfahren sein. Die Beisitzer werden von dem Vorsitzenden für den jeweiligen Streitfall aus einer alljährlich für das Kalenderjahr aufzustellenden Liste der Beisitzer berufen. Die Berufung soll im Einvernehmen mit den Parteien erfolgen. Für die Ausschließung und Ablehnung von Mitgliedern der Einigungsstelle sind §§ 41 bis 43 und § 44 Abs. 2 bis 4 der Zivilprozeßordnung entsprechend anzuwenden. Über das Ablehnungsgesuch entscheidet das für den Sitz der Einigungsstelle zuständige Landgericht (Kammer für Handelssachen oder, falls es an einer solchen fehlt, Zivilkammer).

(3) Die Einigungsstellen können bei bürgerlichen Rechtsstreitigkeiten aus § 13 von jeder Partei zu einer Aussprache mit dem Gegner über den Streitfall angerufen werden, soweit die Wettbewerbshandlungen den geschäftlichen Verkehr mit dem letzten Verbraucher betreffen. Bei sonstigen bürgerlichen Rechtsstreitigkeiten aus § 13 können die Einigungsstellen angerufen werden, wenn der Gegner zustimmt.

(4) Für die Zuständigkeit der Einigungsstellen ist § 24 entsprechend anzuwenden.

(5) Der Vorsitzende der Einigungsstelle kann das persönliche Erscheinen der Parteien anordnen. Gegen eine unentschuldigt ausbleibende Partei kann die Einigungsstelle eine Ordnungsstrafe in Geld festsetzen. Gegen die Anordnung des persönlichen

Erscheinens und gegen die Straffestsetzung findet die sofortige Beschwerde nach den Vorschriften der Zivilprozeßordnung an das für den Sitz der Einigungsstelle zuständige Landgericht (Kammer für Handelssachen oder, falls es an einer solchen fehlt, Zivilkammer) statt.

(6) Die Einigungsstelle hat einen gütlichen Ausgleich anzustreben. Sie kann den Parteien einen schriftlichen, mit Gründen versehenen Einigungsvorschlag machen. Der Einigungsvorschlag und seine Begründung dürfen nur mit Zustimmung der Parteien veröffentlicht werden.

(7) Kommt ein Vergleich zustande, so muß er in einem besonderen Schriftstück niedergelegt und unter Angabe des Tages seines Zustandekommens von den Mitgliedern der Einigungsstelle, welche in der Verhandlung mitgewirkt haben, sowie von den Parteien unterschrieben werden. Aus einem vor der Einigungsstelle geschlossenen Vergleich findet die Zwangsvollstreckung statt; § 797a der Zivilprozeßordnung ist entsprechend anzuwenden.

(8) Die Einigungsstelle kann, wenn sie den geltend gemachten Anspruch von vornherein für unbegründet oder sich selbst für unzuständig erachtet, die Einleitung von Einigungsverhandlungen ablehnen.

(9) Durch die Anrufung der Einigungsstelle wird die Verjährung in gleicher Weise wie durch Klageerhebung unterbrochen. Die Unterbrechung dauert bis zur Beendigung des Verfahrens vor der Einigungsstelle fort. Kommt ein Vergleich nicht zustande, so ist der Zeitpunkt, zu dem das Verfahren beendet ist, von der Einigungsstelle festzustellen. Der Vorsitzende hat dies den Parteien mitzuteilen. Wird die Anrufung der Einigungsstelle zurückgenommen, so gilt die Unterbrechnug der Verjährung als nicht erfolgt.

(10) Ist ein Rechtsstreit der in Absatz 3 Satz 1 bezeichneten Art ohne vorherige Anrufung der Einigungsstelle anhängig gemacht worden, so kann das Gericht auf Antrag den Parteien unter Anberaumung eines neuen Termins aufgeben, vor diesem Termin die Einigungsstelle zur Herbeiführung eines gütlichen Ausgleichs anzurufen.

In dem Verfahren über den Antrag auf Erlaß einer einstweiligen Verfügung ist diese Anordnung nur zulässig, wenn der Gegner zustimmt. Absatz 8 ist nicht anzuwenden.

(11) Die Landesregierungen werden ermächtigt, die zur Durchführung der vorstehenden Bestimmungen und zur Regelung des Verfahrens vor den Einigungsstellen erforderlichen Vorschriften zu erlassen, insbesondere über die Aufsicht über die Einigungsstellen, über ihre Besetzung unter angemessener Beteiligung der nicht den Industrie- und Handelskammern angehörenden Gewerbetreibenden (§ 2 Abs. 2 bis 6 des Gesetzes zur vorläufigen Regelung des Rechts der Industrie- und Handelskammern vom 18. Dezember 1956 — Bundesgesetzblatt I S. 920) und über die Vollstreckung von Ordnungsstrafen, sowie Bestimmungen über die Erhebung von Gebühren und Auslagen durch die Einigungsstelle zu treffen".

Übersicht

I. Einrichtung und Besetzung der Einigungsstellen
   1. Die Einrichtung von Einigungsstellen
   2. Die Besetzung der Einigungsstellen
   3. Ausschließung und Ablehnung der Mitglieder der Einigungsstelle
   4. Die Entscheidung über das Ablehnungsgesuch

II. Die sachliche und örtliche Zuständigkeit der Einigungsstellen
1. Die sachliche Zuständigkeit
2. Die örtliche Zuständigkeit
III. Erscheinungszwang und Ordnungsstrafen
IV. Gütlicher Ausgleich, Einigungsvorschlag und Vergleich
1. Gütlicher Ausgleich und Einigungsvorschlag
2. Vergleich und Zwangsvollstreckung aus dem Vergleich
V. Ablehnung des Tätigwerdens wegen Unbegründetheit des Anspruchs oder Unzuständigkeit
VI. Unterbrechung der Verjährung; Aussetzung eines anhängigen Rechtsstreits
VII. Ermächtigung der Landesregierungen zum Erlaß von Durchführungsvorschriften

I. Einrichtung und Besetzung der Einigungsstellen

1. Die Einrichtung von Einigungsstellen

§ 27a Abs. 1 UWG verpflichtet die Landesregierungen, Einigungsstellen zur Beilegung von Wettbewerbsstreitigkeiten bei IHKn zu errichten, macht ihre Errichtung also obligatorisch. Entgegen der ursprünglichen Fassung des Regierungsentwurfs („bei überfachlichen Berufsvertretungen der gewerblichen Wirtschaft") ist die Errichtung lediglich bei IHKn vorgesehen, eine organisatorische Verbindung der Einigungsstellen mit anderen Körperschaften daher nicht zulässig (ebenso Krieger a. a. O. S. 200).

Das Gesetz spricht nicht mehr wie früher von „Einigungsämtern", sondern von „Einigungsstellen", um klarzulegen, daß es sich nicht um Ämter im eigentlichen Sinn, d. h. um staatliche Stellen handelt. Die Einigungsstellen sind im übrigen auch keine Gerichte, da ihre Mitglieder nicht unabsetzbar sind (BVerfG in NJW 1956 S. 137).

2. Die Besetzung der Einigungsstellen

Abs. 2 Satz 1—4 regelt die Besetzung der Einigungsstellen. Satz 1 schließt sich wörtlich an die frühere Fassung des § 27a Abs. 2 UWG an. Die Einigungsstellen sind danach mit einem Juristen zu besetzen, der die Fähigkeit zum Richteramt gemäß § 2 oder § 4 GVG erlangt hat. Es bestehen keine Bedenken, außer Rechtsanwälten z. B. auch Kammersyndici zu Vorsitzenden zu bestellen, wenn sie der Vorschrift in Abs. 2 Satz 1 entsprechen.

Die Besetzung mit „mindestens" zwei sachverständigen Gewerbetreibenden als Beisitzern ist vorgesehen, um die Zahl der Beisitzer bei Bedarf den besonderen Umständen des Einzelfalls anpassen zu können. Die Anforderungen an die Sachkunde sollten nicht zu hoch gestellt werden. Die besondere Sachkunde für einen bestimmten Geschäftszweig brauchen die Beisitzer nicht zu besitzen (anders Reimer S. 919).

Der Vorsitzende „soll" auf dem Gebiet des Wettbewerbsrechts erfahren sein (Satz 2). Da es sich hier um eine Spezialmaterie handelt, wird die Sollvorschrift wie eine Mußvorschrift zu behandeln sein.

Die Beisitzer beruft der Vorsitzende für den jeweiligen Streitfall. Er entnimmt sie einer Liste, die alljährlich für das Kalenderjahr aufgestellt wird (Satz 3). Wie die Liste aufzustellen ist, ergeben die Ausführungsverordnungen der Länder (vgl. Abs. 11). Bei der Berufung der Beisitzer hat der Vorsitzende die Wünsche der Parteien so weit wie möglich zu berücksichtigen (Satz 4).

3. Ausschließung und Ablehnung der Mitglieder der Einigungsstelle

Bezüglich der Ausschließung und Ablehnung der im Einzelfall in Funktion tretenden Mitglieder der Einigungsstelle verweist Abs. 2 Satz 5 auf die §§ 41—43 und auf § 44 Abs. 2—4 ZPO. Die entsprechenden Bestimmungen lauten:

VI. Teil

„§ 41

Ein Richter ist von der Ausübung des Richteramtes kraft Gesetzes ausgeschlossen:

1. in Sachen, in denen er selbst Partei ist oder bei denen er zu einer Partei in dem Verhältnis eines Mitberechtigten, Mitverpflichteten oder Regreßpflichtigen steht;
2. in Sachen seines Ehegatten, auch wenn die Ehe nicht mehr besteht;
3. in Sachen einer Person, mit der er in gerader Linie verwandt, verschwägert oder durch Adoption verbunden, in der Seitenlinie bis zum dritten Grade verwandt oder bis zum zweiten Grade verschwägert ist, auch wenn die Ehe, durch welche die Schwägerschaft begründet ist, nicht mehr besteht;
4. in Sachen, in denen er als Prozeßbevollmächtigter oder Beistand einer Partei bestellt oder als gesetzlicher Vertreter einer Partei aufzutreten berechtigt ist oder gewesen ist;
5. in Sachen, in denen er als Zeuge oder Sachverständiger vernommen ist;
6. in Sachen, in denen er in einem früheren Rechtszuge oder im schiedsrichterlichen Verfahren bei dem Erlaß der angefochtenen Entscheidung mitgewirkt hat, sofern es sich nicht um die Tätigkeit eines beauftragten oder ersuchten Richters handelt.

§ 42

(1) Ein Richter kann sowohl in den Fällen, in denen er von der Ausübung des Richteramts kraft Gesetzes ausgeschlossen ist, als auch wegen Besorgnis der Befangenheit abgelehnt werden.

(2) Wegen Besorgnis der Befangenheit findet die Ablehnung statt, wenn ein Grund vorliegt, der geeignet ist, Mißtrauen gegen die Unparteilichkeit eines Richters zu rechtfertigen.

(3) Das Ablehnungsrecht steht in jedem Falle beiden Parteien zu.

§ 43

Eine Partei kann einen Richter wegen Besorgnis der Befangenheit nicht mehr ablehnen, wenn sie sich bei ihm, ohne den ihr bekannten Ablehnungsgrund geltend zu machen, in eine Verhandlung eingelassen oder Anträge gestellt hat.

§ 44

(1) . . . .

(2) Der Ablehnungsgrund ist glaubhaft zu machen; zur Versicherung an Eides Statt darf die Partei nicht zugelassen werden. Zur Glaubhaftmachung kann auf das Zeugnis des abgelehnten Richters Bezug genommen werden.

(3) Der abgelehnte Richter hat sich über den Ablehnungsgrund dienstlich zu äußern.

(4) Wird ein Richter, bei dem die Partei sich in eine Verhandlung eingelassen oder Anträge gestellt hat, wegen Besorgnis der Befangenheit abgelehnt, so ist glaubhaft zu machen, daß der Ablehnungsgrund erst später entstanden oder der Partei bekannt geworden sei“.

Die Bestimmungen, die hier für die Ausschließung oder Ablehnung eines Richters aufgestellt worden sind, sind entsprechend anzuwenden.

4. Die Entscheidung über das Ablehnungsgesuch

Die Entscheidung über das Ablehnungsgesuch kann ohne vorgängige mündliche Verhandlung erfolgen (§ 46 Abs. 1 ZPO). Gegen den Beschluß, durch welchen das Gesuch für begründet erklärt wird, findet kein Rechtsmittel, gegen den Beschluß, durch welchen das Gesuch für unbegründet erklärt wird, findet die sofortige Beschwerde statt (§ 46 Abs. 2 ZPO).

II. Die sachliche und örtliche Zuständigkeit der Einigungsstellen

1. Die sachliche Zuständigkeit

Abs. 3 grenzt die sachliche Zuständigkeit der Einigungsstellen ab, wobei sich die Bestimmungen an die alte Fassung des § 27a Abs. 1, Satz 1 anlehnen. Hierbei halten die Bestimmungen auch an der Beschränkung der Zuständigkeit der Einigungsstelle auf Wettbewerbshandlungen im geschäftlichen Verkehr mit dem letzten Verbraucher fest. Die Beibehaltung des Begriffs „letzter Verbraucher" schien, wie der Regierungsentwurf betont, mit Rücksicht auf die Verwendung des gleichen Begriffs in § 1 des Rabattgesetzes, dessen Anwendung ebenfalls zur sachlichen Zuständigkeit der Einigungsstellen gehört, zweckmäßig. Lediglich Abs. 3 Satz 2 weicht von der alten Fassung ab. Nach ihm kann die sachliche Zuständigkeit der Einigungsstellen entsprechend einer Anregung der beteiligten Kreise auch für Wettbewerbshandlungen innerhalb der Wirtschaftsstufen begründet werden, die dem Einzelhandel vorgeordnet sind, sofern der Gegner mit der Anrufung der Einigungsstelle einverstanden ist.

Bürgerliche Rechtsstreitigkeiten aus § 13 UWG sind Wettbewerbsstreitigkeiten aus den §§ 1, 3, 6, 7, 7a, 7b, 8, 10, 11 und 12 UWG. Die Tatsache, daß die sachliche Zuständigkeit nur bei Wettbewerbshandlungen, die den geschäftlichen Verkehr an den letzten Verbraucher betreffen, gegeben ist, läßt Verletzungen geschäftlicher Beziehungen bei anderen Wirtschaftsstufen unberührt.

2. Die örtliche Zuständigkeit

Abs. 4 regelt die örtliche Zuständigkeit der Einigungsstellen in Übereinstimmung mit der bisherigen Fassung des § 27a UWG.

§ 24 UWG, der entsprechend anzuwenden ist, lautet:

> Für Klagen auf Grund dieses Gesetzes ist ausschließlich zuständig das Gericht, in dessen Bezirk der Beklagte seine gewerbliche Niederlassung oder in Ermangelung einer solchen seinen Wohnsitz hat. Für Personen, die im Inlande weder eine gewerbliche Niederlassung noch einen Wohnsitz haben, ist ausschließlich zuständig das Gericht des inländischen Aufenthaltsortes oder, wenn ein solcher nicht bekannt ist, das Gericht, in dessen Bezirke die Handlung begangen ist.

III. Erscheinungszwang und Ordnungsstrafen

Abs. 5, Satz 1 und 2 übertragen die Befugnis zur Anordnung des persönlichen Erscheinens der Parteien und zur Festsetzung einer Ordnungsstrafe in Geld, falls die Parteien nicht erscheinen, dem Vorsitzenden der Einigungsstelle. Durch diese Lösung wird eine Verzögerung des Verfahrens vermieden.

Die Zwangsgewalt der Einigungsstelle beschränkt sich somit darauf, das persönliche Erscheinen der Parteien herbeizuführen. § 141 Abs. 1 ZPO, wonach von der Anordnung abgesehen werden soll, wenn der Partei die persönliche Wahrnehmung des Termins wegen weiter Entfernung des Aufenthaltsortes vom Gerichtssitz oder aus sonstigen wichtigen Gründen nicht zugemutet werden kann, wird sinngemäß anzuwenden sein. Auch wenn der Antragsgegner durch einen Anwalt vertreten ist und erklären läßt, daß er nicht bereit sei, sachlich zu verhandeln und einen etwaigen Vergleich in der Sache abzuschließen, kann das persönliche Erscheinen des Antragsgegners angeordnet werden (LG Essen in BB 1960 S. 383). Dagegen können persönliche Gründe wie Arbeitsüberlastung oder Krankheit den Antragsgegner entschuldigen und ihn von dem persönlichen Erscheinen entbinden.

Die Ordnungsstrafe kann gemäß Art. II der Verordnung über Vermögensstrafen und Bussen vom 6. Februar 1924 (RGBl. I S. 44) in der Fassung des Dritten Strafrechtsänderungsgesetzes vom 4. August 1953 (BGBl. I S. 735) 1.— bis 1000.— DM betragen. Haft und zwangsweise Vorführung kann nicht verfügt werden (Baumbach-Hefermehl, Anm. 2).

VI. Teil

In Abweichung der bisherigen Fassung des § 27 a Abs. 3 UWG sieht Abs. 5 Satz 3 die sofortige Beschwerde an das für den Sitz der Einigungsstelle zuständige Landgericht nicht nur gegen die Straffestsetzung, sondern auch gegen die Anordnung des persönlichen Erscheinens vor. Hierdurch kann das Verfahren unerwünscht verzögert werden. Die Zulassung der Beschwerde auch gegen die Anordnung des persönlichen Erscheinens schien jedoch mit Rücksicht auf Art. 19 Abs. 4 GG erforderlich.

Die sofortige Beschwerde nach der Zivilprozeßordnung richtet sich nach § 577 ZPO:

(1) Für die Fälle der sofortigen Beschwerde gelten die nachfolgenden besonderen Vorschriften.

(2) Die Beschwerde ist binnen einer Notfrist von zwei Wochen, die mit der Zustellung, in den Fällen der §§ 336 und 952 Abs. 4 mit der Verkündung der Entscheidung beginnt, einzulegen. Die Einlegung bei dem Beschwerdegericht genügt zur Wahrung der Notfrist, auch wenn der Fall für nicht dringlich erachtet wird. Liegen die Erfordernisse der Nichtigkeits- oder der Restitutionsklage vor, so kann die Beschwerde auch nach Ablauf der Notfrist innerhalb der für diese Klage geltenden Notfristen erhoben werden.

(3) Das Gericht ist zu einer Änderung seiner der Beschwerde unterliegenden Entscheidung nicht befugt.

(4) In den Fällen des § 576 muß auf dem für die Einlegung der Beschwerde vorgeschriebenen Wege die Entscheidung des Prozeßgerichts binnen der Notfrist nachgesucht werden. Das Prozeßgericht hat das Gesuch, wenn es ihm nicht entsprechen will, dem Beschwerdegericht vorzulegen.

IV. Gütlicher Ausgleich, Einigungsvorschlag und Vergleich

1. Gütlicher Ausgleich und Einigungsvorschlag

Die Einigungsstelle hat einen gütlichen Ausgleich anzustreben. Sofern sich die Parteien nicht einigen, kann ihnen die Einigungsstelle einen schriftlichen, mit Gründen versehenen Einigungsvorschlag unterbreiten (Abs. 6 Satz 2). Im allgemeinen wird sie einen Vorschlag nur machen, wenn trotz Ablehnung eines Vergleichs an Verhandlungsstelle noch Aussicht auf eine gütliche Beilegung besteht. Die Parteien sind frei in ihrer Entscheidung, ob sie den Vorschlag annehmen oder ablehnen wollen.

Eine Veröffentlichung des Einigungsvorschlags ist nur mit Zustimmung beider Parteien möglich. Diese Zustimmung sollten sie nur ausnahmsweise verweigern.

2. Vergleich und Zwangsvollstreckung aus dem Vergleich

Kommt ein Vergleich zustande, so müssen gewisse Formalitäten gewahrt werden (Abs. 7, Satz 1). Sind sie nicht gewahrt, ist der Vergleich nicht wirksam.

Aus einem vor der Einigungsstelle geschlossenen Vergleich findet die Zwangsvollstreckung nach den Vorschriften der Zivilprozeßordnung statt. Die Bestimmung über die entsprechende Anwendung des § 797a ZPO stellt klar, daß die Vollstreckungsklausel für die vor der Einigungsstelle geschlossenen Vergleiche von dem Urkundsbeamten der Geschäftsstelle desjenigen Amtsgerichts erteilt wird, in dessen Bezirk die Einigungsstelle ihren Sitz hat. Nach § 797a Abs. 4 ZPO können die Justizverwaltungen der Länder den Vorsitzenden der Einigungsstelle ermächtigen, die Vollstreckungsklausel für die von der Einigungsstelle ausgestellten Vollstreckungstitel selbst zu erteilen.

V. Ablehnung des Tätigwerdens wegen Unbegründetheit des Anspruchs oder Unzuständigkeit

Nach Abs. 8, der der ursprünglichen Fassung des § 27 a Abs. 4 entspricht, kann die Einigungsstelle jede Tätigkeit ablehnen, wenn der geltend gemachte Anspruch von vornherein

(„unter allen Umständen") unbegründet ist, oder wenn sie sich für unzuständig hält. Ein Zwang zur Ablehnung besteht also nicht. Die Einigungsstelle darf vielmehr im Falle der Unzuständigkeit abwarten, ob die Parteien die Unzuständigkeit rügen, und kann gegebenenfalls die Parteien fragen, ob sie die Unzuständigkeit rügen oder ob sie die Einigungsstelle als solche oder als Schiedsgericht vereinbaren wollen (Reimer S. 920).

Gegen die Ablehnung des Tätigwerdens ist kein Rechtsmittel gegeben.

VI. Unterbrechung der Verjährung; Aussetzung eines anhängigen Rechtsstreits

Die Anrufung der Einigungsstelle unterbricht die Verjährung in gleicher Weise wie die Klageerhebung (Abs. 9). Durch diese Regelung soll verhindert werden, daß die ordentlichen Gerichte nur darum angerufen werden, daß die Verjährung unterbrochen wird. Die Unterbrechung dauert bis zur Beendigung des Verfahrens vor der Einigungsstelle fort. Wird die Anrufung der Einigungsstelle zurückgenommen, so gilt die Unterbrechung der Verjährung als nicht erfolgt.

Abs. 10 ermöglicht es in Anlehnung an die ursprüngliche Fassung des § 27a UWG dem ohne vorherige Durchführung eines Einigungsverfahrens angerufenen Gericht, den Rechtsstreit auszusetzen (vgl. § 148ff. ZPO) und die Parteien zunächst an die Einigungsstelle zu verweisen. Neu ist, daß Abs. 8 jetzt im Falle der Aussetzung des gerichtlichen Verfahrens zum Zweck der Anrufung der Einigungsstelle nicht anwendbar sein soll. Die Einigungsstelle darf also in diesen Fällen die Einleitung von Einigungsverhandlungen nicht wegen Unzuständigkeit oder wegen Unbegründetheit des geltend gemachten Anspruchs ablehnen. Grund hierfür ist die möglichst schnelle und rationelle Durchführung des Verfahrens.

Im Verfahren über den Antrag auf Erlaß einer einstweiligen Verfügung kann eine solche Anordnung nur mit Zustimmung des Gegners ergehen.

Die Frage, ob neben der Anrufung der Einigungsstelle eine Klage vor dem ordentlichen Gericht möglich ist, ist nicht ausdrücklich geregelt. Mit dem Landgericht Düsseldorf (BB 1959 S. 648) wird man während der Dauer des Schlichtungsverfahrens, das in der Regel kurzfristig abgewickelt wird, ein Rechtsschutzinteresse für eine entsprechende gerichtliche Feststellungsklage verneinen müssen. Anders kann der Fall indessen liegen, wenn der Beklagte in der Schlichtungssache beantragt hat, die Angelegenheit vorläufig zurückzustellen, die Einigungsstelle diesem Antrag stattgegeben hat und das Schlichtungsverfahren dadurch erheblich verzögert worden ist.

VII. Ermächtigung der Landesregierungen zum Erlaß von Durchführungsvorschriften

Abs. 10 enthält die Ermächtigung der Landesregierungen zum Erlaß von Durchführungsvorschriften. Solche Durchführungsvorschriften sind bereits auf Grund der bis 1940 geltenden Fassung erlassen worden, beispielsweise für die früheren preußischen Gebiete durch die Verordnung über Einigungsämter für Wettbewerbsstreitigkeiten vom 16. Juli 1932 (GS. S. 249).

Die jetzigen Vorschriften beruhen auf einem Musterentwurf, der in einem Arbeitskreis des Bundesministers für Wirtschaft und der Länderreferenten ausgearbeitet worden ist. Nach diesem Musterentwurf sind in den Ländern folgende Verordnungen erlassen worden: Baden-Württemberg, Verordnung vom 14. Juli 1958 (GVBl. S. 191); Bayern, Verordnung vom 11. September 1958 (GVBl. S. 252); Berlin, Verordnung vom 29. Juli 1958 (GVBl. S. 732); Bremen, Verordnung vom 3. Juni 1958 (GBl. S. 58); Hamburg, Verordnung vom 27. Januar 1959 (GVBl. S. 11); Hessen, Verordnung vom 13. Februar 1959 (GVBl. S. 3); Niedersachsen, Verordnung vom 16. Dezember 1958 (GVBl. S. 253); Nordrhein-Westfalen, Verordnung vom 15. April 1958 (GVBl. S. 141); Rheinland-Pfalz, Verordnung vom 12. Februar 1958 (GVBl. S. 39); Schleswig-Holstein, Verordnung vom 28. Juli 1958 (GVBl. S. 223).

Artikel 2

Änderung des Gesetzes über das Zugabewesen[1])

§ 2

§ 2 des Gesetzes über das Zugabewesen vom 12. Mai 1933 (Reichsgesetzblatt I S. 264) erhält folgende Fassung:

„§ 2

Die in § 27a des Gesetzes gegen den unlauteren Wettbewerb vorgesehenen Einigungsstellen können auch bei bürgerlichen Rechtsstreitigkeiten aus der Verordnung zum Schutze der Wirtschaft vom 9. März 1932, Erster Teil (Reichsgesetzbl. I S. 121) angerufen werden".

Anm. 1: Das Gesetz über das Zugabewesen vom 12. Mai 1933 hat neben der Zugabeverordnung vom 9. März 1932 keine Eigenbedeutung. Durch § 1 des Gesetzes wurde die Verordnung lediglich in § 1 Abs. 2 geändert. § 2 des Gesetzes bestimmte, daß die in § 27 a UWG (Fassung der Verordnung vom 9. März 1932) vorgesehenen Einigungsämter auch bei bürgerlichen Rechtsstreitigkeiten aus der Zugabeverordnung angerufen werden könnten. Diese Vorschrift wird nunmehr textlich neu gefaßt. Die neue Fassung stellt klar, daß sich die sachliche Zuständigkeit der jetzt auf Grund der Neufassung des § 27 a UWG zu errichtenden Einigungsstellen ebenfalls auf bürgerliche Rechtsstreitigkeiten aus der Zugabeverordnung erstreckt.

Artikel 3

Änderung des Rabattgesetzes[1])

§ 3

§ 13 des Rabattgesetzes vom 25. November 1933 (Reichsgesetzbl. I S. 1011) in der Fassung des Gesetzes zur Änderung von Vorschriften des Gesetzes betreffend die Erwerbs- und Wirtschaftsgenossenschaften und des Rabattgesetzes vom 21. Juli 1954 (Bundesgesetzbl. I S. 212) erhält folgende Fassung:

„§ 13

Die in § 27a des Gesetzes gegen den unlauteren Wettbewerb vorgesehenen Einigungsstellen können bei bürgerlichen Rechtsstreitigkeiten aus diesem Gesetz angerufen werden[2])."

Anm. 1: Auch in § 13 des Rabattgesetzes war bestimmt, daß die Einigungsämter, deren Rechtsgrundlage der zweite Teil der Notverordnung vom 9. März 1932 durch den neu eingefügten § 27a UWG bildete, bei bürgerlichen Rechtsstreitigkeiten „aus diesem Gesetz" angerufen werden könnten. Art. 3 schafft hier ebenfalls die zeitgemäße textliche Anpassung.

Anm. 2: Bei Anwendung des Rabattgesetzes haben die Einigungsstellen die besondere Aufgabe, darüber zu befinden, was als handelsüblich oder als ortsüblich im Sinne der §§ 7—9 des Rabattgesetzes anzusehen ist. Hier liegt für die Einigungsstellen „ein dankbares Tätigkeitsfeld" (Michel-Weber, Das Rabattgesetz, § 13 Anm. II).

Artikel 4

Schlußvorschriften

§ 4

Dieses Gesetz gilt nach Maßgabe des § 13 Abs. 1 des Dritten Überleitungsgesetzes vom 4. Januar 1952 (Bundesgesetzbl. I S. 1) auch im Land Berlin[1]).

Anm. 1: Das Gesetz ist im GVBl. für Berlin 1957 S. 295 veröffentlicht worden. Es ist nach Art. III des Berliner Übernahmegesetzes vom 19. März 1957 mit Wirkung vom 15. März 1957 in Kraft getreten.

C. Einigungsstellenverordnung

§ 5

Dieses Gesetz gilt nicht im Saarland[1]).

Anm. 1: Im Saarland war bisher das Gesetz gegen den unlauteren Wettbewerb vom 29. Januar 1952 (ABl. S. 182) in Geltung, das keine obligatorischen Einigungsstellen kannte; vgl. Scheuer, Das im Saarland geltende Recht auf dem Gebiete des gewerblichen Rechtsschutzes, BB 1959, S. 319ff. Nunmehr gilt auch hier das einschlägige Bundesrecht; vgl. § 1 Abs. 1 und 3 in Verbindung mit § 2 des Gesetzes zur Einführung von Bundesrecht im Saarland vom 30. Juni 1959 (BGBl. I S. 313).

§ 6

Dieses Gesetz tritt am Tage nach seiner Verkündung in Kraft[1]).

Anm. 1: Das Gesetz ist am 14. März 1957 im Bundesgesetzblatt verkündet worden, daher am 15. März 1957 in Kraft getreten.

C. Muster für die Verordnung über Einigungsstellen*)

Verordnung
über Einigungsstellen zur Beilegung von Wettbewerbsstreitigkeiten
in der gewerblichen Wirtschaft
(Verordnung über Einigungsstellen)
vom 1957

Auf Grund des § 27a Abs. 11 des Gesetzes gegen den unlauteren Wettbewerb vom 7. Juni 1909 (Reichsgesetzbl. S. 499) in der Fassung des Änderungsgesetzes vom 11. März 1957 (Bundesgesetzbl. I S. 172)**) wird verordnet:

I. Errichtung und Geschäftsführung; Aufsicht

§ 1

Errichtung und Geschäftsführung

(1) Einigungsstellen zur Beilegung von Wettbewerbsstreitigkeiten in der gewerblichen Wirtschaft (§ 27a Abs. 1 des Gesetzes gegen den unlauteren Wettbewerb) werden bei den in der Anlage aufgeführten Industrie- und Handelskammern für die dort genannten Bezirke errichtet[1]).

(2) Die Industrie- und Handelskammer, bei der eine Einigungsstelle errichtet ist, führt deren Geschäfte (geschäftsführende Kammer)[2]).

Anm. 1: Der Sitz der Kammer ist also auch der Sitz der Einigungsstelle.

Anm. 2: Führung der Geschäfte bedeutet, daß die IHK die notwendigen Räumlichkeiten, das Personal, die Büromaterialien usw. zur Verfügung stellt, überhaupt für die materiellen

*) Das hier abgedruckte Muster ist in einem Arbeitskreis ausgearbeitet worden, dem Referenten des Bundesministers für Wirtschaft und der zuständigen Länderminister (Senatoren) angehört haben. Die Anmerkungen tragen keinen amtlichen Charakter.

**) § 27 a Abs. 11 UWG ermächtigt die Landesregierung, die Durchführungsvorschriften zu erlassen. Eine Delegation dieser Ermächtigung ist nicht vorgesehen. Die Materie oder auch nur das Verfahren können daher nicht in einer Satzung der Einigungsstelle geregelt werden.

Voraussetzungen der Arbeit der Einigungsstelle zu sorgen hat. Sie erhält dafür keine Entschädigung, zumal für das Verfahren vor der Einigungsstelle Gebühren nicht erhoben werden (§ 12 Abs. 1). Lediglich die der Kammer nach § 11 Abs. 1 Satz 2 und Abs. 2 entstandenen Auslagen werden ihr ersetzt. Ihre Höhe setzt die Einigungsstelle fest (§ 12 Abs. 2).

§ 2

Aufsicht

Die Aufsicht[1]) über die Einigungsstellen übt der für die Wirtschaft zuständige Minister (Aufsichtsbehörde) aus[2]).

Anm. 1: Die Aufsicht über die Einigungsstellen wird nicht näher definiert. Man wird sie daher als eine Aufsicht über die Rechtmäßigkeit der Handlungsweise der Organe der Einigungsstellen und über ihre Pflichten zu betrachten haben. Auf die Spruchpraxis der Einigungsstellen kann sie sich regelmäßig nicht erstrecken, es sei denn, daß es sich um offen zutage liegende Mißbräuche handelt. Unter die Aufsicht fällt auch die Prüfung der Frage, ob die Besetzung einer Einigungsstelle gemäß § 27 a Abs. 11 UWG unter angemessener Beteiligung der nicht der IHK angehörenden Gewerbetreibenden erfolgt ist.

Anm. 2: Wie die Aufsichtsbehörde ihre aufsichtlichen Maßnahmen durchsetzt, ist Sache des entsprechenden Landesrechts. Hiernach richtet sich, inwieweit Beanstandungen oder Zwangsmaßnahmen möglich sind.

II. Organisation

§ 3

Vorsitzender

(1) Die geschäftsführende Kammer ernennt den Vorsitzenden und mindestens einen Stellvertreter auf die Dauer von zwei Jahren[1]). Vor der Ernennung sind die Industrie- und Handelskammern und Handwerkskammern zu hören, deren Bezirke sich ganz oder teilweise mit dem Bezirk der Einigungsstelle decken (beteiligte Kammern)[2]).

(2) Die geschäftsführende Kammer hat die Ernennung zu widerrufen, wenn ein wichtiger Grund vorliegt[3]).

Anm. 1: Eine Mitwirkung der Landesregierung ist hier nicht vorgesehen. Der Vorsitzende muß die Befähigung zum Richteramt haben und soll auf dem Gebiet des Wettbewerbsrechts erfahren sein (§ 27a Abs. 2 Satz 1 und 2 UWG). Das Gleiche gilt für seinen Stellvertreter. Die Ernennung wird wie früher regelmäßig von der Vollversammlung ausgesprochen werden. Dies vorzuschreiben, ist Sache der geschäftsführenden Kammer.

Anm. 2: Die Anhörung der beteiligten IHKn und Handwerkskammern ist obligatorisch. Sie bedeutet nicht, daß ein Einvernehmen herbeigeführt werden muß.

Anm. 3: Der Widerruf, der kaum praktisch werden wird, ist der ernennenden Kammer zugebilligt worden. Er kann wohl nur darauf basieren, daß der Betroffene seine Pflichten vernachlässigt hat. Dies wird in Hinsicht auf die Spruchpraxis schon dann der Fall sein, wenn die Einigungsvorschläge oder gutachtlichen Äußerungen der gefestigten Rechtsprechung zuwiderlaufen, nicht erst, wenn sie grundsätzlich als nicht vertretbar erscheinen.

§ 4

Beisitzer

(1) Die Beisitzer sollen angesehene, im Bezirk der Einigungsstelle tätige Gewerbetreibende sein[1]).

(2) Die geschäftsführende Kammer hat im Benehmen[2]) mit den beteiligten Kammern die Liste der Beisitzer rechtzeitig für das Kalenderjahr aufzustellen[3]); sie hat

dabei Vorschläge der ihr nicht angehörenden Gewerbetreibenden des Bezirks der Einigungsstelle angemessen zu berücksichtigen[4]). Die Liste der Beisitzer ist im Mitteilungsblatt oder in sonst geeigneter Weise bekanntzumachen[5]).

Anm. 1: Da die Beisitzer „angesehene" Gewerbetreibende sein sollen, kann auf die Aufzählung von Tatbeständen, die die Unfähigkeit zur Bekleidung ihres Amtes zur Folge haben — vgl. hierzu § 32 GVG (betr. Schöffen) und § 109 Abs. 3 GVG (betr. Handelsrichter) —, verzichtet werden. Es ist im übrigen selbstverständlich, daß die Kammern nur untadelige Gewerbetreibende zu Beisitzern vorschlagen werden.

Gewerbetreibende im Sinne des Abs. 1 können nur natürliche Personen sein. Ob sie selbständig oder unselbständig tätig sind, ist ohne Bedeutung. Hieraus folgt, daß auch die gesetzlichen Vertreter einer juristischen Person Beisitzer sein können, wenn sie sachverständig sind. „Tätig" bedeutet, daß ehemalige bzw. gewesene Gewerbetreibende nicht in Frage kommen. Im Hinblick auf die Soll-Formulierung entstehen jedoch bei nicht ordnungsmäßiger Besetzung keine rechtlichen Folgen.

Anm. 2: Im Benehmen bedeutet, daß über die Aufstellung der Listen zwischen den Hauptgeschäftsführern der beteiligten Kammern verhandelt wird. Eine Einigung braucht nicht zustande zu kommen.

Anm. 3: Die Kammer hat in eigener Verantwortung für die rechtzeitige Aufstellung zu sorgen. Eine Frist zur Aufstellung wird daher nicht vorgeschlagen.

Anm. 4: Die Verpflichtung der geschäftsführenden Kammer, die Gruppen der in Frage kommenden Gewerbetreibenden bei der Aufstellung der Liste der Beisitzer angemessen zu berücksichtigen, ergibt sich aus § 27 a Abs. 11 UWG. Die Vorschrift schreibt zwar nur die angemessene Beteiligung der nicht den IHKn angehörenden Gewerbetreibenden ausdrücklich vor. Sie setzt damit aber als selbstverständlich voraus, daß die Kammerzugehörigen ohnehin in der Einigungsstelle angemessen vertreten sind. Im übrigen beinhaltet die Vorschrift auch das Recht der Gewerbetreibenden, selbst Vorschläge einzureichen.

Anm. 5: § 4 besagt nichts darüber, ob die Beisitzer durch Handschlag auf die getreuliche Erfüllung ihrer Obliegenheiten als Beisitzer feierlich zu verpflichten sind (vgl. §§ 51 und 111 GVG betr. die Vereidigung der Schöffen und Handelsrichter). Eine solche Verpflichtung ist nicht notwendig, zumal eine derartige Amtshandlung leicht den Anschein erwecken würde, als handele es sich bei der Einigungsstelle um ein Gericht.

III. Verfahren

§ 5

Anträge

Anträge sind schriftlich mit Begründung in mindestens drei Stücken unter Bezeichnung der Beweismittel und Beifügung etwa vorhandener Urkunden und sonstiger Beweisstücke einzureichen oder zu Protokoll zu erklären[1]).

Anm. 1: Obwohl das Verfahren möglichst frei und einfach gestaltet ist, ist doch ein schriftlicher Antrag erforderlich, um das Verfahren vor der Einigungsstelle in Gang zu setzen. Liegt kein schriftlicher Antrag vor, hat der Vorsitzende die Einleitung von Einigungsverhandlungen ohne weiteres und ohne mündliche Verhandlung abzulehnen.

§ 6

Einigungsverhandlung

(1) Die Verhandlung ist nicht öffentlich[1]); der Vorsitzende kann bei Vorliegen eines berechtigten Interesses Dritten die Anwesenheit gestatten[2]). § 128 Abs. 1 und § 136 der Zivilprozeßordnung gelten sinngemäß[3]).

(2) Die Einigungsstelle kann Zeugen und Sachverständige anhören, die freiwillig vor ihr erscheinen[4]). Die Beeidigung von Zeugen oder Sachverständigen oder einer Partei ist nicht zulässig[5]).

(3) Der Vorsitzende kann den anwesenden Personen die Geheimhaltung von Tatsachen, die ihnen durch das Verfahren bekannt werden, zur Pflicht machen[6]).

Anm. 1: Im Gegensatz zum Zivilprozeß (§§ 177ff. GVG) ist das Verfahren bei der Einigungsstelle nicht öffentlich. Da hier vielfach geschäftsinterne Angelegenheiten zur Sprache kommen, an deren Geheimhaltung den Antragstellern im Interesse ihres Geschäftes gelegen sein muß, sieht die Verordnung mit Recht von einer Öffentlichkeit des Verfahrens ab.

Anm. 2: Berechtigtes Interesse ist das nach der Überzeugung des Vorsitzenden vorliegende verständliche Interesse, das sachlich gerechtfertigt erscheint. Der Dritte kann sich auch vertreten lassen. Eine schriftliche Vollmacht ist nicht unbedingt notwendig. Die Vertreter der Aufsichtsbehörde haben auf jeden Fall Zutritt zu den Verhandlungen, nicht jedoch zu den Beratungen.

Anm. 3: § 128 Abs. 1 ZPO lautet:
„Die Verhandlung der Parteien über den Rechtsstreit vor dem erkennenden Gericht ist eine mündliche."

§ 136 ZPO lautet:

„(1) Der Vorsitzende eröffnet und leitet die mündliche Verhandlung.

(2) Er erteilt das Wort und kann es demjenigen, der seinen Anordnungen nicht Folge leistet, entziehen.

(3) Er hat Sorge zu tragen, daß die Sache erschöpfend erörtert und die Verhandlung ohne Unterbrechung zu Ende geführt wird; erforderlichenfalls hat er die Sitzung zur Fortsetzung der Verhandlung sofort zu bestimmen.

(4) Er schließt die Verhandlung, wenn nach Ansicht des Gerichtes die Sache vollständig erörtert ist, und verkündet die Urteile und Beschlüsse des Gerichts."

Beide Vorschriften gelten sinngemäß.

Anm. 4: Die Vernehmung freiwillig erschienener Zeugen und Sachverständigen erfolgt wie im Schiedsgerichtsverfahren (vgl. § 1035 Abs. 1 ZPO).

Anm. 5: Eide und eidesstattliche Versicherungen darf die Einigungsstelle auch dann nicht abnehmen, wenn die Auskunftsperson oder -partei zur Eidesleistung bereit ist. Die Einigungsstelle kann auch nicht das zuständige Gericht zur Abnahme des Eides ersuchen.

Anm. 6: Die Verletzung der Geheimhaltungspflicht kann zivilrechtlich von Bedeutung werden. Strafrechtlich ist die Verletzung nicht geschützt.

§ 7

Ladungsfrist

Zur mündlichen Verhandlung werden die Parteien von dem Vorsitzenden geladen[1]) Die Ladungsfrist beträgt drei Tage; sie kann vom Vorsitzenden abgekürzt oder verlängert werden[2]).

Anm. 1: Die Ladung zum Erscheinen im bestimmten Termin erfolgt also von Amts wegen. Sie muß alle diejenigen Einzelheiten enthalten, die notwendig sind, um die geladenen Parteien über die Herkunft der Ladung und über Ort, Zeit und Gegenstand der Verhandlung zu unterrichten. Entspricht die Ladung nicht dem unbedingt notwendigen Mindestinhalt, so ist sie unwirksam.

Anm. 2: Vgl. § 217 ZPO. Um die Frist abzukürzen oder zu verlängern, bedarf es keines Antrages. Der Vorsitzende bestimmt nach freiem Ermessen, welche Ladungsfrist eingehalten werden soll.

§ 8

Persönliches Erscheinen

(1) Ordnet der Vorsitzende das persönliche Erscheinen der Parteien an, so ist die Ladung der Partei selbst zuzustellen, auch wenn sie einen Vertreter bestellt hat[1]). Die Partei ist auf die Folgen ihres Ausbleibens in der Ladung hinzuweisen[2]).

(2) Ordnungsstrafen nach § 27a Abs. 5 Satz 2 des Gesetzes werden wie Beiträge der Industrie- und Handelskammer eingezogen und beigetrieben[3]). Die eingehenden Beträge verbleiben der geschäftsführenden Kammer.

Anm. 1: Vgl. § 141 Abs. 2 ZPO.

Anm. 2: Vgl. § 141 Abs. 3, § 380 ZPO. Die Ordnungsstrafe kann aber nur festgesetzt werden, wenn die Ladung auf die Folgen des Ausbleibens hingewiesen hat. Eine Umwandlung der Ordnungsstrafe in Haft, falls die Strafe in Geld nicht beigetrieben werden kann, ist nicht möglich.

Anm. 3: Wie die Beiträge der IHK eingezogen und beigetrieben werden, ergibt das jeweilige Ausführungsgesetz zum Bundeskammergesetz.

§ 9

Abstimmung

(1) Die Beschlüsse der Einigungsstelle werden mit Stimmenmehrheit gefaßt; bei Stimmengleichheit gibt der Vorsitzende den Ausschlag[1]).

(2) Die Mitglieder der Einigungsstelle sind verpflichtet, über den Hergang bei der Beratung und Abstimmung Stillschweigen zu bewahren[2]).

Anm. 1: Vgl. § 196 GVG.

Anm. 2: Entsprechend der Amtspflicht der Richter, über den Hergang von Beratung und Abstimmung volles Schweigen zu bewahren, wird auch den Mitgliedern der Einigungsstelle die Schweigepflicht als Rechtspflicht auferlegt. Ihre Verletzung kann zu disziplinarischen Maßnahmen führen (vgl. auch § 3 Abs. 2) und möglicherweise zum Schadensersatz verpflichten.

§ 10

Niederschrift

(1) Über jede Verhandlung ist eine Niederschrift zu fertigen. Sie soll Ort und Tag der Verhandlung, die Bezeichnung der Beteiligten und der bei der Verhandlung mitwirkenden Personen sowie das Ergebnis der Verhandlung enthalten. Zu den Verhandlungen kann ein Schriftführer zugezogen werden[1]).

(2) Die Verhandlungsniederschrift ist vom Vorsitzenden und, sofern ein Schriftführer zugezogen worden ist, auch von diesem zu unterzeichnen[2]).

Anm. 1: Vgl. §§ 159, 160 ZPO.

Anm. 2: Vgl. § 163 Abs. 1 ZPO.

IV. Vergütung und Entschädigung, Kosten des Verfahrens

§ 11

Vergütung und Entschädigung

(1) Die geschäftsführende Kammer kann dem Vorsitzenden der Einigungsstelle eine Vergütung für seine Tätigkeit gewähren[1]). Die Beisitzer erhalten auf Antrag Ersatz ihrer notwendigen Kosten für Fahrt, Unterkunft und Verpflegung[2]).

(2) Zeugen und Sachverständige, die mit Zustimmung der Einigungsstelle erschienen oder angehört worden sind, erhalten von der geschäftsführenden Kammer auf Antrag eine Entschädigung wie die Beisitzer[3]). Zeugen erhalten außerdem auf Antrag eine angemessene Entschädigung für Verdienstausfall, Sachverständige Gebühren nach § 3 des Gesetzes über die Entschädigung von Zeugen und Sachverständigen vom 26. Juli 1957 (Bundesgesetzbl. I S. 902)[4]).

Anm. 1: Die Vergütung entnimmt die geschäftsführende Kammer ihrem Etat. Die Kammer erhält nur Ersatz der nach § 11 Abs. 1 Satz 2 und Abs. 2 entstandenen Auslagen (§ 12 Abs. 2).

Anm. 2: Inwieweit diese Kosten erstattet werden können, ergibt das Gesetz über die Entschädigung der ehrenamtlichen Beisitzer bei den Gerichten (vgl. § 3 und § 4) vom 26. Juli 1957 (BGBl. I S. 900).

Anm. 3: Also Ersatz ihrer notwendigen Kosten für Fahrt, Unterkunft und Verpflegung, wobei darüber hinaus bei Zeugen noch eine angemessene Entschädigung für Verdienstausfall, bei Sachverständigen Gebühren in Betracht kommen können (vgl. Anm. 4).

Anm. 4: Zur angemessenen Entschädigung für Verdienstausfall vgl. § 2 des Gesetzes über die Entschädigung der ehrenamtlichen Beisitzer bei den Gerichten.

§ 3 des Gesetzes über die Entschädigung von Zeugen und Sachverständigen lautet:
„Entschädigung von Sachverständigen

(1) Sachverständige werden für ihre Leistungen entschädigt.

(2) Die Entschädigung ist nach der erforderlichen Zeit zu bemessen. Sie beträgt bis zu 5,— DM, bei Leistungen, die besondere fachliche Kenntnisse erfordern, bis zu 10,— DM für jede Stunde. Die letzte, bereits begonnene Stunde wird voll gerechnet.

(3) Für ein schriftliches Gutachten, in dem der Sachverständige sich für den Einzelfall eingehend mit der wissenschaftlichen Lehre auseinanderzusetzen hat, kann die nach Absatz 2 zu gewährende Entschädigung bis zu 50 v. H. überschritten werden."

§ 12

Kosten des Verfahrens

(1) Für das Verfahren vor der Einigungsstelle werden Gebühren nicht erhoben[1]).

(2) Die nach § 11 Abs. 1 Satz 2 und Abs. 2 entstandenen Auslagen sind der geschäftsführenden Kammer zu ersetzen; sie werden von dem Vorsitzenden festgestellt[2]).

(3) Die Einigungsstelle hat eine gütliche Einigung der Parteien über die durch das Verfahren entstandenen Kosten anzustreben; dies gilt auch dann, wenn eine Einigung in der Sache selbst nicht zustande kommt.

(4) Kommt eine Einigung über die Kosten nicht zustande, entscheidet die Einigungsstelle über die Verteilung der nach Absatz 2 festgestellten Kosten nach billigem Ermessen; im übrigen trägt jede Partei die ihr entstandenen Kosten.

(5) Gegen die Feststellung nach Absatz 2 und gegen eine Entscheidung nach Absatz 4 findet die sofortige Beschwerde nach den Vorschriften der Zivilprozeßordnung an das für den Sitz der Einigungsstelle zuständige Landgericht (Kammer für Handelssachen oder, falls es an einer solchen fehlt, Zivilkammer) statt[3]).

(6) Für die Beitreibung der festgestellten Kosten gilt § 8 Abs. 2 Satz 1[4]).

Anm. 1: Das Verfahren vor der Einigungsstelle ist gebührenfrei, weil einerseits die Beantwortung der der Einigungsstelle unterbreiteten Fragen fast ausnahmslos ganzen Gruppen von Gewerbetreibenden dient, andererseits eine eindeutige Verteilung der Kostenlast, wie sie sich in der Zivilprozeßordnung findet, hier nicht möglich ist.

Anm. 2: Gegen die Festsetzung der Höhe ist die sofortige Beschwerde nach Maßgabe von Absatz 5 gegeben.

Anm. 3: Die sofortige Beschwerde ist in § 577 ZPO geregelt. Vgl. oben S. 330. Die Frage, ob die Länder überhaupt den Beschwerdeweg zu den Zivilgerichten eröffnen können, ist zu bejahen. Ihre Kompetenz ergibt sich aus der im Gesetz enthaltenen wirksamen Ermächtigung (OLG Schleswig in BB 1959 S. 390).

Anm. 4: Die Beitreibung richtet sich also nach dem jeweiligen Ausführungsgesetz zum Bundeskammergesetz.

V. Schlußbestimmungen

§ 13

Die Verordnung tritt am Tage nach ihrer Verkündung in Kraft; gleichzeitig werden aufgehoben:

1. die Verordnung über Einigungsämter für Wettbewerbsstreitigkeiten vom 16. Juli 1932 (GS S. 249).
2. ....

D. Musteranordnung des Reichs- und Preußischen Wirtschaftsministers für die nach § 7b des Gesetzes gegen den unlauteren Wettbewerb von der höheren Verwaltungsbehörde zur Überwachung der Ausverkäufe und ähnlicher Veranstaltungen zu erlassenden Bestimmungen

(Runderlaß vom 19. Oktober 1935, veröffentlicht in MBlWiA S. 293)

Auf Grund des § 7b des Gesetzes gegen den unlauteren Wettbewerb vom 7. Juni 1909 (RGBl. S. 499) in der Fassung des Zweiten Teils der Verordnung des Reichspräsidenten zum Schutze der Wirtschaft vom 9. März 1932 (RGBl. I S. 121) und des Gesetzes zur Änderung des Gesetzes gegen den unlauteren Wettbewerb vom 26. Februar 1935 (RGBl. I S. 311) ordne ich hierdurch nach Anhörung der Industrie- und Handelskammer zu ..... und der Handwerkskammer zu ..... für den ..... Bezirk ..... an, was folgt:

§ 1

Als Ausverkäufe, auch wenn sie im Wege der Versteigerung stattfinden, dürfen in öffentlichen Bekanntmachungen oder Mitteilungen, die für einen größeren Kreis von Personen bestimmt sind, nur solche Veranstaltungen angekündigt werden, die ihren Grund in der Aufgabe

a) des gesamten Geschäftsbetriebes oder
b) des Geschäftsbetriebes einer Zweigniederlassung (selbständige Verkaufsstelle) oder
c) einer einzelnen Warengattung

haben.

Ein Verkauf wegen Aufgabe einer unselbständigen Verkaufsstelle darf nicht als „Ausverkauf" bezeichnet werden.

§ 2

Wer einen Ausverkauf ankündigen will, hat 14 Tage vor der Ankündigung der $\frac{\text{Industrie- und Handelskammer}}{\text{Polizeibehörde}}$ in .... schriftlich in ...facher Ausfertigung

Anzeige über den Grund des Ausverkaufs, den Zeitpunkt seines Beginns und seines voraussichtlichen Endes zu erstatten und ein vollständiges, übersichtlich geordnetes Verzeichnis der auszuverkaufenden Waren in ...facher Ausfertigung einzureichen.

Bei leicht verderblichen Waren oder in sonstigen besonders dringlichen Fällen kann die Anmeldestelle eine Abkürzung der Frist zulassen.

§ 3

Die Anzeige muß die Firma, den Ort der gewerblichen Niederlassung und die genaue Angabe der Räume, in denen der Ausverkauf stattfinden soll, enthalten; sie muß ferner mit Datum versehen und von dem Veranstalter oder einem zeichnungsberechtigten Vertreter unterschrieben sein. Bei nicht in das Handelsregister eingetragenen Gewerbetreibenden ist statt der Firma der Vor- und Zuname des Veranstalters anzugeben.

Soll der Ausverkauf im Wege der Versteigerung durchgeführt werden, so ist dies in der Anzeige anzugeben.

Mit der Anzeige sind der Anmeldestelle die Tatsachen anzuführen und auf ihr Verlangen die Belege beizufügen, aus denen sich ergibt, daß der Grund des Ausverkaufs wahr und ernsthaft gemeint ist.

Werden Berichtigungen oder Ergänzungen der Anzeige oder des Verzeichnisses verlangt, so beginnt der Lauf der in § 2 vorgesehenen Frist mit dem Wiedereingang der Anzeige oder des Verzeichnisses in berichtigter oder vervollständigter Fassung.

§ 4

Das Verzeichnis ist so aufzustellen, daß die Übereinstimmung seiner Angaben mit den tatsächlich zum Verkauf gestellten Waren nachgeprüft werden kann. Die Waren müssen richtig und vollständig nach Art, Stückzahl, Maß oder Gewicht und, soweit erforderlich, unter Angabe der regelmäßigen Verkaufspreise des Veranstalters sowie des Lagerorts aufgeführt werden. Kommissionsware darf in die Ausverkaufsmasse nicht einbezogen werden. In Auftrag gegebene, aber im Zeitpunkt der Anmeldung noch nicht eingetroffene Waren sind im Verzeichnis mit genauer Angabe des Tages der Bestellung und des Abnahmezeitpunktes aufzuführen. Auf Verlangen der Anmeldestelle sind ihr auch die Lieferanten solcher Waren zu benennen. Die Anmeldestelle kann die Berichtigung oder Ergänzung eines den Vorschriften nicht entsprechenden Verzeichnisses verlangen.

§ 5

Die Industrie- und Handelskammer übersendet unverzüglich der zuständigen Polizeibehörde und, wenn erforderlich, auch der Handwerkskammer eine Abschrift der Anzeige und des Verzeichnisses. Ist die Polizeibehörde selbst Anmeldestelle, so hat sie der Industrie- und Handelskammer und, wenn erforderlich, auch der Handwerkskammer Abschrift der Anzeige und des Verzeichnisses zu übersenden.

Zur Nachprüfung der Angaben in der Anzeige und im Verzeichnis sind die von der Industrie- und Handelskammer (der Handwerkskammer) bestellten Vertrauensmänner befugt.

§ 6

Die Dauer der Ausverkäufe darf zwei Monate nicht überschreiten.

In besonders begründeten Ausnahmefällen, in denen diese Frist offenbar nicht ausreicht, kann die zuständige Polizeibehörde nach Anhörung der Industrie- und

Handelskammer, gegebenenfalls der Handwerkskammer, eine Fristverlängerung bewilligen. In diesen Fällen ist eine Woche vor Ablauf der Frist von zwei Monaten ein neues Verzeichnis (§ 4) einzureichen.

§ 7

Veranstaltungen zum Zwecke der Räumung eines bestimmten Warenvorrats (z. B. wegen Aufgabe einer unselbständigen Verkaufsstelle, Brandschaden, Auseinandersetzung, Geschäftsverlegung) dürfen, auch wenn sie im Wege der Versteigerung vorgenommen werden, nur stattfinden, wenn ein von der Verkehrsauffassung als ausreichend anerkannter Grund vorliegt. Der Grund muß im einzelnen Falle die Veranstaltung rechtfertigen.

Die §§ 2—6 finden entsprechend Anwendung, jedoch mit der Maßgabe, daß an die Stelle der Frist von zwei Monaten im § 6 Abs. 1 eine Frist von einem Monat tritt.

§ 8

Verkäufe der in § 1 und § 7 bezeichneten Art, die nicht angemeldet worden sind, oder bei denen der angegebene Grund die Veranstaltung nicht genügend rechtfertigt, können von der Polizeibehörde eingestellt werden. Das gleiche gilt, wenn ein Verstoß gegen das Verbot des Vorschiebens oder Nachschiebens von Waren festgestellt worden ist.

§ 9

Nach Beendigung eines Ausverkaufs (§ 1) ist es dem Geschäftsinhaber, seinem Ehegatten und den nahen Angehörigen beider verboten, den Geschäftsbetrieb oder den Teil davon, dessen Aufgabe angekündigt worden war, fortzusetzen, oder vor dem Ablauf eines Jahres an dem Ort, an dem der Ausverkauf stattgefunden hat, einen Handel mit den davon betroffenen Warengattungen zu eröffnen. Der Fortsetzung des Geschäftsbetriebs oder der Eröffnung eines eigenen Handels steht es gleich, wenn der Geschäftsinhaber, sein Ehegatte oder ein naher Angehöriger beider sich zum Zwecke der Umgehung der Vorschrift des Satzes 1 an dem Geschäft eines anderen mittelbar oder unmittelbar beteiligt oder in diesem tätig wird. Als Geschäftsinhaber gilt auch derjenige, der an einer Handelsgesellschaft mit eigener Rechtspersönlichkeit wirtschaftlich maßgebend beteiligt ist oder auf ihre Geschäftsführung maßgebenden Einfluß hat. Nahe Angehörige sind die Verwandten in auf- und absteigender Linie und die voll- und halbbürtigen Geschwister sowie ihre Ehegatten.

Nach Beginn eines Ausverkaufs ist es auch anderen als den im Abs. 1 genannten Personen verboten, mit Waren aus dem Bestand des von dem Ausverkauf betroffenen Unternehmens den Geschäftsbetrieb in denselben oder in unmittelbar benachbarten Räumen aufzunehmen.

Ist der Verkauf des Warenbestandes einer unselbständigen Verkaufsstelle wegen ihrer Aufgabe gemäß § 7a angekündigt worden, so darf innerhalb eines Jahres nach Beendigung des Verkaufs keine neue Verkaufsstelle desselben Geschäftsbetriebes am gleichen Ort errichtet werden.

Die höhere Verwaltungsbehörde kann nach Anhörung der zuständigen amtlichen Berufsvertretungen von Handel, Handwerk und Industrie Ausnahmen von den Verboten in den Absätzen 1, 2 und 3 gestatten.

VI. Teil

§ 10

Wer den Vorschriften dieser Anordnung zuwiderhandelt oder bei Befolgung der Vorschriften unrichtige Angaben macht, wird unbeschadet der sonstigen Strafbestimmungen des Gesetzes gegen den unlauteren Wettbewerb mit Geldstrafe bis zu 150 RM oder mit Haft bestraft.

§ 11

Diese Anordnung tritt am .... in Kraft. Die Anordnung vom .... wird hierdurch aufgehoben.

VII. Teil

Auslandshandelskammern

A. Entwicklung und Recht der Auslandshandelskammern

Literatur: Steinmann-Bucher, Die Reform des Konsulatswesens aus dem volkswirtschaftlichen Gesichtspunkte, Berlin 1884; Lehmann, Über die Errichtung deutscher Handelskammern im Auslande, Heidelberg 1891; Vosberg-Rekow, Die Reform des deutschen Konsulatswesens und die Errichtung deutscher Handelskammern im Auslande, Berlin 1892; Auslandshandelskammern, Bericht an die Ältesten der Kaufmannschaft von Berlin, erstattet von Cl. Mayer, Berlin 1905; Böhme, Die Auslandskammer in der wirtschaftlichen Zukunft Deutschlands, Dresden 1906; Apt, Außenhandelsamt, Leipzig 1916; Borgius, Die Schaffung eines zentralen Außenhandelsinstituts durch Kartellierung der deutschen Außenhandelsvereine, Berlin 1917; Bankamp, Deutsche Handelskammern im Auslande unter besonderer Berücksichtigung unserer durch den unglücklichen Ausgang des Krieges zusammengebrochenen Volkswirtschaft, Diss. Köln 1926; Leibel, Die Handelskammern im Auslande, Berlin 1930; Klein, Die deutschen Handelskammern im Auslande, Weltwirtschaftl. Arch., 31. Bd. (1930), Heft 1; Pohlmann, Die deutschen Auslandshandelskammern, Bank-Archiv, 35. Jhg. (1935), S. 45ff.; v. Napolski, Erfahrungen in der Auslandshandelskammerarbeit, Heft 14 der Schriftenreihe des DIHT, Bonn o. J. (1951); Dieckmann, Deutsche Auslandshandelskammern, Heft 15 der Schriftenreihe des DIHT, Bonn o. J. (1952); Scheffer, Internationale Selbstverwaltung der Wirtschaft, Diss. Frankfurt (Main) 1956; Handbuch der Auslandshandelskammern, herausgegeben vom DIHT (mit eingehender Bibliographie), Bonn 1958.

1. Zur historischen Entwicklung

Die Gründung von Handelskammern im Ausland hat erst wesentlich später eingesetzt als diejenige von Inlandshandelskammern. Als erste Handelskammern im Ausland dürfen die in den Jahren 1861 und 1866 in Hongkong und Yokohama errichteten Kammern anzusehen sein, die die Engländer ins Leben riefen. Sehr schnell folgten eine belgisch-amerikanische in New York (1867), eine österreichische in Konstantinopel (1870) und eine weitere englische Handelskammer in Paris (1872). Sieht man von der österreichischen Kammer in Konstantinopel ab, so beruhten die Gründungen dieser AHKn lediglich auf der Initiative der Kaufleute an den Plätzen, an denen die Kammern errichtet wurden.

Die weitere Gründung von AHKn nahm in der Folgezeit keinen wesentlichen Fortgang. Erst als die französische Regierung im Jahre 1883 daran ging, planmäßig AHKn zu gründen und zu subventionieren, um die Ausfuhr Frankreichs mit allen Mitteln zu heben, wurde das Netz der AHKn schnell erweitert. Das gilt nicht nur für die französischen Kammern im Ausland, die im Jahre 1905 auf 29 Kammern angestiegen waren, sondern auch für die Gründung von AHKn der übrigen Staaten, die nunmehr dem Beispiel Frankreichs folgten. So gründete Belgien Kammern in London und Paris (1890), England in Konstantinopel (1888) und in Tunis (1899), Griechenland eine Kammer in Konstantinopel (1891) und Italien Kammern in Buenos Aires, Konstantinopel und Tunis (1884) sowie in London, Paris und New York (1886 und 1887). Auch die Niederlande, Österreich-Ungarn und Spanien machten bis zum Jahre 1900 eine größere Zahl derartiger Körperschaften im Ausland zu Stützpunkten ihres Handels in fremden Staaten (instruktiv die Zusammenstellung bei Mayer S. 61ff.).

Beachtenswert ist, daß es daneben einige Kammern gab, die aus dem Zusammenschluß von Kaufleuten sehr verschiedener Nationalität zu einer Vereinigung entstanden waren, die die Wahrung der gesamten kaufmännischen Interessen an einem Ort oder im ganzen Land gegenüber der dortigen Regierung bezweckte und nicht allein die Wahrung der Interessen eines einzigen Staates und seiner Auslandskaufleute. Das gilt z. B. für die Kammern in Kairo, Kanton, Havanna, Lima und Manila, die in den Jahren bis 1903 entstanden sind und im gewissen Sinne als internationale Handelskammern betrachtet werden konnten.

Der großzügige Ausbau, den die französischen AHKn seit dem Jahre 1883 erfahren hatten, nahm eine sehr unterschiedliche Entwicklung. Um die Errichtung der AHKn zu begründen, verwies die französische Regierung darauf, daß „die Kammern alle Kräfte, über welche unsere den Handelsgeist Frankreichs im Ausland vertretenden Mitbürger verfügen, im Kampf gegen die fremde Konkurrenz vereinigen". Auch sei ein anderer Vorteil, daß die französischen Kaufleute viel von den Aufschlüssen erwarten könnten, die ihnen durch die AHKn zuteil würden. Eine solche Vereinigung von Männern, die durch die Ausübung ihrer verschiedenen Berufe die vollständige Kenntnis der betreffenden Märkte erlangt hätten, könnten sie als die sicherste und ergiebigste Auskunftsquelle betrachten.

Von dieser Zweckbestimmung der Kammern ausgehend, arbeitete die von der französischen Regierung ins Leben gerufene Kommission ein Musterstatut aus, das vor allem eine Rivalität zwischen den Konsuln und den neu zu gründenden Kammern ausschalten sollte. So wurden die Kammern den Konsuln teils beigeordnet, teils untergeordnet, ähnlich der Lage im Mutterland, wo die Präfekten Ehrenpräsidenten der Handelskammern ihres Departements waren.

Die auf dieser Grundlage errichteten Kammern, die staatliche Subventionen erhalten sollten, konnten jedoch nur teilweise fortbestehen. Insgesamt erhielten im Jahre 1890 von 30 Kammern nur sechzehn Kammern eine staatliche finanzielle Unterstützung, während die übrigen AHKn mit den größten Schwierigkeiten zu kämpfen hatten. Später wurde die Unterstützung erheblich erhöht und damit die Unterhaltung der vorhandenen und die Gründung neuer Kammern im Ausland ermöglicht.

Obgleich die AHKn finanziell von der französischen Regierung abhängig waren, konnten sie ihre Tätigkeit ziemlich frei entfalten. Ihre Statuten sahen kaum eine Bestimmung vor, die die finanzielle Abhängigkeit zum Ausdruck brachte. In der Regel konnten nur Franzosen stimmberechtigte Mitglieder der Kammern werden, so daß ein Handeln gegen französische nationale Interessen nicht in Betracht kam. Im übrigen hätte die Regierung jederzeit die Möglichkeit gehabt, ihren Wünschen Geltung zu verschaffen, indem sie den Kammern die Subventionen entzog.

In ihrer Verfassung waren die französischen AHKn ziemlich einheitlich. Es bestanden Ausschüsse von 9 bis 25 Mitgliedern, die grundsätzlich nur aus Franzosen bestehen durften und jährlich zwischen einem Fünftel bis zur Hälfte zu ergänzen waren. Sie führten die Geschäfte und wählten die ehrenamtlich tätigen Beamten der Kammern, die auch dem Ausschuß als Mitglieder angehörten. Einmal jährlich fand eine Generalversammlung statt, die sich aus den stimmberechtigten Mitgliedern, in der Regel am Ort der Kammer tätigen Personen zusammensetzte. Daneben fanden sich membres adhérents oder associés, Mitglieder, die kein Stimmrecht besaßen, aber berechtigt waren, die Einrichtungen und Dienste der Kammern in Anspruch zu nehmen. Schließlich gab es noch korrespondierende oder Ehrenmitglieder, die ernannt wurden, weil sie der Kammer in ihrer Tätigkeit durch Berichte nützlich sein konnten, oder die sich besondere Verdienste um die Kammer erworben hatten. Neben den Kammern wirkten an verschiedenen Plätzen Lokalkomitees, d. h. Unterabteilungen der Kammern, die deren Tätigkeit zu unterstützen hatten und den am Platze oder in der Umgebung des Platzes befindlichen Kaufleuten behilflich waren.

Dem französischen Typ der AHKn, dem später der englisch-amerikanisch-belgische Typ gegenüberzustellen sein wird, entsprachen auch die AHKn, die Griechenland, Italien, Rußland, Spanien und teilweise Österreich errichteten. So wurden z. B. die beiden griechischen Kammern, die 1891 in Konstantinopel und 1901 in Alexandria gegründet worden waren, nach französischem Vorbild organisiert und subventioniert. Das gleiche gilt für die wesentlich zahlreicheren italienischen Kammern, die seit dem Jahre 1884 sowohl in europäischen Ländern als auch in Nord- und Südamerika sowie in Afrika und Asien ins Leben gerufen wurden. Sie erhielten anfangs recht erhebliche, später, als sie finanziell etwas selbständiger waren, wieder verringerte Unterstützungen, die das Verhältnis zu ihrer Regierung ähnlich gestalteten, wie bei den französischen Kammern. Auch bei ihnen ist ein „spezifisch nationaler Charakter durch die Bestimmungen für die Mitgliederzulassung" (Mayer S. 48) zu verzeichnen. Ebenso hatten sie statutengemäß ihre Jahresbilanz und den Haushaltsvoranschlag dem zuständigen Ministerium einzureichen.

Rußland hatte zwei Kammern, eine in Paris und eine in Alexandria, 1900 und 1903 errichtet, während Spanien mit sechs AHKn vertreten war, deren Gründung auf der Initiative spanischer Kaufleute beruhte, die aber später ebenfalls durch die Gewährung von Subventionen unter den Einfluß der spanischen Regierung gerieten (Mayer S. 51).

Österreich-Ungarn schließlich war derjenige Staat, der als erster eine Auslandshandelskammer in Europa ins Leben rief, nämlich 1870 in Konstantinopel. Diese bildete zunächst eine Abteilung des Konsulats, erhielt aber später den Rang eines selbständigen Organs. Der Gründung in Konstantinopel folgte eine Reihe weiterer Gründungen in Alexandria (1885), Paris (1887), London (1893) und Melbourne (1903). Die hier errichteten Kammern behielten ihre Bedeutung bei, während Kammern in Beirut, Damaskus und Saloniki bald nach ihrer Errichtung wieder eingingen.

Die österreichischen Kammern hatten keinen einheitlichen Charakter; ihre Abhängigkeit von der heimatlichen Regierung oder der Konsulatsvertretung war sehr verschieden gestaltet. Auch bezüglich der Mitgliedschaft bestand im Gegensatz zu den sonstigen Kammern des französischen Typs eine andere Auffsasung, die sich teilweise in sehr liberalen Bedingungen äußerte (vgl. im einzelnen Mayer S. 34ff.).

Dem französischen Typ der AHKn stand als Gegensatz der englisch-amerikanisch-belgische Typ gegenüber. Bei diesem Typ ruht die Kammer völlig auf der freiwilligen Mitarbeit und Opferbereitschaft der Mitglieder. Die Tatsache, daß Subventionen der heimatlichen Regierung nicht in Frage kamen, hatte zur Folge, daß die Beiträge der Mitglieder der Kammer verhältnismäßig hoch sein mußten. Im allgemeinen begegnete dies in Anbetracht der Bedeutung und Leistungsfähigkeit der angehörenden Firmen keinen Schwierigkeiten. Aus dem Zwang, leistungsfähige Firmen zu gewinnen, ergab sich aber auch, daß die Aufnahmebedingungen großzügiger sein mußten und die Mitglieder z. B. nicht die Nationalität des Landes zu haben brauchten, dessen Wirtschaft die Kammer in erster Linie vertreten sollte. Der nationale Charakter der Kammern wurde in diesem Falle dadurch gewahrt, daß ein bestimmter Majoritätsbruchteil der Mitglieder derjenigen Nation angehören mußte, als deren Auslandshandelskammer die Institution in Erscheinung trat. Eine Ausnahme machten nur die englischen Kammern, die, obwohl sie sonst einen sehr liberalen und unabhängigen Charakter besaßen, in Hinsicht der Mitglieder einer strengeren Auffassung entsprachen und nur solche Gewerbetreibenden als Mitglieder aufnahmen, die englischer Nationalität waren oder Interessen englischer Firmen vertraten.

An englischen Handelskammern im Ausland fanden sich ursprünglich außer den bereits genannten Kammern noch AHKn in Alexandria und Shanghai sowie in Genua (1904) und Cannes (Nizza). Ihnen folgten in späteren Jahren weitere Gründungen, wobei zu berücksichtigen ist, daß die englischen wirtschaftlichen Verbindungen besonders auch durch die über die ganze Welt verbreiteten über 200 Handelskammern in den Kolonien und abhängigen Gebieten aufrechterhalten und gefördert wurden.

Die Bestimmung, daß zu den englischen AHKn grundsätzlich nur Engländer oder Vertreter englischer Firmen zugelassen wurden, hat keine sehr restriktive Wirkung gehabt. Es scheint, daß sehr viele Fremde als Vertreter englischer Firmen die Möglichkeit hatten, Mitglieder der englischen AHKn zu werden, so daß im Grunde genommen die Absicht der Bestimmung, dem Engländertum das Übergewicht zu bewahren, nicht das Ziel erreichte. Die größte Bedeutung unter diesen englischen Kammern dürfte die Kammer in Paris gehabt haben, die ein Mittelpunkt der Propaganda für den Freihandel war und bei ihrer Tätigkeit nicht nur in Frankreich, sondern auch im Mutterland das größte Ansehen genoß.

Amerikanische Handelskammern im Ausland sind im Gegensatz zu anderen Ländern verhältnismäßig spät gegründet worden. Die erste Kammer wurde in Paris (1894), zwei weitere wurden in Brüssel (1898) und Berlin (1903) errichtet. Nicht sicher ist, ob seinerzeit noch AHKn in Shanghai und Sydney bestanden haben.

Die Kammer in Paris wies große Ähnlichkeit mit der dortigen britischen AHK auf. Als Vertretung der Handelsinteressen der amerikanischen Kolonie und Wirtschaftskreise in Paris stand sie in enger Verbindung mit der Vertretung der amerikanischen Regierung, deren einzelne Mitglieder Ehrenmitglieder der Kammer waren. Die Beziehungen zum Heimatland hatte sie dadurch befestigt, daß ihr die Präsidenten von 46 Handelskammern und etwa 60 große Firmen in den Vereinigten Staaten als Ehrenmitglieder oder Mitglieder angehörten. Ihre Statuten gestatteten ihr ferner, als Mitglieder bis zu einem Drittel der Gesamtzahl französische Firmen aufzunehmen. Die Kammer hat es verstanden, auf dieser Basis mit den französischen Behörden und Wirtschaftskreisen in beste Beziehungen zu treten und eine bedeutende Wirksamkeit zu entfalten.

Auch die Berliner amerikanische Handelskammer bot in bezug auf ihre Entwicklung, ihre Organisation und ihr Verhältnis zu den deutschen Behörden und Kreisen der Berliner Wirtschaft ein interessantes Beispiel. Sie entstand auf Initiative amerikanischer Geschäftsleute, die lediglich in dem amerikanischen Generalkonsul einen Rückhalt fanden. Bei ihrer Gründung umfaßte sie 100 Mitglieder. Mit der Abfassung ihrer Statuten versuchte die Kammer nicht, ihre Eintragung in das Vereinsregister zu erreichen. Man vermied auch, den amerikanischen diplomatischen oder konsularischen Vertretern im Rahmen der Kammer eine offizielle Stellung zu geben, weil dies nicht zweckmäßig erschien. Das Interesse deutscher Kreise wurde dadurch zu wecken versucht, daß die Möglichkeit, Deutsche als Mitglieder aufzunehmen, sehr weitgehend gestaltet wurde, obgleich der amerikanische Charakter der Kammer durchaus gewahrt blieb. Die Leitung nahm ein Kollegium von 15 Direktoren wahr, das zu zwei Dritteln aus Amerikanern bestand. Der Präsident mußte amerikanischer Nationalität sein. Der Zweck der Kammer war nach den Statuten dahin bestimmt, daß die Kammer Fragen prüfen sollte, die die Beziehungen des Handels und der Industrie zwischen den Vereinigten Staaten und dem Deutschen Reich betreffen, und daß sie die zwischen den Personen und Firmen beider Länder bestehenden Interessen schützen und alle Maßnahmen treffen sollte, die zur Erleichterung und zum Schutze der geschäftlichen Tätigkeit beider Teile geeignet erschienen. Schließlich sollte sie Informationen über die Handelsinteressen sammeln, um dadurch die geschäftliche Tätigkeit der Mitglieder zu erleichtern.

2. Die Entwicklung der deutschen Auslandshandelskammern

Die Entwicklung der deutschen AHKn hat sehr zögernd eingesetzt. Ob deutsche Handelskammern im Ausland zu errichten seien, wurde zuerst in den Verhandlungen des Deutschen Handelstages im Dezember 1881 erörtert. Ein Jahr danach setzte sich die Handelskammer in Leipzig in ihrem Jahresbericht für die Gründung von AHKn ein, damit diese den Konsuln in wirtschaftlichen Fragen zur Seite stehen könnten. Das Verdienst, die Frage in erster Linie zu tiefgehenden Erörterungen geführt und die öffentliche Aufmerksamkeit auf die Frage hingelenkt zu haben, kommt jedoch der Handelskammer in Mannheim zu, die im Jahre 1888 eine Eingabe an das Reichsamt des Innern richtete. In dieser Eingabe verwies die Kammer darauf, daß die Errichtung von AHKn notwendig sei, weil sie eine wichtige Ergänzung des Konsulatswesens bilden würden. Auch seien die AHKn geeignet, das Gefühl der Zugehörigkeit der Deutschen im Ausland zu dem Mutterland zu stärken und eine gute Schule für Anwärter des Konsulardienstes sowie für Verwaltungsbeamte im In- und Ausland zu bilden. Die Mannheimer Kammer sandte diese Eingabe auch an sämtliche deutschen Handelskammern und brachte sie in den Verhandlungen des Badischen Handelstages von 1889 zur Sprache.

Mitte Februar desselben Jahres wurde die Frage auf der Tagung des Deutschen Handelstages erörtert und ein Antrag angenommen, daß der Deutsche Handelstag die Entstehung von deutschen Interessenvertretungen für Handel und Industrie im Ausland sowie die wohlwollende Unterstützung derartiger Organe von Seiten der verbündeten Regierungen begrüßen würde. Diesem mit großer Majorität angenommenen Antrag stand allerdings eine nicht unerhebliche Minderheit ablehnend gegenüber, an deren Spitze sich Kammern befanden, die als Vertreter der großen Exportfirmen in dem Zustandekommen von AHKn eine Einbuße der geschäftlichen Wirksamkeit ihrer Mitglieder befürchteten.

Trotz dieses Beschlusses des Handelstages wurde die Errichtung von AHKn nicht weiter gefördert. Erst auf Grund eines Antrages im Reichstag vom 5. Dezember 1899 wurde die Frage wieder stärker in Fluß gebracht und das allgemeine Interesse und Verständnis für das Problem erneut geweckt. Weitere Eingaben an den Reichstag folgten, der die Bedeutung der Anträge durch Überweisung an die Budget-Kommission anerkannte, jedoch in seiner Meinung über den Nutzen der Gründung von AHKn nicht einheitlich war. Insbesondere nahm auch die Regierung in ihrer offiziellen Stellungnahme zu der Frage einen völlig ablehnenden Standpunkt ein.

Trotz dieser Ablehnung, die Wünsche der Wirtschaft in bezug auf die Gründung von AHKn zu unterstützen, blieb das Problem in der Schwebe. Im April 1900 beschäftigte sich der Deutsche Handelstag wiederum mit dem Antrag aus dem Jahre 1889 und setzte sich nochmals für den früheren Antrag ein. Hierbei verstärkte sich der allgemeine Eindruck, daß die Anhänger der AHKn an Zahl zugenommen hatten, daß jedoch andererseits einflußreiche und große Kammern noch immer einen ablehnenden Standpunkt einnahmen. Im März 1901 beschäftigte sich der Reichstag erneut mit einer Resolution, wonach ein größerer Betrag zur Vorbereitung der Errichtung von AHKn in den Etat des Auswärtigen Amtes eingesetzt werden sollte. Sie führte in der Folge dazu, daß Mittel bereitgestellt wurden, den deutschen Konsuln im Ausland zur Unterstützung in wirtschaftlichen Angelegenheiten einen aus deutschen Kaufleuten gebildeten Sachverständigen-Beirat zur Seite zu stellen, wo ein Bedürfnis dafür bestand. Damit hatte sich aber das Ergebnis der Resolution von ihrer ursprünglichen Absicht erheblich entfernt. Aus einer freien, gleichgeordneten und selbständig handelnden Körperschaft war nunmehr ein Beirat geworden, der dem Konsul untergeordnet sein sollte und der eine eigene Initiative nach Lage der Sache nicht entfalten konnte.

Die Gründe, die die Vorstöße zur Schaffung von deutschen AHKn immer wieder zum Scheitern brachten, waren nicht völlig gegenstandslos. Man glaubte, daß die Stellung der Kammern zu den Konsuln zu Schwierigkeiten führen könnte. Insbesondere war die Regierung der Ansicht, daß die Tätigkeit der Konsuln vollkommen ausreiche. Man glaubte ferner, daß die Interessen der AHKn und die Interessen der Nationen, innerhalb deren Gebiet sie errichtet werden sollten, gegensätzlich sein könnten; insbesondere hielt man es für möglich, daß die deutschen Kaufleute im Ausland im Gegensatz zu den englischen Kaufleuten nicht den Ausfuhrinteressen des Vaterlandes dienen würden, da sie Waren bevorzugen könnten, die sie ohne Rücksicht auf ihren nationalen Ursprung am besten und billigsten beziehen könnten. Ein Zusammenschluß könnte auch leicht den Widerstand der einheimischen Kaufleute wachrufen. Schließlich wurde besonders geltend gemacht, daß eine AHK dazu beitragen könne, den bestehenden Handel zu schädigen und schwache und unerfahrene Firmen durch Auskünfte zu gewagten Geschäften zu veranlassen. Zudem seien Auskünfte von Person zu Person wesentlich besser als Auskünfte, die über eine AHK eingezogen würden. Auch sei nicht anzunehmen, daß Kaufleute im Ausland geneigt seien, ihre Erkenntnisse und praktischen Erfahrungen der AHK zur Verfügung zu stellen, um damit ihren Konkurrenten behilflich zu sein.

Die einzigen deutschen Kammern im Ausland, die während dieser Zeit gegründet wurden, waren die Kammern in Brüssel und in Bukarest (1894 und 1902), die beide im Jahre 1906 wieder aufgelöst wurden. Sie konnten sich aus den Beiträgen ihrer Mitglieder nicht erhalten. So kam es, daß im Jahre 1906 keine einzige deutsche AHK bestand, während in der gleichen Zeit zahlreiche französische, italienische, niederländische, spanische, österreichische, britische und belgische AHKn eine wirksame Tätigkeit entfalteten. Erst 1912 ist wieder die Gründung einer neuen deutschen AHK zu verzeichnen, nämlich der deutsch-schweizerischen AHK in Genf, deren Sitz später nach Zürich verlegt wurde (Dieckmann S. 28).

Durch den Ausbruch des ersten Weltkrieges zeigten sich die Versäumnisse auf dem Gebiet des Außenhandels besonders deutlich. Die Existenz der deutschen Kaufleute im neutralen Ausland war plötzlich auf das Äußerste bedroht, ohne daß Organisationen bestanden, die ihnen einen Rückhalt bieten konnten. Diese Situation brachte zustande, was die vielfachen Bemühungen um die Errichtung von deutschen AHKn in der Vergangenheit nicht erreicht hatten. Im Jahre 1916 wurden deutsche AHKn in Barcelona, Batavia, Buenos Aires, Rio de Janeiro und Valparaiso gegründet, die nicht nur eine Unterstützung der Stellung der deutschen Kaufleute im neutralen Ausland, sondern auch eine wirksame Hilfe bei der Förderung des deutschen Handels während des Weltkrieges boten.

Von welcher Bedeutung die Reichsregierung nunmehr die Gründung von deutschen AHKn ansah, geht aus der Tatsache hervor, daß sie im Jahre 1918 eine Versammlung von Vertretern zuständiger deutscher Stellen im Ausland einberief, um die Errichtung weiterer deutscher Kammern im Ausland zu erörtern (Dieckmann a. a. O.). Man war sich jetzt darüber einig, daß die Bedenken, die früher einmal in bezug auf die AHKn bestanden hatten, gegenstandslos geworden waren und daß die Errichtung der AHKn im allgemeinen Interesse liegen würde. Diese Anschauung blieb auch über das Ende des ersten Weltkrieges hinaus maßgebend und führte zu einer starken Aufwärtsentwicklung der deutschen Kammern, die nunmehr um Organisationen in Budapest, Havanna, Canton, Mailand, Mexiko, Port au Prince, Shanghai, Tientsin, Tokio und Tsingtau erweitert wurden.

Im Jahre 1924 fand auf Veranlassung des DIHT eine erste größere Zusammenkunft der AHKn in Berlin statt, auf der insgesamt 25 deutsche AHKn vertreten waren. Auf dieser Tagung wurde besonders betont, daß sich die Zusammenarbeit der deutschen AHKn mit den Vertretern der Regierungen im Ausland in voller Freiheit abspielen müsse und nicht zu einer Abhängigkeit der AHKn von politischen Instanzen führen dürfe. Gleichzeitig wurde gefordert, daß die Zusammenarbeit der AHKn mit dem DIHT enger zu gestalten sei.

Eine zweite Tagung der AHKn fand 1927 in Hamburg statt, bei der die AHKn durch eine Änderung der Satzung des DIHT die Möglichkeit erhielten, dem DIHT als außerordentliche, nicht stimmberechtigte Mitglieder beizutreten (Dieckmann S. 32). Gleichzeitig wurde beschlossen, daß der DIHT neue Organisationen als AHKn nur im Einvernehmen mit den damals bestehenden Vertretungen der AHKn, der Arbeitsgemeinschaft der deutschen kontinentalen AHKn, der Geschäftsstelle der deutschen Handelskammern in den latein-amerikanischen Ländern und dem Ostasiatischen Verein anerkennen solle. Der Bearbeitung dieser und ähnlicher Fragen diente ein Ausschuß des DIHT, der sich aus Mitgliedern des Präsidiums des DIHT und der bestehenden Vertretungen der AHKn zusammensetzte. Durch die Einsetzung des Ausschusses wurde die Selbständigkeit aller dieser Organisationen in keiner Weise berührt (vgl. im einzelnen Dieckmann S. 34).

Eine finanzielle Unterstützung der deutschen Kammern im Ausland wurde auch jetzt nicht für zweckmäßig gehalten. Ausnahmen in bezug auf finanzielle Beihilfen sollten nur dann zugelassen sein, wenn diese die Abgeltung außergewöhnlicher Arbeiten darstellten. Derartige Ausnahmen sollten jedoch sorgfältig geprüft werden.

Nach der „Übernahme der Macht“ durch den Nationalsozialismus wurde die Frage der Organisation und Anerkennung der AHKn im Jahre 1934 dem Außenhandelsrat vorgelegt, einer Einrichtung, die das Auswärtige Amt und das Reichswirtschaftsministerium gebildet hatten. Er äußerte seine Meinung dahin, daß die deutschen AHKn einer gewissen Beaufsichtigung bedürften und die Bildung neuer AHKn in Zukunft unmöglich sein müsse, wenn nicht die zuständigen Stellen die Bildung billigten. Allerdings sah auch der Außenhandelsrat ein, daß die AHKn nicht in amtliche oder halbamtliche Stellen umzuwandeln seien (Dieckmann S. 36). Schließlich stellte der Rat neue Grundsätze für die Organisation und Anerkennung der AHKn auf.

Im Jahre 1934 fand in Berlin die letzte Tagung der deutschen AHKn vor dem zweiten Weltkrieg statt. Auf dieser Tagung wurde erneut die Bedeutung der AHKn festgestellt und ihre Aufgabe unterstrichen, zur Förderung des gegenseitigen Verständnisses und zur Klarstellung gemeinsamer Interessen der beteiligten Völker beizutragen. Auf bestimmten Gebieten hätten sie die amtlichen Stellen zur Förderung des Exports zu entlasten und durch ihre Erfahrungen dazu beizutragen, daß die Handelsverträge und Vereinbarungen den wirklichen Bedürfnissen der Geschäftswelt und überhaupt des Handels zwischen den beteiligten Staaten entsprächen (Dieckmann S. 36).

Die Prüfung der Anträge auf Anerkennung von AHKn wurde im Jahre 1937 durch einen gemeinsamen Erlaß des Auswärtigen Amtes und des Reichswirtschaftsministeriums wieder wie früher auf einen Ausschuß für AHKn bei der Arbeitsgemeinschaft der IHKn in der Reichswirtschaftskammer übertragen.

Durch den zweiten Weltkrieg wurden die deutschen AHKn, die im Jahre 1939 insgesamt 36 Körperschaften umfaßt hatten (siehe die Aufstellung bei Dieckmann S. 37), in Mitleidenschaft gezogen. Nur wenige Kammern blieben übrig; neue AHKn wurden in den ersten Jahren nach 1945 kaum gegründet. Im Laufe der Zeit ist hier ein Wandel eingetreten und die Zahl der AHKn wieder erheblich gestiegen. Sie umfaßt heute einen Kreis von 25 Organisationen, der voraussichtlich in den nächsten Jahren einen weiteren Ausbau erfahren wird.

3. Organisation, Rechtsstellung und Finanzierung*)

Die deutschen AHKn sind im Gegensatz zu den öffentlich-rechtlichen IHKn keine Pflichtkörperschaften, sondern „freie Zusammenschlüsse von Kaufleuten und Firmen im Ausland" (Handbuch S. 11). Mit Recht betont Dieckmann S. 38, daß sie von Anfang an strukturell dem englisch-amerikanischen Typus zuzurechnen waren. Sie sind private Selbstverwaltungskörper der Wirtschaft, die auch organisationsmäßig völlig frei gestaltet werden können.

Hinsichtlich der Leitung und Geschäftsführung sind drei Arten von AHKn zu unterscheiden: solche AHKn, in denen Leitung und Geschäftsführung ausschließlich aus Personen deutscher Nationalität oder gleichgestellten Personen bestehen, ferner solche, deren Leitung aus Angehörigen der beiden interessierten Länder gebildet, die Geschäftsführung dagegen rein deutsch ist und schließlich solche, bei denen Leitung und Geschäftsführung gemischt sind (Frentzel-Jäkel, Einführung S. 29, 30). Zum ersten Typus gehören die AHKn in Chile (Santiago) und Spanien (Madrid), zum zweiten Typus die überwiegende Zahl der jetzt bestehenden deutschen AHKn, insgesamt 19 Kammern, zur dritten Art nur vier Kammern, zu denen als bedeutendste die Offizielle deutsch-französische Handelskammer in Paris zu rechnen ist.

Regelmäßig werden die Statuten der AHKn**) außer der Sitzbestimmung und der Aufgabenstellung nähere Bestimmungen über den Zutritt zur Kammer, die Mitgliedschaft und die Organe der AHK enthalten. Während bei großen Kammern neben der Mitgliederversammlung ein Präsidium und ein Verwaltungsrat amtieren, kann bei kleineren AHKn auf einen Verwaltungsrat verzichtet werden. Wie das Präsidium oder

*) Vgl. besonders Dieckmann, Deutsche Auslandshandelskammern, S. 38ff.; Handbuch der Auslandshandelskammern, S. 11ff.

**) Vgl. im einzelnen von Napolski, Erfahrungen in der Auslandshandelskammer — Arbeit, S. 12ff.

der Vorstand bei der einzelnen AHK zusammengesetzt ist, in welchem Verhältnis deutsche und ausländische Mitglieder beteiligt sind, ist ländermäßig sehr verschieden. Wo in den Statuten ein Gleichgewicht zwischen dem deutschen und dem ausländischen Einfluß festgelegt ist, kann praktisch von einer „paritätischen" AHK gesprochen werden (Handbuch S. 14). In solchen AHKn wird z. B. abwechselnd ein Deutscher und ein Ausländer zum Präsidenten gewählt, während als Geschäftsführer ein Deutscher und ein Ausländer gleichberechtigt nebeneinander tätig sind.

Bezüglich der Statuten weist von Napolski S. 13 mit Recht darauf hin, daß die Umschreibung des Zwecks der Kammer regelmäßig erhebliche Schwierigkeiten machen werde. Eine ausführliche Aufzählung sei wenig zweckmäßig, eine zu allgemein gehaltene Umschreibung zu wenig werbend. In aller Regel sollte jedoch eine befriedigende Lösung darin gesehen werden, daß als Aufgabe der AHK die Entwicklung der Wirtschaftsbeziehungen zwischen den in Rede stehenden Staaten bezeichnet wird, die mit allen geeigneten Mitteln, insbesondere auch durch die Schaffung von Einrichtungen jeder Art, zu fördern sei (so z. B. das Statut der deutsch-französischen AHK).

Eine zweite Frage ist, welchen Umfang der Vorstand haben soll (von Napolski S. 13, 14). Das Bedürfnis wird regelmäßig dahin gehen, einen möglichst großen Vorstand zu bilden, um alle Vertreter der wichtigsten Wirtschaftszweige in ihm zu vereinigen. Ein solcher Vorstand ist jedoch sehr schwerfällig. Ein Weg, diesen Nachteil zu vermeiden, liegt darin, bei einem vielgliedrigen Vorstand einen geschäftsführenden Ausschuß zu bilden, der die laufende Verwaltung erledigt, grundsätzliche Fragen jedoch dem gesamten Vorstand vorlegt. Eine andere Lösung ist, einen umfangreicheren Verwaltungsrat einzusetzen, der aus seiner Mitte ein sich nur aus wenigen Mitgliedern zusammensetzendes Präsidium bildet.

Andere Fragen der Organisation können die Bildung von Fachausschüssen und die Gründung von örtlichen Ausschüssen oder von Nebenstellen der AHK darstellen. Wie ein Überblick über die Organisation der deutschen AHKn ergibt, sind Nebenstellen, Zweigstellen oder Geschäftsstellen sowohl in räumlich großen als auch in kleineren Ländern recht häufig (Ägypten, Belgien, Brasilien, Italien, Niederlande, Schweden, Spanien und Südafrika). Sie haben dort, wo eine gewisse Dezentralisation einem echten Bedürfnis entspricht, ihre Berechtigung, werden aber stets zu Überlegungen wegen der finanziellen Belastung herausfordern (von Napolski a. a. O.).

Die Rechtsstellung und rechtliche Struktur der AHKn richtet sich nach den Möglichkeiten der Gesetzgebung desjenigen Landes, auf dessen Gebiet die Kammer errichtet wird. Während früher auch die Form einer Handelsgesellschaft oder einer Genossenschaft gewählt wurde, dürfte gegenwärtig die Regel sein, daß die AHKn entsprechend den Gesetzen des Gastlandes die Form eines rechtsfähigen Vereins annehmen (Dieckmann S. 11, 12). Sie haben aber keinen öffentlich-rechtlichen Status, üben insbesondere auch keine hoheitlichen Funktionen aus und besitzen keinen Behördencharakter. Mit Recht weist Scheffer S. 138ff. auf die Tatsache hin, daß nur der privaten Selbstverwaltung der Wirtschaft eine Überschreitung der Landesgrenzen ohne Schwierigkeiten möglich ist und daß sie höchstens noch ungebundener als auf nationaler Ebene ist. Ob allerdings im gegenwärtigen Zeitpunkt auf internationaler Ebene nur eine rein private Selbstverwaltung der Wirtschaft denkbar ist, wie Scheffer S. 138, 139 meint, oder auch eine Selbstverwaltung unter Einwirkungs- und Beteiligungsmöglichkeiten der beiderseitigen staatlichen Regierungen, erscheint mir im Hinblick auf die Gründung der Offiziellen deutsch-französischen AHK immerhin zweifelhaft.

Die geschilderte Rechtslage soll im übrigen nicht besagen, daß die AHKn in jeder Beziehung nichts weiter als private Organisationen darstellen. Sowohl ihre Aufgaben als auch ihre Verbindungen zu Regierungsstellen und Spitzenorganisationen der Wirtschaft lassen erkennen, daß sie in weiten Bereichen ihrer Tätigkeit öffentliche Aufgaben erfüllen, die ihnen in ihrem Wirkungskreis eine gewisse Sonderstellung geben. Schon daß sie sich „Handelskammer" nennen dürfen, beweist ihren Sondercharakter gegenüber rein privaten Verbänden, die sich ebenfalls mit Wirtschafts- oder Exportförderung befassen. Regelmäßig handelt es sich bei den AHKn um „anerkannte" AHKn, denen die Anerkennung durch den DIHT als federführendem Mitglied des Arbeitskreises Auslandshandelskammern ausgesprochen worden ist (Handbuch S. 14). Zu diesem Arbeitskreis gehören Spitzenorganisationen der deutschen Wirtschaft sowie Vertreter des Auswärtigen Amtes, des Bundeswirtschaftsministers und der Bundesstelle für Außenhandelsinformation. Er spricht die Anerkennung auf Grund von Richtlinien aus, die er selbst aufgestellt hat (Handbuch a. a. O.), und gibt den AHKn damit eine „amtliche" Bestätigung ihrer Aufgabenstellung und Entfaltungsmöglichkeiten.

Entsprechend ihrer Organisation und Rechtsform geschieht auch die Finanzierung der AHKn auf rein privater Basis. Diese Art der Finanzierung hat der Arbeitskreis AHKn ausdrücklich als Grundsatz aufgestellt. Die Quellen, aus denen das Aufkommen gespeist wird, sind in erster Linie die Beiträge der in- und ausländischen Mitglieder und die Gebühren für Leistungen zugunsten von Nichtmitgliedern (Handbuch S. 15; vgl. die Gebührenordnung unten S. 356). Möglich ist auch, daß die AHKn Kosten erstattet erhalten, die sie im allgemeinen Interesse der deutschen Außenwirtschaft aufgewendet haben (Handbuch a. a. O.). Ob ein System der rein privaten Finanzierung auch dann beibehalten werden kann, wenn sich konjunkturelle Rückschläge ergeben, ist eine Frage, die besondere Beachtung verdient (vgl. hierzu von Napolski S. 17ff.). Eine zusätzliche Finanzierung erfolgte früher in geeigneten Fällen aus einem besonderen Außenhandelskammerfonds, der aus Mitteln der Arbeitsgemeinschaft Industrie- und Handelskammern bei der Reichswirtschaftskammer gespeist wurde.

Die Größe des Etats der AHKn ist ländermäßig sehr verschieden; dementsprechend weichen auch die personellen und materiellen Ausstattungen der Kammern stark voneinander ab. Große AHKn haben 1000 bis über 2000 Mitglieder, mittlere zwischen 300 und 600, kleine Kammern etwa 200 bis 300 Mitglieder (Handbuch S. 16, 17). Die Entwicklung der einzelnen AHK kann dazu führen, daß sie sich von einer mittleren zu einer großen oder von einer kleinen zu einer mittleren Kammer erweitert.

4. Zur Aufgabenstellung der AHKn

Die Aufgabenstellung der AHKn hat gegenüber derjenigen der IHKn einen geringeren Umfang; sie besitzt auch eine andere Thematik. Die Aufgabenstellung betrifft allein die Förderung der gegenseitigen Handelsbeziehungen zwischen der Wirtschaft des Bundesgebietes und der Wirtschaft des Landes, in dem die AHK errichtet ist (Handbuch S. 19). Der Einfachheit der Aufgabenstellung entspricht jedoch nicht eine ebensolche Einfachheit in der Durchführung der Aufgabe. Hier werden vielmehr so verschiedenartige Einzelfragen erkennbar, daß sich die Tätigkeit der AHK in der Praxis auf eine außerordentlich große Zahl von Bereichen (z. B. Handelspolitik, Recht der Wirtschaft, Steuern, Zollwesen usw.) erstrecken muß.

A. Entwicklung der AHKn

Um den Handel allgemein zu fördern, ist zunächst notwendig, daß die AHKn für die Bereitschaft der Wirtschaftskreise des Partnerlandes wirken, überhaupt mit der Wirtschaft des Bundesgebietes in Verbindung zu treten. Das ist eine Aufgabe, die nicht nur auf rein wirtschaftlicher Ebene liegt, sondern auf die kulturelle Ebene übergreift. Die Mittel, die notwendige Aufgeschlossenheit hinsichtlich der Anbahnung von Handelsbeziehungen zu erzeugen, sind mannigfaltig. Sie reichen von Vorträgen, Filmvorführungen, Studienreisen und Presseveröffentlichungen bis zur Beteiligung und Mitwirkung an Messen und Ausstellungen (Handbuch S. 20). Vor allem die Mitwirkung an Messen und Ausstellungen ist ein ausgezeichnetes Mittel, die Aufnahme und Anknüpfung wirtschaftlicher Beziehungen in die Wege zu leiten. Aber auch eine sonstige umfangreiche Bildungs- und Aufklärungsarbeit und die Herausgabe von Zeitschriften und laufendem Material, das sich mit Fragen des Auslandshandels befaßt, vermag in weiten Kreisen Interesse zu wecken.

Bestehen bereits Handels- und Wirtschaftsbeziehungen im größeren Unfang, so wird das Schwergewicht der Tätigkeit der AHK auf Auskünften, Ratschlägen und Dienstleistungen verschiedener Art liegen, die den exportierenden und importierenden Firmen im Rahmen des Auslandsgeschäftsverkehrs gewährt werden. Sie beziehen sich im einzelnen auf Adressenmaterial, wirtschaftliche Verhältnisse und die Marktlage in den einzelnen Staaten ebenso wie auf Zoll- und handelspolitische Gesetze, auf die Kreditwürdigkeit von Firmen und die Vermittlung von Vertretern (Dieckmann S. 48*). Einen größeren Raum nahmen dabei die Auskünfte über Einfuhrbestimmungen (Importlizenzen), zolltarifliche Gestaltungen, Investitionsmöglichkeiten und Werbungsfragen sowie über Absatzverhältnisse und Inkassomöglichkeiten ein. Auf dem Gebiet der Inkassotätigkeit scheinen die AHKn häufig eine besonders fruchtbare Betätigung zu finden.

Unter die juristischen Aufgaben der AHK fällt in erster Linie die beratende Tätigkeit in Fragen des allgemeinen Handelsrechts, das das Recht der Handelsvertreter einschließt**), die Tätigkeit in Fragen des Niederlassungs- und Steuerrechts sowie in Fragen des Devisen-, Wettbewerbs-, Warenzeichen- und Urheberrechts***). Daneben nehmen die AHKn eine vermittelnde Tätigkeit bei Streitigkeiten zwischen deutschen und ausländischen Firmen vor, wobei unter Umständen schiedsgerichtliche Entscheidungen auf Grund eigener Schiedsgerichtsordnungen der AHKn in Frage kommen. Beispiele für Schiedsgerichtsordnungen der AHKn bietet das Handbuch der Auslandshandelskammern S. 31—41, das die Schiedsgerichtsordnungen der deutsch-griechischen Handelskammer, der deutsch-schwedischen Handelskammer und der Handelskammer Deutschland-Schweiz enthält.

Die Dienstleistungen, die für die Tätigkeit der AHKn typisch sind, werden vielfach von Dienstleistungen begleitet, die auf Grund wechselnder Anforderungen des Wirtschaftslebens notwendig werden. Neue Aufgaben können an die AHKn herantreten, die bisher völlig im Hintergrund gestanden haben, oder alte Aufgaben gegenstandslos werden, die jahrelang einen besonders großen Teil der Aufgaben der AHK ausgemacht haben. Es ist deshalb für die AHK wsentlich, beweglich zu sein und sich auf kom-

*) Eine sehr instruktive Übersicht über die möglichen Fragen bietet eine Durchsicht des Außenwirtschaftsdienstes des Betriebsberaters (seit 1954/55), dessen Aufsätze und Informationen über das Wirtschafts-, Steuer- und Zollrecht eine Fülle von Problemen berühren.

**) Dieses Recht richtet sich teilweise nach Musterverträgen der AHKn.

***) Vgl. Meyer-Marsilius, Juristische Aufgaben der deutschen Auslandshandelskammern, AWD 5. Jhg. (1959), S. 168ff.

mende Entwicklungen einzustellen wie auch zu erkennen, wann die Ergebnisse einer Tätigkeit den Aufwand nicht oder nicht mehr lohnen (von Napolski S. 31ff.).

Neben der Förderung der Handelsbeziehungen im einzelnen Fall obliegt der AHK auch die Förderung des Handels im allgemeinen, d. h. die Unterstützung des Handelsverkehrs durch Eingaben, Berichte und gutachtliche Äußerungen an Regierungsstellen und Spitzenorganisationen der Wirtschaft usw. Diese Dienste im Bereich der Handelspolitik können vor allem bei Verhandlungen über Handelsverträge von großem Nutzen sein (von Napolski S. 34ff.). Eine derartige Tätigkeit wird auf den Berichten über die allgemeine Marktlage in den verschiedenen Branchen, auf Statistiken und sonstigen Untersuchungen, vor allem aber auch auf den Materialien in den Wirtschaftsarchiven der einzelnen AHK aufbauen können. Besonders die laufende Verfolgung der wirtschaftlichen Veröffentlichungen des Gastlandes wird die AHK in die Lage versetzen, aus den vielen Einzelangaben ein verläßliches Gesamtbild zu gewinnen (von Napolski S. 37).

Die Festlegung der Richtlinien in der Handelspolitik ist Angelegenheit des Staates. Es wäre jedoch verfehlt, anzunehmen, daß die Festlegung die AHKn nichts anginge, sondern daß lediglich die Auswirkungen der Handelspolitik in den Gedankenkreis der AHKn gehörten. Die Förderung der Handels- und Wirtschaftsbeziehungen verlangt auch schon im Stadium der ersten Überlegungen über die einzuschlagende Richtung die Mitarbeit der AHK. In welcher Form und auf welcher Ebene die AHK mitarbeitet, wird im einzelnen Fall zu klären sein (vgl. von Napolski S. 38ff.). In der Regel werden die Vorstände oder Geschäftsführer der AHKn als Sachverständige eingeschaltet werden, oder zum mindestens Gelegenheit haben, die Auffassung der AHK durch Berichte oder Gutachten an die Regierung zur Geltung zu bringen.

Eine letzte Frage ist die Stellung der AHK zur amtlichen Vertretung der Bundesrepublik in demjenigen Staat, auf dessen Territorium die AHK ihre Tätigkeit entfaltet. Wohl alle Botschaften, Gesandtschaften und Konsulate der Bundesrepublik haben Abteilungen, die sich der Wirtschaftsbeziehungen zwischen dem Gaststaat und der Bundesrepublik annehmen. Die Aufgaben dieser Abteilungen können sich dabei mit den Aufgaben der AHKn überschneiden. Möglich ist allerdings auch, daß eine Trennung der Aufgaben vorgenommen wird, so daß Rivalitäten vermieden werden.

Im allgemeinen wird man davon ausgehen können, daß die Schwerpunkte der Tätigkeit der beiden Institutionen verschieden liegen. Während die Aufgabe der AHKn in erster Linie in der Belebung und Förderung des Geschäftsverkehrs „von Firma zu Firma" liegt, wird die amtliche Vertretung ihr Augenmerk vornehmlich auf die dem Wirtschaftsverkehr überzuordnende Handelspolitik legen, zu der auch die Durchführung von Vereinbarungen über den beiderseitigen Handel gehört. Die Aufgaben der AHK beziehen sich also mehr auf den einzelnen Fall, die Aufgaben der amtlichen Vertretung mehr auf das gemeinsame Ganze.

Daß hierbei eine vollkommen reine und klare Scheidung der beiderseitigen Zuständigkeiten erreichbar ist, läßt sich allerdings nicht feststellen. Es ist selbstverständlich, daß Überlegungen über die einzuschlagende Handelspolitik und über die Durchführung von Handelsvereinbarungen auch Informationen über die wirtschaftlichen Bedürfnisse voraussetzen und daß die Wirtschaftsabteilung einer Botschaft deshalb Wert darauf legen muß, einen unmittelbaren Einblick in das Wirtschaftsgeschehen des Gastlandes zu erhalten. Ein solcher unmittelbarer Einblick ist aber nur dann möglich, wenn sich die amtliche Vertretung in die allgemeine Handelspflege und Handelsförderung einschaltet und direkte Verbindungen zur Wirtschaft des Gastlandes, insbesondere auch zu ihren Spitzenorganisationen unterhält. Andererseits kann sie als amtliche Vertretung nicht jedes Einzelanliegen verfolgen, sondern muß und wird dort, wo im einzelnen Fall die Anbahnung von Geschäftsbeziehungen ohne Berührung mit der Handelspolitik in Rede steht, der AHK den Vortritt lassen. Überhaupt wird die Arbeitsteilung zwischen der AHK und der Wirtschaftsabteilung darauf hinauslaufen, daß die reine Exportförderung, z. B. der Bezugsquellennachweis, die Einzelauskunft, die Eintreibung von Forderungen und ähnliche Fragen, Sache der AHK ist, während alle Angelegenheiten der Handelspolitik, der Durchführung von Vereinbarungen, der Erstattung von Berichten über Gesetzgebung und Wirtschaftspolitik an die die Handelspolitik bestimmenden Regierungsstellen vornehmlich der Wirtschaftsabteilung der amtlichen Vertretungen obliegen (von Napolski S. 48). Das hindert nicht, wie schon oben gesagt, daß sich auch die AHK mit übergeordneten Fragen befaßt und ihre Anregungen und Wünsche an die offizielle Vertretung oder an Regierungsstellen heranträgt, letzteres gegebenenfalls im Benehmen mit der amtlichen Vertretung. Es scheint, daß auf dieser Grundlage zwischen den Wirtschaftsabteilungen und den AHKn eine Zusammenarbeit praktiziert werden kann, die die Wirtschaftsinteressen der deutschen Unternehmen in jeder Hinsicht zu fördern geeignet ist.

B. Übersicht über die bestehenden deutschen Auslandshandelskammern

Gegenwärtig sind Auslandshandelskammern in folgenden Ländern anerkannt*):

Ägypten:	Deutsch-Ägyptische Handelskammer, Le Caire mit den Zweigstellen in Alexandria und Port Said
Argentinien:	Deutsch-Argentinische Handelskammer, Buenos Aires
Belgien:	Deutsch-Belgisch-Luxemburgische Handelskammer, Brüssel, mit einem Büro in Köln und einer Zweigstelle in Antwerpen
Bolivien:	Deutsch-Bolivianische Industrie- und Handelskammer, La Paz
Brasilien:	Deutsch-Brasilianische Handelskammer in São Paulo, São Paulo, mit der Zweigstelle: Deutsch-Brasilianische Handelskammer in Curitiba, Curitiba Est. do Paraná, und den Außenstellen: Deutsch-Brasilianische Handelskammer Außenstelle Blumenau, Blumenau, Est. do Sta. Catarina, Deutsch-Brasilianische Handelskammer Außenstelle Goiânia, Goiânia, Estado Goiás, und Deutsch-Brasilianische Handelskammer Außenstelle Joinville, Joinville/Est. de Sta. Caterina
	Deutsch-Brasilianische Handelskammer in Rio de Janeiro, Rio de Janeiro mit den Zweigstellen:
	Deutsch-Brasilianische Handelskammer in São Salvador, Est. de Bahia
	Deutsch-Brasilianische Handelskammer, Recife, Est. de Pernambuco
	Deutsch-Brasilianische Handelskammer, Belo Horizonte, Est. de Minas Gerais

*) Vgl. die vom DIHT im August 1957 herausgegebene Schrift: Anerkannte Auslandshandelskammern, die auch die Anschriften der Büros und die Namen der Leiter und Geschäftsführer enthält.

	Deutsch-Brasilianische Handelskammer in Rio Grande do Sul, Porto Alegre, Est. Rio Grande do Sul
Chile:	Deutsch-Chilenische Handelskammer, Santiago
Cuba:	Cubanisch-Deutsche Handelskammer, La Habana
Frankreich:	Offizielle Deutsch-Französische Handelskammer, Paris
Griechenland:	Deutsch-Griechische Handelskammer, Athen
Indien:	Deutsch-Indische Handelskammer, Bombay
Italien:	Deutsch-Italienische Handelskammer, Mailand mit einer Geschäftsstelle in Rom
Mecixo:	Mexikanisch-Deutsche Handelskammer, Mexico
Niederlande:	Deutsch-Niederländische Handelskammer, Den Haag, mit den Bezirkskammern: Nordrhein-Westfalen in Düsseldorf Frankfurt/Main in Frankfurt/Main Nordwestdeutschland in Hamburg Bayern in München Südwestdeutschland in Stuttgart
Österreich:	Deutsche Handelskammer, Wien
Paraguay:	Deutsch-Paraguayische Handelskammer, Asunçion
Portugal:	Deutsche Handelskammer in Portugal, Lissabon
Schweden:	Deutsch-Schwedische Handelskammer in Schweden, Stockholm
Schweiz:	Handelskammer Deutschland-Schweiz, Zürich
Spanien:	Deutsche Handelskammer für Spanien, Madrid, mit einer Zweigstelle in Barcelona
Südafrika:	Deutsch-Südafrikanische Handelskammer, Johannisburg, mit einer Nebenstelle in Durban
Uruguay:	Camara de Comercio Uruguayo-Alemana, Montevideo
USA:	United States-German Chamber of Commerce, Inc., New York
Venezuela:	Deutsch-Venezolanische Handelskammer, Carácas

C. Gebührenordnung der deutsch-ausländischen Handelskammern (Auslandshandelskammern) *)

Gebilligt von den Spitzenorganisationen der deutschen Wirtschaft

Vorbemerkungen grundsätzlicher Art

Die deutsch-ausländischen Handelskammern sind freie privatwirtschaftliche Vereinigungen. Sie finanzieren sich selbst.

Mitglieder zahlen Jahresbeiträge, die bei den einzelnen Kammern verschieden hoch sind, und erwerben sich damit das Recht auf kostenlose Beratung und Unterstützung durch die Kammer. Unterlagen für die Anmeldung als Mitglied werden jederzeit gerne abgegeben.

Werden die Kammern für Nichtmitglieder im Bundesgebiet tätig, so wird dafür im Regelfalle eine Gebühr erhoben, und zwar auch dann, wenn eine Dienstleistung der

*) Einige AHKn wenden eigene Gebührenordnungen an, die von den gebilligten Sätzen abweichen.

Kammer nicht zu dem vom Auftraggeber gewünschten Erfolg führte. Ebenso ist eine Gebühr grundsätzlich geschuldet, wenn eine Industrie- und Handelskammer oder ein Wirtschaftsverband in Deutschland eine Anfrage einer deutschen Firma, die nur diese Firma betrifft, an die Auslandshandelskammer weiterleitet.

Von den in Übersee und in teuren europäischen Ländern ansässigen Auslandskammern können Zuschläge zu den nachstehenden Gebührensätzen erhoben werden:

Mindestgebührensätze

1. Einfache Auskünfte über volkswirtschaftliche, wirtschaftsrechtliche, verfahrensrechtliche und kommerzielle Tatbestände, mindestens . . . DM 10,—
2. Anschriften von Firmen im Partnerland, mindestens . . . . DM 10,—
   Erfordern Anschriftenlisten besondere Mitteilungen bzw. einen größeren Arbeitsaufwand, so kann der Mindestsatz dem Zeitaufwand entsprechend erhöht werden.
3. Handelsauskünfte über Personen und Firmen je nach Zeitaufwand und Umfang, mindestens . . . . DM 10,—
4. Bescheinigungen, Abschriften, Übersetzungen usw., je nach Zeitaufwand mindestens . . . . DM 10,—
5. Vertretervermittlung zugunsten deutscher Firmen, sofern in Frage kommende Vertreter individuell vermittelt werden und die Kammer in der Lage ist, sich über die Eignung der benannten Vertreter zu äußern, mindestens . . . . DM 50,—
6. Eingehende Auskünfte, z. B. ausführliche Berichte über Absatzmöglichkeiten, Absatzorganisation, Werbung oder über wirtschaftsrechtliche Fragen, mindestens . . . . DM 25,—
7. Vermittlung bei Streitigkeiten, Inkasso überfälliger Forderungen, Ermittlung von Sachverständigen, mindestens . . . . DM 20,—
   Bei diesen Dingen wird neben dem Zeitaufwand der Objektwert angemessen berücksichtigt. Das Gleiche gilt für die Tätigkeit des Schiedsgerichts einer Kammer.

Sonstiges

Für mündliche Beratungen über Fragen des Geschäftsverkehrs mit Deutschland durch den Geschäftsführer oder den Rechtsberater der Kammer werden die für Wirtschaftsberater und Rechtsanwälte üblichen Sätze berechnet.

Entstehen der Kammer besondere Auslagen, wie Telefon- und Telegrammspesen, Kosten für Formulare und dergleichen, so werden diese zusätzlich berechnet.

Für Antworten, in denen von den Auslandshandelskammern ein Tätigwerden abgelehnt wird, erfolgt keine Gebührenerhebung.

In Fällen, in denen die Mindestgebühr von DM 10,— offensichtlich eine zu hohe Forderung darstellen würde, wird eine bloße Schreibgebühr von DM 3,— erhoben.

Kommt nach den vorstehenden Richtlinien eine verhältnismäßig hohe Gebührenerhebung in Frage, wird der Betrag der anfragenden Firmen in der Bundesrepublik durch kurze Benachrichtigung im voraus mitgeteilt.

Sachregister

(Die Zahlen bedeuten die Seiten)

A

Abberufung des Präsidenten (eines Präsidiumsmitgliedes) 122, 123
Abgrenzung bei Mischbetrieben 27, 80ff.
Abschreibungsmittel 258
Allgemeine Geschäftsbedingungen und Handelsbrauch 176
Altpreußische Landesteile, Kammerrecht der — 4
Älterleute (in Bremen) 13
Amerikanische Besatzungszone, Recht der IHKn der — 22, 23
Amtsenthebung von Organen der IHK 151
Amtshilfe der Gemeinden 104ff., 165, 223, 226, 229, 233
Anerkennung von AHKn 350, 352
Anhörung der Kammerzugehörigen 168
Anlagen und Einrichtungen der IHKn 17, 26, 28, 54
Anleihen, Aufnahme von — 258
Anweisung, aufsichtsrechtliche — 147, 148ff.
Anweisungsbefugnis 258
Apotheken 98
Arbeiterkammerpark, österreichischer — 294
Arbeitnehmerkammern (Arbeitskammern) 287ff., 291ff., 302ff., 317ff.
Arbeitsgemeinschaft der IHKn in der Reichswirtschaftskammer 18, 20, 350
Arbeitsrechtliche Interessen, Verbot der Wahrnehmung der — 26, 69
Archive 26, 54
Aufbewahrung der Bücher und Belege 267
Aufbringung der Kosten der IHKn 91ff.
Aufgaben der IHKn 25ff., 48ff.
Aufhebung früheren Rechts 158ff.
Aufhebungsrecht, aufsichtsbehördliches — 147, 149, 150, 160
Auflage, aufsichtsrechtliche — 148, 149, 164
Auflösung der IHK 142, 151, 152, 161, 162, 212, 214, 217, 223, 226, 228, 231, 233
Aufsichts- und Genehmigungsbehörden 164, 211, 214, 217, 220, 223, 226, 228, 231, 233, 237
Aufsichtsmittel 144, 146ff., 164
Aufsicht über die Handelskammern (IHKn) 9, 18, 30, 140ff., 240
Aufsichtsrat der Rechnungsprüfungsstelle 242
Aufstellung des ordentlichen Haushaltsplans 255, 256
— des Nachtragshaushaltsplans 256
— des außerordentlichen Haushaltsplans 256
Auftragsangelegenheiten 28, 30, 49, 50, 67ff., 141, 143
Aufwandsentschädigung der Vollversammlungsmitglieder 119
Ausbilder, Förderung der — 56
Ausbildungsberuf(e) 56
—, anerkannte 59, 61
Ausbildungssysteme 56
Ausführung des Haushaltsplans 256ff.
Ausgleichung der wirtschaftlichen Interessen 20, 25, 50, 51
Auslandshandelskammern (AHKn) 343ff.
—, deutsche 347ff.
—, Liste der deutschen — 355, 356
Ausnahmen von der Kammerzugehörigkeit 27, 78ff.
Ausschluß der Öffentlichkeit (bei Prüfungen) 63
Außenhandelsrat 349
Außenhandelsstellen 26, 54
Außerordentliche Haushaltsausgaben 254
— Haushaltseinnahmen 253
— (r) Haushaltsplan 253, 256
Außerplanmäßige Haushaltsausgaben 254
— Haushaltseinnahmen 253
Ausverkäufe, Musteranordnung über — 339ff.

Ausverkaufsanzeige 339, 340
— -verzeichnis 339, 340
Ausverkaufswesen, Beteiligung der IHKn am — 68, 339ff.
Auswärtiges Amt 349, 350
Auszahlungsanordnungen 258
Auszahlungstag 264
Automaten als Betriebsstätte oder Verkaufsstelle 75, 76
Autonomie der Universität 52, 53
— privater Verbände 52, 53
Autorität der IHKn 72

B

Baden, Entwicklung des Kammerrechts in — 12, 21
Baden-Württemberg, IHK-Recht in — 211ff.
Baufonds 258
Bayern, IHK-Recht in — 11ff., 22, 214ff.
Beamte der IHKn 20, 90, 91
Beanstandung (aufsichtsrechtliche) 147ff., 164
Begriffserläuterungen zur HKRO 253, 254
Behörde, Begriff der — 51, 90
Beirat (an Stelle Vollversammlung) 137,
Beisitzer (bei Einigungsstellen) 327, 334 335
Beiträge, Erhebung der — 28, 91ff., 94ff.
Beiträgeerhebungsgesetz 18, 19, 95, 105, 212, 229, 240
Beiträgegesetz 93, 159
Beitragserhebung, Ausnahmen von der — 94ff., 97ff.
—, einheitliche Regelung der — 18, 19
Beitragskonten 262
Beitragsordnung 28, 30, 91ff.
Beitragspflicht(ige) 18, 72, 77
Beitreibung der Beiträge 103ff., 212, 223, 226, 229, 233
Beliehene Verbände 172
Bemessungszeitraum (für Beiträge) 97
Benachbarte Kammern 10
Beratung der Behörden 51ff.
Bergbaubetriebe 6
Bergrechtliche Gewerkschaften 73
Berlin, Entwicklung des Kammerrechts in — 23
—, Geltung des Bundeskammergesetzes in — 31, 170, 217ff.
Berufsausbildung als Aufgabe der IHK 26, 54ff.
Berufsausbildungsausschuß 26, 29, 54, 132ff., 167, 168
Berufsausbildungsgesetz, Berliner — 58, 217
Berufsausübung im Einzelhandel, Gesetz über die — 56, 81, 103
Berufsbilder 55
—, Anerkennung der — 55
Berufsschulen, kaufmännische — 26, 29, 54
Bescheinigungen im Wirtschaftsverkehr 66, 67
Beseitigung der Rechtszersplitterung nach 1945 25
Besetzung Deutschlands 21
Besoldung von IHK-Beamten 90
Bestätigung der Vollstreckbarkeit 19
Bestandsbücher (Inventarbücher) 263
Betriebsarbeiterräte 288
Betriebsmittelrücklage 256, 257
Betriebsrätegesetz 288
Betriebsstätte 27, 72ff.
Betriebsverfassungsgesetz 290
Bevollmächtigte, besonders bestellte — 113, 114, 116
Bewertung von Prüfungsleistungen 65
Bezeichnung: IHK 47, 48
Bezirksabgrenzung der IHKn 10, 163, 164, 168
Bezirksausschuß 182
Bezirksdirektionen der IHK der DDR 24
Bezirksgremien, bayerische — 12
Bezirkswirtschaftskammern 31, 33
Bezirkswirtschaftsräte 288
Bibliotheken 26, 54
Börsen 26, 54, 68, 101, 102
— -aufsicht 182ff.
— -haushalt 184
Bremen, Entwicklung des Kammerrechts in — 13, 22, 23
—, IHK-Recht in — 168, 169, 220ff.
Bremische Arbeitnehmerkammern 291ff., 302ff.
— Beitragseinziehungsverordnung zum Arbeitnehmerkammergesetz 313ff.
Bremische Wirtschaftskammer 290, 291
—(s) Wirtschaftskammergesetz 294ff.
— —, Erste DVO zum — 298ff.
Britische Besatzungszone, IHK-Recht der — 21, 22
Bruttoprinzip 109, 146, 255
Buchführung der IHK 261ff.

Bundesstelle für Außenhandelsinformation 352
Bundeswirtschaftsrat 31ff., 290

C

Centralstelle für Handel und Gewerbe in Württemberg 17
Chambers of commerce 22
Chambre(s) de commerce 47
— in Hamburg 14
Collegium seniorum in Bremen 13, 221

D

Deckungsfähigkeit, gegenseitige — 257
Deputation für Handel und Schiffahrt in Hamburg 15
Detaillistenkammer in Hamburg 15
Deutsche Demokratische Republik, IHK der — 24
Deutscher Gewerkschaftsbund 31, 290
Deutscher Handelstag 17, 347, 348
Deutscher Industrie- und Handelstag (DIHT) 18, 194, 241ff., 247, 349, 355
Dienstherrnfähigkeit 90, 212, 215, 219, 224, 236, 292
Dienstsiegelführung 167, 215, 219, 221, 235
Durchschreibeverfahren 262

E

Ehrenamt, Ehrenamtlichkeit, 119, 120
— (bei Prüfungsausschüssen) 61
Ehrengerichte, Ehrengerichtsbarkeit der IHK 52ff.
Eigenbetriebe 27, 95, 96
Ein Ehrbarer Kaufmann (in Hamburg) 14, 15
Einberufung der Vollversammlung 125ff.
Einführung in das Recht der IHKn 1ff.
Einigungsstellen für Wettbewerbsstreitigkeiten 52, 68, 89, 323ff.
—, Abstimmung bei den — 337
—, Anrufung der — 325, 326
—, Anträge bei den — 335
Einigungsstellenverordnung (Musterentwurf) 331, 333ff.
Einigungsverhandlung (bei Wettbewerbsstreitigkeiten) 335, 336
Einigungsvorschlag (bei Wettbewerbsstreitigkeiten) 330
Einmalige Haushaltsausgaben 254
Einnahmelisten 262
Einnahmen, nicht ordentliche — 253
Einsprüche gegen die Heranziehing zum Beitrag 19
Ein- und Ausfuhrfragen 49
Einzahlungstag 263
Einzelhandelskaufmann, Ausbildung eines Lehrlings beim — 56
Einzelhandelsvertretung 11
Einziehung der Beiträge 9, 19, 21, 103ff.
Eisenbahnunternehmen 74
Emissionskonsortien 73
Energieversorgungsunternehmen, keine Betriebsstätte von — 74
Englisch-amerikanisch-belgischer Typ der AHKn 345
Entlastung, Erteilung der — 11, 28, 110, 111, 266, 267
Entschädigung für Zeugen und Sachverständige 337, 338
Entwicklungstendenzen der Gegenwart 31ff.
Erbengemeinschaften 73
Ergänzungshandel der Handwerker 80
Erhebung der Beiträge durch die Gemeinden 19
Erhebungszeitraum (der Gewerbesteuer) 77
Errichtung von IHKn 161ff., 211, 222, 225, 228
Ersatzbeschlußfassungsrecht 147, 217
Ersatzvornahme 150, 151, 164
Erscheinungszwang (bei Einigungsstellen) 329, 337
Erziehungsbeihilfen 69
Etatswahrheit, Grundsatz der — 109, 146
Europäische Wirtschaftsgemeinschaft 35
Europarat 35

F

Facharbeiterbrief 56, 66
Fachgruppen 18
Fachliche Wahlgruppen 10
Fachliches Weisungsrecht (der OWG) 20
Fachschulen 50, 101
Fach- und Erziehungsziele, einheitliche — 55
Fachuntergruppen 18

Feststellungsverfahren (bei Handelsbräuchen) 176ff.
Feuersozietäten 73
Finanzaufsicht 146
Finanzgebarung, sparsame und wirtschaftliche — 28, 92ff.
Finanzwirtschaft der Kammern 9, 239ff.
Firmenverwechslungsgefahr 193
Förderung der Berliner Wirtschaft, Gesetz zur — 26, 66, 67
Förderung der gewerblichen Wirtschaft 26, 54
Formularverkauf 262
Fortdauernde Haushaltsausgaben 253
Frankreich, Entwicklung des Kammerwesens in — 1ff.
Französisch besetzte Zone, IHK-Recht der — 21
Französischer Typ der IHKn 343ff.
Freie Berufe 27, 78, 79
Freie Wahl des Arbeitsplatzes 55
Freihandelszone 35
Freiwillige Gerichtsbarkeit, Gesetz über die — 26, 180ff.
Freiwillige Zugehörigkeit zur IHK 72, 85, 86
Führergrundsatz 18
Funktionsnachfolger, IHKn als — 24

G

Ganzheitstheorie 81
Gauwirtschaftskammer-Aufbau-Verordnung (GWKAV) 19, 240
Gauwirtschaftskammer-Beitragsverordnung 19
Gauwirtschaftskammergesetzgebung 18ff.
Gauwirtschaftskammern 19, 20, 238, 324
Gauwirtschaftskammer Berlin 23
— **Schleswig-Holstein** 22
Gebührenanstalten 85
Gebührenerhebung 102, 103
Gebührenordnung der AHKn 356, 357
— der Börse 184
— der IHKn 28, 30, 91, 102, 103, 156, 157
Gegenwartsbesteuerung 97
Geheimhaltungspflicht bei Prüfungen 63
Gehilfenbrief 56, 66
Gemeinsamer Markt 35
Gemischte Betriebe 27, 80ff.
Genossenschaften, landwirtschaftliche 20, 27, 83ff.
Gesamtabschluß des Rechnungsjahres 283
Gesamtbelange der Wirtschaft 20, 50, 51
Gesamtgutsverhältnisse unter Ehegatten 73
Gesamtinteresse der Gewerbetreibenden 25, 34, 48, 50ff.
Geschäftsstellen der IHK 256
Geschäftsjahr der IHK 91. 92
Gesetzgebungskompetenz der Länder 160, 161
Gesetz gegen Wettbewerbsbeschränkungen 53, 54, 186
Gesetzmäßigkeitskontrolle 141
Gesetz über die Handelskammern, preußisches — 6ff.
Gesetz zu Art. 131 GG 24, 90, 91
Gewerbebegriff 77
Gewerbebetrieb im Umherziehen 76
Gewerbekammer in Bremen 13, 14
— in Hamburg 15, 16
— in Lübeck 16
Gewerbekommission (in Bremen) 14
Gewerbekonvent (in Bremen) 13
Gewerbesteuer-Durchführungsverordnung 1955 77
Gewerbesteuergesetz, preußisches — (von 1891) 8
Gewerbesteuergesetz 1957 77
Gewerbesteuermeßbetrag 30, 95
Gewerbesteuer-Richtlinien 1958 77
Gewerbe- und Handelskammern, bayerische — 12
Gewerbevereine, württembergische — 17
Gewerbliche Niederlassung 27, 72, 73, 74
Gewerkschaften 25, 31, 132, 133, 167, 213, 215, 218, 220, 223, 227, 229, 303, 305, 306, 316
Gründungskonsortien 73
Gründungsprüfung bei Aktiengesellschaften 200ff.
Grundbeiträge, Grundbeitragserhebung 19, 28, 94ff.
Grundeigentum, Erwerb von — 258
—, dingliche Belastung von — 258
—, Veräußerung von — 258
Gubernative Organe 51
Gütlicher Ausgleich (bei Wettbewerbsstreitigkeiten) 330

H

Haftungsfragen 131
Hamburg, Entwicklung der Kammerrechts in — 14, 21, 22, 169, 170

Hamburger Verfassung von 1860 14
Hamburg, IHK-Recht in — 234ff.
Handelsbräuche 49, 51, 172ff.
—, Feststellung von — 172ff., 176ff.
—, Gutachten über — 51, 173, 178ff.
— und Gesetz 175
—, Wesen der — 174
Handelsgesellschaften als Kammerzugehörige 72
Handelsgremien, bayerische — 12
Handelshochschulen 54
Handels-, Industrie- und Gewerberäte, bayerische — 12
Handelskammer Bremen 22, 31, 168, 169
Handelskammergesetz, badisches von (1878) 12, 13
—, bremisches (von 1894) 13
—, hamburgisches (von 1880) 14; (von 1919) 15
—, preußisches (von 1870) 6ff.
Handelskammer Hamburg 31, 169, 170
Handelsmäkler, öffentlich ermächtigte — 68, 180ff.
Handelsregister, Führung des — 190ff.
Handelsregisterverfahren 192, 193
Handelsregisterverfügung 192, 193
Handelsrichter, Amtsenthebung von — 189, 190
—, Aufwandsentschädigung von — 186
—, Ernennung von — 184ff.
Handels- und Gewerbekammern in Bayern 12
— in Sachsen 16
— in Württemberg 17
Handwerkerkaufleute 27, 80
Handwerkernovelle 16
Handwerkliche Hauptbetriebe 27, 80
Handwerklicher Aufgabenbereich 49
Handwerksähnliche Betriebe 83
Handwerksbetriebe 80ff., 97, 98
Handwerksordnung 25, 49, 58, 69, 80ff., 144, 151, 152
Handwerksrolle 11, 19
Hauptbuch 260
Hauptgeschäftsführer 28, 29, 125, 126, 127ff., 236, 243, 258, 265, 266, 267,
Hauptwirtschaftskammer Rheinland-Pfalz 290, 291, 314ff.
Haushaltsausgaben 273ff.
—, außerordentliche — 254
—, außerplanmäßige — 254
—, einmalige — 254, 278ff.
—, fortdauernde — 253, 273ff.
—, planmäßige — 254
Haushaltsausgaben überplanmäßige — 254
Haushaltsausschuß 10
Haushaltseinnahmen 269ff.
—, außerordentliche — 253
—, außerplanmäßige — 253
—, einmalige — 271
—, planmäßige 253
—, überplanmäßige 253
Haushaltsjahr 77, 92, 109
Haushalts-, Kassen- und Rechnungslegungsordnung der IHKn 109, 218, 247ff.
Haushaltsordnung 109, 247ff.
Haushaltsplan 9, 10, 11, 91ff., 108, 146, 159, 237, 249, 253ff.
—, Feststellung des — 28, 108, 109, 159, 268ff.
Haushaltssachbearbeiter 258
Haushaltssatzung 268
Haushaltsüberschüsse 257
Haushaltsüberwachungsliste 262
Hausrecht 125
Hebeliste 262
Hebesatz 77, 96
Hessen, Entwicklung des Kammerrechts in — 23
—, IHK-Recht in — 222ff.
Hilfsbücher 262
Höchstbeiträge 99, 213, 216, 219, 221, 225, 227, 230, 232, 234
Höchstbetrag der Grundbeiträge 19, 22
Höchstsätze der Grundbeiträge, Überschreitung der — 22
Hoheitliche Gestaltungsmittel 28, 50, 89
Hoheitsaufgaben 35, 49, 50, 68, 69, 89, 90

I

IHKn, Aufgaben und Befugnisse der — 48ff.
— als Mitgliedskörperschaften 22, 71
— als Repräsentativkörperschaften 22, 71, 72
— als Selbstverwaltung der Wirtschaft 27, 28, 30, 48ff., 140ff.
—, Übersicht über die — 69, 70
Industrieplanung 49
Informationspflicht 148
— **-recht** 147, 148
Initiativrecht des „Bundeswirtschaftsrats“ 32
— des Reichswirtschaftsrates 289
Inkassostellen 51

Inkrafttreten des Bundeskammergesetzes 171, 172
Institutionalismus 294
Interessengemeinschaften 73
Internationale Handelskammern 344
Inventarisierung 264

J

Journalblätter 262
Juristische Personen als Kammerzugehörige 72ff.

K

Kameralistische Buchführung 262
Kammer für Handelssachen 184ff.
—, Entscheidung auf Grund eigener Sachkunde der — 190
Kammer für Kleinhandel in Bremen 14
Kammergutachten (über Handelsbräuche) 178ff.
Kammerzugehörigkeit 27, 71ff., 114
Kartellbehörden 53
Kassenanweisung 258
Kassenaufsicht 259, 260
Kassenbestand 260
Kassendienstanweisung 258
Kassenführung 259ff.
Kassenfehlbeträge 261
Kassenkredite, Aufnahme von — 257
Kassenleiter 260
Kassenordnung 109, 247ff.
Kassenprüfungen 265, 266
Kassenübergabe 260
Kassenüberschüsse 261
Kassenwesen 258ff., 265, 266
Kaufkraftgesetz 93, 159
Kaufmannschaft von Lübeck 15
Kaufmannseigenschaft von Handwerkern, Gesetz über die — 27, 28, 97, 98
Kaufmannsgehilfenbrief 56, 66
— -prüfung 65
Kaufmannskonvent in Bremen 13
Kleingewerbetreibende 11, 12, 22, 98, 99
Kleinhandelskammer (in Bremen) 14
Kleinhandelsvertretung in Hamburg 15
Koalitionsfreiheit 86, 87
Körperschaft des öffentlichen Rechts, IHK als — 89ff.
Kommerzdeputation (in Hamburg) 14
Kommerz-Kollegium in Altona 7
Kommunalaufsicht 144
Konkurs über IHK-Vermögen 162, 163
Konkursverfahren 49
Kooptation 9, 112
Korporationen, kaufmännische — 4, 5, 9, 10, 68
Kostenaufwand 249
Kostendeckungsprinzip 103
Kosten von Anstalten, Anlagen und Einrichtungen 9, 100ff.
Kraftwagenfonds 258
Kreis-, Gewerbe- und Handelskammern, bayerische 12
Kursmakler 181, 182

L

Ladungsfrist bei Wettbewerbsstreitigkeiten 336
Lagerhäuser 26
Landesrecht der IHKn 160ff., 211ff.
Landeswirtschaftsräte 31, 32, 290
Landwirtschaftliche Genossenschaften 20, 27, 83ff.
Landwirtschaftskammer, Zuständigkeit der — 67
Land- und Forstwirtschaft 27, 51, 77, 79
Land- und forstwirtschaftliche Betriebe 20, 79
Leertitel 254
Legalitätsprinzip 152, 153
Legislative Organe 51
Lehrabschlußprüfungen 55, 56, 61ff.
Lehrbedingungen im Betrieb 55
Lehrbetriebe 55
Lehrlingsheime 26
Lehrlingsrolle der IHKn 55, 56, 59ff., 143
Lehrlingsrollenordnung, Beispiel für eine — 59ff.
Lehrlingsvergütungen 69
Lehrverhältnisse 55, 69
Lehrvertragsmuster 55
Leistungsfähigkeit der Kammerzugehörigen, Pflegliche Behandlung der — 28, 92ff.
lex Friedmann 21
Literaturhinweise 36ff.
Lohnsumme als Besteuerungsgrundlage 77, 96
Lübeck, Entwicklung des Kammerrechts in — 15, 16
Lübeckische Kaufmanns-Ordnung von 1898 16

M

Märkte 54
Maßstab für Beiträge und Sonderbeiträge 28, 30, 157, 158
Merkblatt über Handelsbräuche 173ff.
Messen 54
Minderkaufleute, Zugehörigkeit der — zur IHK 19, 21, 22
Mindeststeuer, Heranziehung zur — 27, 86
Mischbetriebe 49, 80ff.
Mitbestimmungsrecht 31, 33, 290
Mitbeteiligung der Arbeitnehmer 25
Mitgliedschaft bei der Vollversammlung 113, 114
Mitgliedskörperschaften 22, 71
Mitteilungsblatt der IHK 99

N

Nachtrag zum Haushaltsplan 253, 256
Nachtragsbuchungen 263
Nachtragshaushaltsplan 256
Name der IHK 156, 157
Namenskürzungen (Namensstempel) 258
Natürliche Personen als Kammerzugehörige 27, 72
Nebenbetriebe der IHK 256
Nebenhaushaltspläne 256, 268
Nebenverwaltungen der IHK 262
Neuordnung der Wirtschaft 31
Neuwahlen 9, 30, 138, 139
Niederlassung, gewerbliche — 72, 73, 74
Niedersachsen, IHK-Recht in — 225ff.
Niederschlagung von Forderungen 259
Nordrhein-Westfalen, IHK-Recht in — 228ff.
Notvorstand, kein — bei IHKn 121
Null-Betriebe 77, 86

O

Obrigkeitliche Macht 17
Offenkundigkeit (§ 291 ZPO) 190
Opportunitätsprinzip 148, 152, 153
Ordentlicher Haushaltsplan 253
Ordnungsstrafen (bei Einigungsstellen) 329, 330
Ordonnance de la marine 2
— du commerce 2
Organe des Handelsstandes, IHKn als — 26, 190ff.
Organgesellschaften 75
Organisation
der gewerblichen Wirtschaft 18, 19

P

Parität (Paritätische Kammern) 23, 31ff.
Passive Parteifähigkeit der Prüfungsausschüsse 58
Pauschalbeträge, Abhebung von — 258
Persönliches Erscheinen (bei Wettbewerbsstreitigkeiten) 337
Personalübersicht 280
Personenmehrheiten,
nicht rechtsfähige — als Kammerzugehörige 72, 73
Pfandkreditanstalten 73
Pflegliche Behandlung der Leistungskraft der Mitglieder 10, 28, 92ff.
Pflichtmitgliedschaft 21, 27, 71, 72ff., 81
Plafond 95, 96
Planmäßige Haushaltsausgaben 254
— -einnahmen 253
Pluralwahlsystem 117
Präses (Vizepräsides) 29, 111, 121, 236
Präsident (der IHK) 28, 29, 106, 120ff., 128, 130, 131, 133, 243, 245
— ,Wahl des — 29, 111, 120ff.
Präsidium der IHK 28, 29, 110, 139, 164, 168, 236
—, Wahl des — 120ff.
Praktikantenverhältnis 55
— rolle 59, 143
Preisstoppverordnung 157
Preußen, Kammerrecht in — 3ff.
Prokuristen 113, 114, 116
Prüfung der Jahresrechnung 31, 110, 111, 165, 166
Prüfungsausschüsse bei Lehrabschlußprüfungen 61
Prüfungsbericht 243, 245, 267
Prüfungsordnung für Lehrabschlußprüfungen, Beispiel einer — 61ff.
Prüfungsrecht der Aufsichtsorgane 147, 148
Prüfungstermine 61
Prüfungswesen, Entwicklung des — bei den IHKn 239ff.

R

Rabattgesetz 325, 332
Räteidee (Rätesystem) 287
Räumungsveranstaltungen 339ff.
Ratskammern 2, 47
Rechnerische Feststellung 264
Rechnungsabgrenzung 258
Rechnungsbelege 264, 265
Rechnungshof (eines Landes) 31, 111, 166, 215, 220, 227, 232, 235

Rechnungsjahr der IHK 91, 92
Rechnungslegung, Grundsätze über die — 11, 31, 165, 166, 239ff.
Rechnungsnachweisung und Prüfung 266, 267, 282
Rechnungsprüfung bei den IHKn 110, 146, 239ff.
Rechnungsprüfungsausschuß 11, 110
Rechnungsprüfungsstelle des DIHT 31, 166, 167, 241ff.
Rechtsaufsicht, Begriff der — 142ff.
Rechtsberatungsmißbrauchsgesetz 50, 51
Rechtsbesorgung durch die IHK 50, 51
Rechtsmittel gegen Aufsichtsakte 153, 154
Rechtsnachfolger, IHKn als — der GWKn 24
Rechtsstellung der IHKn 27, 28, 87ff.
— nach 1945 21ff.
Rechtsverhältnis der Beamten der IHKn 19, 20, 90
Redezeit (in der Vollversammlung) 125, 126
Reederei des Seerechts 73
Registergerichte 190ff.
Reichsabgabenordnung 19, 104, 165
Reichsarbeiterrat 288
Reichsbehörden 20
Reichsgruppen 18
Reichshaushaltsordnung 11, 92, 109, 165, 166, 212, 217, 218, 220, 223, 226, 227, 229, 231, 233, 240, 257
Reichswirtschaftskammer 18, 20, 240
Reichswirtschaftsminister 18, 19, 20
Reichswirtschaftsrat 288ff.
—, Gesetzentwurf über den — 32, 289
Reisegewerbekarte 76
Reorganisation der Hamburger Verfassung von 1814 14
Repräsentativkörperschaften, IHKn als — 22, 71, 72
Revidierte lübeckische Kaufmanssordnung von 1867 15
Rheinland-Pfalz, IHK-Recht in — 21, 231ff.
Richtlinien für die Durchführung der Rechnungsprüfung 243ff.
— zur Begutachtung von Vergleichsanträgen 194ff.
Rückstandsverzeichnisse der IHKn 19, 214

S

Saarland, Einführung des Bundeskammergesetzes in das — 31, 171
—, IHK-Recht im — 233, 234
Saarländische Arbeitskammer 291ff., 317ff.
—, Beitragserhebungsverordnung zur — 322
—, Geschäftsordnung zur — 318
—, Wahlordnung zur — 321
Sachbücher 262
Sachkundige in Ausschüssen 135
Sachliche Feststellung (von Einnahme- und Ausgabebelegen) 264
Sachsen, Entwicklung des Kammerrechts in — 16
Sachtitel 265
Sachverständigenbestellung durch die IHKn 68, 202ff.
— vorschriften der IHK Trier 206ff.
Sammelbuchungen 263
Sammelursprungsbescheinigung 67
Sammlung von Handelsbrauchfeststellungen 180
Satzung der IHK 10, 28, 29, 30, 106ff., 130, 131, 137, 139, 154ff.
Schiedsgerichte (Schiedsgerichtsverfahren) 26, 52
Schiffahrtsanlagen 102
Schiffahrtskundige 188
Schiffsbesetzungsordnung 188
Schleswig-Holstein, Recht der IHKn in — 21, 22, 234, 235
Schlicht — verwaltende Aufgaben 49, 50
Seemannsgesetz 188
Seeplätze 188
Selbstverwaltung der IHKn 27, 30, 35, 49, 50, 140ff., 249
Selbstverwaltungsrecht der Gemeinden 141
Sofortige Beschwerde (nach der ZPO) 330, 338, 339
Sonderbeiträge 100ff., 109
Sonderbeitragsordnung 28, 30, 91, 100ff., 144, 156ff.
Sonderstatut der Rechnungrprüfungsstelle für die IHKn 241ff.
Sowjetisch besetzte Zone, Recht der IHKn der — 21, 23, 24
Sozialdemokratische Partei 25, 31, 132
Sozialpolitische Interessen, Verbot der Wahrnehmung der — 26, 69

Sparsame und wirtschaftliche Finanzgebarung 10, 92ff.
Spezialität, Grundsatz der — 109, 146
Staatsaufsicht (Kammeraufsicht) 9, 12, 18, 20, 28, 30, 139ff., 164, 211, 214, 217, 220, 223, 226, 228, 231, 233, 237, 293
— über die Einigungsstellen 334
Staatskommissare (Staatsbeauftragte) 151, 152, 212, 214, 217, 217, 223, 226, 228, 231, 233
Staffelung der Umlage 95, 96
Steueranpassungsgesetz 27, 75
Steuermeßbeträge der Gewerbesteuer 18, 77
Steuerveranlagungsbehörden, Mitteilungspflicht der — 165
Studiengesellschaften 54
Stundung von Forderungen 259
Subsidiaritätsprinzip 49, 147

T

Tageskasse 260, 261
Tageskassenbuch 262, 263
Tariffähigkeit, keine — der IHKn 26, 69
— der IHKn der DDR 24
Technische Überwachungsvereine 206
Titel 254, 255
Titelbuch 262
Titelkonten 262
Träger der Börse 183, 184

U

Überbetriebliche Mitbestimmung 31
Überplanmäßige Haushaltsausgaben 254
— — einnahmen 253
Übersicht über die AHKn 355, 356
— über die Grundbeiträge und Hebesätze 99, 100
— über die IHKn 69, 70
Übertragbare Ausgabemittel (-bewilligungen) 257
Übertragene Aufgaben (Auftragsangelegenheiten) 26, 30, 49, 50, 67ff., 141, 154
Umbildung nicht gesetzmäßig gebildeter IHKn 29, 30, 136ff.
Umlage 18, 19, 22, 94ff.
Umlegung der Beiträge 9
Universalsukzession 137
Unlauterer Wettbewerb, Gesetz gegen den — 68, 323ff.
Unterausschüsse des Berufsausbildungsausschusses 135
Untergesellschaften 73
Unternehmervertreter im Berufsausbildungsausschuß 28, 133ff.
Unterstützung der Behörden 51, 52
Ursprungszeugnisse 26, 66, 67, 102
Ur- und Hauptwahlen (in Sachsen) 16

V

Veranlagung zur Gewerbesteuer 27, 72ff.
Verbindlichkeiten aufgelöster Kammern 22
Verbot der Fortsetzung des Geschäftsbetriebes 341
Verbot, sozialpolitische Interessen wahrzunehmen 69
Vereinfachung und Vereinheitlichung der Organisation der gewerblichen Wirtschaft, Verordnung über die — 19, 20
Verfahrenskosten bei der Einigungsstelle 338, 339
Verfassungsmäßigkeit des Bundeskammergesetzes 86, 87
Verfassung der preußischen Handelskammern 6ff.
Verfügungsrecht 258
Vergangenheitsbesteuerung 97
Vergleich (bei Wettbewerbsstreitigkeiten) 330
Vergleichsverfahren (und IHK) 49, 193ff
Vergütung der Gemeindekosten bei Beitragseinziehung 19, 104ff., 223, 226, 229
— des Konkursverwalters 200
— des Vergleichsverwalters 200
— des Vorsitzenden der Einigungsstelle 337, 338
Verhandlungsniederschrift der Einigungsstelle 337
Verjährung der Beiträge 11, 103ff.
Verjährungsfrist bei Steuern 104
Verkaufsstelle 27, 72ff.
Verkehrsbüro 26
Verkehrstariffragen 49
Verleihung gewerberechtlicher Konzessionen 49
Verlust von Kammerrechten 29, 136, 137
Vermögensfonds 255
Vermögensrechnung 286
Vermögensübersicht 281
Verschwiegenheitspflicht 120

Versicherungsvereine auf Gegenseitigkeit 73
Versorgungsbezüge und Ansprüche der Beamten 20
Vertragsänderung (-aufhebung) 259
Vertretung der Gesamtinteressen 25, 50, 51
Vertretung der IHK 29, 130, 131
Verwahrungen 262, 263
—, Übersicht über die — 284
Verzicht auf Forderungseinziehung 259
Verzollung 67
Volkswirtschaftsrat, preußischer allgemeiner — 287, 288
Vollversammlung der IHK 28, 29, 106ff., 111ff., 120ff., 154ff., 258
Vorausbelastung der Beitragspflichtigen 9, 101
Vorauszahlung auf den Kammerbeitrag 256, 257
Vorbereitung des organischen Aufbaus der deutschen Wirtschaft, Gesetz zur — 18
Vorjahresansätze 256
Vorläufige Regelung des Rechts der IHKn 25
Vorschüsse 262, 263
—, Übersicht über die — 285
Vorsitzender der Einigungsstelle 334
Vorsitzender des Präsidiums, Präsident als 123ff.

W

Wählbarkeit zur Kammer 7, 8, 9, 29, 113ff.
Wahl des Präsidenten (des Präsidiums) 120ff.
Wahlabteilungen 117
Wahlberechtigung zur IHK 112, 113
Wahlgruppen 117ff.
Wahlmänner 16
Wahlordnung 10, 28, 29, 108, 115ff.
Wahlperiode 116, 117
Wahlrecht (aktives) 29, 72, 112, 113
Wahlstatut 10
Wahrung von Anstand und Sitte 52, 53, 54
Wettbewerbsbeschränkungen, Gesetz gegen — 53, 54, 186
Widerruf der Wahl zum Präsidenten (eines Präsidiumsmitgliedes) 122
Wiederaufbau 49
Widerspruch gegen Prüfungsentscheidungen 64
Wirtschaftlichkeit, Grundsätze der — 264
Wirtschaftsbestimmungen für die Reichsbehörden 109, 165, 166
Wirtschaftsgruppen 18
Wirtschaftskammer Kiel 22
Wirtschaftskammern (alte) 19, 20
Wirtschaftskammern, paritätische — 290ff., 294ff., 314ff.
Wohnungsbaukreditanstalten 73
Württemberg, Entwicklung des Kammerrechts in — 17
Württemberg-Baden, Entwicklung des Kammerrechts in — 23
Württemberg-Hohenzollern, Recht der IHKn in — 21
Württembergische Handelskammer-Verordnung von 1900 17
Württembergischer Industrie- und Handelstag 17

Z

Zahlungen, bargeldlose 260
Zahlungsverkehr der IKHn 260, 261
Zeitbuch 262
Zentralamt für Wirtschaft 241
Zentralgenossenschaften 85
Zerlegungsverfahren 74, 78
Zollamtliche Ursprungszeugnisse 67
Zollbegünstigungen 66
Zollgesetzgebung 66
Zugabewesen, Gesetz über das — 325ff.
Zulassung zur Prüfung 62, 63
Zunftverfassung, badische — 12
Zusammenbruch von 1945 21
Zusammenschlüsse landwirtschaftlicher Genossenschaften 27, 84, 85
Zuständigkeit der Einigungsstellen (sachliche und örtliche) 329
Zuständigkeitsgesetz, Berliner Allgemeines — 147
—, preußisches — 7, 8
Zuwahl zum Präsidium 120
— zur Vollversammlung 112
Zwangsetatisierung 150, 151, 164
Zwangsvollstreckung (aus Einigungsstellen-Vergleich) 330
Zwangsvollzug 148
Zweckverband von Handelskammern 10
Zweigstellen der IHK 256
Zweigstellensteuer 78

FSC
www.fsc.org
MIX
Papier | Fördert gute Waldnutzung
FSC® C083411

Kolibri 360 GmbH
Ferdinand-Jühlke-Straße 7
99095 Erfurt, Deutschland
produktsicherheit@kolibri360.de